U0868806

财务创新发展管理研究

袁关涛 ◎ 编著

哈尔滨工程大学出版社
Harbin Engineering University Press

图书在版编目（CIP）数据

财务创新发展管理研究 / 袁关涛编著 . -- 哈尔滨 : 哈尔滨工程大学出版社 , 2025. 6. -- ISBN 978-7-5661-4779-0

Ⅰ. F275

中国国家版本馆 CIP 数据核字第 2025EE8989 号

财务创新发展管理研究
CAIWU CHUANGXIN FAZHAN GUANLI YANJIU

选题策划 王 丹
责任编辑 田雨虹
封面设计 李丹阳

出版发行 哈尔滨工程大学出版社
社 址 哈尔滨市南岗区南通大街 145 号
邮政编码 150001
电 话 0451-82519989
经 销 新华书店
印 刷 哈尔滨市海德利商务印刷有限公司
开 本 787 mm × 1 092 mm 1/16
印 张 8.5
字 数 216 千字
版 次 2025 年 6 月第 1 版
印 次 2025 年 6 月第 1 次印刷
书 号 ISBN 978-7-5661-4779-0
定 价 152.00 元（全四册）

http://www.hrbeupress.com
E-mail:heupress@hrbeu.edu.cn

前　言

财务管理聚焦于企业的资金流动，通过系统化的组织、控制与协调，确保企业在处理复杂的经济关系时，能够实现其预设的目标。财务管理作为现代企业管理中的一项核心内容，其实质是一种价值管理。伴随着知识经济时代的到来，以及信息技术的迅猛发展，财务管理面临着前所未有的挑战。

21 世纪是知识经济迅速崛起的时代，知识资本的有效转化及通过实践创新所研发的新产品，为企业带来了可观的收益。而企业的财务管理在这一信息化时代中扮演着至关重要的角色。长期以来，企业的财务管理在规则、内容和形式上的发展都相对缓慢。然而，随着市场经济的深化、大数据时代的到来，以及金融管理在时间和空间上的转变，财务管理的功能得到了极大的拓展和提升，在一定程度上实现了创新与发展。

本书由财务管理概论、现阶段财务组织与模式变革、现阶段财务创新发展、网络时代财会工作创新、筹资管理创新、投资管理创新、现金管理创新、成本管理创新、营运资金管理创新等部分组成。本书以现代企业的财务管理为研究对象，深入剖析财务管理的基本概念和分类，并对信息化建设、信息化协同发展模式的创新以及大数据时代下的财务管理创新等进行探讨，对从事财务管理、企业财务等领域的研究者和工作人员具有重要的学习和参考价值。

由于编著者水平有限，书中难免有疏漏之处，希望广大读者批评指正。

编著者

目　录

CONTENT

第一章　财务管理概论

第一节　财务管理的基本概念

一、财务管理

财务管理（也称企业理财），简单来说就是管理企业的财务（Financial Management），也称理财。所谓财务（Finance），是指对有关资金（钱）的收、支、运用、分配等方面的事务进行安排、计划、协调、监督等的实务。

理财活动在我们的社会生活中随时都能遇到，它涉及整个社会生活的各个方面。例如，某人到一个大型的百货商场去购物，商场里的商品琳琅满目，有许多商品都十分吸引他，但他只有几百或几千元，这时他要做出决定，购买他最需要的商品。实际上在这个过程中，他已经进行了理财活动。

（一）家庭理财

从一个家庭来看，家长会考虑如何利用有限的收入安排好日常的吃、穿、用、行，使家庭成员做到老有所养、幼有所乐、幼有所教，发挥每个人的才能。要做到这些，家庭成员必须合理地安排家庭收支、做好收支计划，在收支平衡的基础上尽量有些积蓄。所有这些，都是一个家庭财务管理活动应解决的问题。

以家庭为主体的理财活动称为家庭理财或家庭财务管理（Family Finance）。家庭财务管理是“家政学”的一个分支。本书不论述家庭财务管理的内容，但有些内容在家庭财务管理中可以借鉴。

（二）财政

如果以国家作为理财的主体进行分析，我们可以看到，国家要发展经济和各项社会事业，必须有必要的支出做保证，而这又要有一定的收入做后盾。于是，国家通过税收、国有资产收益、收取规费、发行公债等形式得到收入，这些收入要用于国防、科技教育、行政管理、基本建设等方面的支出。国家通过收支的安排要做到使国民安居乐业、经济增长、社会事业发展、在世界上有威望等。所有这些安排是国家（由政府代表）的理财活动。

以国家为主体的理财活动称为国家（政府）财务或公共财务管理。国家（政府）财务有专门的术语叫“财政”，相应的学科称为财政学（Public Finance）。

（三）财务管理

财务是指企业在生产经营过程中与资金有关的各方面的活动，它是财务活动和财务关系的统一体。

人们通常讲的财务管理是指企业的财务管理或企业理财，即以企业为主体的理财活动。本书论述了财务管理的基本概念、基本理论和基本方法。

企业是以营利为目标的经济实体，它比起家庭和国家来说更具有明显的特点。财务管理在企业管理中起着十分重要的作用。在经济活动中企业是主体，学习财务管理有利于理解企业经济活动的过程和结果，为提高企业经济效益寻找出路；学习财务管理能够帮助管理者掌握企业管理的基本技能。所以，企业的财务人员、经理、职工，以及债券和股票的投资者要学习财务管理，甚至一般的顾客（消费者）也需要学习财务管理。

二、资金运动和财务活动

（一）资金运动

1. 物资运动和资金运动

企业的生产经营离不开资金。企业的生产经营过程一方面是各种材料→在产品→产成品→产品销售等物资运动的过程；另一方面是资金周转、资金运动的过程。

企业的资金运动从资金形态看是在不断变化的。以工业企业为例，企业资金在生产经营过程中依次要经历货币资金→储备资金→在产品资金→产成品资金→货币资金等形态，这个运动过程称为资金循环。

2. 资金循环三阶段

企业的资金循环可以分为三个阶段：资金筹集（简称筹资）、资金使用和耗费（简称投资）、资金收回和分配（简称分配）。

企业的资金随着生产经营的不断进行在不断循环，这种企业资金随着生产经营过程周而复始地循环，称为资金周转。资金从货币资金→储备资金→在产品资金→产成品资金→货币资金的过程称为资金循环周转一次，简称资金周转一次。资金在生产经营过程中不断循环周转的运动称为资金运动。

（二）财务活动

1. 筹资活动

在生产经营之前，企业通过各种渠道、各种方法取得必要的资金，这个过程称为筹资。在资金筹集过程中，企业财务人员要考虑企业需要多少资金、所需资金从哪里得到（资金筹集渠道）、如何取得这些资金（采用什么方式）、资金成本的高低、筹资的风险如何等问题。

2. 投资活动

企业投资包括三个方面。

第一，企业要安排固定资产所需的资金。这方面的资金使用称为固定资产项目投资。

第二，资金在储备资金→在产品资金→产成品资金的过程所需要的资金耗费称为流动资产投资。

第三，企业除了利用资金在其内部从事生产经营外，还可以对外投资。企业的对外投资包括对外项目投资和证券投资。对外项目投资是企业直接投资于有关企业或项目，以获取剩余利润；证券投资是企业投资购买其他公司、企业的股票 / 债券或其他有价证券，以获得股利、利息等收益。

3. 分配活动

资金从产成品资金到货币资金的过程是企业销售产成品收回货款并进行分配的过程，这个过程称为分配。在资金收回和分配过程中，企业要制定销售策略和货款回笼政策、计算和缴纳流转税和所得税、安排企业留利和红利分配以做到使投资者满意、使企业顺利发展。

以上三个阶段中的各项活动都与资金有关，需要通过预测、决策、计划、控制、分析、监督和评价等展开。这些涉及资金的各种事务就是财务活动。

企业的财务活动也是企业在生产经营过程中资金运动的各方面的事务。财务活动贯穿了企业生产经营的全过程。

三、财务关系

企业在筹资活动、投资活动、分配活动中与企业各方面有着广泛的联系，这些联系不可避免地会涉及经济利益等利害关系，这种企业在财务活动过程中同有关各方的经济利益关系就是企业的财务关系。企业的财务关系包括以下几个方面。

（一）企业与投资者之间的财务关系

企业与投资者之间的财务关系是指企业的投资者向企业投入资金、企业向其投资者支付投资报酬所形成的经济关系。

企业的投资者要按照投资合同、协议、章程的约定履行出资义务，以便及时形成企业的资本金。企业利用资本金进行经营，实现利润后，应按出资比例或合同、章程的规定，向投资者分配利润。企业同其所有者之间的财务关系，体现着所有权的性质，反映着经营权和所有权的关系。投资者投资建立企业，对企业有所有权，企业的经营者（财务管理的执行者）是受投资者的委托管理企业的管理者。企业管理者应按照投资者的要求从事生产经营并分利给投资者。如果管理者管理的效果好，能够满足投资者的要求，分配足够的利润，投资者就会不断地追加投资，企业就会得到发展所需的资金支持。如果管理者管理的效果不好，不能满足投资者的要求，或是投资者不能分配到利润甚至因不能够分配到足够的利润而造成亏损，投资者就会停止对企业注入资金甚至收回投资或实施企业破产程序。企业的经营者和投资者之间的关系实际上是一种委托代理关系。

企业能否发展壮大，需要投资者的支持，所以企业应处理好与投资者之间的财务关系。

（二）企业与其债权人之间的财务关系

企业与其债权人之间的财务关系是指企业向债权人借入资金，并按借款合同的规定按时支付利息和归还本金所形成的经济关系。

企业除利用资本金进行经营活动外，还要借入一定数量的资金，以扩大企业经营规模，并降低企业的资金成本。企业利用债权人的资金后，要按约定的利息率，及时向债权人支付利息。债务到期时，企业要合理调度资金，按时向债权人归还本金。企业同其债权人的关系是债务与债权的借贷关系。

目前，我国大多数企业资金短缺，资本金的不足部分要由借入资金弥补，有的企业借入资金的比例高达 70% 以上，企业的生存和发展在很大程度上要依靠债权人的支持。所以企业应处理好与各方面债权人之间的财务关系，提高在金融市场上的信誉，以稳定地获取经营发展需要的更多资金。

（三）企业与内部各单位和职工之间的财务关系

1. 企业与内部各单位之间的财务关系

企业与内部各单位的财务关系是指企业内部各单位之间在生产经营各环节中相互提供产品或劳务所形成的经济关系。企业在实行内部经济核算制的条件下，供、产、销各职能部门及各生产单位之间，相互提供产品和劳务要进行计价结算。这种在企业内部形成的资金结算关系体现了企业内部各单位之间的经济利益关系。企业经济责任制的建立，需要明确各部门的经济利益，否则就无法充分调动各部门各方面的积极性。所以，企业应处理好与内部各单位之间的财务关系。

2. 企业与职工之间的财务关系

企业与职工之间的财务关系是指企业在向职工支付劳动报酬的过程中所形成的经济关系。企业要用自身的产品销售收入或其他可以支配的资金，向职工支付工资、津贴、奖金等，按照职工提供的劳动数量和质量支付劳动报酬。这种企业与职工之间的财务关系体现了职工和企业在劳动成果上的分配关系。

人是企业生产要素中最活跃也是最关键的因素，调动职工的生产积极性、发挥职工的创造力是企业发展和长盛不衰的关键。所以企业应处理好与职工之间的财务关系。

（四）企业与国家之间的财务关系

企业与国家之间的财务关系主要是税收关系。国家作为人民利益的代表和社会管理者，通过制定法律制度来规范企业的理财行为。国家税务机关通过税收参与企业的收益分配，并取得财政收入。企业应遵守国家法律的规定，及时、足额地向国家税务机关缴纳各种税款，这是企业应尽的义务，也是获得国家对企业经营支持的重要条件。

四、财务管理的性质和作用

（一）财务管理的性质

企业财务是企业在生产经营过程中有关资金的筹集、资金的使用和耗费、资金的收回和分配等方面的事务。这些事务实质上是企业的财务活动和财务关系的统一，即企业财务包括财务活动和财务关系各方面的事务。

财务管理就是安排好企业的财务活动，同时处理好企业与各方面的财务关系的一项管理活动。具体来说，财务管理是根据有关法律、制度的规定，按照企业资金运动的客观规律，对企业的资金运动（财务活动）进行预测、决策、计划、控制、分析和监督，并处理好企业与各方面的财务关系。财务管理是以价值形式对企业的生产经营活动进行综合性的管理，是企业经营管理的重要组成部分。

（二）财务管理的作用

企业生产经营活动的复杂性决定了企业管理必须包括多方面的内容，如生产管理、技术管理、劳动人事管理、设备管理、销售管理、财务管理等。企业管理中的各项工作是互相联系、紧密配合的，同时又有科学的分工，具有各自的特点。财务管理在企业管理中占有重要的地位。

1. 财务管理是从价值方面进行的企业管理

企业管理在实行分工、分权的过程中形成了一系列专业管理，如实物的管理、价值的管理、劳动要素的管理及信息的管理。社会经济的发展要求财务管理运用价值形式对企业的经营活动实施管理。

企业在生产经营过程中的各种要素都可以表现为价值的运动。例如，企业生产管理过程中材料的收发、固定资产的折旧、人工费用的开支、其他各种间接费用的支出等都与资金有关，生产管理的过程实际上又是生产资金管理的过程；企业在质量管理过程中对质量的控制、质量的检验、质量的论证等也都离不开资金的安排。财务管理是通过价值形式把企业的一切物质条件、经营过程和经营结果都合理地加以规划和控制，达到企业效益不断提高、财富不断增加的目的。企业在生产经营过程中的各项活动无一不和资金有关。因此，财务管理既是企业管理的一个独立方面，还是通过价值管理对企业进行的一项综合性的管理工作。

2. 财务管理与企业各方面具有广泛联系

在企业中，一切涉及资金的收支活动都与财务管理有关。事实上，企业内部各部门与资金不发生联系的现象是很少见的。因此，财务管理的触角常常伸向企业经营的各个角落。每一个部门都会通过资金的使用与财务部门发生联系。每一个部门也都要在合理使用资金、节约资金支出等方面接受财务部门的指导，受到财务制度的约束，以此来保证企业经济效益的提高。

3. 财务管理能迅速反映企业生产经营状况

在企业管理中，决策是否得当，经营是否合理，技术是否先进，产销是否顺畅，都会直接在企业财务指标中得到反映。例如，如果企业生产的产品适销对路，质量优良可靠，则可带动生产发展，实现产销两旺，资金周转加快，盈利能力增强，这一切都可以通过各种财务指标迅速反映出来。这也说明，财务管理工作既有其独立性，又受整个企业管理工作的制约。财务部门应通过自己的工作，向企业领导及时通报有关财务指标的变化情况，以便把各部门的工作都纳入提高经济效益的轨道，努力实现财务管理的目标。

4. 财务管理会影响资金周转的速度，进而影响企业的经济效益

企业资金在循环的各阶段中，执行着不同的职能。在购买和销售阶段，企业资金执行着流通职能，完成“货币—物资—货币”的转化；在生产阶段，资金执行着生产职能，完成由固定资金、储备资金向在产品资金的转化，以及在产品资金再向成品资金的转化。在对营业收入分配中，资金执行着分配职能，将增大的货币资金进行初次分配。企业资金反复执行其职能的过程，就是企业资金的周转过程。由于资金每周转一次便会带来一次增值，所以，资金的周转速度必然影响企业的经济效益。

企业资金的周转速度与企业经济效益之间存在着必然的联系，即企业资金周转速度越快，经济效益越好，反之企业的经济效益越差。

具体地说，企业资金的周转速度主要从资金时间价值的节约和资金数量增值两个方面影响企业经济效益。从资金时间价值节约角度看，工业企业的生产经营资金绝大部分是借入形成的，要还本付息。如果企业资金的周转速度快就可提前偿还本金，减少利息的支出。用相同的资金增加周转次数意味着利息支出相对减少，获得了资金时间价值上的节约，经济效益就会得

到提高；反之，则是资金时间价值上的浪费，经济效益就会下降。

从资金数量增值角度看，因为在正常情况下，资金每周转一次，都会给企业带来一部分增值，所以资金周转的速度越快，带来的资金增值就越多，企业的经济效益就越好；反之，如果资金数量得不到增值，那么企业的经济效益就越差。所以，企业要提高经济效益水平，必须不断地加速资金周转。

第二节　财务管理的内涵和目标

一、财务管理的内涵

财务管理是根据资金运动规律，遵照国家法律政策，对企业生产经营过程中资金的筹集、使用和分配，进行预测决策、计划、控制、核算和分析，以提高资金的运用效果，实现资本保值增值的管理工作。财务管理的实质是利用价值形式对企业经营活动进行的综合管理。

财务管理具有动态性的特点。财务管理是围绕资金的运动而展开的，并贯穿于企业生产经营的全过程。市场经济是经济关系货币化的经济，资金运动的概念是在市场经济条件下，对企业经营过程一般的和本质的抽象，通过资金运动可以全面反映企业再生产运行过程。资金运动是动态的，随着客观环境的变化，资金运动的形式和状况都会发生变化，这就决定了以资金管理为中心的财务管理活动是一个以科学理论与方法为指导的动态管理系统。对动态系统的管理体现了管理的二重性，即科学性和艺术性，所以财务管理既是科学的也是艺术的。

财务管理还具有综合性的特点。财务管理围绕资金运动展开，而资金运动具有综合性，它可以把企业生产经营的主要过程全面系统地反映出来，这样资金运动就自然而然地成为企业主要过程的综合表现。随着市场经济的发展，企业面临的环境变得更加复杂，同时随着企业自身的发展，企业从事的业务和管理工作也变得更加复杂。在市场经济条件下，处理好企业管理问题，单靠某一方面的管理是不够的，必须有一套系统化、综合性的管理方法，要通盘考虑、统筹管理，而财务管理恰好是一种综合性的管理活动，所以在现代企业管理中，财务管理的地位比较高。有这样一种说法，即企业管理以财务管理为中心，财务管理以资金管理为中心。资金管理的核心是资金运用的管理，而资金管理的关键是决策，所以抓住企业财务管理，就抓住了管理的“牛鼻子”。

二、财务管理的目标

由于财务是以价值形式对企业生产经营活动做出的综合反映，所以财务管理目标也同时体现了企业的经营目标，它是企业生产经营活动的最终目标，也是评价企业经营绩效和经营者的标准。

正确理解和把握财务管理目标非常重要，因为目标决定思路，思路决定方法，方法决定行动。因此，不同的财务管理目标，会产生不同的财务管理思路，也会形成不同的方法和行为。

目前国内对财务管理目标主要有两种认识：一种是利润最大化，另一种是企业价值最大化。

（一）利润最大化

利润最大化，是指财务管理以最大利润为目标，其表现形式有两种：一种为利润的绝对额最大，另一种是利润的相对额即每股收益最大。

以利润最大化作为财务管理目标有其合理的一面。在市场经济条件下，企业是营利性的经济实体，利润的高低在很大程度上体现了企业经济效益的高低，如果长期亏损，势必会导致企业资不抵债甚至破产。追求利润最大化，则要求企业降低成本、增加收入，这对企业发展有较大作用。但片面追求财务报表上的短期利润最大化，特别是以利润指标作为评价企业绩效和经营者业绩的基本指标，有时反映的情况并不真实客观，如某些运营良好的企业可能会被评价为运营不良的企业，并且会使经营者采取一些短期行为。以利润最大化作为目标产生的弊端主要表现在以下几个方面。

（1）会产生“有利无钱”的现象。

（2）会促使经营者少提或不提折旧，少摊或不摊费用损失。

（3）会使经营者放弃有前途的投资项目，采取短期行为。

（4）因追求利润最大化而忽略了时间价值因素。

（5）利润最大化目标没有充分反映风险因素。

综上所述，将利润最大化作为财务管理目标或经营目标，是对财务管理目标的浅层次认识，也是对企业生存价值和经济效益的片面认识。现代财务管理认为，利润最大化并不是财务管理的最优目标。

（二）企业价值最大化

企业价值最大化，是指企业的市场价值最大化。投资者投资创办企业，根本目的是使资本增值，尽可能多地为自身创造财富，这种财富决定了企业未来能够给投资者带来多少回报。而这种回报一方面取决于企业为投资者赚多少钱，实现真实的利润有多少；另一方面则取决于投资者转让股权换取的现金有多少。通俗地讲，企业价值就是指企业本身值多少钱。企业虽不是一般意义上的商品，但也可以买卖，而要买卖就必然要对企业进行市场评价，通过市场评价确定企业的市场价格或者企业本身的价值。在对企业进行评价时，重点不是企业已经获得的利润的大小，而是潜在的赚钱能力。因此，企业价值不是账面资产的总价值，而是企业资产作为一个整体的市场价值，即企业有形资产和无形资产总体的市场评价，这种评价体现在潜在或预期的赚钱能力或净现金流量上。投资者在确定企业价值时，是以企业未来各期预期产生的净现金流量的折现值之和为基础的。未来各期的净现金流量是按可能实现的概率来计算的，而折现率则反映投资者对投资风险报酬的要求。这种计算方法既考虑了资金的时间价值问题，也考虑了未来的风险问题。企业所得的净现金流量越多，实现的时间越短，实现的金额越确定，则企业的价值越大。具体来说，决定企业价值大小的因素主要有以下几个方面。

1. 未来各期净现金流量多少

企业的本质职能是赚钱，赚钱的多少体现在现金流量上，与企业实现的利润多少有一定差异。

2. 企业寿命长短

企业价值是指企业在未来各期获得的净现金流量的折现值之和。企业的寿命越长，产生净现金流量的期数就越多，其折现值之和就越大，相应地，企业价值也就越大。如果企业能够保持长期生存发展，企业价值就会增长。

3. 风险大小

风险是指企业未来面临的不确定性。风险的大小表现在未来净现金流量和企业寿命的不确定性，其影响企业的净现金流量和寿命。

4. 其他因素

其他因素是指对企业价值有影响而对近期利润有很小影响或会降低利润的一些潜在因素，主要包括资产升值、市场开发、资本公积金增加等。

以企业价值最大化为财务管理目标比较科学。追求企业价值最大化实际上是追求企业能够长期、稳定、健康地发展。以企业价值大小来评价企业经营业绩更加客观真实。企业价值最大化是最优的财务管理目标，体现在以下几个方面。

第一，企业价值最大化更客观真实，反映了企业的本质属性。决定企业价值大小的最基本因素是净现金流量。企业可以通过一些手段合法调节利润，但却调节不了现金流量，所以现金流量比利润更加客观真实。企业的本质属性是赚钱，而净现金流量反映的正是企业赚多少钱。

第二，克服了企业在追求利润最大化方面的短期行为。企业价值大小不仅取决于近期利润的大小，还取决于未来利润的大小。以企业价值最大化作为财务管理目标，要求经营者必须考虑企业的长远发展，不断创造未来的利润增长点。

第三，以价值最大化作为财务管理目标考虑了货币的时间价值和风险因素。不同时间点上的资金价值不同，确定企业价值是将不同时间点的净现金流量折现到同一时间点后计入，考虑了资金的时间价值。在预期未来现金流量和折现率时，都会考虑不确定因素的影响，即风险的大小。一般而言，报酬与风险共存，报酬的增加是以风险的增大为代价的，而风险的增大又会影响企业的生存与发展。因此，企业必须在考虑报酬的同时考虑风险。企业价值只有在报酬与风险达到均衡时才能达到最大。

综上所述，企业价值最大化是对财务管理目标深层次的认识，这也是本书采纳的观点。

第三节　财务管理环境

一、财务管理环境的含义

事物总是与一定的环境相联系而产生、存在和发展的，财务管理也不例外。财务管理环境又称理财环境，是指对企业财务活动和财务管理产生影响的企业内外部条件的总和。

财务管理环境按其包括的范围分为宏观财务管理环境和微观财务管理环境。宏观财务管理环境是指对企业行为施加影响的各种宏观方面因素的集合，主要包括经济环境、法律环境、金融市场环境、社会文化环境。宏观财务管理环境的变化一般对各类企业的财务管理均产生影响。微观财务管理环境是指对企业财务行为施加影响的各种微观方面因素的集合，主要包括企业组织形式、销售环境、采购环境、生产环境、企业文化。

二、宏观财务管理环境

（一）经济环境

财务管理的经济环境是指影响企业财务管理的各种经济因素的总称，包括经济体制、经济结构、经济周期、经济发展状况、通货膨胀、经济政策和市场竞争。

1. 经济体制

经济体制是指在一定的社会制度下，经济关系的具体形式，以及组织、管理和调节国民经济的体制、制度、方式和方法的总称。经济体制是一个国家的基本经济制度，包括计划经济体制和市场经济体制两种类型。计划经济体制是指一国经济以计划为基础和主体运作；市场经济体制是指一国经济以市场为基础和主体运作。我国已经由计划经济体制过渡到市场经济体制，而且市场经济体制正在不断完善。

经济体制不同，企业财务管理的立足点、财务管理的目标、财务管理的主体及财务管理的手段等都存在明显的差异。在计划经济体制下，企业按照国家计划进行一切财务管理活动，以完成国家下达的计划为目标，财务管理手段主要以制订和实施计划为主，企业不是真正的财务管理主体。在市场经济体制下，财务管理手段主要通过市场进行预测和决策，企业具有真正的财务管理主体地位。

2. 经济结构

经济结构有两种解释：一是指一定社会生产关系的总和，即生产资料所有制构成状态；二是指国民经济各个部门，社会再生产的各个方面的组成和构造，包括产业结构、部门结构、地区结构等。经济结构合理与否，关系国民经济能否有序、协调、健康地持续发展。若经济结构不合理，则需要进行调整与变动。经济结构的调整与变动会对企业的财务管理活动产生影响，并要求企业的财务管理进行相应的调整。如产业结构的变动与调整，引起企业投资政策、投资方向、投资规模、投资结构的转变，从而影响企业的投资效益。

3. 经济周期

经济周期是指市场经济国家存在的经济扩张与紧缩交替的周期性波动现象。大体上经历复苏、繁荣、衰退、萧条几个阶段的循环。我国的经济发展与运行也呈现出特有的周期特征，存在一定的经济波动，多次出现因经济超高速增长、发展过快而不得不进行治理整顿或宏观调控的情况。鉴于经济周期影响的重要性，财务学者探讨了企业在经济周期中的经营理财策略，见表 1-1。

表 1-1　经济周期中的经营理财策略

复苏	繁荣	衰退	萧条
* 增加厂房设备 * 实行长期租赁 * 增加存货 * 引入新产品 * 增加劳动力	* 扩充厂房设备 * 继续增加存货 * 提高价格 * 开展营销规划 * 增加劳动力	* 停止扩张 * 出售多余设备 * 停产不盈利产品 * 停止长期采购 * 削减存货 * 停止招聘雇员	* 建立投资标准 * 保持市场份额 * 缩减管理费用 * 放弃次要利益 * 削减存货 * 裁减雇员

总之，面对周期性的经济波动，财务人员需要预测经济变化情况，适当调整财务政策，以保证企业健康、稳定、持续地发展。

4. 经济发展状况

经济发展状况对企业财务管理有着重大影响。一方面，国民经济的快速发展，有利于企业扩大市场规模，调整市场方向，拓展市场空间，为企业财务管理带来机遇；另一方面，经济的快速发展，使资金短缺长期存在，这又给企业财务管理带来了严峻的挑战。因此，企业财务管理人员必须积极探索与经济发展水平相适应的财务管理模式，以保证企业经营目标和经营战略的实现。

5. 通货膨胀

通货膨胀不仅降低了消费者的购买力，也给企业理财带来了很大困难。通货膨胀对企业财务活动的影响通常表现在以下几个方面：

（1）引起资金占用的大量增加，从而增加企业的资金需求；

（2）引起企业的利润虚增；

（3）引起利率上升，加大企业的资本成本；

（4）引起有价证券的价格下降；

（5）引起资金供应紧张，加大企业的筹资难度。

企业对通货膨胀本身无能为力，只有政府才能控制通货膨胀。鉴于上述因素，财务人员需要分析通货膨胀对资本成本及对投资报酬率的影响。为了实现预期的报酬率，企业应该调整收入和成本。

6. 经济政策

一个国家的经济政策如经济的发展计划、国家的产业政策、财税政策、货币政策、金融政策、外汇政策、外贸政策，以及政府的行政法规等，对企业的理财活动都有重大影响。顺应经济政策的导向会给企业带来一些经济利益，因此财务人员应该认真研究政府的经济政策，按照政策导向行事，这样才能趋利除弊。当然，由于政府的经济政策可能会因经济状况的变化而变化，企业在进行财务决策时，也要为这种变化留有余地，甚至预见到政策的变化趋势，以更好地实现企业的理财目标。

7. 市场竞争

市场竞争是一种竞争经济，伴随着竞争而来的必然是风险的存在。按市场环境和竞争程度，可将市场分为完全垄断市场、完全竞争市场、不完全竞争市场和寡头垄断市场，不同的市场环境对财务管理有着不同的影响。在完全垄断的市场下，价格由垄断企业决定，具有垄断地位的企业一般不会面临竞争压力，因而，其市场风险极小，财务活动处于有利地位。在完全竞争市场下，价格完全由市场来决定，企业时刻面临竞争风险，并因经营风险或市场风险的存在而加剧财务风险。在不完全竞争和寡头垄断的市场下，企业财务管理面临的竞争风险小于完全竞争市场，可通过优质或特色服务使自身处于优势和垄断地位，加强对市场的控制能力，但这种优势和垄断地位的取得是要付出代价的，如研发投入、广告宣传、信用条件放宽等。虽然能保持一定时期的相对稳定并获取一定的利润，但由于其他企业的赶超，企业仍然面临一定的经营风险和市场风险，进而引发企业的财务风险。

（二）法律环境

财务管理的法律环境是指影响企业财务活动的各种法律、法规和规章。影响企业财务管理的法律环境主要有企业组织法规、财务会计法规以及税法等。

1. 企业组织法规

企业组织必须依法成立，不同类型的企业在组建过程中适用不同的法律。在我国，这些法律包括《中华人民共和国公司法》（以下简称《公司法》）、《中华人民共和国个人独资企业法》（以下简称《个人独资企业法》）、《中华人民共和国合伙企业法》（以下简称《合伙企业法》）、《中华人民共和国外商投资法》（以下简称《外商投资法》）等。这些法规详细规定了不同类型的企业组织设立的条件、设立的程序、组织机构、组织变更及终止的条件和程序等。例如，公司的组建要遵循《公司法》规定的条件和程序，公司成立后，其经营活动包括财务活动都要按照《公司法》的相关规定来进行。因此，《公司法》是约束公司财务管理最重要的法规，公司的财务活动不能违反该法律。

从财务管理的角度来看，非公司制企业与公司制企业有很大的不同。例如，个人独资企业和合伙企业都属于非公司制的企业，企业主承担的是无限责任，也就是说，一旦企业经营失败，其个人的财产也将纳入偿债范围。而公司制企业的股东承担的是有限责任，公司经营失败时，仅以股东的出资额为限来偿债。

2. 财务会计法规

财务会计法规主要包括《企业财务通则》《企业会计准则》《企业会计制度》等。《企业财务通则》是各类企业进行财务活动、实施财务管理的基本规范。《企业财务通则》随着经济环境的不断修订，修订后的《企业财务通则》于 2007 年 1 月 1 日起开始实施，围绕企业财务管理环节，明确了资金筹集、资产营运、成本控制、收益分配、信息管理、财务监督六大财务管理要素并结合不同财务管理要素，对财务管理方法和政策要求进行了规范。

《企业会计准则》分为基本准则和具体准则。基本准则为主导，对企业财务会计的一般要求和主要方面做出原则性的规定，为制定具体准则和会计制度提供依据。《企业会计准则》于 2006 年 2 月 15 日发布，自 2007 年 1 月 1 日起施行。近年来，财政部针对会计准则在执行中的重点、难点问题，陆续出台了多项修订及解释，不断补充和完善我国的会计准则体系。

除了上述法规之外，与企业财务管理有关的经济法规还包括证券法规、结算法规等。财务人员要在守法的前提下完成财务管理的职能，实现企业的理财目标。

3. 税法

税法是国家制定的用以调整国家与纳税人之间在征纳税方面权利与义务的法律规范的总称。税法是国家法律的重要组成部分，是保障国家和纳税人合法权益的法律规范。税法按征收对象的不同可以分为以下几点。

（1）对流转额课税的税法，以企业的销售所得为征税对象，主要包括增值税、消费税和进出口关税。

（2）对所得额课税的税法，包括企业所得税、个人所得税。其中，企业所得税适用于在中华人民共和国境内的企业和其他取得收入的组织（不包括个人独资企业和合伙企业）。上述企业在我国境内和境外的生产、经营所得和其他所得为应纳税所得额，一般按 25% 的税率计算缴纳税款。

（3）对自然资源课税的税法，目前主要以矿产资源和土地资源为征税对象，包括资源税、城镇土地使用税等。

（4）对财产课税的税法，以纳税人所有的财产为征税对象，主要有房产税。

（5）对行为课税的税法，以纳税人的某种特定行为为征税对象，主要有印花税、城市维护建设税等。

企业在经营过程中有依法纳税的义务。税负是企业的一种支出，因此企业都希望在不违反税法的前提下降低税负。降低税负需要财务人员在理财活动中精心安排、合理筹划，而不是通过逃避缴纳税款的方式来实现，这就要求财务人员精通税法，为理财目标服务。

（三）金融市场环境

金融市场是资金融通的场所。企业资金的取得和投放都与金融市场密不可分，金融市场发挥着金融中介、调节资金余缺的功能。熟悉金融市场的各种类型及管理规则，可以让企业财务人员有效地组织资金的筹措和资本投资活动。

1. 金融市场与公司理财

金融市场对公司财务活动的影响主要体现在以下三个方面。

（1）为公司筹资和投资提供场所。金融市场上存在多种方便灵活的筹资方式，公司需要资金时，可以到金融市场上选择合适的筹资方式筹集所需资金，以保证生产经营的顺利进行，当公司有多余的资金时，又可以到金融市场选择灵活多样的投资方式，为资金的使用寻找出路。

（2）公司可通过金融市场实现长短期资金的互相转化。当公司持有的是长期债券和股票等长期资产时，可以在金融市场转让变现，成为短期资金，而远期票据也可以通过贴现变为现金。与此相反，短期资金也可以在金融市场上转变为股票和长期债券等长期资产。

（3）金融市场为公司理财提供相关信息。金融市场的利率变动和各种金融资产的价格变动，都反映了资金的供求状况、宏观经济状况甚至发行股票及债券公司的经营状况和盈利水平。这些信息是公司进行财务管理的重要依据，财务人员应随时关注。

2. 金融市场的构成

金融市场由主体、客体和参加人组成。主体是指银行类和非银行类金融机构，它们是连接投资人和筹资人的桥梁。客体是指金融市场上的交易对象，如股票、债券、商业票据等。参加人是指客体的供应者和需求者，如企业、政府部门和个人等。

金融机构主要包括商业银行、投资银行、证券公司、保险公司和各类基金管理公司。商业银行的主要作用是资金的存贷，它们从广大居民手中吸收存款，再以借款的形式将这些资金提供给企业等资金需求者。

投资银行在现代公司筹资活动中处于非常重要的地位，任何公司发行债券或股票，都要借助投资银行。目前在我国，投资银行的业务主要由各类证券公司来承担。

保险公司和各类基金管理公司是金融市场上主要的机构投资者，它们从广大投保人和基金投资者手中聚集大量资金，投资于证券市场，成为公司资金的一项重要来源。目前，我国已经存在多家保险公司和基金管理公司，这些机构投资者在金融市场上的作用越来越重要。

3. 金融工具

财务管理人员要了解金融市场，必须熟悉各种金融工具。金融工具按发行和流通的场所划分为货币市场证券和资本市场证券。

（1）货币市场证券。货币市场证券属于短期债务，到期日通常为 1 年或更短的时间，主要是政府、银行及工商业企业发行的短期信用工具，具有期限短、流动性强和风险小的特点。货币市场证券包括商业本票、银行承兑汇票、国库券、银行同业拆借、短期债券等。

（2）资本市场证券。资本市场证券是公司或政府发行的长期证券。其到期期限超过 1 年，实质上是 1 年期以上的中长期资本市场证券。资本市场证券包括普通股、优先股、长期公司债券、国债、衍生金融工具等。

4. 利率

企业的财务活动均与利率有一定的联系，离开利率这一因素，企业就无法正确进行筹资决策和投资决策。因此，利率是进行财务决策的基本依据，利率原理是财务管理中的一项基本原理。

利率是衡量资金数量增值的基本单位，即资金的增值同投入资金的价值之比。从资金流通的借贷关系来看，利率是特定时期运用资金这一资源的交易价格。也就是说，资金作为一种特殊商品，其在资金市场上的买卖是以利率为价格标准的，资金的融通实质上是资金、资源通过利率这个价格体系在市场机制作用下进行再分配。因此，利率在资金的分配及个人和企业财务决策的过程中起着重要作用。例如，某企业拥有投资利润率很高的投资机会，就可以发行较高利率的证券以吸引资金，投资者卖掉投资利率较低的证券，购买这种利率较高的证券，这样资金将从低利率的投资项目不断向高利率的投资项目转移。因此，在发达的市场经济条件下，资金从高报酬项目到低报酬项目的依次分配，是由市场机制通过资金的价格——利率的差异决定的。

利率在企业财务决策和资金分配方面非常重要。一般而言，资金的利率由三部分构成。

（1）纯利率。纯利率是指在没有风险和没有通货膨胀情况下的均衡利率。影响纯利率的基本因素是资金供应量和需求量，因而纯利率不是一成不变的，它随资金供求的变化而不断变化。精确测定纯利率是非常困难的，在实际工作中，通常以无通货膨胀情况下的无风险证券的利率来代表纯利率。

（2）通货膨胀补偿率。通货膨胀已成为世界上大多数国家经济发展过程中难以医治的“病症”。持续的通货膨胀会不断降低货币的实际购买力，对投资项目的投资报酬率也会产生影响。资金的供应者在通货膨胀的情况下，必然要求提高利率水平以补偿其购买力损失，所以，无风险证券的利率，除纯利率之外还应加上通货膨胀因素，以补偿通货膨胀带来的损失。

（3）风险报酬率。风险报酬率分为违约风险报酬率、流动性风险报酬率和期限风险报酬率三种。

①违约风险报酬率。违约风险是指借款人无法按时支付利息或偿还本金而给投资人带来的风险。违约风险反映了借款人按期支付本金、利息的信用程度。借款人如不能按期支付本息，则说明该借款人的违约风险高。为了弥补违约风险，必须提高利率。否则，借款人就无法借到资金，投资人也不会进行投资。国库券等证券由政府发行，可以视为没有违约风险，其利率一

般较低。企业债券的违约风险则要根据企业的信用程度来定，企业的信用程度可分若干等级。等级越高信用越好，违约风险越小，利率水平也越低；信誉不好，违约风险大，利率水平自然也高。

②流动性风险报酬率。流动性是指某项资产迅速转化为现金的可能性。如果一项资产能迅速转化为现金，则说明其变现能力强、流动性好、流动性风险小；反之，则说明其变现能力弱，流动性不好，流动性风险大。政府债券、大公司的股票与债券，由于信用好、变现能力强，因此流动性风险小。而一些不知名的中小型企业发行的证券，其流动性风险相对较大。一般而言，在其他因素均相同的情况下，流动性风险小和流动性风险大的证券利率差距为 1 ～ 2 个百分点，这就是所说的流动性风险报酬。

③期限风险报酬率。一项负债到期日越长，债权人承受的不确定因素就越多，承担的风险也就越大。为弥补这种因风险而增加的利率就叫期限风险报酬。例如，同时发行的国库券 8 年期的利率就比 5 年期的利率高，银行存贷款利率也一样。因此，长期利率一般要高于短期利率，这便是期限风险报酬率。当然，在利率剧烈波动的情况下，也会出现短期利率高于长期利率的情况，但这种偶然情况并不影响上述结论。

综上所述，利率可通过以下关系式表达：

利率 = 纯利率 + 通货膨胀补偿率 + 风险报酬率

（四）社会文化环境

社会文化环境包括教育、科学、文学、艺术、新闻出版、广播电视、卫生体育，以及世界观、理想、信念、道德、习俗，还有同社会制度相适应的权利义务观念、道德观念、组织纪律观念、价值观念、劳动态度等。企业的财务活动不可避免地受到社会文化的影响。但是，社会文化的各方面对财务管理的影响程度不尽相同，有的具有直接影响，有的具有间接影响，有的影响比较明显，有的影响微乎其微。

例如，随着财务管理工作的内容越来越丰富，社会整体的教育水平将越来越重要。事实表明，在教育落后的情况下，为提高财务管理水平的努力往往收效甚微。科学的发展对财务管理理论的完善也起着至关重要的作用。经济学、数学、统计学、计算机科学等诸多学科的发展，都在一定程度上促进了财务管理理论的发展。另外，如社会的资信程度等因素也在一定程度上影响着财务管理活动。当社会资信程度较高时，企业间的信用往来会加强，从而促进彼此之间的合作，并减少企业的坏账损失。

同时，在不同文化环境中经营的公司需要对员工进行文化差异方面的培训，并且在可能的情况下聘用文化方面的专家。忽视社会文化对公司财务活动的影响，会给公司的财务管理带来意想不到的问题。

三、微观财务管理环境

（一）企业组织形式

在市场经济条件下，企业的类型很多，不同类型的企业所采用的财务管理方式也各有不同，按国际惯例可分为三种企业组织形式。

1. 个人独资企业

个人独资企业是指一个由自然人投资并兴办的企业，其全部资产和债务由出资者自己占有和偿还。在独资企业组织形式下，所有权和经营权合二为一，出资者负有无限的偿还责任，个人资产和企业资产没有差别。独资企业的理财比较简单，主要利用业主自己的资金和供应商提供的商业信用。个人独资企业筹资比较困难，对债权人缺少吸引力。

2. 合伙企业

合伙企业是由两个或两个以上的自然人订立协议，共同出资，合伙经营，共享收益，共担风险，并对合伙企业债务承担无限连带责任的营利性组织。在合伙企业组织形式下，企业的资金来源和信用能力比个人独资企业更强，收益分配也更复杂。因此，合伙企业的财务管理比个人独资企业复杂很多。

3. 公司制企业

公司制企业是指以营利为目的的依法登记的独立法人。在公司制企业里，所有权和经营权是高度分离的，这使公司的财务活动和财务关系变得比较复杂。公司的有限责任、产权易于转让和永续经营提高了公司筹措资金的能力。公司的资金来源和方式多样，投资去向也很多，需要进行认真的分析和选择。收益的分配需要考虑企业内部和外部的许多因素。

（二）销售环境

企业所处的市场环境，对财务管理有着重要影响。处于完全垄断市场的企业，产品独家经营，企业可以在宏观政策指导下决定商品的数量和价格。因此，这类企业的销售一般都不成问题，价格波动也不会很大，企业的利润稳中有升，不会产生太大的波动，因而风险小，可利用较多的债务来筹集资金。而处于完全竞争市场上的企业，生产者、消费者众多，商品的价格不受企业左右，完全由市场决定，商品的价格和数量容易上下波动，风险较大，因而要慎重利用债务资金。处于不完全竞争市场和寡头垄断市场上的企业，因同一种商品有许多厂家生产，但型号、规格、质量等有较大差异，或者商品由少数几个厂家控制，企业应在产品开发、营销、售后服务等方面投入较多的资金，尽快创造出品牌和特色产品。

（三）采购环境

采购环境又称物资来源环境，是指与采购材料物资的价格和数量有关的条件。采购环境对企业有着重要影响。企业采购环境按物资供应是否充裕可分为稳定的采购环境和波动的采购环境。前者材料资源比较充足，运输条件比较正常，能保证企业生产经营的经常性需要，企业可以少储备物资，减少存货占用资金。后者物资比较紧缺，运输不大顺利，有时不能如期供货，为此企业要设置物资的保险储备，增加存货的资金占有量。采购环境还可按采购价格的变动趋势，分为价格可能上升的采购环境、价格平稳的采购环境和价格可能下降的采购环境。对价格可能上涨的物资，企业应提前进货，投入较多的资金；而对价格可能下降的物资，可在保证生产需要的情况下推迟采购，节约资金。

（四）生产环境

生产环境是指生产条件和产品的寿命周期。不同的生产企业和服务企业具有不同的生产环境，这些环境对财务管理有着重要的影响。就生产条件而言，企业可分为劳动密集型企业、技术密集型企业和资源开发型企业。劳动密集型企业所需工资费用较多，长期资金占用较少，可较多地利用短期资金；技术密集型企业需要使用较多的先进设备，而所用人力较少，企业需要筹集较多的长期资金；资源开发型企业，则需要大量资金用于勘探、开采，资金回收期较长。

（五）企业文化

当企业发展到一定规模与层次时，就需要有自己的文化，其中树立企业文化意识是构建企业管理文化的一个非常重要的环节。财务意识并不是具体的管理方法，而是一种观念，它影响着财务人员的行动。其中，预算管理意识、成本意识、战略管理意识和综合管理意识等，对财务意识的影响尤为明显。预算意识要求预算成为各级管理者与员工的一种行为模式，作为一种机制，引导日常管理。成本意识是财务管理的一个重要内容，与投入产出直接相关。战略管理意识要求全员以战略目标为中心，服务于战略需要。综合管理意识强调全员管理是一体化的管理，要求处理好三个关系：财务集权与分权的关系、业务经营与财务管理的关系、管理者与被管理者的关系。例如，事业部管理就是一体化的管理，业务与财务紧密结合。

第四节　新会计准则下财务管理的创新

一、新会计准则和财务管理之间的关系

（一）新会计准则的特征

新会计准则[①]让财务信息变得更可靠，新准则中明确规定会计信息的最重要质量特征是可靠，会计确认、报告及计量必须以实际发生的事项或是交易为依据，如果会计确认信息不是真实的，那么会计信息质量不符合新会计准则的要求，新准则下的会计信息要能够真实反映满足确认要求的各种会计信息与要素，确保会计信息内容完整，且真实可靠。

（二）财务管理

财务管理是一种关于很多利益方的非正式关系及正式关系的制度安排，企业实行财务管理的最终目标是利用安排制度，使有关利益方的利益、权力及责任能够达到相互制衡的状态，最大化有关利益方的价值，实现公平和效率充分结合在一起。财务管理的重心是配置财务管理权力，利用科学配置管理权，使财务控制的渗透性与广泛性增强，增大可控制区域范围，避免由于代理人各种道德问题，使相关利益流失，提升信息公平性与透明度。

（三）新会计准则的内容创新

新会计准则满足社会经济的发展要求，它在内容方面有以下创新：注重企业的长期稳定发展，在财务信息确认、计量及制作财务报表方面，明确了资产负债表的重要地位，对企业的短期行为做了一些限制；着重提升社会资源的配置效率，在制定财务报告的目标时，注意会计信

①最新修订的《企业会计准则》，为便于读者理解，本书统称为“新会计准则”。

息的决策作用；重视企业技术升级与自主创新，选择会计政策方面，改变了以往将研发费用后做法，使研发费用逐步资本化。强调向投资者所提供的信号或信息具有价值性，会计信息要具有良好质量，且需要及时公开；使成本补偿制度更加完善，成本补偿制度根据国际化与市场化要求改进了核算成本的方法和思路；注意提升会计信息的透明度，切实保护社会公众和投资者的利益，披露信息方面，坚持充分披露原则；新准则和国际会计准则存有相似之处，它借鉴了国际财务准则，绝大部分事项都和国际财务准则趋同。

（四）新会计准则和财务管理之间的关系

实际上，新会计准则是结合国际财务准则的有关规定而设计的与我国目前国情相符的会计核算制度。新会计准则主要由企业或公司来执行，企业或公司的内部管理结构，尤其是财务管理结构是新准则执行体的重要组成，公司要实现其财务管理目标，必须提供具有较高质量的可靠的会计信息，公司提升其财务管理水平对新会计准则不断完善具有重要促进作用。所以，公司财务管理工作和新会计准则的执行是相互依存、相互促进的关系。

二、新会计准则背景下的财务管理工作遇到的挑战

（一）对会计人员的要求更高

由于新会计准则是对旧会计准则[①]的完善和补充，因此，会计人员只有全面地提高自身的专业素质，才能够保证对新会计准则研究的深入和具体，也才能够保证新会计准则应用的合理性。但是，从目前会计人员的整体水平来看，虽然会计人员的专业水平在不断提高，但依然有部分会计人员没有加强学习和自我监督，进而导致无法对新会计准则进行科学的运用，影响到新会计准则应用的合理性，对财务管理工作造成较大的影响，长此以往造成的后果较为严重，因此，应该引起财务部门的高度重视，并通过采取有效的措施，提高会计人员的专业素质，以更好地完成财务管理工作。

（二）要求财务管理制度更完善

从目前的财务管理制度上来看，大多数企业依然是沿用着旧会计准则中的相关要求制定的，并且没有及时地对其进行更新和补充，影响到财务管理的质量，长此以往对企业管理质量的提升非常不利。针对此种情况，在新会计准则实施下，企业应该进一步完善财务管理制度，结合实际情况及财务管理的特点对财务管理制度进行完善，这样才能够保证财务管理的良好发展。

（三）要求深化财务改革

伴随着我国社会经济的不断发展，财务管理工作也应根据社会经济的发展情况进行不断地改革。尤其是新会计准则颁布以来，在实际的工作中，应该不断地深化财务改革。但是，从实际的工作来看，并没有根据新会计准则中的相关要求进行财务改革，影响到财务管理水平的提高，严重地阻碍了财务管理工作的顺利开展。

①旧会计准则为修订前的《企业会计准则》。

三、新会计准则对财务管理的作用

（一）对财务管理环境的作用

对于存货期末的计价方法及公允价值等方面，新会计准则做出了一定的改动，对会计处理方面增加了诸多规制性条件，从而提高了会计信息的质量，使得它更加有利于相关人员的利益。在信息获取方面也降低了成本，从而使得我国资本市场更加地繁荣，这在很大程度上有利于我国财务管理环境的改善。与此同时新会计准则也越来越向国际标准靠拢，拓展了我国企业融资及投资方面的渠道，进一步改善了国际财务管理环境。

（二）对企业财务活动方面的作用

1. 公允价值

与旧会计准则相比，公允价值是较为契合现金流量现值计算原则的，从而有利于企业实施财务活动决策时现值的计算及成本效益的衡量等。所以说若公允价值能够被广泛地运用，它能使财务信息的反应更加精准，从而提供财务活动中的财务支持。不过需要注意的是，公允价值也可能会对企业产生不利的影响。确定公允价值的方式是以价格及现金流量的净现值为参照，它需要一些人员的价值性的判定，这就在无形之中为企业留下了利润调节的空间。关于企业的毛利率的增加等方面，或许各个财务指标只是企业利润操纵的一个工具，由一些积极的数据对相关人员实行欺骗，这样做的目的是为更好地筹资。

2. 资产减值准备

基于新会计准则，企业计提的资产减值准备不允许冲回，其断绝了通过减值准备来回冲回的财务手段操纵利润的行为，使得费用指标比较稳定，而且能够对企业的净产值有一个较为客观的反映，这是与净现值理论相符合的。而新的减值准备在很大程度上可以确保对投资的正确计量，同时也可以在企业的投资活动决策方面提供一定的财务性的支持。

3. 重组债务

新会计准则对原先债务重组的获利进行了转移，即从资本公积转到了当期损益，这在一定程度上降低了所有者的权益，而企业利润则增加了，进而提高了企业利润方面的相关指标。不过也只是表上的利润，在实际中是没有利润的。这无疑对财务方面增加了风险度。因此在进行企业财务活动的评价及决策时要注意这一点。

4. 存货计价方法

新会计准则背景下，企业在发出存货的实际成本计价方法中取消了“后进先出法”对于较长生产周期的企业来说，其影响是比较的大的，在一定程度上它制约了企业由随意变更计价方法实施利润调节。这对于核算存货周转率是十分有利的，同时对于供应量及储备存货量的确定也是十分有利的，它也可以节约存储成本等，进而降低总的成本，实现对于成本的有效控制。

（三）对财务管理决策的作用

对于新会计准则而言，它比较重视企业财务信息有用性和对受托责任履行评价的支持，它指向企业的价值持续性的增长，对企业的现金流量的信息及资产质量是比较的重视的，这一观念的转变对于财务决策而言，影响是非常的直接的。

四、新会计准则下企业财务管理的创新

（一）完善企业内部财务管理制度

企业财务管理是企业管理控制系统的一部分，其实质是通过对财务管理权力的合理分配、企业资源的优化整合，以及资金、资产的有效使用，以达到资源配置最佳、资源配置效率提升及控制企业风险的目标，实现向企业战略趋近的愿望。财务管理的战略性体现在它沟通了企业战略与经营理财活动的关系，使企业战略意图得以具体贯彻，长短期财务管理计划得以衔接。企业有效的管理控制系统作用的发挥还体现在管理层运用财务管理功能实现规划和控制目标上。管理层通过制定战略并利用财务管理手段贯彻实现目标的各种行为，通过财务业绩来评价经营活动。财务管理在企业中运用的实践证明，通过财务管理控制可以分解落实战略思想，整合优化资源配置，将控制渗透到企业的各个业务单元，从而带动企业整体管理控制水平的提升。

企业管理已从传统的业务管理层次逐步转变为战略管理层次，就内涵层面分析，结合企业经营管理现状，战略财务管理已然成为现代企业战略管理的重要组成部分，也日益成为现代财务管理的开拓性发展模式。

（二）加强企业投资活动风险管理

企业通过筹资活动取得资金后，进行投资的类型有三种：一是投资生产项目；二是投资证券市场；三是投资商贸活动。投资项目并不都能产生预期收益，所以会引起企业盈利能力和偿债能力降低的不确定性，如投资项目不能按期投产，则无法取得收益或虽投产但不能盈利，反而出现亏损，导致企业整体盈利能力和偿债能力下降，虽没有出现亏损，但盈利水平很低，利润率低于银行同期存款利率；或利润率虽高于银行存款利息率，但低于企业目前的资金利润率水平。由于存在风险，投资者所要求的超过资金时间价值，用于回报承担投资风险的那部分额外报酬，称为收益。在进行投资风险决策时，重要原则是既要敢于进行风险投资，以获取超额利润，又要克服盲目乐观和冒险主义，尽可能避免或降低投资风险。在决策中要追求的是一种收益性、风险性、稳健性的最佳组合，或在收益和风险中间让稳健性原则起着一种平衡器的作用。

现代企业财务管理不同于传统企业财务管理，要做好企业财务管理工作，就必须树立新的理财观念。所谓财务管理观念，是指从企业财务管理实践中抽象出来的理论观点和思维方法。社会主义市场经济体制改革对企业财务管理产生了重大影响，改变了理财主体的地位。企业自主经营、自负盈亏、自我发展、自我约束，就必然要求企业自主理财。自主理财首先要明确理财主体。理财主体是独立进行财务活动、实施自主理财的单位或个人，它界定了财务活动的空间范围。只有明确理财主体，才能明确财务管理权限和责任。在所有权和经营权分离的条件下，所有者和经营者对财务管理具有不同的权限，要进行分权管理。这也是现代企业制度要求产权清晰、权责明确、政企分开、管理科学的本质要求。

在市场经济条件下，企业价值与股东财富的增长取决于企业可持续盈利成长能力，而传统企业追求的盈利能力最大化不如盈利成长能力最大化，而盈利成长能力最大化又不如可持续盈利成长能力的最大化。

（三）做好基础财务管理，提高竞争力

财务管理工作是贯穿企业生产和经营全过程的一项重要工作，完善合理的财务管理是促进企业综合竞争力提高的基础。在财务管理制度的建设过程中，应越来越重视整个社会文化环境对财务管理制度的影响。财务文化主要包括财务物质文化、财务行为文化、财务精神文化及财务管理制度文化，其中，财务管理制度文化是指介于有形的财务物质文化和无形的财务精神文化之间的一种文化状态。财务管理制度文化的主体是财务管理制度，其实施系统也是各种具体的财务管理制度。

长期以来，我们重视财务管理本身的研究，亦重视财务管理制度的制定和实施，但很少涉及财务管理制度文化这一层次。财务管理制度的完善必然会直接触及整个社会的一般文化传统和文化背景，企业内部财务管理制度的制定必须依据现时的财务理制度文化，与之相吻合、适应，只有这样才能使制度为人们信任并达到有效可行的目的。

第二章　现阶段财务组织与模式变革

第一节　现阶段财务组织的简化

财务组织如同生物一样，有着自身发展和进化的规律。在不同的历史时期，财务组织是与当时的社会、经济及技术环境相匹配的。时至今日，财务组织的发展已经进入了与智能化时代环境相适配的时期。

我国的财务发展可以从中华人民共和国成立后开始谈起。在几十年的发展历程中，财务领域发生着改变，这种改变是和整个中国社会的进步相匹配的。本书将这个进化历程划分为几个阶段：入门阶段，即财会一体阶段；初级阶段，即专业分离阶段；中级阶段，即战略、专业、共享、业财四分离阶段；高级阶段，即外延扩展阶段。如同社会的发展一样，第一个阶段历时漫长，而后续几个阶段则在短短的时间内陡然加速，实现迅猛发展。

一、入门阶段：财会一体阶段

从中华人民共和国成立到 20 世纪 70 年代末，财务与会计并没有十分明显的区分，即所谓的财会一体。事实上，在这个过程中，会计对处于计划经济时期的中国来说是更为重要的。而在这个阶段，财务管理实际上更多的是服务于内部控制和成本管理。一方面，要保证不出现经济问题，需要针对资金和资产的安全投入必要的管理；另一方面，需要从降低成本上获取管理业绩。在入门阶段，财务管理更多地被视为会计的一个构成分支。

二、初级阶段：专业分离阶段

随着改革开放的到来，企业的经营目标发生了很大改变。随着市场经济得到确立，企业更多地关注于自身的经营结果，也就是怎么赚钱。在这个背景下，财务的地位发生了一些改变，从一个单纯“管家婆”的身份，转变为一个对内能当好家，对外能做参谋的新身份。

同时，财务组织也发生了变化，其中一个典型的特征是在 20 世纪 80 年代，财务管理作为一门独立的学科被分离出来，而企业也逐渐完成了财务管理部和会计部的分设。这样的好处是让专业的人做专业的事情。在财务管理范畴中也逐步涵盖了越来越多的东西，如预算管理、成本管理、绩效管理等，会计则涵盖了核算、报告、税务等内容。在后期，另一个专业领域也被不少大公司分离出来，即资金管理。很多企业在财务管理部和会计部以外都设置了资金部。

三、中级阶段：战略、专业、共享、业财四分离阶段

从 20 世纪 90 年代开始到 2015 年，是财务领域快速创新、积极变革的阶段。战略、专业、共享、业财四分离这个概念最早是咨询公司从国外引入并流行起来的。如图 2–1 所示，财务组织有两个三角形的变化，左边的正三角形里基础作业比重较大，右边的倒三角形里管理支持比重较大。正是在这种思想的引导下，国内很多企业开展了财务共享服务中心及业财一体化的建

设。而这两大工程带来的直接影响就是基础作业分离到了财务共享服务中心，业务财务队伍成为财务组织的一个很重要的配置。

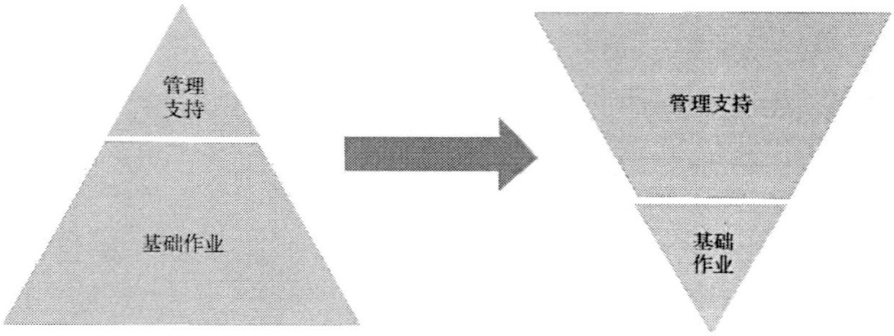

图 2-1　传统阶段到四分离阶段的职能转变

还有一个在市面上流行的三分离的概念，这个概念没有将专业财务与战略财务分离，统称为战略财务。但根据著者的管理咨询工作实践，战略财务和专业财务还是有一定差异的，分离后更为清晰。战略财务主要聚焦集团或总部的经营分析、考核、预算、成本管理等领域，专业财务则聚焦会计报告、税务、资金等内容。财务共享是会计运营的大工厂，而业务财务则是承接战略财务和专业财务在业务部门落地的"地面部队"。

战略、专业、共享、业财四分离的出现使财务的格局上升了一个层次。应该说，目前国内大中型企业的财务建设基本上都是按照这种模式来设置的，并且取得了不错的成效。

四、高级阶段：外延扩展阶段

高级阶段的财务组织就是财务组织发展到一定阶段，向更高阶段迈进，这也是与当下日新月异的社会环境相匹配的。从这个角度来看，财务人并没有想象中的那么保守，反而具有一定的自我突破的决心。高级阶段在前面四分离的基础上进一步扩展了财务工作内涵的外延，本书称之为外延扩展阶段。

到了高级阶段，就需要有创新能力了。从 2016 年开始，社会的科技进步加速，移动互联网后期兴起，人工智能开始起步，大数据概念普及，套装软件厂商开始迫不及待地布局云服务。作为财务，仅仅抱着旁观态度显然是不行的。

在高级阶段，战略财务开始研究如何使用大数据来进行经营分析，有些企业在财务体系中分化出数据管理部或者数据中心。专业财务对管理会计的重视日趋加强，管理会计团队在财务组织中出现独立的趋势。业务财务就更加多元化，并且在不同的企业做法也不尽相同，有的企业基于价值链配置业务财务，有的企业则基于渠道配置业务财务。而财务共享服务中心在步入成熟期后，开始向深度服务或对外服务转型，如构建企业商旅服务中心，承接服务外包业务，提供数据支持服务等，同时基于机器作业的智能化应用也在财务共享服务中心出现。而另一项工作——财务信息化，在财务组织中也日趋重要，少数企业已经成立独立的财务信息化部门。随着智能时代的到来，财务信息化部门进一步演化出财务智能化团队，负责推动整个财务组织在智能化道路上前行。

从组织形态上说，过去的层级性组织正出现矩阵式、网状或柔性组织的特征，大多数企业要求财务团队既要专业，又要有极强的可扩展性，从而应对企业在发展过程中对人力多样化、差异化的需求。

第二节 智能时代的财务管理策略

当财务组织的发展进入到高级阶段后，需要面对更为复杂的灵活性及更为迫切的创新需求。传统的财务组织应对这一特点会面临极大的压力。即将谈到的柔性财务管理正是为此准备的，以下内容将讨论柔性财务管理是怎样影响和改变财务的现行管理模式的。

在智能时代财务管理的新逻辑思维中，传统的财务管理是一种刚性管理模式，而智能时代的财务管理需要具有更多的柔性。首先让我们来深入理解什么是管理的“刚与柔”，然后再来谈谈应该从哪些方面构建财务管理的柔性。

一、深入理解管理的“刚与柔”

从字面上理解“刚”与“柔”并不困难。对于“刚”的概念，最具代表性的当属泰勒的科学管理思想。泰勒的科学管理思想包括作业管理、组织管理和管理哲学三个核心内容。其中，作业管理强调的是如何通过科学的工作方法、培训方法和激励方法来提升劳动生产率。在电影《摩登时代》中，卓别林所饰演的工人在采用刚性的科学管理模式的工厂中进行流水线作业，几乎成为生产线上的一颗螺丝钉。在组织管理中区分计划和执行职能，提出了职能管理的概念，而在管理哲学中则强调科学管理带来的心理革命。随后很多管理思想的发展都延续了科学管理中至刚的风格。

传统管理的刚性并不局限在科学管理这一个领域，在现实的管理工作中到处都有刚性的影子。例如，组织中森严的管理层级、制度中可能隐藏的简单粗暴、流程中缺少变通的执行方式、信息系统中难以改变的架构等，这些都时刻影响着企业的发展。而在财务领域，这种刚性的影响同样不可小觑。

我们不能简单地去否定刚性，在过去的管理阶段中，刚性管理有其存在的自身价值。我们要做的是研究这些刚性的度是否合适，是否会过刚而折。如果到了折断的临界点，就应当适当地引入柔性，达到刚柔相济。

那么，柔性管理又是怎样的呢？本书的理解是，柔性管理和行为科学体系是一脉相承的。霍桑实验是行为科学体系建立的重要实验基础，在这个实验中，人们发现企业员工可能并不是泰勒所假设的“经济人”而是“社会人”。这个观点的转变，彻底将泰勒把人当作机器的管理思想转向了关注人的主观能动性。

同样，柔性管理的概念也不仅关注了对人的管理模式的改变，还体现了一种敏捷、弹性、可扩展的精神，可以广泛地应用在战略管理、组织管理、绩效管理、团队和人员管理、信息系统、流程管理、运营管理等多个方面。

安应民在《企业柔性管理：获取竞争优势的工具》中表述，从本质上来说，柔性管理是一种对“稳定和变化”同时进行管理的新战略，它以思维方式从线性到非线性的转变为前提，强调管理跳跃和变化、速度和反应、灵敏与弹性，它注重平等和尊重、创造和直觉、主动和企业精神、远见和价值控制，它依据信息共享、虚拟整合、竞争性合作、差异性互补等实现知识由隐到显的转换，为企业创造与获取竞争优势。通过以上的内容可以看出，这是对柔性管理的一种较为感性的理解。

二、智能时代财务为何且如何实现柔性管理

当我们了解了柔性管理的概念后，不禁思考，在智能时代的大背景下，财务应当实现怎样的柔性管理呢？

谈到财务管理，在非常长的时期内，大家似乎都更愿意使用刚性思维来对待。一方面，财务本身在不断进行所谓的严谨、管控、规则化的自我暗示；另一方面，财务人员长期以来就工作在各种条条框框里，从准则到各类监管制度，以及发票、单证，环境中充斥着刚性的氛围，可以说是一种过刚性的状态。而这种状态会逐渐束缚财务人员的创造力，并且如今的商业环境已经改变，商业模式日新月异的情况下渐感难以适应。

智能时代的到来，释放出要求财务进行自我改变的强烈信号，同时给我们创造了一个改变的机会。人工智能将帮助我们越来越多地完成原本需要刚性生产完成的工作，如财务审核、会计核算、资金结算等，而财务人员精力的释放将帮助我们有机会去重新构建创造能力和柔性管理的能力。

（一）柔性的财务组织架构

传统的财务组织是层次化的树状组织形式，通常在最顶层设有集团财务总监，下设几个专业部门，部门下再设相关科室，到了下属的业务单元或者子公司，又有业务单元或者子公司的总部财务，同样对口集团再设置相应的专业部门，再往下到了分支机构，视机构大小设置数量不等的财务相关部门，但具体岗位也是向上匹配的。这种组织配置方式就带有典型的刚性。

采用这种组织形式的优势是能够在条线上快速地完成指令的下达，并在某个专业领域产生高效的上下协同作用。但采用这种模式最大的弊端是横向协作困难，并会对变革和创新产生比较大的组织阻力。形象地看，这种模式也被称为“烟囱式”的财务组织架构。此外，还存在另一种刚性。尽管我们说横向协同有问题，但在任何一个层级又有其统一的负责人（CFO或者财务经理），这些横向负责人又会造成跨层级之间的协同出现问题，使原本垂直的刚性管理遇到横向的钢板。而财务负责人对其横向业务领导紧密的汇报关系更加剧了这种横向钢板带来的阻力。

因此，在组织体系中建立柔性，打破横纵钢板交织的牢笼，将带来更大的管理价值。那么，如何打造柔性组织呢？我们针对以下几个可能性展开探讨。

1. 尝试扁平化的组织形态

对于财务来说，往往在一个法人主体上会产生多个管理层级，如链条“CFO—财务各部门总经理—部门副总经理—室经理—员工”已经产生了五个管理层级。适度的扁平化可以考虑简化一些层级，从而提升组织的运转效率。每多一个管理层级，就会多一层纵向之间的钢板夹层。从提升效率的角度出发，这种去钢板的变革应当自下而上地进行，应当适度增加中高层的

管理跨度。

2. 积极应用团队结构（Team-Based Structure）的组织

在团队结构的组织中灵活地设置暂时性或永久性的团队，这样的组织形态可以改善横向关系，并且可以有效地解决横、纵钢板问题。团队的设置可以是横向组合，也可以是纵向组合，甚至可以是横纵组合的形式。在团队中可以纳入一个或多个管理者来共同解决问题。团队结构的优势是在面对重大问题的时候，可以让部门的局部利益让步于整体利益。团队往往还结合项目来进行工作，项目化团队在柔性管理中有着重要的价值。

3. 探索流程型的组织

对于财务工作来说，从流程角度出发也能够带来组织的柔性创新，并借助流程的穿透能力打破组织的刚性壁垒。流程型的组织在财务共享服务中心的应用中最为常见，但著者仍然建议扩大流程型组织的适用范围，例如，将共享服务的流程向端到端进行拓展，将经营分析、预算管理、成本管理、税务管理等非共享运营类流程引入流程型组织中。

（二）柔性的财务组织文化

在财务组织的文化建设方面可以考虑引入柔性管理的思想，从而加强团队文化的包容性和灵活性。组织文化大致可以分为团队文化、偶发文化、市场文化和层级文化。

对于传统的财务组织来说，更多地注重层级文化的建设。这种组织文化往往对稳定性和控制性的要求显著高于对灵活性的要求。这也是与财务组织长期以来的稳健特征相吻合的。

如上所说，我们有必要建立适当的组织文化柔性，而团队文化、偶发文化和市场文化都更具有柔性的特征，下文将详细介绍团队文化、偶发文化和市场文化。

1. 团队文化

团队文化类型下的组织类似于一个家庭，其鼓励家庭成员之间相互合作，通过共识和相互传递正向能量，带动组织凝聚力的提升，从而发挥出更好的组织效用。对财务来说，团队文化往往可以在一些关键时刻去建立，如在年报期间、财务系统建设期间都很容易构建起这样的团队文化。

2. 偶发文化

偶发文化是一种注重灵活性的冒险文化，其强调的是创造力的构建，以及对外部环境变化的快速响应。偶发文化鼓励员工尝试使用新方法甚至冒险去完成工作。这种文化在部分财务领域并不适合，如会计核算、报告、税务、资金结算等，这些追求安全性的领域并不能让偶发文化成为主导。但是在一些需要突破创新的领域，如创新型财务流程和系统的建立、融资等领域还是需要具备一定的创新能力的。因此，偶发文化可以作为财务组织文化的补充。

3. 市场文化

市场文化是一种鼓励内部竞争的文化，它对效益的关注超出了对员工满意度的重视，这种文化形态更像一种商业行为。对于财务领域来说，财务共享服务中心最容易形成这样的文化氛围。适度的市场文化在标准化的财务作业领域能够有效地提高员工的工作效率，这也是我们前面所谈到的另一种刚性，但这种刚性不宜过度，否则将会对财务共享运营层面造成过于刚性的影响。反而在非财务共享领域，更需要加强对市场文化的引入，以驱动财务管理人员爆发出更强的战斗力。

从以上分析可以看到，未来柔性的财务组织文化应当在层级文化的基础上更多地引入团队文化和市场文化，并将偶发文化作为必要的补充，形成丰富、立体的柔性财务组织文化体系。

（三）柔性的财务战略管控

柔性管理在财务领域的另一个应用是财务的战略管控。谈到战略管控，不少企业的做法是通过协商制定战略目标，一旦制定后就很少进行动态调整，从而造成了战略管控的刚性。而在预算管理上也存在类似的问题，预算缺乏灵活的调整，难以适应市场环境的变化，带来资源配置的刚性。因此，柔性的财务战略管控可以从绩效目标管理和全面预算管理两个视角来提升其管理柔性。

1. 绩效目标管理

在传统的目标管理中，财务部门主要根据企业战略进行目标设定、下达及跟踪考核。在这个过程中，目标需要经过管理层、业务单位及财务的沟通协商进行制定，但往往季度、半年甚至全年都不进行调整，同时目标的制定往往只关注于企业自身进步，以财务目标为中心，可以将这种模式简单地归纳为仅仅和自己比较。这是一种带有刚性色彩的目标管理。

在柔性管理思想下，对目标的制定和考核应当更多地关注其他的维度，除了企业和自身比较以外，还需要考虑市场和竞争对手的比较。通常，要设置具有挑战性的目标，可以考虑要求业务部门的绩效超出市场的平均水平，并且超出主要竞争对手的水平。当然，这是针对在行业中本身位于第一梯队的企业来说的，不同梯队的财务可以设定差异化的目标，但核心在于视角的打开和柔性化。另外，目标设定后不能一成不变，应当在全年目标施行的过程中不断调整，不仅要在固定时间节点调整，还要在市场中重大事件的发生、竞争格局或竞争环境的突然改变等使企业进行即时调整。在目标管理上，应当兼顾财务目标与非财务目标，并具有更为主动的战略敏感性。

2. 全面预算管理

传统的全面预算管理往往以年度为周期，基于年度循环来进行资源配置。部分企业将年度预算简单地除以 12 分配到每个月中。在资源配置的过程中，往往也并不适用于全面的预算编制动因，导致预算编制结果与业务实际缺乏关联性。而在预算编制完成后，又较少展开预算调整，使预算和实际情况的偏离越来越严重。

在柔性管理模式下，资源配置应当具备更加细化的时间颗粒和维度颗粒，充分考虑到不同时间周期内业务经营的实际特点，进行差异化资源配置，同时结合更多的业务实际，向作业预算的方向进行深化和努力。当然，柔性资源配置的背后还有成本和效率的约束。在当前相对刚性的资源配置模式下，很多企业的预算要到每年的 3 月或 4 月才能完成，而且在编制过程中沟通成本较高。所以向柔性管理的进一步迈进可能会增加更多的成本。

（四）柔性的财务共享服务运营

传统的财务共享服务运营模式是典型的以制度为中介，对人的行为和组织的目标进行约束匹配的模式。这种运营模式更多的是一种刚性思维。对于刚性运营来说，需要有稳定、统一及可以预测的业务需求。同时，在业务加工过程中，以规模经济为基础，进行同类业务的大批量作业，强调统一性和标准化，在作业完成后要进行质量测试。财务共享服务中心的员工仅需完成单一作业，在管理中要求尽量减少工作差异，没有或者很少进行在职培训。

可以看到，刚性运营能够享受规模效应、效率提升带来的成本优势。但在实践中，越来越多的企业管理者对财务共享服务中心的要求在不断提升，管理者希望财务共享服务中心能够有更多的灵活性，并且能够应对更为多样和复杂的业务场景。而这本身也是财务共享服务中心的管理者所不断追求的。

表 2-1 为刚性运营思维与柔性运营思维的对比，由此可见，柔性运营方式能够很好地应对日益提高的管理要求。在柔性运营模式下，需求可以具有不确定性、多样性和不可预测性。在运营过程中，柔性运营以范围经济为基础，进行多样化产品大规模生产，解决差异性和柔性的自动化处理。质量控制方式将从事后测试向前期过程中的质量环境建设和质量控制转变。对企业员工来说，需要从原来的一专一能转变为一专多能，即使当业务需求发生变化时，也能够灵活地进行资源调配。

表 2-1　刚性运营思维与柔性运营思维的对比

	刚性运营	柔性运营
市场情况	需求的稳定性、统一性和可预测性	需求的不稳定性、多样性和不可预测性
生产过程	以规模经济为基础	以范围经济为基础
	同类产品大规模生产	多样化产品大规模生产
	统一性和标准化	差异性和柔性自动化
	生产结束后进行质量测试	在生产过程中实施质量控制
	劳动力完成单一任务	工人完成多种工作，专业化程度高
	减少工作差异，没有或很少有在职培训	长期在职培训

财务共享服务中心的刚性是与生俱来的，也是不可或缺的，这是其安身立命之本。但财务共享服务中心的管理者必须意识到未来的趋势是刚柔并济的，柔性运营的思维和能力已经到了启动建设的时候。直观地说，刚性思维是一套直线式的生产线，而柔性运营模式则允许企业在这条直线上将差异性产品分流处理，同时允许企业员工在生产线上进行多流程环节处理，通过组织的柔性、技术的柔性、流程的柔性带来财务运营的多种可能。

（五）柔性的财务信息系统

对于财务管理来说，还有非常重要的一点，就是需要将财务信息系统的刚性束缚打破，构建柔性的财务信息系统。

由于中国的信息化发展过于迅速，对于很多企业来说，在还没有看明白的时候，技术已经更新，与此同时管理也出现了新的要求，财务信息化的建设是在不断打补丁的过程中完成的。这样的系统建设路径使多数企业的财务信息系统缺少规划，所以无法实现柔性。对这些企业来说，一个很大的问题就在于当业务需求发生改变时，现有的信息系统调整困难，甚至存在大量复杂的后台业务逻辑无人清楚，使新需求可能带来的影响无人能够清晰地评估，并最终导致系统无法改动。

因此，在这种情况下，财务信息系统的刚性运营存在极大的风险性。要改变这种局面事实上并不容易，需要从以下几个方面共同努力。

首先，改变信息系统建设的观念和节奏，从打补丁的建设方式转变为先做规划和架构设计再开工建设的方式。有些企业在系统建设的前期舍不得投入资金展开规划设计，导致产生高昂的后期返工和维护成本。在柔性管理思维下，建议在系统建设前期充分调研需求，多看市场成熟产品，必要时引入专业人士或者咨询公司来进行架构和需求设计，打好地基的投入方式看起来是刚性的，但最终是给未来带来更多的柔性。

其次，在财务信息系统的架构设计中应当充分考虑产品化的思路。有的企业认为业务没那么复杂，没必要搞所谓的产品化、可配置化，IT 人员只要用代码把规则写出来，流程跑通就可以。但实际情况是，这些企业从一开始就给自己戴上了沉重的刚性枷锁。有不少企业实际上都是在自己也没有想到的情况下快速发展膨胀起来的，这个时候除了推倒重来，真的很难找到更好的方法。当然，对于一些初创型企业来说，如果自身没有充足的资金进行复杂的系统开发和建设，不妨考虑选择第三方产品，甚至是云计算产品，使企业在低成本模式下保留自身的柔性。

对于那些已经戴上刚性枷锁的企业来说，这条路已经走得很远了，要想改变并不容易。找到合适的时机，对系统进行一次全面的再造是由刚入柔的可能方式。这种契机往往出现在企业经营业绩很好，能够投入充足预算的时期，如果结合技术的大发展、大进步，则企业更容易实现柔性管理。

本书在上述内容中讨论了管理的“刚与柔”，并探讨了财务需要考虑引入柔性管理思维的五种场景。在智能时代，适度加强企业的柔性管理能力有益于企业的健康运营。而最佳的境界是做到刚柔并济，发挥刚与柔的和谐之美。

第三节　智能时代的财务团队

正如前文在财务组织的极简进化史中所谈到的，财务组织在进化到高级阶段后，会进入外延扩展状态。在这一阶段中，财务组织演化出复杂多样的形态，这也顺应了在柔性管理思维下对财务组织柔性化的要求。下面本书将讨论面向未来的智能化时代，财务组织的一种可能的外延扩展形态——财务智能化团队。

一、发展方向

智能时代对财务组织最大的影响在于减少了对简单作业的需求，加强了对创新和复杂设计能力的依赖。在网络舆论中，有很多人会担心智能时代的机器会取代人工，如果实现了取代，那么对社会来说是进步还是退步？

为了回答这个问题，我们不妨参考一下经济学中的破窗理论（也称为“破窗谬论”）。这个理论源于学者黑兹利特在一本小册子中的譬喻（也有人认为这一理论是 19 世纪法国经济学家巴斯夏在其著作《看得见的与看不见的》中提出的）。黑兹利特说，假如一个孩子打破了玻璃窗，导致窗户的主人必将去更换玻璃，这样就会使安装玻璃的人和生产玻璃的人开工，从而推动社会就业。

从某些角度来说，如果机器取代人工，那么节约下来的时间、物质资源和劳动力可以用在生产其他更重要的产品上，推动社会生活更加富足。所以我们对智能时代财务组织将减少简单作业、增加复杂设计的方向性判断就更加明确了。

二、构建财务智能化团队

关于智能时代如何减少简单作业的问题，本书会在后续智能时代如何影响财务的新技术章节中讨论。 而在智能时代，增强财务复杂设计能力的核心在于财务智能化团队的建立，本书将在以下内容中探讨如何通过组织设计来增强财务复杂设计能力的问题。

（一）财务智能化团队的定义

首先，要对财务智能化团队做一个定义。为什么用“团队”这个词，而不是“部门”之类的呢？在著者看来，这样的一个组织是基于柔性理念设置的，能够具有敏捷快速的响应能力，具备更加高效的资源组织能力，以及创新、协作能力等，所以用“团队”而不是“部门”能够更加贴近著者所期待的能力需求。

在财务智能化的定义中，智能化的概念有不同的解释。第一种解释是用智能工具来武装自己，使组织的工作效能得以提升。第二种解释是组织中的工作被人工智能取代，整个组织的工作内容已经没有人为的干预，组织成为智能作业组织。第三种解释是需要一个组织，能够基于智能化的理念，帮助其他组织达到前面两种解释的目的，即智能化团队是用来帮助他人实现智能辅助工作或推动机器替代人工的。这里我们所谈论的是第三种解释下的智能化团队的概念。

著者给智能化团队加上“财务”这个限定词，是为了说明这个团队的服务对象是财务领域，而非其他领域，同时财务智能化团队的组织设置也在财务组织内部。

基于以上论述，本书给财务智能化团队下一个定义：财务智能化团队是在企业财务组织内部，基于智能化理念、人工智能理论和方法及创新思维，推动财务组织中其他职能使用智能化工具提高效率、质量或者用人工智能取代人工作业的组织。

（二）财务智能化团队员工画像

在有了定义后，下一个问题是：财务智能化团队的成员需要有怎样的素质特征？从定义来看，这个团队生来就和其他团队不一样，财务智能化团队担负着武装群众或者解放群众的历史重任。因此，这样的团队必须要具备以下独特性。

1. 游走在财务与科技之间

对于财务智能化团队来说，需要具备复合的知识体系。一方面，需要具有丰富的财务管理知识，以及管理者的战略视角，能够从全局对财务管理的工作模式和业务流程做出深入思考；另一方面，需要对智能化技术有充分的认识，清晰地认识到智能技术能够为财务管理做什么，以及如何与财务管理的场景相结合。同时，类似现在财务信息化团队中业务需求分析人员的工作，财务智能化团队同样需要具备将业务需求转换为智能化技术实现方案的能力。

2. 创新是一种本能

由于智能时代新技术的层出不穷，如何将这些新技术与财务管理的场景进行关联成为关键问题。很多时候，人们知道新技术是什么，也知道财务管理在做什么，但就是说不清楚新技术能够帮助财务管理做到什么。就像云计算、大数据、区块链等，太多的人在讲它们有多么好，但就是很难讲清楚财务可以用它们来干什么。这个问题的背后缺少的就是创新。因此，对于财务智能化团队来说，创新要成为其工作和生活中融入的本能。只有这样，才能够敏锐地洞察智能时代财务创新的机会。

3. 胆大心细能推动

对于财务智能化团队来说，在未来相当长的一段时间内，都将致力于改变现在财务管理的固化习惯。无论是让人们接受新的技术工具，还是让人工智能取代人工作业，这背后都需要强大的魄力和推动力。财务智能化团队的成员需要胆大心细，敢于挑战权威，突破惯性思维，同时需要懂得沟通协调的艺术，能够在变革的过程中获得各利益相关方的认可，从而形成推动力。

4. 人少精干有柔情

财务智能化团队的人数并不需要很多，对于整个财务组织来说，这个团队一定是一个小众群体。对于这样的团队来说，每个成员都要保持充分的活跃度和能动性。同时，整个组织需要具有高度的柔性，能够随时拆分或组合，既可以随时投入到微创新中，也可以随时投入到攻坚战中。财务智能化团队是一支富有变化性和战斗力的队伍，是未来财务组织中的特战队。

综上所述，我们已经知道，财务智能化团队需要由财务和技术复合知识、敢创新、能推动、善变化、有战斗力的财务人组成。

（三）财务智能化团队的组织设计

那么企业又该如何去构建这样的一个财务智能化团队呢？本书首先从组织设计的角度来讨论财务智能化团队的几个关键问题。

1. 财务智能化团队的核心职责

财务智能化团队的核心职责主要有四点。

（1）负责财务组织对智能化技术的战略性研究，能够积极主动地跟踪新技术动态，深入挖掘财务管理领域应用新兴智能化技术的可行场景，并制定实现路径；

（2）能够有效地与 IT 部门对接，明确智能化应用场景的业务需求，推进并跟踪 IT 部门实现智能化业务需求。

（3）推动已实现的智能化技术工具在财务管理实际工作中的应用，提升相关场景业务团队的工作效能。

（4）积极推动人工智能技术对财务业务流程中人工作业环节的替代，提升流程的自动化处理能力。

2. 财务智能化团队的管控关系

财务智能化团队是财务组织内设机构，鉴于其在组织中需要有多方面的沟通协调能力及极强的推动要求，可以考虑将该团队的直接汇报对象设定为 CFO 或分管信息化建设的财务总经理。同时，赋予该团队较强的组织协调权力，以支持其推动变革项目，如项目资源调动的权力、对项目参与方进行考核的权力等。另外，财务智能化团队也需要和外围各方财务组织及科技部门保持紧密的协作关系。

3. 财务智能化团队的组织架构

作为一个柔性组织，财务智能化团队需要有一个负责人和多个智能化财务经理。每个智能化财务经理都可以成为项目负责人或者其他项目的成员，团队应当遵循项目经理负责制，赋予项目经理充分的资源调配权和项目管理权。整个团队的负责人则需要负责团队整体的方向和人员管理，能够对每个项目起到有效的辅导和监督作用。

在明确了组织设计内容后，财务智能化团队的建设方向会逐渐清晰起来。作为一个有前瞻性思想的财务领导者，应当尽早启动对新技术的关注，以技术驱动财务管理升级。因此，能够较早地在财务组织内部设立财务智能化团队，会是很好的起点。随后，需要积极地引入富有创造力和综合能力的优秀人才，逐渐使团队的构建丰满。

财务智能化团队的构建会比其他财务组织的构建更富有挑战性，所以用有开拓性的领导力集聚创新技术人才，是团队成功构建的关键。

第四节　智能时代的财务创新

随着社会经济的发展，创新已经成为企业发展的核心驱动力，很多企业已经将创新作为企业战略的重要组成部分。国内外最顶尖的企业中新增了一个重要职位——首席创新官（Chief Innovation Officer，CIO）。这个职位和首席财务官、首席技术官等处于同一层级。在本书中，我们不是讨论企业的首席创新官，而是讨论如何让财务实现创新，如何让财务组织形成创新的生态环境，并有机会让每个财务人都能够成为首席财务创新官。

一、智能时代财务创新的使命

结合会计发展史来看，财务创新并非一件容易的事情。长期以来，社会强行赋予了财务“严谨务实”的标签，以积极的态度去理解，这是对财务工作的认可，然而从另一个角度来看，也体现出财务和创新相悖的一面。

但事实上，我们并不否认财务是具有创新能力的。在最近数十年的时间里，财务创新在企业后台管理中仍然是一抹亮彩。计算机时代的财务迈出了会计电算化这一步，信息化时代的财务成为企业 ERP 建设的前锋，共享经济时代的财务共享服务中心在企业管理中独树一帜，而在智能时代中财务也必将有所作为。

智能时代赋予了财务人新的使命，同时也对财务人的创新能力提出了新的要求。

（一）创新的技术基础更为复杂，也更为便利

智能时代的创新离不开技术，和过去相比，当今技术的发展和进步使财务人面临更为复杂的技术环境。在计算机时代，财务人只要会安装并操作软件就可以了，在信息化时代，财务人还需要懂得一定的互联网技术。而在今天的智能时代，技术与业务场景深度融合，使得财务人

需要懂的事情更为复杂，无论是大数据、云计算，还是机器学习、区块链，没有一件事情是简单的。财务人在这样的一个复杂环境中进行创新，就必须要对技术有深刻的理解。

与此同时，技术的获得又是便利的。例如，“某某云”能够让开发人员用较低的成本构建一个机器学习的开发实验环境，财务人只要稍微努力，去亲身体验和感受这些技术的实现过程并不难。从这一点来说，技术进步带来的是更多的便利。

（二）创新要求更高的时效性

智能时代的技术变化是高速的，并且遵从一定的演进路径。因此，在这样的技术节奏中，创新的时效性就显得尤为重要。如果创新的时间周期较长，往往一项新技术还没来得及得到深度的实践应用，就已经沦为“明日黄花”了。而跳跃技术阶段的创新又隐藏着较大的风险，导致一步慢、步步慢，最终在智能时代的创新竞争中失利。因此，智能时代的财务创新必须遵循唯快不破的基本逻辑。

（三）创新必须要和场景深度融合

智能时代商业创新的本质是场景创新。一个缺乏业务应用场景的创新是没有市场和生命力的。实际上，技术的普及和平民化是一件容易的事情，但将技术与实际需求相结合，并形成有意义和有价值的应用场景就没那么容易了。对于财务来说，在接触一个新的技术概念时，不应急着去全面展开基础建设，而应客观、务实地深入挖掘应用场景，然后再思考如何把技术应用到场景中。这个时候，在技术层面所投入的建设资源将更具有针对性，能够获得更高的产出。

二、智能时代财务创新需要的生态环境

尽管在智能时代财务创新被赋予更高的使命，但要使财务能够从真正意义上实现管理创新，还必须要营造出一个适合创新的生态环境。这样的一个生态环境需要多方面因素来共同打造，包括战略、文化、组织、技术等。

（一）公司战略的一致性

财务创新要想顺利运行下来，第一个要点就是与企业战略保持一致，南辕北辙的创新终究会面临消亡的结局。对于财务来说，其所做的事情并不是独立的，而是必须要与企业的发展战略相匹配。如果一个坚定走手工打造战略的企业推动财务智能化，那么其成功的概率很大程度上会低于一个将人工智能作为公司核心战略的企业。因此，一个与财务创新方向匹配的公司战略是财务创新生态环境的基础。

（二）鼓励创新的文化氛围

当财务创新与公司战略相一致时，说明企业做了对的事情，但要想做出成绩，还需要有一个鼓励创新的文化氛围。在通常情况下，这种氛围在技术部门或者市场部门都较容易形成，但在财务部门往往存在一定的难度。

鼓励创新不是停留在口头上的一句空话，作为财务管理者，应当对做出创新贡献的员工给予积极的鼓励。对于财务来说，其很难要求管理者去承诺丰厚的物质奖励，但恰当的精神奖励和年度考核评价也会营造出有效的创新氛围。

（三）适合财务创新的组织模式

适合财务创新的组织模式也是创新生态环境的重要组成部分。传统的财务组织模式对创新是不利的，部门之间的壁垒让全局性的跨部门创新难以实现。本书在柔性财务管理部分所谈到设计柔性组织，即设计一个层级简单、项目化、敏捷、柔性的财务组织，对构建创新生态环境具有极其重要的意义。

（四）对财务创新的技术试错包容

创新生态中的重要一环是技术，在创新过程中，很多新技术流程都需要经过验证。创新型企业往往对试错给予极大的包容，甚至很多时候鼓励试错，以从中获取成功的经验。因此，好的创新生态应当具有技术试验环境，让企业在不断尝试中找到正确答案。对于试错包容，海尔是一个不错的例子。在海尔的逻辑中，未来的商业创新具有极大的不确定性，对于企业来说，不妨营造一个万马奔腾的局面，最终总有那么几匹马能够跑到成功的终点。很多风险投资也是这样的，并不在于投资者投对了什么，而在于投资者错过了什么。

三、财务创新的失败

谈了创新的方法，再来谈谈创新的失败。很多时候，知道为何失败比知道如何成功更有价值。以下内容为财务创新失败的五种场景。

（一）目标不清晰带来创新失败

很多时候，财务创新并不是在建立了清晰的目标蓝图后开始的，而是看别人做了，自己也就跟着做了，但做到半路可能都还不知道自己为什么在做这件事情。罗永浩在其专栏“干货日记”中曾经谈到不适合创业的场景，和本书论述的事情很相似，即没有清晰的目标，无论是创业还是创新都存在极大的失败风险。结合前文所述，所谓清晰的目标其实可以理解为有价值的应用场景，有了场景，也就有了目标。

（二）技术不到位带来创新失败

财务创新项目中夭折在技术失败的案例很多。很多企业的财务在抛出一个创新想法的时候并没有充分评估自身的技术能力，想当然地认为自己的技术部门能够实现其构想，而一旦真正运作起来，技术环节掉链子，让整个创新项目停滞，或者错过最佳的实现时机。因此，在财务启动创新项目时，充分评估技术资源、锁定必要的技术资源都是至关重要的。必要时，引入外部资源或购买产品往往也是更加直接、有效的手段。

（三）创新周期过长的创新失败

智能时代的创新有时效性的要求表明，很多创新项目就是因为周期过长而失败的。当一个项目的时间周期过长时，无论是项目的推动方还是关联方都经受不起漫长的时间损耗。随着时间的推移，很多被早期激情所掩盖的矛盾就会爆发出来。那么，以多长时间作为容忍的底线呢？经验告诉我们，这个创新周期最好不要超过 18 个月，否则项目的失败风险将会急剧上升。控制项目的时间周期，是财务创新者规避失败的一个简单而又有效的方法。

（四）安于现状的创新失败

有不少财务创新者在意气风发地战斗了一次，获得了一次成功的创新实践后，就会陷入安于现状的陷阱。这个时候，他们忘记了创新是相对的，因为随着时间的推移，创新已不再新，越来越多的新进入者会使用、模仿、超越，将你的竞争优势瞬间瓦解。安于现状，是曾经的创新成功者的另一次创新失败。对于财务创新者来说，持续突破自我、实现创新循环，才有可能走得更远。

（五）变革阻力下的创新失败

对于一些需要触动业务部门利益的财务创新来说，变革总是伴随着创新过程。财务作为企业的后台部门，在推动剧烈变革的同时往往会面对极大的阻力和心理压力。变革的阻力会给创新者带来绝望期，绝望期的深度代表绝望的程度，宽度代表绝望的时间，财务创新者应当积极营造良好的变革氛围，通过积极主动地沟通和获取管理层支持来减少绝望期的深度和宽度。

财务创新的成功建立在事先预判失败的基础上，当财务创新者充分认识到创新失败的场景并有所应对时，创新将不再是一件困难的事情。

四、人人都是首席财务创新官

对于财务来说，培养团队的创新能力并不是一件容易的事情。作为创新的领导者，需要有一颗坚持和包容的心，悉心营造良好的创新生态环境，培育团队的创新文化和员工的创新意识，并通过一系列微创新项目使财务人树立对创新的信心，并收获创新成功的经验。

第三章　现阶段财务创新发展

第一节　现阶段财会工作的现状

一、新经济时代条件下，我国财会发展现状

（一）《企业会计制度》实施范围过窄，而且尚未严格执行

《企业会计制度》首先在股份有限公司实施，国有企业及其他类型企业尚未执行。2001 年 1 月 1 日起，我国股份有限公司全面实施《企业会计制度》，总体上执行情况较好，有效地遏制了一些上市公司的造假行为。但是，仍有一些上市公司不严格执行该项制度的有关规定，甚至弄虚作假，企图瞒天过海，向会计信息使用者传递不真实的会计信息，严重损害了股民的利益，扰乱了资本市场的运作，妨碍了社会主义市场经济的健康发展。国有企业要执行新的企业会计制度，主要问题是如何消化和处理多年来形成的不良资产。《企业财务会计报告条例》对资产要素进行了重新定义，《企业会计制度》对此做了一系列有利于消化不良资产的规定。但如何扩大新会计制度的实施范围，做到严格执行新的会计制度仍是现阶段亟须解决的一个问题。

（二）我国现行的会计标准有些规定不符合新经济时代的发展要求，会计标准仍不够完善

（1）会计核算以有形资产核算为重心，对无形资产的核算重视程度不够。现阶段，我国的会计职能分为核算和监督，但在实际工作中，仍以核算为主，会计核算的重心仍放在有形资产的核算，未将人的智力、知识、自创商誉、衍生金融工具等一些对企业的生存发展至关重要的事项纳入无形资产核算范围。新经济时代条件下，人的智力、知识、自创商誉、衍生金融工具已成为生产力要素的主要内容之一，况且它们都符合无形资产的概念：不存在物质实体，可以在较长时期内为企业提供经济效益，所提供的未来经济效益具有很大的不确定性。

（2）现行会计标准对无形资产投资比例的规定欠妥。企业吸收无形资产投资是现代企业的通常做法，我国《企业财务通则》中对企业吸收无形资产投资比例进行了限制，明确规定企业无形资产的投资比例不超过注册资本的 20%，如果技术含量高的企业，经过主管部门审批，最高不超过 30%。

但是，随着新经济时代的发展，未来无形资产比重迅速上升，甚至会成为企业的主要资产。在经济发达国家，科学技术在经济增长中的贡献率高达 60% ～ 80%。

（3）在会计计量方式上仍以货币计量作为手段，尚未发挥非货币计量和历史成本计量方式的作用。

（4）提供的会计报告信息内容简单、形式单一，不能满足会计信息使用者的需要。

（三）会计人员的整体素质还不能满足新经济时代会计改革和发展的要求

（1）改革开放，特别是实行社会主义市场经济以来，我国会计人员队伍不断壮大，为我国经济和会计制度的改革与发展做出了重要贡献。但是，随着新经济时代的来临，我国现有的高

层次会计人才缺乏，并且老龄化现象严重，低层次会计人员供大于求，远远不能适应新经济时代的要求。

（2）会计人员的职业道德和“诚信”能力受到公众的普遍质疑。一项《中国上市公司信息披露指数报告》显示，对于上市公司披露的财务会计信息，只有8.45%的个人投资者认为可信，而所有机构投资者都认为不可信或不完全可信。

二、解决问题的对策

（一）积极推动新会计制度的全面实施

要积极稳妥推进《外商投资企业会计》《金融企业会计制度》等一系列新的会计制度的全面实施。

（二）完善会计准则体系

会计准则体系包括基本会计准则和若干具体会计准则。我国的基本会计准则已制定多年，有些规定已不符合新经济时代的要求，需要重新修订。在制定具体会计准则实施方案时，应考虑会计职能重心的转化，考虑会计计量方式的多样化，拓宽会计要素的空间和范围，丰富会计报告体系的内涵。

1. 会计职能重心要发生变化

新经济时代下，随着计算机技术、网络技术的不断发展及国际交往的日益频繁，会计人员应从繁重的核算工作中解脱出来，重点发挥其会计管理作用。因此，会计职能应由核算型转换为管理核算型。在管理核算型模式下，构建一个核算与管理有机结合的会计体系，成为一个包括事前、事中、事后控制在内的全面核算和全程管理的系统。

2. 会计核算的重心要发生变化，要拓宽会计要素的空间和范围

在新经济时代，无形资产在企业总资产中所占的比重越来越大，作用也越来越明显，会计核算的重心应由有形资产转移到无形资产，并详细反映无形资产的构成、取得、使用和摊销等情况。应将人的智力、知识、自创商誉、衍生金融工具等一些对企业的生存发展至关重要的经济事项纳入无形资产的核算范围。对无形资产投资比例不超过资本的20%（高新技术企业不超过资本的30%）的规定进行修改，应根据企业的不同类型，调高无形资产的投资比例。

3. 会计计量模式亟待改进

会计计量贯穿于会计系统的全过程，是会计系统的核心环节。随着新经济时代的到来，各种新现象、新问题不断涌现，员工素质、市场份额、企业背景、行业资料等许多无法以货币量化的信息将进入会计核算范围之内。根据不同会计事项，不同业务性质，选择适当的计量属性，以提供各类与决策相关的信息。因此，新经济时代的会计计量模式应呈现出货币计量与非货币计量并重，以历史成本计量为主的多种计量方式并存的局面。

4. 会计报告体系要更趋完善

新经济时代会计的报告体系不论是在报告内容范围上，还是在报告形式及传递方式上，较之现行的报告体系应有很大的改进。新经济时代的会计报告信息内容将更加丰富，不仅包括财务信息，还包括产品市场份额、用户满意度、雇员数量及质量、新产品开发和服务等非财务信

息；不仅包括历史性信息，还包括企业面临的机会、风险和前瞻性信息。另外，网络技术的快速发展，为会计报告信息快速、准确地传递提供了强有力的保障，大大增强了会计报告信息的及时性和充分性。

（三）尽快制定适应新经济时代的小企业会计制度和专业核算办法

按照国际惯例，许多国家的小企业都有单独的会计标准。我国小企业具有规模小、一般不对外筹资、财务会计与税务会计合一、运作灵活、数量众多等特点。我国可以在充分调查、分析、研究的基础上，结合企业的特点和实际情况，制定适应新经济时代发展要求的小企业会计制度。同时，应积极推进《证券投资基金会计核算办法》的全面实施，并加大对其他各项专业核算办法的研究和起草进度。

（四）加快会计人才培养，努力提高会计人员的整体素质

为了解决目前我国高级会计人员老化严重，年轻合格会计人才缺乏，会计行业整体素质不高的现状，我国应下大力气，采取多种形式，加快会计人才的培养，造就一大批新经济时代所需要的高素质会计人才。

1. 加大新会计标准的培训力度

我国可以以会计从业资格考试、会计专业技术资格考试和注册会计师的考前培训等多种形式，有计划、有步骤地开展会计人员继续教育培训。

2. 政府应对会计人才及其培养高度重视

政府应根据新经济时代的要求，增加对注册会计师人才教育的科技基础设施投资，支持会计师事务所与大学院校合作培养注册会计师人才项目，开放注册会计师人才教育国际合作市场，认真办好会计专业的高等教育，加快注册会计师专业人才的培养，鼓励其参与国际竞争。

3. 加强会计职业道德教育，培养会计人才的“诚信”能力

要严格按照法律法规的要求，加强职业道德教育，重塑我国会计人员、会计行业“诚信为本”的新形象。

第二节　智能时代专业财务创新

一、智能时代专业财务框架详解及智能增强

专业财务的发展是财务框架几个模块中最成熟的部分，是企业财务管理的基础。也可以认为，没有战略财务、业务财务和共享服务都是可以的，但没有专业财务将会导致整个财务体系无法运转。当然，成熟的背后也意味着更大的提升空间。下面我们遵循和战略财务框架同样的逻辑，先对框架内容展开详细的解释，然后再对每个模块如何进行智能增强进行探讨和说明。

（一）会计与报告管理

1. 框架详解

会计与报告管理框架详解，见表 3–1。

表 3–1 会计与报告管理框架详解

项目	说明
会计交易处理及相关流程	会计交易处理及相关流程是会计的基本职能，能够基于准则要求完成会计交易的核算处理，也就是通常所说的会计核算。对于会计与报告模块来说，更多的是要对会计交易处理设置相关的制度规范，而更为广义和具体的交易处理流程则可以由财务共享服务中心来协同完成
往来管理、关联交易管理	往来管理、关联交易管理能够对企业内部往来及企业关联交易实施有效的管理。实现往来交易在具体流程中及时、可靠的双向记录，同时及时进行往来清理，发现风险并及时处理和解决；关联交易则需在法人层面建立双边有效的交易记录机制和核对机制。同时，在复杂的集团中，还需要进行关联交易单位的信息管理，辅助业务单位识别交易对手是否为关联交易对象
会计报告与合并	会计报告与合并能够有效地编制和报送各级核算单位的会计报表，高效完成合并报表处理，基于单体会计报表及合并报表出具会计报告。建立有序的会计报告与合并的过程管理，持续提升合并及报告效率
会计核算相关系统	会计核算相关系统能够建立可靠且高性能的会计核算信息系统以支持交易记录、报表编制及会计合并等会计工作。应关注原始交易信息与业务交易记录、会计交易记录明细、汇总会计交易记录记载的一致性。对于关联交易复杂的企业集团，可以考虑构建关联交易系统
信息披露	信息披露主要是指公众公司以招股说明书、上市公告书、定期报告和临时报告等形式，把公司及与公司相关的信息向投资者和社会公众公开披露的行为。信息披露需关注披露质量、披露时效等问题。在通常情况下，信息披露由董事会办公室负责，但财务在其中也起着重要的支持和协同作用
审计流程及管理	审计流程及管理能够规范地选择审计师，与审计师共同建立高效的审计流程，协同公司各级财务部门、财务共享服务中心参与审计配合工作，持续提升审计效率，优化审计周期

2. 智能增强

会计与报告在传统的会计电算化、财务信息化过程中一直是重要的建设领域。在早期，财务的各项信息化工作也都是从这个领域开展的。但是由于多数企业在一开始就建立了核算系统，而且成为后续建设的各类财务系统的对接对象，会计核算系统往往在建成后很长时间难以发生质变，这不仅是个体企业的情况，也是整个行业的情况。

智能时代的到来，对各类财务信息系统都提出了改变的要求，同样对会计与报告管理领域有影响，给这个传统领域的信息化提升带来了契机。

首先，企业财系统的高度集成将对会计交易处理的自动化和一致性带来重要帮助，但是不同的业务系统分别进行会计规则的转换存在较大的管理复杂性。统一会计引擎的出现，能够帮助企业将会计规则的转换架构在一套灵活、可配置的系统组件之上。不同业务系统的输入可基于统一平台，完成规则转换和凭证制证，进一步提升会计交易处理的可靠性。

其次，基于机器学习技术，能够考虑实现智能报告。将会计报告交给人工智能来处理并非不可能，现在的人工智能写出的市场研究报告，已经让人难以区分背后是资深研究员还是机器。基于相对结构化的报告范式，再加上人工智能基于市场反应的润色学习，智能报告或许对股价的提升会越来越有帮助。而区块链技术基于分布式账簿所带来的高可靠性，能够帮助我们解决传统业财对接模式下的业务交易记录与会计记录不一致的问题。同时，对于内部往来和关联交易，区块链技术同样能够发挥作用。基于各交易方所构建的分布式账簿，能够将交易同时在交易各方实现记载，降低其被篡改的可能性，这对解决内部往来和关联交易的核对、加强一致性有着重要作用。

（二）税务管理

1. 框架详解

税务管理框架详解，见表 3–2。

表 3–2　税务管理框架详解

项目	说明
税务政策研究	税务政策研究能够及时跟进税务政策的动态，清晰准确地解读政策，并根据税务政策的变化及时在企业内部做出相应的政策反应。针对潜在的税务政策风险，能够及早进行监管沟通和防范处理
税务关系管理	税务关系管理能够与税务监管部门建立有效的沟通和对话机制，在合法、合规的基础上，与税务部门保持良好的关系，并在发生企业重大涉税事项后，能够获得相对公平的沟通和协商机会
税务检查配合与风险防范	税务检查配合与风险防范能够在合理尺度下有效配合税务部门的各项检查，及时汇总各级机构的检查动态，做好检查前的准备工作，积极进行自我税务风险排查，实现税务风险的事先管理
税务数据管理	税务数据管理能够有效管理企业中的各类系统化及非系统化的税务数据，建立清晰的数据管理体系，并充分利用税务数据展开各种税务分析。对税务数据的有效利用能够帮助企业优化税务成本，提前发现和管控税务风险
税务系统管理	税务系统管理能够实现税种系统全面的覆盖，如增值税、所得税、印花税等；功能的全面，应涵盖所得税纳税调整、税务报表编制、预缴申报、折旧摊销、资产损失处理、境外所得税抵免管理等功能；管理的全面，如能够支持税务分析、税务风险管理、税费预测、税务检查支持、税务政策管理等需求；接口的全面，如能够打通企业内部系统之间的接口，实现和监管系统的对接；行业的全面，能够适配不同行业的特殊的管理需求
营改增及电子发票 / 特定时期的特殊事项	营改增及电子发票 / 特定时期的特殊事项能够及时、有效地应对特定时期所发生的税务管理的特殊事项，如曾经的营改增和正在进行的电子发票等对税务管理都会带来重大影响，企业需要能够提前设计方案并安排系统配套支持等各项工作

2. 智能增强

对于税务管理的智能化支持来说，监管单位——税务部门更早地采取了行动，“金税三期”“千户计划”的背后都是大数据的影子。对于税务部门来说，其数据具有先天的不对称优势，使其有条件先于企业展开税务的大数据应用。而基于企业间的数据分析，也使税务稽查能力得到了大幅提升。在大数据应用上，税务部门也在试图从其可控的税务数据之外获得更为广泛的社会数据，并应用在税务监管中。

对于企业来说，需要借鉴监管部门的管理思路，基于企业自身的数据，以及可获取的社会化数据，在一定程度内对企业内部应用大数据开展税务风险的预先排查。当然，受到数据基础的限制，企业与监管部门相比可能会有所不足。

实际上，与监管部门之间发票数据的对接、电子发票的应用，对于提升企业内部基于流程的报账处理、操作风险管理都可能更具价值。例如，增值税专用发票及普通发票数据的对接能够帮助企业简化发票真伪查验、发票认证的流程，对电子发票的应用能够大大降低企业的开票成本，也方便了进项报销的处理。

（三）资金管理

1. 框架详解

资金管理框架详解，见表 3–3。

表 3–3　资金管理框架详解

项目	说明
资金收付管理	资金收付管理能够实现高效且安全的资金收付，有效支持资金的收支交易处理、交易后的核算处理、收支失败等异常管理；进行准确的资金收支相关的业财、银企核对；有效控制重复支付等资金支付风险；支持多种形态的资金收支，如银行通道、第三方收付通道等
资金计划管理	资金计划管理能够及时且可靠地预测资金计划，基于资金计划有效地进行头寸管理和资金调度处理。在有条件的情况下可进行滚动资金计划预测。能够对资金计划的申请、调整等过程管理提供支持
债券融资管理	债券融资管理是基于发行债券的方式实现直接融资。财务应当能够统筹债券融资的管理过程，与券商进行融资意向沟通、发行准备、审核并上市。能够配合债券融资进行有效的风险评级规划和事前管理
股权融资管理	股权融资管理是指企业的股东愿意让出部分企业所有权，通过企业增资引进新的股东的融资管理方式，总股本同时增加。财务能够进行股权融资的沟通、准备、审核配合及发行管理
混合融资管理	混合型融资管理是指既带有权益融资特征又带有债务特征的特殊融资管理方式，如可转债、认股权证等。财务能够进行混合融资的沟通、准备、审核配合及发行管理
司库管理	司库管理从大的类别上包括交易管理、资产负债管理和流动性管理、风险管理三个支柱。司库职能在一定层面与其他资金管理职能存在交集
外汇管理	外汇管理能够有效地管理外汇账户、外汇境外及跨境收支、外汇头寸，把控外汇风险，有效应对外汇监管

表 3-3（续）

项目	说明
银行关系管理	银行关系管理能够有效管理与银行间的关系，与合作银行形成良性协作机制。基于良好的合作关系，企业能够以最具竞争力的价格获取优质的信贷和非信贷服务。能够有效选择合适的合作银行，以专业化的态度进行关系管理
资金系统管理	资金系统管理能够构建完善的资金管理系统，覆盖资金收支管理、账户管理、票据管理、银企对账、风险管理、流动性管理和资金计划管理等一系列功能。资金系统应当实现高度的安全性
流动性风险管理	流动性风险管理是指应避免在某一特定的时期业务中产生的资金流量缺口风险。需要及时考虑自身财务状况恶化时，被交易对手要求提前终止安排或提高信用安排时所需要的融资来源。对于金融企业来说，流动性风险管理尤为重要，但是对于其他行业，从现金流风险的角度来说也是需要重点关注的
投资管理	投资管理是基于企业资金进行有效的投资，如直接投资、证券投资、项目投资等。企业财务应能够进行投资规划，管理投资收益，控制投资风险

2. 智能增强

对于资金管理来说，智能化的影响主要体现在对资金交易的安全性和核对一致性方面、跨境外汇交易效率的提升及成本降低方面，以及对资金计划、流动性风险管理预测等能力的提升方面。

首先，对资金管理影响比较重要的智能技术是区块链技术。基于去中心化的分布式账簿，能够构建起企业集团级的区块链清结算平台。基于区块链原理的交易记账，能够有效提升资金交易的安全性和效率，并能够解决资金清结算中的交易核对和一致性问题。在一国社会范围内的区块链金融的发展，能够更好地提升企业间、企业与金融机构间、金融机构间的资金交易的安全性和效率。当然，在实践中，我国基于互联网、移动互联技术的资金交易模式的痛点并不显著，更有价值的应用体现在跨境交易上，对跨境交易的时效性长、成本高、依赖性强的痛点的解决能够让区块链技术体现出更大的价值。

其次，大数据技术的应用，能够帮助我们更好地展开资金计划管理。企业通过自身数据的积累，以及对企业构成资金需求影响的风险数据的监控，能够更为弹性地展开资金计划预测，并实现资金计划的动态滚动预测。同时，大数据能够借助对风险“加速度”的发现和监控，在更早的阶段发现流动性风险、资金安全风险等，帮助企业更好地展开资金风险管理。

（四）管理会计

1. 框架详解

管理会计框架详解，见表 3-4。

表 3-4　管理会计框架详解

项目	具体内容
维度体系搭建	维度体系搭建能够搭建管理会计分析所需要的维度体系，建立维度层次，清晰地定义各维度的维度值。维度体系应当能够有效承接经营分析的需求，与会计核算、全面预算的维度体系在一定层次上保持一致性

表 3-4（续）

项目	具体内容
收入分成管理	收入分成管理能够有效地将业务收入按不同的维度和维度层次进行分成。在通常情况下，可以优先考虑基于业务交易的源数据，将销售合同直接进行多维度底层维度值的指认，对于无法直接指认到底层维度的收入，需要建立相应的收入分成规则，并能够及时完成相关的收入分成数据处理
成本分摊	成本分摊能够将公共成本以逻辑清晰或协商一致的规则向各维度、各层次进行分摊。能够针对不同的业务特点选择相匹配的成本分摊方法，有效地进行成本动因、分摊路径设计及管理。能够就成本分摊规则与关联部门展开充分沟通，使得分摊结果更易获得认可和应用
多维度盈利分析	多维度盈利分析是基于多维度的收入分成及成本分摊的结果，展开多维度的成本和营利性分析。能够基于单个维度或组合维度的信息展开分析，并为管理决策提供有用支持
作业成本管理	作业成本管理能够针对可行的业务场景，如生产作业或运营作业，基于作业成本法或估时作业成本法进行成本分析。基于作业成本法，追踪并动态反映企业的所有作业活动，进行成本链分析，包括动因分析、作业分析等；指导企业有效地执行必要的作业，消除和精简不能创造价值的作业，从而达到降低成本、提高效率的目的
资金转移定价（Funds Transfer Pricing system，FTP）管理	资金转移定价管理是企业资金池与业务经营单位按照一定规则全额有偿转移资金，达到核算业务资金成本或收益等目的的一种内部经营管理模式。这种模式在商业银行的应用较为普遍，在部分有类资金池业务的金融企业中也有应用。相关企业财务应当能够建立资金转移定价的相关业务规则，基于系统完成交易定价的处理和跟踪，并能够基于经营战略导向对定价进行及时、动态的调整

2. 智能增强

管理会计的应用十分依赖信息系统的建设情况。在通常情况下，管理会计需要处理相对大量的数据，如缺少信息系统的支持，就很难实现日常的机制化运转。但在传统模式下，管理会计支持系统的运算性能存在瓶颈，在性能难以支持的情况下，需要通过简化业务逻辑的方式来满足性能的要求。

实际上，从多维数据库的出现开始，管理会计的性能已经得到了很大改善。在传统模式下，关系数据库严格按照三范式设计，通过多次表链接实现查询，对于大数据量的处理，非常费时，并且性能较差、开发周期长、成本高。多维数据库则以事实表为核心，由多个维度组合而成，结构简单、容易理解、开发相对容易，却导致出现很多冗余，多维数据库属于使用空间换取时间的解决方式。

随着智能化的到来，管理会计将更多地从技术性能方面获益。针对管理会计最大的痛点——运算性能不足，在物理架构、硬件等方面的技术进步能够使这些问题有所缓解。基于云计算架构搭建的多维数据库，或者直接使用内存数据库来进行相关的管会数据处理都有优化数据性能的机会。

（五）财务风险管理

1. 框架详解

财务风险管理框架详解，见表 3-5。

表 3-5　财务风险管理框架详解

项目	说明
财务操作风险管理	财务操作风险管理能够有效管理财务作业流程中所涉及的各类潜在财务操作风险，建立操作风险管理的组织、流程、机制。能够深入业务流程，明确流程中的风险点、监控方式、防范机制，明确责任人，最终达到降低财务操作风险事件发生概率的效果
财务风险意识及管理文化建设	财务风险意识及管理文化建设在企业中能够有效地对操作风险管理加强文化建设和宣导，推动财务流程中的各方参与者形成操作风险意识，实现操作风险的事前防范和主动防范
风险控制与自我评估（Risk Control Self-Assessment，RCSA）工具的财务应用	RCSA 能够辅助企业进行财务操作风险管理，借助工具展开基于流程的风险点的识别和控制方法的定义，并借助工具展开风险自评等管理活动。能够对 RCSA 工具进行及时、有效的日常维护，以保持工具的可用性
关键风险指标（Key Risk Index，KRI）体系的财务领域搭建	KRI 能够针对财务操作风险定义关键风险指标，关键风险指标应当覆盖人员、流程、系统、运营等多个不同的维度，基于风险指标，实现对日常财务操作风险的事前发现和预警，防患于未然
重大风险事件监控	重大风险事件监控能够建立起重大风险事件发生后的信息传递机制，风险管理团队应当及时获知重大风险事件的发生和详情，第一时间跟踪责任人，并及时推动建立后续整改方案，防范二次风险

2. 智能增强

通过智能技术，能够从事前、事中、事后三个层次防范财务操作风险。

从事前防范角度来看，在传统模式下，企业所构建的 KRI 体系是基于经验和分析的，但这种构建方式可能存在认知完整性的缺陷。基于财务业务流程中大量的交易，以及现有模式对于风险事件的发现，能够通过机器学习方法发现新的 KRI 规则，从而补充和完善现有的 KRI 体系，加强对事前风险的防范能力。

从事中控制角度来看，基于经验的规则系统化，能够实现初级人工智能的应用，通过大量规则，能够发现财务交易中的潜在风险事件，并能够对一些风险事件进行直接拦截。此外，基于数据积累，能够对每一笔单据进行风险分级，针对不同的风险等级配置不同的控制流程，从而提升风险管控能力。同样，基于经验的规则积累，能够借助机器学习技术进行持续地训练优化，持续提升风险控制能力。基于企业内外部大数据的积累和挖掘，能够建立更丰富的单据风险分级规则模型，使单据的风险分级更准确。

从事后分析角度来看，企业能够建立起不同类型的分析模型以发现风险线索，如基于决策树的模型、社交网络的模型、聚类分析的模型等。这些模型的构建，能够帮助我们在事后进一步进行操作风险审计和问题发现，通过跨交易单据的分析，发现更为广泛的风险线索，并基于风险线索进一步发现和解决问题。同样，大数据和机器学习有助于我们持续完善各种分析模型的规则，从而提升风险线索发现的精准度。

二、智能风控

对于专业财务来说，业务人员舞弊和渗漏风险管理一直是重中之重。然而，在传统的财务管理模式下，想要做到这一点在客观上存在较大难度。一方面，渗漏和发现渗漏就如同一场猫捉老鼠的游戏，总是不得不面对财务与业务的各种博弈升级；另一方面，要想做好这件事情，财务在反渗漏的斗争中不得不消耗大量的人力和精力。

好在随着智能时代的到来，在财务反渗漏这件事情上有了新的转机。依托智能技术，企业有可能在与渗漏行为的博弈中占据更加主动的位置，同时能够让算力从一定程度上替代人力，智能风控让我们能更容易地抓住财务渗漏的尾巴。

（一）财务渗漏的概述

对于财务来说，在面对风险时有以下两种典型的情况。

一种情况是在复杂的财务流程中存在大量的财务运营工作，这些工作本身容易发生因为工作疏忽或者技能熟练度不足所导致的各种各样的差错。对于这些差错来说，企业并不把它们理解为一种渗漏行为，而更多地定位为财务的质量问题。

另一种情况是这里要说的财务渗漏，也可以理解为企业员工出现道德问题，从而发生的舞弊欺诈事件，这些事件会直接或间接地造成企业的财务损失。由于这种行为往往隐藏在大量的常规业务中，如员工的费用报销、零星采购等，如同一个容器出现了破损，漏下了沙子，故被称为财务渗漏行为。

对于财务渗漏来说，最典型的关键词是“虚构”，那么我们会面临哪些虚构事项呢？

1. 虚构经济事实

虚构经济事实是财务渗漏事件中性质最恶劣的，可以用“无中生有”来形容。涉案者往往是在没有任何真实业务支撑的情况下，凭空捏造一个经济事实。做得比较高明的，往往还会编造一套看起来相对靠谱的逻辑证据链，通过这样的虚构从公司套取资金。当然，套取资金后，某些有良心的人会用这些资金形成小金库，用于特殊用途或员工的补充福利，而另一些人则直接装入自己的腰包。

2. 虚构原始凭证

相对于完全虚构事实，虚构原始凭证的情况要稍微好些。有些时候，确实是发生了实际的费用支出，并且员工也自行垫付了资金，但由于发票遗失或者忘记事前审批等其他情况，能够支持其正常报销的原始凭证缺失，这个时候为了完成报销，员工有可能虚构原始凭证，如购买发票、伪造审批签报等。尽管从动机上讲，虚构原始凭证比完全虚构经济事实少了一些恶劣性，但仍然是财务渗漏行为。

3. 虚构业务金额

虚构业务金额存在一些混搭性质的情况，并且也比较隐蔽。这种情况往往会存在一个基础的经济事实，也就是说确实有经济开支发生了。例如，员工确实出差了，但是在实际报销的时候员工把住宿金额放大，将住了 5 天改成 10 天，把每天 500 元变成每天 1 000 元，这样在一件存在事实基础的事情上虚构了业务金额。这种混搭式的行为也是财务渗漏行为。

（二）进化中的财务渗漏

渗漏发展分为基础进化、惯性进化、关联进化和突变进化四个阶段。

1. 基础进化阶段

在财务渗漏的最原始阶段，业务人员的渗漏行为往往是偶然的。例如，在一次报销中填写了错误的信息，而财务人员并没有发现，这种偶发的渗漏行为就如同取款时取款机吐出了一堆并不属于我们的钞票，然后我们把这些钞票放进了自己的腰包。这个阶段可以称为财务渗漏的基础进化阶段。

2. 惯性进化阶段

当给了可以犯错误的机会后，总有一些人会把这种偶然行为转化为一种惯性行为。有少部分人会尝试利用财务控制中的一些漏洞习惯性地占一些小便宜，甚至慢慢演变成主观故意的恶劣欺诈行为，但这种行为还是被控制在了个体单位内。这个阶段为财务渗漏的惯性进化阶段。

3. 关联进化阶段

由于个体渗漏的成功率建立在后续控制环节失效的基础上，很多时候并不那么容易成功。把最重要的控制环节——主管领导，纳入自己的渗漏计划里往往能够迅速获得更多的成功机会。由于业务真实性的控制已经失效，只要后续能够伪造证据，就很容易完成渗漏。这种现象放大了渗漏的频率，这个阶段为财务渗漏的关联进化阶段。

4. 突变进化阶段

关联进化阶段的渗漏还是有一定的限制的，毕竟要想获取各种支持证据并不容易，虽然渗漏频率增加了，但尚未造成金额的放大。但如同生物的进化，总有一些个体会发生基因突变，形成具有显著差异的物种。在渗漏的进化之路上，有那么一些不满足于当前阶段的渗漏者扩大了他们的小圈子，通过将支持财务开支的证据链条上更多的环节纳入渗漏俱乐部，实现了端到端的渗漏能力，不求高频，只求金额大。这个阶段称为财务渗漏的突变进化阶段。

（三）财务反渗漏的进化与面对的难题

1. 数据分析的资源有限

财务人用 Excel 或者简单的 BI 工具确实能解决不少问题，但是面对报销这样的海量高频数据时，这些数据分析资源是远远不够的。由于反渗漏的数据分析是一种线索发现的分析，和常规的数据报表是不一样的，这要求财务人通过大量的数据、大量的分析尝试来发现线索。

2. 复杂逻辑难以设计

在进行财务反渗漏的过程中，依靠逻辑来发现线索本身就是一件很困难的事情。实际上，逻辑的设计类似于数据建模的过程，要想有效地发现复杂渗漏的线索，模型就必须要构建得足够复杂。然而，人脑处理逻辑的复杂性是有限制的，当逻辑层次超出了人们的理解范围后，就很难再依靠人的认知能力来进行逻辑分析发现渗漏线索了。因此，如何突破人的逻辑局限，找到不易发现的隐藏逻辑或复杂逻辑，成为财务人反渗漏的重要挑战之一。

3. 关联渗漏无能为力

在反渗漏的战斗中，财务人最无能为力的场景就是面对关联渗漏。所谓的关联渗漏是指舞弊的行为被分散在不同的单据、时间甚至不同的子公司中。在这种情况下，财务人的分析发现能力很难跨越单据、时间和公司这些天然的屏障，这也成为很多渗漏者的舞弊乐园。

不难看到，财务在反渗漏的进化中是迟滞于渗漏进化的。特别是在过去很长一段时间内，技术手段无法突破成为最大的挑战。值得庆幸的是，在智能时代，这一状况有望改变。

（四）智能时代反渗漏技术的智能进化

智能时代的到来，让企业面对亟待进化的反渗漏局面时找到了突破的转机。大数据与机器学习技术的发展，让财务有机会在反渗漏的场景中尝试应用这些新技术。以下内容为基于规则模型与监督学习模型、非监督学习模型、SAN 社会网络三种形式的智能风控所带来的反渗漏升级。

1. 基于规则模型与监督学习模型的智能风控

事实上，基于规则的反渗漏与前文谈到的基于数据和逻辑的反渗漏的思路是一致的。核心差别在于能够用信息系统来运行复杂的规则模型，而不是靠人进行分析。当然，你可能会说，现在就能够把规则植入系统中，和智能技术有什么关系？

很多人会陷入一个误区，认为人工智能到来了，要用复杂的思维去取代简单的规则处理。实际上，正确的做法是尽最大的可能在应用人工智能技术之前采用规则处理，基于规则的系统处理的成本更低并且高效。但是，在当前的技术条件下，采用规则处理有两个难点，一个是支持规则处理的数据不足；另一个是规则本身的设计困难且复杂。

智能技术的出现，恰巧在这两个方面提供了支持。大数据技术的出现，让企业能够管理更庞杂的和非结构化数据。这些越来越大的数据让企业有机会应用更复杂的规则模型来发现渗漏线索。例如在今天，企业可以使用 OCR、众包等多种形式获得大量与经济事项相关的数据进行管理，也可以从社会网络中获取与供应商、员工相关的大量信息来发现潜在的渗漏线索。另外，机器学习中的监督学习模型能够帮助企业将大量人工审核方法转化为机器规则，从而实现自动化的规则反渗漏审核。

在基于监督学习的机器学习模式下，企业可以将长期以来基于人工反渗漏作业的单据作为学习训练的基础，通过对单据的特征进行数据化，并对这些单据是否存在渗漏情况打上标签。监督学习模型能够利用大量具备特征和标签的训练题进一步提炼规则。这些新的规则植入系统后，作用于新发生的业务单据，分析其是否存在渗漏的可能，这将有助于解决“规则建立困难”的问题。

2. 基于非监督学习模型的智能风控

另一种帮助企业找到渗漏线索的方法是利用机器学习中的非监督学习。从某种意义上讲，非监督学习可以理解为机器对大量数据进行自主聚类分析的过程。机器系统并不关心数据本身的含义，它将数据按照特征的相似性进行分类。在这种情况下，我们不难想象，对于大多数“正常”的单据来说，它们会具有相似性，能够被非监督学习模型归集到非常相似的大范围中；而那些可能存在渗漏行为的“不正常”单据，则有可能出现在特定区域的小范围中。通过这样的可视化分析，能够帮助企业进一步将渗漏调查的对象聚焦在这些另类的小群体单据中。

“非我族类，其心必异”正是基于这种思维导向，非监督学习在技术上的支持，让企业有可能突破数据和逻辑分析的局限，找到在传统模式下看不到的渗漏风险。

3. 基于 SNA 社会网络的智能风控

企业要对付的是最无能为力的关联舞弊。如前文所述，人的思维能力很难发现跨越时间和空间的关联性。在大数据技术的支持下，通过构建社会网络的方式来发现渗漏风险，这成为解决关联渗漏的创新思路。

社会网络是指利用企业内部财务相关经济事项的各个关联主体之间的相互关系构建的一个关系网络。在这个网络中，有企业的员工、员工的审批领导、供应商、供应商的股东、供应商与企业内的其他关联人等。通过筛查社会网络中可能发生渗漏行为的主体规律特征来识别利用传统反渗漏技术难以发现的渗漏行为。在社会网络模型中，集成了筛选、统计、时间还原、风险节点关系分析、可视化关联分析等模型，能够更加快捷、有效地帮助财务反渗漏分析师发现潜在的渗漏风险。

在实际应用中，我们可以以报销单据为核心向外扩展，通过员工、审批人、供应商等多个要素之间的关联关系，跨越空间和时间构建起网络。在这个网络中，企业试图寻找所谓的“黑节点”。“黑节点”是指通过其他技术方式发现的有问题的单据、人或供应商。一旦出现了“黑节点”，企业就有理由怀疑在这个网络中存在其他的“被污染节点”。这种从网络和“黑节点”视角出发的渗漏发现方法往往能够以点带面地发现问题，并且将深度隐藏在空间和时间掩体后的渗漏行为挖掘出来。

在实际构建 SNA 社会网络模型的时候，通常需要经过节点确定和数据提取、节点数据清洗、关联关系匹配、生产网络等步骤。在这个过程中应尽量减少数据不足、垃圾数据过多、数据冗余等问题对网络质量的影响。

反渗漏技术即将进入智能风控时代，这让企业在面对高度进化的渗透势力时有了一战之力。财务人应该拿起智能风控的武器，来赢得战斗的胜利。

第三节　智能时代业务财务创新

一、智能时代业务财务框架详解及智能增强

业务财务的提出为国内财务管理水平的提升注入了强大的活力，也是传统财务向新型财务转变的重要一步。业务财务的核心理念是希望财务队伍能够从自己的专业领域走出去，成为业务部门的合作伙伴，能够站在业务的视角及业务与财务专业的交集区域，开展财务管理活动。

但是长期以来，业务财务的概念并没有相对标准的细分定义，导致每个企业对这个概念的理解或多或少都有一些差异，从而在实务中对于如何设置业务财务队伍、如何发挥这支队伍的价值等都产生了一定的困扰。下面本书从业务财务的不同角度来解析，看看业务财务在不同领域都可以做些什么，以及在智能时代能够获得怎样的技术支持。

（一）产品财务管理

1. 框架详解

产品财务管理框架详解，见表 3–6。

表 3-6 产品财务管理框架详解

项目	说明
产品研发财务管理	产品研发财务管理能够针对各个重要的产品线，组建研发财务管理队伍。能够在产品研发的过程中对研发成本进行深入的管理，从财务视角对研发效能的提升，研发过程中的物料、费用、人力等成本的精细化管理进行积极主动的管理干预
产品周转管理	产品周转管理能够从产品全生命周期视角，提供对产品周转情况的财务分析和主动管理支持。能够基于产品维度，对材料采购、库存、应收管理等全过程展开产品周转管理
产品质量成本管理	产品质量成本管理能够推动产品线建立质量成本管理和评价体系，提高质量成本管理的意识。能够从产品预防成本、鉴别成本、内部故障成本、外部故障成本等方面，展开主动的质量成本分析和管理运作。能够协同专业财务职能，建立质量成本核算体系。能够在事前展开质量成本规划评价，事中进行质量成本管理控制，事后进行质量成本在不同细分产品中的评价分析，并在考核中加以应用
产品最佳财务实践管理	产品最佳财务实践管理能够在不同产品线中发掘产品财务管理的最佳实践，将最佳实践总结为案例，并形成方法、工具、模板。通过培训、案例、报告、经验推广等有效形式，从全流程的角度揭示问题、预警风险，获得产品线对财务管理的有效反馈，并从财务视角积极推动各个产品线改进落实，实现各产品线财务管理能力的全面提升

产品财务管理能够积极主动地参与到产品前期规划和投资阶段中，从产品设计成本管理的角度对产品规划提出财务视角的专业意见。能够对产品的投资预算、投资回报、成本策略、目标设定、利润预测、产品组合投资策略等展开专业分析。积极参与产品经营分析会议，从产品线全生命周期视角为管理层提供决策支持。

2. 智能增强

在产品财务管理方面，单纯从财务的角度来说，能够实现智能增强的范围是有限的。

在产品规划和投资方面，基于今天的信息条件，更为广泛的数据和信息获取能够帮助我们更加有效地模拟预测产品未来的经营情况。

在产品最佳财务实践的推广方面，可以尝试使用一些新的技术手段来加强培训的效率和效果。在传统模式下，通常需要通过开发课程、面授推广的方式来传播最佳实践。而在今天，企业可以考虑采用更丰富的形式，如网络直播、碎片化学习等，借鉴新的学习模式的优点。

物联网的发展使企业能够更好地跟踪实体化产品的市场投放数据，通过经营分析获得如产品的使用情况、用户的反馈情况等更有价值的数据。

相比财务本身来说，业务财务更需要关注的是企业产品本身在智能化领域的发展。对于产品财务经理来说，需要能够紧跟智能时代的新技术与企业自身产品的结合情况，能够对涉及智能技术的新产品实现优化资源配置判断，能够应用智能技术建立新的产品规划和投资的财务评价模型，实现和传统产品评价同样的标准，甚至更好的评价能力，而不是在智能时代完全无法理解业务部门的战略、规划和行动，财务需要成为业务的伙伴，而非拖累。

（二）营销财务管理

1. 框架详解

营销财务管理框架详解，见表 3-7 所示。

表 3-7 营销财务管理框架详解

项目	说明
商务合同财务管理	商务合同财务管理能够提供商务合同准备和签订过程中的财务管理支持，帮助业务团队基于商务资源投入进行快速的合同成本评估，帮助业务部门建立合同报价模型，评估不同商务合同设计对财务指标的影响，帮助业务部门进行商务合同决策
营销及销售费用管理	营销及销售费用管理能够对营销及销售环节的费用投入展开有效的预算、执行控制、分析等财务管理行为。能够针对营销或销售活动，以类项目方式设定资源投入的目标，并基于目标进行资源投放的过程管控，帮助业务部门提升营销及销售费用的使用效率
客户信用及风险管理	客户信用及风险管理能够建立起完善的客户信用及风险管理制度体系，主动进行客户资信调查，建立客户信用评价模型，帮助业务部门进行客户筛选、信用政策制定、合同保障、账务跟踪、催收管理、危机处理等，为信用管理全生命周期提供财务支持
竞争对手财务及经营信息管理	竞争对手财务及经营信息管理能够帮助业务部门建立起财务竞争情报的分析能力，获得与企业销售市场相关的财务及经营指标数据，获得企业主要竞争对手的财务及经营指标数据，建立起竞争情报支持系统、经营舆情系统

2. 智能增强

大数据技术是营销财务管理的重要助力，能够在营销及销售费用管理、客户信用及风险管理、竞争对手分析等领域发挥重要作用。

（1）营销及销售费用管理

在营销及销售费用管理方面重点关注的是销售资源投放和效果达成的关系，如果能够管理好每一笔销售费用的投入产出，那么销售费用的投入就能得到很好的财务回报。在这一方面，企业可以充分利用大数据在相关性分析方面的优势，基于大量的企业内部历史销售费用投放的数据，以及市场上与企业销售活动相关的各方面的反应数据，获得销售费用投放方案与市场反应之间的相关性分析结果，从而将优质资源向市场反应积极的销售活动方案倾斜。

（2）客户信用和风险管理

在客户信用和风险管理方面能够依托大数据技术更广泛地获取与客户相关的社会化数据，不再简单地依赖客户公布的财务报告信息，而是将客户在社会化活动中所形成的广泛的数据纳入监控范围，基于广泛的客户行为信息、舆情信息，更及时、准确地评价客户信用，建立多视角、全方位的客户信用评价模型。

（3）竞争对手分析

在竞争对手分析方面大数据能够帮助企业建立更加及时、有效的舆情监控系统。基于网络新闻、微信、微博等多种社会化媒体，新的舆情监控系统可以从文字、图片、语言、视频等获得全方位的信息输入，从而更早地发现市场和竞争对手的重要动态，帮助企业及早决策应对。

（三）供应链财务管理

1. 框架详解

供应链财务管理框架详解，见表 3-8。

表 3-8 供应链财务管理框架详解

项目	说明
采购财务管理	采购财务管理能够有效地进行供应商的准入管理，对采购过程进行有效的财务成本和风险管控，提供采购流程的财务运营作业支持，提高采购流程中的财务运营效率，为采购活动提供有效的财务分析和决策支持
生产财务管理	生产财务管理能够积极主动地进行生产过程财务管理，建立完善的生产成本管理体系，深入生产的全过程进行成本计划、控制分析等活动。通过积极总结生产环境下的最佳财务管理案例，并加以推广应用，营造成本管理文化环境，推动生产成本优化创新
库存控制管理	库存控制管理能够推动和协助业务部门进行全供应链过程的库存管理，积极介入库存计划管理，帮助业务部门优化库存周转，提升库存利用效率。能够积极主动地进行库存价值管理
配送物流财务管理	配送物流财务管理能够对企业供应链中的配送物流进行有效的财务分析和评价，帮助业务部门构建配送及物流成本模型，通过推动业务部门对路线、仓储、运输方式等物流要素的优化来进行物流成本优化
分销财务管理	分销财务管理能够对分销渠道展开相关的财务分析，从财务视角进行渠道的收入、成本管理，提高分销渠道信息的可比性，帮助业务部门优化渠道选择和渠道管理

2. 智能增强

供应链管理本身是一个相对成熟的管理领域。特别是在 ERP 系统出现后，企业的供应链管理能力得到了大幅度的提升。在智能技术方面，物联网技术将为此领域财务管理能力的提升提供潜在的机会。

在物联网技术快速发展后，越来越多的企业使用物联网来跟踪其供应链的全过程。从原材料到在产品、产成品，直至后续产品的库存、配送物流及客户使用，物联网能够跟踪到每个环节的大量位置信息。对这些信息的获取，能够让企业即时获得清晰的物料及产品的库存、流转、物流情况。其一，供应链财务能够利用这些信息替代盘点，甚至也能为相关的会计核算提供更好的自动化支持；其二，能够利用这些信息优化库存价值管理，减少呆滞库存的出现；其三，配送物流数据信息对于优化配送物流成本也有重要的作用。

在未来，物联网信息和财务的有机结合势必会改变供应链财务的管理模式。此外，在采购管理方面，通过将采购财务管理前置于业务处理，能够实现更好的管理效果。如采用类电商的模式在企业内部推动采购管理，能够实现整个采购过程的透明化和自助化，更好地推动企业财会流程的融合。

（四）项目财务管理

1. 框架详解

项目财务管理框架详解，见表 3-9。

表 3-9　项目财务管理框架详解

项目	说明
研发项目财务管理	研发项目财务管理能够以研发项目为单位进行全过程的财务管理。在项目立项前，进行研发项目立项的财务评价；在项目立项后，设立项目财务目标，进行项目的概算、预算、核算、决算的“四算”管理。重点关注研发项目的设计成本管理、研发材料管理、研发费用管理、研发效能管理等专题领域
市场推动项目财务管理	市场推动项目财务管理能够针对市场推动型项目，设定清晰的项目目标及评价标准，对市场推动进行有效的预算管理，建立起立项、兑现、动支和报销的全过程项目财务管理。重点关注市场推动的效果，达成相关的财务分析
售前 / 销售项目财务管理	售前 / 销售项目财务管理能够对售前项目、销售项目建立完善的预算审批制度，严格控制项目费用的执行与使用。重点关注佣金、手续费的投放管理，基于销售活动的特殊性，管控销售活动中的财务道德风险
工程项目财务管理	工程项目财务管理针对工程项目的复杂性，配置专业化的工程项目财务团队，以工程项目专业知识为基础，完善项目的概算、预算、核算、决算的“四算”管理。重点关注工程项目中的工程资金管理、工程物资管理、工程成本管理等重要财务管理环节
实施交付项目财务管理	实施交付项目财务管理能够根据实施交付项目的特点展开完善的财务管理支持，针对实施交付项目中的人力资源投入计划展开相关的财务成本管理。重点关注项目延期交付和范围溢出导致的成本失控风险
管理支持项目财务管理	管理支持项目财务管理能够对企业内部的各类管理支持活动的配套项目积极主动地进行财务管理，在项目立项过程中应设立财务评价标准，设定项目的投入产出目标，加强项目过程中的成本支出和目标达成的匹配分析，在项目完成后进行相应的财务评价和考核，优化项目的目标达成效果

2. 智能增强

实际上，针对项目管理，本书建议推动其系统化建设，针对不同类型的项目建立差异化的前端业务管理系统。将财务与业务紧密结合的部分内置于前端项目管理系统中，而针对项目财务管理通用的部分，则可以考虑建立统一的项目财务管理平台，对接各类前端专业化项目的业务管理系统，打通业财壁垒。

与项目相关的业务及财务系统的建立尽管并不高度依赖于智能化技术，但对于很多企业来说，这项工作仍然是企业财务信息化建设中的薄弱环节。基于现有的信息化技术，实现项目过程的信息化管理是很多企业的当务之急。

二、智能核算：支撑业财高度融合的统一会计引擎

（一）会计引擎的基本原理

简单地理解，会计引擎可以看作是将业务系统语言转换为财务语言的翻译器。对于一个翻

译器来说，如果要让它运转起来，首先要实现语言的输入，然后基于所输入的语言，通过一系列的语法分析及规则转换，将其形成新的语言再输出。当然，这里所讲的翻译是基于文本信息的，如果是基于语言的处理，那么最大的难点是在输入环节如何让计算机能够听懂且理解人类的语言，并将这些语音信息转换为文字。

企业可以参考类似的方式，用会计引擎来解决问题。首先，需要从各业务系统中获取业务系统数据的输入。在这个过程中，企业必须意识到，会计凭证是企业各类经济活动结果的反映。在这种情况下，能够支撑进行财务语言转换的前端业务系统的涉及面也必然是广泛的。当建立了业务系统与会计引擎之间的数据接口后，就形成了类似于翻译器的语言输入过程。接下来，要做的事情是语言的转换。对于会计引擎来说，需要建立一套类似于翻译器中词汇映射和语法映射的规则转换机制。也就是说，要建立业务数据向会计凭证转换的系统规则。

当然，这里有一点和翻译器是不一样的。对于翻译器来说，不管输入什么，都需要被动地接收，并转换为另一种语言输出。而对于会计引擎来说，首先是基于会计凭证的数据构成规范来判定需要什么输入，对形成会计凭证无用的数据，根本就不会考虑作为输入。在这种情况下，业务系统根据会计凭证的数据需求提供数据输入，经过预先设定的业务语言向会计语言转换的规则处理后，形成“准凭证”。

所谓的“准凭证”是会计引擎处理后所形成的预制凭证，由于还没有进入总账系统，故被称为“准凭证”。准凭证进入核算系统后，形成正式的会计凭证，最终完成语言输出的过程。

（二）统一会计引擎

统一会计引擎和传统会计引擎相比，核心就在于“统一”两个字。如前文所述，多数会计引擎都搭建在其他财务或业务系统中，以一个模块的形式存在；稍微好一些的，也就是在专业系统中圈下一块地盘，形成一个相对独立的子系统。而这里所说的统一会计引擎则是希望能够打破其寄生系统的束缚，从各个系统中独立出来，形成一个专业化的系统平台。通过这样的一个平台，形成一个多语言翻译器。也就是说，统一会计引擎的一端对接企业内所有业务系统和专业财务系统，以获得信息输入，另一端对接会计核算系统和管理会计系统，以生成会计凭证并实现财务分析。

（三）智能化下的统一会计引擎

尽管我们意识到统一会计引擎的建立难以一帆风顺，但它具备较高的使用价值。今天，随着智能化技术的进步，还有可能在建立统一会计引擎的过程中更进一步——借助智能化技术提升统一会计引擎的性能。

如同翻译领域对智能化技术的应用，统一会计引擎可以考虑适当地应用机器学习技术来辅助完善翻译器的翻译规则，即会计引擎的凭证转换规则。在建立统一会计引擎时，通常将优先基于所积累的经验来设计规则，但面对多行业及全场景的复杂性，仅仅基于经验是不够的。机器学习技术通过对标签化业务信息的输入和学习训练后，能够更高效地提炼转换规则，提升会计引擎在面对新问题时的处理能力。另外，利用区块链技术。如果能够在业务系统、专业财务系统、核算系统之间搭建分布式底账，那么将为提升会计引擎转换结果的可追溯性带来极大的帮助。

我国尚处于统一会计引擎建立的探索和尝试阶段，但其在大型多元化集团的落地应用并不遥远，未来出现面向社会提供服务的低成本甚至免费的、开放式的统一会计引擎平台也并不是空想，而智能化技术在开发统一会计引擎平台上也能够发挥更大的价值。

第四章　网络时代财会工作创新

第一节　网络时代财会工作现状

在网络时代，财会工作发生了翻天覆地的变化。传统的纸质记账、报表编制已经被电子化和自动化所取代，大大提高了工作的高效性和准确性。同时，网络技术的发展也为财会工作带来了诸多挑战，如信息安全、数据隐私保护等问题日益突出。然而，随着大数据、云计算等技术的应用，财会工作也在不断创新和发展。

未来，财会工作将更加智能化和个性化。人工智能和机器学习技术的引入，可以使财会工作更加自动化，甚至实现自我学习和优化。同时，财务共享服务中心的建立，也将使得财务服务更加标准化和专业化。然而，面对这些变化和挑战，财会人也需要不断提升自身的专业素养和技术能力，以适应网络时代的发展需求。

一、网络时代财会工作现状

当今世界，以电子计算机技术为代表的高科技产业以几何级数爆炸增长。以现代科技为基础的新兴产业已在世界经济发展中占据了主要地位，并推动和促进了世界经济向前发展。信息技术的迅猛发展，标志着人类社会正由工业经济时代向网络经济时代过渡。作为网络经济的基础，互联网正在改变着人类社会传统的工作方式，这一切，都极大地挑战着传统的财会工作的理论和实践。传统的财务会计理论是建立在一系列假设的基础上，即会计主体假设、持续经营假设、会计分期假设和货币计量假设。传统财务会计的四个假设适应传统的社会经济环境，并为会计实践所检验，证明了它的合理性。但是，当互联网走进现代人们的日常生活，并充斥于社会经济活动的各个方面时，使以前会计假设所依据的社会经济环境发生了翻天覆地的变革。

二、网络环境引发的财务会计问题

（一）基于互联网的会计信息系统控制风险加剧

基于互联网的会计信息系统是一种内联网结构的系统。企业内联网并通过互联网，为企业内各部门之间，企业与客户、供应商之间，企业与银行、税务、审计等部门之间建立开放、公布、实时的双向多媒体信息交流环境创造了条件，也使企业会计与业务一体化处理和实时监控成为现实。但是，由于互联网、内联网系统的分布式、开放性等特点，与原有集中封闭的会计信息系统比较，系统在安全上的问题更加突出。基于互联网的会计信息系统的风险主要来自系统故障风险、内部人员道德风险、系统关联道德风险、社会道德风险等各个方面。

（二）会计系统内部控制的难度加大

1. 网络构成要素的复杂性使得系统安全控制的难度加大

网络是一个庞大的系统，电子商务是一种整合的经济模式，交易与服务活动的完成一般以企业内联网、外联网和互联网三种网络为基础。计算机硬件、软件、人员和各种规程等构成上述各种网络组织的基本要素。由于硬件配置不合理、软件功能欠完善、系统操作失误、内部管理人员的非法访问及来自外部的恶意攻击等原因，网络组织的各个层面将面临严重的安全威胁。错综复杂的网络结构使得系统安全问题日益突出，安全控制的难度将进一步加大。

2. 网络数据处理的集中性使得传统的组织控制功能减弱

网络的应用大大减少了人工输入环节，数据访问和数据交换都通过应用服务器进行。网络计算机集成化处理促使传统手工会计中制单、复核、记账等不相容岗位相互牵制制度的效力逐步削弱，传统的组织控制功能弱化。

3. 网络环境的开放性使得会计信息失真的风险加剧

从信息的取得渠道看，其来源的多样性有可能导致审计线索紊乱；从信息传递的方式看，大量信息通过网络通信线路传输，有可能遭受非法的拦截、窃取和篡改；从信息的存储形式看，信息大都以电子数据的形式存储，肉眼很难辨认，易被修改、删除、隐匿、转移和伪造且不留痕迹。网络系统的开放性和动态性加大了审计取证难度，加剧了会计信息失真的风险。

（三）高级网络财务会计人员相对短缺，阻碍网络财务会计进一步发展

网络会计人才是复合型人才，需要既了解会计，又要懂得管理；既有原则，又有创造性、灵活性；既熟悉会计电算化知识，又熟悉网络知识；既会会计业务操作，又能解决实践中存在的种种问题。网络会计执行的任务为：编制财务预算，对系统所产生的数据进行加工；对子系统进行设计，设计各种内部报表，审查管理方案，为高层管理人员提供各种信息咨询。目前，我国财务会计人员在工作实践、知识结构等方面的缺陷，不能满足网络财务会计发展需要，是网络财务会计发展中面临的问题。

（四）会计支付结算业务的电子化和国际化

网络经济时代，会计核算从有形货币核算转化为电子货币核算，具有更强的即时性和重要性。电子商务对于传统商品交易活动是一种前所未有的创新和革命。在未来的商品交易过程中，电子目录、电子广告、电子合同、电子报关、电子核算等各种电子手段将会被广泛使用。未来支付方式将在以下几个重要方面呈现出新的面貌和表现形式：一方面，表现在商品交易形式上，由于通过网络面对面的互通信息和商务谈判行为的增多，直接销售方式将会得到迅速发展，并占有相当重要的地位；另一方面，表现在购买活动选择性的加强和决策效率的提高。此外，随着电子银行和金融服务的运用，包括商品交易付款、报关、纳税等在内的货币结算方式将变得更加迅速、便利和准确。伴随着商品交易过程的电子化、数字化，电子支付方式在大力减少人力、物力、降低成本、提高工作效率的同时，传统的支付方式也将产生根本性变化。

三、网络财务会计实施的重要性

（1）新形势下为了及时、准确地提供经营管理所需要的会计信息。不少企业相继建立了电算化会计信息系统。电算化会计信息系统投入少、见效快，使用维护容易到位。大多数企业在对会计信息系统电算化的好处予以认可的同时，往往忽视了它在存在的巨大风险。

（2）随着我国会计核算制度的进一步国际化，国外会计软件对我国会计制度的适应性明显增强。会计制度和会计准则的变化，将对会计电算化及其内部控制提出新的要求。

(3) 适应互联网时代发展趋势。网络下的会计电算化系统很有可能遭受非法访问甚至黑客或病毒的侵扰。这种攻击可能来自系统外部，也可能来自系统内部，而且一旦发生将造成巨大的损失。所以，加强网络会计电算化系统内部控制是十分重要。

四、网络财务会计系统软件的发展现状

1. 传统的会计软件基本上是核算型财务软件，它的特点是处理规范、流程单一

由于我国软件人才不足，所以在财务软件发展过程中一直存在着重技术、轻管理的倾向。财务会计软件作为单位信息系统的一个重要组成部分，其灵魂应当是先进的管理思想和管理方法，计算机技术只是实现的手段和保证。

2. 网络软件可以分为数据处理系统、管理信息系统、决策支持系统三个层次

网络软件的三个层次分别为数据处理系统（Data Processing System，DPS）、管理信息系统（Management Information System，MIS）和决策支持系统（Decision-making Support System，DSS）。

传统的会计软件基本上是核算型软件，主要是对手工业务流程的模拟，核算信息有待于进一步加工，因而只能属于 DPS 这一层次。近年来，有些软件公司相继推出了“管理型”财务软件、“决策支持型”财务软件，但这些软件只是原核算功能上增加财务比率分析、领导查询模块等，离真正意义的决策支持相差甚远。

3. 会计支付结算业务的电子化

网络经济时代，会计核算从有形货币核算转化为电子货币核算，将具有更强的即时性和重要性。电子商务对于传统商品交易活动是一种前所未有的变革。在未来的商品交易过程中，将广泛使用包括电子目录、电子合同、电子核算等各种电子手段。

第二节　网络时代财会工作的新动向

一、网络会计产生的历史背景

（一）网络会计是网络经济发展的必然产物

网络不仅是信息传播的载体，同时也为企业的生产经营活动提供了新的场所，它改变了传统的管理模式和交易方式。首先，网络为生产经营提供了新的场所。在网络经济环境下，企业可通过网络不断拓宽自己的生产经营场所，了解最大范围内的客户需求，从最大范围内中挑选出最佳供应商，通过在客户、企业和供应商之间传递的信息流，减少中间环节，从而以最快的速度、最低的成本进入市场，不断提高和巩固企业在竞争中的地位。其次，网络经济的兴起，还促使没有经营场地、没有物理实体、没有确切办公地点的虚拟企业的出现。虚拟企业使传统企业模式发生了根本性的变化，同时也深刻地改变了传统的交易方式。

（二）网络会计是财务会计发展的必然产物

互联网的出现，使社会的经济信息系统发生了重大变革。首先，会计数据的载体由纸张变为磁介质和光电介质载体。这种置换使得数据的记录、存储、传递由“机械形式”转变为“电磁形式”，从而为会计数据的分类、重组、再分类、再重组提供了无限的自由空间。其次，会计数据处理工具由算盘、草稿纸变为高速运算的计算机，并且可以通过网络进行远程计算。在算盘和草稿纸时代，会计人员的主要精力用在会计数据的分类、分配、汇总等简单劳动上。互联网的出现带来了根本性的变化，数据处理、加工速度提高，不同人员、不同部门之间数据处理、加工和相互合作，以及信息共享不再受到空间范围的局限。这种改变使得会计人员从传统的日常业务中解脱出来进行财务会计信息的深加工，将主要精力投入到财会信息的分析上，为企业经营管理决策提供高效率和高质量的信息支持。最后，会计信息输入输出模式由“慢速、单向”向“高速、双向”转变。互联网的出现，不但使慢速、单向的会计信息输入输出模式变为高速、双向，而且能适应网上交易的需要，实现实时数据的直接输入输出。

二、网络会计的特点

网络会计主要具有以下特点。

1. 网络会计为现代企业的生产经营活动提供了新的场所、新的契机

在网络经济环境中，企业可通过互联网（Internet/Intranet）不断拓宽自己的生产经营场所，了解客户最大范围内的需求，从最大范围的供应商中挑选出最佳供应商，通过畅通于客户、企业和供应商之间的信息流，减少诸多中间环节，从而以最快的速度、最低的成本进入市场，及时把握商机，不断提高和巩固企业在竞争中的地位。

2. 网络会计改变了企业的交易方式

网络经济的兴起，推动没有经营场地、没有物理实体、没有确切办公地点的虚拟企业出现。这些企业只要在互联网（Internet）的一个结点上租用一定的空间，经过认证，便可在网上接受订单，寻找货源并进行买卖活动。虚拟企业使传统企业模式发生了根本性的变化，同时也深刻地改变了传统的交易方式。

在网络经济时代，无论是网络还是计算机本身都经历了巨大的变化，网络对企业会计环境的影响也是显而易见的。就广域化环境而言，一方面国际互联网（Internet）使企业在全世界范围内实现信息交流和信息共享；另一方面企业内部网（Intranet）技术在企业管理中的应用，则使企业走出封闭的局域系统，实现企业内部信息对外实时开放，同时使企业内部包括财务部门在内的所有部门实现了资源的优化配置。

三、网络会计面临的问题与对策

（一）网络会计所面临的问题

1. 信息在网络中传递的真实性和可靠性

在网络环境下，会计仍存在着信息失真的风险。虽然无纸化传递可有效避免人为原因导致的信息失真，但仍不能排除电子凭证和账簿被随意修改而不留痕迹的行为发生，传统会计中依据签章确保凭证有效性和明确经济责任的手段已不复存在。

2. 计算机系统的安全性

计算机系统的安全性主要包括以下内容。

（1）硬件的安全性。网络会计主要依靠自动数据处理功能，而这种功能又很集中，自然或人为的微小差错和干扰都会造成严重后果。

（2）网络系统内的安全性。网络使企业在寻找潜在贸易伙伴、完成网上交易的同时，也将自己暴露在风险中。这些风险主要来自未经授权人的泄密和黑客的恶意攻击。

3. 对会计软件的要求高

互联网（Internet）上的互访使企业间的彼此了解加深，如何利用其他企业的会计信息进行及时有效的比较分析，得出对本企业有决策价值的信息，进一步实现会计核算层向财务管理和决策层转化，是网络会计对会计软件开发的新要求。同时，随着电子商务的发展和业务的增多，会计信息的处理量将大大增加，如何使会计系统向网络多用户和管理信息系统深化，是网络会计对会计软件运行环境的新要求。

（二）发展网络会计的对策

1. 加快立法工作

国家应制定并实施计算机安全及数据保护方面的法律，从宏观上加强对信息系统的控制。英国政府颁布实施了《1990 年计算机滥用法》，为计算机信息系统的发展提供了良好的社会环境。

2. 技术、管理方面

对于重要的计算机系统应安装电磁屏蔽，以防止电磁辐射和干扰。制定计算机机房管理规定，采取安全保护措施，加强磁介质档案的保存管理，防止信息丢失或泄露。

3. 网络安全方面

（1）健全内部控制，在操作系统中建立数据保护机构，调用计算机机密文件时应登录户名、日期、使用方式和使用结果，修改文件和数据必须登录备查。同时系统可自动识别有效的终端入口，当有非法用户企图登录或错误口令超限额使用时，系统会锁定终端，冻结此用户标识，记录有关情况，并立即报警。

（2）提高网络系统的安全防范能力。对病毒的预防可采取防火墙技术，将病毒及非法访问者挡在内部网之外。对于会计信息系统可采用数据加密技术，防止会计信息在传输过程中被泄密。

4. 软件开发方面

（1）提高会计核算软件的通用性和实用性。可对购入的商业化软件进行二次开发，并通过接口和系统集成的办法克服二次开发软件和商品化软件不能共享的缺点。

（2）努力使会计软件的运行环境向更高领域发展。在 Windows 平台上，可采用 VF、PB 等数据库语言，提高会计系统对互联网（Internet）的适用性。

5. 会计电算化制度方面

（1）建立会计电算化岗位责任制。岗位责任制是会计电算化工作顺利实施的保证，对会计人员的管理要真正体现“责、权、利相结合”的原则，明确系统内各类人员的职责、权限，并与利益挂钩，切实做到事事有人管，人人有专责，办事有要求，工作有检查。

（2）做好日常操作管理。日常操作管理主要包括计算机系统使用管理和上机操作管理。

（3）做好会计档案管理。要对电算化会计档案做好防磁、防火、防潮和防尘工作，重要会计档案应备份双份。

四、我国网络会计的发展趋势

网络会计将朝着集成化，多元化和智能化方向发展。首先，网络会计系统将使企业生产经营活动的每个信息采集点都纳入企业网中，大量的数据通过网络从企业各个管理子系统直接采集，并通过公共接口，与有关外部系统相连接，绝大部分的业务信息能够实时转化，直接生成会计化信息，从而使会计数据处理走向集成化；然而，网络会计系统可以理解为一个由网络系统，电子计算机系统，个人数据及程序等有机结合的应用系统，它不仅具有核算功能，还有控制和管理功能，因此它离不开与人的相互作用，尤其是预测与辅助决策的功能必须在管理人员的参与下才能完成。所以，网络会计系统不能是一个简单的模拟手工方式的系统，而是必须朝着具有人机交互功能系统的方向发展。

网络会计应更好地满足企业加强财务管理的需求。网络会计从财务会计的单纯记录和反映扩展到与解析过去，控制现在和筹划未来有机地结合起来，使为企业经营管理提供科学的决策依据成为可能。企业为保证决策目标的现实，需要制定企业内部的生产经营规划，在执行过程中要加强控制，事后还要组织好核算和分析，检查内部规划执行情况，通过分析、思考、总结找出生产活动中带有规律性的因素，为下一期预算提供更有保证的依据，然而这样就需要网络会计系统具备事前有预算，事中有思考，事后有总结的功能，以更好地满足市场经济条件下企业内部财务管理的需要。

第三节 网络时代财会的内部控制

所谓财务会计内部控制，是指为实现战略总目标及其细化的经济效益、会计报表可靠、资产安全、活动合法等具体目标而制定的相关程序和方法。随着时代的发展，财务会计内部控制也面临着新的挑战。本节以网络新时代背景下财务会计内部控制的挑战为基础，对财务会计内部控制的优化进行简要分析。

社会在不断进步和发展的过程中出现了各种各样的新鲜事物，这些新鲜事物对于其他传统事物来说既是机遇，也是挑战。财务会计的内部控制作为一个传统事物，在新时代背景下需要进行一系列的改革，这样才能更好地适应时代发展的要求，促进财务会计内部控制的效用得到最大限度的发挥。

一、网络环境下财务会计内部控制的新问题和新挑战

（一）会计核算范围扩大

网络时代，会计核算环境发生了很大的变化。第一，会计部门的组成人员结构发生了变

化，由原来的财务、会计人员组成转变为由财务、会计人员和计算机操作员、网络系统维护员、网络系统管理员等组成。第二，会计业务处理范围变大，除完成基本的会计业务，网络会计同时还集成了许多与管理及财务相关的功能。第三，网络会计提供在线办公等服务，从而使会计信息的网上实时处理成为可能。

（二）会计信息储存方式和媒介发生变化

网络会计采用高度电子化的交易方式，对数据的正确性、交易及其轨迹均带来新的变化。电子符号取代了财务数据，信息的载体已由纸介质过渡到磁性介质和光电介质，由于易受到高温、磁性物质、剧烈震动的影响，保存的数据资料易丢失。

（三）企业面临的安全风险加大

在电子商务环境下，电子单据、电子报表、电子合同等无纸介质的使用，无法沿用传统的签字方式，使原始凭证在辨别真伪上存在新的风险。而由于网络环境的开放性和动态性，再加上目前的财务管理缺少与网络经济相适应的法律规范体系和技术保障，黑客的恶意攻击、病毒的感染、计算机硬件的故障、用户的误操作等都会危及网络系统的安全性，给网络会计控制带来很大的困难。

（四）内部稽核和审计难度加大

在网络环境中，财务数据的签字盖章等传统确认手段不再存在，网络传输和保存中对电子数据的修改、非法拦截、窃取、篡改、转移、伪造、删除、隐匿等可以不留任何痕迹，传统的审计控制制度及组织控制功能的效力弱化，而会计系统设计主要强调会计核算的要求，对审计工作的需要考虑得较少，导致系统留下的审计线索很少，使得稽核与审计必须运用更复杂的审核技术。

（五）法律法规建设滞后

网络会计、电子商务的迅猛发展远远超出了现有法律体系的规范，电子交易可能引发的法律争端，如证据、合同的履行及可靠性问题等，成为企业内部控制不得不关注的又一问题。

（六）对会计人员的素质提出了更高的要求

在计算机技术普及的今天，滥用计算机技术的事件时有发生。所以，在网络财务环境下，除了要求财务管理人员必须精通财务知识及网络知识，熟悉计算机网络和网络信息技术，掌握网络财务常见故障的排除方法及相应的维护措施外，还对会计人员的法律意识及职业道德等方面的综合素质提出了更高的要求。

二、网络环境下加强财务会计内部控制的主要措施

（一）根据网络环境的特点，制定新型的内部控制制度

1. 严格岗位设置，进行有效的职责分离

在网络会计系统中，由于计算机具有自动高效的特点，许多不相容的工作都合并到一起由计算机统一执行，这样很容易形成内部隐患。为了强化系统的内部控制，一个比较有效的方法就是在网络会计系统中分别设置系统设计、系统操作、数据录入、数据审核、系统监控、系统维护等岗位，使各个岗位之间相互联系、相互监督、相互牵制。

2. 实行严格的网络会计系统授权制度

系统软件应设置有关操作人员的姓名、操作权限、相应人员的密码和电子签名。对一些需严格控制操作的环节，设“双口令”，只有“双口令”同时到位才能进行该操作。“双口令”由分管该权限的两个人各自按照规定设置，不得告知他人。对“双口令”进行“并钥”处理后，方可执行相应的操作。同时要按操作权限严格控制系统软件的安装和修改。

（二）加强会计信息系统的安全建设与管理

1. 建立完善的网络会计信息安全预警报告制度

会计主管部门应尽快建立一套完善的网络会计信息安全预警报告制度，依托国家反计算机入侵和防病毒研究中心及各大杀毒软件公司雄厚的实力，及时发布网络会计信息安全问题及计算机病毒疫情，从而切实有效地防范网络会计信息安全事件的发生。

2. 充分利用先进的网络技术，提高信息的安全性

为了解决动态会计信息在传输中被截取等问题，防止非法入侵者窃取会计信息和非授权者越权操作数据。应采用有效的安全密钥技术，将客户端和服务器之间传输的所有数据都进行加密；使用防火墙技术，执行安全管理措施；使内部网和公众访问网（如 Internet）分开，既保护内部网络敏感的数据不被偷窃和破坏，又能实时记录网内外通信的有关状态信息；做好经常性的病毒检测工作，进行杀毒、护理和动态的防范。

3. 加强网络安全意识，切实做好网络会计信息安全防范工作

针对目前企业和财务人员安全意识薄弱，对网络安全重视不够，安全措施不落实的现状，开展多层次、多方位的信息网络安全宣传和培训，并加大网络安全防范措施检查的力度，以真正提高用户的网络安全意识和防范能力。

4. 形成网上公证的由第三方牵制的安全机制

网络环境下原始凭证用数字方式进行存储，应利用网络所特有的实时传输功能和日益丰富的互联网服务项目，实现原始交易凭证的第三方监控（即网上公证）。

（三）建立新的内部审计监督机制

在网络经济下，内审部门要对网络会计系统各职能部门的工作进行有效的监督和检查，协调好各级管理部门的关系，使其有效地履行职责，保证网络会计系统的正常运行。内审人员要根据网络经营与网络财会的特点，改进和创新审计程序和方法。

（四）提高会计人员的综合素质

1. 在教育领域应加强复合型人才的培养，促进网络化进程

我国各级各类教育机构要结合经济发展要求，及时调整办学思路，设置科学合理的课程，加大高层次会计人员的培养数量，从数量结构和知识层次方面提高我国会计人员的整体知识素质。

2. 多途径提高会计人员的业务素质

可通过对会计人员在职培训、鼓励会计人员自学、加强会计人员的继续教育工作，以及实行岗位轮换制度等措施帮助他们提高素质、积累经验、更新知识，使他们不仅具有较深的会计

理论功底和娴熟的会计业务技能，还能掌握现代网络技术，熟知商务知识和法律法规，能从容应对知识的快速更新和经济活动的网络化、数字化，适应网络会计核算、管理的要求。

第四节 网络时代财会工作创新的措施

著名管理学者，美国工程院院士李天和总结其一生的经验教训，认为：我们需要比解决科学和工程问题更创新的思维。确实，在这个飞速发展的时代，创新的思维是一切革新和发展的基础。会计的变革首先是思维观念和制度的变革。我们必须建立一系列适应网络时代特点和新型财务会计的观念和制度。

一、网络系统观念

网络系统将是未来社会的基本存在形式，对会计而言，网络系统观念不只是有组织上的意义，还具有更为深刻的基础性意义。

（一）在网络系统环境下，应重新审视和认识会计，建立网络系统会计观

以大机器生产为代表的工业革命使传统的簿记转化为现代会计一样，网络时代的到来，必然使会计再次发生根本性变化，这将是不以人的意志为转移的。变化的方向与特征，取决于网络系统的特征，未来趋势及现实世界中会计的矛盾。

网络系统是一个便利的信息交流系统，它在极大地拉近信息提供者与用户同时空距离的同时，极大地增加信息容量，丰富信息的内涵与形式，形成密切多样化的信息交流和使用关系。并且，网络系统下的信息交流是多样化双向交流。会计系统必须按此要求进行改造和重构，以用户的需求为基本出发点，根据用户的需求提供及时、灵活的多样化信息。网上企业、电子商务、网上投资、网上结算、网上报税等网际业务的发展，直接将会计核算及监控的视角拉入一个更广阔的范围，在增加会计业务内容的同时，极大地丰富会计业务的形式，使会计业务发生质的变化。

（二）网络是一种真实的经济存在

多样化、信息化的网上活动改变着人们的生活，同时也影响着会计工作的方方面面，如会计的环境观念、会计资产的形式和含义、负债的形式、权益的构成及其他与会计相关的事务。会计系统既是微观管理的一个重要组成部分，又有重要的宏观管理意义，应该同时纳入微观管理系统和宏观管理系统，并形成微观与宏观的有效连通与衔接，形成一个内外交通的巨大系统。这就要求我们将会计的变革纳入整个社会经济体系变革的洪流中去，在网络时代社会经济体系的总体再造中，完成重新构建会计观念、理论及方法体系的工作。显然，这是一项庞大的系统工程，单靠会计界自身的力量是无法完成的，必须积极吸纳社会各方面的力量共同参与。

二、财务报告的变革或修正

现行财务报告是综合反映企业一定时期的财务状况、经营成果及财务状况变动的书面文

件。提供财务报告的目的是向会计信息使用者提供会计信息。在网络时代，财务报告受到了剧烈影响，使其有必要做出较大的变革或修正。

（1）传统的报表体系及项目构成是按照工业社会经济的特点来设计的，与今天的现实已经极不适应。企业规模的急剧扩大、业务的复杂化、频繁的购并与重组，以及资产构成的巨大变化，使表外项目日益膨胀的会计报表的可读性和实际效用日益降低。

（2）网络技术的发展使人们对信息的内容及及时性有了新的更高的要求。首先必须将以时期为基础的报表体系改进为以满足时点为基础以适应网上实时查询及定期报表的双重需要。为了采用实时基础，必须对现有报表体系结构进行修正。由于资产负债表本身即是时点基础，现金流量表可以看作是有时点基础的动态时期报表，因此这个意义上的变革重点将是损益表。

（3）现行财务报告缺少对衍生金融工具的揭示。在网络时代，网上交易的主要对象是金融工具，所以风险性较大。因此会计信息使用者需要这方面的揭示，以便他们合理地预计风险和未来的现金流量，做出正确的决策。

（4）在网络时代，知识和信息作为一种全新的资本，作为一种关键性的生产要素进入经济发展过程，企业的生存和经济效益的提高越来越依赖于知识和创新，知识资产、人力资产将在企业资产中的地位越来越重要，而现行财务报表对此反映较少。在网络时代，可利用现代计算机技术和网络技术，建立集电子交易、核算处理、信息随机查询于一体的“动态实时报告系统”，实时地满足不同层次的报表使用者对企业会计信息的多元要求。在会计报表中，也应将知识资和人力资源作为主要资产项目加以重点列示。反映的侧重点应由关心“创造未来有利现金流动的能力”，转向关心“知识资本据有量及其增值的能力”。此外，财务报告还要能反映大量的非货币性信息，如企业员工素质、企业组织结构等。

三、企业理财思想及模式创新

在企业整合资源的过程中，有很多方法可以进行有效的选择。

（一）企业理财的基本分析原理

在企业整合资源的过程中，通常有两种方式可以让企业进行选择：一是使企业的资产规模获得有效的扩张，兼并与收购其他的企业；二是让企业的资产实现发展式的收缩，让资产实现有效的剥离，通过出售相关的资产与拆分子公司中的股份，占好比例分配给母公司股份，从法律意义上将子公司从母公司分离出去。

20 世纪 90 年代初开始，全球盛行多元化的思维发展方式，多地分散经营投资存在一定的风险，要占领更多的市场，就要做到“东方不亮西方亮”。但多数的企业高层人员对非本行业的领域缺乏相关的经验，盲目地扩张，使企业连原有的经营优势也不复存在，最终影响整个集团的运转。甚至有的企业放弃了与本行业联系不甚紧密与不符合企业长期目标发展的具体目标，通过收缩产业战线，实现主要产品与关联性强的产品的专注投入，最终提升了企业的竞争力。

企业管理效率表明，在一定负协同作用的引导下，通过企业的实际分析可以让企业因为规避盲目扩大而引出的弊端，企业通过子公司与母公司重新定位，在最终确定子公司与母公司同样具有优势的基础上，让企业集中精力对企业生产的项目进行重新地定位，最终将精力集中在优势的产业上，最终在比较子公司与母公司共同的基础上增强企业的业务盈利能力。

企业发行的股票是投资者的选择，在企业实现拆分之后，股东拥有了两种重新选择的权利，在对两个企业各自承担债务的过程中，拆分后的企业之间也并不存在连带责任的关系，最终让投资的风险降低，让投资的价格随即提高。企业的差分增加了市场投资的品种，差分后的两个企业拥有不同的财务政策与投资机会，在吸引不同偏好投资者的同时获得更好的投资机会。

企业在拆分的过程中会减少债券的资产保证，在债券风险上升的过程中也会相应减少经济价值，让企业的股东因此受到损失。在现实的经济生活中，为数不少的企业债权人都要订立有关股利分配的资产处理，最终尽可能地维护自身利益。

在追求速度的经济发展条件下，规模小却灵活，专业能力强大的公司要比传统的巨型公司更具有发展的潜力与市场竞争的优势。寻求有效的经济发展模式，有助于预期企业的前景。

越来越多的企业家相信，越来越多的企业会走向拆分的道路，拆分给企业带来的优势与利益决定着企业拆分被众多的民众推崇，应用的前景由此十分广泛。

中国的证券市场在发展之初为了加快发展与扩大证券市场的规模，提高上市公司的筹集资金的力度，在政府鼓励企业进行股份制度改革与上市的过程，将对整个企业改组之后再进行上市，最终将一个公司组合成集团上市的操作方式。

整体的上市公司虽然在上市之初可以筹集到让其他企业羡慕的资金，但整体上市却阻碍了企业发展的潜力，让上市企业沦陷在不良资产多，企业员工多，最终让企业的负担加重，总资产大净资产少，负债率相对较高，净资产收益率低及管理水平落后等。

部分上市企业的子公司经营不善，从而直接影响了上市企业的最终业绩，让上市公司最终失去了进一步资本经营的能力，一部分中小型上市企业，在结构调整的过程中可将产业结构和经营结构进行调整的需要，在全面进行组合的过程中，研发出符合企业发展方向，产业结构方与和经营结构调整目标的优质上市企业，最终提高上市企业的整体运营能力。对于规模相对较大的上市企业而言，优质资产的扩张有利于增加大型上市企业的整体竞争能力，在原企业效益不好的情况下让子公司进行资金的募集与筹措大型项目的管理，在原企业效益不是特别好的情况下，企业也可以通过单独上市来募集资金，改造并刺激企业的经营，最终达到企业的资产存量，子企业与母企业的协同发展，是企业发展的理想状态。

在上市企业已经拥有良好项目的过程中，为保持企业的不断发展与巨额的资金投入，上市企业的净资产率也会让上市企业丧失配股的资格。当上市企业的资本规模达到一定水平的时候，上市企业要靠基本的融资能力与股本扩张能力实现限制的突破，从而让拆分腾挪出更多的资金空间来。

在实施拆分的过程中，上市企业应该先将子公司分拆出来，再进行子公司的上市，这样进行的资产重组会有效地分配利润，最后当条件成熟以后再将子公司拆分出来。

（二）企业拆分的好处

1. 企业的分拆有利于提升企业股票的市场价值

市场并不能够准确地反映上市企业精确的市场价值，尤其是对实行多元化经营的上市企业而言，由于其业务范围涉及的领域较广，潜在的投资者并不能搞清股票的市场价值，作为独立与母体的子公司而言，接受客观的业绩评估，是让企业具有市场新价值的有效手段。

2. 企业的分拆可以弥补并购策略失误，最终成为并购策略的组成部分

在全球企业并购的热潮中，企业并购成功的案例不计其数，在企业迅速实现扩张规模的情况下最终也能将竞争对手转变为战略同盟，但不明智的并购也会导致灾难性的后果。虽然绝大多数的企业在并购其他企业之后有盈利的机会，但实行并购的企业在实施并购的过程中有时也并没有确定并购的行为会不会带来经济效益。但有的企业虽然实施了并购的策略，却并没有实现经济的增长。

3. 企业分拆使企业管理层与股东利益紧密结合

对企业的管理层激励是将股东与企业的利益密切保持一致，最终实现股东利益的最大化。在多元发展的企业中，基于整个企业价值之上的股权或期权激励措施实际上并不与处于分支机构内的管理人员的决策业绩密切相关。管理层人员弱化是大多数企业共同面对的问题，分支机构的管理人员与企业核心管理人员之间存在着严重的信息不对称局面，最终导致经营偏好差异与企业内部配置效率低。

可如果将子公司从原有的企业中拆分出来，可以有效地实现企业的资源配置与拆分法则，在企业整体接受市场化竞争过程中，最终实现资本市场的审视与管理，降低了一部分企业的市场代理成本，也有效地优化了代理的机制。

4. 企业分拆是企业摆脱监管束缚与实现管理创新的重要手段

企业作为政府与市场管理竞争之中的组织形式，政府对企业的管制伴随着企业的经营活动的全过程，企业追求利润最大化的结构形式必定需要政府的及时监管，企业通过创新来实现政府的放宽监管，是企业发展过程中的有效手段。

5. 企业分拆是企业退出投资的重要通道

上市企业往往控制着市场中的稀缺资源，如此造成了为数不少的中小型企业推出了核心业务的竞争，为数不少的企业附加值通常情况下被降低，由于上市公司在自己的调配中具有一定的流动性，从而在经营上抢得先机。

在企业上市之后，政府要出面进行一定权责之内的市场监管，最终让企业跳出圈钱的初级发展状态，使得林立在市场中的各个大中小型企业走可持续发展的道路，提高管理效率，实现繁荣市场与创新层次的提高。

四、产权模式创新

在信息日益成为商品的网络时代，会计信息能否成为一种商品，主要取决于会计信息的产权能否有效界定。只要有明确的私有财产权，很多外部性的经济活动都可以通过适当的契约安排达到最优利益效果，而不管这种私有财产属于谁所有和做何种分配。因此，会计信息成为商品的前提是产权的明晰。会计信息的本质是企业所有的一项经济资源，产生的主体也是企业，而企业又归股东所有，因此，会计信息天然的产权所有者应该是企业的股东。现行的制度框架中，会计信息的这项经济资源由经营者管理，但其并不明确为谁负责管理；股东亦不自知其为会计信息的所有者。因此，确认股东为企业的产权所有者，至少会带来以下改变。

（1）虽然会计信息是稀缺的，但一直以公共产品的形式供应。如果赋予股东以会计信息的产权，产权所有者就有可能以私人商品的形式供应会计信息。

（2）作为企业资源的所有者，股东可以选择经营者以外的生产会计信息的代理人。

（3）消费者对现行的标准会计信息产品之外的需求将会刺激产权所有者扩大供给，会计信息的供需可在市场中进行，价格与产量由供需决定。

会计信息的产权的明晰化，只是其市场化的钥匙，能否打开市场的大门，取决于这把钥匙的价格是否足够合理。因此，问题现在就变为会计信息的产权界定成本是否足够的低廉。在20世纪90年代以前，或许答案是否定的，但自从网络走进我们生活以来，技术不断地革新使得会计信息的产权界定获得前所未有的技术支持。媒体的网络革命使得会计信息不仅可在报纸上公布，还可以通过建立自己的网址在网络上传播。会计信息可以作为商品出售给网络媒体公司，而不是像现在上市公司需要付钱给证券报刊登其会计信息。

五、会计信息产生模式和传播模式的创新

传统的会计信息生产和传播模式具有以下特点：

（1）会计信息的生产职能由企业自己执行；

（2）企业掏钱在证券报上刊登传播会计信息。

现阶段存在以下问题。

（1）会计信息的生产职能能否交给市场来完成？

（2）在其他市场主体（如报业公司、数据公司）利用会计信息盈利的同时，其产权所有者——股东能不能也获得收益？

这两个问题的答案就是，对1日的会计信息的生产模式和传播模式进行市场化变革，变革的具体方法如下。

（一）成立专门的会计服务公司，以改变传统的会计信息生产方式

传统的会计信息生产方式有以下特点。

（1）手工操作，这使得会计信息的供给受到手工劳动的低效限制。

（2）非市场化的企业内部职能。

这使得会计信息在下列方面受到影响。

①缺乏增加信息供给的市场激励。

②信息易受内部人员操纵。网络技术革命以前，虽然这种生产方式的缺点一直如是，但其地位并未因此动摇。

这主要基于下列两个原因。

a. 能代替手工劳动的工具没有出现。

b. 会计信息的生产职能由市场执行的交易费用远高于自己执行的成本，主要是缺乏经济的通信工具将大量的日常经济事项传送至对方，以及对方一旦泄露商业机密而带来的损失。但是计算机技术的发展使得会计信息的生产者有可能实现非手工化，较为复杂的会计方法的使用亦成为可能；同时网络技术的发展使得企业经济交易的原始数据的异地实行，实时传送成本不再高昂，基于上述两项技术的巨大突破，会计信息的生产方式终于可以冲破上述约束条件，由手工生产变为机械化生产，由作坊式生产走向享受规模经济收益的大生产。

（二）企业与会计服务公司签约

契约内容包括：

（1）会计服务公司替代企业执行会计信息生产职能，企业向会计服务公司付相应的费用，企业有向后者诚实地提供所有相关信息的义务（双方约定存有例外的，该例外应同随后的会计信息一并公布）；

（2）企业将会计信息的所有权售予会计服务公司，后者向前者支付相应的价格。

（三）会计服务公司与媒体公司签约

会计服务公司通过协议有偿赋予媒体公司披露会计信息的权利，会计服务公司与会计师事务所对会计信息的质量负责。

（四）任何会计信息的消费者必须付费使用会计信息

网上付费系统（如网上银行）的发展与成熟，会使得付费本身的成本下降，凡会计信息的消费者都必须付费使用会计信息。

第五章　筹资管理创新

第一节　概　　述

一、企业筹资的动机

企业筹资是指企业为了满足经营活动、投资活动、资本结构管理和其他需要，运用一定的筹资方式，通过一定的筹资渠道，筹措和获取所需资金的一种财务行为。

企业筹资最基本的目的是维持企业的经营和发展，给企业的经营活动提供资金保障，但每一次的筹资行为往往都是事出有因的，例如，为提高技术水平购置新设备而筹资，为对外投资活动而筹资，为解决资金周转而筹资等。各种筹资原因，归纳起来表现为四类筹资动机：创立性筹资动机、支付性筹资动机、扩张性筹资动机和调整性筹资动机。

（一）创立性筹资动机

创立性筹资动机是指企业设立时，为取得资本金并形成开展经营活动的基本条件而产生的筹资动机。资金是设立企业的第一个环节，根据《公司法》《中华人民共和国合伙企业法》《中华人民共和国个人独资企业法》等相关法律的规定，任何一个企业或公司在设立时都要求有符合企业章程或公司章程规定的全体股东认缴的出资额。企业创建时，要按照企业经营规模核定长期资本需要量和流动资金需要量，购建厂房设备等，形成企业的经营能力。这样就需要筹措注册资本和资本公积等股权性资金，而不足部分则需要通过筹集债务性资金解决。

（二）支付性筹资动机

企业在开展经营活动过程中，经常会出现超出维持正常经营活动资金需求的季节性、临时性的交易支付需要，如购买原材料的大额支付、员工工资的集中发放、银行借款的提前偿还、股东股利的发放等。这些情况要求除了正常经营活动的资金投入以外，还需要通过经常的临时性筹资来满足经营活动的正常需求，维持企业的支付能力。这种为了满足经营业务活动的正常开展而发生的资金需求便是支付性筹资动机。

（三）扩张性筹资动机

扩张性筹资动机是指企业因扩大经营规模或对外投资需要而产生的筹资动机。企业维持简单再生产所需要稳定的资金，通常不需要或很少追加筹资。一旦企业扩大再生产，经营规模扩张，开展对外投资，就需要大量追加筹资。具有良好发展前景处于成长期的企业，往往会产生扩张性筹资动机。扩张性的筹资活动在筹资的时间和数量上都要服从投资决策和投资计划的安排，避免资金的闲置和投资时机的贻误。扩张性筹资的直接结果往往是企业资产总规模的增加和资本结构的明显变化。

（四）调整性筹资动机

调整性筹资动机是指企业因调整资本结构而产生的筹资动机，目的在于降低资本成本，控制财务风险，提升企业价值。企业产生调整性筹资动机的具体原因大致有以下两个。

（1）优化资本结构，合理利用财务杠杆效应。随着企业的经营发展，很有可能出现债务资本比例过高或者股权资本比例较大的情况，债务过高会给企业带来较大的财务风险，而股权资本较高，企业的资本成本就会较大，这些均会使企业的资本结构不合理。企业可以通过调整性筹资增加股权或债务资金，达到调整、优化资本结构的目的。

（2）偿还到期债务，进行债务结构内部调整。如果流动负债比例过高，使得企业近期偿还债务的压力较大，可以举借长期债务来偿还部分短期债务。又如，一些债务即将到期，企业虽然有足够的偿债能力，但为了保持现有的资本结构，可以举借新债以偿还旧债。

调整性筹资的目的是调整资本结构，而不是为企业经营活动追加资金，这类筹资通常不会增加企业的资本总额。企业通过追加筹资，既可以满足经营活动、投资活动的资金需要，又可以调整资本结构，这类情况很多，可以归纳称之为混合性筹资动机。混合性筹资动机一般是基于企业规模扩张和调整资本结构两种目的，兼具扩张性筹资动机和调整性筹资动机的特性，同时增加了企业的资产总额和资本总额，也使得企业的资产结构和资本结构同时变化。

二、企业筹资的原则

企业筹资是一项重要而复杂的工作，为了有效地筹集企业所需资金，在遵守国家有关法律和维护各方合法权益的前提下，还需要遵守以下基本原则。

（一）合理确定筹资规模

筹资规模即为企业筹集资金的总额。企业财务人员要认真分析企业生产、经营状况，采用科学的方法，预测不同时期的资金需要量，合理确定筹资规模。资金筹集不足会影响生产经营的正常进行和贻误投资良机，也会因再筹资而增加费用支出；而资金筹集过多，会造成资金闲置浪费，影响资金使用效果，增加不必要的筹资费用支出。

（二）恰当安排筹资时间

企业财务人员在筹集资金时，必须熟知资金时间价值的原理和计算方法，以便根据资金需求的具体情况，制订筹资计划，恰当安排资金的筹集时间，适时获取所需资金，使资金的筹集和运用在时间上互相衔接，既能避免过早筹集资金，造成资金投放前的闲置浪费，又能防止滞后筹资而错过资金投放的最佳时机，从而提高资金使用效果。

（三）选择最佳筹资方式

资金的来源渠道和资金市场为企业提供了资金的源泉和筹资场所，它反映资金的分布状况和供求关系，决定着筹资的难易程度。不同来源的资金，筹资风险和资本成本也不相同。因此，企业应认真研究资金来源渠道和资金市场，合理确定筹资方式，选择最佳资本结构，以降低资金成本。

（四）保持最佳资本结构

在确定筹资数量、筹资时间、资金来源的基础上，企业在筹资时还必须认真研究各种筹资方式的风险和效益。企业筹集资金必然要付出一定的代价和承担一定的风险，不同筹资方式的资金成本和风险不同，企业应保持最佳资本结构，使企业综合资金成本达到最低。因此，需要对各种筹资方式进行分析对比，选择经济可行、风险适度的筹资方式，确定合理的资本结构，既要通过负债经营获取较高效益，又要通过各种途径加强筹资风险控制，确保财务安全和稳定，达到风险与效益的统一。

三、企业筹资的类型

企业筹集的资本由于具体的属性、期限、范围和机制的不同形成不同的类型。不同类型资本的结合，就构成具体不同的筹资组合。企业筹资从不同的角度看主要有以下四种分类方式。

（一）按筹集资金的权益性质划分

按性质不同，筹资可以分为权益性筹资、债务性筹资和混合性筹资三种。

1. 权益性筹资

权益资本由企业成立时各种投资者投入的资金，以及企业在生产过程中形成的资本公积、盈余公积和未分配利润组成。权益资本的筹资方式主要有吸收直接投资、发行股票和内部积累等。由于权益资本在企业存续期间不需要偿还，属于企业永久性资本金，因而又称为企业自有资金、股权资本和主权资金。投资者将资金投入企业时期望获得较高的投资收益，加上投资人的利润分配是在企业支付各种税费之后对企业净利润的分配，所以权益资本对于企业来讲具有财务风险小、资本成本相对较高的特点。

2. 债务性筹资

债务性筹资所筹到的资金是企业的负债。负债是企业所承担的能以货币计量、需要以资产或者劳务偿付的债务。企业通过发行债券、向银行借款、融资租赁等方式筹集的资金也属于企业的负债。对于债务资本，企业负有到期要归还本金和利息的法定责任，加上债务利息的固定性和在所得税税前支付等特点，债务资本对于企业来讲具有财务风险大、资本成本低的特点。

权益资本和债务资本的主要差异见表 5-1。

表 5-1　权益资本和债务资本的主要差异

债务资本	权益资本
剩余索取权	股东索取权
不可抵免税收	可抵免税收
在财务困难或破产时只有最后先清偿权	在财务困难或破产时具有优先清偿权
债务资本	权益资本
无期限	固定期限
有管理控制权	无管理控制权
所有者具有经营权和分享权	债权债务关系
主要表现为所有者股权、风险资本、普通股等	主要表现为银行借款、公司债券、商业票据等

3. 混合性筹资

混合性筹资兼具权益性与债务性筹资的性质。我国目前常见的混合性筹资方式有发行可转换债券和发行认股权证。

（二）按筹集资金的使用期限划分

按使用期限不同，筹资划分为短期筹资和长期筹资。

1. 短期筹资

短期筹资是指企业筹集使用期限在 1 年以内（含 1 年）的资金。短期资金主要用于企业的流动资产和资金日常周转，一般在短期内需要偿还。短期筹资经常采用商业信用、短期借款等方式来筹集。

2. 长期筹资

长期筹资是指企业筹集使用期限在 1 年以上的资金。长期筹资的目的主要在于形成和更新企业的生产和经营能力，或扩大企业生产经营规模，或为对外投资筹集资金。长期筹资通常采取吸收直接投资、发行股票、发行债券、长期借款、融资租赁等方式，所形成的长期资金主要用于购建固定资产、形成无形资产、进行对外长期投资，以及垫支铺底流动资金、产品和技术研发等。从资金权益性质来看，长期资金可以是权益资金，也可以是债务资金。

（三）按筹集资金的取得方式划分

按取得方式不同，筹资可分为内部筹资和外部筹资两种类型。

内部筹资是指资金直接来源于企业内部，又称内源性筹资。内部筹资主要是企业通过利润留存、计提折旧等方式形成的筹资来源。内部筹资数额大小主要取决于企业可分配利润的多少和利润分配政策，一般无须花费筹资费用，从而降低了资本成本。

外部筹资是指企业向外部筹措资金而形成的筹资来源，所筹资金主要来自企业外部。处于初创期的企业，内部筹资的可能性是有限的；处于成长期的企业，内部筹资往往难以满足需要，这就需要企业广泛地开展外部筹资，如发行股票、债券，取得商业信用、银行借款等。企业向外部筹资大多需要花费一定的筹资费用，如此筹资成本便提高了。

（四）按是否通过媒介划分

根据企业筹资是否以金融机构为媒介来获取社会资金，可将企业筹资分为直接筹资和间接筹资两种类型。

直接筹资是企业直接与资金供应者协商融通资金的筹资活动。直接筹资不需要通过金融机构来筹措资金，是企业直接从社会取得资金的方式，主要有发行股票、发行债券、吸收直接投资等。直接筹资既可以筹集权益资金，也可以筹集债务资金。相对来说，直接筹资不但手续比较复杂，而且筹资费用也相对较高，但筹资领域广阔，能够直接利用社会资金，有利于提高企业的知名度和资信度。

间接筹资是企业借助于银行和非银行金融机构而筹得资金的方式。在间接筹资方式下，银行等金融机构发挥中介作用，预先集聚资金，然后提供给企业。间接筹资的基本方式是银行借款，此外还有融资租赁等方式。通过间接筹资取得的主要是债务资金，目的是满足企业资金周转的需要。间接筹资手续相对比较简便，筹资效率高，虽筹资费用较低，但却容易受金融政策的制约和影响。

四、企业筹资的渠道和方式

（一）筹资渠道

筹资渠道是指筹集资金来源的方向和通道。认识各种资金来源渠道的性质，有利于提高融资效果和降低资金成本。目前，我国企业的筹资渠道主要有以下七种。

1. 国家财政资金

国家财政资金是国有企业资金的主要来源。现有国有企业的资产大部分都是过去国家以财政拨款的方式投资形成的。随着我国经济体制改革的深化，越来越多的国有企业被推向市场，但有些重点行业、基础性产业等影响国民经济长远发展的国有企业，国家财政资金仍然是其筹资的主要来源。

2. 银行信贷资金

银行信贷资金是银行以居民、企事业单位储蓄为资金来源向企业发放的各种贷款。银行信贷资金来源稳定，贷款方式灵活，能适应各种企业的资金需求，是企业的重要筹资渠道。银行信贷资金分为商业性银行贷款和政策性银行贷款。商业性银行贷款是由商业银行提供的、以营利为目的的信贷资金。政策性银行贷款是经国家有关部门批准的、由国家政策性银行提供的、属于国家重点扶持项目的信贷资金。一般情况下，商业银行贷款利率高于政策性银行贷款利率。

3. 非银行金融机构资金

非银行金融机构是指除商业银行、政策性银行以外的，从事信贷及其他金融业务的金融机构，如保险公司、企业集团所属财务公司等，它们可以直接为企业提供资金或为企业筹资提供服务。非银行金融机构资金供应灵活，且服务形式多样，在我国有广阔的发展前途。

4. 其他企业资金

企业在生产经营过程中形成部分暂时闲置的资金，这部分资金委托金融机构可以在企业间调剂使用，形成委托信贷资金，企业间通过商业信用形成的应收、应付款项属于结算过程中形成的信贷资金。企业间相互投资的委托信贷资金和商业信用中形成的结算信贷资金的存在，使其他企业资金成为企业资金的重要来源渠道之一。

5. 居民个人资金

企业为了获得资金可能采用发行股票、债券的形式进行筹资。企业通过发行股票、债券等方式筹资的对象是企事业单位、社会集团和社会公众。当居民个人以社会公众身份购入企业股票或企业债券的时候，居民个人资金就成为企业资金的重要来源渠道之一。

6. 企业自留资金

企业自留资金又称企业内部资金，主要包括企业在经营过程中形成的留存收益和计提固定资产折旧形成的折旧基金。留存收益是企业经营过程中形成的利润扣除应缴所得税和股利之后，留存在企业的盈余公积金和未分配利润，属于企业自我资金积累；折旧基金是根据固定资产的损耗程度，采用一定的计算方法计算的应计折旧额，以折旧费用的形式计入各期成本或费用，在当期销售收入中得到补偿的那部分资金，属于企业的现金沉淀，是用来对固定资产进行更新改造的准备金。

7. 外商资金

外商资金又称为境外资金，是指由境外人士和组织向我国企业投入的资金，是外商投资企业的重要资金来源。我国实行对外开放政策以来，外商向我国投资的规模逐步扩大。吸收外商直接投资是我国利用外资的传统方式，“合格境外投资者”（Qualified foreign institutional investor，QFII）制度是我国引入外资的新途径。

（二）筹资方式

筹资方式是指企业筹集资金所采用的具体形式或手段。正确认识筹资方式及其特点，有利于选择合适的筹资方式，实现最佳筹资组合，从而降低资金使用成本。我国企业常用的筹资方式有以下八种。

1. 吸收直接投资

吸收直接投资是指企业通过协议等形式吸收国家、其他企业或者个人直接投入资金而形成的一种筹资方式。出资人即为企业的所有者，具有所有者应享有的权利和义务。直接吸收投资取得的资金属于企业的股权资本，企业具有永久的使用权，会计账户上记为企业的“实收资本”，在资产负债表上列为“所有者权益”，属于企业的永久性资金。

2. 发行股票

股票是股份有限公司签发的证明股东拥有股份的书面凭证，股份有限公司可以通过发行股票成为上市公司，直接从资本市场上融资。股票的购买者即为公司的股东，具有股东的权利和义务。股东可以是国家、法人、个人或外商，所以股份有限公司的股票一般分为国家股、法人股、个人股和外商股。公司发行股票取得的资金属于企业的股权资本，会计账户上记为“股本”和“资本公积”，在资产负债表上列为“所有者权益”，属于企业的永久性资金。

3. 金融机构贷款

金融机构贷款是指企业根据借款合同从银行或非银行金融机构取得资金的筹资方式。这种筹资方式广泛适用于各类企业，既可以筹集长期资金，也可以用于短期融通资金，具有灵活、方便的特点。向金融机构借款是一种债务筹资方式，金融机构属于债权人，企业则属于债务人。

4. 商业信用

商业信用是指企业之间在商品或劳务交易中，由于延期付款或延期交货所形成的借贷信用关系。商业信用是由于业务供销活动而形成的，是企业短期资金的一种重要的和经常性的来源，是一种债务筹资方式。

5. 发行公司债券

公司债券是指企业向社会公众筹集资金而向出资者出具的债务凭证。按照中国证券监督管理委员会出台的《公司债券发行与交易管理办法》的规定，除地方政府融资平台公司以外，所有公司制法人均可以发行公司债券。公司债券是公司依照法定程序发行、约定还本付息期限、标明债权债务关系的有价证券。发行公司债券，适用于向法人单位和自然人两种渠道筹资。发行债券是一种债务筹资方式。

6. 融资租赁

融资租赁也称为资本租赁或财务租赁，是指企业与租赁公司签订租赁合同，从租赁公司取得租赁物资产，通过对租赁物的占有、使用取得资金的筹资方式。融资租赁方式不直接取得货币性资金，通过租赁信用关系，直接取得实物资产，快速形成生产经营能力，然后通过向出租人分期交付租金的方式偿还资产的价款。融资租赁直接涉及的是物，而不是钱，但其实质具有资金借贷性质，是一种债务筹资方式，是现代企业筹集债务资金的一种特殊方式。

7. 留存收益

留存收益是指企业从税后净利润中提取的盈余公积金，以及从企业可供分配利润中留存的未分配利润。留存收益是企业将当年利润转化为股东对企业追加投资的过程，是一种股权筹资方式。

8. 其他筹资方式

除以上筹资方式外，随着金融市场的发展，出现了更多的筹资方式，如认股权证筹资、可转换债券筹资等，便于企业筹资，满足企业的资金需求。

（三）筹资渠道与筹资方式的对应关系

筹资渠道说的是资金从哪里来，是解决资金来源的方向问题；筹资方式说的是资金怎样来，解决的是筹资的手段和资金的性质问题。筹资渠道和筹资方式存在着内在的对应关系，一定的筹资方式筹集某一特定属性的资金，但不一定来自同一筹资渠道；同理，同一渠道的资金也可以通过不同筹资方式取得，形成企业不同性质的资金，它们之间的对应关系见表 5-2。

表 5-2　筹资渠道与筹资方式的对应关系

方式渠道	吸收直接投资	发行股票	发行债券	金融机构贷款	融资租赁	商业信用
国家财政资金	√	√				
银行信贷资金				√		
非银行金融机构资金	√	√	√	√	√	
其他企业资金	√	√	√		√	√
居民个人资金						
企业自留资金	√					

第二节　筹资管理的现状及存在的问题

筹资管理的现状及存在的问题，是我国企业在发展过程中必须面对和解决的重要课题。面对日益激烈的市场竞争，企业需要不断提高筹资管理的水平，以降低融资成本，提高资金使用效率。在此过程中，我国政府也应加强对筹资管理市场的监管，规范市场秩序，保护投资者权益。同时，企业还应积极探索创新筹资方式，如发行债券、股权融资等，以拓宽融资渠道，降低融资风险。总之，只有企业不断地完善筹资管理，才能在激烈的市场竞争中立于不败之地。在此基础上，我们还需关注企业资本结构的优化，以实现企业价值的最大化。

一、企业筹资管理现状

（一）小微企业筹资管理现状

首先，小微企业没有建立完善的管理制度，没有确定企业的最佳资本结构并对外部融资需求做出合理的估计和预测。小微企业大部分是家族企业，在管理中并没有建立严格的规章制度，财务管理人员没有能力为企业核算出最佳的资本结构。近几年来，随着我国小微企业的进一步发展，越来越多的企业对权益性资金的利用率降低而对外负债的比率越来越高。

其次，我国小微企业由于自身规模条件的限制，普遍存在着信用不足或者信用不稳定的现象。据中国小微企业协会信用管理中心统计，我国部分小微企业因信用方面的问题，使得自身“失信于民”。而与此相反的，我国的商业银行的信贷监管力度正在逐步加大，降低不良贷款率，确保新增贷款的质量已经成了我国商业银行的一致目标取向。小微企业在这种信用等级状况下，很难吸引到银行等金融机构的借款或者投资。

最后，国家对小微企业的政策扶持力度不够，小微企业融资的担保难问题依然突出。目前国家已经出台了很多小微企业的扶持政策，加大了对小微企业在财税、信贷等方面的扶持力度，小微企业的生产经营状况得到了很大的改善，但发展形势依然非常的严峻。许多业内资深人士认为，担保问题是制约小微企业融资问题的关键因素之一。目前，为了对小微企业向银行贷款时提供担保，有些地方政府成立了各种各样的担保公司，用这种具有官方背景的担保公司作为连接企业和银行等金融机构之间的桥梁。但是实际上，担负着官方使命的担保公司难以完全按照市场化的规律合理地选择小微企业进行担保。大部分的小微企业信用度都很低，在我国的担保体系发展滞后的情况下，担保公司在银行与企业之间充当的桥梁角色也不能很好地发挥其应有的作用。

（二）中小型企业的筹资现状

1. 局限性

企业要想进行金融筹资就必须上市，而对于中小型企业来说，上市会面临着多方面的因素的限制。企业成立要超过 3 年，并且企业的注册资本需要超过 5 000 万，这使中小型企业在筹资上面临较大困难，对中小型企业的筹资造成了限制。

2. 筹资困难

在我国，债券的发行主体必须是两个国有或国有独资成立的股份公司、责任公司，这直接将中小型企业拒之门外。并且，股份有限公司净资产额要不少于 3 000 万，有限责任公司净资产额则不能少于 6 000 万，这也使得符合条件的中小型企业少之又少。就目前情况来看，我国的中小型企业采取这种方式进行筹资是无法实现的。

3. 金融业经营原则造成的影响

资金对企业的发展的影响是巨大的。因此，金融行业经营过程中必须谨慎，这不仅对国民经济的健康发展影响巨大，也对我国中小型企业的筹资造成了不良影响，直接导致了中小型企业在发展过程中面临资金危机。

二、分析中小型企业筹资困难的主要原因

（一）中小型企业经营稳定差，风险较大

中小型企业规模无法和大企业比较，同时在分析市场和信息收集及成本投入上都会受到金融环境、经济环境的影响。中小型企业的这一特点，意味着中小型企业在还款上具有很大的不确定性，这也是以稳健性为投资基础的银行机构不愿意承担的风险。中小型企业与大型企业相比，其经营稳定性差，投资风险也较大，而银行在投资上都以稳健性为基础原则，因此在投资上会尽量地减少或不给中小型企业贷款，从而将风险降到最低，这阻断了中小型企业筹资的一条渠道，增加了中小型企业在筹资上所面临的困难。

（二）担保资产不足

金融机构在向中小型企业发放贷款时，虽然很难获取到贷款过程中需要的决策信息，但是在发放贷款过程中可以通过企业抵押或由第三者担保的方式，对企业未来的偿还能力进行评估，从而对是否放款做出合理的决策，并且通过抵押有助于对逆向选择问题进行解决。但是，中小型企业在筹资过程中，能够用于抵押的资产十分有限，商业银行对中小型企业未来的还款能力缺少信心，因此不愿意向中小型企业放款。

三、解决中小型企业融资困难的对策

（一）中小型企业要提升自身的信用

中小型企业在经营过程中，要想获取足够的资金，就需要不断地提升自身的综合素质和信用等级。中小型企业需要在运行过程中要做好几个方面的工作：对项目论证要科学，尽量对短期产生的行为进行规避，使企业生产的产品在市场中具有足够的竞争力。对企业的管理必须科学，例如，在企业内部建立合理的激励制度，用人要合理，企业在处于不同的发展阶段要进行适当的转型，并且要不断地学习管理知识，对经营管理制度进行完善。市场实际的选择要适当，其中包括的主要内容有市场时机的选择、产品的引进、资金的引进、产品生命周期及资金成本的正确评估。中小型企业在经营过程中需要树立信用意识，要取得金融机构的信任，与金融机构建立相互信任的关系。

对信用市场进行规范、完善信用制度、营造一个良好的信用环境，提升中小型企业的综合素质和在市场中的竞争力。一方面，逐步完善中小型企业信用结构和信用评价体系，使银行能够掌握中小型企业的信用信息，对诚实守信的企业要予以一定的表彰，通过树立典型的方式对信用管理的经验和模式进行推广；另一方面，在中小型企业内部应当建立信用机制，并对信用制度进行普及。在中小型企业中，要加强营销预警、合约管理、账款催收等。

（二）构建信用担保体系

信用担保是专业的担保机构为中小型企业提供的一种服务，通过担保机构的担保，银行在向中小型企业发放贷款时，如果企业无能力偿还时，信用担保机构代替中小型企业进行偿还的一种体系。信用担保是在经济高速发展的背景下，为克服中小型企业在筹资上遇到的困难，化

解银行风险而采取的一种服务方式。信用担保解决了中小型企业在运行过程中，寻保难、贷款难等问题，目前世界上的许多国家都建立了信用担保体系，并且在运转过程中取得了不错的效果。中小型企业间接融资银行贷款难的一个最根本的原因和障碍就是中小型企业的信用低、缺少抵押物品。由此可见，建立一套完善的中小型企业信用担保制度，是解决中小型企业筹资难问题的关键。

（三）买方贷款

如果企业生产的产品具有可靠的销路，但因为资金问题，财务管理差，无法提供担保产品时，银行可以依据企业的销售合同，对产品购买方提供一定的贷款支持，产品销售方可以向购买方收取一定比例的预付款，解决产品生产过程中所面临的资金难题。

（四）异地联合贷款

一些中小型企业具有很广的销售路线，在进行产品生产过程中，需要对生产资金进行补充，在经营过程中，可以找一家银行牵头，为企业提供统一贷款，再由集团向协作企业提供生产经营需要的必要资金，在当地银行的配合下，完成对合同的监督。

（五）采取多种渠道进行筹资，拓宽中小型企业的筹资渠道

加强政府的支持和建立健全的金融机构组织体系，允许新创设立或改建设立区域性股份制中小银行和合作性金融机构，对于一些经济发达，条件优越的地区，可以设立一些银行，专门为中小型企业服务，为新的中小型企业提供一些政策上的优惠。政府对中小型企业在筹资上的支持可以从多方面入手，其中比较重要的方面有以下几点：从政策上鼓励各地银行对中小型企业提供贷款支持。鼓励中小型企业在筹资上的创新，结合中小型企业自身的特点，对中小型企业的资信评估制度进行改进，完善评估中小型企业的资信制度，对符合要求的中小型企业进行放款，开展授信业务；对有前景、有效益、信用良好的中小型企业，应当适当地开展账户托管和公立理财业务，适当地放宽公司筹资的准入条件。适当地扩展中小型企业的筹资渠道，促进多层资本主义市场的出现与建设。同时应当大力支持满足条件的中小型企业通过项目融资和股权融资的方式进行资金筹集，允许条件满足要求的企业尝试债权融资的方式进行资金筹集，同时还可以通过税收政策上的优惠，支持创业投资的开展，从而促进中小型投资企业的出现。在中小型企业发展过程中，政府应当充分发挥自己的职能，扶持中小型企业发展，中小型企业在发展过程中，自身则应当理性地认识各种筹资方式，解决企业在发展过程中在资金上遇到的困难，从而使企业能够得到良好的发展，拥有一个更好的明天。

四、企业筹资管理过程中存在的问题

当前，企业在筹资管理过程中还存在很多问题，这些问题限制了企业的长远发展，具体来说主要包括以下几个方面。

（一）缺乏相应的筹资决策制度

不少企业在筹资方面并没有制定完善的政策和决策制度，没有进行整体和长远的筹资规划，总是等到资金急需的时候才开始筹集资金，这样就使得企业错过了最佳的经营机会和投资机会，甚至会造成企业资金周转困难，使企业陷入经营上的困境。另外，企业在筹集资金的过程中，没有制定筹资质量标准，也没有对筹资质量进行相应的评价。

（二）企业筹资的规模不够合理

不少企业的管理层盲目地认为只要钱多，就好办事，片面地筹集资金。等到筹集的资金到位后，往往却因为没有合适的投资机会、自身经营规模较小等原因使得资金闲置，增加了企业的财务风险。也有些企业因为筹集的资金不足，影响了企业的投资计划和正常业务的开展。企业筹资规模合理与否会给企业带来很大的影响，所以，在进行筹资决策时，企业应该合理地确定筹资规模。

（三）企业的筹资方式和渠道过于单一

企业进行筹资需要运用一定的筹资方式，通过一定的筹资渠道来完成。不同的筹资方式和筹资渠道具有不同的适用性和不同的特点。同一筹资方式能够筹集不同渠道的资金，同一渠道的资金可以采用不同的筹资方式，在实际筹资工作中，应该使筹资方式和筹资渠道有效配合。当前，我国很多企业还是面临筹资方式和渠道单一的问题，除了外部筹资，企业对企业内部的自有资金还没有加以充分地考虑和利用。

（四）企业缺乏对筹资风险的控制

任何筹资决策都是具有一定风险的，但是企业在进行负债筹资时，并没有树立良好的风险意识，不能充分地分析筹资风险产生的根本原因，在应对筹资风险时也就不能拿出具有很强针对性的措施，不能很好地控制筹资风险。

资本是企业生存和发展的源泉与动力，筹资则是满足企业资本需求的首要手段。随着市场竞争激烈程度的加剧，企业用资项目、资金规模都发生了变化，筹资活动成为财务管理的重点工作。如何根据市场条件和企业发展需求选择恰当的筹资方式，防范筹资风险也成为企业财务管理的难点。

五、解决企业筹资管理中存在问题的建议

（一）强化企业筹资管理意识

企业应正确认识资金成本，应把企业的筹资管理作为企业财务管理的重要组成部分，最大限度地做好企业筹资管理工作，将资金成本意识和资金的时间价值观念运用于筹集的各个工作环节，合理运用科学的方法和技术确定企业的最佳资金结构、降低企业资金成本、提高企业资金使用效益、增强企业资金效益。

（二）科学地对筹资规模进行测算

企业的资金筹资活动的前提条件是合理地对企业资金的需求量进行预测。对企业资金的需求量的预测要结合企业的生产需要、企业的财务管理目标、企业的经营目标等因素。现在企业中常用的资金需求量预测方法是销售百分比法，此方法是一个对增量的猜测，其本质是在上一期期末的基础上去预估下一期收入的增长导致资产的增长，即资金占用的增长。

（三）拓宽企业筹资方式，优化企业资金结构

企业应通过多种方式来筹集资金，以优化企业资金结构、降低企业资金成本。企业应改善自身的财务状况、提高还款能力、提高企业信誉特别是企业的银行还款信誉以确保企业可以及时有效地通过银行借款来筹措企业资金。另外，企业依据自身的实际状况来增加新的筹资方

式，例如，发行股票、利用留存收益、向社会发行公司债券、融资租赁、赊购商品或劳务等。

（四）强化企业资金管理，提高闲置资金使用效益

企业应强化资金管理，有效地发现导致企业资金闲置的现象，并采取相应的措施来合理利用企业闲置资金。企业应特别关注企业应收账款的管理，实行应收账款的定时定量分析并将责任落实到人，制定应收账款回收制度、提高业务人员和财务人员的应收账款管理意识，实现应收账款的及时回收。

第三节　筹资管理的创新策略

创新在我国经济发展中扮演着重要角色。随着金融市场的不断发展和完善，企业需要不断创新筹资管理策略，以适应市场需求。在这个过程中，企业要始终坚持国家的法律法规，确保筹资活动的合法性和合规性。同时，我们也要注重风险管理，防范金融风险，保障金融市场的稳定。在此基础上，企业应当积极探索新的筹资渠道，如债券发行、股权融资等，以丰富筹资手段，提高筹资效率。此外，企业还要加强与国际金融市场的交流与合作，借鉴国际先进经验，提升我国筹资管理的国际竞争力。

一、加强内部管理，完善财务制度

近年来，随着我国市场经济体制的不断完善和加入世界贸易组织（World Trade Organization，WTO）过渡期的结束，中小型企业间的竞争越来越激烈，中小型企业发展的根本出路在于改善和加强内部管理，不断完善中小型企业各项财务制度。促使中小型企业整体管理水平不断提高，降低中小型企业经营风险，保证其长期持续发展。首先，中小型企业应该加快产权改革以明确责、权、利关系，要建立基础性管理制度，实现科学决策的战略管理；其次，还应重视人才资源的开发与管理，塑造一种富有本企业特色的中小型企业文化，以增强企业的凝聚力，进而提高企业的竞争力，保证企业的长期持续发展；最后，中小型企业应该加强和完善企业财务管理，确保会计信息真实、准确。目前我国中小型企业普遍存在财务管理混乱、会计信息失真，导致中小型企业筹资更为困难。所以中小型企业必须强化资金管理，重视和加强对投资项目的可行性分析，完善财务制度，增强信用观念，创造满足融资需求的良好条件。要建立合理科学的财务控制制度和强化财务监督和内部审计工作。

二、健全中小型企业信用担保体系

当前，受金融危机影响，我国部分地区和行业的中小型企业生产经营出现较大困难，一些中小型企业因资金链断裂而停产倒闭，中小型企业筹资难的问题更为突出。从社会稳定的大局出发，必须切实提高对中小型企业信用担保重要性和紧迫性的认识，加快建立健全中小型企业信用担保体系的步伐。一方面，充分发挥政府及信用担保机构在支持中小型企业发展中的重要作用，提升中小型企业信用，分散分担中小型企业贷款风险，缓解中小型企业筹资难的问题；另一方面中小型企业不断完善自身信用建设，不断提升信用等级。

（一）建立中小型企业联保贷款，为筹资提供信用保证

虽然改革开放四十余年来，中小型企业得到了蓬勃发展，但由于各个独立的中小型企业规模较小，设备落后，技术管理水平低下，信息闭塞，资金短缺，信用等级低下，资信相对较差，使得中小型企业很难从银行中得到贷款。为解决上述问题中小型企业可以建立联保机制，实施市场联保贷款。例如，在专业市场中（钢材市场、家电市场、木材市场等）做担保贷款，一户企业申请贷款，几户企业联合做担保。也就是说如果这个申请贷款的企业在规定期限内不能还上贷款，则由其他几家企业代还，与此同时联保体制内的各个中小型企业信用等级将全部被降低。这样一旦联保体制中的某个企业逃避银行债务，联保体制内的各个中小型企业会联合起来向其问责。维持声誉的重要性使得联保体制内的各个中小型企业不敢轻举妄动，使中小型企业逃避债务的可能性大大降低，从而使得银行向担保体制内的中小型企业发放贷款的风险也大大降低，为中小型企业筹资提供了一条独特的筹资出路。

（二）政府加大补贴力度，建立中小型企业信用贷款

现有不少担保公司为中小型企业担保，但是反担保物品价值不够，往往贷款金额有限，解决不了中小型企业筹资过程中的实际困难。为减少银行和担保公司为中小型企业贷款和担保的压力，政府可以采取补贴方式，推动风险分担机制的建立。中小型企业在信用记录良好的情况下，一方面，银行可以发放信用贷款；另一方面，政府应加大对银行的补贴力度，在条件许可范围内可以核销中小型企业不良贷款。银行、担保机构采取签订协议的方式，约定担保贷款出现坏账损失时各自承担一定的比例，同时确定市和县财政分别给予一定比例补贴。政府加大补贴力度，建立中小型企业信用贷款机制，是解决中小型企业筹资难问题的着力点，也是关键所在。

（三）加强中小型企业自身的信用建设

各级银行和担保公司发放贷款时，主要注重“三品”即人品、产品和抵品。人品——企业信用情况、企业法人代表信用情况、企业实际控制人的信用情况；产品——产品是否适销对路、上下游企业的谈价能力、销售收入回款情况；抵品——抵押物的价值，抵押物的变现能力，抵押物的保管。其中人品是各级银行和担保工资比较看重的因素，位列“三品”首位，信用是市场和市场经济的生命线所在，要想推进中小型企业的信用建设，作为中小型企业本身一定要注重、规范自身的信贷行为，建立其自身良好的信誉。

（四）完善中小型企业信用担保相关政策法规建设

近年来，以中小型企业为服务对象的中小型企业信用担保机构发展迅速，担保资金不断增加，业务水平和运行质量也在稳步提高，但是我国现有的中小型企业信用担保的法律规范还存在一定不足。首先，担保行业的国家主管部门还比较模糊，事实上围绕着对担保机构的管理并行多个管理部门。其次，立法层次较低，担保行业尚未形成统一规范，缺乏配套的法律支撑。最后，《中华人民共和国民法典》对担保行业的法律保护力度不够。

三、建立有利于中小型企业筹资的金融筹资体系

（一）设立中小型企业发展专项基金

改革开放四十余年，中小型企业在社会发展中所起的作用越来越大，为充分体现政府对

中小型企业的扶持和重视，应该建立政府出钱出力的引导机制。在建立引导机制的基础上，各级财政应设立中小型企业筹资专项资金，各区县设立配套资金，目的是在于增加中小型企业担保机构资本金，以及商业银行和担保公司的坏账补贴；其主要在于完善中小型企业信用体系建设，充分发挥公共财政的杠杆作用。体现政府在解决中小型企业筹资难问题上发挥的主体作用和政策导向作用。

（二）建立专门面向中小型企业筹资的政策性银行

在国外，德国和日本分别建立了专门为中小型企业筹资服务的政策性银行，该类银行的建立为中小型企业筹资提供了强有力的金融支持。1948 年德国成立复兴信贷银行，主要是以中小型企业为主要服务对象的政策性银行，为中小型企业提供长期贷款，并且在贷款期内利率固定，还可以在项目建设的前三年不偿还本息。1963 年日本成立中小型企业金融公库，主要是为中小型企业提供设备资金贷款、协助中小型企业发行企业债券、为中小型企业发展提供长期资金贷款、为中小型企业提供设备租赁业务的租赁机构提供长期贷款。有力地辅助了战后日本中小型企业的发展，为其发展提供了强有力的金融支持。我国中小型企业数量庞大，分布范围广。我国中小型企业又存在着严重的信息不对称，导致筹资过程中交易成本提高和风险加大。金融机构，特别是大银行，一般都不愿意向中小企贷款。我国可以借鉴国外的先进经验，建立专门面向我国中小型企业筹资的政策性银行，专门为中小型企业服务，促进中小型企业发展。

四、中小型企业进行筹资方法创新

根据中小型企业筹资过程不畅通的问题，可以针对其实际情况，进行筹资方法的创新。

（一）积极推进创业板上市

由于新兴的中小型企业本身基础较差，很难通过发行股票在现有的证券市场上进行筹资。2009 年，我国在结合香港创业板成功上市为中小型企业带来好处的同时，允许新兴的科技行业进入二板市场，虽然目前规模尚小，直接上市进行筹资的中小型企业也仅几家，但这无疑是一种新型的筹资方法，进一步拓宽了中小型企业的筹资渠道，为一些有实力、有发展的中小型企业提供了筹资平台，是一种筹资方法的创新。

（二）实施员工持股计划

实行员工持股计划（Employee Stock Option Plan，ESOP）是一种新型的财务组织方式，也是中小型企业筹资的一种新的有效的方法。所谓员工持股计划是指通过让员工持有本公司股票和期权而使其获得激励的一种长期绩效奖励计划。员工持股计划的实施使员工与企业利益高度一致，既满足企业内部筹资需要，还可以让员工以企业为家，努力工作。深圳某集团便是一个成功的范例，该集团通过三个主要渠道：员工个人出资（35%）、公司划出专项资金借给员工（30%）、工会从历年积累的公益金中划转（30%），解决员工持股资金来源问题，通过实施员工持股计划收获甚大，值得全面推广。

第六章　投资管理创新

第一节　投资管理要素分析

“投资管理”的概念源于市场经济的发展需要，涉及资金配置、风险控制、收益优化等方面。在我国，投资管理要符合国家的发展战略，遵循相关法律法规，体现出社会主义核心价值观。要素投资管理，即关注企业基本面，深入分析企业的经营状况、财务状况和行业地位，力求为投资者提供安全可靠的投资建议。在当前经济全球化的背景下，投资管理还需关注国际市场的动态，合理配置跨境资产，以实现资产的多元化和风险的分散化。随着科技的发展，大数据、人工智能等新技术将会对投资管理产生深刻影响，这将是投资管理领域面临的新挑战和机遇。

投资活动对企业的生存、发展具有决定性的影响。在一个正常的企业经济运营中，每一项投资都是在相对开放的、不确定的环境下开展的独特的、一次性的活动，投资一旦实施，则不可挽回，尽管还可通过转让、拍卖等其他形式回收，但必然伴随着损失。加强投资管理，提高对投资项目的决策水平和管理水平，成为企业经营规范投资行为、防范投资风险、提高投资收益的基础。而就我国目前大部分企业的投资项目来说，并没有建立起科学有效的投资决策机制。盲目性和随意性的项目投资行为，以及缺乏有效管理和监督的投资管理机制，致使项目投产后所产生的经济效益与设计指标存在较大差距。项目的经济运行质量不高，给企业造成巨大的损失和浪费，甚至直接影响企业的生存和发展。为了确保企业建设投资项目的高效运行，实现企业投资项目的良性发展，有必要对企业项目投资的相关管理进行科学的分析。

一、当前企业投资项目管理工作中存在的问题

1. 财务管理混乱，缺乏监督、监控，造成资金漏洞

一些企业投资项目在财务与资金的管理中存在着严重的问题，体现在项目配套资金有缺口，不落实；项目财务管理严重弱化，存在截留、挪用、挤占、浪费建设资金的现象等；投资项目管理存在监督失效失控的现象，而对于资金运动环节进行的监控工作甚至存在人为的控制现象，这更是加大了企业资金管理的难度。尽管企业设置了一些监督职能，也制定了多种监督制度，但因为监督者并没有全面地掌握投资项目资金的必要信息，而不能及时有效地发挥作用，但同时又因为没有建立长效的决策约束机制，使得企业个人性垄断严重，企业投资风险加大。

2. 缺乏准确有效的市场信息，导致投资的盲目性、风险性

随着社会经济的发展，企业的投资活动面临着以下风险。首先，在没有做好前期的市场调查及对未来风险的预测，导致企业投资活动存在盲目跟风的问题，从而使得投资项目效益较低。其次，盲目扩大固定资产投资，忽视对资金成本及运用效率的控制，缺乏资金运用风险的意识，导致资金周转速度减慢，利息负担较重，使得企业陷入财务危机。再次，在当下的网络

化和虚拟化的时代，信息的传播、处理和反馈的速度加快，如果企业缺乏有效接收信息的机构，必然加大企业的决策风险。最后，新型产业和高新技术的发展，使得产品的寿命周期不断缩短，同时加大了存货风险和产品设计、开发风险。

3. 监理工作不规范，导致投资招标不规范，存在暗箱操作

这是问题工程不断出现的一个十分重要的原因。由于一些企业监理队伍不足和素质不高，使得企业无视国家规定搞议标发包或直接发包甚至是少数领导内定中标单位搞假招标，这种感情工程，势必会引发质量事故。

4. "项目估算超概算、概算超预算、预算超决算"的"三超"现象严重

这是企业的财务管理问题。企业财务管理是企业财务管理的基础和依据，在投资项目资金核算中，大多数企业严格遵循企业投资财务制度，对投资项目进行统一的核算。但也有一些企业在方法操作上存在不规范的行为，这种"三超"现象导致企业资产的严重浪费。

二、加强企业投资管理的对策

1. 强化企业投资风险意识，形成长效的投资风险控制机制

企业在进行一系列的投资活动时必须强化风险意识，并形成长效的投资风险控制和风险防范制度体系。大部分投资的对象都是企业自身，因此投资的风险及风险爆发后的经济损失也必须由企业自身承担。企业只有具备了投资的风险意识才能在投资时充分考虑自身的经营情况、财务状况等，才会在投资实施时严格遵守国家的相关政策措施，避免投资到技术水平超过企业自身能力的领域，以及投资规模大于企业筹资能力的领域中，才会对任何一个投资项目持以谨慎的态度，杜绝盲目投资的现象。同时，企业要建立完善的投资环境分析系统及投资风险控制系统，实施多元化的投资战略，合理配置企业的财务资源，建立一套包含完整投资活动的风险防范机制，减少投资风险积累爆发的概率。例如，某钢作为一家大型钢铁企业，由于管理体制和制度等方面的原因，面临着一系列的投资风险。近十几年来，企业管理层在带领职工扩大企业生产规模的实践中，充分重视投资风险管理，不断开展重点业务、重点领域的风险管控，建立了一系列的投资管理制度，在 2014 年实施了"三重一大"决策制度，取得了显著的成效。

2. 加强企业内部的投资管理和企业投资后期的审计验收

企业内部的投资管理体系包含了企业投资活动和投资决策的所有过程，贯穿于企业投资的整个环节，很多投资项目的失败大多是由于在投资过程中没有进行有效的监督控制，没有实施有效的防范措施。

首先，企业要建立专业的投资管理监督职能部门，对项目各个阶段的实施过程和结果实行严格的审核，保证投资项目和投资活动的真实性、有效性；其次，企业要积极贯彻落实投资管理中的责任制度，将投资决策的各个环节与其对应的责任具体到每一个工作人员身上，实行有效的奖惩措施，提高决策人员和管理人员的责任意识。当然，企业也必须在投资过程中对相关项目内容进行审计验收，以便及时发现问题、解决问题，有效地防范投资风险。

3. 企业要建立完善的评价体系，适当建立重大项目的投资终止机制

企业投资是涉及企业经济利益的重要活动，必须对其进行科学化、专业化的管理，通过建立完善的评价体系，将投资活动中涉及的不确定性因素及其带来的经济损失降到最低。完整的

投资评价体系包含了投资项目的评价制度及投资责任的落实追究制度，前者是为了保证对投资活动中每一个可量化的指标都进行科学的评价，从而保证每一个决策的成功实施。投资责任的追究落实制度就为了提高投资决策人员的风险意识和责任意识，保证他们在做出具体的投资决策时必须进行充分的分析、判断，避免因为盲目投资带来经济上的损失。同时，企业要适当建立重大项目的投资终止机制，即当一个项目因为风险的积累出现了严重的损失，短期内如果无法扭转这种局面，就可以发挥这种机制的作用，及时制止项目的进行，避免因为管理人员的主观作用造成更大的投资损失。

第二节　投资管理的现状

投资管理是金融领域的重要组成部分，对于优化资源配置、促进经济发展具有重要作用。随着我国金融市场的不断发展，投资管理也在不断创新和完善。然而，当前我国投资管理仍面临一些挑战，如监管不到位、风险控制不力等。因此，有必要进一步加强对投资管理的监管，提高从业人员的素质，加强风险防范意识。同时，推动投资管理行业的数字化转型，运用大数据、人工智能等技术提升投资管理的效率和准确性。在未来，我国投资管理将继续朝着更加专业、规范、科技化的方向发展，为经济的持续健康发展贡献力量。

一、企业投资决策中的问题分析

（一）投资决策易受主观判断

企业投资决策活动是众多决策活动中的重要方面，当前我国市场经济下的生产经营是通过合理的资本运作以获得更高收益。在企业进行投资前必须要开展风险论证与可行性研究。实际操作中的企业尚未及时获得市场资料，没有充分研究与分析，管理者凭借着丰富的经验在投资中过于麻木影响了企业的资金运转，制约了经济效益，加大了投资风险。

（二）投资发展规划不合理

大多数企业没有符合实际的发展与投资规划，这往往是按政府及区域的发展政策决定投资领域项目，相对来说有临时性与随机性。这种方式的缺点在于企业的自主投资经营比例低，因为政策改变了企业投资收益，此外系统性的规划使企业资本限额方面缺少约束，使高风险的状况下的企业为了短期利益，不顾资本的限额去投资发展前景不明的项目，有的企业为了扩大企业规模甚至会去借贷来解决当下的企业问题。有些企业往往没有充足可靠的消息来源，所以必须要专门研究如何规避风险。市场调查不全面，没有科学依据，这些都会导致最后的决策失误。在当前阶段中，回报期长的项目管理中企业缺少资金方面的控制会导致资金受困，这会影响企业流动性，从而制约了经营项目的进行，增强了企业经营中的风险。

（三）缺乏有力的审计监督

企业投资管理方面，大部分企业关注的基本都是在投资的前期评估企业项目以及项目融资，这忽视了后期的投资项目及经营管理，尚未制定有关的监督与管理制度，使得大部分投资项目由于管理疏忽，让企业处于水深火热之中，加大企业投资方面的风险，有的甚至会造成企业方面的经济损失。风险控制中的重要手段是审计，在企业的投资管理中审计还是比较单薄的，即使是以在外界压力下的审计活动，这也局限于审计中的利息计提与公允价值的考量上。在投资管理中缺少完整、有力的监督机制的这种审计结果会使企业管理者能够客观与全面地看待所投资的项目。

（四）高素质人才的匮乏

人才是企业发展的决胜因素，亦是企业经营管理中有序开展活动的关键。企业的投资与管理活动之所以能够成功，人才因素在其中非常重要。在当前市场经济的发展中，市场对人才的要求也越来越高，市场不再单纯地考量人才的学历、在校理论知识，而是更加看重人才的经验、人才的语言表达能力。企业在实际的投资管理与决策的制定研究、评价总结环节，往往缺乏专业人才团队。多数的投资管理人员还存在着基础知识不扎实、职业技能不完善、缺乏基本的道德素养、缺少工作经验等问题。

二、如何强化企业投资管理

（一）制定合理的科学战略

企业应站在整体的战略角度中，长期规划企业的发展前景，构建出符合实际的投资活动纲领。在科学战略的构建中，企业需要把握好国家的政策与动向，包括当前的经济形势，及时把握行业中的市场需求与市场环境及经营状况等。在此类基础上深入研究与分析企业的投资管理，做好资源方面的统筹和调配，同时联系自身的发展制定出最优投资的战略，使企业在中长期的投资管理中发挥出自身的战略优势，确保在企业的管理与经营活动中有效开展活动，发挥投资管理者的超前作用，使在投资管理中实现客观性、合理性、科学性。

（二）建立健全的预算管理制

企业未来经营规划的制定需要进行企业的预算管理，企业预算管理作为经营管理中的重要工具，能够合理配置有限的企业资源。健全的管理体系需要协助管理人员进行经营中的有效分析与评价，协调好企业管理人员的经营工作，提高企业的效应。在预算管理中可提升企业的综合水平管理，提升市场的竞争力。市场环境中的变化与企业发展状态需要适应国家的宏观政策发展，企业必须制定出合理的完善的预算管理机制，提供企业投资中的保障。目标明确、层级清晰的预算管理体制，能够有效地防控企业投资时有可能涉及的风险，保证企业投资活动的安全开展。

（三）建设完善的管理制度

投资管理中除了有效监督外，还要定期审计投资的项目及合理监督管理。各阶段投资目标的运行为企业管理人员提出了准确的判断与合理的决策。企业需要全面分析评价，提供有效的验收，保证投资的平稳运行。投资与管理中，资金运作是其中的重要内容，主要涉及筹资、投放及回收等方面。资金的管理在企业的经营管理中处于重要地位，资金管理制度的系统化可以降低在企业中的财务风险。在企业中进行活动投资是以投放资金为主的，将资金回收为重点，企业管理资金决定了投资的管理成效。在企业投资管理中能够建立系统化的运转与管理制，此制度主要将资金的流动作为当前的目标，保证企业在资金安全的基础上以计划、统一、集中的管理制度、借助计算机技术来强化在投资管理中的资金分析，有效提升投资收益，保证在资金运作中投资管理水平的合理有效。

（四）加强人才队伍的建设

为提高企业的管理水平，满足企业的发展需求，企业在现代化的建设管理中必须要建立一支现代化的人才管理团队。在当前新经济的社会态势下，一个企业投资人员需要有良好的职业操守，具备专业的职业素养，精通财务知识、金融领域的专业知识，以及生产环节中的一些知识，同时还需要有爱岗敬业的专业精神，刻苦奋斗的工作态度，不怕辛苦不怕累的钻研精神，对于自己不熟悉领域的探索精神及较强的团队合作能力。在企业投资管理中人才的建设可以从以下两个方面着手。一是对于已经在企业工作的投资人员进行专业培训，以公费鼓励投资管理者在工作之余参与各式各样的技能培训，提高专业素养。对于尚未入职的投资管理者，企业可以让老员工对其进行辅导，并定期考核。二是对于投资管理人才建立专业的人才选用制度，科学地吸纳人才。构建适合企业发展的规律，具备专业化的人才队伍。建立人才信息库，不断吸收专业领域的优秀人才。

在我国当前的企业投资中，一直存在着科学指导不到位、企业投资管理把控不严等问题，这些都影响着企业的投资收益。解决现阶段投资管理中的问题，需要企业加强投资与管理，提升服务管理水平，建立健全的管理制度，加强人才队伍的建设，使企业获得最大化的利润。

第三节　风险投资管理的创新分析

风险投资管理是当前经济发展中的重要课题。在新时代的背景下，企业要紧跟国家的战略步伐，积极探索风险投资管理的新方法、新技术，更好地服务于我国的科技创新和产业发展。在此过程中，企业需要注重风险与机遇的平衡，充分运用大数据、人工智能等先进技术手段，提高风险投资的精准度和效率。同时，也要强化监管，保障投资者的合法权益，为我国的风险投资管理注入新的活力。

一、我国风险投资发展中存在的问题

（一）政策法规不够完善

风险投资有别于一般投资行为和金融运作机制，其对象是高新技术产业。高新技术产业的特点是以知识为核心，在完成技术开发后可以实现极低成本的无限复制。

（二）风险投资的运作机制和退出机制不健全

评价机制需完善。目前，我国风险投资项目评价体系带有浓厚的人为色彩，缺乏严肃性、科学性。虽然风险投资公司仍可以找到项目，但蕴含的风险很大。这些公司如果不在体制和运作机制等方面大胆改革，不能逐步转变到政府引导、企业主体投资、运行市场化方面来，风险投资资金将不能有效地投入高科技产业，或风险投资企业不能持续健康发展，从而不能带动高新技术产业持续稳定发展。

（三）缺少风险投资专业人才

美国著名技术创新理论家考茨麦斯基认为：风险投资业的发展一刻也离不开风险投资家，风险投资家不仅要具有极强的风险意识和获取风险收益的耐心，更需要有高瞻远瞩的投资眼光，能够慧眼识珠选取好的项目进行投资，且还能够对风险企业的经营活动提供指导和咨询，推荐人才甚至参与企业管理。

（四）资金来源有限、资本结构单一

目前我国风险资本主要来源于财政科技拨款和银行科技开发贷款。由于国家财力有限，拨款在财政支出中的比例逐步下降，银行为防范风险也始终在控制科技开发贷款规模，风险资本增长缓慢。虽然在全国技术创新大会的推动下，各地投入大量资金建立了一批以政府为主要出资人的风险投资基金或公司，一定程度上缓解了高新技术产业发展的资金短缺问题，但从总体上看资金缺口仍很大，远不能满足我国高新技术产业发展的需要；另外，风险投资公司的资金来源大多有政府背景，限制了风险投资的资金规模，同时也不能有效分散风险。

（五）政府对风险投资业的扶持力度不够，财税政策的支持不够有力

目前，我国各级政府正积极参与和支持风险投资，但政府参与和支持的力度还存在以下问题：

（1）政府资金投向不合理；

（2）所得税减免力度过小，好让好多参与风险投资的企业和个人有很重的包袱，无法刺激他们的热情和积极性；

（3）政府缺乏对高科技风险企业的界定和评级标准，导致“假冒伪劣”的所谓高科技风险企业满天飞，进而影响了风险投资者的积极性。

二、风险投资的运行模式

风险投资的运行模式是与地区的技术现状、市场环境及政策法规有关的投资行为方式。要判断何种模式适合自己的国家或地区，首先，要了解风险企业有何特征，风险企业和风险投资在本国或本地区的发展情况如何。其次，要了解其他国家是如何运作的、有没有可行的国际惯例。

（一）风险企业的特征

研究开发高新技术产品的风险企业，通常具有下列特征。

1. 企业的创始人是懂技术且有经营头脑的科技人员

懂技术且有经营头脑的科技人员先有研究成果，然后想建立企业以开发新产品。但这些人往往缺乏启动资金，初始开发工作常常是在“家庭车间”中进行，工作条件差，非常辛苦。

2. 需要寻找资本的合作伙伴

知识资本与金钱资本结合，才能开发出“市场产品”。许多高新技术，由于得不到“种子”资金的支持，或束之高阁，或半途而废。

3. 风险企业起初大多属于小企业

大多由科技人员个人或小组发起，这些人大多在大型研究机构或大公司工作过。一般的大

企业对与本行业无直接关系的新技术设想，往往宁愿让发明者自找出路或帮助其另立新公司；但对于与本行业有直接竞争的新技术，则愿意本公司自己开发。这时，开发资金一般是以公司其他产品的盈余来支持的。

4. 灭亡快，成长也快

风险企业一旦开发成功并且获得广泛的市场认可，则会高速成长。但多数的风险企业由于技术或市场的原因，也可能很快就灭亡。因此，大多数风险投资公司都要采取分摊风险和化解风险的做法。例如，采取组合投资的方式，把资金分散投向多个风险企业；又如采取联合投资方式，由多家风险投资公司共同向一个风险企业投资，以分散风险。

5. 市场是风险企业成长的环境

高新技术产品如同是“鱼”，市场如同是“水”，如鱼得水就能高速成长，相反就会迅速消亡。

（二）高新技术风险投资引起广泛关注的原因

从现有的政策法规看，支持高新技术产业开发的资金，主要来自银行贷款，而且“贷款期限一般为 1 ～ 3 年，某些高新技术项目可适当延长，最长不超过 5 年，贷款利息按人民银行颁布的期限利率执行”，并且贷款者“必须具有法人资格”。即贷款利率没有优惠，从事科技开发有成果而想自己创业的个人或小集体是得不到贷款的。

从减免税的有关规定看，只有能生产“出口产品”的企业有减免税的优惠，只有来料加工企业有减免税的优惠。若无产品出口，也不是来料加工企业，尽管是将来很有发展前途的高科技企业，也无减免税的优惠。而且银行本身无评估高新科技性质的机构和人才，只能依靠科学技术委员会的各类科技开发计划来放款，对风险难以预测。近年来，少数地区如北京、上海、广州、深圳等跳出全国性政策法规的框框、自己制定地方性的政策法规，除了支持开发“发达国家已成熟”的高新科技产品之外，开始重视自己具有知识产权的有期望大市场的新产品，并开始意识到“种子资金”的重要性，以少量财政资金支持和奖励科技开发。

三、企业风险投资管理创新机制

（一）加强宏观经济的研究

宏观经济学是相对于微观经济学而言的。宏观经济学研究社会总体的经济行为及其后果，它涉及经济中商品与劳务的总产量与收入、通货膨胀与失业率、国际收支和汇率，以及长期的经济增长和短期波动。由于企业发展与宏观经济发展具有高度正相关关系，基于企业工商登记数据构建的企业发展指数对宏观经济具有先行性。另外，企业风险投资在我国市场上相对还比较陌生，企业风险投资管理的意义重大但出现的问题也多，所以有效的宏观经济研究管理方法和措施对企业十分重要。通过对宏观经济的研究可以合理引导市场主体的经营活动，引导市场主体战略决策和业务调整，减少经营的盲目性，避免市场风险，节约生产和交易成本，增强市场竞争力。

（二）积极防范经营风险

加强企业的风险防范意识与能力，降低企业的风险成本，从而形成整个市场良好的风险防范机制。必须预测本企业能够占有多大市场份额、市场需求大小，只有充分了解市场情况才能防范市场风险。规模投资，能够化解成本风险。目前我国大多企业效益不佳的原因之一就是未能形成规模投资效益，运营成本高，无竞争力。树立战略思维，注重价值创新，倡导不断学习。才能有助于提高企业各个方面、各个层次的能力，有利于研究探索新的方法，寻找新的市场机会，才能适时实现市场各方面的价值飞跃。企业需要从领导层到全体员工都高度重视风险防范与控制意识，对企业所处的环境有准确的把握，对市场变化保持高度的敏感性，使得企业全体员工都参与到风险防控建设和内部控制中来，营造出提高企业效益、加强风险管理的氛围。

（三）财务控制风险实施策略

企业的风险投资控制还可以通过经济手段进行处理和控制。企业可以采取风险转移和风险自留来实现风险的财务控制策略。财务风险是企业筹资决策的结果，表现在普通股收益率的变动上，如果企业的经营风险和财务风险较大，投资者便会有较高的收益率要求。因此，我们首先要优化对财务管理制度。财务管理制度的设计在企业的风险投资中占有举足轻重的作用，也就是通过一定的系统、程序、规章制度、法律法规等来规范企业财务管理方面的有效实施。在进行投资的时候对投资项目的财务评价是必不可少的，它直接关系到投资项目的价值认定问题。

当今市场经济环境下的企业竞争激烈，面对更加多样化和复杂化的投资风险。企业都不同程度地出现了在项目尽职调查阶段对很多风险估计不足，一般较少使用相关的定量分析方法，从而在一定程度上造成了在投资前对风险的规避不力。因此，企业要对投资风险进行评估，然后进行有效的控制与管理，从而将风险导致的损失减少到最低限度，以实现企业价值目标的最大化。

第四节　投资管理的创新路径

投资管理的创新路径，是当前金融行业发展的重要课题。在新时代背景下，我国金融市场正面临着诸多挑战和机遇。如何推动投资管理创新，提升金融服务实体经济的能力，是业界共同思考的问题。

一方面，企业要借鉴国际先进经验，引入多元化的投资工具和管理方法，提高投资效率；另一方面，要紧密结合我国实际情况，发挥金融的支柱作用，支持国家战略和实体经济发展。

投资管理创新还应关注科技赋能，借助大数据、人工智能等先进技术，实现投资决策的智能化、精准化。同时，加强风险管理，提升风险识别、评估、预警和处置能力，确保金融市场稳定运行。

一、投资管理存在的问题

投资管理是为了提高竞争力或获得最大投资收益，而对投资的各项要素或环节进行策划、决策、组织和控制的过程。投资的好坏对企业的长期发展具有重大作用，这就使得投资管理的作用显得尤为重要。尤其是长期投资，投资金额大、期限长，投资方案一旦实施就很难再做出调整。

（一）投资管理方式陈旧

改革开放以来，我国经济持续高速发展，而有些企业的投资管理却相对滞后，并且方式陈旧，缺乏创新性。由于之前的企业投资管理方式和目前的市场经济体制已不相适应，投资管理方式较为陈旧，严重制约了企业的发展。

（二）投资决策主观性强，盲目投资

在实际操作中，不少企业仅凭自己的主观判断，缺乏对投资项目的了解，对投资项目中的各种资料没有认真分析，盲目地进行投资，这就严重影响了企业的资金运转，甚至危及企业的生存。

（三）没有制定有效的制度，监督不力

企业在投资过程中，应当制定一套完整的规章制度，而大多企业在投资管理方面存在制度的不健全，对投资项目的审计和评审制度，许多企业中根本就没有制定出来，更谈不上执行，所以项目提出者、策划者和执行者都不存在责任方面的压力，在项目研究上没有认真对待，又何谈积极性呢？在投资之后，管理上又疏忽大意、监督上一片空白，导致亏损，从而给企业带来损失。

（四）企业投资管理型人才缺乏

由于大多数人认为会计与财务管理是一回事，更有甚者把财务管理当作是会计的一部分，工作中也常有会计人员从事投资管理工作的现象。在经济管理领域中，尤其是企业投资管理方面，我国严重缺乏专业的投资管理人员。这就与企业投资管理高速发展不相适应。

二、企业投资管理创新的途径

目前在企业的投资管理中存在的这些问题，使得大多数企业不能进行有效的投资，使企业投资的收益降低了，企业的投资加大了风险，增加了企业的损失。企业投资管理创新的途径如下所示。

（一）对企业投资管理理念的创新

所谓投资管理理念是管理者在管理活动过程中所持有的思想观念和价值判断。管理者要重视企业投资管理理念的创新。

（二）对企业投资管理员工管理上的创新

企业要提供给企业投资管理员工各种成长和发展的机会，一定要重视企业投资管理人才，制定措施让物质奖励与精神激励合二为一，让企业与投资管理人才达到双赢。主要采取人性化管理方式——精神激励，把投资管理人才的主动性、创造性和积极性调动起来，其目的就是追求利润最大化。

（三）对企业投资管理制度的创新

思维创新、技术创新和组织创新活动都达到制度化、规范化，制定一套行之有效的制度，执行周全的风险防范措施加强事前、事中、事后的风险管理与控制，将风险损失降到最低。

三、创新企业投资管理措施建议

（一）企业投资前广开言路调查研究

投资决策是一个长期的过程，会受到很多因素、方方面面的影响。在投资管理的全过程，以及投资和投资决策的每一个重要环节，企业投资决策人都应保持谦虚冷静、自省自律清醒的心态，广开言路，在技术、财务、市场、经济评价和社会等方面，严加考察，然后进行投资决策；对投资项目进行科学的预测分析，制作项目建议书、可行性研究和调研报告等。要组建能够胜任投资管理职责的智囊团，只要科学投资决策，项目投资就会降低，经验得到积累，就会为今后的投资提供更加翔实的资料，为后期的企业投资管理打牢基础。

（二）执行周全的风险防范措施

当前形势下，以下任何一种风险被忽略了，都可能给企业的投资行为带来不可估量的损失，这些风险包括：投资风险、市场风险、信贷风险、营运风险、法律风险、技术风险等，这些不同的风险类型都直接或间接地影响着企业的投资。为了将风险预警与防范措施做到最好，大多企业就会根据种子期、创立期、发展期、扩张期和成熟期的分类方法将投资产品合理定位，把这些风险类型系统性地进行风险分析与管理融入投资的各个时期，这样做是十分必要的。因为只有对不同投资时期的不同投资产品针对其所面临的风险分别制定有效的风险防控措施、建立责任制度和奖惩制度；才能在投资的全过程中保证监管有效；结束时还要做好评审验收工作，及时进行归纳总结，实现效益的最大化。

（三）时刻密切关注是否存在通货膨胀

通货膨胀会影响到项目资金的资本成本率和项目预期的现金流量，所以大家知道投资产品的选择和投资方案的优先顺序和通货膨胀及其膨胀程度有着直接的关系。但是很多企业在平衡成本与收益时，对通货膨胀考虑得太少甚至缺失后，对企业根据预期投资收益而做出的投资决策也是值得怀疑的。值得怀疑时就表明影响投资资本收益核算的两大指标都失去合理性，那么企业也必将会承受不可估量的风险损失。

随着经济全球化步伐的加快，企业投资管理不再是孤家寡人，在我国企业投资规模越来越大，投资品种越来越丰富的今天，更多的企业会参与到市场化的投资管理中来。只要通过创新投资管理方法和采取行之有效的办法，企业就一定会最大限度地规避风险。

第七章　现金管理创新

第一节　概　　述

保持合理的现金水平是企业现金管理的重要内容。现金是变现能力最强的资产，代表着企业直接的支付能力和应变能力，可以用来满足生产经营开支的各种需要，也是还本付息和履行纳税义务的保证。拥有足够的现金，对于降低企业的风险、增强企业资产的流动性和债务的可清偿性有着重要的意义。但现金收益性最弱，对其持有量不是越多越好，即使是银行存款，其利率也非常低。因此，现金存量过多，它所提供的流动性边际效益便会随之下降，从而使企业的收益水平下降。

除了应付日常的业务活动外，企业还需要拥有足够的现金偿还贷款。企业必须建立一套管理现金的方法，持有合理的现金数额，使其在时间上继起，在空间上并存，在现金的流动性和收益性之间进行合理选择。企业必须编制现金预算，以衡量企业在某段时间内的现金流入量与流出量，以便在保证企业正常经营活动所需现金的同时，尽量减少企业的现金数量，从暂时闲置的现金中获得最大的收益，提高资金收益率。

一、持有现金的动机

持有现金是出于三种需求：交易性需求、预防性需求和投机性需求。

（一）交易性需求

企业的交易性需求是指企业为了维持日常周转及正常商业活动而需持有现金。企业每天都在发生许多支出和收入，这些支出和收入在数额上不相等，在时间上不匹配，企业需要持有一定现金来调节，以使生产经营活动继续进行。

在许多情况下，企业向客户提供的商业信用条件和它从供应商那里获得的信用条件不同，使企业必须持有现金。如供应商提供的信用条件是 30 天付款，而企业迫于竞争压力，则向顾客提供 45 天的信用期，如此，企业必须筹集满足 15 天正常运营的资金来维持企业的运转。另外，企业业务的季节性，要求企业逐渐增加存货以等待季节性的销售高潮。这时，一般会发生季节性的现金支出，企业现金余额下降，随后又随着销售高潮到来，存货减少，现金又逐渐恢复到原来的水平。

（二）预防性需求

预防性需求是指企业需要持有一定量的现金，以应对突发事件。这种突发事件可能是社会经济环境变化，也可能是企业的某大客户违约导致企业突发性偿付等。尽管财务人员试图利用各种手段来较准确地估算企业需要的现金数额，但这些突发事件会使原本很好的财务计划失去效果。因此，企业为了应对突发事件，有必要维持比日常正常运转所需金额更多的现金。

确定预防性需求的现金数额时，需要考虑三个因素：①企业愿意冒现金短缺风险的程度；

②企业预测现金收支可靠的程度；③企业临时融资的能力。希望尽可能减少风险的企业倾向于保留大量的现金余额，以应付其交易性需求和大部分预防性资金需求。现金收支预测可靠程度较高、信誉良好、与银行关系良好的企业，预防性需求的现金持有量一般较低。

（三）投机性需求

投机性需求是企业需要持有一定量的现金以抓住突然出现的获利机会。这种机会大多是一闪即逝的，如证券价格的突然下跌，企业若没有用于投机的现金，就会错过这种机会。

企业的现金持有量一般小于三种需求下的现金持有量之和，因为为某一需求持有的现金可以用于满足其他需求。

二、目标现金余额的确定

（一）成本分析模式

成本分析模式强调的是持有现金是有成本的，最优的现金持有量是使得现金持有成本最小化的持有量。成本分析模式考虑的现金持有成本包括如下项目。

1. 机会成本

现金的机会成本是指企业因持有一定现金余额而丧失的再投资收益。再投资收益是企业不能同时用该现金进行有价证券投资所产生的机会成本，这种成本在数额上等于资金成本。例如，某企业的资本成本率为 10%，年均持有现金 50 万元，则该企业每年持有现金的机会成本为 5 万元（50×10%）。放弃的再投资收益即机会成本属于变动成本，它与现金持有量的多少密切相关，即现金持有量越大，机会成本越大，反之就越小。

2. 管理成本

现金的管理成本是指企业因持有一定数量的现金而发生的管理费用，例如，管理人员工资、安全措施费用等。一般认为这是一种固定成本，这种固定成本在一定范围内和现金持有量之间没有明显的比例关系。

3. 短缺成本

现金的短缺成本是指在现金持有量不足，又无法及时通过有价证券变现加以补充而给企业造成的损失，包括直接损失与间接损失。现金的短缺成本随现金持有量的增加而下降，随现金持有量的减少而上升，即与现金持有量呈负相关。

成本分析模式是根据现金相关成本，分析预测其总成本最低时的现金持有量的一种方法。其计算公式为

最佳现金持有量下的现金相关成本 =min（管理成本 + 机会成本 + 短缺成本）

其中，管理成本属于固定成本；机会成本是正相关成本；短缺成本是负相关成本。因此，成本分析模式是要找到机会成本、管理成本和短缺成本所组成的总成本曲线最低点所对应的现金持有量，把它作为最佳现金持有量，如图 7–1 所示。

在实际工作中运用成本分析模式确定最佳现金持有量的具体步骤如下：

（1）根据不同现金持有量测算并确定有关成本数值；

（2）按照不同现金持有量及其相关成本资料编制最佳现金持有量测算表；

（3）在测算表中找出总成本最低时的现金持有量，即最佳现金持有量。

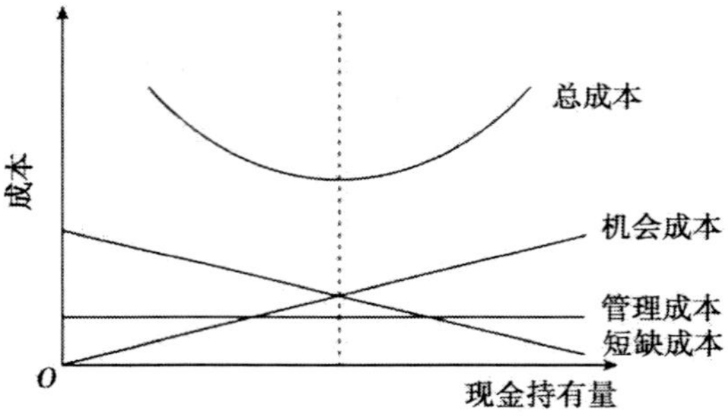

图 7-1　成本分析模式的现金成本

由成本分析模式可知，如果减少现金持有量，则增加短缺成本；如果增加现金持有量，则增加机会成本。改进上述关系的一种办法是：当拥有多余现金时，将现金转换为有价证券；当现金不足时，将有价证券转换成现金。但现金和有价证券之间的转换也需要成本，称为转换成本。转换成本是指企业用现金购入有价证券，以及用有价证券换取现金时付出的交易费用，即现金同有价证券之间相互转换的成本，如买卖佣金、手续费、证券过户费、印花税、实物交割费等。转换成本可以分为两类：一是与委托金额相关的费用，如买卖佣金、印花税等；二是与委托金额无关，只与转换次数有关的费用，如委托手续费、过户费等。证券转换成本与现金持有量即有价证券变现额的多少，必然对有价证券的变现次数产生影响，即现金持有量越少，进行证券变现的次数越多，相应的转换成本就越大。

（二）存货模式

企业平时持有较多的现金，会降低现金的短缺成本，但也会增加现金占用的机会成本；平时持有较少的现金，则会增加现金的短缺成本，却能减少现金占用的机会成本。如果企业平时只持有较少的现金，在有现金需要时（如手头的现金用尽），通过出售有价证券换回现金（或从银行借入现金），既能满足现金的需要，避免短缺成本，又能减少机会成本。因此，适当的现金与有价证券之间的转换，是企业提高资金使用效率的有效途径。这与企业奉行的营运资金政策有关。采用宽松的流动资产投资政策时，保留较多的现金，则转换次数少。如果经常进行大量的有价证券与现金的转换，则会加大转换交易成本，因此，如何确定有价证券与现金的每次转换量，是一个需要研究的问题。这可以应用现金持有量的存货模式解决。

有价证券转换回现金所付出的代价（如支付手续费用），被称为现金的交易成本。现金的交易成本与现金转换次数、每次的转换量有关。如果现金每次的交易成本是固定的，在企业一定时期的现金使用量确定的前提下，每次以有价证券转换回现金的金额越大，企业平时持有的现金量便越高，转换的次数便越少，现金的交易成本就越低；相反，每次转换回现金的金额越低，企业平时持有的现金量便越低，转换的次数会越多，现金的交易成本就越高。可见，现金交易成本与持有量成反比。现金的交易成本与现金的机会成本所组成的相关总成本曲线如图 7-2 所示。

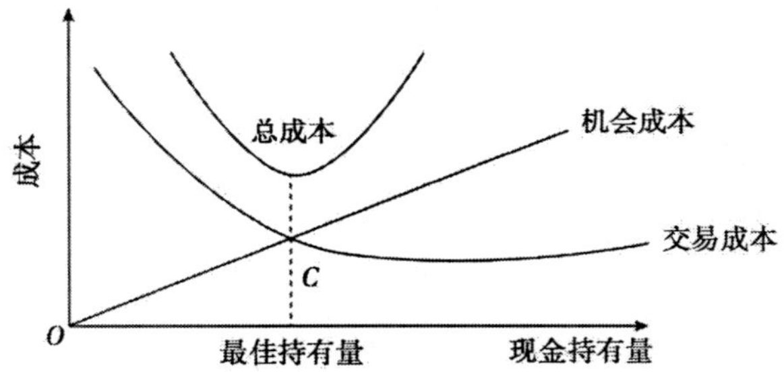

图 7-2　存货模式的现金成本

在图 7-2 中，现金的机会成本和交易成本是两条随现金持有量向不同方向发展的曲线，两条曲线交叉点相应的现金持有量 C，即相关总成本最低的现金持有量。

于是，企业需要合理地确定现金持有量，以使现金的相关总成本最低。解决这一问题先要明确三点。

（1）一定期间的现金需求量，用 T 表示。

（2）每次出售有价证券以补充现金所需的交易成本，用 F 表示；一定时期内出售有价证券的总交易成本为

$$交易成本 =（T/C）\times F$$

（3）持有现金的机会成本率，用 K 表示，一定时期内持有现金的总机会成本表示为

$$机会成本 =（C/2）\times K$$

则

$$相关总成本 = 机会成本 + 交易成本 =（C/2）\times K+（T/C）\times F$$

从图 7-2 可知，最佳现金持有量 C 是机会成本线与交易成本线交叉点所对应的现金持有量，因此，C 应当满足：

$$机会成本 = 交易成本，即（C/2）\times K=（T/C）\times F。$$

$$整理可知：C=（2T\times F）/K。$$

（三）随机模式

在实际工作中，企业现金流量往往具有很大的不确定性。假设每日现金流量的分布接近正态分布，每日现金流量可能低于也可能高于期望值，其变化是随机的。现金流量波动是随机的，只能对现金持有量确定一个控制区域，定出上限和下限。当企业现金余额在上限和下限之间波动时，表明企业现金持有量处于合理的水平，无须进行调整。当现金余额达到上限时，则将部分现金转换为有价证券；当现金余额下降到下限时，则卖出部分证券。

随机模式又称米勒－奥尔模型，如图 7-3 所示，该模型有两条控制线和一条回归线。最低控制线 L 取决于模型之外的因素，其数额是由现金管理部经理在综合考虑短缺现金的风险程度、企业借款能力、企业日常周转所需资金、银行要求的补偿性余额等因素的基础上确定的。回归线 R 可按下列公式计算。

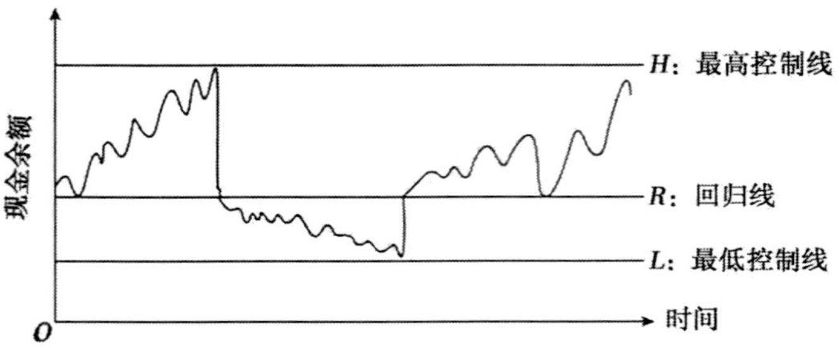

图 7-3 米勒－奥尔模型

$$R=\sqrt[3]{\frac{3b\times\delta^{2}}{4i}}+L$$

式中，b 表示证券转换为现金或现金转换为证券的成本；δ 表示企业每日现金流量变动的标准差；i 表示以日为基础计算的现金机会成本。

最高控制线 H 的计算公式为

$$H=3R-2L$$

运用随机模式求现金最佳持有量符合随机思想，即企业现金支出是随机的，收入是无法预知的，所以，适用于所有企业现金最佳持有量的测算。另外，随机模式建立在企业的现金未来需求总量和收支不可预测的前提下，因此，计算出来的现金持有量比较保守。

三、现金管理模式

（一）“收支两条线”管理模式

“收支两条线”原本是政府为了加强财政管理和整顿财政秩序对财政资金采取的一种管理模式。当前，企业特别是大型集团企业，也纷纷采用“收支两条线”资金管理模式。

1. 企业实行“收支两条线”管理模式的目的

企业作为追求价值最大化的营利组织，实施“收支两条线”管理模式主要出于两个目的：一是对企业范围内的现金进行集中管理，减少现金持有成本，加速资金周转，提高资金使用效率；二是以实施“收支两条线”为切入点，通过高效的价值化管理来提高企业效益。

2. “收支两条线”资金管理模式的构建

企业构建“收支两条线”资金管理模式，可从规范资金的流向、流量和流程三个方面入手。

（1）资金的流向方面。企业“收支两条线”要求各部门或分支机构在内部银行或当地银行设立两个账户（收入户和支出户），并规定所有收入的现金都必须进入收入户（外地分支机构的收入户资金还必须及时、足额地回笼到总部），收入户资金由企业资金管理部门（内部银行或财务结算中心）统一管理；而所有的货币性支出都必须从支出户里支付，支出户里的资金只能根据一定的程序由收入户划拨而来，严禁现金坐支。

（2）资金的流量方面。在收入环节上，要确保所有收入的资金都进入收入户，不允许有私设的“账外小金库”。另外，还要加快资金的结算速度，尽量压缩资金在结算环节的沉淀量。在调度环节上通过动态的现金流量预算和资金收支计划实现对资金的精确调度。在支出环节上，根据以收定支和最低限额资金占用的原则从收入户按照支出预算安排将资金定期划拨到支出户，支出户平均资金占用额应压缩到最低限度。有效的资金流量管理将有助于确保及时、足额地收入资金，合理控制各项费用支出和有效调剂内部资金。

(3) 资金的流程方面。资金流程是指与资金流动有关的程序和规定。它是“收支两条线”内部控制体系的重要组成部分，主要包括五个部分：

①关于账户管理、货币资金安全性等的规定；

②收入资金管理与控制；

③支出资金管理与控制；

④资金内部结算与信贷管理与控制；

⑤“收支两条线”的组织保障等。

需要说明的是，“收支两条线”作为一种企业的内部资金管理模式，与企业的性质、战略、管理文化和组织架构都有很大的关系。因此，企业在构建“收支两条线”管理模式时，一定要注意与自身的实际情况相结合，以管理有效性为导向。

（二）集团企业资金集中管理模式

企业集团下属机构多，地域分布广，如果子分公司多头开户，资金存放分散，会大大降低资金的使用效率。通过资金的集中管理、统一筹集、合理分配、有序调度，能够降低融资成本，提高资金使用效率，确保集团战略目标的实现，实现整体利益的最大化。

资金集中管理也称司库制度，是指集团企业借助商业银行网上银行功能及其他信息技术手段，将分散在集团各所属企业的资金集中到总部，由总部统一调度、统一管理和统一运用。资金集中管理在各个集团的具体运用可能会有所差异，但一般包括资金集中、内部结算、融资管理、外汇管理、支付管理等主要内容。其中，资金集中是基础，其他各方面均建立在此基础之上。目前，资金集中管理模式逐渐被我国企业集团所采用。

资金集中管理模式的选择，实质上是集团管理是集权还是分权管理体制的体现，也就是说，在企业集团内部所属各子企业或分部是否有货币资金使用的决策权、经营权，这是由行业特点和本集团资金运行规律决定的。现行的资金集中管理模式大致可以分为以下几种。

1. 统收统支模式

在该模式下，企业的一切现金收入都集中在集团总部的财务部门，各分支机构或现金支出都通过集团总部财务部门付出，子企业不单独设立账号，一切现金支出都通过集团财务部门付出，现金支出的批准权高度集中。统收统支模式有利于企业集团实现全面收支平衡，提高资金的周转效率，减少资金沉淀，监控现金收支，降低资金成本。但是该模式不利于调动成员企业开源节流的积极性，影响成员企业经营的灵活性，以致降低整个集团经营活动和财务活动的效率，而且在制度的管理上欠缺一定的合理性，如果每笔收支都要经过总部财务部门之手，那么总部财务部门的工作量就会大很多。因此，这种模式通常适用于规模比较小的企业。

2. 拨付备用金模式

拨付备用金模式是指集团按照一定的期限统拨给所有分支机构或子企业备齐使用的一定数额的现金。各分支机构或子企业发生现金支出后，持有关凭证到集团财务部门报销，以补足备用金。拨付备用金模式相比统收统支模式具有一定的灵活性，但这种模式也通常适用于那些经营规模比较小的企业。

3. 结算中心模式

结算中心通常是企业集团内部设立的，办理内部各成员现金收付和往来结算业务的专门机构。结算中心通常设于财务部门内，是一个独立运行的职能机构。结算中心是企业集团发展到一定阶段，应企业内部资金管理需求而生的一个内部资金管理机构，是根据集团财务管理和控制的需要在集团内部设立的，为成员企业办理资金融通和结算，以降低企业成本、提高资金使用效率的服务机构。结算中心帮助企业集中管理各分、子公司的现金收入和支出。分、子公司收到现金后就直接转账存入结算中心在银行开立的账户。当需要资金的时候，再进行统一的拨付，有助于企业监控资金的流向。

4. 内部银行模式

内部银行是将社会银行的基本职能与管理方式引入企业内部管理机制而建立起来的一种内部资金管理机构，它将企业管理、金融信贷和财务管理三者融为一体，一般是将企业的自有资金和商业银行的信贷资金统筹运作，在内部银行统一调剂，融通运用。通过吸纳企业下属各单位闲散资金，调剂余缺，减少资金占用，提高资金周转速度，提高资金使用效率、效益。内部银行通常具有三大职能：结算、融资信贷和监督控制。内部银行一般适用于具有较多责任中心的企事业单位。

5. 财务公司模式

财务公司是一种经营部分银行业务的非银行金融机构，一般是集团公司发展到一定水平后，需要经过中国人民银行审核批准才能设立的。其主要职责是开展集团内部资金集中结算，同时为集团成员企业提供包括存贷款、融资租赁、担保、信用鉴证、债券承销、财务顾问等在内的全方位金融服务。集团设立财务公司是把一种市场化的企业关系或银企关系引入集团资金管理中，使集团各子公司具有完全独立的财权，可以自行经营自身的现金，对现金的使用行使决策权。另外，集团对各子公司的现金控制是通过财务公司进行的，财务公司对集团各子公司进行专门约束，而且这种约束是建立在各自具有独立的经济利益基础上的。集团公司经营者（或最高决策机构）不再直接干预子公司的现金使用和取得。

四、现金收支日常管理

（一）现金周转期

企业的经营周期是指从取得存货开始到销售存货并收回现金为止的时期。其中，从收到原材料、加工原材料、形成产成品，到将产成品卖出的这一时期，称为存货周转期；产成品卖出后到收到顾客支付的货款的这一时期，称为应收账款周转期或收账期。

但是企业购买原材料并不用立即付款，这一延迟的付款时间段就是应付账款周转期或收账期。现金周转期，是指介于企业支付现金与收到现金之间的时间段，它等于经营周期减去应付账款周转期。现金周转期具体循环过程如图 7–4 所示。

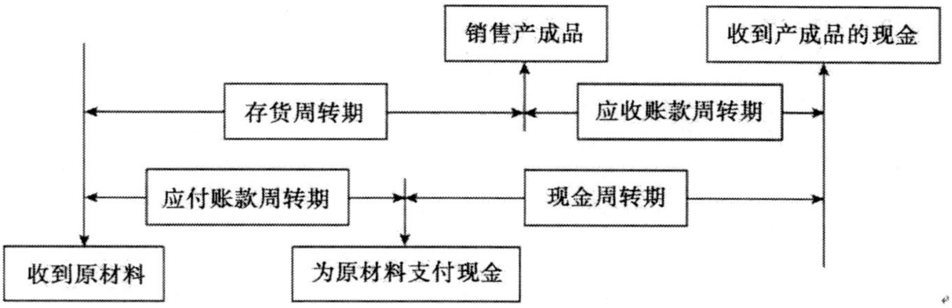

图 7-4 现金周转期具体循环过程

上述周转过程用公式来表示就是：

经营周期 = 存货周转期 + 应收账款周转期现金周转期 = 经营周期 − 应付账款周转期

其中，

存货周转期 = 存货平均余额 / 每天的销货成本

应收账款周转期 = 应收账款平均余额 / 每天的销货收入应付账款周转期

= 应付账款平均余额 / 每天的购货成本

所以，要减少现金周转期，可以从以下方面着手：

①加快制造与销售产成品来减少存货周转期；

②加速应收账款的回收来缩短应收账款周转期；

③减缓支付应付账款来延长应付账款周转期。

（二）收款管理

1. 收款系统

高效率的收款系统能够使收款成本和收款浮动期达到最小，同时能够保证与客户汇款及其他现金流入来源相关的信息的质量。

（1）收款成本。收款成本包括浮动期成本、管理收款系统的相关费用（例如，银行手续费）及第三方处理费用或清算相关费用。在获得资金之前，收款在途项目使企业无法利用这些资金，也会产生机会成本。信息的质量包括收款方得到的付款人的姓名、付款的内容和付款时间。信息要求及时、准确地到达收款人一方，以便收款人及时处理资金做出发货的安排。

（2）收款浮动期。收款浮动期是指从支付开始到企业收到资金的时间间隔。收款浮动期主要是由纸基支付工具导致的，有下列三种类型。

①邮寄浮动期：从付款人寄出支票到收款人或收款人的处理系统收到支票的时间间隔。

②处理浮动期：支票的接受方处理支票和将支票存入银行以收回现金所花的时间。

③结算浮动期：通过银行系统进行支票结算所需的时间。

2. 收款方式的改善

电子支付方式与纸基（或称纸质）支付方式相比而言是一种改进。电子支付方式提供了如下好处。

（1）结算时间和资金可用性可以预计。

（2）向任何一个账户或任何金融机构的支付具有灵活性，不受人工干扰。

（3）客户的汇款信息可与支付同时传送，更容易更新应收账款。

（4）客户的汇款从纸基方式转向电子方式，减少或消除了收款浮动期，降低了收款成本，收款过程更容易控制，并且提高了预测精度。

（三）付款管理

现金支出管理的主要任务是尽可能延缓现金的支出时间。当然，这种延缓必须是合理合法的。控制现金支出的目标是在不损害企业信誉的条件下，尽可能推迟现金的支出。

1. 使用现金浮游量

现金浮游量是指由于企业提高收款效率和延长付款时间所产生的企业账户上的现金余额和银行账户上的企业存款余额之间的差额。

2. 推迟应付款的支付

推迟应付款的支付是指企业在不影响自己信誉的前提下，充分运用供货方所提供的信用优惠，尽可能地推迟应付款的支付期。

3. 汇票代替支票

汇票分为商业承兑汇票和银行承兑汇票，与支票不同的是，承兑汇票并不是见票即付。这一方式的优点是它推迟了企业调入资金支付汇票的实际所需时间。这样，企业就只需在银行中保持较少的现金余额。它的缺点是某些供应商可能并不喜欢用汇票付款，银行也不喜欢处理汇票，它们通常需要耗费更多的人力。同支票相比，银行会收取较高的手续费。

4. 改进员工工资支付模式

企业可以为支付工资专门设立一个工资账户，通过银行向职工支付工资。为了最大限度地减少工资账户的存款余额，企业要合理预测从开出支付工资的支票到职工去银行兑现的具体时间。

5. 透支

透支是指企业开出支票的金额大于活期存款余额。它实际上是银行向企业提供的信用。透支的限额由银行和企业共同商定。

6. 争取现金流出与现金流入同步

企业应尽量使现金流出与流入同步，这样可以降低交易性现金余额，同时可以减少有价证券转换为现金的次数，提高现金的利用效率，节约转换成本。

7. 使用零余额账户

企业与银行合作，保持一个主账户和一系列子账户。企业只在主账户保持一定的安全储备，而不需要在一系列子账户保持安全储备。当从某个子账户签发的支票需要现金时，所需要的资金立即从主账户划拨过来，从而使更多的资金可以另作他用。

第二节 现金管理的主要模式

随着市场化经济的不断发展，企业也随之不断发展壮大，为应对日益激烈的竞争，企业的收购、合并行为日益普遍，集团化发展趋势日益明显，现金管理行为也日趋复杂。现金管理模式的选择实质上是集权管理还是分权管理策略的体现，是根据行业特点和本集团资金运行规律决定的。

现金管理集权和分权的程度是现金管理中的基本决策问题，高度集权的资金控制策略，有利于现金的集中控制和统一调配，实现现金持有的目标余额，平衡现金持有行为的机会成本和交易成本。但不利于发挥子公司的自主经营，影响子公司对市场变化的应变能力。对于经营品种单一、现金流稳定、有较为固定的上下游资金链的企业集团来说，可以优先选用集权程度高的资金集中管理策略。

较低程度的集权控制策略，有利于调动成员企业独立自主经营的积极性，但又存在现金分散、使用效率降低、沉淀较大、使用成本较高等缺点。对于多元化经营的企业集团，或现金流不十分稳定的行业，或刚刚开展资金集中管理工作的企业，为了使经营能正常进行，往往采取集权程度较低的资金集中管理策略。

不同的企业要根据自己的实际情况，明确控制现金管理的集权程度，才能使企业的现金得以在较低成本下有效运营，形成动态平衡。根据管理的集权与分权的程度不同、行业的资金运行规律不同，现金管理大致可划分为以下几种不同模式：分别是统收统支模式与拨付备用金模式、内部银行模式、资金结算中心模式、财务公司模式及“现金池”管理模式。

一、统收统支与拨付备用金模式

统收统支模式是指企业的一切货币资金收付活动都集中在企业的财务部门，各分支机构或子公司不单独设立账号，只有经营者或者经营者授权才拥有货币资金收支的批准权。实践证明：统收统支的方式有助于企业集团实现全面收支平衡，减少资金的沉淀，控制现金的流出，降低资金成本。但是，不利于调动成员企业开源节流的积极性，影响成员企业经营的灵活性，以致降低整个集团经营活动和财务活动的效率。拨付备用金是指企业根据各分支机构对货币资金的需要量，将一定数额的货币资金拨付所属分支机构备用。待各分支机构或子公司发生货币资金支出后，持相关凭证到企业财务部门报销以补足备用金。

在集团总部对现金支出范围和标准的规定之内，集团所属分支机构或子公司有了一定的现金经营权，可以对拨付的备用金的使用独立决策。但各分支机构或子公司并不独立设置财务部门，其货币支出必须通过集团财务部门的审核，超越范围和标准的开支必须经过集团总部的批准。

二、内部银行模式

内部银行模式可以看作是一种将模拟的银企关系嵌入到企业内部现金管理中，各分公司与集团是一种信贷管理关系，而内部银行则是结算中心、货币发行中心、贷款中心和监管中心。

内部银行的特征主要表现在以下四个方面。

（1）各分公司之间的现金收付和结算事项均通过内部银行统一开立账户办理，一般不对外进行。

（2）各分公司在内部银行开立存款、贷款账户，经营收支分离。各分公司与内部银行是存贷关系，实行有偿贷款制度。

（3）各分公司在现金管理上享有独立经营权和决策权，对贷款有权按用途自行安排使用。

（4）内部银行本身实行银行化管理，建立贷款责任制，强化资产风险管理，实行相对独立的核算、自负盈亏。

三、财务公司模式

财务公司是一种经营部分商业银行业务的非银行金融机构，其经营范围除抵押放款外，还有外汇、联合贷款、包销债券、不动产抵押、财务及投资咨询等业务。我国的财务公司大多是在企业集团发展到一定水平后，经人民银行批准，作为集团公司的子公司而设立的。因此，财务公司除承担部分银行职能外，还担负着为企业集团理财的任务。财务公司主要有以下功能。

（1）通过在企业集团内部转账结算等加速资金周转；通过融资租赁和买方信贷，注入少量资金，解决集团内部产品购销两方面的问题；通过对集团内部提供担保、资信调查、信息服务、投资咨询等为企业集团各单位提供全方位服务。

（2）财务公司运用同行业拆借、发行债券及新股，从事外汇及有价证券的等手段，为集团开辟广泛的融资渠道，并成为集团的融资中心。

（3）将集团暂时闲置的资金投向高效的产业和行业，或者用于集团本身发展的项目，使资金运用效率最大化。组建财务公司能够促进集团公司资金的集约化管理，为集团募集资金调节余缺、提高资金效益服务，有利于优化产业结构，开拓市场。

四、资金结算中心模式

资金结算中心由企业集团设立，是集团内部不具有独立法人资格的独立资金运营机构，负责办理集团各成员单位的现金收付和往来结算等业务。设立结算中心需要有以下前提。

（1）从集团角度看，内部交易量远大于外部交易量。

（2）企业集团及分子公司皆有较好的网络硬件环境，且支持工作流，支持集中管理，协同商务运作的管理软件作支撑，结算中心方能实时洞悉各分子公司运作，高效率地完成审批流，使分子公司的外部结算行为在结算中心的内部账户增减协同动作，进而保障资金调拨及时、正确、有效。

资金结算中心的作用主要体现在企业集团通过结算中心这个管理系统来调控资金流向，有利于资金的统筹安排，合理调配；有利于集中财力，减少企业的资金沉淀，减少银行贷款和贷款利息；有利于减少资金的体外循环，加快资金的周转。但由于资金结算中心只是企业集团的内部管理机构，只能在加强内部监督、信息反馈、资金统借统还等方面发挥作用，缺乏像财务公司那样的对外融资、中介、投资等功能，难以充分发挥资源的潜在能力。而且，由于受中国银行保险监督管理委员会的监管不像财务公司那么严格，其管理一般较薄弱。因此成立内部结算中心，要求企业内部具备良好的风险控制程序与执行能力。

五、“现金池”管理模式

企业集团业务和收入的多样性、地区分布的广域性、组织结构和产权结构的复杂性使得传统资金控制模式已不能满足实际管理上的需要。伴随着计算机技术、网络技术、电子数字签名技术的发展，网上商业银行的推出，国际著名跨国企业集团（如飞利浦、微软等）与国际银行联手开发了现金池资金管理模式，将资金结算和控制流程与经营业务流程有机融合，用以统一调拨集团的全球资金，最大限度地降低集团持有的头寸。“现金池”管理模式作为资金集中管理的一种模式已经在很多企业集团加以使用，并取得了显著的效益。

企业可以借助“现金池”这一平台，实现内部成员企业资金资源的共享。即集团内部成员企业的资金可以集中归拢到一个“现金池”中，成员企业可以根据集团内部财务管理的要求有条件地使用池内的资金。通过集团“现金池”服务，可以帮助企业集团对成员企业使用“现金池”内资金金额进行条件控制，实现对成员企业可透支额度的设置与管理，它可以帮助企业集团达到以下目标。

（1）额度控制的个性化和多样化，适应不同地区、不同分 / 子公司的额度控制要求。

（2）在分 / 子公司能自主、方便地进行额度设置的基础上，实现额度控制的自动化处理。

（3）提高分 / 子公司额度控制的准确性和效率，降低风险。因此，“现金池”是以资金集中管理为主线，借助商业银行现金管理服务和网络通信技术，对企业集团各子、分公司的资金进行实时监控、统一调度和集中运作的一种管理模式。有利于满足企业集团集权管理的要求，降低交易成本，统筹配置资金，形成规模效应和整体优势，降低融资成本。

第三节 现金流管理

现金流量管理是指以现金流量作为管理的重心、兼顾收益，围绕企业经营活动、投资活动和筹资活动而构筑的管理体系，是对当前或未来一定时期内的现金流动在数量和时间安排方面所做的预测与计划、执行与控制、信息传递与报告，以及分析与评价。因此，现金流量管理的具体内容既包括与现金预算的分工组织体系有关的一系列制度、程序安排及其实施的预测与计划系统和由收账系统、付账系统和调度系统构成的执行与控制系统，又包括借以报告一定时期终了母系统和各子系统综合运行最终结果的信息与报告系统，以及对现金流量管理系统、现金预算执行情况和现金流量信息本身的分析与评价系统。由此可见，现金流量管理是一个内容极其丰富的系统。

如果说利润相当于企业的血液，那么现金流则相当于企业的空气。因为现金流管理出现问题而使企业处于困境的例子不胜枚举。很多公司一直把注意力放在利润表的数字上，却很少讨论现金周转的问题。

一、企业现金流管理制度的建立

建立企业现金流管理制度，企业的决策者们必须具备的现金流量管理意识，从企业战略的高度来审视企业的现金流量管理活动，为企业现金流量管理的有效建立及其管理水平的提高提供组织基础保证。

（一）现金流的预算制度

现金流预算的内容包括：销售现金预算、采购现金预算、投资现金预算、人工现金预算、费用现金预算等，这些预算使企业能预测风险，及时得到资金的各种信息，及时采取措施，防范风险，提高效益。同时，这些预算可以协调企业各部门的工作，提高内部协作的效率，而且，销售部门在销售、费用等预算指导下，还可事先对市场有一定了解，把握市场变化，减少存货的市场风险。企业的现金流量预算可从年度预算，逐步精确到月，再精确到周，最后精确到日。

现金流状况的预测。通过对现金流规划，结合企业以往的经验，确定一个合理的现金预算额度和最佳现金持有量。如果预测现金流量为负值，企业可以事先做出筹资安排，保证在需要现金时筹集到足够的现金，从而避免发生现金危机，使所筹资金获得合理的成本、质量和方式。如果预测现金流量为正值，企业可通过盈利的数额和持续时间，对应用盈余现金做出最佳的投资或理财计划。企业的现金流预测可以根据时间的长短分为短期、中期和长期预测。

（二）现金流的报告制度

企业要随时掌握的现金流的状况，可实行现金时点报告制度。

1. 每日编制现金状况表

现金状况表的内容有当天的现金余额及当天现金的运营情况，包括金额比较大笔的现金收入和支出的具体内容。

2. 每月编制现金流量表

现金流量表反映了在结账时，企业所拥有的现金总量和现金净流量。

3. 每月编制银行对账表

银行对账表包括：各个银行的余额及信贷的有关资料。

（三）现金流的控制制度

企业要在现金流量预算的基础上，对现金流量的合理性进行控制，即控制现金流量发生的时间和额度，以维护企业现金循环流动。而且在控制方式上实行全面有效的控制，主要方式包括：企业现金流的集中控制、收付款的控制等。现金的集中管理有利于企业资金管理者了解企业资金的整体情况，在更广的范围内迅速而有效地控制现金流，从而使这些现金的保存和运用达到最佳状态。

（四）现金流量的监督制度

为了使现金流的安全性得到控制，企业必须加强对现金流的监督。

1. 建立绩效考评制度

为加强对现金流量的管理，企业应该制定管理监督制度，将现金管理落实到每一个部门、每一名员工，保证现金管理的每一部分都应有人负责，不留空白点。明确内部管理责任制，即销售人员应对催收应收账款负主要责任。同时，建立相应的奖惩机制，并根据考评结果进行奖惩。只有建立在企业框架体系上的现金流量管理才是全面的现金流量管理。对违反控制制度的，要给予相关责任人以惩罚。

2. 建立客户信用档案

客户应该包括：供应商和销售商。先由业务员提供相关客户的资料，及其对其客户进行信用等级评定，再由风险控制部门对客户的信用情况进行深入调查和建档，并进行信用等级评定，对不同等级的客户实行不同的信用政策，减少购货和赊销风险。如果超过核定的信用额度时，必须按照审批程序，并经具有相应权限的人员审批。如果无法取得批准，应降低信用规模或者放弃此项业务，这样才能控制销售中出现的大量坏账现象，减少风险。要不断更新维护、并进行动态监督客户信用档案，可根据实际运作情况，对原来的信用等级进行恰当的调整。

二、管好现金流提高资金营运效率

（一）管好现金收付，提高资金使用效率

现金付款与现金回收是现金划转活动的两个方面。在现金划转过程中，企业应谋求更快速地回收现金，更精确地安排现金付款的时间。为此，企业应建立高效的现金划转控制系统，研究设计自身的收账系统，使企业能更快地收取客户现金；同时，选择更为快捷的银行结算方式，如利用资金结算中心或网上银行付款，这些付款方式都会比到银行柜台付款更快捷。

（二）实行资金的集中管理，提高资金营运效率

集团企业通过实行资金集中管理，来保证现金流的安全及属成员企业之间的合理调配，整合集团公司的所有资金，并对资源进行配置，有利于降低资金成本、提高资金使用效率。对资金的集中管理有结算中心管理、资金集成管理、集团化融资、集团化保险等模式。

（三）加快货款回收，提高资金使用效率

企业应加快货款回收，清理不必要的资金占用。应收账款过多会造成资金效率低下。对赊销的现金流动情况及信用状况缺乏控制，未能及时催收货款，更加容易出现货款被拖欠从而造成的账面利润高于实际资金的现象。对此，企业应加强对赊销和预购业务的控制，及时收回应收账款。对风险太大的赊销业务，宁可放弃该笔业务以求减少风险，从而提高企业资金使用效率。

（四）提高现金流量的周转速度，提高资金使用效率

现金流量的循环要占用一定的时间，而周转的时间长短会直接影响营运资金的数额和投资回收的安全性，并进一步影响企业经营效益。如果对现金流量循环进行合理规划，缩短现金流量循环周期，提高现金流量的周转速度，就可以相应减少企业投入营运资金的占用量，避免现金的不必要浪费，提高现金流量的盈利能力。

第四节 现金流管理策略

企业的资金流动主要基于三项经济行为：日常运营、资产配置和资金筹措。管理企业资金流通常从这三个方面着手，实施细致化的管理，采取适当的管理技术和制度，以期望达到良好的管理成效。当企业的现金储备充足时，就如同个体拥有丰富的血液供应，企业也能保持健康、稳定地成长，并不断增强。

一、企业现金流管理存在的问题及原因分析

（一）企业现金流管理存在的问题主要表现

1. 企业对现金流不够重视

很多企业一方面把现金预算简单地认为是财务上的简单收支，应该归属财务部门负责现金的预算和现金的控制；另一方面简单地把财务指标局限在产总额、营业额和银行存款上，从而造成了应收账款、应付账款等指标的缺口，导致了不良的现金流。

2. 融资能力和投资能力弱

目前企业的融资渠道主要是银行等金融机构，由于缺少没有专门为企业进行担保的机构，这些金融机构考虑到不断增长的信贷风险提高了企业融资的门槛，对此采取的主要手段就是提高利率，进而增加了企业融资成本。另外一些企业融资之后，不能合理地配置资金，使资金沉淀。以上情况不但使企业要支付沉淀下来的资金的利息，造成不必要的资金支出而且忽略了资金的机会成本。

3. 现金控制薄弱、监督不力

现金控制薄弱、监督不力主要表现在企业对现金的监督管理不严，认为现金越多越好，从而导致大量资金闲置没有流入企业产品的生产流通环节；有些企业的资金收支没有计划，购置大量不动资产，最后造成资金周转不灵，影响企业生产经营；另外一些企业资金流失现象严重，“白条”“坐支”现象普遍存在。

（二）企业现金流管理存在问题的原因

1. 企业缺乏科学的管理方法和手段

企业对现金流的作用不够重视，从而在现金的预测、分析、管理等方面的工作过于简化，没有针对企业自身的特点对现金的应用进行分析，从而不能对没有利用得当的资金进行有效的控制。

2. 企业自我认识不全面

企业往往把利润最大化作为企业的经营目标和财务指标，在制定企业现金收支计划、现金分析时以利润为导向，没有分析企业的内、外部环境，以及企业所处的发展阶段，从而制定出来一系列现金管理方法和控制制度与企业状况不相协调，使企业在实施现金管理与控制过程中不能取得良好效果。

3. 社会因素的影响普遍存在

众所周知随着企业发展的不断加快，很多企业由简单的现货现款已经转化为定期结算或银行结算，这就在收付现金时产生了时间差，从而造成了应收账款和应付账款的增加。然而很多企业忽视了信用度的问题，而企业也没有相关部门对一些应收账款单位进行信用分析和偿债能力分析，产生了大量坏账和不能及时收回的账款，从而造成企业资金链的断裂，最终对企业造成巨大影响，甚至导致企业的破产。

二、企业现金流管理策略

（一）加强现金预算的编制与应用

财务部门制定现金预算是在其他一系列的预算基础上的，对所有的项目中的现金收支情况进行汇总，并对现金收支差额进行平衡计划。这就要求制定预算的人员全面了解企业的经营状况、各个项目近几年的资金变动情况，从而制定出动态的更加符合未来实际情况的预算，经上级部门逐级批准后成为企业现金流控制的依据，增强实施的可行性。

（二）加强现金流的内部控制

企业不但应该重视现金管理，而且还应该加强现金流的控制，主要包括以下内容。

1. 严格职责分工

即将涉及现金不相容的职责分由不同的人员担任，形成严密的内部牵制制度，减少和降低现金管理上的舞弊可能。

2. 实行交易分开

即将现金支出和现金收入分开进行处理，防止将现金收入直接用于现金支出的坐支行为，企业应将当日收到的现金全数送存银行，所有项目费用除零星支出外均用支票支付。

3. 实施内部稽核

即设置内部稽核单位和人员，建立内部稽核制度，加强对货币资金管理的监督，及时发现货币资金管理中存在的问题，明确稽核人员或机构的职责和权限，进行定期或不定期的检查。

4. 实施定期轮岗制度

即对涉及货币资金管理和控制的业务人实行定期轮换岗位。

（三）采取积极的融资政策

目前企业的融资渠道主要有发行债券、股票、银行借贷等多种形式，而银行借贷又是目前大多数企业普遍采用的方式。这就要求企业应该采取针对银行借贷积极的融资策略。随着银行风险管理的日益成熟，银行信贷的门槛也日益提高，在这种情况下上市公司与非上市公司相比就更容易得到银行的青睐。另外企业也可以利用企业信用进行融资，企业可以根据自己的商业信誉和银行信用办理银行承兑汇票，这样就减少了在购买材料时的现金支出，为企业资金周转提供了方便。

（四）加强对投资活动现金流的控制

企业在进行投资时应该仔细分析投资项目，仔细考察被投资项目的企业经营情况。传统的现金管理只注重现金的统一调度，却忽视了对投资项目的管理，使很多投资项目变成了现金流的无底洞，为此企业应该在注重投资项目收益性的同时注重投资项目的安全性和流动性，财务负责人应该及时向企业负责人报告投资项目的情况，方便适时地调整投资策略。

（五）加强风险防范措施

企业在长期的经营管理过程中，难免会遇到资金周转困难，会因为某些原因导致现金流的断裂。为此，企业在采取一系列积极的现金管理措施的同时更应该加强风险防范措施，对风险进行定期定量的分析。同时企业也可以根据企业自身情况设立独立的风险管理机构，这样不但对企业的风险防范有了组织保证，而且还可以对企业生产经营中涉及现金的各个方面进行风险管理和监控。

第八章　成本管理创新

第一节　概　　述

要搞好成本管理和提高成本管理水平，首先要认真开展成本预测工作，规划一定时期的成本水平和成本目标，对比分析实现成本目标的各项方案，进行最有效的成本决策。然后应根据成本决策的具体内容，编制成本计划，并以此作为成本控制的依据，加强日常的成本审核监督，随时发现并克服生产过程中的损失浪费情况，在平时要认真组织成本核算工作，建立健全成本核算制度和各项基本工作，严格执行成本开支范围，采用适当的成本核算方法，正确计算产品成本。同时安排好成本的考核和分析工作，正确评价各部门的成本管理业绩，促进企业不断改善成本管理措施，提高企业的成本管理水平。定期积极地开展成本分析，找出成本升降变动的原因，挖掘降低生产耗费和节约成本开支的潜力。进行成本管理应该实行指标分解，将各项成本指标层层落实，分口分段地进行管理和考核，使成本降低的任务能从组织上得以保证，并与企业和部门的经济责任制结合起来。

成本是体现企业生产经营管理水平高低的一个综合指标。因此，成本管理不能仅局限于生产耗费活动，应扩展到产品设计、工艺安排、设备利用、原材料采购、人力分配等产品生产、技术、销售、储备和经营等各个领域。参与成本管理的人员也不能仅仅是专职成本管理人员，应包括各部门的生产和经营管理人员，并要发动广大职工群众，调动全体员工的积极性，实行全面成本管理，只有这样，才能最大限度地挖掘企业降低成本的潜力，提高企业整体成本管理水平。

企业在生产过程中生产各种工业产品（包括产成品、自制半成品、 工业性劳务等）、自制材料、自制工具、自制设备，以及供应非工业性劳务要发生各种耗费，这些耗费称为生产费用。为生产一定种类和数量的产品所发生的全部生产费用，称为产品成本。

一、成本预测

随着生产日益社会化和现代化，企业规模不断扩大，经营过程中某一环节或者是某一短暂时期内的成本管理一旦失去控制，都有可能给企业造成无可挽回的经济损失。鉴于此，为了防止成本费用管理的失控现象，首先必须科学地预见生产耗费的趋势和程度，以便在此基础上采取有效措施，从而搞好成本管理工作。在现代成本管理中。成本预测采用了一系列科学的程序与方法，基本上是能够把握成本变化的规律性的，因此，成本预测的结果是比较可靠的。但是，由于根据历史资料推测未来，成本预测就具有不可避免的局限性，这种局限性主要体现在不准确也即近似这一点上。可靠性与近似性的对立统一是成本预测的显著特点。

成本预测的程序包括以下四点。

（1）根据企业总体目标提出初步成本目标。

（2）初步预测在目前情况下成本可能达到的水平，找出达到成本目标的差距。其中初步预测，就是不考虑任何特殊的降低成本措施，按目前主客观条件的变化情况，预计未来时期成本可能达到的水平。

（3）考虑各种降低成本方案，预计实施各种方案后成本可能达到的水平。

（4）选取最优成本方案，预计实施后的成本水平，正式确定成本目标。成本预测的方法包括：定量预测法、趋势预测法、因果预测法、定性预测法及成本预测的高低点法。

成本预测是成本管理的重要一环，也是企业全面生产经营管理的重要组成部分。进行成本预测固然要努力挖掘降低成本的潜力，但是也不能孤立地、片面地单纯只顾降低成本，而不顾及周围和全社会的利益。对企业来说，在进行成本预测时，必须本着提高微观经济效益与宏观经济效益相结合的原则。

二、成本核算

成本核算是把一定时期内企业生产经营过程中所发生的费用，按其性质和发生地点，分类归集、汇总、核算，计算出该时期内生产经营费用发生总额和分别计算出每种产品的实际成本和单位成本的管理活动。其基本任务是正确、及时地核算产品实际总成本和单位成本，提供正确的成本数据，为企业经营决策提供科学依据，并借以考核成本计划执行情况，综合反映企业的生产经营管理水平。

成本核算的方法：

（1）设立材料明细账，按主材、辅材分类；

（2）确定工时单耗（可以是计划工时，也可是实际工时）；

（3）按生产计划（或作业单）投料；

（4）汇总直接费用（动力费、制造费、直接人工费），并按工时分摊费用；

（5）按完工产品品种数量结转完工成本（在产品材料核算可以分步投料或全额投料或约当比例，生产周期短的在产品可以不分摊费用，待完工时再分摊费用）；

（6）期初在产 + 本期投产—本期完工 = 本期在产（生产成本借方余额）。

三、成本控制

成本控制就是指以成本作为控制的手段，通过制定成本总水平指标值、可比产品成本降低率，以及成本中心控制成本的责任等，达到对经济活动实施有效控制的目的的一系列管理活动与过程。成本控制（CCA2101：2005 第 2.5.10 条）是成本管理的一部分，致力于满足成本要求。满足成本要求主要是指满足顾客、最高管理者、相关方，以及法律法规等对组织的成本要求。成本控制的对象是成本发生的过程，包括：设计过程、采购过程、生产和服务提供过程、销售过程、物流过程、售后服务过程、管理过程、后勤保障过程等所发生的成本控制。成本控制的结果应能使被控制的成本达到规定的要求。为使成本控制达到规定的、预期的成本要求，就必须采取适宜的和有效的措施，包括：作业、成本工程和成本管理技术和方法。如 VE 价值工程、IE 工业工程、ABC 作业成本法、ABM 作业成本管理、SC 标准成本法、目标成本法、CD 降低成本法、CVP 本一量一利分析、SCM 战略成本管理、质量成本管理、环境成本管理、存货管理、成本预警、动量工程、成本控制方案等。

开展成本控制活动的目的是防止资源的浪费，使成本降到尽可能低的水平，并保持已降低的成本水平。

成本控制反对“秋后算账”和“死后验尸”的做法，提倡预先控制和过程控制。因此，成本控制必须遵循预先控制和过程方法的原则，并在成本发生之前或在发生的过程中去考虑和研究为什么要发生这项成本？应不应该发生？应该发生多少？应该由谁来发生？应该在什么地方发生？是否必要？决定后应对过程活动进行监视、测量、分析和改进。

成本控制对象虽是会计经理、成本会计、财务分析人员、成本分析人员和预算责任中心负责人，但应是全面控制的概念，包括全员参与和全过程控制。

成本控制和成本保证的某些活动是相互关联的。成本控制的起点，或者说成本控制过程的平台就是成本控制的基础工作。成本控制不从基础工作做起，成本控制的效果和成功可能性将受到很大影响。

四、降低成本的途径

从利润表中我们不难看出成本包括两方面，主营业务成本和期间费用。降低成本也应从主营业务成本和期间费用两方面着手。其途径包括以下几方面。

1. 降低物资采购成本，严格控制采购成本

一要分析供货市场，调整采购策略。二要通过信息技术、网络技术，如电子商务，搜寻市场信息，查询市场价格，指导成本核算、指标确定和目标控制工作。通过信息网站等查询价格，搜寻市场信息及时调整成本控制指标，指导采购成本控制工作。三要稳定老客户，立足长远发展。在保证资源基本需求的同时，要与一些长期合作、信誉良好的企业建立长久合作关系，能够在今后的物资采购中获得一定的折扣，以此来降低成本。

2. 严格控制，节约费用开支

企业应遵守财务管理制度，坚持勤俭办厂，反对铺张浪费，尽量降低制造费用，节约生产费用，严格控制期间费用，实施定额管理制度，加强企业财务管理和降低制造费用，节约生产费用，严格控制期间费用，实施定额管理制度；加强企业财务管理和经济核算，强化企业内部审计和完善内部经济责任制。

3. 提高产品质量，提高领导和员工的管理意识及技能

产品质量好坏，是反映企业技术水平的主要标志之一，是企业生存、市场销售的体现。为满足人们的需要，企业必须狠抓产品质量，减少废品损失，提高产品合格率。在各生产环节中，严格把握质量，执行操作规程，健全质量检验制度，生产出用户满意的产品。

4. 提高设备的利用程度，建立健全科学的企业成本管理体系，加强企业内部管理，提高劳动效率

随着科学技术的迅速发展，人们生产的实践经验和设备社会化程度的不断提高，企业的设备在进行综合利用时要充分发挥设备的效能，不断提高利用效率。这不但可以提高产品产量，而且可以减少单位产品的固定资产折旧费用。为了提高设备利用程度，要加强设备的技术改造，完善设备管理制度，提高设备利用率。

第二节　成本管理创新的必要性

成本管理是企业运营的重要环节，直接关系到企业的生存和发展。随着市场竞争的加剧和经济环境的复杂性，传统的成本管理方式已经无法满足企业的需求。因此，成本管理创新显得尤为重要。

一、企业成本管理存在的问题

在企业的成本管理中存在一些问题，这些问题降低了企业成本管理效果，使企业难以提高效益。

（一）成本管理观念缺乏、落后

企业管理者成本管理观念淡漠，没有认清市场竞争的核心是成本竞争，成本是反映企业生产技术、管理工作质量的综合指标，降低成本是提高经济效益、增强企业竞争能力的关键。对企业成本管理的范围、目的没有清晰的认识，往往只重视生产过程的成本控制，忽视产品研发、材料供应、市场营销和售后服务等环节的成本控制。其中，产品研发过程的成本虽然只占到产品总成本的3%，但会影响后续生产及销售过程中产品70%的成本，所以在产品研发时，要特别对产品成本控制进行关注；随着市场经济的不断发展，流通性成本所占的比重也越来越大。因此，如果企业只重视生产过程成本控制，将无法有效地达到降低成本的目的。

（二）成本管理方式、手段落后

大部分企业依靠财务人员进行成本管理，成本管理上缺乏全局观念，只注重成本核算。在事后控制中主要的方法是通过研究财务报表，利用报表中的数字去管理成本，对成本没有做到事前控制和事中控制。企业成本核算方法陈旧，仍靠传统的手工操作，没有建立管理信息系统或对系统末端进行延伸，难以及时地、全面地、准确地提供成本管理信息。

（三）成本目标责任不健全

企业没有明确的成本目标，没有进行成本控制的标准和依据。有的企业虽然确定了成本目标，但缺乏落实目标的具体措施，没有明确的成本责任制度，导致目标徒有其名，未能起到成本控制的作用，造成企业物耗上升，费用增加。

（四）成本管理缺乏激励机制

企业没有把成本管理同职工的绩效考核相结合，对成本管理较好、经济效益有所提高的车间、班组、个人缺乏有效的激励机制，无法调动管理者和广大职工的积极性。

二、企业管理创新的必要性及对策

（一）企业管理创新的必要性

1. 企业管理创新是提高企业利润的有效举措

企业管理创新的直接目标是优化企业生产要素的有效配置，降低企业的经营成本。这一目标虽然可以通过多种方式得到体现，但是最终还要在经济利润上有所体现。提高企业经济利润可以分为两个方面：一是提高企业当前的利润；二是提高企业未来的预期收益，即着眼于企业的长远发展。企业管理诸多方面的创新，有的是以提高当前利润为目标。很显然，无论企业管理创新是提高当前的经济利润还是未来的利润，无疑都是在增强企业的实力和竞争力，从而有助于企业的远期发展。

2. 企业管理创新是激发员工工作积极性的重要手段

企业的发展应建立在人的发展基础之上，因为人是构成企业的最根本因素。一套设计良好的企业管理制度和这个管理制度的有效实施，能让员工预期到企业的未来发展前景和自己的人生价值目标的实现，将会最大限度激发企业员工的积极性、主动性和创造性。

3. 企业管理创新有助于企业家精神的培养

企业家是人类社会最稀缺的异质性资源之一，任何一个充满活力的企业，都拥有一位杰出的企业家。企业管理创新将有助于企业家精神的培养，因为企业管理创新将会使企业的所有权与管理权发生分离，企业的管理掌握在专家的手中从而提高了企业资源的配置效率。

4. 企业管理创新是适应市场、制定战略的重要法宝

企业进行企业管理创新的依据必定是市场，如果企业不能在发展壮大过程中不断创新自己的管理方法和手段去适应市场可能出现的变化，那么企业发展不可能是一帆风顺的。如 20 世纪 90 年代中国家喻户晓的某集团，在夺取央视“标王”后，便曝出使用勾兑酒的丑闻，从此一蹶不振。究其原因，某集团没有一个适应市场需求的战略目标，没有自己独特企业品牌，只是在广告上不断推陈出新，吸引大众的眼球，赢得了短期效益。

（二）促进企业管理创新的对策

1. 重视和加强战略管理，提高企业核心竞争力

企业战略是企业为了在竞争中谋求相对优势，根据自身状况和外部环境变化制定的指导企业中长期发展的战略性设想和具体规划，是企业生存和发展的根本。因此，一定要把战略管理作为大企业管理工作的重点抓好。要正确分析所处行业的市场状况，准确把握在行业中的地位，详细了解和掌握竞争对手的发展情况，做到知己知彼。要放长眼光，以全球的视野衡量企业的发展，把企业放到国际同行业中去比较，找准赶超对象，确立长远目标和方向。

2. 全面加强质量管理，提高企业综合竞争力

质量是企业的生命。产品质量的好坏，决定着企业有无市场，决定着企业经济效益的高低，决定着企业能否在激烈的市场竞争中生存和发展。一是要牢固树立质量第一的观念，把用户的需求和认同作为确定质量标准的重要因素，把消费者的满意程度当作衡量质量高低的最终标准。二是大力实施品牌战略，注重从整体上培育和塑造产品和企业的形象，创造知名度和美誉度高的企业品牌，走质量效益型的名牌发展之路。三是大力实施标准化战略，加快建立以产品标准、技术标准、管理标准和工作标准为主体的标准化管理体系，严格执行国家强制性标准和安全认证的规定和要求。

3. 加强技术创新管理，提高企业自主创新能力

技术创新是企业创造知识产权、提高核心竞争力的关键，是企业赖以生存的支柱和持久发

展的动力。一是加快以企业为主体的技术创新体系建设。技术创新体系由企业、政府部门、科研单位、高等院校和技术中介机构等构成，企业是核心，其他机构都要围绕着如何促进企业的技术创新开展工作，保证企业成为技术创新的决策、投资、开发和收益主体。要把技术创新贯穿于企业生产经营的全过程，做到既有集团总部的创新，又有生产经营各环节的创新。

4. 加强财务管理和内控制度建设，提高防范和化解风险能力

财务管理是企业管理的中心环节，也是决定企业成败的关键环节。要不断完善企业财务管理体制。以现代财务管理理论为指导，根据企业内部组织结构形式，实行不同层次的、合理高效的财务管理体制，建立健全企业成本费用、资金结算、固定资产、对外投资等各项内控制度，不断提高企业财务管理水平。要重视会计管理，把握发展脉搏，加强对生产经营的调控力度，不断提高识别、防范和化解风险的能力。

第三节　成本管理创新的原则

成本管理创新是企业持续发展的重要保障。在遵循国家法律法规的基础上，企业应积极探索适应市场变化的成本管理新模式。例如，通过加强内部成本控制，优化资源配置，提高运营效率，从而降低成本，提升企业竞争力。同时，企业还应关注环境保护，实施绿色成本管理，实现经济发展与环境保护的双赢。

此外，企业应加强成本管理的信息化建设，利用现代信息技术提高成本数据的采集、处理和分析能力，为决策提供有力支持。同时，培养专业化的成本管理人才，提升成本管理团队的整体素质和能力，也是企业成本管理创新的关键。在此基础上，企业应不断探索和研究，形成具有自身特色的成本管理模式，为实现可持续发展奠定坚实基础。

一、成本管理制度化

成本管理制度化是指企业建立明确的成本管理制度，在经营活动中所产生的各类材料消耗均要建立明确的标准，将成本管理的责任落实到个人，即无论是管理人员还是生产人员均应明确其在成本管理中所扮演的角色、所承担的责任及义务。成本管理的制度化是成本管理的前提及保障，即在成本管理时有据可依、有章可循，杜绝成本管理中的个人主义及随意性，以确保成本管理的措施长期有效地实施。

二、管理措施现实化

管理措施现实化是指成本管理的措施要符合企业的生产实际，针对企业生产经营活动中的具体问题具体分析，采取相应的具体措施，合理地控制企业的各项费用支出。管理措施现实化的内在含义是一种灵活性的变化，它会随着市场格局的变化而变化，也会随着企业制度的变化而变化。管理措施的实施并不是一成不变的，而是灵活运用，具体问题具体分析。这样才能根据企业的经营特点有的放矢，才能在成本管理中收到事半功倍的管理效果。

三、权利相结合

权利相结合是指将企业的成本管理与管理人员、生产人员的切身利益相结合，使他们不仅在思想上认识到成本管理的重要性，更重要的是要求他们共同参与成本管理及管理措施的实施。这样才能调动成本管理各相关人员的积极性，才能在成本管理中收到节约资源、降低资源粗放式耗用、减少不必要浪费的管理效果。

四、点面相结合

点面相结合是指在成本管理中将重点管理与全面管理相结合，全面管理中要突出重点，重点管理中要体现在全面管理之内。重点管理是指在成本管理中抓住核心部分和关键环节，即在成本管理中要有所侧重，成本管理的投入不能平均主义，要做到核心部分精力投入的“有所为、有所不为”。全面管理是指在成本管理中要充分考虑到影响企业成本的各个环节，不留成本管理的死角与漏洞。

第四节　成本管理创新的路径

成本管理创新是企业在竞争激烈的市场环境中寻求突破的重要手段。通过优化成本结构、提高资源利用效率，以及引入先进的管理理念和技术，企业可以在降低成本的同时，提升产品和服务质量。例如，采用大数据分析和人工智能技术，企业能够精准预测市场需求，合理配置资源，从而减少浪费。此外，推动供应链的协同效应，强化内部控制和风险管理，也是降低成本的有效途径。在当前经济全球化的大背景下，企业还应关注国际贸易政策的变化，合理规避汇率风险，保障企业的国际竞争力。总之，成本管理创新不仅是企业内部管理的需要，也是应对外部环境变化的必然选择。未来，随着科技的不断进步和市场环境的日益复杂化，企业应继续探索成本管理的新方法、新技术，以实现可持续发展。

一、成本管理的目标定位要依据市场竞争的态势来制订

目标成本是指根据预计可实现的销售收入扣除目标利润计算的成本。它是目标管理思想在成本管理工作中应用的产物。有时，人们也把标准成本称为目标成本。由于标准成本是应该发生的成本，可以作为评价实际成本的尺度，从而成为督促职工去努力争取的目标，因此也被称为目标成本。

标准成本和目标成本，虽然都可以作为成本预算和成本控制的基础，但是它们的含义、指导思想和制定方法并不相同。

标准成本是 20 世纪初出现的，是科学管理的作业标准化思想和成本管理相结合的产物。标准成本的制定，从最基层的作业开始，分别规定数量标准和价格标准，逐级向上汇总，成为单位标准成本。制定时强调专业人员的作用，使用观测和计量等技术方法，建立客观标准，以“调和”劳资矛盾。

目标成本是 20 世纪 50 年代出现的，是成本管理和目标管理相结合的产物，强调对成本实

行目标管理。目标成本的制定从企业的总目标开始，逐级分解成基层的具体目标。制定时强调执行人自己参与，专业人员协助，以发挥各级管理人员和全体员工的积极性和创造性。

目标管理思想是针对“危机管理”和“压制管理”提出的。危机管理方式下的领导，不重视管理目标，平时“无为而治”，只有出了问题时才忙成一团，设法解决问题。压制管理方式下的领导，每天紧紧地盯着下级的一切行动，通过监视手段限制下级行为。而目标管理方式下的领导，以目标作为管理的根本，一切管理行为以目标设立为开始，执行过程也以目标为指针，结束后以目标是否完成来评价业绩。目标管理强调授权，给下级一定的自主权，减少干预，在统一的目标下发挥下级的主动性和创造精神，使下级完成周密计划并选择实现目标的有效的具体方法，减少对作业过程的直接干预。

目标成本管理的成败，在很大程度上取决于企业最高领导是否真正了解目标成本管理的内容，是否有采用此种方法的强烈愿望。他们必须事先搞清楚：目标成本管理对企业的重要性是什么，如何发挥其作用及优点；目标成本管理是否适合本企业；最高领导是否愿意花费时间和精力坚持下去；企业是否具备了推行目标管理的条件，即适宜的管理气氛、合理的组织结构和有效的信息系统；现在是否适宜开始推行；等等。在没有认真考虑这些问题之前，草率起步，盲目推行，效果往往不好。推行目标管理，必须由最高领导亲自做出实行和如何实行的决策，并集中精力对成本管理做一次全面彻底的分析，而不能由其他负责人代替。

二、现代成本管理应转向以智力成本为中心

企业传统式成本管理的主要对象是生产用原材料和辅助材料、机械配件、生产用半成品、生产用燃料和动力等方面的物性消耗，显而易见，以物质成本为轴心的传统式管理无法适应全球化进程中知识经济发展带来的冲击。企业的领导层应该敏锐地意识到新知识是知识经济时代企业最核心的生产要素，是企业实现经济利润快速增长的源头活水。智力成本愈来愈成为企业现代成本管理的核心内涵，成为成本管理的新的轴心。在成本的动态管理中，要关注随着市场的变化在整个成本构成中智力成本的位置变化，及时地促进新型的智力成本的投入和有效使用。面对激烈的市场竞争格局，企业的管理层要重点关注对企业智力资源的积极开拓和有力保护，也要切实防止企业的智力资源在生产管理过程中的不当疏忽、人为浪费和不当流失。

三、现代成本管理主张结合绝对与相对控制

传统式企业管理将绝对的成本控制作为关键工作，在测算目标成本的基础上，将预定的成本支出控制金额数或成本下降率层层分解到各个生产经营部门、各道工序、各项环节中，以这个成本数为标准严格贯彻落实，从而达到降耗节支的目的。但是传统的成本管理方式显然无法应对当前市场经济快速推进和知识经济日新月异的新形势，多变的外部环境要求企业应当对市场的最新变化、价格指数的浮动、国家政策的调整有敏锐的掌控，对知识更新和技术创新给企业的成本构成带来的冲击应当有充分的估计，因此企业应自觉地掌握好相对控制的方法，给成本控制预留出足够的灵活性空间，从而给企业采纳新技术、新能源和新工艺创造必要的条件。成本管理中要把成本同销量和收入有机结合起来进行综合性控制，当生产过程中的某一工序超出了预定的成本控制数额，但是该工序的使用给企业贡献的收入增量明显地超过了成本上的支出，企业的经济利润有了显著的提高，那么这样的技术应用非但不受罚还应得到积极奖励。相

反，如果实现了成本支出的大幅节约，但是同时又阻碍了企业的销售量，降低了企业盈利的水平，则应视作企业成本的相对浪费。

四、全全流程动态监控和网络化信息管理在企业管理中的运用

在激烈的市场竞争中，由于新技术、新材料的不断涌现，企业生产中成本的流变性越来越快，在此情形下企业的成本控制不应仅关注成本方案的拟定、目标成本的测算、企业内控责任制的创建和成本指标的考核，而应根据形势的最新变化不断推进管理模式的创新。立足于21世纪网络信息化社会的全面建立，企业应当积极主动运用现代化的电子信息手段，通过信息网络的方式建立现代性的成本管理体系，在此基础上实施成本运作的全程监控，这样才能确保市场中的大量动态信息可以被最快地为企业的管理层所捕捉到，从而推动企业快速提高其成本管理对市场变化的有效应对，真正做到风险的预估和化解。企业应利用信息手段定期对成本管理体系进行综合评估，从而做到对成本目标制定与控制、成本考核与分析的动态跟进。

五、须对成本管理进行动态的全面综合性评估

在成本管理的运作过程中，企业都十分重视成本目标的制定，成本的控制，成本的考核和成本的分析，这是必要和必需的。但是当前国内很少有企业就成本管理机制进行定期的效应评估。成本管理机制是否完善和有力直接关系到企业的生存和发展前景。企业为积极应对市场的压力和挑战，应制定规划，定期对某一时期或某一阶段的成本管理机制的运行状况做一个全面综合性的效应评估。效应评估的规划应由企业主管领导亲自负责，制定过程中须有生产、科研、营销、财务、物资供应等管理部门的主要负责人参与，这样才能跳出就成本管理谈成本管理的狭小圈子，真正地从企业的全局和发展前景出发，各个部门经过通力讨论形成一个科学的规划体系。

六、培育具有现代市场意识的企业营销队伍

企业的销售队伍是直接站在变幻不定的市场前沿，他们的工作充满竞争和挑战，异常艰巨，因此销售工作需要相当大的创造性。现代市场经济体系下企业的成本管理，不能不涉及营销人员的市场意识这一方面。如何对企业的营销工作进行科学的规划和引导，如何通过有效的管理和激励方式使企业的营销人员成为开拓市场的能手是企业必须要重视的一项核心工作。

当前不少企业已逐渐将营销组织从企业的整个管理机构中单列出来，形成一个相对独立的部门。它的组织形式包括有形和无形两方面的因素。从有形方面看，就是按照什么方式去组织营销队伍。从无形方面看，它包含了一系列新的概念，如重视信息，重视人才开发和培训等。现代企业都非常重视员工的培训，培训的目的一直被认为是缩小被选拔从事营销工作的员工个人素质与营销工作本身的要求之间距离的最有效方法，也是现代企业销售组织管理中十分重要的一环。

第九章　营运资金管理创新

第一节　概　　述

一、营运资金的概念

营运资金又称营运成本，是企业流动资产减去流动负债后的差额。这里的流动资产是指企业在一年内或者超过一年的一个营业周期内可以变现或者运用的资产，包括现金及各种存款、有价证券、应收及预付款项、存货等。

在实际工作中，我们应注意区别对待以下情况：某固定资产或残余使用年限虽在一年以下，但不能作为流动资产；某库存资产如果因为储备的需要，在库备用超过一年期限，仍应作为流动资产。

企业应控制营运资金的持有数量，既要防止营运资金不足，又要避免营运资金过多。因为企业营运资金越多，风险越小，但收益率也越低；相反，营运资金越少，风险越大，但收益率越高。企业要在风险和收益率之间进行权衡，将营运资金的数量控制在一定范围之内。

二、营运资金管理的基本要求

营运资金的管理就是对企业流动资产和流动负债的管理。它既要保证有足够的资金满足生产经营的需要，又要保证能按时按量偿还各种到期债务。企业营运资金管理的基本要求如下所述。

1. 合理确定并控制流动资金的需要量

企业流动资金的需要量取决于生产经营规模和流动资金的周转速度，同时也受市场及供、产、销情况的影响。企业应综合考虑各种因素，合理确定流动资金的需要量，既要保证企业经营的需要，又不能因安排过量而浪费，平时也应控制流动资金的占用，使其纳入预算计划的良性范围内。

2. 合理确定流动资金的来源构成

企业应选择合适的筹资渠道及方式，力求以最小的代价谋取最大的经济利益，并使筹资与日后的偿债能力等合理配合。

3. 加快资金周转，提高资金效益

当企业的经营规模一定时，流动资产周转的速度与流动资金需要量呈反方向变化。企业应加强内部责任管理，适度缩短存货周转周期，缩短应收账款的收款周期，延长应付账款的付款周期，以改进资金的利用效果。

4. 合理安排流动资产与流动负债的比例，保证企业有足够的短期偿债能力

流动资产、流动负债及两者之间的关系能较好地反映企业的短期偿债能力。如果一个企业的流动资产比较多、流动负债比较少，说明企业的短期偿债能力较强；反之，说明企业的短期

偿债能力较弱。但如果企业的流动资产太多、流动负债太少，也不是正常现象，可能是由流动资产闲置或流动负债利用不足所致，造成资源浪费。因此，在营运资金管理中，要合理安排流动资产与流动负债的比例关系，以便既节约使用资金又能保证企业有足够的偿债能力。

三、营运资金的管理政策

营运资金的管理政策包括营运资金持有政策和营运资金筹集政策两个方面。

1. 营运资金持有政策

营运资金持有政策主要研究如何把握流动资产持有量的问题。营运资金的持有量，影响着企业的收益和风险。较高的营运资金持有量，意味着在固定资产、流动负债和业务量一定的情况下，流动资产额较高，即企业拥有较多的现金、有价证券和保险储备量较高的存货。这会使企业有较大的把握能够按时支付到期债务，及时供应生产用材料和及时向客户提供产品，从而保证经营活动平稳地进行，风险性较小。但是，流动资产的收益性一般低于固定资产，所以较高的总资产拥有量和较高的流动资产比重会降低企业的收益性，而较低的营运资金持有量带来的后果正好相反。

通过上面的分析可知，营运资金持有量的确定，就是在收益和风险之间进行权衡。我们把持有较高的营运资金称为宽松的营运资金持有政策；而将持有较低的营运资金称为紧缩的营运资金持有政策。前者的收益、风险均较低；后者的收益、风险均较高。介于两者之间的，是适中的营运资金持有政策。在适中的营运资金持有政策下，营运资金的持有量不过高也不过低，恰好现金足够满足支付之需，存货足够满足生产和销售所用，除非利息高于资本成本（这种情况不太可能），一般企业不保留有价证券。然而，我们很难量化地描述适中政策的营运资金持有量。因为营运资金水平是由多种因素共同作用的结果，包括销售水平、存货和应收账款的周转速度等。所以，企业应当根据自身的具体情况和环境条件，按照适中营运资金持有政策的原则，确定适当的营运资金持有量。

2. 营运资金筹集政策

营运资金筹集政策主要研究如何筹集营运资金的问题，是营运资金管理政策的研究重点。研究营运资金的筹集政策，需要先对构成营运资金的两个要素——流动资产和流动负债做进一步的分析，然后再考虑两者之间的匹配。

（1）流动资产和流动负债分析：对于流动资产，如果按照用途，可分为临时性流动资产和永久性流动资产。临时性流动资产是指那些受季节性、周期性影响的流动资产，如季节性存货、销售和经营旺季（如零售业的销售旺季和春节期间等）的应收账款；永久性流动资产则指那些即使企业处于低谷也仍然需要保留的、用于满足企业长期稳定需要的流动资产。

与流动资产按照用途划分的方法相对应，流动负债也可以分为临时性负债和自发性负债。临时性流动负债是指为了满足临时性流动资金需要所发生的负债，如商业零售企业春节前为满足节日销售需要，超量购入货物而举借的债务；食品制造企业为赶制季节性食品，大量购入某种原料而发生的借款等。自发性负债是指直接产生于企业持续经营中的负债，如商业信用和日常运营中产生的其他应付款及应付工资、应付利息、应付税费等。

（2）流动资产和流动负债的配合：营运资金筹集政策主要是研究如何安排临时性流动资产和永久性流动资产的资金来源，一般可分为：配合型筹资政策、激进型筹资政策和稳健型筹资政策三种。

①配合型筹资政策。配合型筹资政策的特点是：对于临时性流动资产的资金需要，运用临时性负债筹集；对于永久性流动资产和固定资产（统称为永久性资产，下同）的资金需要，运用长期负债、自发性负债和权益资本筹集。

配合型筹资政策要求企业临时性负债筹资计划严密，确保资金流动与预期安排相一致。在季节性低谷时，企业应当除了自发性负债外没有其他流动负债；只有在临时性流动资产的需求达到高峰期时，企业才举借各种临时性债务。

这种筹资政策的基本思想是将资产和负债的期间相配合，以降低企业不能偿还到期债务的风险和尽可能降低债务的资本成本。但事实上，由于资产使用寿命的不确定性，往往达不到资产和负债的完全配合。例如，在企业生产高峰时，如果销售不理想，未能取得销售现金收入，便会发生偿还临时性负债的困难。因此，配合型筹资政策是一种理想的、对企业有着较高的资金使用要求的营运资金筹集政策。

②激进型筹资政策。激进型筹资政策的特点是：临时性负债不但融通临时性流动资产的资金需要，还解决部分永久性资产的资金需要。

一方面，激进型筹资政策下的临时性负债在企业全部资金来源中所占比重大于配合型筹资政策。由于临时性负债的资本成本一般低于长期负债和权益资本的资本成本，所以该政策下企业的资本成本较低。但另一方面，为了满足永久性资产的长期资金需要，企业必然要在临时性负债到期后重新举债或申请债务展期，这样企业便会经常地举债还债，从而加大筹资困难和风险，还可能面临由于短期负债利率的变动而增加企业资本成本的风险。所以，激进型筹资政策是一种收益性和风险性均较高的营运资金筹资政策。

③稳健型筹资政策。稳健型筹资政策的特点是：一部分临时性负债只融通部分临时性流动资产的资金需要，另一部分临时性流动资产和永久性资产，则由长期负债、自发性负债和权益资本作为资金来源。

与配合型筹资政策相比，稳健型筹资政策下的临时性流动负债占企业全部资金来源的比重较小，所以企业无法偿还到期债务的风险较低，同时蒙受短期利率变动损失的风险也较低。然而，由于长期负债资本成本高于临时性负债资本成本，以及经营资金淡季时仍需负担长期负债利息，从而降低了企业的收益。所以，稳健型筹资政策是一种风险性和收益性均较低的营运资金筹集政策。

一般地说，如果企业能够驾驭资金的使用，采用收益和风险均较为适中的配合型筹资政策是有利的。

第二节　营运资金管理的现状

营运资金管理是企业运营的重要环节，它直接关系到企业的流动性和正常运营。在我国，营运资金管理遵循相关法律法规，积极落实国家政策，不断提升管理水平。例如，通过优化现金流管理，加强应收账款和存货管理，提高资金使用效率等措施，有效降低了企业经营风险。

然而，随着经济环境的不断变化，企业面临的营运资金管理挑战也在增加。因此，企业需要密切关注国内外经济形势，及时调整营运资金管理策略，确保企业稳健发展。在此基础上，企业还可以探讨如何利用金融科技，进一步提高营运资金管理的效率和水平。

一、企业在进行营运资金管理中存在的问题

企业在进行营运资金管理的过程中存在着许多问题，主要表现为以下几个方面：

（一）企业管理者的营运资金管理理论基础薄弱，对营运资金管理认识不足

企业管理者对营运资金管理认识不足，造成了部分企业在其营运资金周转期超过其行业周期的情况下，盈利仍然差强人意抑或破产。主要原因是企业的管理者没有认识到进行企业运营资金管理的重要性。其具体表现为：企业内部上层建筑权力过于集中、经营信息流通受阻、管理队伍专业素质水平低下等，因而造成了企业在进行营运资金管理的过程中管理过于封闭，信息不灵通，管理阶层不懂得利用运营数据对企业运营状况做出正确分析的情况产生。这些情况的产生都是企业实现缩短运营资金周转期、优化内部结构目标的阻碍。

（二）企业的营运资金管理体制不完善，致使企业的营运资金缺乏有效控制

一套科学、完善的营运资金管理体制不仅是企业进行营运资金管理的基础，还是企业对本企业的发展状态、发展前景进行审计、考核、监督、控制工作的基本依据，更是实现企业经营活动正常运作的重要保证。但是我国仍然有相当一部分企业在运行过程中缺乏一套科学、合理、完善的营运资金管理体系，致使企业对营运资金管理没有科学、合理的预算计划。

企业营运资金缺乏完善的管理体制的有效控制，致使企业运营资金的预算管理随意，给企业的生存发展带来了重大负担。其主要表现为以下方面。

（1）企业运营资金管理具有随意性、盲目性。在企业进行营运资金管理的过程中，营运资金的使用缺乏计划，企业上层建筑的意志成了营运资金管理的主体，营运资金使用计划成了一纸空文。

（2）企业为了实现其营利目的，将企业重心投注在企业的生产、经营工作上，忽视了对现有资源和资金的有效配置和调度。专注于生产，不仅使得企业存货量与企业经营状况及市场需求不相适应，还造成了企业营运资金在外的长期滞留，既影响了企业正常的生产经营活动和资金的有效使用，又给公司未来的经营埋下了隐患。

（3）部分企业采取向银行进行短期借款来实现其在一定时期内的经营计划的手段，造成企业流动负债负担过重的情况产生。因银行的短期借款资金成本高，而加剧了企业的运营风险。

二、完善企业营运资金管理的对策

从上述分析可以看出，我国企业营运资金管理存在的问题主要来源于企业本身。因此，可以从企业内部管理角度出发，考虑以下几个方面的解决对策。

（一）改变企业经营观念，强化企业内部管理

针对我国企业营运资金管理上存在的问题，应该首先从企业整体角度采取以下措施，达到改善营运资金的目的。

（1）认真做好营运资金计划，事先掌握各流动项目和资本支出的变动趋势，预先消除影响

营运资金状况的消极因素；

（2）加强营运资金管理的制度建设，做到规范、合理和有序地管理，提高管理层次和水平；

（3）建立营运资金管理考核机制，加强企业内部审计的监督力度。

（4）加强企业财务预算，提高企业运营效率，通过制定预算，不仅有助于预测风险并及时采取防范措施风险，还可以协调企业各部门的工作，提高内部协作的效率。

（二）控制固定资产投资规模，防止形成不良流动资产

固定资产投资的特点是，一次性全部投入，且占用资金较大，而资金的收回则是分次逐步实现的。固定资产收回是在企业再生产过程中，以折旧的形式使其价值脱离实物形态，转移到生产成本中，通过销售实现转化为货币资金的。这种资金的回收往往是缓慢的。由于投资的集中性和回收的分散性，要求我们对固定资产投资，必须结合其回收情况进行科学规划。

（三）注重调整资金结构

改善传统的资金结构，应着重注意以下几点。

（1）企业在进行外延扩大再生产时，应在固定资产投资的同时稳定落实一定量的流动资金，不可“盲目上马”。从企业资金运作角度考虑，应禁止将流动负债用于长期投资和构建固定资产。

（2）科学安排自有资金与负债、长期负债与流动负债的结构，充分灵活地利用各种流动负债来满足流动资产的波动性需要。

（3）避免为过分追求流动性而大量置存流动资产，尽可能降低流动资产的置存损失。

（四）在企业运行过程中重视全面的营运资金管理

营运资金管理在企业运营的整个过程中占有重要的地位，解决营运资金管理中存在的问题，归根结底要从货币资金、存货、资金周转等三个方面着手进行强化管理。

1. 有效监控货币资金，提高资金利用效果

企业的各种经济活动，最终都要通过资金的流动来实现。建立企业资金的有效监控机制，是保证企业生产经营活动顺利进行，避免发生资金紧张的关键。企业资金紧张首先表现为缺乏流动资金，无现金支付。因此，企业的现金支付能力是监控企业资金紧张的最基本、最常用的指标。对企业资金供求平衡情况的一般分析，也通常利用该指标进行：

现金支付能力 =（货币资金 + 短期可变现投资 + 短期可收回票据）-（短期借款 + 短期应付票据）。

计算结果为正，说明企业短期无资金支付困难；反之，说明企业将面临资金紧张和支付困难。

2. 加强存货管理

随着效率意识的增强和市场竞争的加剧，零库存观念及相应的适时制管理系统正在国外得到迅速推广，被认为是压缩存货资金和节约流动资金的理想之举，也引起我国企业的充分注意和努力借鉴。

3. 合理运用商业信用，加速资金周转

在市场经济激烈的竞争中，越来越多的企业将赊销作为一种营销策略，赊销在销货总额中

所占比重不断上升。因此，流动资金管理的重要一环就是合理借鉴国外的做法，建立健全应收账款体系，将应收账款控制重心由财务控制转向商务控制。明确管理责任，建立销售责任制，将货款回笼作为考核销售部门及销售人员业绩的重要依据。

营运资金的核心内容就是对资金运用和资金筹措的管理，营运资金在企业资金管理中占有重要地位，对企业利润目标的实现会产生重大影响，所以，企业负责人及财务人员应该充分重视营运资金管理，提高现金、应收账款、存货的周转速度，尽量减少资金的过度占用，降低资金使用成本，充分利用短期借款及商业信用、应付款项来解决资金周转困难，只有这样才能使企业有限的资金发挥最大的功效，为企业创造最佳的经济效益。

第三节　基于渠道管理的营运资金管理创新

营运资金管理创新，是我国企业在发展中面临的重要课题。在当前经济全球化、市场竞争日趋激烈的背景下，企业需要不断创新管理理念和方法，以提高营运资金的使用效率，降低成本，增强企业竞争力。例如，可以利用大数据、云计算等先进技术，实现对渠道库存、销售数据的实时监控和分析，以更精准地预测市场需求，优化库存管理。同时，企业还可以通过加强与供应商、分销商的合作，实现资源共享、风险共担，提高整个供应链的运作效率。在未来，随着科技的不断进步和市场的变化，企业还需要不断探索新的营运资金管理模式，以适应不断变化的市场环境。

一、传统的营运资金管理中存在的问题

（一）营运资金分类存在不足

传统的营运资金管理简单地将营运资金分为现金、存货、应收账款三个部分，而没有从企业经营管理的角度考虑其他在经营活动中发生的营运资金，例如，材料存货、在产品存货、库存商品、应收票据、预付账款、其他应收款、应付票据、预收账款、应付职工薪酬、应交税费、其他应付款等项目。而对某个行业或企业而言，这些项目的数额可能占据企业营运资金的绝大部分，不能忽略不计。

（二）营运资金管理缺乏整体性

传统的营运资金重心在调控营运资金的规模，分配营运资金的结构；管理重心集中在对营运资金的主要项目的管理上，忽略了营运资金项目之间的内在联系。而在企业整体的价值链管理中，营运资金管理涉及采购、生产、销售等几个阶段，与企业的供应链管理、生产管理、成本控制、客户关系管理都紧密相连。营运资金各项目的单独管理使本来相互紧密联系的各部分营运资金分离开来，不能对统一有机整体的营运资金进行有效管理，难以从总体上把握营运资金的发展和变化，从而导致企业很难提高资金使用效率。

（三）营运资金管理绩效评价体系存在缺陷

传统的营运资金管理绩效评价体系主要对应收账款、存货和应付账款周转绩效进行评价，

采用的指标包括应收账款周转率（次数）或周转天数、存货周转率（次数）或周转天数和应付账款周转率（次数）或周转天数。在计算时，大多数统一采用销售收入作为周转额除以占用的营运资金平均余额，不能准确恰当地评价营运资金的实际周转效率。

二、基于渠道管理的企业营运资金管理创新模式

（一）与供应商建立关系型渠道关系

对于制造商而言，采购渠道是保证生产制造活动正常进行的起始环节，而提供产品与原料的供应商对其运营有着不可估量的影响。所谓的关系型渠道，实际上就是更加深入、更加紧密的合作关系，能够保证制造商获得稳定的原材料供应与更具竞争力的供货价格。不过，与供应商建立关系型渠道关系并不是一件简单的事情。本节建议制造商从以下几方面入手。

1. 做好供应商的甄别与评价工作

制造商应全面搜集供应商的资料，包括其发展历程、运营规模、企业信誉、市场影响力、财务状况等，并根据预先设定的标准对供应商进行考核与评价，与通过考核的供应商签订长期合作协议，与其建立更加长期的合作关系。

2. 设定共同的发展目标，增强彼此之间的信任

制造商应与供应商设定共同的发展目标，找出一条能够同时最大化双方利益的发展道路，借此增强彼此之间的信任，提升渠道的封闭性，降低竞争对手对渠道的冲击。

3. 明确各自的权利与义务

制造商与供应商签订的合作协议中应明确双方的权利与义务，以保证合作关系平等、互惠。

4. 妥善处理渠道冲突

制造商应做好与供应商的沟通工作，及时了解当前存在的渠道冲突及导致冲突的原因，并进行妥善处理，以保证合作关系融洽稳定。

制造商想要提升采购渠道营运资金管理效率需要做好以下几项工作：

（1）建立严格的供应商选择机制，并与选定的供应商签订产品质量保证协议；

（2）为供应商提供原材料库数据接口，及时了解双方的库存信息，从而预先安排好购货与供货计划；

（3）与供应商签订长期合作协议，这样不仅能够保证原材料供应的稳定性，还能提高在价格谈判中的主动权，为企业自身争取到更大价格优势。

（二）实施准时制生产模式

如果说供应渠道是供应链的起始环节，那么生产渠道就是供应链的中央指挥中心，其直接决定着制造商的多项运营活动。因此，制造商应实施准时制生产模式，从而保证生产流程的科学性与合理性，进而提升运营资金的使用效率。建议制造商从以下几方面入手。

1. 统筹物流系统

制造商应对物流系统进行统筹管理，不仅能够降低物流成本，也能提升生产效率。例如，多次重复运输势必会提高物流成本，而一次大批量的运输则能够降低物流成本。基于此，制造

商应结合生产情况统筹管理物流系统，以提升物流成本投入的产出率。

2. 实现订单驱动生产

制造商的所有生产活动都必须以订单为驱动，只有这样才能合理安排生产活动、避免出现库存大量积压或者断货的情况，这无疑可以为实施准时制生产奠定坚实的基础。

3. 实施准时制采购模式

制造商的营运资金实际上非常有限，太多的存货不但会占用资金，还会降低企业的资金周转率，提高企业面对的财务风险。因此，制造商实施准时制采购模式，也就是在保证生产活动不受影响的前提下，即时采购生产所需的各类原材料。当然，这离不开电子信息平台的辅助。

制造商生产渠道营运资金所占的比例是所有类型营运资金中最大的，因此，对其进行严格管理是提升营运资金管理效率的有效方式。制造商应做好以下两项工作：

（1）一切生产活动都应以订单为驱动，实施准时制生产模式，将生产渠道与销售渠道无缝对接在一起；

（2）实施准时制采购模式，降低存货的资金占用量，提升资金周转效率。

（三）完善电子信息平台的建设

销售渠道位于供应链的尾部，其直接与市场连接，能够及时准确地获得第一手市场信息，因此，对制造商的运营有着重要影响。但由于很多制造商都是通过经销商和代理商来销售产品的，因此，其能够获得的市场反馈信息非常少，这也就是常说的“牛鞭效应”。想要减弱“牛鞭效应”，制造商就必须建设统一的电子信息平台，实现生产与销售信息的实时同步。为了提升平台信息的全面性，制造商最好可以将供应商也拉入平台之中，这样制造商就可以同时获得供应商的实时原材料信息，以及代理商和销售商的订单信息，以此基础制订生产计划，能够最大限度保证投入的稳健性。电子信息平台会同步更新各使用方的信息，从而保证采购、生产及销售环节衔接的有效性。

制造商应做好以下两项工作：

（1）根据订单制定采购计划，并将计划提交至采购数据库中，这样供应商就可以即时获得订单信息；

（2）将库存量控制在合理水平，既保证供货的及时性与稳定性，也将资金占用量控制在合理水平。

电子信息平台是制造商获得市场反馈信息的重要窗口，因此，经销商必须根据市场的实际情况及时更新相关数据，从而为制造商及供应商制定后续的运营决策提供有力支持。另外，制造商应定期考核各经销商的销售绩效，并根据绩效考核结果将经销商排序，加强与那些优秀经销商的合作，淘汰不合格的经销商。

（四）提升风险性与收益性资金平衡的协调力度

企业是一个有机的整体，营运资金管理具有很强的系统性，虽然前文针对每种类型的渠道营运资金管理进行了研究，但实际上这些资金管理过程是很难割裂的，想要提升资金管理效率，就必须保证经营活动资金与理财资金的协调性。如果经营活动占用的资金很少，那么制造商就可以将更多的资金用于理财活动，从而提升资金收益率；如果经营活动占用的资金很多，那么制造商就很有可能没有多余的资金可以投入到理财活动之中，就只能依靠生产与销售来获得收益。需要说明的是，理财活动具有一定风险，虽然制造商的初衷是通过理财活动获得更高的收益，可由于市场环境变幻莫测，其也有可能会蒙受损失，因此，其必须提升风险性营运资金与收益性资金平衡的协调力度。

三、基于渠道管理的企业营运资金绩效考核指标

营运资金管理绩效评价体系具体到各渠营运资金的周转期，更具有科学性。在新模式下，营运资金按渠道进行分类并对各渠道营运资金需求进行规范分析的基础上，构建了基于渠道的营运资金管理绩效评价体系。具体指标如下。

（1）营销渠道营运资金周转期 =365/（全年销售收入 / 营销渠道营运资金）=365×（平均成品存货 + 平均应收账款 + 平均应收票据 – 平均预收账款 – 平均应交税费）/ 全年销售收入。

（2）生产渠道营运资金周转期 =365/（全年完工产品成本 / 生产渠道营运资金）=365×（平均在产品存货 + 平均半成品存货平均其他应收款 + 平均待摊费用 – 平均应付职工薪酬 – 平均其他应付款 – 平均预提费用）/ 全年完工产品成本。

（3）采购渠道营运资金周转期 =365/（全年材料采购金额 / 生产渠道营运资金）=365×（平均材料存货 + 平均预付账款 – 平均应付账款 – 平均应付票据）/ 全年材料采购金额。

（4）经营活动营运资金周转期 =365/ 经营活动营运资金总额 ÷ 全年销售收入 =（营销渠道营运资金 + 生产渠道营运资金 + 采购渠道营运资金）÷（全年销售收入 /365）。

（5）非经营活动营运资金周转期 =365/ 非经营活动营运资金周转率 =365× 全年销售收入 ÷ 非经营活动营运资金总额。

（6）营运资金周转期 = 营运资金总额 ÷（全年销售收入 /365）=（经营活动营运资金 + 非经营活动营运资金）÷（全年销售收入 /365）= 经营活动营运资金周转期 + 非经营活动营运资金周转期。

上述评价指标具体到各渠道营运资金周转期，不但避免了各要素之间的矛盾和冲突，还体现了渠道管理的思想。在基于渠道理论的营运资金分类方法下，从供应链管理和渠道控制、流程优化的角度去寻求改善营运资金管理的途径，建立指标体系，去考察企业营销渠道、生产渠道、采购渠道营运资金、总体营运资金的利用情况，既评价了局部营运资金的管理好坏，又评价了营运资金整体的绩效管理水平。因此，基于渠道理论对营运资金的绩效评价更具有科学性。

第四节　营运资金管理创新的路径

营运资金管理创新的路径需要企业积极探索，不断实践。在这个过程中，企业应当充分发挥科技的优势，利用大数据、云计算等先进技术，提升资金管理的效率和准确性。同时，企业还要注重人才的培养，提升团队的专业素养和综合能力。只有这样，才能在营运资金管理创新的道路上，走得更远，走得更好。目前，个别企业随着规模不断扩大，分权式营运资金管理模

式在实践中出现了一系列问题，亟须加以改进，而营运资金管理也在企业运营中处于重要地位，对企业利润目标的实现会产生重大影响。

一、财务管理特殊性必然要求创新营运资金管理

（一）营运资金管理是创新一体化的必然要求

随着全球化经济的发展，企业面临着更多的机遇和挑战，资金管理贯穿于企业生产经营的始末，是财务管理的核心内容，同时也是当前企业管理工作的薄弱环节。因此，加强资金的管理和控制具有十分重要的意义，它的创新发展将给整个管理界带来新的活力。近年来，企业财务资金管理中的问题非常突出，财务风险日益暴露，加强和改善企业财务资金管理是实现管理创新，推动企业管理工作的重要环节，必须采取有效措施加强和完善企业资金管理。

（二）营运资金管理是财务管理最核心组成部分

财务管理主要是资金管理，其对象是资金及其周转。营运资金作为企业资产总体中流动性最强、最具活力的部分，对企业生产发展具有重要作用。将营运资金管理提升到企业战略管理是必然趋势，是统摄企业财务最核心的组成部分，也是企业从管理获效益的重要手段。为了有效地管理企业营运资金，必须研究企业营运资金的特点，以便有针对性地进行管理。企业营运资金一般具有如下特点。

（1）周转时间短。根据这一特点，说明营运资金可以通过短期筹资方式加以解决。

（2）非现金形态的营运资金如存货、应收账款、短期有价证券等容易变现，这一点对企业应对临时性的资金需求有重要意义。

（3）数量具有波动性。流动资产或流动负债容易受内外条件的影响，数量的波动往往很大。第四，来源具有多样性。营运资金的需求问题既可通过长期筹资方式解决，也可通过短期筹资方式解决，如银行短期借款、短期融资、商业信用、票据贴现等多种方式。

（三）解决营运资金管理中存在的问题才能促进企业长久发展

营运资金管理中存在的问题主要表现在以下方面。

（1）现金管理混乱。多数企业流动资金管理环节薄弱，对现金管理不严。有的造成现金闲置，提高了机会成本；有的资金使用缺少计划安排，无法应付经营亟须的资金，陷入财务困境。

（2）应收账款失控。某些企业盲目采用赊销方式增加收益，使应收账款数额居高不下。但是又没有建立严格的赊销政策，缺乏有力的催收措施，应收账款不能兑现或形成呆账，造成企业困境。

（3）存货控制薄弱，造成资金呆滞。在供产销方面，我国企业大多缺乏统一指挥和计划，形成材料物资超储，成品库存积压严重，很多企业月末存货占用资金往往超过其营业额的两倍，造成资金呆滞，周转失灵。

（四）有效的营运资金管理措施能够提高企业的经济效益

资金是企业进行生产经营等一系列经济活动中最基本的要素，资金管理贯穿于企业整个生产经营的始末，具有举足轻重的作用，资金管理是财务管理的集中表现，只有抓住资金管理这个中心，采取行之有效的管理和控制措施，疏通资金流转环节，才能提高企业经济效益。因此，加强资金的管理及控制具有十分重要的意义。首先，企业供产销环节是生产经营的主要环

节，也是资金运动的主要环节。管住资金，可以管住企业的大部分经营活动。因此，必须对全部资金和处于各周转环节的流动资金进行经常性分析，及时掌握资金的使用情况，保持企业财务上的流动性，维持企业的偿债能力。其次，加强资金管理和控制，能有效地防止舞弊。因为在企业的所有资产中，资金的挪用是引起各种贪污犯罪的主要原因之一。加强资金管理，要求企业制定严格的内部控制制度，保证资金的收入、支出合法合理，从而有效地防止舞弊的发生。最后，加强资金管理和控制，可以提高资金使用效益。企业资金存量应该保持在一个合理的水平上，过多或过少都不合理。

二、创新企业营运资金管理途径

（一）强化流程管理

为了适应技术和市场环境的变迁，越来越多的企业将管理的重心从职能部门的权威控制（职能管理）转向了业务流程的持续改善（流程管理），以增强自身的弹性和敏捷性，在激烈的市场竞争中赢得先机。在流程管理模式下，业务流程处于核心地位，职能部门的职责只是辅助流程活动的开展，于是流程运行的效率决定了企业经营活动的成败。营运资金是业务流程中的“血液”，营运资金的管理水平决定了业务流程的运行效率，因此营运资金的管理成为流程管理的中心和企业取得竞争优势的关键。

（二）建立财务结算中心进行资金管理

财务结算中心作为企业集团的一个管理部门，负责整个企业集团的日常资金结算，代表集团筹措、协调、规划、调控资金，集团成员内部发生交易时，由财务结算中心对各子公司的资金实施统一结算。财务结算中心的运作实际上是企业集团进行资本经营的一部分，为企业集团开展资本扩张、收购、兼并创造条件。对于企业集团来说，通过集团资金集中管理的实施与应用，可以实现资金的事前计划、事中控制；资金管理与会计核算的一体化处理；金融业务的处理。财务结算中心作为一个管理部门存在，设置相对简单，但发挥的功能却是比较强大的。对于资金存量较大、集团成员闲置资金不均衡、集团内部管理的基础较好、效益较好设立财务结算中心是比较适合的。

（三）做好应收账款管理

应收账款是企业营运资金管理的重要环节，在激烈竞争的市场经济中，正确运用赊销，加强应收账款的管理非常重要。应收账款管理应从应收账款防范机制的建立和逾期债权的处理两方面入手。企业应设立专门的信用管理部门，并与销售、财务部门对应收账款进行发生监控、跟踪服务和反馈分析，并由内部审计部门进行监督管理。对于存在的逾期应收账款，企业应成立专门机构进行催讨，并积极寻找债务重组、出售债权的可能，争取及时收回债权。

（四）实施资金的集中管理

企业的资金管理有必要推行全面预算管理，完善结算中心制度，实施资金的集中管理。预算是一种控制机制和制度化的程序，是实施资金集中管理的有效模式，完备的预算制度是企业生产经营活动有序进行的保证，是企业完善的法人治理结构的体现，也是企业进行监督、控制、审计、考核的基本依据。建立健全全面预算管理体制，对生产经营环节实施预算的编制、分析、考核制度，把企业生产经营活动中的资金收支纳入严格的预算管理程序之中。针对当前企业资金使用过程中普遍存在的使用分散、效率低下等突出问题，首先，要从资金集中管理入手，建立完善并推广企业结算中心制度，强化资金集中管理；其次，推行全面预算管理制度，保证资金有序流动；最后，要明确现金流量在资金管理中的核心地位，把现金流量作为控制重点，加强对现金流量的分析预测，强化对于公司现金流量的监控。

（五）组建财务公司是企业强化运营资金管理的途径之一

企业选择组建财务公司，进行资金管理与运用，是因为财务公司与财务结算中心相比有较大的优势。首先，财务公司是一个独立的法人，而财务结算中心仅是企业集团的内部管理部门，不具有任何法人效应。另外，财务结算中心缺乏依法的融资、中介、投资等功能，难以充分发挥其潜在的能力，受到人民银行的监管有限，缺乏市场压力，内部管理的规范性较薄弱。而这些正是财务公司的专长。实践证明，财务公司促进了企业集团的综合管理和金融控制，符合规模经济原则，降低了企业运营风险和成本，并直接或间接地形成了企业集团新的利润和利润增长点。

工商管理基础探究

张凤臣 ◎ 编著

哈爾濱工程大學出版社
Harbin Engineering University Press

图书在版编目（CIP）数据

工商管理基础探究 / 张凤臣编著 . -- 哈尔滨 : 哈尔滨工程大学出版社 , 2025. 6. -- ISBN 978-7-5661-4779-0

Ⅰ . F203.9

中国国家版本馆 CIP 数据核字第 20259BX903 号

工商管理基础探究

GONGSHANG GUANLI JICHU TANJIU

选题策划 王 丹
责任编辑 田雨虹
封面设计 李丹阳

出版发行 哈尔滨工程大学出版社
社　　址 哈尔滨市南岗区南通大街 145 号
邮政编码 150001
电　　话 0451-82519989
经　　销 新华书店
印　　刷 哈尔滨市海德利商务印刷有限公司
开　　本 787 mm × 1 092 mm　1/16
印　　张 8.5
字　　数 210 千字
版　　次 2025 年 6 月第 1 版
印　　次 2025 年 6 月第 1 次印刷
书　　号 ISBN 978-7-5661-4779-0
定　　价 152.00 元（全四册）

http://www.hrbeupress.com

E-mail:heupress@hrbeu.edu.cn

前　言

随着经济全球化的发展，我国企业的数量逐年增加，市场也趋近饱和，企业面临的市场竞争愈演愈烈。经营和管理是企业永恒的主题。企业的不断发展、科学化管理和进一步创新，对企业发展会产生什么样的影响呢？关于企业怎样落实创新驱动发展战略，国家提出了社会进步的核心是创新，创新能够推动经济的发展，并且有效地改善民生的发展方向。企业效率的提高和企业活力的激发都以良好的经营和管理为基础。经营是十分精彩的，管理也是多元的。管理的应用性、实践性决定了管理教学中的“学”比“教”更为关键，从这个意义上说，现代企业经营与管理更强调应用性、知识性和实践性。

本书结构严谨、形式活泼，将理论性、实用性和先进性融为一体，具有深刻的启迪性和可操作性。从管理的内涵和职能入手，在研究工商管理学科概念、特点、结构体系相关理论的基础上，主要针对企业管理工作者所关注的热点，阐述了工商管理的学科基础、经济学与管理学原理、运营管理与质量管理、市场营销与市场调查、财务管理与会计学、人力资源管理与组织行为学、经营战略与经营决策、创业管理和技术创新管理等，可以有效辅助企业管理者较好地开展相关工作，并提出了一些加强企业经营管理工作的方法。

在编写本书的过程中，编著者参考了一些国内外出版的企业管理方面的教材、专著和论文，在此，向这些作者致以衷心的感谢。

由于编著者水平有限，书中难免存在不当之处，请广大读者批评指正。

编著者

目　　录

CONTENT

第一章　导　　论

第一节　管理的内涵与职能

一、管理的内涵

（一）组织活动

在学习管理的定义前，我们首先学习组织活动。

当一个组织成立之后，可以将组织中的活动分为两类，即作业活动与管理活动。

作业活动是直接服务于组织目标的业务活动，如工厂车间里的生产活动、学校的教学活动、医院的诊治活动等。组织是通过作业活动来完成组织目标的，然而，并非所有的作业活动都能围绕组织的目标来进行，如果作业活动与组织目标的要求相差太大，组织的目标就无法实现，组织就将不复存在。

因此，为了保证作业活动有序地向组织目标进行，还需要进行专门的保证组织目标实现的活动，即管理活动。

（二）管理的定义及其分析

何为管理？目前，对于管理尚未有统一的定义，长期以来，许多国内外学者从不同的角度出发，对管理做出了不同的解释。

本书综合了国内外学者的观点，对管理提出了一个比较通俗的定义：管理是管理者在特定的环境下，为了有效地实现一定的目标，对其所能支配的各种资源进行决策、计划、组织、控制和创新等一系列活动的过程。简单地讲，管理就是决策、计划、组织、控制、创新等一系列活动的过程。

对管理活动的分析主要有以下 4 个方面。

1. 管理的对象

管理的对象是完成活动所必需的各种资源，如人、财、物、信息、时间等。其中，人是最重要的资源，也是管理的主要对象，所有的资源与活动都是以人为中心的。管理，最重要的是对人的管理。

2. 管理的目的

管理的目的是有效实现组织目标。所有的管理行为，都是为实现目标服务的。世界上不存在无目标的管理，也不可能实现无目标的管理。有效指的是一切活动既要有效率，也要有效果。效率是指输入与输出的关系，涉及的是如何“正确地做事”。管理就是要使资源成本最小化。然而，管理仅仅有效率是不够的，还必须使这些活动实现组织预定的目标，即追求活动的效果。效果意味着“做正确的事”。在管理活动中，效果与效率都很重要。

3. 管理的主体

管理的主体是组织的管理者。配置资源、组织活动、推动整个系统运行、促进目标实现等所有这些管理行为都要靠管理者去实施。组织的管理者是整个组织的驾驭者，是发挥管理系统功能、实现组织目标最核心的因素。

4. 管理的方法

管理是在特定的环境下进行的。管理环境是指组织在实施管理过程中的各种内外部条件和因素的总和。管理行为依一定的环境而存在，并受到管理环境的影响。管理环境变了，就意味着管理的对象变了，因此，管理的方法也应该随之改变。

在本书对管理的定义中，决策、计划、组织、控制 / 协调和创新是核心，因为实现组织目标的手段是决策、计划、组织、控制 / 协调和创新。也就是说，要实现管理目标，就必须完成决策、计划、组织、控制 / 协调和创新等管理行为与过程。因此，决策、计划、组织、控制 / 协调和创新是所有管理者在管理实践中都要履行的管理职能。

（三）管理的应用

现代社会，管理的应用范围很广泛。

管理伴随着人类社会活动的产生而产生，又伴随着人类社会活动的发展而发展。

原始人在狩猎时，往往是一群人一起来捕杀一头猎物。这是由于他们认识到单个人没有这种能力，只有许多人一起捕猎，才能既保护自己，又能捕杀到猎物。在这种情况下，需要彼此配合行动，一些人举火把，一些人抛掷石块，还有一些人拿着木棒追赶……组织这种相互配合的活动，实际上就是管理（尽管当时他们还没有创造出“管理”这个词）。

在公元前 2570 年，古埃及人建造了世界奇迹——大金字塔。资料显示，大金字塔共耗用平均重量约 2.5 吨的大石料 230 多万块，动用了 10 万人力，费时 30 年才得以建成。完成这样巨大的工程是非常艰难的，其中包含了大量的组织管理工作，例如，组织人力进行计划与设计，在没有先进工具的情况下组织搬运，进行人力的合理分工等。

人是社会性动物，人们所从事的生产和社会活动是集体进行的，要组织和协调集体活动就需要管理。任何集体活动都需要管理。在没有管理活动进行协调时，集体中每个成员的行动方向并不一定一致，甚至有可能相互抵触。即使行动目标一致，没有整体的配合，也达不到总体目标。大到一个国家的治理、国民经济的发展、国家大政方针的制定，中到一个城市的规划建设，小到一家企业的兴办运营、一个项目的施工，甚至一个家庭的生活安排，都离不开管理。

二、管理的职能

管理的职能就是管理者为了实现目标、实施有效的管理，都要履行决策、计划、组织、控制、创新的职能。

（一）决策

组织发展的过程中面临着各种选择，决策的职能在于做出选择。决策通常是由问题引发的，识别问题是决策的起点，解决问题是决策的目的。从不同的角度可以对决策进行不同的划分，不同的决策类型有不同的决策功能与任务。

从组织层面看，决策能够为组织确立明确的方向；从个体层面看，决策可以激发组织成员的积极性；从外部环境看，决策的任务是让组织灵活适应外部环境的变化；从内部视角看，决策的任务还包括内部管理体系的调整与优化。

（二）计划

计划是管理的重要职能，是“组织制定目标并确定为达成这些目标所必需的活动”，即组织的管理者为实现组织目标对工作所进行的筹划活动。计划是组织为未来的活动制定目标，并为实现这一目标预先策划为什么做、做什么及如何去做的一个工作过程。

计划职能一般包括预测、制定目标和决策。

任何管理都有计划职能，并且要想将工作做好，无论大事小事都不可能缺少事先的计划。

（三）组织

制订出切实可行的计划后，就需要组织必要的人力和资源去执行既定的计划，也就是要进行组织。组织的职能是“确定所要完成的任务、由谁来完成任务及如何协调这些任务的过程”，这是为了有效地实现计划所确定的目标而在组织中进行部门划分、权力分配和工作协调的过程，也就是明确为了实现目标和计划需要完成哪些任务，为了完成这些任务需要设置哪些部门、哪些岗位，每个部门和岗位的职责、职权分别是什么，不同的部门、不同的岗位之间有什么关系。

组织职能一般包括设计与建立组织结构、合理分配职权与职责、选拔与配置人员、推进组织的协调与变革等。

合理、高效的组织结构是实施管理、实现目标的组织保证。因此，不同层次、不同类型的管理者总是或多或少地承担着不同的组织职能。

（四）控制

在实现目标和计划的过程中，总会出现意想不到的情况，使得实践活动偏离原来的计划或目标。这是因为制定目标时很难考虑得周全，而且有时无法预测环境的变化，或者在执行时会出现变化。为了保证工作能够按照既定的计划进行，目标得以实现，就必须对实际工作进行监控、比较和纠正，使工作与目标保持一致，这就是控制。也就是说，控制职能就是管理者为保证实际工作与目标一致而进行的活动。

控制职能一般包括制定控制标准、衡量工作成效、采取有效的措施纠正偏差等一系列工作过程。工作失去控制就会偏离目标，没有控制就很难保证目标的实现，因此，控制是管理必不可少的职能。

（五）创新

创新是指产生新思想或新行为的活动，其目的在于提升组织能力、提高组织效率、实现组织的新目标。创新是人类理性活动的一部分，这种活动既可以被认知，也能够被实践。

从创新的程度来分，创新可以分为渐进性创新和破坏性创新；从创新的方式来分，创新可以分为局部创新、整体创新、要素创新和结构创新；从创新的组织化来分，创新可以分为自发的创新和有组织的创新。

（六）管理职能之间的关系

管理是通过决策、计划、组织、控制和创新这几个基本过程来展开和实施的，它们是相互联系的。为了做好组织的各项工作，管理者先要根据组织内外部环境条件做出决策，确立组织目标并制订相应的行动计划或方案。明确目标之后，就要组织力量去完成，进行组织工作；在制定目标、形成计划、建立团队、培训和激励员工后，各种偏差仍有可能出现。为纠正偏差，确保各项工作的顺利进行，管理者还必须对整个活动过程进行控制。在工作完成的过程之中，可能会遇到各种各样的新问题需要探索性地解决，因此管理者还必须进行创新。

第二节 管理者必备的素质与技能

一、管理者必备的素质

（一）管理者的素质

管理者的素质是指管理者的与管理相关的内在基本属性与质量。管理者的素质是形成管理水平与能力的基础，是做好管理工作、取得管理功效极为重要的条件。

管理者的素质主要表现在以下几个方面。

1. 政治与文化素质

政治与文化素质是指管理者的政治思想修养水平和文化基础，包括政治坚定性、思想境界与品德情操，正确的世界观、人生观和价值观，现代化的管理思想，敏感性，事业心、责任感，人文修养与广博的文化知识等。

2. 基本业务素质

基本业务素质是指管理者所从事工作领域内的知识与技能，包括一般业务素质和专门业务素质。

3. 身心素质

身心素质是指管理者本人的身体条件和心理状况，包括健康的身体，充沛的精力和坚强的意志力，开朗、乐观、豁达的性格，广泛且健康的兴趣爱好。

（二）有效管理应具备的素质

管理者的管理水平直接关系一个企业的竞争力、发展和前途，而管理者的管理水平取决于管理者的素质。

1. 正确设定目标

有了目标后才能确定每个人的工作，为员工行为提供导向。目标设定要符合公司的发展方向，呼应公司的战略，维护公司的利益，所设定的目标要具有一定的难度，同时又在能达成的范围之内，否则员工会消极懈怠。

管理者还要具备分解目标的意识，将大目标分解成小目标，分解成阶段目标，要能够对员工起到激励作用，制定目标时要明确目标的截止时间。

2. 善于沟通

首先，管理者应认识到沟通的重要性，具有沟通意识。信息是决策的依据，信息的数量和质量直接影响决策水平，沟通在管理活动中是极为重要的。其次，管理者应具备建立组织沟通渠道的能力，并能发挥积极主动作用。

3. 学会授权

一个人的精力是有限的，管理者要学会授权，这样不仅能够保证自己把精力用到更加重要的地方，还能使工作更高质量、高效率地完成。

进行授权时注意尽量不要将权力重叠，这样能够增强员工的责任感，出现问题也不会互相推诿。要使其他员工知道授权已经发生，这样可以减少各方面解释、沟通的时间成本。

4. 知人善任

管理者要了解员工的长处和短处，安排工作时扬长避短。一个团队并不是人越多越好，如果机构庞大，执行能力容易变弱，效率变低。团队中也不一定要人人都是优秀的人才，否则一些重复性高、细微的工作就不会有人愿意接受，所以管理者要知人善任，使员工能够相互配合，形成一个具有凝聚力的团队。同时，管理者也要懂得适时激励。

5. 善于认识与管理自我

管理者应认识到成功的局限性，并对自我加以适当的管理，这是组织进一步成功的必要条件。也就是说，管理者的自我认识是不仅要认识自己的优点，还要认识自己的缺点，这样才能与组织成员之间互相取长补短。和谐的组织氛围还需要管理、控制自己的心情、情绪、欲望，能够换位思考、体谅别人，只有这样，才能使组织成员团结一致，共谋发展。

6. 创新素质

随着市场竞争的日趋激烈，组织的发展壮大需要管理者不断地为其注入新的生命。要实现有效且成功的管理，就需要管理者具备创新素质。可以说，创新是现代管理者素质的核心，包括创新意识、创新精神、创新思维和创新能力。

二、管理者必备的技能

管理者的技能是指管理者的管理技巧和能力。美国学者罗伯特·李·卡茨（Robert L.Katz）指出，无论是哪个层次的管理者，都应具备技术技能、人际技能和概念技能。

（一）技术技能

技术技能是指管理者运用某一专业领域中具体的知识、技术和方法的能力。管理者掌握并运用管理领域相关的专业技能，有助于管理工作的顺利开展。

如监督会计的管理者必须懂会计，一个不懂财务会计的财务主管可能连下属做假账都不知道。管理者不一定成为某个专业领域的专家，但必须具备足够的专业知识和技能以便有效指导员工、组织任务。因此，管理者必须掌握相关领域最主要、最基本的知识。我们学习专业课，就是在掌握技术技能，既有助于找到合适的工作，又有助于成为管理者。

（二）人际技能

人际技能是指管理者处理有关人际关系的能力，具体表现为联络、处理、协调组织内外的人际关系，激励他人并与他人合作共事，激发他人工作的积极性与创造性，善于团结他人、增强凝聚力。

人际技能是一个管理者最重要的技能之一。确保组织中的人员都能够服从命令指挥，是一门领导艺术。“世事洞明皆学问，人情练达皆文章。”作为管理者，不仅要领导下属，还要和上级、同级、组织内同事及组织外部的各种人员合作共事，离不开与周围人群的良好关系。现代管理强调以人为本，与不同层级的人员进行有效沟通、交换信息的人际技能尤为重要。

（三）概念技能

概念技能是指纵观全局、系统分析和解决问题的能力，即对复杂环境和管理问题进行抽象和概念化的能力，包括：观察、分析复杂情况的能力；处理、决断战略问题、重大问题的能力；应变突发情况的能力。观察力和思维力是其核心。

具备较高概念技能的管理者能够快速地从纷繁复杂的动态局势中抓住问题的关键和实质，并能果断地采取措施解决问题。具备概念技能的管理者往往把组织视为一个整体，并且了解组织内部各部门的相互协调关系，了解组织之间、个人和组织之间、个人之间，以及他们与环境之间的互动关系，了解组织中各种行为的后果，以及正确行使管理职能。

三、管理层次与管理技能的关系

各个层次的管理者都需要在一定程度上具备技术技能、人际技能和概念技能。不同层次的管理者所处的具体层次、职位不同，这些技能的相对重要性也不同。技术技能的重要性依据管理者所处的组织层次从低到高逐渐下降，而概念技能则相反。

技术技能对于基层管理者最为重要，基层管理者必须具备一定的专业知识和技术技能，才能对所管理的业务范围内的各项工作进行指导、监督。概念技能对于高层管理者尤为重要，作为整个组织的“舵手”，他们的主要职能是制定组织的发展战略，更多地考虑组织与外部环境之间的关系，站在比较高的高度看待问题，宏观上把握整个组织的协调运行，这些都要求高层管理者必须具备很强的概念技能。同时，任何层次的管理者，都需要与人打交道，获得别人的支持，调动别人的积极性来完成组织目标，因此，对人际技能的掌握都是一样重要的。当然，管理技能和管理者层次之间的联系并不是绝对的，组织规模大小等因素对此也会产生一定的影响。

第三节　工商管理学科概述

一、工商管理学科的研究内容

工商管理学科是一门以社会微观经济组织为研究对象，系统地研究其管理活动的普遍规律和应用方法的学科。它的应用性很强，是一门基础宽厚的学科，它的目标是依据管理学、经济学、会计学等基本理论，通过运用现代管理的方法和手段，为企业或经济组织的管理决策和管理实践活动提供管理理论指导和科学依据，培养各类专业管理人才，提高企业经营管理效率，推动企业持续发展，从而促进社会经济的发展。

（一）研究基础

工商管理学科的基础理论主要包括经济学理论、行为科学理论、博弈论与决策论等。

首先，企业经营活动和管理决策在很大程度上受到宏观经济的影响，因此，经济学是工商管理学科的基础理论之一。由于经济管理一词的使用频率非常高，经济学与管理学经常被人们认为是大同小异的学科，但实际上二者存在很大差异。

经济学讲求社会整体的效率与公平，以提高社会公共福利为宗旨，关注行业政策和行业结构等宏观层次的问题，为政府制定政策提供依据。管理学虽然也要兼顾社会的整体利益，但其重点却是为企业利益服务，以提高单个企业竞争力、改善经营业绩、增加股东回报为目标。这意味着后者会关心如何面对同样的行业宏观环境建立企业独特的竞争优势，而前者甚至可能试图降低某些企业甚至行业的利润率，以实现公众利益的最大化。管理学通常以个别企业为研究对象，关心的是如何解决其面临的独特问题，以及如何发掘其核心竞争力。

其次，经营管理活动和决策的主体是人，而人的个体或群体心理行为会影响企业的经营活动和管理决策，因此，行为科学同样成为工商管理学科的基础理论之一。管理主要是处理人与人之间的关系，行为科学是一门研究人的行为规律的科学，主要研究如何激发人的工作积极性、提高劳动生产率、改善并协调人与人之间的关系、解决劳资矛盾。行为科学借助了心理学、社会学、人类学等学科的很多成果，从中寻找对待企业员工的新方法及提高劳动效率的途径。

最后，工商管理学科研究企业各种职能部门经营管理活动和管理决策，而在企业经营管理中面临着复杂的内部代理问题和激烈的外部市场竞争，因此，博弈论和决策论近年来也逐步成为工商管理学科的基础理论之一。由于工商管理学科内容特征具有复杂性、交叉性、综合性和复杂性，各类专业还有自己一些独特的专业理论系统，主要包括财务与会计、生产运营管理、物流与供应链管理、组织行为与人力资源、技术管理、市场营销、企业战略管理等相关理论体系。

（二）研究体系

工商管理学科是研究营利性组织经营活动规律，以及工商企业经济管理基本理论、方法和技术的学科，主要包括企业的经营战略制定和内部行为管理两个方面。工商管理学科的研究内容主要是不同产业、不同性质、不同规模的营利性组织（工商企业）的经营管理活动，活动的效率、效果及与此相关的各类问题。这些问题大致包括公司治理、生产运营、物流配送、组织行为与人力资源、财务与会计、市场营销与品牌创建、管理信息系统与互联网技术应用、技术创新管理、战略管理、服务管理等有关管理职能问题；企业产品或服务设计、采购、生产、运营、投资、理财、销售、战略发展等管理决策问题；企业作为一个整体与宏观社会、文化、政治、经济等外部环境之间的关系问题，以及企业创业、成长、危机及衰退等组织演进问题。

工商管理学科体系包括 4 个子学科：基础管理学科、职能管理学科、综合管理学科和专门业务管理学科。

1. 基础管理学科

基础管理学科包括管理学原理、管理心理学、管理经济学和组织行为学等。在工商管理专业培养方案中，这些学科的知识通常设置为专业基础课程，目的是为专业课奠定必要的基础，为后续专业学习提供基本理论、工具和方法。专业基础课是大学生学习专业课程、形成专业能力的重要基础，并与专业课程共同构成了大学专业教育的核心课程体系。

2. 职能管理学科

职能管理学科包括生产管理、质量管理、营销管理、人力资源管理、会计学、财务管理、技术创新管理等。这些领域的研究相对比较成熟，在工商管理专业中通常设置为专业核心课程。这些课程开设的目的是使学生掌握必要的专业基本理论、专业知识和专业技能，了解本专业的前沿科学技术和发展趋势，培养分析解决本专业范围内一般实际问题的能力。工商企业中一般都设置有相关的职能部门专门负责某一职能方面的管理工作。

3. 综合管理学科

综合管理学科包括战略管理、领导科学等。战略管理、领导科学等课程侧重于概念性技能的培养，企业中难以设置相应职能的部门，这些技能对于高层管理者非常重要。由于高层管理者承担着企业中制定战略、做出重大决策、分配资源等工作，并对整个企业的绩效负责，因此他们需要纵观全局，分析判断所处环境并能识别其因果关系的概念性技能。

4. 专门业务管理学科

包括项目管理、资产管理、房地产管理、电子商务管理、风险管理、会展和赛事管理等。这类学科知识通常以专业选修课的形式进行教授，大学生可以根据自己的兴趣和发展方向自主选择。在实践中，这些领域是近年来发展最快的新兴行业，行业的发展对人才产生了较大的需求，也能够提供较多的就业岗位。

（三）研究方法

从研究方法看，工商管理学科使用了自然科学、工程技术科学和社会科学研究中的主要方法，包括理论研究方法和应用研究方法。理论研究方法包括统计学、运筹学、数学建模和优化技术等数理分析方法；应用研究方法有案例研究、项目研究、行动研究、模拟研究和实验研究等。此外，随着自然科学、社会科学和信息技术的发展，工商管理学科还不断引入其他学科的研究方法，包括心理实验、计算机仿真模拟技术、数据挖掘分析、非线性动力学、多元分析技术等。

二、工商管理学科的特点

（一）工商管理学是一门综合性学科

工商管理学科是一门综合性的交叉学科。管理活动在各种类型的企业中普遍存在，是对企业中的人、财、物、信息、技术、环境等要素的动态平衡。管理过程的复杂性、动态性和管理对象的多样化决定了管理所要借助的知识、方法和手段的多样化。因而，工商管理学的研究也必然涉及众多的学科，主要有哲学、经济学、社会学、心理学、生理学、人类学、伦理学、政治学、法学、数学、计算机科学、系统科学等。

工商管理学科的这一特点对管理人才的知识结构提出了更高的要求。管理的综合性，决定了我们可以从各种角度出发研究管理问题；管理的复杂性和对象的多样化，则要求管理者具有广博的知识，才能对各种各样的管理问题应对自如。

（二）工商管理学是实践性很强的应用科学

工商管理学研究的主要对象是企业管理实践。无论是经济学、计量方法还是行为科学都只是管理研究的工具。理论来自实践，又对实践起到指导作用。工商管理学是从人类长期实践中总结而成的，同样要去指导人们的管理工作。由于管理过程的复杂性和管理环境的多变性，管理知识在运用时具有较强的技巧性、创造性和灵活性，所以很难用固定的规则或原理定义固定下来，因此管理具有很强的实践性。

对工商管理工作来说，越高层的管理，如董事长和CEO的工作，艺术成分越多；越基层的管理，如部门经理或车间主任，甚至是现场调度或质量控制的工作，科学成分越高。管理学科的实践性，决定了学校是培养不出“成品”管理者的。要成为一名合格的管理者，除了掌握管理学的基本知识以外，更重要的是要在管理实践中不断磨炼，积累管理经验，从干中学、干学结合才能真正领悟管理的真谛。

（三）工商管理学是不精确的科学

人们通常把在给定条件下能够得到确定结果的学科称为精确的科学。如数学，只要给出足够的条件或函数关系，按一定的法则进行演算，就能得到确定的结果。工商管理学则不然，它具有不精确性。例如，企业管理活动中要先进行计划，然后根据员工不断变化的需求调整相应的激励手段，这些可以称之为管理原则，但显然，这些原则与数学、物理中的精确描述的定理等区别很大，它们缺乏精确科学中的严密性。主要原因是影响管理的因素众多，无法准确判定因素之间的相互关系；另外，管理主要是与人打交道，人的心理变化、思想情绪等很难准确地控制，无法使用量化方法精确地度量。

尽管如此，管理学虽然不像自然科学那么精确，但它依然符合科学的特征。科学是正确反映客观事物本质和规律的知识体系，是不以人的意志为转移的客观规律。从这一点来说，管理学具备科学的特征，也是一门科学，虽然不像自然科学那么精确，但经过几十年的探索、总结，已形成了反映管理过程客观规律的管理理论体系，据此可以解释管理工作中存在的各种现象，并且预测未来可能发生的变化。管理学可以用许多自然科学中所用的方法定义、分析和度量各种现象，还可以通过科学的方法进行学习和研究，不同的只是其控制和解释干扰变量的能力较弱，不能像自然科学那样进行严格的实验。

三、工商管理的学科地位与学科设置

（一）学科的概念

学科是相对独立的知识体系。学科有两层含义：一是作为学问或知识体系的分支，即科学的分支或知识的分门别类，如自然科学中的化学、物理学，社会科学中的政治学、法学等；二是指教与学的科目，即从传递知识、教育教学的角度来教授的各类科目。学科来自人类的知识和活动产生的经验，经验的积累和消化形成认识，认识通过思考、归纳、理解、抽象上升为知识，知识在经过运用并得到验证后进一步发展到科学层面形成知识体系，处于不断发展和演进的知识体系根据某些共性特征进行划分而形成学科。

衡量一门学问是否能够称为“学科”主要有4项指标：一是，是否有独特的研究对象；二是，是否有坚实的理论基础；三是，是否有完整的内容体系；四是，是否有科学的研究方法。经过长期的实践与理论研究，管理学已经形成相对独立且明确的研究领域，完全符合4项判别标准。尽管还不像数学、物理、化学等学科那样成熟，但已具备成为科学的基本条件。但管理与其他自然科学又有明显的差异。管理者需要在管理活动中运用管理学的理论和方法，随着管理环境的变化，其理论和方法有一定的灵活性与使用技巧。

（二）工商管理的学科地位

工商管理属于管理学下的工商管理类。工商管理学科是系统研究管理活动的基本理论、基本规律和一般方法的科学，主要研究管理者如何有效地管理其所在的组织。具体地说，工商管理学科以企业或经济组织的管理问题为研究对象，以经济学和行为科学为主要理论基础，以统计学、运筹学等数理分析方法和案例分析方法等为主要研究手段，探讨和研究企业或经济组织各项管理行为和管理决策的形成过程、特征和相互关系，以及企业作为一个整体与外部环境之间的相互联系，并从中探索、归纳和总结出旨在获得成效、提高效率的一般理论、规律和方法。

1.《中华人民共和国国家标准学科分类与代码》

《中华人民共和国国家标准学科分类与代码》（GB/T 13745 － 2009）（以下简称《学科分类与代码》），是中华人民共和国关于学科分类的国家推荐标准。《学科分类与代码》国家标准规定了学科分类原则、学科分类依据、编码方法，以及学科的分类体系和代码，适用于国家宏观管理和科技统计（而非学位授予和人才培养）。本标准现行版本（GB/T 13745 － 2009），在 2009 年 5 月 6 日发布，于 2009 年 11 月 1 日实施。该标准是一项基础国家标准，在科技、教育、图书文献管理等领域发挥了重要作用。

《学科分类与代码》国家标准依据学科研究对象、研究特征、研究方法、学科的派生来源、研究目的和目标等 5 方面进行划分，共设 5 个门类、62 个一级学科或学科群、676 个二级学科、近 2 382 个三级学科。5 个门类排列分别是：A 自然科学；B 农业科学；C 医药科学；D 工程与技术科学；E 人文与社会科学。

工商管理设在管理学学科（一级学科，代码 630）中的企业管理。

2.《学位授予和人才培养学科目录》

国务院学位委员会与教育部《学位授予和人才培养学科目录（2011 年）》，这是目前我国高校中所遵循的学科分类标准。这一目录是国家进行学位授权审核与学科管理、学位授予单位开展学位授予与人才培养工作的基本依据，适用于硕士、博士的学位授予、招生和培养，并用于学科建设和教育统计分类等工作。本科毕业生的学士学位要按该目录列出的学科门类授予。

学科门类（Fields of Disciplines of Conferring Academic Degrees）是对具有一定关联学科的归类，是授予学位的学科类别。其设置应符合学科发展和人才培养的需要，并兼顾教育统计分类的惯例。

一级学科是具有共同理论基础或研究领域、相对一致的学科的集合。一级学科原则上按学科属性进行设置，须符合以下基本条件。

（1）具有确定的研究对象，形成了相对独立、自成体系的理论、知识基础和研究方法。

（2）一般应有若干可归属的二级学科。

（3）已得到学术界的普遍认同，在构成本学科的领域或方向内，有一定数量的学位授予单位已开展了较长时间的科学研究和人才培养工作。

（4）社会对该学科人才有较稳定和一定规模的需求。按照这些要求，管理学这个学科门类下设 5 个一级学科，分别是管理科学与工程、工商管理、农林经济管理、公共管理、图书情报与档案管理。

工商管理（1202）是管理学（第 12 门类）中的一个一级学科。

（三）工商管理的学科设置

一级学科一般包含若干二级学科，是学位授予单位实施人才培养的参考依据。二级学科是组成一级学科的基本单元。二级学科设置应符合以下基本条件。

（1）与所属一级学科下的其他二级学科有相近的理论基础，或是所属一级学科研究对象的不同方面。

（2）具有相对独立的专业知识体系，已形成若干明确的研究方向。

（3）社会对该学科的人才有一定规模的需求。

（4）社会对该学科的人才有较稳定和一定规模的需求。

二级学科目录每 5 年编制一次。由教育部有关职能部门在对现有二级学科的招生、学位授予和毕业生就业等情况进行统计分析的基础上，将已有一定数量学位授予单位设置的、社会广泛认同且有较大培养规模的二级学科编制成二级学科目录。

目前，工商管理一级学科下设会计学、企业管理、旅游管理、技术经济及管理 4 个二级学科。教育部已经提出学位授予单位可在本单位具有博士学位授权的一级学科下，自主设置与调整授予博士学位的二级学科；在具有硕士学位授权的一级学科下，自主设置与调整授予硕士学位的二级学科。高等院校根据自身情况在工商管理一级学科下自主设置二级学科，可以适应管理学科具有高度综合性的这个特征，同时进一步拓宽管理学科人才的培养口径。管理学的学科目录见表 1–1。

表 1–1 管理学一级学科与二级学科目录

学科门类	一级学科（学科大类）	二级学科
管理学	1201 管理科学与工程（可授管理学、工学学位）	注：本一级学科不分设二级学科（学科、专业）
	1202 工商管理	120201 会计学
		120202 企业管理（含：财务管理、市场营销、人力资源管理）
		120203 旅游管理
		120204 技术经济及管理
	1203 农林经济管理	120301 农业经济管理
		120302 林业经济管理
	1204 公共管理	120401 行政管理
		120402 社会医学与卫生事业管理（可授管理学、医学学位）
		120403 教育经济与管理（可授管理学、教育学学位）
		120404 社会保障
		120405 土地资源管理
管理学	1205 图书馆、情报与档案管理	120501 图书馆学
		120502 情报学
		120503 档案学

资料来源：国务院学位委员会，教育部，《学位授予和人才培养学科目录（2011）》

四、工商管理的专业设置

2012年，教育部修订颁布的《普通高等学校本科专业目录（2012年）》是目前高校本科专业设置和管理所遵循的标准。教育部要求高校设置专业须具备下列基本条件。

（1）符合学校办学定位和发展规划。

（2）有相关学科专业为依托。

（3）有稳定的社会人才需求。

（4）有科学、规范的专业人才培养方案。

（5）有完成专业人才培养方案所必需的专职教师队伍及教学辅助人员。

（6）具备开办专业所必需的经费、教学用房、图书资料、仪器设备、实习基地等办学条件，有保障专业可持续发展的相关制度。

由此可见，高校的专业设置是以学科建设为依托的，高校通过学科建设工作聚集在本学科领域内的教师，开展科学研究并得到学术界的普遍认同，积累了一定的科学研究成果，在此基础上才有能力设置专业，向大学生提供高质量的专业教育。在2012年的本科专业目录中，工商管理类专业包括工商管理、市场营销、会计学、财务管理、国际商务、人力资源管理、审计学、资产评估、物业管理和文化产业管理。工商管理学科专业目录设置见表1–2。

表1–2　工商管理学科专业目录设置

专业代码	专业名称
1202	工商管理类
120201K	工商管理
120202	市场营销
120203K	会计学
120204	财务管理
120205	国际商务
120206	人力资源管理
120207	审计学
120208	资产评估
120209	物业管理
120210	文化产业管理（注：可授管理学或艺术学学士学位）

资料来源：教育部，《普通高等学校本科专业目录（2012）》。

（一）工商管理

工商管理专业主要依托工商管理学科下设的企业管理二级学科，面向工商企业的经营活动及其组织和管理工作培养人才。工商管理专业的学生应该能够胜任企事业单位及其他类型组织中的各类管理岗位工作，尤其是需要超越各类具体职能工作，起到协调作用的中高层管理岗位。通过学习，学生应掌握管理学、经济学的基本原理和现代企业管理基本理论与知识；掌握企业管理的定性、定量分析方法；具有较强的语言与文字表达、人际沟通能力，具有创新精神和实践技能，成为高素质复合型人才。

（二）市场营销

市场营销专业主要培养能在企事业单位从事市场营销与管理工作的高级专门人才。市场营销是指工商企业根据目标顾客的要求，生产适销对路的产品，并从生产者流转到目标顾客的活动过程。营销的目的在于通过满足目标顾客的需要，实现企业利润最大化的目标。市场营销专业的学生主要学习市场营销及工商管理方面的基本理论和基本知识，受到营销方法与技巧方面的基本训练，具有分析和解决营销问题的基本能力。

（三）会计学

会计学专业主要培养能在企事业单位及政府部门从事会计实务的高级专门人才。会计学是在商品生产的条件下，研究如何对再生产过程中的价值活动进行计量、记录和预测；在取得以财务信息为主的经济信息的基础上，监督、控制价值活动，促使再生产过程不断提高经济效益的一门经济管理学科。会计学专业的学生主要学习会计、审计和工商管理方面的基本理论与基本知识，受到会计方法与技巧方面的基本训练，具有分析和解决会计问题的基本能力。

（四）财务管理

财务管理专业主要培养能够在企事业单位从事融资、投资及资本运营工作的高级专门人才。财务管理是研究如何通过计划、决策、控制、考核、监督等管理活动对资金运行进行管理，以提高资金效益的一门经营管理学科。该专业学生要掌握财务管理基本知识和技能，熟悉财务管理工作流程，制定财务分析报告和财务决策方案，具有分析和解决财务问题的基本能力。

（五）国际商务

国际商务专业培养能够在涉外经济贸易部门、中外合资企业从事国际贸易业务和管理工作的高级管理人才。国际商务是超越了国界产生的围绕企业经营的事务性活动，主要是指企业从事国际贸易和国际投资过程中产生的跨国经营活动。国际贸易包括货物、服务和知识产权交易；国际投资主要是指国际直接投资，包括独资、合资和合作经营。国际商务专业的学生需要掌握国际商务理论、实务和国际商法，能较熟练地应用国际法规、外语开展商务活动。

（六）人力资源管理

人力资源管理专业主要培养能够在企事业单位及政府部门从事人力资源管理的专业人才。人力资源管理包括人力资源的预测与规划，工作分析与设计，人力资源的维护与成本核算，员工的甄选录用、合理配置和使用，员工绩效评估，员工薪酬管理，人员培训与开发，以及建立和谐的劳动关系等多个方面。人力资源管理专业的学生应掌握人力资源管理理论和应用方法，熟练运用现代化管理的技能与手段，以适应各类组织人力资源管理工作的需要。

（七）审计学

审计学专业主要是面向国家审计机关、部门及各单位内部的审计机构和社会审计组织，培养能够从事审计实践工作的高级专门人才。审计是一种具有独立性的经济监督，审计的对象是被审计单位的经济活动和会计资料，审计审查的内容包括会计但不限于会计。审计专业的学生主要学习会计、审计等方面的基本理论和基本知识，受到会计、审计方法和技巧方面的基本训练，具有分析和解决会计、审计问题的基本能力。

（八）资产评估

资产评估专业面向各类资产评估机构培养具备资产评估与管理的实践能力、能够从事资产评估工作的高级专门人才。资产评估是指评估机构及其评估专业人员根据委托对不动产、动产、无形资产、企业价值、资产损失或者其他经济权益进行评定、估算，并出具评估报告的专业服务行为。资产评估专业的学生主要学习资产评估、会计、审计等方面的基本理论和基本知识，具有分析和解决资产评估问题的基本能力。

（九）物业管理

物业管理专业是面向物业行业培养能够完成物业行业监管、社区管理工作和物业项目的各类投资、开发、经营与管理工作的高素质人才。物业管理是指受物业所有人的委托，依据物业管理委托合同，对物业设备设施、绿化、卫生、交通、治安和环境容貌等管理项目进行维护、修缮和整治，并向物业所有人和使用人提供综合性的有偿服务。物业管理专业的学生主要学习物业管理方面的基本理论、基本方法，受到物业管理方面的基本训练，具有分析和解决物业管理问题的基本能力。

（十）文化产业管理

文化产业管理专业主要培养能够在文化产业及相关产业、政府文化管理部门及文化事业单位从事文化经营管理、市场营销与策划、文化贸易与交流工作的应用型、复合型高级专门人才。文化产业管理专业主要探讨文化产业中各个行业以及综合经营管理中企业的营利方法及其模式。文化产业管理专业的学生主要学习文化产业管理专业基础理论和基本职业技能，受到文化产业管理方面的基本训练，具有文化产业管理岗位工作的技能。

第二章　经济学与管理学原理

第一节　经 济 学

一、经济学的产生与发展

经济学（Economics）研究的是一个社会如何利用稀缺的资源生产有价值的商品，并将它们在不同的人之间进行分配。

这个定义的背后隐含着经济学的两大核心思想，即物品和资源是稀缺的及社会必须有效地加以利用。事实上，正是由于存在着稀缺性和人们追求效益的愿望，才使得经济学成了一门重要的学科。

假设在一个不存在稀缺的社会。如果能无限量地生产出各种物品，或者如果人类的欲望能够完全得到满足，那么会产生什么样的后果呢？既然人们拥有了自己想要拥有的一切东西，当然也就不必再担心花光其目前有限的收入，而企业也不必为劳动成本和医疗保健问题犯愁，政府则不用再为税收、支出和环境污染等问题而大伤脑筋，因为谁都不会在乎这些问题。此外，既然所有人都能够随心所欲地得到自己所想要的东西，那么也就没有人会去关心不同的人或不同阶层之间的收入分配是否公平的问题。

在这个丰裕而理想的伊甸园里，所有的物品都免费，仿佛沙漠中的沙子和海里的水。所有的价格也都因此变成了“零”，市场也因此而变得可有可无。如果是，则经济学当然也就不再是一个有用的学科了。

然而，上述的理想描述只是一个“乌托邦”。

（一）早期的经济思想

和管理学理论非常相似的是，早期的经济学思想出现在工业革命之前，历史同样悠久。这个时期的经济学还没有太完整的体系，但是，其虽然没有涵盖经济行为的所有领域，却总是试图给出处方。

在西方古典时期（古希腊、古罗马）和经院哲学时期，这些关于经济学的论述实际上是道德哲学的一部分，关注的是将伦理原则运用到经济生活中。

在重商主义者那里，经济学的研究几乎都体现在商业资本家所写的著作和手册当中，这些从事长途贸易的商人热切地希望将他们的特殊利益模糊处理为大众的共同利益。他们盼望能得到国家政权的支持，以保护他们的船舶和海外贸易据点。因此，他们大力称颂出口相比那些进口商品具有更大价值，商品的优点将会使得可用于交换的贵重金属填满国王的金库。

1. 古希腊的经济学

人类很早就开始关注经济现象了。为了生存，我们必须消费；同样，为了满足消费，我们必须从事生产。

在美索不达米亚平原发展的巅峰时期，通向巴比伦的大门的土砖上面刻有当年的谷物收获，以及需要的各种花费的图案，后者也是以谷物计价的。一年当中收获和花费的差额也以当年剩余的谷物产品来代表。这种剩余被从事农业的家庭、统治者、公务人员和军队占有与使用。剩余产品的规模向我们传递了有关福利、经济生产率、社区的政治和军事实力等方面的信息。

这些黏土质的块状物可能是人类历史上最早出现的国民收入统计。

古希腊的柏拉图和他的学生亚里士多德思考的是建立在奴隶制，以及那些变动非常缓慢的传统和机构基础之上的生产模式。那个时代的哲学家们进行的观察，所围绕的核心问题是何为适当的商业和经济管理，他们的目标是将经济适用性与道德可取性和政治合理性协调起来。

在《理想国》一书中，柏拉图描绘出了完美国家的主要特征，这也是历史上第一个得到充分描绘的社会乌托邦。按照柏拉图的说法，为了使这种分层的等级社会能够自我繁衍，每个人都必须承担自己正确的职责。

亚里士多德显然并不同意老师的所有观点，他的观察主要围绕自给自足家户经济的组织和管理进行。与柏拉图一样，亚里士多德对不同类型的家庭和人民用以谋生与满足需求和欲望的“挣钱技巧”进行了区分。他将这种自然形式的谋生手段与类似“理财学”（chrematistics，货殖论）这种非自然的挣钱技巧进行了对比。

欧洲中世纪的教士们则创建了经院哲学，与希腊思想家不同，经院哲学学派的重心并非如何获得当世的美好生活，而是如何避免来世堕入地狱。经院主义的核心是关于高利贷的教条。第一个核心论据是认为货币不可繁殖，即“不能自己产生后代”。第二个核心论据是，既然上帝将时间平均分配给所有人，因此仅仅让时间在获得和偿还贷款之间流逝并不能证明利息是合理的。第三个核心论据基于中世纪经济的特征，即缺乏持续的增长，这就意味着大多数的贷款是面向消费者而不是生产者。

2. 重商主义

重商主义思想的繁荣期从 16 世纪一直跨越到 18 世纪，并且与欧洲国家的创立、兴起，新大陆的发现和远途贸易的扩张相伴随。其思想理论和经济政策一直影响至今。

重商主义思想持久不衰归功于古典经济学家亚当·斯密在 1776 年的《国富论》中对它的严格批判，是亚当·斯密最先创造出“重商主义”这一词汇来描述这一不同思想的混合体。这一名称被广泛使用，但实际上它并不是一个真正统一的思想体系。

重商主义学者的经济思想缺乏内在一致性、系统性的分类，但其对所有经济领域是全面涵盖的。国家间对于重商主义思想的偏好差异反映了国与国之间经济和政治条件的差别。

在当时正与英国争霸的法国，将贸易战争视为促进国内贵重金属增长的重要来源。17 世纪的法国财政大臣改造了公共行政部门，推动了法国制造业的发展以摆脱对于昂贵的进口品的依赖，创立了法属东印度和西印度公司以推行殖民统治，扩张了法国的基础设施（街道、运河和港口），同时引进了外国科学家、工匠和技能工人以实现法国经济的现代化。

在欧洲大陆的启蒙时期，古典经济学对经济系统进行了第一次完整的考察。

（二）古典经济学

古典经济学的鼻祖亚当·斯密以“看不见的手”塑造了政治经济学的新领域，德国学者海因茨·D. 库尔茨在《经济思想简史》中总结了古典经济学的八大特征。

（1）第一个特征是，关于经济活动遵循其自身规律的概念，而且这种规律能够被人们研究、理解和运用。在古典学派学者看来，他们进行经济学术研究的主题是以不断增长的劳动分工，以及对自然资源和生产方式的私有产权为特征的。同时，大量的“经济人”的行为活动是通过相互连接的市场，以及通过作为交换方式的货币促进的商品和服务交易而进行的。

（2）第二个特征是，古典经济学家特别强调了不同社会阶级之间在经济财产、政治权利，以及信息和知识获取能力上的不对称性。人与人之间是有差异的，他们的经济机会、个人动机和思维方式都是他们社会背景和成长过程的反映。社会对人类的塑造和改变并不会比人类对社会的改造来得少。就像亚当·斯密在《国富论》中写到的：“他们喜欢在从不播种的地方进行收割。”

（3）第三个特征是，古典经济学家坚决反对通过17世纪的宗教战争在当时的欧洲大陆形成的信念，他们认为如果任由这些信念发展，将不可避免地走向欧洲大陆内战。就像托马斯·霍布斯在1651年的《利维坦》一书中声称：“一切人对一切人的战争。”古典主义经济学家对此给出了坚决的否定回答：一个大部分经济活动要通过建立在国内外自由贸易基础上的相互依存市场进行协调的社会，在一定条件下是一个自我规制和自我平衡的系统。由此“均衡”的概念在经济学中占据了一席之地。

（4）第四个特征，也是古典经济学最重要的经济学理念之一，就是人类行为常常会导致那些既不是个人有意为之也非其计划或者可预见的后果。“经济人”是想要最大化其享乐并且最小化其资源消耗的主体，这是一个困难的任务，要达到这一目标，唯一可能的选项是在给定的另一个水平上，最大化或者最小化其中一个的数量。对于人类而言，仅仅部分知道或者理解其居住的世界而不能获得完全的信息，这是不可改变的先决条件之一。因此，人类被迫一次又一次地以产生他们计划之外效应的方式进行活动，这些效应对于他人的福利也会产生正面或者负面的效应。

（5）第五个特征是，古典经济学家认为大多数国家拥有大量和不断增长财富的主要源泉既不是对于其他国家的殖民化及剥削他们的资源，也不是通过单方面有利的海外贸易，如贱买贵卖。

（6）第六个特征是，围绕着自由竞争的概念形成的、走向统一利润率，以及相应的市场价格向其“自然”水平回归的趋势。这样就可以解释在一个私有的分散系统中，如何将数以百万计的独立决策和行为的协调工作留给市场机制来完成。

（7）第七个特征是，将竞争理解为经济人双方的较量，即在供给方和需求方之间。

（8）第八个特征是，与一般利润率概念相伴的是对应的“自然”或“生产”价格的概念。

古典主义经济理论存在于多种多样的形式和结构当中，对于经济学的发展起到了重要的作用。

（三）新时期的经济学研究

根据一个被普遍认同的观点，19世纪最后30年中发生的“边际主义革命”使古典经济学被抛弃，而且这一领域的发展方向开始转变。

阿尔弗雷德·马歇尔试图将这一新思想与古典经济学家的旧理论进行调和，他讨论的是“经济学”而不是“政治经济学”。最终，“新古典经济学”及“供给和需求理论”这样的名称在经济思想史的新学派里占据了重要地位。

在19世纪即将逝去的时候，边际主义理论得到了强化和扩展，特别是以其包含的不同形式的功利主义及福利理论进一步发展的形式表现出来。“绝大多数人的最大幸福”或社会成员需求的“最大化满足”长久以来都困扰着经济学家。在边际效用和边际生产率的基础上，经济学家现在开始用新的理论架构再一次对待和分析这一问题。

一个市场经济，如果由其自身的机制来决定，在完全竞争的条件下也会产生最优的社会结果，这是一个在经济学家中获得了强烈认同，并且在很多主流经济学理论中依然普遍存在的思想。在经济学界，亚当·斯密关于“垄断的邪恶精神”永不会休止的警告似乎已经被遗忘，虽然也不能忽视其在真实世界中的发展。其他思想家将自己放在与这种完全竞争视角相对的观点上，批评他们的“自由市场主义”的同侪对市场效率怀着一种时常是天真且容易受骗的有趣态度，同时忽视了这种存在于传说中的最优性赖以适用的高度限制性条件。

约瑟夫·熊彼特在他1912年出版的《经济发展理论》一书中写道：“创新是资本主义社会经济历史中突出的事实。”他将“创新”定义为在经济和社会当中“实施的新组合”——开发新产品，提高产品质量和改进生产方式，占领新的销售市场，以及对企业和整个产业进行重组。

作为20世纪最有影响力的经济学家约翰·梅纳德·凯恩斯来说，他相信只有政府干预和规制才能保护在市场经济基础上保持资本主义的秩序。在其所有作品中都流淌着对理性指导下的经济政策的关注，以及对于一个更有生产力和更平等的社会的渴望。

不管怎样，约翰·梅纳德·凯恩斯的研究获得了众多的拥趸，但“凯恩斯主义”的确切含义是什么？他的伟大作品《就业、利息和货币通论》存有不少模糊之处和局限性，为后来的学者提供不同的解释留下了大量的空间。

后来，保罗·萨缪尔森、肯尼斯·阿罗、阿玛蒂亚·森将一般均衡理论和福利经济学往前推动了一大步。今天，资本理论、博弈论、增长理论、城市经济学、发展经济学、新制度经济学、行为经济学、实验经济学等都在各自的特定领域取得了长足的进展，各个经济学派更是多到数不过来的程度，导致很多经济学的观点互相对立，经济学家们都说服不了彼此。

所有这些领域和学派，谁的观点更有道理呢？

经济学家弗雷德里克·巴斯夏曾经写过一本著作《看得见的和看不见的》，他在文章的开头，就斩钉截铁地说，好经济学家和坏经济学家的区别只有一个，那就是坏的经济学家，仅仅能看到那些可以看到的后果，而好的经济学家，不仅能考虑到这些看得见的后果，还能通过推测，看到那些看不见的后果，如某些经济政策，虽然眼下能刺激经济发展，但可能会对未来几年，甚至是几十年的经济产生不良影响。

亚当·斯密之后的历代经济学者，有很多人坚信人类经济体系或经济行为必定拥有类似物理世界那样内在的、客观的规律，经济学必定能够达到堪与物理学相媲美的“硬科学”地位。

2008年爆发的国际金融危机，让经济学家们束手无策，就连英国女王伊丽莎白二世访问大名鼎鼎的伦敦政治经济学院时，也禁不住问那些世界知名的经济学家：为什么没有人觉察到危机呢？台下鸦雀无声，没有人能接得上话。

这个问题，没有任何一个经济学家能给出确定性的答案。

二、经济学特点与主要内容

（一）经济学的课程特点

经济生活是由一系列活动所组成的复杂的集合，包括购买、销售、讨价还价、投资、劝说等。经济学的最终目的就是要理解这些复杂的活动。

综合来看，经济学的特点主要表现以下几方面。

1. 理论体系抽象

经济学是由众多经济学派中占主流地位的经济理论和学术观点构成的，按其对市场机制作用认识上的不同可分为新旧古典经济学派和新旧凯恩斯学派；按其研究对象的不同可将经济学分为微观经济学和宏观经济学。微观经济学以价格理论为核心，以单个消费者和单个生产者为研究对象，主要由价格理论、消费者行为理论、生产者理论、市场理论、分配理论等构成；宏观经济学以约翰·梅纳德·凯恩斯的宏观经济理论为核心，以整个国民经济的活动整体作为研究对象，其主要理论有总需求理论、总供给理论、有效需求理论、通货膨胀政策与失业理论、经济增长理论等。

经济学中的众多学派，产生了繁杂的经济学著作、代表人物及主要观点。有些经济学理论是相互补充，相互完善的，也有一些经济理论则相互排斥，相互对立。这些理论不能像自然科学那样可以在实验室内再现，学生由于缺乏社会实践经验，因为整体的经济学理论体系抽象而难以理解。

2. 分析方法具有多样性

经济学的分析方法以实证分析为主，广泛运用数学推导和数学模型来论证经济变量之间的相互关系，如需求函数、供给函数、生产函数、洛伦兹曲线、菲力普斯曲线等。在基本理论的论述中，多将语言逻辑分析与数学分析相结合，既有抽象的概念，又有形象的图像；既有定性分析，又有定量分析，特别是边际分析法和均衡分析法是常用的分析方法。这使得研究经济学的方法很多，不容易掌握。但经济学的研究方法具有可借鉴性。

3. 研究对象及内容具有普遍性

如何利用和配置稀缺的社会资源进行生产，以满足人们多方面的需求是一切经济制度共同面临的问题，不同的经济制度以不同的生产方式和分配方式来解决这些问题，价格机制对资源的配置作用是市场经济体制下所普遍存在的，因此，经济学中的价格理论、生产理论、市场理论等具有普遍的指导意义。

（二）经济学的主要内容

由于资源是稀缺的，社会资源的管理就显得尤为重要。稀缺性指的是社会拥有的资源是有限的，不能生产人们希望拥有的所有物品和服务。

经济学研究社会如何管理自己的稀缺资源。在大多数社会环境中，资源并不是由一个全权的统治者来配置，而是通过千百万家庭和企业的共同行动来配置。因为，经济学家研究人们如何做出决策，如他们做多少工作、购买什么、储蓄多少钱，以及如何把储蓄用于投资；此外，经济学家还研究人们如何相互交易，分析影响整个经济的力量和趋势，包括平均收入的增长、找不到工作的人占总人口的比例，以及价格上升的速度。经济学包含了微观经济学和宏观经济学，研究作为单个实体的市场、企业、家庭的行为，就是微观经济学；研究经济的总体运行规律的，就是宏观经济学。微观经济学与宏观经济学两大分支共同构成现代经济学的核心。

三、经济学培养目标与学习意义

（一）经济学的学习目标

经济学主要研究人类经济活动的规律即价值的创造、转化、实现的规律，该课程是为电子商务、工商管理、市场营销和公共管理专业开设的一门学科基础必修课。

其主要教学目的是使学生通过学习比较系统地掌握现代经济学的基本概念、原理和主要方法，了解现代经济学发展的最新动态。能够将经济学的视角和本专业相结合，培养学生联系实际运用所学理论和方法分析现实经济问题的能力。

（1）能复述经济和经济学的含义，能解释经济学的分析方法，能分析供给需求如何确定并影响市场均衡理论。

（2）能套用消费者行为理论、生产理论、厂商均衡理论分析某些经济活动。

（3）能解释不同的市场形态下厂商的短期均衡与长期均衡的实现，能描述市场失灵的表现。

（4）能识别国民收入的决定理论，能解释 IS–LM①曲线。

（5）能评价宏观经济政策，能解释失业与通货膨胀理论。

（二）经济学的学习意义

为什么要学习经济学？人们往往会有各种各样的理由。

一些人学经济学是为了赚钱，还有一些人是出于对某些问题有着强烈的兴趣，如计算机和信息革命如何改变我们的社会，或者美国近年的收入分配为何变得如此悬殊等。

然而，我们学习经济学不但在于理解我们生存的现实世界，而且在于理解那些改革者们不断倡导的拥有多种可能性的世界，从而获得一种经济学思维。理解怎样才能将经济学强有力的思想用于人类社会核心问题的分析，这是我们学习经济学最根本的理由。

第二节　管理学原理

管理是人类各种活动中最重要的活动之一。自从有人类开始组成群体来实现个人无法单独完成的目标以来，管理工作就成为协调个体努力必不可少的因素。随着实践的发展，管理学逐渐从经验演变为一门研究管理理论、方法和管理实践活动的一般规律的科学。管理学原理是一门专业基础课程，属于经济管理类专业学生必修的入门课程，主要是讲解管理的基本概念、基本理论和基本思维方式。这门课程是以所有的组织所共有的管理问题作为研究对象，研究的是组织管理的一般问题， 这里面涉及的基本原理、基本思想和基本原则是各类管理学科的概括与总结，它是整个管理学科体系的基石。

① IS，投资 – 储蓄（Investment-Saving）；LM，即流动性偏好 – 货币供给（Liquidity preference–Money supply）。

一、管理学的特点与意义

（一）管理学的特点

1. 科学性和艺术性

管理既是一门科学又是一门艺术，是科学性和艺术性的统一。管理首先是一门科学，它是许多管理学者和管理实践者在长期的管理实践中，通过不断对实践中的客观工作规律进行归纳总结而形成的一系列的基本管理原则和管理理论。管理人员在实际的工作中，综合考虑实际情况，再以这些基本原则或原理来指导工作，以取得事半功倍的效果。同样，管理还是一门艺术，管理的艺术性特点要求管理人员在工作中要做到随机应变，既具有灵活性又富于创新性。就如同权变理论的观点，没有什么是一成不变的、普遍适用，也没有什么方法是最好的管理方法，一切管理活动的展开都应基于特定的情境。管理的科学性是基础，艺术性是在科学性的基础上发展的，而且随着时间的推移，管理研究的不断深化和繁荣，以及环境的快速变化和发展，使得管理的科学性和艺术性都会不断加强。

2. 一般性

管理学原理是从一般原理、一般情况的角度对管理活动和管理规律进行研究，不涉及管理分支学科的业务和方法的研究。管理学原理是研究所有管理活动中共性原理的基础理论科学，无论是“宏观原理”还是“微观原理”，都需要管理学作为基础来加以学习和研究，管理学原理课程是各门具体的或专门的管理学科的共同基础。

3. 多学科性或综合性

从管理内容来看，管理学涉及的领域十分广阔，它需要从不同类型的管理实践中抽象概括出具有普遍意义的管理思想、管理原理和管理方法；从影响管理活动的各种因素上看，除了生产力、生产关系、上层建筑这些基本因素外，还有自然因素、社会因素等；从管理学科与其他学科的相关性上看，它与经济学、社会学、心理学、数学、计算机科学等都有密切关系，是一门非常综合的学科。

管理学的综合性决定了我们可以从不同的角度来看待和研究管理问题，管理的复杂性和对象的多样性也要求管理者必须要具备广博的知识，才能对各种管理问题应对自如。

4. 实践性

实践性也称实用性，管理学原理所提供的理论与方法都是实践经验的总结与提炼，反过来又可以指导实践。由于管理活动的复杂性及管理环境的多样性，使得在对管理知识进行运用的时候需要较强的创造性和灵活性。

正是鉴于此，仅凭借学校教育是培养不出“成品”管理者的。要成为一名合格的管理者，除了要在课堂上认真进行理论学习外，还要多多参与实践，不断在实践中进行归纳和总结，积累管理经验，真正地理解管理的真谛。

5. 社会性

构成管理过程主要因素的管理主体与管理客体，都是社会最有生命力的人，这就决定了管理的社会性；同时管理在很大程度上带有生产关系的特征，因此没有超阶级的管理学，这也体现了管理的社会性。

6. 历史性

管理学原理是对前人的管理实践、管理思想和管理理论的总结、扬弃和发展，制造历史，不了解前人对管理经验的理论总结和历史，就难以很好地理解、把握和运用管理学。

（二）管理学的意义

由于人类所拥有和能够利用的资源（人、财、物、信息、时间、技术等）是有限的，而人类的欲望又是无限的，因此，就需要借助于管理来解决这一矛盾。人们要更多地满足自身的欲望，就需要利用管理来合理地配置和利用资源。

在现代社会中，管理作为有助于实现目标的一种手段，可以说无时无处不在，围绕在我们生活的方方面面。不管人们从事什么职业，都在参与管理，或管理国家，或管理业务，或管理家庭，或管理子女。国家的兴衰，企业的成败，家庭的贫富、幸福，子女的健康、成长，都与管理是否得当有关。虽然我们借助于实践也可以学习管理，但难免会犯一些错误、走一些弯路、付出一定的代价。因此，系统地学习管理学原理对于我们而言，还是具有十分重要的意义的。

首先，学习管理学可以有助于我们在实践中少走弯路。对于个人而言，我们同样面临着所掌握资源的有限性与个人目标追求的无限性之间的矛盾。通过后面的学习我们可以了解，管理学原理中的绝大部分知识和方法同样是适用于自我管理的。因此，学好管理学有助于我们个人目标的实现。

其次，学好管理学有助于我们对社会现象和问题有一个更为客观的认识。面对不同的社会现象和问题，我们往往只看到现象的表面，而无法洞悉形成这一现象的根本原因；抑或是身处问题之中，还没能有所察觉。而通过管理学原理的学习，我们可以练就一双慧眼，透过现象看到问题的本质，这对于我们认识世界、认识自我都是十分重要的。

最后，学好管理学有助于我们更好地适应社会，增强生存技能。管理学原理不仅是我们获得学位的一门必修课程，还是我们获取生存技能的途径。一旦我们走入社会，成为某一个组织中的成员，那么不是成为管理者就是成为被管理者。即使是作为被管理者，我们也需要了解“老板”的行为方式和组织的运转过程，才能在组织中站稳脚跟。

在当前的环境下，管理必将成为第一生产力。学习管理，不但是当今社会发展的需要，也是我们每一个人在社会中生存和发展的根本。为此，我们都需要或多或少地学习一些管理学。

二、管理学原理的主要内容

（一）管理学原理的内容结构

1916 年，亨利·法约尔首先提出了管理职能的观点，认为应该通过分析管理职能来研究管理工作。其基本思路是将管理工作看作组织中通过别人或同别人一起完成工作任务的过程，这个过程由若干管理职能构成。通过对每个职能进行深入研究，揭示出管理的原理是使人们明确管理应该做什么，并作为指导管理实践的准则。管理职能的观点自提出以来得到了理论界和实务界的普遍认同，经过发展已经成为现代管理理论分析管理工作的主要框架和方法。为此，我们在学习管理学原理的过程中，也同样遵循管理职能的逻辑框架。除此以外，管理环境作为任何组织和管理者不能脱离的重要情境，也是课程学习中必须了解的。

（二）管理思想的发展

管理思想是人们在管理过程中发生的各种关系的认识的总和，是由一系列观念或观点所构成的知识体系，是指导管理者从事各项管理活动的路标和蓝图。尽管人类的管理实践由来已久，但一直到 19 世纪末 20 世纪初，伴随着生产力的发展、科学技术的进步，才首先在西方出现了系统化的管理思想。这一部分将对西方管理思想的发展状况进行一个系统的介绍，有助于大家对管理思想有一个总体认识。

（三）管理环境

管理环境是影响管理系统生存和发展的一切要素的总和。任何组织都是在一定环境中生存和发展的。当今时代，全球化浪潮影响着世界各地，通信和信息等技术快速发展，社会正在经历一场巨变，新的组织形态不断涌现。组织要面对动态的、不确定性的外部环境。作为组织的管理者必须首先对这种动态复杂的环境有充分的认识，分析外部环境对管理活动的影响，以实现组织目标。这一部分将介绍一般环境和特殊环境，以及环境分析方法。

（四）计划职能

任何管理活动都是始于计划的。为了使管理工作达到效率与效果的统一，必须首先确立目标。只有确立了清楚明确的目标，才能判断什么事情该做，什么事情不该做；而为了提高效率，以较少的投入获得较大的产出，就需要对资源的投入、转化过程等进行必要的研究和安排，为此就需要制订计划，以事前为目标地实现规划路径。因此，计划工作不仅包含目标的设定，还包括目标实现路径的规划，具体来说分为估量机会、设定目标、制定目标实现的战略方案、形成协调各种资源的活动的具体方案等环节。计划工作是管理活动的首要职能，其他工作只有在计划工作明确了目标和实施路径后才能有目的地进行。这一部分将介绍计划、目标与目标管理，以及预测与决策三部分内容。

（五）组织职能

在制订了切实可行的计划后，为了使目标得以顺利地转化，就需要投入必要的人力，物力、财力等资源去执行既定的计划，这就是组织工作。所谓组织工作就是为了有效地达成计划所确定的目标而进行分工协作，合理配置各种资源的过程。组织职能可以理解为计划工作的延伸，具体来说包括任务的分解、 权责的明确、 资源的配置及协作关系的明确等内容。组织工作将直接影响组织运作的效率。这一部分将介绍组织设计与组织结构运行两个内容。

（六）人员配备职能

在对组织结构及其运行机制进行了必要的设计以后，下一步就需要为不同的机构选择适当的人，即进行人员配置。所谓人员配备就是根据组织结构中所规定的职务数量和要求，对所需的人员进行恰当而有效地选择、使用、考评和培训的职能活动，其目的在于以合适的人员去充实组织结构中所规定的各项职务，从而保证组织活动的正常运行，实现组织的预定目标。这一部分将围绕人员招聘、人员培训与开发、人员绩效管理、人员薪酬管理几个方面进行介绍。

（七）领导职能

人是管理活动中最活跃的要素，任何活动的行为主体都是人，因此，指挥和协调计划及实施过程中人与人之间的关系、激励和调动人的积极性是管理的基本工作之一。在一个组织中，领导工作是管理者利用职权和威信施展影响，指导和激励各类人员努力去达成目标的过程。领导工作的重点在于调动人的积极性，协调人与人之间的关系。调动组织中一切可调动的因素，激励他人来协助我们共同去实现组织共同的目标。这一部分将介绍领导理论、激励与沟通。

（八）控制职能

控制是指在动态的环境中为保证组织既定目标的实现而进行的检查和纠偏活动或过程。控制是保证计划得以实施的重要环节。由于环境的不确定性、组织活动的复杂性和不可避免的管理失误，为了保证有效地实现目标，我们必须对管理活动进行有效的控制，具体来说包括确立控制标准、衡量实际业绩、进行差异分析、采取纠正措施等。

第三章　运营管理与质量管理

第一节　运 营 管 理

运营管理是由很多理论和方法构成的一门学科。这些理论和方法是如何产生的、对现在有何影响，可以从四个阶段来理解。

第一个阶段是科学生产管理雏形时期，即 20 世纪初至 20 世纪 30 年代。第二个阶段是复杂数学方法应用时期，即第二次世界大战至 20 世纪 60 年代中期。第三个阶段是计算机应用时期，计算机出现得比较早，但具体应用是在 20 世纪 60 年代至 20 世纪 70 年代。第四个阶段是从 20 世纪 80 年代开始至今，是现代理论普及的时期。

一、运营管理的特点与主要内容

（一）运营管理的特点

1. 范围广

运营管理作为工商管理专业主干课程之一，其涵盖范围较广，既包括制造型企业的生产管理，又包括服务型企业的运作管理，涉及企业管理领域较多。且运营管理还是一门实践性、应用性很强的课程，强调理论和实践的结合，具有一定的深度和广度。

2. 柔性化

运营管理的多样化和高效率是相矛盾的，因此，在生产管理运营多样化的前提下，努力搞好专业化生产管理运营，实现多样化和专业化的有机统一，也是现代运营追求的方向，供应链管理成为运营管理的重要内容。

3. 信息化

由信息技术引起的一系列管理模式和管理方法上的变革，成为运营的重要研究内容。计算机辅助设计（Computer Aided Design，CAD）、计算机辅助制造（Computer Aided Manufacturing，CAM）、计算机集成制造系统（Computer Integrated Manufacturing System，CIMS）、物资需求计划（Material Requirements Planning，MRP）、制造资源计划（Manufacturing Resources Planning，MRPII）及企业资源计划（Enterprise Resource Planning，ERP）等，在企业生产运营中得到广泛应用。

（二）运营管理的主要内容

运营管理的主要内容包括运营管理战略的制定、运营系统的设计、运营系统的运行、运营系统的改善。

1. 运营管理战略的制定

企业战略是企业为求得生存和发展，在较长时期内生产经营活动的发展方向和关系全局问题的谋划。这种谋划包括企业的宗旨、目标、总体战略、经营战略和职能策略。运营管理过程决定了企业的产品和服务的成本、质量、多样性、交付时间和对环境的影响，这将对企业竞争力产生直接的影响。运营管理战略是在企业战略指导下制定的，它是企业总体战略成功的保证。

2. 运营系统的设计

在运营管理战略确定后，就要分步实施。首先要设计和构建运营系统，涉及生产力三要素，即劳动工具、劳动对象和劳动者，具体讲就是企业选址、设施布局、产品和服务设计、工作设计。

3. 运营系统的运行

运营系统构建后，随之就是系统的运行、以实现企业的生产运作战略和生产经营目标。这主要包括不同层次的生产运作计划编制、作业排序、物料采购与库存控制等。

4. 运营系统的改善

伴随着运营系统的运行，涉及很多与之相关的工作，如质量和设备管理等。另外，很多新的理论与方法的出现，如丰田生产方式、约束理论等，也在不断地改进和完善现有的运营系统。

二、目标与学习意义

（一）运营管理的培养目标

运营管理课程主要讲授运营管理的经典理论和应用，也结合运营管理的新热点，讲授运营管理的新技术、新发展、新成果。具体来说，从通过运营管理赢得竞争优势到运营系统的规划与设计、运营系统的运行与控制、再到运营系统的更新与改善，构成一个产品生产和服务提供的完整运营系统。通过学习，学生将全面、完整地了解产品生产和服务提供系统的构成与运作流程，了解企业如何制定运营战略并获得市场竞争优势，掌握企业运营管理的理论和方法，建立持续改进的管理理念，灵活运用运营管理改善的工具，不断提高企业运营的效率与效益。

（二）学习运营管理的意义

对于企业来说，其竞争优势固然是企业综合实力和整体素质的集中体现，但是这些优势一旦失去高效的运营系统和先进的运营管理做支持，也只能是一种瞬间或者非常脆弱的“优势”，其结果必然使企业很快陷入竞争的劣势。因此，运营管理是现代企业发展的重要基石。对于工商管理专业的学生来说，无论未来身处哪一技能岗位、专业特长是什么，学习运营管理的基本知识都是职业发展不可缺少的一部分。

第二节　质量管理

一、质量管理的产生与发展

人类自从有了生产活动，也就有了关于物品的质量问题。因为不论物品多么简单，生产方式多么原始，都存在一个能否满足特定用途的问题。随着人类对产品需求的多样化和生产力的发展，人类的质量意识逐渐苏醒。质量的优劣慢慢成为商品交换中的一个重要因素。为了保证质量，就需要对生产原材料、劳动工具、生产者的劳动技巧等提出相应的要求。从某种意义上说，这就是质量管理。质量管理相对于其他学科来说，历史比较短。真正科学意义上的质量管理是从20世纪初才开始的，它也是工业革命的一个产物。质量管理发展阶段的划分，不同的专家有不同的看法。一般来看，质量管理经历了3个发展阶段：第一个阶段是质量检验阶段；第二个阶段是统计质量控制阶段；第三个阶段是全面质量管理阶段。

（一）质量检验阶段

第一个阶段，是质量检验阶段。从20世纪初到20世纪30年代，代表人物是科学管理之父弗雷德里克·温斯洛·泰勒。这个阶段的显著特点是专职检验、三权分立。

20世纪以前，生产方式主要是小作坊形式，手工艺人参与工艺品生产的全过程。那时的手工艺人既是操作者又是检验者，制造和检验的职能都集中在操作者身上，由于他们对自己制作的工艺品的自豪感和对自己名声的看重，所以通常以目视为主要方式来检查工艺品。这个时期被称为“操作者的质量管理”。

20世纪初，科学管理的奠基人弗雷德里克·温斯洛·泰勒提出了在生产中应该将计划与执行、生产与检验分开的主张。于是，在一些工厂中建立了“工长制”，将产品质量检验的职能从操作者身上分离出来，由工长行使对产品质量的检验权。这个转变强化了质量检验的职能，形成了所谓的“工长的质量管理”。

随着科学技术和生产力的发展，企业的生产规模不断扩大，管理分工的概念被提了出来。在管理分工概念的影响下，一些工厂设立了专职的检验部门并配备专职的检验人员来对产品质量进行检验。也就是说，在工厂里，要有一个专人或者一个专门的部门来负责检验。不论是出厂的，还是在每个生产零部件的车间里，都要有这样的人或部门负责检验，以把关质量。这个在以前是没有的，以前是计划与职能分开，将工人管的事情转交给工长。可是工长管的事很多，一旦忙起来，就不管检验，只管生产了。随着生产规模不断扩大，这种做法显然已行不通，所以需要设立一个专人，或是设立一个专职的检验部门，对生产出来的产品进行质量检验，鉴别合格品或废次品。这样一来，不管有多忙，都不会忽视质量检验。因此就能保证生产的零部件进入下一道工序之前，都是合格的。质量检验的职能从工长转移给了质量检验员，称为“检验员的质量管理”。

所以，质量检验阶段最终实现了设计、制造、检验的“三权分立”。有人制定质量标准（立法），有人按照事先制定的标准进行生产（行政），还有人专门负责鉴定所制造的产品是否符合质量标准（司法）。

这个阶段的主要特征是事后把关。即专门的质量检验部门和专职的质量检验员，使用专门的检验工具，对产品进行检验，这对保证产品的质量起到了把关的作用。

然而，它也存在着许多不足，主要有以下表现。

（1）对产品质量的检验只有检验部门负责，没有其他管理部门和全体员工的参与，尤其是直接操作者不参与质量检验和管理，就容易与检验人员产生矛盾，不利于产品质量的提高。

（2）主要采取全数检验，不但检验工作量大，检验周期长，而且检验费用高。

（3）由于是事后检验，没有在制造过程中起到预防和控制作用，即使检验出废品，也已是“既成事实”，质量问题造成的损失很难挽回。也就是说，产品都造完了，再去检验它，合格就合格了，不合格就不合格了。完全没有控制的意思在里面。

（4）全数检验在技术上有时是不可能的，如破坏性检验，判断质量与保留产品之间发生了矛盾。

“事后检验”存在的不足，使得这种质量管理方式逐渐不能适应经济发展的要求，促使人们不断探索新的检验方法。

（二）统计质量控制阶段

第二个阶段，是统计质量控制阶段，这个阶段开始于20世纪30年代。代表人物是沃特·阿曼德·休哈特。主要特点是从单纯靠质量检验把关，发展到工序控制，突出了质量的预防控制与事后检验相结合的管理方式。

早在20世纪20年代，一些发达国家就相继制定并发布了公差标准，以保证批量产品的互换性和质量的一致性。同时，一些著名的统计学家和质量管理专家注意到质量检验的缺点，并开始设法运用概率论和数理统计的方法去解决这些问题。

1924年，美国贝尔电话研究所的工程师沃特·阿曼德·休哈特提出了统计质量控制理论，并首创了质量控制图，用于解决事后把关的不足。后来，他应西屋电气公司的要求，加入霍桑工厂关于加强和改善检验工作的调查研究，提出用六西格玛的方法预防废品。1931年，贝尔研究所成立了一个检验工厂小组，这个小组的成果之一就是提出了统计抽样检验法，并设计了可以运用的抽样检验表，解决了全数检验和破坏性检验所带来的问题。但是，由于20世纪30年代资本主义国家爆发了严重的经济危机，而运用这些数理统计方法需要大量的计算工作，所以，这些新方法和新理论并没有得到足够的重视和应用。

直到第二次世界大战期间，由于战争的需要，美国大批民用公司改为生产军需品。当时面临的问题是，因为不能预防废品的出现，而且受民用公司技术和生产能力的限制，生产出来的军需品不但合格率低，而且质量很不稳定。这就严重地影响了战时军用物资的供给。为了解决这个问题，美国政府和国防部先后制定了3个战时质量控制标准：《质量管理指南》（AWSZ 1.1 — 1941）；《数据分析用控制图法》（AWSZ 1.2 — 1941）；《工序控制图法》（AWSZ 1.3 — 1942）。这3个标准是世界上最早的质量管理标准。这些标准的提出和应用，标志着质量管理开始进入统计质量管理阶段。后来因为这些标准的应用，确实提高了产品的质量，于是就普及到飞机、通信、电子、军工等行业。

相比质量检验阶段，统计质量控制阶段无论是在理论上，还是实践上，都发生了一次飞跃。首先，在这个阶段树立了“事先控制，预防废品”的质量理念，把事后把关变为预先控制，在很大程度上提高了产品的出厂合格率；其次，采用抽样检验的方法，很好地解决了全数检验和破坏性检验无法实施的问题；最后，由日本提出的易于普及的“质量控制七工具”具有大众化、通俗化和简单化的特点，结合组织管理工作，效果更好。

虽然统计质量控制减少了不合格品的数量，降低了生产费用，但是也存在以下不足。

（1）仍然以满足产品标准为目的，而不是以满足用户的需要为目的。

（2）偏重于工序管理，而没有对产品质量形成的整个过程进行控制。

(3) 统计技术难度较大，主要靠专家和技术人员，难以调动广大工人参与质量管理的积极性。

(4) 质量管理与组织管理未密切结合起来，质量管理仅限于教学方法，常被领导人员忽视。

由于这些问题，统计质量控制也无法适应现代工业生产发展的需要，而且在这个过程中，人们已逐渐认识到，产品质量的形成不仅和生产制造过程有关，还与其他许多过程、环节和因素有关。只有把影响质量的所有因素统统纳入质量管理的范畴，并保持系统、协调地运作，才能确保产品的质量。

所以，在新的社会历史背景和经济发展形势的推动下，全面质量管理的理论应运而生。

（三）全面质量管理阶段

第三个阶段，是全面质量管理阶段，这个阶段主要开始于20世纪60年代。自20世纪50年代后，科学技术蓬勃发展，市场竞争越来越激烈，产品结构也越来越复杂，人们对于质量要求更高了，而且越来越重视人的因素。保护消费者权益运动也逐渐兴起。仅仅依赖质量检验的统计技术无法保证并提高产品的质量，将质量职能完全交给专门的质量控制工程师和技术人员，难以适应市场的竞争和变化。在此背景之下，就进入了全面质量管理阶段。代表人物比较多，有美国的威廉·爱德华兹·戴明、约瑟夫·M.朱兰、阿曼德·费根堡姆、菲利普·克劳斯比，以及日本的石川馨等。

这个阶段的显著特点是“三全一多样”。就是全面的质量管理、全过程的质量管理和全员的质量管理。所谓全面的质量管理，是说组织的各方面都存在质量问题，必须进行质量管理。例如，有人说，人力资源管理部门与产品质量没有什么关系，从表面看好像是没有什么直接关系，但是，人力资源管理部门的职责是员工招聘，员工技术不行，就不会有好的产品质量。这就是全面，每一个方面都有质量责任，都需要进行相应的质量管理。所谓全过程的质量管理，是指产品是过程的结果，这个过程有大过程、小过程，是多个过程的联动，所以每个过程都必须进行质量的管控，这就全过程的质量管理。还有全员的，每一位员工都有自己的质量责任，都必须尽职尽责把控好自己岗位上的质量。这就是全员的质量管理。这是“三全”“一多样”，就是我们采取的方式方法多种多样，只要它是有效的，能够把质量控制住，那就是最好的。这就是“三全一多样”。

以上是质量管理发展的3个阶段，也是普遍的一种分法。在宋明顺第三版的《质量管理学》中，他又给出了第四个阶段，即质量治理阶段。

（四）质量治理阶段

进入20世纪80年代，随着全球经济一体化的快速发展，产生了一些新的质量管理方法和模式。以ISO9001标准为代表的质量管理体系认证的兴起，致使质量认证蓬勃发展，有许多专家认为质量管理已进入“质量认证”阶段；基于对消费者质量安全的保护和国家经济利益的保护，许多国家政府加大了对产品质量的监管力度，创新了一些质量监管方法和质量监管制度，有部分学者认为质量管理进入了“质量监管”阶段；随着瑞典、美国推行国家顾客满意度调查和评价，全球兴起了从企业到国家层面开展以顾客满意度为中心的质量管理活动，有些学者认为质量管理进入了“顾客管理”阶段。1987年美国国家质量奖设立，许多国家政府纷纷效仿，设立的省、州、市、县、区级政府质量奖更是不计其数，有的学者认为质量管理进入了“质量促进”阶段。无论是“质量认证”阶段、“质量监管”阶段、“顾客管理”阶段还是“质量促进”阶段，所涉及的质量管理方法和模式的实施主体不再是企业自己，而主要是企业之外的组织和机构，这表明质量提升和保证活动正从由企业独自为主的质量管理阶段发展到多元主体共治的质量治理阶段，质量认证、质量监管、顾客满意、政府质量奖等，都是质量治理的方法和手段。

二、质量管理的特点与主要内容

（一）质量管理的特点

1. 综合性

质量管理是系统工程、行为科学、控制论、数学、计算机技术、哲学等自然科学和社会科学相互渗透形成的一门学科，它具有综合性的特点。其综合性表现在，一是研究对象十分广泛、复杂。包括微观质量管理和宏观质量管理，微观质量管理主要从企业角度研究组织如何保证和提高质量；宏观质量管理主要从国民经济和全社会的角度，研究政府和社会如何对企业的产品质量、服务质量进行有效的统筹管理和监督控制。研究对象的复杂性和广泛性决定了质量管理的内容体系必然具有综合性特征。二是理论依据和基础具有多元性、广泛性和交叉性。质量管理是管理科学与自然科学、技术科学结合的一门科学，是一门涉及面广泛的交叉学科。

2. 实践性

质量管理的一个重要特点就是实用性和可操作性。无论是新老 7 种工具、实验设计、抽样检验、过程控制等技术管理方法，还是全面质量管理、质量管理体系认证、六西格玛管理和顾客满意度测评等软管理方法，都拥有相应的实施步骤。

3. 二重性

质量管理是一门管理科学，因此也具有管理的二重性，即自然属性和社会属性。自然属性就是质量管理的一般规律；由于制度不同，地区和行业不同，各企业情况不同，质量管理又有所差别，这就是质量管理的社会属性。

（二）质量管理的主要内容

1. 质量管理的研究对象

质量管理的直接研究对象从大的方面来讲，主要分为硬件产品（如汽车、家电等）、软件、流程性材料（如水泥、化纤、润滑油等）、服务（如宾馆和饭店的服务）。目前，人们将这些统称为产品。还可分为有形产品（如软硬件产品）、服务、系统（如经济系统、发电与供电系统、管理系统等）。质量管理工作就是为了提高或改进产品、服务和系统运行的质量，以使顾客满意，为顾客创造价值，因此，质量管理也研究与此目标有关的人、系统、环境等方面的内容。具体来讲，质量管理有以下研究对象。

（1）影响产品、服务和系统运行质量的相关因素的识别与分析。

（2）人的行为、心理、特点和素质对产品、服务与系统的影响程度、影响方式、影响途径。

（3）产品、服务与系统的形成过程和流程。

（4）分析、评价、预测、设计、控制、改进质量的方法与工具。

（5）质量的度量、评价和预测。

（6）质量的形成规律、过程和发展趋势。

（7）质量文化的建立、质量管理体系、质量管理制度、质量管理运行机制等方面的研究。

2. 质量管理的主要内容

质量管理的主要内容，包含以下部分。

（1）基础知识部分：基本概念和术语，质量的产生、形成及实现过程，质量管理大师们及他们的贡献，质量管理发展历程，质量管理体系。

（2）质量管理职能部分：包括质量策划、质量评价、质量控制和质量改进。

（3）质量管理方法与工具部分：包括“老七种工具”、“新七种工具”、质量功能展开、质量统计技术。

（4）卓越质量管理部分：包括卓越质量、质量成本管理、六西格玛管理、顾客满意管理等。

三、质量管理的培养目标与学习意义

（一）质量管理的培养目标

通过本课程的学习，使得学生理解现代质量管理观点，掌握和应用质量管理领域里行之有效的常用工具和分析方法，具体包括以下内容。

（1）理解质量管理和质量管理体系的基本术语、基本原理，正确认识现代质量观点和质量管理活动。

（2）熟悉质量大师们的贡献。

（3）熟悉质量管理职能，熟练掌握和应用质量策划、评价、控制和改进，并能够应用。

（4）理解抽样检验理论、统计质量控制原理，掌握统计质量管理的“老七种工具”“新七种工具”和质量功能的展开，并能结合管理实践灵活运用。

（5）正确认识卓越质量管理，掌握六西格玛管理的原理、理解顾客满意度理论，熟悉质量成本管理理论方法，熟练掌握和应用基于成本的质量经济学分析和基于田口质量损失函数的质量经济性分析。

（二）学习质量管理的意义

质量与我们的生活、学习和工作都有着密切的关系，质量管理的发展，如供应链中的质量管理、客户满意度、追求卓越、质量信用等级评定、质量的信息化和个性化质量等新的质量管理理念的出现，对质量管理这门学科的建设有着重要的现实与理论意义。概括起来，学习质量管理有以下重要意义。

（1）满足社会发展的需求。一方面，人类的发展、社会的进步使产品变得越来越复杂，功能多样化，但如果没有优良的质量，再好的产品也发挥不出其应有的功能；另一方面，随着社会分工的细化，服务领域已成为人们不可避免接触的方面，服务质量的高低将直接影响到人们的生活质量与社会的稳定。

（2）促进科技的进步、社会的发展。一方面，科技的进步、社会的发展离不开优质的质量管理与环境，只有进行优质的质量管理工作，才能造就优良的工作与生活环境，而且科技的进步只有建立在优质的基础工作上才可行；另一方面，庞大的系统只要一个方面，甚至一个小的方面的不足或缺陷，都必然会导致整个系统的运行失败。

（3）提高投入的效率、功效和节约资源。优质的产品质量，不仅可以满足人们或社会的需求，而且可以大大地节约投入、提高投入的功效、节约资源。

（4）寻找质量管理本身的规律，指导科学与技术的发展。学习质量管理，可以了解质量管理本身的发展规律、原理和已有知识，通过对这些知识的学习，可指导人们解决在日常生活与工作中遇到的各种质量问题。

（5）提高质量是社会发展的百年大计。没有质量的产品不但毫无意义，而且会给社会带来负面影响。优质的产品质量可使人们充分享受科技进步与社会发展带来的好处，进而节约资源和提高人们的生活质量，这是造福子孙万代的工作。

（6）质量是人类社会发展追求的永恒主题。社会的发展必将朝着美好的方向进行，追求优质的产品、满意的服务、优良的系统运行状态必然是永恒不变的理想与目标。

第四章　市场营销与市场调查

第一节　市 场 营 销

一、市场营销概述

（一）市场营销的含义及市场营销学的发展

市场营销又称市场学、市场行销或行销学，简称“营销”。它包含两种含义：一种是动词理解，指企业的具体活动或行为，这时称作市场营销或市场经营；另一种是名词理解，指研究企业的市场营销活动或行为的学科，称市场营销学、营销学或市场学等。

1. 初创阶段

19 世纪末至 20 世纪 20 年代，市场营销在美国创立，源于工业的发展，是市场营销理论体系形成的准备阶段。在这一时期，资本主义经济迅速发展，政府对经济的干预相对较弱，加之市场本身调节能力的局限，形成了生产的无限扩大和消费相对不足的矛盾。一些生产企业开始重视产品推销和刺激需求。企业经营活动逐步由以生产为中心转为以刺激需求为中心。这时市场营销学的研究特点是：

（1）着重推销术和广告术，没有出现现代市场营销的理论、概念和原则。

（2）营销理论还没有得到社会和企业界的重视。

2. 应用阶段

20 世纪 20 年代到第二次世界大战结束是现代市场营销观念的基本形成与应用阶段，市场营销理论研究开始走向社会，被广大企业界所重视。这一时期，世界性的资本主义经济大萧条导致企业产品大量积压，工厂停工停产，商店倒闭，工人失业，生产企业为了生存而纷纷运用各种销售方式和手段，经济学家和企业管理者也把更多精力投入到市场理论的研究中。但这一时期对市场营销的研究还主要局限于商品流通领域，致力于如何把企业现有的产品推销出去。

3. 发展阶段

20 世纪 50 年代到 80 年代是市场营销观念的变革与发展的重要时期。产生于以美国为代表的发达国家的现代科技革命，带动了劳动生产率的极大提高，产品数量急剧增加，同时，消费者的购买能力增加，潜在的消费需求进一步增长，这些促使了市场营销的研究对象突破流通这一传统领域，进入了生产经营领域，实现了从传统市场营销向现代市场营销的过渡。

4. 成熟阶段

从 20 世纪 80 年代至今，现代市场营销理论一直处于不断完善的过程中，主要体现在两方面：一是市场营销的理论研究与经济学、管理学、心理学、社会学等相关学科的联系更加紧密，使市场营销成为一门综合性的边缘学科；二是信息科学和计算机技术被广泛应用于企业的市场营销管理之中，使传统的市场营销工作实现了向现代化、系统化和实用化方面的发展。

（二）市场营销学的研究对象

市场营销学对于研究对象的认识是随着其内容体系的发展而逐步形成的。

早期的市场营销学的研究对象局限于流通领域内商品交换和分配的企业经营活动，即只对商品由生产领域进入流通领域到达消费者手中这一过程进行研究，当商品进入消费领域以后，则不再属于市场营销学的研究范围。

随着人类社会经济的发展，市场营销学的研究对象已经突破了原来的商品流通领域，向前延伸到生产领域和产前的各种活动（包括市场研究、产品开发及市场发展），向后拓展到消费过程（包括售后服务及信息反馈）。市场营销学的研究范围已扩大到从研究消费者的需求开始，到如何保证消费者的需求得到真正的和全部的满足为止的整个过程。实际上就形成了一个由研究消费者需求开始，最后以满足消费者需求为结束的往复循环过程。

（三）市场营销学的研究内容

根据市场营销学研究对象和研究范围的界定，市场营销学研究的主要内容是以消费者需求为中心的市场营销关系及其规律，影响市场营销的因素和据此制定的各种营销策略等。它具体包括以下内容。

1. 市场营销观念

市场营销观念必须承认和接受以消费者利益为导向，研究和了解什么是消费者最需要的产品或服务，并据以组合企业的全部经营活动。

2. 市场营销环境

环境是影响市场营销活动的重要因素，应在分析影响企业营销活动的环境因素、了解各类市场需求和消费者购买行为的基础上，制定相应的经营对策，选择市场机会，实现营销目标。

3. 市场经营策略

企业应综合、系统地运用各种市场营销手段，制定并选择与动态市场营销环境相适应的最佳营销组合方案。即选择适当的时间和地点，以适当的价格和方式，将适当的产品和服务提供给适当的顾客，以满足顾客的需要。

4. 市场营销管理

市场营销管理是企业为了实现经营目标，创造、建立和保持与目标市场之间的互利交换和联系，而对设计方案的分析、计划、执行和控制，即应用组织、调研、计划、控制等方面的职能，做到最大限度地合理利用企业内部资源，采用最好的方法和方式，使企业的产品有计划、有目的地进入最有利润潜力的市场，在满足顾客需要的同时，实现企业的利润目标。

由此，市场营销学所研究的内容，实质上就是企业运用系统论的观念，充分掌握市场环境的变化规律，创造性地制定并实施市场营销战略。美国著名市场营销学家杰罗姆·麦卡锡所提出的市场营销组合的 4 个基本要素：产品（Product）、价格（Price）、渠道（Place）、促销（Promotion），简称 4P 理论，这一理论构成了现代市场营销学的基本内容。

（四）市场营销的功能

现代企业市场营销主要有以下功能。

1. 了解消费需求

市场营销活动以满足消费者需求为中心，因此企业必须以了解和掌握市场需求为出发点。企业通过市场调查、分析预测等方式准确掌握各类需求的特点、现状及发展趋势，以指导企业生产经营活动。

2. 指导企业生产

在市场经济条件下，企业应该按需定产而不是按产定销。因此，应该以消费者需求作为企业生产的指导，将顾客需求及市场信息不断反馈给企业决策系统、生产系统、采购系统，以指导企业设计、生产和采购的产品在质量、性能、价格、品种、规格等方面与顾客需求相适应。

3. 开拓市场

企业应通过积极的营销活动，主动挖掘、引导潜在需求，拓展原来的市场，或及时推出新产品，开发新市场，提高企业产品的市场占有率。

4. 满足顾客需求

满足顾客需求是企业营销活动的目标，又直接影响到企业的长期生存和发展。因此，企业必须采用各种营销策略来满足顾客变化的需求，实现企业营销活动的有效化。

（五）市场营销观念的演变

市场营销观念是指经营者在组织和管理企业营销实践活动时的指导思想。不同的指导思想影响了企业的营销策略，产生不同的营销效果。为有效地开展营销活动，企业应该树立以下正确的营销观念。

1. 生产观念

生产观念又称生产导向观念，是指以生产者为中心、以生产决定销售的经营思想。这种观念认为，只要商品价格低廉，消费者就会购买，因此企业的主要精力集中在增加产量和降低成本上。

生产观念是指导企业生产经营实践活动最古老的一种观念，也是持续时间最长的一种观念。生产观念的存在是以“卖方市场”为前提的，即市场供给小于市场需求时，生产者占主导地位，企业的一切活动以生产为中心，不必考虑市场需求，也不讲究产品的推销方法。美国福特汽车公司创始人亨利·福特曾经说过：“不管顾客需要什么颜色的汽车，我们的汽车只有黑色的。”因为在当时，福特汽车公司通过流水作业方式，生产单一品种使生产的效率提高，生产成本下降，销售价格也相应降低。福特汽车因经常供不应求，清一色的黑色T型车畅销无阻，也就无须考虑市场需求特点。显然，在这种生产观念指导下，产销关系必须是“以产定销”“生产者导向”。

2. 产品观念

产品观念是以产品为中心，通过提高或改进产品质量和功能来吸引顾客购买的经营思想。这种观念认为，只要产品质量好、功能多和具有某种特色，消费者就愿意购买。因此，企业主要精力集中在生产优质产品和特色产品，具体表现仍然是“生产什么就卖什么”，实质上是生产观念的延续和反映。

产品观念产生于20世纪30年代以前，出现时间比生产观念略晚，但二者并存时间较长。

随着劳动生产率的提高，商品的市场供给量增加，企业间的竞争日渐加剧，企业为了取得竞争优势，开始注重改善产品品质，丰富产品种类，以吸引消费者购买。企业的经营思想由单纯的生产观念开始转变为产品观念，认为只要产品质量上乘，就会受到消费者的好评，消费者也愿意多花钱去购买优质商品。在这种观念指导下，企业往往把注意力集中在对产品的精心制作上，而不关心市场消费者是否真正接受此产品。因此，产品观念与生产观念一样，不考虑消费者的需要及其变化，使企业患上“营销近视症”。在需求发生变化、竞争激励的市场，往往导致企业经营失败。

3. 推销观念

推销观念又称销售导向观念，是指以现有产品销售为中心，增加销售量促进生产的经营思想。这种观念认为，顾客一般不会因自己的需要和愿望而主动找上门来选择和购买本企业的产品，企业必须主动通过各种推销手段，刺激消费需求，诱导产生购买行为，促成交易。

推销观念产生于由“卖方市场”向“买方市场”转变的过渡阶段，从20世纪20年代末到第二次世界大战结束，资本主义市场发生了显著变化。随着科学技术的进步，劳动生产率的提高，产品产量迅速增加，花色品种也日益丰富，逐渐出现了市场产品供过于求的状况。在1929年经济危机的影响下，各企业面临的首要问题是如何推销已经生产出来的产品。为求得生存，企业开始重视推销工作，纷纷加强推销工作，培训推销人员，研究推销技术，大力进行广告宣传，努力推销自己的产品，对于产品是否符合顾客需求，顾客是否满意，是否重复购买，都是次要问题。

从生产观念、产品观念到推销观念，销售工作在企业经营管理活动中有了一定进步，但从生产者与市场的关系来看，推销观念仍是以“生产者导向”或“以生产者为中心”，仍建立在“我能生产什么，就卖什么；我能生产多少，就卖多少”的基础上，着眼于现有产品的推销。因此，推销观念是生产观念的继续，二者无本质区别。

4. 市场营销观念

市场营销观念又称市场导向观念，是指以市场为导向，以消费者需求为中心的经营思想。这种观念认为，消费者的需求是市场营销的核心，企业要实现自己的经营目标，关键在于确定目标市场的需求和欲望，以及用比竞争对手更有效的方式去满足这种需求和欲望。因此，消费者有什么样的需求，企业就按照这种需求生产和提供产品。

市场营销观念形成于20世纪50年代。第二次世界大战后，科技的高速发展和大量军工企业转为民用品企业，商品的市场供应量急剧增加，导致企业间的竞争日趋加剧，产品的花色品种日新月异，更新换代周期逐渐缩短；另外，发达国家普遍实行高工资、高福利待遇，消费者购买能力大大提高，对商品的需求结构也发生了变化，促使资本主义世界的格局发生了根本变化，原来以生产者为主导的卖方市场开始转变为以消费者为主导的买方市场。企业为适应此变化，先要必须分析和研究市场的需要，了解顾客现实和潜在需求，在此基础上确定生产什么产品，然后用各种有效的方式进行推销。同时要为顾客提供良好的售后服务。及时了解顾客新的需求，对产品进行改进，让其不断完善。当时，许多大企业提出“哪里有消费者的需要，哪里就有我们的机会”“一切为了顾客的需要”“顾客是上帝”等经营观念。这意味着企业的经营观念由生产者导向转变为消费者导向，以顾客为中心的经营新观念——市场营销观念逐步形成。

市场营销观念的准则是：市场（顾客）需要什么，就生产和推销什么。这从根本上改变了企业经营的指导思想，从原来的以产定销转变为以销定产，摆正了企业与顾客的位置。在市场营销观念指导下，企业的一切活动都从顾客的需要出发，运用整体营销的策略，在满足顾客需求的基础上获取利润。福特汽车在相当长的一段时间里，无视消费者需求的变化，坚持生产和销售款式单一的黑色T型汽车，导致公司销售量日趋下降，甚至面临倒闭的危险。后来，该公司改变了经营观念，根据不同消费者的具体需求改革产品，推出了各种不同颜色、型号、档次和牌号的汽车，才重新打开了销路。

5. 社会营销观念

社会营销推销观念是指企业在目标市场开展营销活动时，以社会长远利益为中心的经营思想。这种观点认为，企业在生产产品或提供服务时，不但要满足市场消费需求，而且要考虑企业的自身条件，要符合消费者和社会发展的长远利益需求，即企业的经营活动，要把消费者需求、企业利益和社会利益有机结合，承担社会责任、维护公众利益。企业通过营销活动，充分利用社会资源，努力兼顾各方利益，维持一个健康、和谐的社会环境，提高人类的生活质量。

20世纪70年代以后，市场营销观念在各经济发达国家被普遍接受，但在实践中却引发了各种问题：不能兼顾各方利益，重视了消费者需求，却忽视了其他相关利益者的需要；造成了社会资源的浪费，甚至以不正当手段牟利等，尤其是工业生产的发展和化工产品的生产与应用，既给人们带来了丰富的物质产品，又给环境带来了严重的危害。

人们开始注意市场营销的社会影响。“人性观念”“理智消费观念”“生态营销观念”等相继提出。著名的市场营销学专家菲利普·科特勒将之综合，提出了社会营销观念，使企业的经营思想提升到了一个更高的层次。

社会营销观念的提出是商品生产发展和人类社会进步的表现，也是实现企业和社会可持续发展的前提，但它在一定程度上与企业利润最大化的传统管理思想发生了冲突，要求所有企业全部实现是不现实的，但它仍应是现代企业应有的指导思想和行为准则。

以上各种营销观念是不同经济环境和市场条件下的产物，反映了相应时期的经济和消费需求。其区别见表4–1。

表4–1 各种营销观念比较

营销管理哲学	市场形势	起点	中心	手段	目的
生产观念	卖方市场	企业	产品	提高产量	扩大产量获取利润
产品观念	卖方市场	企业	产品	提高质量	以质取胜获取利润
推销观念	卖方市场向买方市场过渡	企业	产品	推销及促销	扩大销售获取利润
市场营销观念	买方市场	市场	消费者需求	整体营销	满足消费者需求获取利润
社会营销观念	能源与环境问题突出	市场与社会	社会长远利益	统筹兼顾	谋求企业与社会的可持续发展

二、市场细分策略

（一）市场细分的含义

所谓市场细分，就是企业通过市场调研，根据市场需求的多样性和消费者购买行为的差异性，把一个整体市场，即全部现实和潜在顾客，分为两个或更多的子市场的过程，每个子市场都是由需要大致相同的消费者群构成。

市场细分是一种求大同存小异的市场分类方法，企业进行市场细分的主要任务是：明确区分消费者的相同需求，形成不同细分市场，根据具体细分市场对企业的吸引力，有针对性地设计和生产产品。

市场细分的观点是美国学者温德尔·史密斯在总结了许多企业的市场营销经验后，于20世纪50年代中期提出的一种选择目标市场的策略思想。他主张凡市场产品或服务的购买者超过两人，这个市场就有被细分的可能。该理论的依据是消费者需求的绝对差异性和相对同质性。所谓消费者需求的差异性是指消费者对某一产品的质量、特性、规格、档次、花色、款式、价格、包装等方面的要求各不相同，或者在购买行为和购买习惯等方面存在差异。相对于市场产品整体来说，这种差异是绝对存在的。如牛奶，就其口味这一属性而言，有人喜欢鲜牛奶，有人喜欢甜牛奶，还有人喜欢酸牛奶，正是由于这些需求的差异性，使市场细分成为可能；而消费者需求的同质性是指消费者对某一产品的需要、欲望、购买行为，以及对企业营销策略的反应等方面具有基本相同或相似的一致性，如米、油、盐、水、电等产品。同质性需求是相对的、暂时的，会随着其他影响因素的变化而改变。

市场细分理论提出后，受到了企业的广泛重视和普遍应用，成为企业市场营销战略的主要内容，但也有的企业曾认为市场细分应愈细愈好，能充分满足消费者的不同需求，得到消费者的喜爱，企业就能有更好的收益，然而事实证明，过度的市场细分只能使产品种类陡增，管理难度加大，产品成本上升，企业效益反而降低。因此，又出现了“市场同合”理论，提出寻求消费者群体中的某种共性，主张根据成本与收益的关系适度细分市场，实际上是一种理性的市场细分。

（二）市场细分的作用

市场细分是企业市场营销的基础和前提，是市场营销全过程的首要环节，对企业实现成功营销有重要作用。

1. 有利于企业发现市场机会

通过细分整体结构，可以深入了解每一细分市场的具体需求及满足程度，可以发现细分市场未被满足的需求，从而发现市场机会，企业可以根据市场机会迅速做出反应，来满足市场中未被满足的消费需求，在市场激烈竞争中获取优势。海尔集团在2003年上半年的“重症急性呼吸综合征”暴发及流行时期所有行业均受影响的情况下，精准地发现消费者需求，及时推出杀菌洗衣机，取得了很好的经营效果。

2. 有利于企业制定最佳营销策略

通过细分整体市场，企业能准确了解和掌握消费者需要及消费者对不同营销措施的反应，便于企业根据相关信息及时制定适合的营销组合方案和最佳营销策略。配合适当的售前、售中及售后服务，使消费者具体需求得到满足，提高企业的市场竞争能力。

3. 有利于企业提高经营效益

通过细分整体市场，企业可以选择一个或几个细分市场作为目标市场，通过深入研究市场需求的具体特点，集中有限资源，充分发挥自己的优势，有针对性地生产经营适销对路的产品。对于新进入行业的企业或小企业，由于人力、物力、财力相对较弱，往往难与同行业其他先入企业或大企业相抗衡，通过细分市场，企业就能将自己的整体劣势转为局部市场上的优势，从而增强企业的竞争能力，提高企业经营效益。

（三）市场细分的程序

一般情况下，市场细分的程序有以下步骤。

1. 市场调研

在确定研究目标的基础上制订调研计划，并通过各种方法收集包括产品的使用、消费者态度、习惯、爱好等相关资料。

2. 分析资料

对所收集的资料进行科学、有序的统计整理。在此基础上根据调查目的选择相应的分析指标，划分出差异最大的细分市场。

3. 具体细分

根据消费者的消费心理、消费行为、习惯、爱好等因素划分出不同消费群体，并根据主要的差异性特征给每个细分市场命名。例如，服装依年龄大小可进行细分，分别命名为童装市场、青少年服装市场、中年服装市场、老年服装市场；或按性别进行细分，分别命名为男性服装市场和女性服装市场。

（四）市场细分的有效条件

市场细分有许多方法，但并非所有的细分都有效，要使经过细分后的市场能成为企业制定有效的营销战略和策略的基础，市场细分必须要具备一定的条件。

1. 差异性

差异性即在该产品的整体市场中确实存在着购买和消费上的明显差别，足以成为细分的依据。例如，洗发水按适合干性发质、中性发质、油性发质或按不同香型划分是有效的，而按男性、女性、中年、老年划分是无效的。

2. 可衡量性

可衡量性即经过细分的市场必须是可以识别和衡量的，不但有明显的范围，而且也能估量该市场的规模及其购买能力的大小，这样可为企业准确预测产品销量、盈利大小、是否决定细分提供基础。

3. 可进入性

可进入性即细分市场是企业能有效进入和为之服务的，如细分的结果发现已有很多的竞争者，自己无力与之抗衡，或虽有未满足的需求，但企业因缺乏原材料或技术，货源缺少，难以生产经营，或受法律限制无法进入等，这种细分市场就不宜贸然开拓。

4. 稳定性

稳定性即在一定时间内细分市场能够保持相对稳定，企业在进入市场后相当一段时间内，可不需要改变自己的目标市场。这样有利于企业较长时期的市场营销策略的制定，可避免市场变化剧烈带来的经营风险。

5. 效益性

效益性即细分市场的容量能保证企业获得预期的经济效益。企业选择目标市场的目的，是为满足未被满足的消费需求并盈利。这就要求目标市场应有适当的规模、容量和购买力，不仅能保证企业在短期内盈利，还能使企业保持较长时期的收益，使企业有一定的发展潜力。

（五）目标市场策略

企业在进行目标市场抉择时，可按具体条件选择以下不同的策略。

1. 无差异市场策略

无差异市场策略又称无差别市场营销策略（同一性市场营销策略），是指不对整体市场进行细分，将全部市场作为企业的目标市场，以一种产品、一种营销方法来满足市场上所有消费者需求的策略。

采用这一策略的企业，主要着眼于顾客需求的同质性，对其差别忽略不计，认为市场上所有顾客对其产品有共同的需求和喜好。因此，企业只向市场推出单一的标准化产品，并以统一的营销方式销售。

无差异市场策略的优点是，企业能够通过单一产品的大批量生产，形成规模效应，降低产品成本，提高生产效率，减少产品开发费用，节省促销成本而取得价格优势，从而吸引最广泛的消费者。美国的可口可乐公司在相当长的一段时间里，因为拥有世界性的专利，只生产一种口味、一种瓶装的饮料而获得了饮料市场的霸主地位，这是企业采用无差异策略的一个典型案例。但是，市场消费需求的同质性是相对的，消费者的现实消费需求与欲望多种多样，实行无差异市场策略就有了它的不足之处：首先，单一产品和单一营销方式不能满足所有消费者的实际需求；其次，单一产品和单一营销方式容易被其他企业模仿，造成市场过多同质产品和企业之间的激烈竞争而消费者的差异性需求得不到满足；另外，其他企业的新产品或新的营销方式可能打破原有单一模式成为消费亮点，从而挤占企业原有市场，这对企业是很不利的。因此，这种以“不变应万变”的营销策略不能长期无条件应用，而要受到一些客观条件的限制。以下两种情况可以采用无差异市场策略：

（1）消费者的挑选性不大、需求弹性较小的基本生活资料和主要工业原料，如棉花、粮食、油料、煤炭、工业用糖等；

（2）经营的企业不多，竞争性不强的产品，如石油。

2. 差异市场策略

差异市场策略又称选择性市场营销策略（或非同一性市场策略），是企业在对整体市场细分的基础上，针对每个细分市场的需求特点，设计和生产不同的产品，制定并实施不同的市场营销组合方案，以差异性产品满足差异性市场需求的策略。采用这一策略的企业，主要着眼于消费者需求的一致性。把整体市场按消费者的一定特性进行细分，然后针对个别市场的不同需求和爱好，提供与其相适应的产品和采用适当的营销组合分别加以满足。例如，近年来，可口可乐公司转向采用这一策略，根据消费者的不同需求和爱好，生产出不同型号、不同包装、不同口味的产品。

这一策略的优点是商品适销性强，可以满足消费者的不同需求。企业采用差异市场策略，进行小批量、多品种生产，具有很大优越性。一方面，能满足顾客的不同需要，提高产品竞争能力，减少企业的经营风险；另一方面，如果企业在数个细分市场都有良好的经营效果，会大大提高消费者对该企业的信赖程度和购买频率，提高消费者对企业品牌的忠诚，利于企业新产品的推广。20 世纪 60 年代以来，世界上越来越多的企业都采用了这种策略，并取得了经营上的成功。但是，实行差异化市场策略，必然会使产品品种、型号、规格多样化，销售渠道的扩展及广告宣传活动的复杂化，导致生产经营费用、研发费用、管理费用及销售费用大幅增加，直接影响到产品的价格。因此，适宜采用差异市场策略的情况有：

（1）消费者需求弹性较大的商品，如高档家具、高档电器、名牌服装等；

（2）处于成长期和成熟期的产品，此时期产品市场竞争非常激烈，差异性经营可以提高企业竞争能力；

（3）规格等级需求复杂的产品，差异市场策略可以满足不同消费者的需求。

3. 集中性市场策略

集中性市场策略又称密集性市场策略，是企业在市场细分过程中，以一个或少数几个细分市场作为目标市场，制订一套营销方案，集中力量在目标市场上开展营销活动的策略。采用集中性市场策略的企业，生产经营重点突出，不盲目追求和扩大市场范围，通过集中力量于较小的市场上，实行高度专业化的生产和销售，取得较大的，甚至是支配地位的市场份额。

集中性市场策略的优点是，经营目标集中，能深入了解市场需要，针对具体需求予以满足，有利于在集中市场树立和巩固产品和企业形象；在较小市场上实行专业化生产经营，可节省成本和费用，取得良好经济效益，因此资源力量有限的小企业常常采用此策略，但是由于目标市场比较单一和窄小，若市场情况发生变化，企业就可能会面临较大的市场风险。因此，选择这种策略应有风险防范意识和较好的应变能力。

（六）目标市场策略的考虑因素

前文所述的目标市场策略各有其适应状况，厂商在选择其中任意一种作为其目标市场策略时，应该审慎考虑自身的资源、产品的差异性、产品的生命周期阶段、市场的差异性和竞争的营销策略等因素。

1. 厂商本身的资源

当本身的资源有限时，采取集中营销策略较具有意义。集中营销策略可集中有限的力量在单一的目标市场上，以取得竞争优势。如果本身具有大规模的单一生产线，拥有广泛的分销渠道，产品标准化程度高、内在质量好、品牌声誉高，可以采用无差异性营销策略；如果厂商的资源雄厚，则可依据资源依托采用差异性营销策略，同时针对两个或两个以上的目标市场进行集中营销。

2. 产品的特点

一些需求弹性比较小的初级产品，同质性比较大的加工产品，如农副产品、钢材、石油等，可以采用无差异营销策略。一些虽然事实上存在品质差异，但多数消费者并不了解或无须区分的产品，如糖、盐、建筑用沙子等也可采用无差异性营销策略。一些需求弹性比较小，尤其是一些产品差异比较大的选购品、异质性较大的产品，如照相机和汽车等，较适合采用差异性营销或集中性营销策略。

3. 产品的生命周期

当厂商推出一种新产品时，由于产品在市场上是处于产品生命周期投入期，面临的主要问题是开发初始的产品需求，而不是产品差异和选择性需求，只要推出一种式样即可。另一方面，企业也难以短时间内推出多种产品，或消费者初步接触此产品，对其不甚了解，这部分消费需求还停留在较粗的层次，因此采取无差异性营销策略或集中营销策略是最适当的选择。但如果产品已属于生命周期的成熟期时，产品已经定型，消费者也已经成熟，需求向深层次多样化发展，同时竞争也空前激烈起来，则应该采用差异性营销策略或集中性营销策略。

4. 市场的差异性

如果大多数消费者的需求和偏好比较接近，而且每个时期内购买商品的数量变化不大，对营销刺激的反应明显，对营销努力也均有相同的反应，则应选择无差异性营销策略。如果市场内各个消费群体差异比较大，则应该采取差异性或密集性营销策略。

5. 竞争者的营销策略

一般而言，商家在商场竞争中可供采取的竞争策略大致有两种：针锋相对，避实就虚。若竞争对手采取差异性营销或集中性营销策略时，厂商如果此时采取无差异性的营销策略，则将在竞争中招致失败。反之，若竞争对手采取无差异性营销策略时，厂商既可以采用无差异性营销策略，与竞争者在相同的市场上抢地盘、争份额；也可以采用差异性营销策略或集中性营销策略，向市场的深度进军，在更高的层次上满足消费者的需求。

三、市场营销组合策略

（一）市场营销组合（Marketing mix）的含义

“市场营销组合”是美国哈佛大学教授尼尔·波顿于 1953 年首先提出的概念。同年，美国杰罗姆·麦卡锡教授概括为“4P 理论”。该理论认为，市场营销组合策略可视为一个大系统，它是由相互联系的产品策略、定价策略、销售渠道策略以及促销策略 4 个子系统组成，每个系统又有其独立的结构，企业在明确自己的目标市场后，就应针对该目标市场的具体需求，优化配置已有的资源，制定适合的营销策略，设计最佳的综合营销方案，已达到企业的预期目标。

因此，所谓市场营销组合就是企业针对目标市场具体需求，综合运用各种可能的市场营销策略和手段，组合成系统化的整体策略，以实现企业经营目标，取得最好的经济效益。“4P 理论”的提出，明确了企业的营销活动应围绕产品、价格、销售渠道和促销展开，针对目标市场的具体需求，分别制定营销策略，从而形成不同的营销组合策略。

产品策略是指企业根据目标市场的具体需求，对产品的品种、质量、规格、式样、包装、特色、品牌，以及各种服务和保证等要素进行恰当组合和运用，让消费者满意的策略。

价格策略是指企业在激烈的市场竞争中，对所提供的产品或服务的基本价格、折扣、津贴、优惠、付款方式、信贷条件、定价方法和定价技巧等要素进行有机组合和运用，以增强企业产品竞争力的策略。

销售渠道策略是指企业为使产品进入目标市场，而对产品的流转途径和环节、网点设置及储存运输等要素进行有效组合和运用的策略。

促销策略是指企业为刺激消费者，促进产品销售，而对与产品促销有关的广告、人员推销、营业推广、公共关系等要素进行组合和运用的策略。

（二）市场营销组合的特点

任何公司在进行营销选择时都是一种整合营销。这种整合营销包括对营销要素的组合、营销网络的组合。市场营销组合是现代市场营销的一个重要概念，包括以下特点。

1. 可控性

市场营销组合中的因素的可控性。市场营销组合中的 4 个要素都是企业可以控制的。换言之，企业可根据市场的需要，决定自己的产品结构，制定产品价格，选择分销渠道和促销手段，使它们组成最佳组合。当然，可控要素随时受到各种不可控的外部因素影响，所以在实际运用时，要善于适应不可控要素的变化，灵活地调整内部可控要素。

2. 可变性

市场营销组合是一个动态组合，是一个变量。市场营销组合中的每一个要素都是一个变数，不断变化，同时又相互影响，每个要素是另一个要素的潜在替代者。同时在 4 个要素中，又包含着若干个小的变量，每个变数的变动，都会引起整个营销组合的变化，形成一个新的组合。

3. 复杂性

营销组合是一个复合结构，4P 理论中的每一个要素，本身又包含若干个二级要素，在这个基础上，组成各个框架的二级组合。例如，产品策略是一个组合要素，而这个要素又可以划分为品种、质量、功能、式样、品牌、商标、服务、交货、退货条件等若干个二级要素。各个二级要素又可分为若干个三级组合要素。例如，促销策略的二级要素有广告，广告又可划分为各种不同的广告形式，如电视广告、广播广告、报纸广告、路牌广告等。因此，营销组合是一个多层次的复合结构。企业在确立营销组合时首先应求得 4 个框架之间的最佳搭配，其次应要注意每个框架内的合理搭配，使所有的要素达到最有效的组合。

4. 整体性

市场营销组合的整体作用表现为，在企业营销活动中，营销组合的 4 个策略运用得当，所形成的整体营销合力大于 4 个策略单个运用的效力之和，这就是系统的整体作用。因此，企业营销效益的优劣，很大程度上取决市场营销组合策略的整体优势。

（三）市场营销组合的作用

市场营销组合以系统理论为指导，把影响市场营销效果的各个可以控制的要素组织起来，给企业决策者提供了一个科学地分析和运用各种经营手段的思路和方法，以实现企业市场营销整体效果的最优化。对企业的营销活动来说，市场营销组合主要有以下 4 个方面的作用。

1. 市场营销组合是制定企业市场营销战略的基础

企业的市场营销战略通常由战略目标和战术目标组成，这两种目标相互依存，密不可分。

一方面，包括利润目标、市场占有率目标、产品销售量目标等在内的战略目标必须建立在由市场营销诸要素所组成的战术目标的基础上；另一方面，作为企业战术目标的市场营销组合又是实现战略目标的保证。也就是说，企业只有以营销战略为依据，分析产品和市场的特点，结合自己的资源优势制定相应的市场营销组合，才能保证企业营销战略目标的实现。

2. 市场营销组合是企业市场营销的基本手段

为了更好地满足顾客需要，企业必须根据目标市场的特点，确定适当的营销组合，使企业内部每个部门、每个员工的每项活动都以顾客为中心，相互协调，相互配合，保证企业从产品、价格、时间、地点和信息等方面全方位地满足顾客的需要，从而最有效地达到企业的营销目标。

3. 市场营销组合是企业应对竞争的有力武器

一般来说，每个企业都有自己的优势和劣势。竞争的取胜之道在于能客观地分析自己和对手的长处和短处，扬长避短，发挥优势。市场营销组合策略强调企业发挥自己的优势，根据自身的资源条件、市场环境的变化、市场竞争的格局及产品和市场的特点，巧妙灵活地运用营销组合的各个要素，既突出重点，又有整体配合，从而取得竞争中的有利地位。

4. 市场营销组合是协调企业内部各部门工作的纽带

市场营销组合实质上就是整体营销，它不仅要求营销组合诸要素的协调配合，还要求企业内部各个部门增强整体观念，形成一个整体工作系统，彼此相互分工协作，共同满足目标市场的需求，努力实现企业的整体目标。

四、价格策略

价格策略是指企业通过对顾客需求的估量和成本分析，选择一种能吸引顾客、实现市场营销组合的价格策略。

价格策略是给所有购买者规定一个价格，是一个比较近代的观念，在多数情况下，价格是作为购买者做出选择的主要决定因素在起作用；在最近的十年里，在购买者选择行为中非价格要素已经相对地变得更重要了，但是价格仍是决定公司市场份额和盈利率的最重要要素之一。在营销组合中，价格是唯一能产生收入的要素，其他要素表现为成本。

（一）定价的理论依据

价值规律的理论是定价的依据。价值是价格的基础，产品价格是产品价值的货币表现形式。价值决定价格，但价格并非与价值保持一致。在市场上发生的商品交换，受到多种因素的影响和制约，如供求关系及其变动、竞争状况及政府干预等因素。这些因素有时致使价格与价值发生背离，价格高于或低于价值。但从一个较长的时期观察，价格总是以价值为中心并围绕着价值上下波动，这就是价值规律的表现。价值规律是反映商品经济特征的重要规律，是研究价格形成的理论指导。

（二）影响价格的基本因素

价格形成及活动是商品经济中最复杂的现象之一，除了价值这个形成价格的基础因素外，现实中的企业价格的制定和实现还受到多方面因素的影响和制约，因此企业应给予充分的重视和全面的考虑。为了科学地进行产品定价，必须研究分析影响定价的基本因素，价格实际上是各因素综合影响的结果。影响定价的主要因素有以下几种。

1. 竞争环境

竞争环境是影响企业定价不可忽视的因素。不同的市场环境存在着不同的竞争强度。企业应该认真分析自己所处的市场环境，并考察竞争者提供给市场的产品质量和价格，从而制定出对自己更为有利的价格。

企业所面临的竞争环境一般有以下几种情况。

（1）完全竞争市场

企业产品如果进入完全竞争市场，只能接受在市场竞争中形成的价格。要获取更多的利润，只能通过提高劳动生产率，节约成本开支，使本企业成本低于同行业的平均成本。

（2）不完全竞争市场

在这类市场中，价格竞争和非价格竞争都很激烈，本企业产品价格受同类产品价格的影响很大。因此，企业可以根据其提供的产品或服务的“差异”优势，部分地变动价格来寻求高的利润。

（3）寡头竞争市场

寡头竞争市场具有以下特征。

①生产的产品相同或是有很近似的替代品。

②市场进入非常困难。

③企业数目很少，每个企业的市场份额都相当大，足以对价格的制定产生举足轻重的影响。

④市场价格相对稳定，在这种市场结构中，几家企业相互竞争又相互依存，哪一家企业都不能随意改变价格，因为任何一个企业的价格变动都会导致其他企业产生迅速而有力的反应而难独自奏效。企业产品进入这一市场，由于彼此价格接近，应十分注重成本意识。

（4）完全垄断市场

完全垄断市场的某种产品或服务只由某个企业独家提供，几乎没有竞争对手，通常有政府垄断和私人垄断之分。

形成垄断的原因有：

①技术壁垒，如家传秘方，若不外传便具有垄断性；

②资源独占，如颐和园只有一个，这就形成旅游业的垄断市场；

③政府特许，由于垄断者控制了进入市场的种种障碍，因此它能完全控制市场价格。

2. 产品成本

产品成本是指产品在生产过程和流通过程中所花费的物质消耗及支付的劳动报酬的总和。

一般来说，产品成本是构成价格的主体部分，且同商品价格水平呈同方向运动。产品成本是企业实现再生产的起码条件，因此企业在制定价格时必须保证其生产成本能够收回。随着产量增加及生产经验的积累，产品的成本不断发生变化，这便意味着产品价格也应随之发生变化。

产品成本有个别成本和社会成本两种基本形态。个别成本是指单个企业生产商品所耗费的实际生产费用。社会成本是指部门内部不同企业生产同种商品所耗费的平均成本，即社会必要劳动时间，又称部门平均成本，它是企业制定商品价格时的主要依据。由于各企业的资源条件和经营管理水平不同，其个别成本与社会成本必然会存在着差异，因此企业在定价时，应当根据本企业个别成本与社会成本之间的差异程度，分别谋取较高利润、平均利润、较低利润，甚至不得不忍受亏损。

3. 供求关系

供求规律是商品经济的内在规律，产品价格受供求关系的影响，围绕价值发生变动。

（1）价格与需求

这里说的需求，是指有购买欲望和购买能力的有效需要。在其他因素不变的情况下，价格与需求量之间有一种反向变动的关系，即需求量随着价格的上升而下降，随着价格的下降而上升，这就是通常所说的需求规律。

（2）价格与供给

供给是指在某一时间内，生产者在一定的价格下愿意并可能出售的产品数量。有效供给必须满足两个条件，即有出售愿望和供应能力。在其他因素不变的条件下，价格与供给量之间存在正相关关系，即价格上升供给量增加，价格下降供给量下降。

（3）供求与均衡价格

受价格的影响，供给与需求的变化方向是相反的。如果在一个价格下，需求量等于供给量，那么市场将达到均衡，这个价格称为均衡价格，这个交易量称为均衡量。当市场价格偏高时，购买者减少购买量使需求量下降，而生产者受高价吸引增加供应量，使市场出现供大于求的状况，产品积压必然加剧生产者之间的竞争，使价格下跌。当市场价格偏低时，低价引起购买数量的增加，但生产者因价格降低减少供给量，使市场供小于求，购买者之间产生竞争导致价格上涨。如此变化的结果，迫使价格趋向供求平衡时对应的价格。均衡价格即理论上的销售价格是相对稳定的价格，但是，由于市场情况的复杂性和多样性，供求之间的平衡只是相对的、有条件的，不平衡则是绝对的、经常性的。

（4）价格与需求弹性

①需求弹性含义。需求弹性又称需求价格弹性，是指因价格变动所引起的需求相应的变动率，反映了需求变动对价格变动的敏感程度。需求弹性用弹性系数 E 表示，该系数是需求量变动百分比与价格变动百分比的比值。

$$E=\frac{\Delta\frac{Q}{Q}}{\Delta\frac{p}{p}}=\frac{\Delta Q}{\Delta p}\times\frac{p}{Q}$$

式中，Q——原需求量；

P——原价格；

ΔQ——需求变动量；

ΔP——价格变动量。

②需求弹性类型。由于价格与需求一般呈反方向变动，因此弹性系数是一个负值，采用时取其绝对值。不同的产品具有不同的需求弹性。从弹性强弱角度决定企业的价格决策，主要有以下几种类型。

a.E=1，需求单元价格弹性，反映需求量与价格等比例变化。对于这类产品，价格无论怎么变化都不会对总收入产生多大影响。因此企业定价时，可选择实现预期盈利率为价格或选择通行的市场价格，同时把其他营销策略作为提高盈利率的手段。

b.$E > 1$，需求弹性大或富有弹性，反映了价格的微小变化都会引起需求量大幅度变化。定价时，应通过降低价格、薄利多销来增加盈利。反之，提价时务求谨慎以防需求量锐减、影响企业收入。这种弹性的商品如计算机、汽车、昂贵装饰品等高档产品、奢侈品等。

c.$E < 1$，需求缺乏价格弹性，需求量的变化小于价格自身的变动。定价时，较高水平的价格往往能增加盈利，低价对需求量的刺激不大，薄利不能多销，相反会降低企业的总收入。如粮食、盐、煤气等生活必需品便属于此类，人们不会因为价格上涨而少买许多，也不会因价格下跌而多买许多。

（三）企业定价目标

企业定价还受到企业定价目标的影响，不同的定价目标会形成企业不同的定价方法和策略，从而定出不同的价格。

1. 获取理想利润目标

获取理想利润目标即企业期望通过制定较高价格，迅速获取最大利润。采取这种定价目标的企业，其产品多处于绝对有利的地位。一般而言必须具备两个条件：一是企业的个别成本低于部门平均成本，二是该产品的市场需求大于供应。在这种情况下，企业可以把价格定得高于按平均利润率计算的价格。

但使用这种定价目标要注意的问题是，由于消费者的抵抗、竞争者的加入、代用品的盛行等原因，使企业某种有利的地位不会持续长久，高价也最终会降至正常水平。因此，企业应该着眼于长期理想利润目标，兼顾短期利润目标，不断提高技术水平，改善经营管理，增强竞争力。

2. 适当投资利润率目标

适当投资利润目标即企业通过定价，使价格有利于实现一定投资报酬为定价目标。采取这种定价目标的企业，一般是根据投资额确定的利润率，然后计算出各单位产品的利润额，把它加在产品的成本上，就成为该产品的出售价格。

采用这种定价目标应该注意两个问题。第一，要确定合理的利润率。一般说，预期的利润率应该高于银行的存款利息率，但又不能太高，否则消费者不能接受。第二，产品必须是畅销的，否则预期的投资利润率就不能实现。

3. 维持和提高市场占有率目标

维持和提高市场占有率目标着眼于追求企业的长远利益，有时它比获取理想利益目标更重要。市场占有率的高低反映了该企业的经营状况和竞争能力，从而关系到企业的发展前景。因为从长期来看，企业的盈利状况是同其市场占有率正向运动的。为了扩大市场占有率，企业必须相对降低产品的价格水平和利润水平。但是，采用这一策略必须和大批量生产能力结合起来。因为降价后市场需求量急剧增加，如果生产能力跟不上，造成供不应求，竞争者就会乘虚而入，反而会损害本企业利益。

4. 稳定市场价格目标

稳定市场价格目标这种定价目标是企业为了保护自己，避免不必要的价格竞争，从而牢固地占有市场，在产品的市场竞争和供求关系比较正常的情况下，在稳定的价格中取得合理的利润而制定商品价格。这一策略往往是行业中处于领先地位的大企业所采取。这样做的优点在于：市场需求一时发生急剧变化，价格也不致发生大的波动，有利于大企业稳固地占领市场。

5. 应付竞争目标

应付竞争目标是竞争性较强的企业所采用的定价策略。为应对竞争，在定价前应注意收集同类产品的质量和价格资料，与自己的商品进行比较，然后选择应付竞争的价格：

（1）对于力量较弱的企业，应采用与竞争者价格相同或略低于竞争者的价格；

（2）对于力量较强又想扩大市场占有率的企业，可采用低于竞争者的价格；

（3）对于资本雄厚，并拥有特殊技术的企业，可采用高于竞争者的价格；

（4）有时可采取低价，从而迫使对手退出市场或阻止对手进入市场。

当然，企业所处的地理位置、政府对某些商品价格的规定等也是影响价格的因素。

（四）定价方法

1. 成本导向定价法

在成本的基础上加上一定的利润和税金来制定价格的方法称为成本导向定价法。由于产品形态不同及成本基础上核算利润的方法不同，成本导向定价法可分为以下几种形式。

（1）成本加成定价法

成本加成定价法是在单位产品完全成本的基础上，加上一定比例的利润和税金，构成单位产品的价格。

采用成本加成定价法一般是按成本利润率来确定的，其计算公式为

单位产品单价 =（完全成本 + 利润 + 税金）÷ 产品产量

产品单价 = 单位产品完全成本（1+ 成本利润率）÷（1– 税率）

成本利润率 = 要求提供的利润总额 ÷ 产品成本总额 ×100%

采用成本加成定价法，确定合理的成本利润率是一个至关重要的问题。而成本利润率的有效确定，必须研究市场环境、竞争程度、行业特点等多种因素。某一行业的某一种产品在特定市场以相同的价格出售时，成本低的企业能获得较高的利润率，并在激烈的市场竞争中有较大的回旋空间。

①成本加成定价法的优点：计算简便，成本资料可直接获得，便于核算；价格能保证补偿全部成本并满足利润要求。

②成本加成定价法的缺点：定价所依据的成本是个别成本，而不是社会成本或行业成本。

因此，制定的价格可能与市场价格有一定偏离，价格难以反映市场供求状况和竞争状况，定价方法也不够灵活。这种定价方法适用于经营状况和成本水平稳定的企业，适用于供求大体

平衡、市场竞争比较缓和的产品，一般卖方市场条件下使用较多。

（2）目标成本加成定价法

目标成本加成定价法是以目标成本为基础，加上预期的目标利润和应缴纳税金来制定价格的方法。上述涉及的完全成本是企业生产经营的实际成本，是在现实生产经营条件下形成的成本支出，它同将来的生产经营条件没有必然的联系。目标成本则属于预期成本或计划成本，它同制定价格时的实际成本会有一定差别。

目标成本加成法的计算公式为

产品价格 = 目标成本 ×（1+ 目标利润）÷（1– 税率）

目标成本 = 价格 ×（1– 税率）÷（1+ 目标利润）

目标利润率 = 预期目标总利润 ÷ 目标成本 × 目标销售量 ×100%

目标成本并不是实际成本，它受预期定价、预期利润、目标利润率、目标销售量及税率等多种因素的影响。其中，税率是法定的，企业无修改的权力。所以，在确定目标成本时，必须建立在对价格、成本、销售量和利润进行科学预测的基础上，不能凭主观想象，才能使定价与实际相符合，以实现预期利润。

（3）边际贡献定价法

所谓边际贡献是指产品销售收入与产品变动成本的差额，单位产品边际贡献指产品单价与单位产品变动成本的差额。边际贡献弥补固定成本后如有剩余，就形成企业的纯收入；如果边际贡献不足弥补固定成本，那么企业将发生亏损。在企业经营不景气，销售困难，生存比获取利润更重要时，或企业生产能力过剩，只有降低售价才能扩大销售时，可以采用边际贡献定价法。

边际贡献定价法的原则是，产品单价高于单位变动成本时，就可以考虑接受。因为不管企业是否生产、生产多少，在一定时期内固定成本都是要发生的。而产品单价高于单位变动成本，这是产品销售收入弥补变动成本后的剩余，可以弥补固定成本，以减少企业的亏损（在企业维持生存时）或增加企业的盈利（在企业扩大销售时）。这种方法的基本计算公式是

单位商品销售价格 =（总的变动成本 + 边际贡献）÷ 总销量

（4）盈亏平衡定价法

盈亏平衡定价法又称收支平衡定价法，是适用盈亏平衡原理实行的一种保本定价方法。

首先计算盈亏平衡点产量，其公式为

盈亏平衡点产量 = 固定成本 ÷（单位产品价格 – 单位可变成本）

当企业的产量达到盈亏平衡点产量时，企业不盈不亏，收支平衡，保本经营。保本点价格的计算公式为

保本点价格 = 固定成本 ÷ 盈亏平衡点产量 + 单位产品变动成本

如果企业把价格定在保本点价格上，则只能收回成本，不能盈利；若高于保本点定价便可获利，获利水平取决于高于保本点的距离；如低于保本定价点，企业无疑是亏损的。因此，也可以将盈亏平衡定价法理解为，它规定了在产量一定的情况下，什么价格是保证企业不亏本的最下限价格。

2. 竞争导向定价法

竞争导向定价法是根据竞争者产品的价格来制定企业产品价格的一种方法。常用的有以下4种方法。

（1）随行就市定价法

随行就市定价法即企业根据同行业企业的平均价格水平定价。在竞争激烈的情况下，是一种与同行和平共处、比较稳妥的定价方法，可避免风险。

（2）追随定价法

追随定价法即企业以同行为主导企业的价格为标准制定本企业的产品价格。此方法可避免企业之间的正面价格竞争。

（3）密封投标定价法

密封投标定价法是一种竞争性很强的定价方法。一般在购买大宗物资、承包基建工程时发表招标公告，由多家卖主或承包者在同意招标人所提出的条件的前提下，对招标项目提出报价，招标者从中择优选定。

3. 需求导向定价法

需求导向定价法是以消费者对产品价值的理解程度和需求强度为依据的定价方法。主要方法有以下几种。

（1）理解价值定价法

理解价值又称感受价值、认知价值，是指消费者对某种商品的主观评判。理解价值定价法是指企业不以成本为依据，而以消费者对商品价值的理解度为定价的依据。使用这种方法定价，企业首先应以各种营销策略和手段影响消费者对产品认知，形成对企业有利的价值观念，然后再根据产品在消费者心目中的价值来制定价格。理解价值定价法的关键在于获得消费者对有关商品价值理解的准确资料。企业如果过高估计消费者的理解价值，价格就可能过高，这样会影响商品的销量；反之，如果企业低估了消费者的理解价值，其定价就可能低于应有的水平，企业可能会因此减少收入。所以，企业必须搞好市场调查，了解消费者的消费偏好，准确地估计消费者的理解价值。

（2）区分需求定价法

根据需求的差异，对同种产品或服务制定不同价格的方法称为区分需求定价法，也叫“价格歧视”。定价方式主要有以下内容。

①因顾客而异。同种产品或服务，对不同职业、收入、阶层或年龄的消费群体制定不同的价格，企业可根据上述差异在定价时给予相应的优惠或提高价格。

②因式样而异。对式样不同的同种商品制定不同的价格，价格差异比例往往大于成本差异的比例。

③因时间而异。根据产品季节、日期及钟点上的需求差异制定价格。

④因空间而异。企业根据自己产品销售区域的空间位置来确定商品的价格。

⑤因用途而异。同一种商品有时会有不同的用途和使用量，因而价格也应有所区别。

实行区分需求定价法要具备一定的前提条件：一是市场能够根据消费者的需求强度进行细分；二是细分后的市场在一定时期内相对独立，互不干扰；三是竞争者没有可能在企业以高价销售产品的市场上以低价销售；四是价格差异程度不会引起消费者的不满或反感。

（五）定价策略

定价策略是企业为了实现预期的经营目标，根据企业的内部条件和外部环境，对某种商品或服务选择最优定价目标所采取的应变谋略和措施。

1. 新产品定价策略

新产品定价是企业价格策的一个关键环节。因为新产品的成本高、顾客对它不了解，竞争对手也可能还没有出现，所以新产品价格确定得正确与否，关系到新产品能否顺利进入市场，并为以后占领市场打下基础。常见的新产品定价策略有三种。

（1）撇脂定价策略

撇脂定价策略是指如同把热牛奶上的一层油脂精华取走一样，企业在新产品刚投放市场时把价格定得很高，以求在尽可能短的期限内迅速获取高额利润，而后随商品的进一步成长再逐步降低价格。采用此策略的企业商品一上市便高价获利，这是因为新产品能对消费者产生新的吸引力。

实行撇脂定价策略必须有一定的条件。首先，新产品比市场上现有产品有显著的优点，能使消费者“一见倾心”；其次，在产品新上市阶段，商品的需求价格弹性较小或者早期购买者对价格反应不敏感；另外，短时期内由于仿制等方面的困难，类似仿制产品出现的可能性小，竞争对手少。此策略的优点是尽早争取主动，达到短期最大利润目标，有利于企业的竞争地位的确定。但缺点也明显，由于定价过高，有时渠道成员不支持或得不到消费者的认可；同时，高价厚利会吸引众多的生产者和经营者转向此产品的生产和经营，加速产品的市场竞争。

（2）渗透定价策略

渗透定价策略又称渐取定价策略，是指企业在新产品投放市场的初期，将产品价格定得相对较低，以吸引大量购买者，获得较高的销售量和市场占有率。这种策略同撇脂定价策略正相反，是以较低的价格进入市场，具有鲜明的渗透性和排他性。

采用渗透策略的条件：商品的市场规模较大，存在着强大的竞争潜力；商品的需求价格弹性较大，稍微降低价格，需求量就会大大增加，通过大批量生产能降低生产成本。

渗透策略的优点是可以占有比较大的市场份额，通过提高销售量来获得企业利润，也较容易得到销售渠道成员的支持，同时，低价低利对阻止竞争对手的介入有很大的屏障作用。其缺点在于定价过低，一旦市场占有率扩展缓慢，收回成本速度也慢。有时低价易让消费者对商品的质量产生怀疑。

（3）满意定价策略

满意定价策略是一种介于撇脂定价和渗透定价之间的折中定价策略，其新产品的价格水平适中，同时兼顾生产企业、购买者和中间商的利益，能较好地为各方面所接受。正是由于这种定价策略既能保证企业获得合理的利润，又能兼顾中间商的利益，还能为消费者所接受，所以称为满意定价。

这种价格策略的优点在于，满意价格对企业和顾客都是较为合理公平的，由于价格比较稳定，在正常情况下盈利目标可按期实现。其缺点在于，价格比较保守，不适于竞争激烈或复杂多变的市场环境。这一策略适用于需求价格弹性较小的商品，包括重要的生产资料和生活必需品。

以上三种新产品定价策略利弊均有，并有其相应的适用环境。企业在具体运用时，采用哪种策略，应从企业的实际情况、生产能力、市场需求特征、产品差异性、预期收益、消费者的购买能力和对价格的敏感程度等因素出发，综合分析，灵活运用。

2. 产品阶段性定价策略

产品阶段性定价策略是指在对产品经济生命周期进行分析的基础上，依据产品生命周期不同阶段的特点而制定和调整价格。

（1）投入期定价策略

一般可参考新产品的定价策略，对上市的新产品（或者是经过改造的老产品）采取较高或较低的定价。

（2）成长期定价策略

这一阶段，消费者接受产品，销售量增加，一般不贸然降价。但如果产品进入市场时价格较高，市场上又出现了强有力的竞争对手时，企业为较快地争取市场占有率的提高，也可以适当降价。

（3）成熟期定价策略

这一阶段，消费者人数、销售量都达到最高水平并开始出现回落趋势，市场竞争比较激烈，一般宜采取降价销售策略。但如果竞争者少也可维持原价。

（4）衰退期定价策略

这一阶段，消费者兴趣转移，销售量激烈下降，一般宜采取果断降价的销售策略。但如果同行业的竞争者都已退出市场，或者经营的商品有保存价值，也可以维持原价，甚至提高价格。

各类产品在其产品生命周期的某个阶段一般具有共同的特征，但由于不同种类产品的性质、特点及其在国计民生中的重要程度、市场供求状况的不同，对不同的产品采取的定价策略要实事求是，机动灵活。

3. 折扣定价策略

折扣定价策略是利用各种折扣和让价吸引经销商和消费者，促使他们积极推销或购买本企业产品，从而达到扩大销售、提高市场占有率的目的的策略。这一策略能增加销售上的灵活性，给经销商和消费者带来利益，因而在现实中经常被企业所采用。常见的价格折扣主要有以下几种形式。

（1）数量折扣

数量折扣是指按顾客购买数量的多少给予不同的价格折扣的策略，也是企业运用最多的一种价格折扣策略。一般来说，顾客购买的数量越多或数额越大，折扣越高，以鼓励顾客大量购买或一次性购买多种商品，并吸引顾客长期购买本企业的商品。数量折扣分为累计数量折扣和非累计数量折扣。累积数量折扣是指在一定时期内累计购买超过规定数量或金额给予的价格折扣，其优点在于鼓励消费者成为企业的长期顾客。非累计数量折扣是指按照每次购买产品的数量或金额确定折扣率，其目的在于吸引买主大量购买商品，利于企业组织大批量销售，以节约流通费用。企业采用数量折扣有助于降低生产、销售、储运和记账等各环节的成本费用。

（2）现金折扣

现金折扣是指企业为了鼓励购买者尽早付清货款，加速资金周转，规定凡提前付款或在约定时间付款的买主可享受一定的价格折扣。运用现金折扣策略，可以有效地促使顾客提前付款，从而有助于盘活资金，减少企业的利率和风险。折扣大小一般根据付款期间的利率和风险成本等因素确定。

（3）季节折扣

季节折扣是指企业生产经营季节性产品，为鼓励买主提早采购或在淡季采购而给予的一种价格折让。在季节性商品销售淡季，资金占用时间长，这时如果能扩大产品销售量，便可加快资金周转，节约流通费用。在这种情况下，卖方以价格折扣来鼓励买方在淡季购买商品，并向其转让一部分因节约流通费用带来的利润，这对买卖双方都是具有积极意义的。厂家和中间商之间采用季节性折扣，可以促使中间商提早进货，保证企业生产能够正常进行。而零售企业在销售活动中实行季节折扣，能促进消费者在淡季提前购买商品，减少过季商品库存，加速资金周转。

（4）业务折扣

业务折扣又称同业折扣或功能折扣，是生产厂家给予批发企业和零售企业的折扣，折扣的大小因商业企业在商品流通中的不同功能、作用而异。对批发商来厂进货给予的折扣一般要大些，零售商从厂方进货的折扣低于批发企业。

4. 心理定价策略

心理定价策略指企业针对消费者心理活动和变化定价的方法与技巧。一般在零售企业中对最终消费者应用得比较多。常用的定价策略主要有以下内容。

（1）组合定价策略

组合定价策略是企业迎合消费者求全的心理将两种或两种以上有关联的商品合并制定一个价格，具体做法是将这些商品捆绑在一起或装入一个包装物中。此策略易激发消费者的购买欲望，有促进多种商品销售成交的作用。

（2）尾数定价策略

尾数定价策略是指企业在制定产品价格时以零头数结尾。据心理学家分析，消费者通常认为整数价格如 10 元、20 元、200 元等是概略价格，定价不准确，而认为非整数价格如 9.96 元、19.95 元、198 元等是经过精确核算的价格，容易产生安全和信任的感觉，这满足了消费者求廉的心理。对于价格较低的商品，特别是日用消费品采用尾数定价策略，能使消费者对商品产生便宜的感觉，因而能迅速做出购买决策。

（3）整数定价策略

整数定价策略也称声望定价或整数原则，即在消费者购买比较注重心理需要的满足的商品时，把商品的价格定为整数。名店、名牌商品采用整数定价策略以提高商品的身份，进而起到标识和提高消费者身份的作用。对于一些需求价格弹性不高的商品采用整数定价可以方便结算和提高工作效率。

（4）期望与习惯定价策略

根据消费者的愿望、购买习惯和接受水平制定价格。日用消费品的价格通常容易在消费者心目中形成一定的习惯性标准。

（5）安全定价策略

安全定价策略也叫“一揽子定价”策略。针对消费者在购买大件耐用消费品时担心维修不便等心理，把商品本身的价格与确保消费者安全使用的费用加总计算，并将送货上门、代修代装、免费换易损件等售中、售后服务的措施广泛宣传，消除购买者的心理障碍，降低消费者的消费风险，增强安全感。

（6）特价品定价策略

企业将商品的价格定得低于市价，并广泛宣传，引起消费者的兴趣，此策略常在经营多品种的超级市场、百货商店使用。许多超级市场常年有特价产品，其特价商品常配有醒目的黄色标签。企业有意将店中的几种商品的价格标低，有时甚至低于成本以吸引顾客来店，目的在于吸引顾客，引发连带购买行为。

5. 相关产品价格策略

相关产品是指在最终用途和消费购买行为等方面具有某种相互关联性的产品。制造或经营两种以上产品的企业可以利用此特点综合考虑企业产品的定价。常见的有以下两种形式。

（1）互补产品价格策略

互补商品指两种（或两种以上）功能互相依赖、需要配套使用的商品。互补商品价格策略是企业利用价格对消费互补品需求的调节，全面扩展销售量所采取的定价方式和技巧。具体做法是把价值高、购买频率低的主件价格定得低些。

（2）替代商品价格策略

替代商品是指功能和用途基本相同，消费过程中可以互相替代的产品。替代产品价格策略是企业为达到既定的营销目标，有意识地安排企业替代产品之间的关系而采取的定价措施。

企业若生产或经营着两种以上有替代关系的产品，这两种产品的市场销量常常表现为此消彼长，而这种增加或减少与商品价格的高低有着十分密切的关系。企业可主动地运用这一规律来实行组合价格策略。

6. 地理定价策略

地理定价策略是指企业根据产销地的远近、交货时间的长短和运杂费用的分担所制定的价格策略。这一定价格策略主要有以下几种形式。

（1）产地交货价格

产地交货价格是指卖方按照厂价交货或按产地某种运输工具交货的价格。

（2）买主所在地价格

买主所在地价格则指企业负责将产品运到买主所在地，并承担运输和保险等费用。

（3）统一交货价格

统一交货价格是指企业对于卖给不同地区的顾客的某种产品都按照相同厂价（产地价格）加相同的运费（按平均运费）定价。

（4）区域定价

区域定价是指把产品的销售市场分成几个价格区域，对于不同价格区域的顾客制定不同的价格，实行地区价格。

（5）基点定价

基点定价是指企业选定某些城市作为基点，然后按一定的厂价加基点（最靠近顾客所在地的基点）至顾客所在地的运费来定价，而不管货物是从哪个城市起运的。

（6）运费免收定价

运费免收定价是指企业替买主负责全部或部分运费的定价。企业采用运费免收定价，一般是为了与购买者加强联系或开拓市场，通过扩大销量来抵补运费开支。

7. 价格变动策略

营销者在定价之后，由于宏观环境变化或市场供求发生变动，企业必须主动地调整价格，以适应激烈的市场竞争。

（1）降价策略

当市场营销环境发生变化，如产量过多、库存积压严重、其他营销策略无效，或者在激烈的价格竞争中，市场占有率下降，企业为了扩大销售或稳住市场占有率只有降低销售价格。在降价之前，卖方应向自己的代理商、经销商保证，降价后对他们原来的进货或存货，按新价退补降价损失，使长期客户及该商品分销渠道的各个环节的利益得到保证，这样才能保住企业的市场。

（2）提价策略

由于资源约束而产生严重的供不应求或发生通货膨胀时，企业不得不采用提高价格的办法来弥补成本的上升。提价必然会引起顾客和中间商的不满，市场营销中应采用不同的提价策略来平抑提价所引起的不满，其主要策略有：

①限时提价；

②在供货合同中载明随时调价的条款；

③对商品附加服务收费或取消附加服务；

④减少或取消折扣和津贴；

⑤改动产品的型号或增加某种功能等，并配合其他营销手段来消除提价的负面影响。

五、促销策略

所谓促销，是指通过人员或非人员的方法传播商品信息，帮助和促进消费者熟悉某种商品或服务，并促使消费者对商品或服务产生好感与信任，继而使其踊跃购买的活动。从核心和实质来看，促销就是一种信息沟通。一方面，通过各种各样的手段和方式，实现企业与中间商、企业与最终用户之间的各种各样的信息沟通；另一方面，通过信息沟通促销又能够传递最终用户和中间商对生产者及有关产品的各种各样的评价。

促销的目的是通过各种形式的信息沟通来引发、刺激消费者产生购买欲望直至发生购买行为，实现企业产品的销售。促销的方式主要有人员促销和非人员促销两类。人员促销是企业派出推销人员，与消费者进行面对面的直接沟通，说服顾客购买。非人员促销是借助广告、公关和各种各样的销售促进方式进行信息沟通，达到引发、刺激消费者产生购买欲望直至发生购买行为，实现企业产品销售的目的。这两种方式各有利弊，起着相互补充的作用。此外，目录、通告、赠品、店标、陈列、示范、展销等也都属于促销策略范围。一个好的促销策略，往往能起到多方面作用，如提供信息情况，及时引导采购；激发购买欲望，扩大产品需求；突出产品特点，建立产品形象；维持市场份额，巩固市场地位等。一般来说，人员促销针对性较强，但影响面较窄；而非人员促销影响面较宽，针对性较差。企业促销时，只有将两者有机结合并加以运用，方能发挥其理想的促销作用。

把各种促销方式有机搭配和统筹运用的过程就称为促销组合。促销组合是对各种促销形式的有机统配，所以了解各种促销形式非常必要，下面对人员推销、广告、营业推广和公共关系等销售形式做一简要的介绍。

（一）人员推销

人员推销是一个由销售员与顾客进行面对面沟通的过程。销售员通过交流，了解潜在购买者的欲望和要求，介绍产品的功能与特点，推销产品，以满足购买者的需要。人员推销还能与购买者建立起长期良好的关系。

人员推销在众多促销方式中显现出了不可替代的优点，主要表现在以下几个方面。

1. 信息传递的双向性

作为一种促销方式，只有人员推销这种形式能够实现双向信息沟通。

一方面，它可以把企业的有关信息传递给最终用户和中间商，也就是推销对象；另一方面，推销人员通过和推销对象面对面的接触，可以与推销对象进行有关企业、产品、品牌、竞争对手等方面的信息传递或信息反馈。通过这种双向信息沟通，企业可以及时、准确地了解到市场方面的有关情况和信息，为企业营销决策的调整提供依据。这种沟通起到了重要的信息源的作用。

2. 推销目的的双重性

企业派推销人员向推销对象推荐各种产品与服务，主要目的就是尽可能多地实现商品销售。另外，它在这一过程中还可以实现市场调研。因此，推销的目的有两种，一是推销商品，二是市场调研。

在实践中，往往存在着不能充分、有效地发挥人员推销之优点的现象，主要是因为推销人员在市场调研方面的作用没有得到很好地发挥。也就是说，企业在派推销人员进行推销和信息沟通时，应该要求推销人员定期或不定期地提交市场调查报告，这是企业建立市场营销信息系统、建立客户档案的一项重要的基础性工作。推销人员源源不断地从推销对象那里获取的大量信息，有利于建立、修改或完善市场营销信息系统。

3. 推销过程的灵活性

通过人与人之间面对面的接触，推销人员可以及时地回答推销对象对企业和产品各个方面的质疑，以消除推销对象、最终用户的疑虑。同时，在面对面接触的过程中，还可以针对产品价格、付款时间、交货地点等问题进行灵活机动地洽商，这对于交易的达成是非常有利的。

4. 友好协作的长期性

由于推销人员和推销对象经常接触，相互之间容易结成深厚的友谊，这种友谊的建立可以为进一步建立贸易合作伙伴关系奠定深厚的基础，这是其他促销形式所不具备的优点。

所以，人员推销这种形式要求推销人员注重关系营销，注重友好关系的建立、维系与发展。

（二）广告

广告是通过一定媒体向用户推销产品或招徕、承揽服务以达到增加了解和信任以至扩大销售目的的一种促销形式。当今世界，商业广告已十分发达，很多企业、公司、商业部门都乐于使用大量资金做广告。

1. 广告的功能及效用

人们把广告比作信息传播的使者、促销的催化剂、企业的“介绍信”、产品的“敲门砖”，甚至有人认为在今后的社会里，没有广告就没有产品，没有广告就没有效益，没有广告的企业将寸步难行。这就是说，广告是企业促销必不可少的手段。能否有效地使用广告将直接关系到企业的成败。

（1）广告是最大、最快、最广泛的信息传递媒介

通过广告，企业或公司能把产品与服务的特性、功能、用途及供应厂家等信息传递给消费者，沟通产需双方的联系，引起消费者的注意与兴趣，促进购买，加速商品流通和销售。

（2）广告能激发和诱导消费

消费者对某一产品的需求往往是一种潜在的需求，这种潜在的需要与现实的购买行动有时是矛盾的。广告造成的视觉、感觉影像及诱导往往会勾起消费者的现实购买欲望。

（3）广告能较好地介绍产品知识、指导消费

通过广告可以全面介绍产品的性能、质量、用途、维修安装等，并且消除消费者的疑虑，消除他们由于维修、保养、安装等问题而产生的后顾之忧，从而产生购买欲望。

（4）广告能促进新产品、新技术的发展

新产品、新技术的出现，靠行政手段推广，既麻烦又缓慢，局限性很大，而通过广告直接与广大的消费者见面，能使新产品、新技术迅速在市场上站稳脚跟，获得成功。

2. 广告策划

广告策划是通过细致周密的市场调查与系统分析，充分利用已经掌握的知识（信息、情报与资料等）和先进的手段，科学、合理、有效地部署广告活动的过程。简言之，广告策划就是对广告运作的全过程做预先的考虑与设想，是对企业广告的整体战略与策略的运筹与规划。

一项较完整的广告策划主要包括以下 6 个方面的内容。

（1）市场调查

市场调查是进行广告策划的基础。只有对市场和消费者了解透彻，对有关信息和数据掌握充分，才可能做出较为准确的策划。市场调查安排，就是要确定要向什么市场、什么用户、进行何种方式的调查。

（2）消费心理分析

对于消费者心理与行为的分析、研究是广告策划的前提。具体来讲，只有准确地把握住消费者的需要、动机、注意、知觉、记忆、想象、态度、情感与情绪等心理因素，才能有效地进行准确的广告定位与较高水平的广告创意。

（3）广告定位

广告定位是为了突出广告商品的特殊个性，即其他同类商品所没有的优异之点，而这些优点正是特定的用户所需求的。广告定位确定了广告商品的市场位置，符合消费者的心理需求，就可以保障广告取得成功。有了准确的广告定位，广告主题也就可以确定下来。

（4）广告创意

广告创意是决定广告策划成败的关键。广告定位之后的问题就是如何根据广告定位，把握

广告主题，形成广告创意。成功的广告在于它能够运用独创的、新奇的诉求策略与方法，准确地传递出商品信息，有效地激发消费者的购买动机与欲望，持续地影响其态度与行为。

（5）广告媒介安排

广告媒介安排是广告策划中直接影响广告传播效果的重要问题。媒介选择和发布时机安排得当，广告发布的投入产出效果就比较好；反之，企业投放的广告就不能收到预期的效果。

（6）广告效果测定

广告效果测定是全面验证广告策划实施情况的必不可少的工作。企业委托的广告公司的工作水平、服务质量如何，整个广告策划是否成功，企业是否感到满意和更有信心，将以此为依据来做出评价。

（三）营业推广

营业推广又称销售促进，它是企业用来刺激早期或强烈的市场反应而采取的各种短期性促销方式的总称，目的在于劝诱同业（中间商）或消费者购买某一特定产品。

1. 营业推广的作用

营业推广的作用主要表现在 5 个方面：促使消费者使用产品；劝诱使用者再购买；增加消费；对抗竞争；促进消费者对本企业其他产品的消费。

2. 营业推广的类型与方式

营业推广有 3 大类对象，即消费者、中间商和推销人员。与之相应，营业推广也可分为 3 类。

（1）针对消费者的营业推广活动

开展针对消费者的营业推广活动，其目的在于吸引新顾客，抓住老顾客。其方式通常是赠送纪念品、宣传品、实物礼品或赠送折价券、减价和进行抽奖。

（2）针对中间商的营业推广活动

开展针对中间商的营业推广活动，其目的在于扩大和增加企业的产品同顾客之间的渠道。

（3）针对推销人员的营业推广活动

开展针对推销人员的营业推广活动，其目的在于调动推销人员的积极性。

3. 营业推广决策内容

（1）建立营业推广目标

营业推广目标是促销目标的具体化，其具体目标包括鼓励消费者购买、吸引中间商推广新产品、抵消各种竞争性的促销影响及激励推销人员寻找更多的潜在客源。

（2）选择营业推广方式

（3）规划营业推广方案

一个完整的营业推广方案应包括五方面的内容：

①确定刺激强度；

②确定刺激对象；

③确定营业推广的途径；

④确定营业推广的持续时间；

⑤确定营业推广的总预算。

(4) 预试营业推广方案

预试营业推广方案有助于明确在经验基础上所选用的促销方式是否适当。

(5) 实施和控制营业推广方案

(6) 评价营业推广效果

企业可以从多种途径评价营业推广的效果，其中最主要的途径有 3 个：

①对营业推广前、营业推广期间及营业推广后 3 个时期的销售额进行比较；

②进行消费者调查；

③试验法。

(四) 公共关系

公共关系是指企业通过与公众沟通信息，使企业和公众相互了解，以提高企业的知名度和声誉，为企业的市场营销活动创造一个良好外部环境的活动。企业要同公众沟通信息，就必须开展灵活多样的活动。公共关系是最常用的促销手段之一，它不仅有助于企业树立良好的整体形象，扩大企业知名度，还有助于增强员工的归属感、自豪感、凝聚力，扩大企业的销售额。

1. 公共关系的主要活动方式

公共关系的主要活动方式有：

①宣传报道；

②虚心听取和处理公众对本企业各方面的意见；

③建立与政府机构、供应商、中间商等有关组织的联系，努力搞好关系，以求得其了解和协助；

④建立与有关社会团体以及在社会上有一定影响的人士之间的关系，使他们了解企业，争取他们在适当的场合为企业进行宣传；

⑤编写散发宣传材料，使更多的公众了解企业；

⑥倡导、举办或参加社会福利活动，进行力所能及的赞助活动，以提高企业的知名度，树立企业形象；

⑦以实际行动向公众表明本企业在不断进步，努力为社会做出贡献；

⑧开展同企业职工的公共关系。

2. 公共关系的基本原则

企业开展公共关系时应遵循以下 4 个原则：

①实事求是宣传、介绍企业情况；

②把维护和增加公众的利益放在首位；

③要把长期目标和短期活动相结合；

④把发展全方位的公共关系和抓住重点相结合。

3. 公共关系的策略选择

(1) 确定公共关系的目标

确定公共关系的目标是指每一次公关活动都应该有一个具体的目标，并且该目标与企业的整体营销目标保持一致。

（2）实施公共关系计划

实施公共关系既要注意能够锦上添花，又要能够雪中送炭，尤其是要注意处理好危机事件。计划要分长期计划、中期计划、短期计划，并且根据企业的实际情况，适时调整、完善，要具有可操作性。

（3）评价公共关系的结果

评价公共关系的结果主要通过社会知名度、公众的理解和态度，以及对于利润额和销售额的贡献来实现的。

（五）销售渠道策略

1. 销售渠道的含义及功能

所谓销售渠道是指把产品从生产者向消费者转移所经过的通道或途径，它是由一系列相互依赖的组织机构组成的商业机构。这些商业机构包括制造商、中间商、银行、运输商、仓储商和广告商等。销售渠道有以下 3 个功能。

（1）交易功能

交易功能是通过销售渠道，使企业与潜在的消费者接触并进行交流，使消费者能了解企业及企业的产品，与消费者就产品的购买数量、价格、货款支付的方法、运输的方式、交货的时间等进行谈判，并承担与商品流通有关的风险。

（2）后勤功能

后勤功能是指通过对商品的配送与分类，消除生产者与消费者之间存在的时间差异、空间差异、数量差异及花色品种差异。

（3）促进能力

销售渠道一方面可以为企业提供有关市场的需求、竞争等方面的信息资料，有利于企业更有效地开展市场营销活动；另一方面，销售渠道可以向消费者提供各种财务服务，以促进产品的流通。

2. 销售渠道的类型

对销售渠道的类型，可以从不同的角度进行分类。

（1）按销售渠道中的中间商数目，销售渠道分为长的销售渠道和短的销售渠道

长的销售渠道是指由比较多的中间商所组成的销售渠道。短的销售渠道是指由比较少的中间商所组成的销售渠道。当然，销售渠道的长与短是相对而言的。如果企业直接把产品卖给消费者而没有经过一个中间商，则是最短的销售渠道。

长的销售渠道的优点是市场的覆盖面比较大，有利于扩大产品的销量和提高市场占有率。缺点是不利于企业对销售渠道的管理与控制，较多的中间环节也会增加产品的销售费用支出。这种渠道方式比较适合于日常生活消费品的销售。

短的销售渠道的优点是有利于企业对销售渠道的管理与控制，也有利于减少销售费用的支出。但市场的覆盖面小，会影响企业产品的销售市场占有率。这种渠道方式适合价格比较高的耐用品及工业品的销售。

（2）按企业对销售渠道的控制程度，销售渠道分为直接的销售渠道和间接的销售渠道

所谓直接的销售渠道是指由与生产企业是同一个所有者的中间商所组成的销售渠道。由于

组成这种销售渠道的中间商与生产企业是同一个所有者，生产企业能对这种销售渠道实行完全的控制，所以称作直接的销售渠道。所谓间接的销售渠道是指由独立的中间商所组成的销售渠道。由于这种销售渠道是由具有独立利益的中间商组成，企业只能通过合同、价格等手段对销售渠道进行控制，所以称作间接的销售渠道。

直接销售渠道的优点是企业能对销售渠道实现完全的控制，销售渠道的中间商能较好地为消费者提供各种售前、售后服务工作，也能更好地为企业收集各种市场信息资料。当产品的销售量比较大时，采取直接的销售渠道方式也有利于降低销售费用支出，但这种销售渠道方式的渠道建立费用比较大，销售渠道在运转过程中对企业在资本上给予支持的要求也比较高。

间接的销售渠道的优点是渠道建立的费用比较小，对企业在资本方面给予支持的要求也比较低，但企业对销售渠道的控制程度也比较低。

（3）按销售渠道中每个层次（环节）使用中间商的数目，销售渠道分为宽的销售渠道和窄的销售渠道

宽的销售渠道是指组成销售渠道的每个层次的中间商数目都比较多，它比较适合日常生活用品的销售。窄的销售渠道是指组成销售渠道的每个层次的中间商数目都比较少。由于中间商数目比较少，它比较适合价格比较高的耐用品或工业品的销售。

宽的销售渠道能提高产品的市场覆盖面，增加产品的销售量，但企业对销售渠道的控制与管理比较困难，产品的销售费用也会比较大。

窄的销售渠道使产品的市场覆盖面比较小，但企业比较容易对销售渠道进行控制，产品的销售费用也比较小。

（4）按企业采取的销售渠道模式不同，销售渠道分为单渠道营销和多渠道营销

单渠道营销是指企业采用以上分析的一种销售渠道类型把产品从生产者送到消费者手中。多渠道营销是指企业采取多种渠道类型把相同的产品送到不同市场或相同市场的消费者手中。多渠道营销又称双重渠道营销，它有两种形式：一种是企业把同样的产品通过完全不同的销售渠道送到消费者手中。如水龙头制造商可以通过建材批发商、五金批发商、百货批发商、电器批发商卖给许多零售商，再通过各种零售商把水龙头产品送到最终消费者。另一种是制造商通过两类或两类以上的销售渠道销售两种商标的基本相同的产品。采取多种营销的方式有利于实现更深的市场渗透，但各种销售渠道类型之间可能会存在着一定的竞争。

3. 对销售渠道的控制

销售渠道控制力的存在是基于渠道成员之间的相互依赖关系。其控制可分为强制力控制与非强制力控制两种。

从制造商对销售渠道的控制看，强制力控制表现为制造商对销售渠道的其他成员的惩罚能力，如制造商可能威胁不再向服务差或损坏其品牌形象的零售商提供产品。强制力的成功与否取决于威胁惩罚的程度、被威胁对象是否认识到不合作的代价比合作的代价大及威胁信息的可信度。但不断的威胁可能使被威胁的对象结盟来共同对付威胁，会扩大销售渠道的冲突程度。

从制造商对销售渠道的控制看，非强制力控制表现为制造商对销售渠道的其他成员的奖赏力、追随力、专家力、说服力和信息力。奖赏力是对能遵守其要求的渠道其他成员给予奖赏的能力；追随力是由于制造商的卓著的品牌和良好的企业形象而使渠道的其他成员追随和认可的能力；专家力是指制造商的某一方面的专业知识和能力对渠道的其他成员的影响力；说服力是

制造商说服渠道其他成员合理定位的能力；信息力则是制造商获得真实的信息资料而对渠道其他成员所产生的控制力。

第二节 市场调查

一、市场调查的产生与发展

市场营销中的市场，是指由一切具有特定需求并且愿意和可能进行交换来使需求得到满足的现实顾客与潜在顾客所组成的消费者总体。

市场调查（Marketing Research）可以译为市场营销调查、市场营销调研、市场调研、营销调研、市场研究、销售研究等。市场调查是为了满足市场营销需要而进行的调查活动，有狭义和广义两种理解。狭义的市场调查仅指对消费者的调查，了解购买、消费等各种事实、动机和偏好；广义的市场调查是指针对营销过程的每一阶段，运用科学的方法，有目的、有计划、系统地收集、整理和分析研究有关市场营销方面的信息，提出解决问题的建议，供营销管理人员了解营销环境，发现机会与问题，并将其作为市场预测和营销决策的依据。

（一）西方市场调查的产生与发展

市场调查是随着商品生产和商品交换的发展而产生和发展起来的。西方市场调查的产生与发展大体上经历了以下 4 个阶段。

1. 萌芽期（1900 年以前）

进行民意测验可以视为市场调查的萌芽。1824 年，美国《宾夕法尼亚报》和《华盛顿明星报》首先以“卡片法”进行民意测验，即通过随报印发非正式的“假选票”预测当时的总统选举结果。

2. 早期发展（1900—1920 年）

20 世纪初，国外一些大企业纷纷成立市场调查机构，对市场从事系统的研究，市场调查的观念和理论也随之出现。1911 年，美国当时最大的柯迪斯出版公司率先设立了市场调查部门。他们先后对农具销售渠道、纺织品销售渠道和百货公司进行了系统的调查，编写了《销售机会》一书。这是第一本有关市场研究的专著，内容包括美国各大城市的人口、地图和各地区的人口密度、收入水平及相关资料，被推崇为市场调查学科的先驱。

3. 成长期（1920—1950 年）

这一时期，市场调查方法得到广泛应用。到了 20 世纪 20 年代，其他一些公司也先后设立了类似的市场调查机构，它们的主要工作是搜集、整理市场统计资料，但这种调查是比较零散和不系统的。1929 年，在美国政府的主持下，在全美进行了一次分销普查，内容涉及市场结构、商品销售通路、中间商和分配渠道、中间商的经营成本等，为企业提供了较为系统和准确的市场活动资料，这次普查被视为美国市场调查的一个里程碑。在此之后，此种调查改称为商业普查，内容更加广泛，并规定每隔 5 年定期举行一次，以观察市场变动的规律。20 世纪 30 年代是市场调查发展的重要时期。这一时期，美国市场营销协会宣告成立，并出版了《市场调研技术》等书，对市场调查这门学科的形成和发展做了重要的阐述。同时，由于在市场调查中引入了心理学和统计学，从而提高了市场调查的科学性，使市场调查逐步受到社会各界的重视，并在理论上得到了较大的发展。第二次世界大战以后，市场调查得到了迅速发展。1948年，全美专门从事市场调研的公司多达两百多家。

4. 成熟期（1950 年至今）

这一时期，定性定量市场调查方法的推广应用，统计模型应用，计算机技术发展，新型调查方式出现，市场调查成为一个行业，开始建立起行业标准与规范。进入 20 世纪 70 年代，随着科学技术的进步和生产力的发展，新的观念、技术、方法不断应用于市场调查。特别是计算机的出现及其在市场调查中的应用，使市场调查形成了一个以计算机为中心的信息网络系统，从而使动态分析、计算机模拟、运筹学的应用、计量经济学等学科在理论和实践方面都得到了重大的发展。市场调查逐步成为信息产业的重要组成部分，发挥着越来越重要的作用。

西方发达国家市场调查业表现出如下特点：第一，市场调查业兴旺发达，主要表现为调查机构数量多，从业人员专业化程度高，营业额逐年稳步增长；第二，调查设备和技术已发展到一个新水平，现代市场调查的效果大大提高，采用纸和笔的调查方式已很少见，多采用先进的设备和手段；第三，调查研究的行业活动、学术活动和出版活动活跃，使调查业的规范化和标准化得到了较好的保证。

西方市场调查发展大事记见表 4–2。

表 4–2　西方市场调查发展大事记

序号	时间	活动内容
1	1824 年 8 月	美国的《宾夕法尼亚哈里斯堡报》进行选举投票调查
2	1879 年	N.W.Ayer 广告公司进行最早有记载的以营销决策为目的的市场调查活动
3	20 世纪初	杜邦公司利用推销人员进行顾客特征调查
4	1895 年左右	明尼苏达大学的心理学教授哈洛·盖尔的邮寄调查和美国西北大学的 W.D. 斯考特的实验法和心理测量法应用
5	1905 年	美国宾州大学首先开设了一门“产品的销售”课程
6	1911 年	柯迪斯出版公司针对汽车业，建立了第一家正式的调查机构
7	1911 年开始	美国佩林首先对农具销售和纺织品批发 / 零售渠道进行了研究，并著《销售机会》一书，成为“市场调研”的先驱
8	20 世纪 30 年代	问卷调查法得到广泛采用，20 世纪 30 年代末期，市场调查成为大学校园普及性的课程

（二）中国市场调查的发展

我国市场调查业从 20 世纪 80 年代中期起步，经历了 20 世纪 90 年代中期的快速发展后，在 21 世纪步入了平稳发展的成熟期。

中国第一次现代市场研究个案——1983 年上海广告公司为瑞士雀巢公司通过市场调查创造了“味道好极了”这一中国本土化的广告语。

1988 年，中国第一家商业性的市场调查机构——广州市场研究公司在广州成立；1998 年 9 月，设立在中国信息协会之下的市场调查分会筹备委员会成立；2001 年 4 月，全国市场研究行业协会在广州正式成立。

我国的市场调查业主要由以下 4 类机构组成：

第一类，是从传统媒介组织的读者或观众或听众服务部门转变和分离、壮大起来的机构；

第二类，是国外公司在我国开辟的分支机构或外方在管理上和投资上有支配权的合资公司；

第三类，是国内改革开放后通过自身努力发展起来的本土化调查咨询机构；

第四类，是由过去计划经济专司统计功能的各级统计行政部门通过业务延伸或重新组合形成的面向市场的调查机构。

中国市场调查行业潜力巨大。中国作为世界第二大经济体，全球市场调研第五大市场，发展潜力无穷。2018 年中国的市场调查业营业额达 24.18 亿美元，占全球份额的 5%。中国的市场调研份额近年来不断增加，增速平稳，推动亚太乃至全球调研行业的发展。

新技术将在市场调查行业中发挥更加重要的作用。国内领先的市场调研公司，依托强大的技术支持可以实现“大数据 + 小数据”的市场洞察；并以其拥有的巨量消费者调查样本库，实现精准抽样。

随着时代的进步，科技的发展，市场调查行业也会不断更新，与时俱进。“大数据 + 人工智能”的高新科技的运用，实现数据分析的优化升级，从而为客户提供更加真实有效的数据，助力客户实现科学决策。

二、课程特点与主要内容

（一）市场调查的特点

市场调查具有如下显著的特点。

1. 目的性

市场调查必须有明确的目的，必须紧紧围绕企业营销决策内容收集消费者等各方面信息，并向营销管理者提供改善决策与行动方案的有关信息。

2. 客观性

市场调查必须以事实为依据，客观地分析问题和提出解决问题的建议。切忌违背客观规律的主观主义，避免先有领导意图后有论证的唯领导意志论式的市场调查。

3. 计划性

开展市场调查首先要制订一个较为详尽的调查计划，以便有计划、有目的、有秩序地开展能反映客观实际的调查工作，减少市场调查工作的盲目性和人力、物力、财力的浪费。

4. 时效性

有两层含义：第一，由于市场信息随着市场活动的变化在不断地发生着内容或程度上的变化，因此，市场调查工作不可能一劳永逸，而必须经常、全面、不间断地进行，从而保证市场信息是最新、最近的；第二，市场调查工作应该按照工作计划要求，按质按时完成，否则会直接影响企业营销决策的时机。

5. 准确性

可以从两个方面提高准确性：一是力求市场调查收集的信息资料是经过验证的、可靠的和实用的；二是尽可能减少市场调查和分析的误差。

（二）市场调查的主要内容

市场调查的主要内容包括市场基本环境调查、市场需求调查、市场供给调查、市场营销调查 4 大方面。

1. 市场基本环境调查

市场基本环境调查主要包括政治法律环境调查、经济环境调查、社会文化环境调查、技术环境调查、自然地理环境调查等内容。

2. 市场需求调查

市场需求调查主要包括消费需求量调查、消费结构调查、消费者购买动机调查等内容。

3. 市场供给调查

市场供给调查主要包括商品供给来源调查、商品供给能力调查、商品供给范围调查等内容。

4. 市场营销调查

市场营销调查主要包括竞争对手状况调查、产品调查、价格调查、销售渠道调查、促销调查等内容。

三、课程培养目标与学习意义

（一）市场调查的培养目标

学生学习市场调查之后，应能达到以下培养目标：

（1）掌握市场调查的基本概念、基本理论、基本方法与技术，如市场调查的概念、特点、作用，市场基本环境调查，市场需求调查，市场供给调查，市场营销调查等；

（2）了解市场调查技术的新进展，了解大数据与人工智能等高新技术在市场调查领域的运用；

（3）通过案例分析、项目模拟等方式，培养学生理论联系实际、运用市场调查理论和方法解决实际问题的实操能力，以及组织协调、团队协作与沟通能力。

（二）学习市场调查的意义

1. 有利于企业提高对市场环境的适应能力

通过市场调查，能够使企业对市场环境变化有较深刻的认识，从而提高企业对市场环境的适应能力，增强企业对市场环境变化的承受力。市场环境的变化具有两个显著的特点：一是因素多，即造成市场环境变化的原因十分复杂，既有宏观因素，也有微观因素。政治法律环境、经济环境等宏观环境因素，市场供求矛盾、价格升降、消费者购买动机和行为变化等微观环境因素，都是导致市场变化的直接或间接原因。二是市场环境变化波及面广，不仅影响生产，还影响流通和消费，使企业的商品销售额出现大起大落，造成企业经营稳定性差，经营风险大幅增加。因此，从宏观角度看，只有重视市场调查，才能认识市场变化的深层原因，及时地向政府及有关部门提出建议，为制定一系列政策措施、加强市场调控提供可靠的依据；从微观角度看，作为企业经营决策者，必须以市场环境变化及其趋势为依据，根据市场需求有针对性地组织生产和供应，以增强企业自身的实力和抗御突发性市场风险的能力。

2. 有利于企业发现市场机会

随着经济发展和社会进步，人们的观念及需求也在不断发生变化。对企业来说，环境变化意味着新的市场机会。通过市场调查，企业可以及时掌握市场环境的变化，并且积极主动地适应这种变化，从中寻找到企业的市场机会，为企业带来新的发展机遇。为了在竞争中占据主动地位，企业必须不断地寻找新的经济增长点。随着科学技术的进步，新技术、新工艺不断涌现，新产品不断上市。只有通过市场调查，分析产品处在市场生命周期的哪个阶段，并分析市场空缺，企业才能确定在何时开发研制、何时生产、何时销售新产品，以满足消费者的需求，准确把握市场机会，从而使企业在市场竞争中处于不败之地。

3. 有利于企业优化市场营销组合策略

通过市场调查，企业可以及时了解竞争对手的状况，特别是竞争对手采取的营销战略和营销策略，还可以了解顾客对本企业及同类产品的功能、包装、品牌、价格、销售渠道、促销等策略的接受程度，从而为企业有针对性地优化市场营销组合策略提供可靠的信息支持。

4. 有利于企业完善市场信息系统，为市场预测和管理决策奠定基础

市场信息系统反映着整个市场的变化，包括商品供求、消费心理、价格、竞争及营销活动等诸多内容。市场信息系统可为企业提供必要的市场信息，同时把各地区、部门和企业在市场调查中所得到的信息反馈到市场信息系统中，使之不断充实和完善。由于目前多数企业市场信息系统尚不完善，致使企业预见能力差，并导致定位困难。管理决策的前提是市场预测，市场预测的前提是要有一个完整的市场信息系统，而市场信息系统中的信息则主要来自市场调查。因此，市场调查在整个市场预测和管理决策过程中，起着十分重要的基础作用。

5. 有利于企业提高市场竞争力

当今市场已由卖方市场转变为买方市场，消费者成为市场的主体，市场竞争十分激烈。企业要想在竞争中取胜，就要比竞争者更好地满足目标消费者的需求。消费者的需求多种多样，而且还会发生变化。企业只有通过市场调查，才能真正了解和把握消费者的需求变化情况并进行准确的市场定位，提供消费者所需要的产品和服务，才能真正满足消费者的需求，提高企业的市场竞争力。

第五章 财务管理与会计学

第一节 财 务 管 理

一、财务管理的内涵

财务管理简称理财，是企业管理工作中不可或缺的环节，是企业管理的核心。在市场经济条件下，社会产品是使用价值和价值的统一体。企业再生产过程表现为使用价值的生产和交换过程与价值的形成和实现过程的统一。在这个过程中，劳动者将生产中所消耗的生产资料的价值转移到产品中去，并且创造出新的价值，通过实物商品的出售，使转移价值和新创造的价值得以实现。企业资金的实质是生产经营过程中运动着的价值。

在企业生产经营过程中，实物商品或服务在不断地变化，它们的价值形态也在不断地发生变化，由一种形态转化为另一种形态。企业资金从货币形态开始，依次通过供应、生产和销售 3 个阶段，分别表现为生产准备资金、在产品资金、成品资金等各种不同形态，然后又回到货币资金形态。这种从货币资金开始，经过若干阶段，又回到货币资金的运动过程叫作资金的循环。企业资金周而复始、不断重复地循环，叫作资金的周转。这种不断循环、周转的资金运动，就是企业的财务活动。财务活动是财务管理工作的一项重要内容。

企业的资金运动，从表面上看是钱和物的增减变动。其实，钱和物的增减变动都离不开各利益相关者之间的经济利益关系。企业在资金运动（财务活动）过程中与各有关方面发生的经济关系，就是财务关系。财务关系也是财务管理工作的一项重要内容。

综上所述，财务管理是指基于企业再生产过程中客观存在的财务活动和财务关系而产生的企业组织财务活动、处理财务关系的一项综合性管理工作。财务管理的对象也就是资金及其运动过程。

二、财务管理的内容

财务管理是企业组织财务活动、处理财务关系的一项综合性管理工作。因此，要了解什么是财务管理，就必须先考察企业资金运动，分析企业的财务活动和财务关系。

（一）财务活动

财务活动也叫资金运动。企业再生产过程也表现为资金运动的过程，资金运动过程的各阶段总是与一定的财务活动相对应的，或者说，资金运动形式是通过一定的财务活动内容来实现的。所谓财务活动，就是指资金的筹集、投放、使用、收回及分配的一系列行为。

1. 筹资活动

筹资是指企业为了满足投资和资金营运的需要，筹集所需资金的行为。企业进行生产经营，必须以占有或能够支配一定数额的资金为前提，资金的筹集是资金运动的起点。

在筹资过程中，企业首先要根据战略发展的需要和投资规划来确定各个时期企业总体的筹资规模，以保证投资所需的资金；其次要根据企业的经营策略、资金成本和风险，通过筹资渠道、筹资方式的选择，合理确定资本结构；再次根据筹资数额和资本结构确定资金来源；最后以合理和经济的方式、渠道取得资金。

企业通过筹资可以形成两种不同性质的资金来源：一是企业权益资金，企业可以通过向投资者吸收直接投资、发行股票、用留存收益转增资本等方式取得，其投资者包括国家、法人、个人等；二是企业债务资金，企业可以通过借款、发行债券、融资租赁、商业信用等方式取得。企业筹资表现为企业资金的流入和流出。当企业取得各种款项时，表现为资金的流入；当企业偿还借款、支付利息和股利、付出各种筹资费用时，表现为资金的流出。由于企业筹集资金而产生的企业资金收支活动，便是企业筹资而引起的财务活动。

2. 投资活动

投资是企业为了获取经济资源的增值而将其货币投放于各种资产形态上的经济行为。企业取得资金后，必须将筹集的资金投入使用，才能取得一定的收益。企业投资可以分为广义的投资和狭义的投资。广义的投资包括对外投资（如购买其他企业的股票、债券或与其他企业联营等）和对内投资（如购置固定资产、无形资产、流动资产等）；狭义的投资仅指对外投资。无论是对内投资还是对外投资，都会有资金的流出，当企业收回投资时，则会产生资金的流入。这种由投资活动而产生的资金流入与流出，便是企业由于投资活动而引起的财务活动。

3. 资金营运活动

资金营运活动是指企业在日常生产经营过程中所发生的资金收付活动。企业在经营过程中，会发生一系列的资金收付业务。首先，企业需要采购材料或商品，从事生产和销售活动，同时还要支付工资和其他营业费用，产生资金流出；其次，当企业把商品或产品售出后，便可取得收入，收回资金，形成资金的流入；最后，如果资金不能满足企业经营需要，还要采取短期借款等方式来筹集所需资金。为满足企业日常经营活动的需要而垫支的资金，称为营运资金。这种由生产经营活动而产生的资金流入与流出，便是企业由于资金营运活动而引起的财务活动。

4. 资金分配活动

企业通过投资和资金营运活动可以取得相应的收入，并实现资金的增值。企业取得的各项收入在生产经营耗费、缴纳税金后，需要依据有关法律对剩余收益进行分配。企业收益的分配分为广义的分配和狭义的分配。广义的分配是指对企业各种收入进行分割和分派的行为；狭义的分配仅指对企业净利润的分配。

企业所取得的产品销售收入，要用以弥补生产耗费，按规定缴纳流转税，剩余部分为企业的营业利润。营业利润和营业外收支净额构成企业的利润总额，这必然会引起资金的流入。利润总额首先要按国家规定缴纳所得税，税后利润要提取公积金和公益金，分别用于扩大积累、弥补亏损和职工集体福利设施，其余利润作为投资收益分配给投资者。这些分配活动会产生资金的流出。这种由于分配活动而产生的资金流入与流出，便是企业由于分配活动而引起的财务活动。

上述财务活动的 4 个方面是相互联系、相互依存的，而不是相互割裂、互不相关的，它们共同构成了完整的企业财务活动体系，是财务管理活动的主要内容之一。

（二）财务关系

企业在进行筹资活动、投资活动、资金营运活动、资金分配活动中，与企业各方面有着广泛的联系。这种企业在组织财务活动过程中与各有关方面发生的经济关系，就是财务关系。企业的财务关系可概括为以下几个方面。

1. 企业与投资者（资产所有者）之间的财务关系

企业与投资者（资产所有者）之间的财务关系主要是指企业的投资者向企业投入资金，企业向其投资者支付投资报酬所形成的经济关系。企业的资产所有者主要有：国家、法人和个人。企业与其投资者之间的财务关系，体现着所有权的性质，反映着经营权和所有权的关系。通常情况下，投资者与企业的财务关系主要包括下列内容：

①投资者对企业一定的控制关系；

②投资者参与企业利润的分配；

③投资者参与企业净资产的分配；

④投资者要承担一定的经济法律责任。

2. 企业与债权人之间的财务关系

企业与债权人之间的财务关系主要是指企业向债权人借入资金，并按借款合同的规定按时支付利息和归还本金所形成的经济关系。企业的债权人主要有：

①债券持有人；

②贷款机构；

③商业信用提供者；

④其他出借资金给企业的单位和个人。

企业与其债权人的关系体现的是债务与债权的关系。

3. 企业与受资者之间的财务关系

企业与受资者之间的财务关系主要是指企业以购买股票或直接投资的形式向其他企业投资所形成的经济关系。企业向其他单位投资，应按约定履行出资义务，并依据其出资份额参与受资者的经营管理和利润分配。企业与其受资单位的关系体现的是所有权性质的投资和受资关系。

4. 企业与债务人之间的财务关系

企业与债务人之间的财务关系主要是指企业将其资金以购买债券、提供借款或商业信用等形式出借给其他单位所形成的经济关系。企业将资金借出后，有权要求其债务人按约定的条件偿还本金和利息。企业与其债务人的关系体现的是债权与债务的关系。

5. 企业与供货商、企业与客户之间的财务关系

企业与供货商、企业与客户之间的财务关系主要是指企业购买供货商的商品或接受其服务，以及企业向客户销售商品或提供服务过程中所形成的经济关系。

6. 企业与政府之间的财务关系

企业与政府之间的财务关系主要是指政府作为社会管理者，通过收缴各种税款的方式参与企业的分配所形成的经济关系。企业与政府管理部门之间的财务关系是强制与无偿的经济利益

关系，体现着国民收入分配与再分配所形成的特定经济关系。

7. 企业内部各单位之间的财务关系

企业内部各单位之间的财务关系主要是指企业内部各单位之间在生产经营各环节中互相提供产品或劳务所形成的经济关系。企业内部各职能部门和生产单位既分工又合作，共同形成一个企业系统。在实行企业内部经济核算制和企业内部经营责任制的条件下，企业供、产、销各个部门及各生产单位之间相互提供劳务和产品要计价结算。这种在企业内部形成的资金结算关系，体现了企业内部各单位之间的经济利益关系。

8. 企业与职工之间的财务关系

企业与职工之间的财务关系主要是指企业向职工支付劳动报酬过程中所形成的经济关系。职工是企业的劳动者，企业根据劳动者的劳动情况，向职工支付工资、津贴和奖金，并按规定提取公益金等，体现着双方共同分配劳动成果的经济关系。

三、财务管理的环节

财务管理的环节是指财务管理的工作步骤与一般程序，是企业在财务管理各工作阶段所使用的业务手段。财务管理一般包括以下几个环节。

1. 财务预测

财务预测是指企业根据财务活动的历史资料，考虑现实的要求和条件，对企业未来的财务活动和财务成果做出科学的预计和测算，为决策者提供可靠依据。财务预测工作主要包括以下几个步骤：

①明确预测的对象与目的；

②收集和整理相关资料；

③确定合理的预测方法与模型；

④确定预测结果。

财务预测的起点是销售预测。一般情况下，财务预测把销售数据视为已知数，作为财务预测的起点。销售预测本身不是财务管理的职能，但它是财务预测的基础，销售预测完成后才能开始财务预测。财务预测的主要内容包括资产预测、成本费用和留存收益预测，以及资金需要量预测等。

2. 财务决策

财务决策是指财务人员按照财务目标的总体要求，利用专门方法对各种备选方案进行比较分析，并从中选出最佳方案的过程。财务决策是财务管理的核心，财务预测是为财务决策服务的，决策的成功与否直接关系到企业的兴衰成败。财务决策主要包括确定决策目标、提出备选方案、方案优选等步骤。

3. 财务预算

财务预算是指企业运用科学的技术手段和数量方法，对未来财务活动的内容及指标进行的具体规划。财务预算是以财务决策确立的方案和财务预测提供的信息为基础编制的，是财务预测和决策的具体化，是控制财务活动的依据。

财务预算环节的编制一般包括：

①分析财务环境，确定预算主要指标；

②协调企业资源，组织综合平衡；

③选择预算方法，编制财务预算。

4. 财务控制

财务控制是指企业对预算和计划的执行进行追踪监督，对执行过程中出现的问题进行调整和修正，以保证预算的实现。实行财务控制是落实预算任务、保证预算实现的有效措施。

财务控制一般要经过以下步骤：

①制定控制标准，分解落实责任；

②实施追踪控制，及时调整误差；

③分析执行情况，考核评价业绩，落实奖惩。

5. 财务分析

财务分析是指企业以财务报表和其他资料为依据和起点，采用专门的分析技术和方法，对企业财务活动过程及结果进行分析和评价的一项工作。财务分析既是对已完成的财务活动的总结，也是财务预测的前提，在财务管理的循环中起着承上启下的作用。通过财务分析，可以掌握各项财务计划的完成情况，评价财务状况，研究和掌握企业财务活动的规律性，改善财务预测、决策、预算和控制，改善企业管理水平，提高企业经济效益。

财务分析包括以下步骤：

①收集相关资料，掌握信息；

②进行指标对比，找出偏差；

③分析偏差的原因，明确责任；

④提出具体措施，改善工作。

四、财务管理的目标

企业财务管理目标（又称理财目标），是指在特定的理财环境中，企业通过组织财务活动和处理财务关系要达到的目的。企业财务管理目标是评价企业理财活动是否合理有效的基本标准，是企业财务管理工作的行为导向，是财务人员工作的出发点和归宿。财务管理目标制约着财务工作运行的基本特征和发展方向。不同的财务管理目标，会产生不同的财务管理运行机制。因此，设置科学的财务管理目标，对组织财务活动、处理财务关系、实现财务管理的良性循环具有重要的意义。

财务管理目标不是一成不变的。随着政治、经济环境的变化，人们对财务管理目标的认识会不断深化。

（一）利润最大化

利润最大化是西方微观经济学的理论基础。西方经济学家以往都是以利润最大化这一标准来分析和评价企业的行为和业绩的。利润最大化观点的持有者认为：利润代表了企业新创造的财富，利润越多则企业的财富增加越多，越接近企业的目标。利润最大化理财目标在我国和西方都曾是流传甚广的一种观点，对企业具有重大的影响。

以利润最大化作为财务管理目标的主要原因有三点：第一，人类从事生产经营活动的目的是创造更多的剩余产品，在商品经济条件下，剩余产品的多少可以用利润这个价值指标来衡量；第二，根据资本的趋利性，资本将会向盈利能力高的企业流动。在自由竞争的资本市场中，资本的使用权最终属于获利最多的企业；第三，利润是增加业主投资收益、提高职工劳动报酬的来源，也是企业补充资本积累、扩大经营规模的源泉。只有每个企业都最大限度地获得利润，整个社会的财富才可能实现最大化，从而带来社会的进步与发展。因此，以利润最大化作为理财目标是有一定道理的。

但是，利润最大化目标在实践中存在以下缺点。

（1）没有考虑利润获取的时间，即没有考虑资金的时间价值

例如，今年获利 100 万元和明年获利 100 万元，哪一个更符合企业的目标呢？如果不考虑资金的时间价值，就很难做出正确的判断。

（2）利润最大化没有反映所得利润额与投入资本额之间的关系

例如 A、B 两个项目今年都获得了 100 万元利润，并且都是现金收入，但如果 A 项目只需投资 100 万元，B 项目需投资 300 万元，显然 A 项目要好一些，而单从利润指标反映不出这样的问题。

（3）利润最大化没有考虑风险问题

企业利润的取得往往伴随着风险，一般说来，报酬越高风险越大，高额利润可能要承担较大的风险。假设 A、B 两个投资项目在今年都赚取了 100 万元利润，但 A 项目的利润全部为现金收入，而 B 项目的 100 万元全部是应收账款。显然 B 项目的应收账款存在着不能收回的风险，因此 A 项目的目标实现得好一些。

（4）利润最大化往往会使财务决策带有短期行为的倾向

利润最大化往往会诱使企业只顾实现目前的最大利润，而不顾企业的长远发展，进而损害企业的长远价值。如企业可能通过减少产品开发、人员培训、技术装备水平方面的支出，通过费用少摊、损失不计、不计提坏账准备等来提高当年的利润，这对企业的长远发展不利。

虽然利润最大化目标在实践中存在缺点，但我们也应看到，由于利润额直观、明确、容易计算，便于分解落实，利润指标在实际应用方面有比较方便之处，大多数职工都能理解。因此，这种财务管理目标在现实中尚能广为应用。

（二）股东财富最大化

股东财富最大化是指通过财务上的合理运营，为股东创造最多的财富。在股份公司中，股东财富由其所拥有的股票数量和股票市场价格两方面来决定。在股票数量一定时，当股票价格达到最高时，股东财富也达到最大。所以，股东财富最大化又演变为股票价格最大化。尽管理论界存在着“股东财富最大化能否转化为股票价格最大化”的争论，但是当我们做出资本市场有效假设以后，可以认为股票价格是衡量股东财富最有力的指标。资本市场有效假设最早是由尤金·法马提出的，他根据历史信息、全部公开信息和内幕信息对股票价格的不同影响，将市场分为弱式有效、半强式有效和强式有效市场。在有效的资本市场上，证券价格能迅速、全面地反映所有有关价格的信息，证券价格就是其价值的最好反映，此时，股东财富最大化目标可以用股票价格最大化来代替。虽然对资本市场有效性还存在争论，但从严格意义上讲，不能否定效率市场的存在。而且，随着市场的逐渐成熟和监管措施的加强，市场也在逐渐趋向有效。

股东财富的表现形式是在未来获得更多的净现金流量，股票价格也是股东未来所获现金股利和出售股票所获销售收入的现值。所以，股票价格一方面取决于企业未来获取现金的能力，另一方面取决于现金流入的时间和风险。因此，与利润最大化目标相比，股东财富最大化目标体现出以下优点。

①股东财富最大化目标考虑了现金流量的时间价值和风险因素，因为现金流量获得时间的早晚和风险的高低，会对股票价格产生重要影响。

②股东财富最大化在一定程度上能够克服企业在追求利润上的短期行为，因为股票的价格很大程度上取决于企业未来获取现金流量的能力。

③股东财富最大化反映了资本与收益之间的关系，因为股票价格是对每股股份的一个标价，反映的是单位投入资本的市场价格。

股东财富最大化作为财务管理目标，存在以下缺点。

①通常只适用于上市公司，非上市公司难以应用，因为非上市公司无法像上市公司一样随时准确获得公司股价。

②股价受众多因素影响，特别是企业外部的因素。股价不能完全准确反映企业的财务状况，如有些上市公司虽然处于破产边缘，但是由于可能存在某些机会，其股票市价也可能还在走高。

③它强调更多的是股东利益，而对其他相关者的利益不够重视。

（三）企业价值最大化

企业价值最大化是指企业通过合理经营，采用最优财务政策，充分考虑资金的时间价值、风险与报酬的关系，在保证企业长期稳定发展的基础上使企业总价值达到最大。即企业所有者权益和债权人权益的市场价值，或者是企业所能创造的预计未来现金流量的现值达到最大。

企业价值最大化作为财务管理目标，优点如下：

（1）考虑了取得收益的时间，并用时间价值原理进行了计量；

（2）考虑了风险与收益的关系；

（3）将企业长期稳定的发展和持续的获利能力放在首位，能克服企业在追求利润上的短期行为，因为不仅目前的利润影响企业的价值，预期未来的利润对企业价值增加也会产生重大影响；

（4）用价值代替价格，避免了过多外界市场因素的干扰，有效地规避了企业的短期行为。

以企业价值作为财务管理的目标的缺点是过于理论化，不易操作。对于非上市公司而言，只有对企业进行专门的评估才能确定其价值，而在评估企业的资产时，由于受到评估标准和评估方式的影响，很难做到客观和准确。

（四）相关者利益最大化

现代企业是多边契约关系的总和，确立科学的财务管理目标，需要明确哪些利益关系会对企业发展产生影响。在市场经济中，企业的理财主体更加细化和多元化。股东作为企业的所有者，在企业中拥有最高的权利，并承担着最大的义务和风险，同时债权人、职工、企业经营者、客户、供应商和政府也为企业承担着风险。因此，企业在确定财务管理目标时，不能忽略这些利益相关者的利益。

相关者利益最大化目标的具体内容包括以下几个方面：

①强调风险与收益的均衡，将风险限制在企业可以承受的范围内；

②强调股东的首要地位，并强调企业与股东之间的协调关系；

③强调对代理人的监督和控制，建立有效的激励制度以使企业的战略目标顺利实现；

④关心本企业普通职工的首要地位，创造优美和谐的工作环境和提供合理恰当的福利待遇，培养职工长期努力为企业工作；

⑤不断加强与债权人的联系，培养可靠的资金供应者；

⑥关心客户的长期利益，以便保持销售收入的长期稳定增长；

⑦加强与供应商的合作，共同面对市场竞争，并注重企业形象的宣传，遵守承诺，讲究信誉；

⑧保持与政府部门的良好关系。

以相关者利益最大化作为财务管理目标，具有以下优点。

（1）有利于企业长期稳定发展

这一目标注重企业在发展过程中考虑并满足各利益相关者的利益关系。在追求长期稳定发展过程中，站在企业的角度进行投资研究，避免只站在股东的角度进行投资可能导致的一系列问题。

（2）体现了合作共赢的价值理念，有利于实现企业经济效益和社会效益的统一

由于兼顾了各方面的利益，企业不仅是一个牟利的组织，还承担了一定的社会责任。企业在寻求自身发展和利益最大化过程中，由于需要维护客户及其他利益相关者的利益，就会依法经营、依法管理，正确处理各种财务关系，自觉维护和切实保障国家、集体和社会公众的合法权益。

（3）该目标是一个多元化、多层次的目标体系，较好地兼顾了各利益主体的利益

这一目标可以使企业各利益主体相互作用，相互协调，并在使企业利益、股东利益达到最大化的同时，使其他利益相关者利益达到最大化。也就是将企业财富这块“蛋糕”做到最大的同时，保障每个利益主体所得的“蛋糕”最多。

（4）体现了前瞻性和现实性的统一

例如，企业作为利益相关者之一，有其一套评价指标，如未来企业收益贴现，股东的评价指标可以使用企业股票市价；债权人可以寻求风险最少，利益最大；职工可以确保工资福利，政府可以考虑社会效益等。不同的利益相关者有各自的指标，只要合理合法，互利互惠，相互协调，就可以实现所有相关者利益最大化。

（五）各种财务管理目标之间的关系

各种财务管理目标，都以股东财富最大化为基础。企业的创立和发展，都必须以股东的投入为基础，离开了股东的投入，企业将不复存在。在企业的日常经营活动中，作为所有者的股东在企业中承担着最大的义务和风险，相应也应该享受最大的收益，也就是股东财富最大化，否则股东就难以为企业的持续发展提供动力。

在以股东财富最大化为核心和基础的同时，还应该考虑利益相关者的利益。各国公司法都规定，股东权益是剩余权益，可见其他利益相关者的权益先于股东被满足，因此这种满足必须

是有限的，否则股东就不会有剩余收益。除非股东确信投资会带来满意的回报，否则股东不会出资。没有股东财富最大化的目标，利润最大化、企业价值最大化、相关者利益最大化的目标都无法实现。因此，在强调企业承担应尽社会责任的前提下，应当允许企业以股东财富最大化为目标。

第二节　会计学

一、会计学的产生与发展

会计是随着人类社会的生产实践和经营管理活动的客观需要而产生和发展的，它是商品经济发展到一定阶段后私有财产的产物。作为人类赖以生存和发展的基础，物质资源自身的稀缺性和人类需求的无限性之间必然存在矛盾，这就促使人们必须对物质生产过程中有关人力、财力和物力的投入与产出进行观察、确认、计量、计算和记录，并通过投入与产出的比较，以较少的生产耗费取得较多的生产成果，唯此才能满足人们生活和再生产的需要。这个观察、确认、计量、计算、记录和比较的过程，实质上就是会计活动的过程。可见，会计的产生是基于人类社会的生产实践和经济管理的客观需要。

会计是一门古老的学科，其作为一项确认、计量、记录和考核收支的工作，几乎与人类社会一样古老。据史学家考证，原始社会早期出现的“结绳记事”已经隐含了会计的意义，并被认为是会计的萌芽，但此时它还是生产职能的附带部分，并不是一份独立性的工作。当社会生产力发展到了商品交换阶段，并将某种商品作为“一般等价物”而出现最早的“货币”时，会计才逐渐从生产职能中分离出来，成为一项专门性的工作，并具备了独立性的职能。进入奴隶社会后，社会生产力的发展促使奴隶制国家产生了政府会计，进一步增强了会计的独立性。我国西周时，“会计”一词正式开始使用，政府设有“司会”主管会计，并以“零星算之为计，总和算之为会”作为对会计的解释。

进入封建社会，随着社会生产力的进步，会计有了较大的发展。唐末宋初出现的“四柱清册”，使我国的会计记账方法处于当时的世界先进水平。该方法应用“旧管 + 新收 − 开除 = 实在”的计算公式，使不同时期的账务记录具备了连续性和完整性。到了明朝末年，为了满足商业上核算盈亏的需要，山西商人发明了具有复式记账原理的“龙门账”。它将全部账目划分为“进”“缴”“存”“该”四大类，并确定它们之间的关系为：进 − 缴 = 存 − 该。年终结算时，按照这一等式关系编制“进缴表”和“存该表”，从两方面计算盈亏使其相符，称为“合龙门”。鸦片战争前的清朝出现了“三脚账”（又称“跛脚账”）、“四脚账”（又称“天地合”），并在较大的手工业工场和商店中，专设“账房”，从事会计核算工作。

到了资本主义社会，随着工业、农业、商业和对外贸易的全面发展，业主为了获取更大的利润，进一步强化了经济核算和管理，同时使会计得到了进一步发展。公元 15 世纪，在意大利的佛罗伦萨、热那亚、威尼斯等地区采用的以“借”“贷”作为记账符号的方法，标志着复式记账法的产生。1494 年，意大利数学家卢卡·帕乔利对这种方法进行了系统研究，并作为其著作《算术、几何、比及比例概要》的内容做了详细介绍和阐述，正式定名为借贷记账法。该书的出版成为会计发展史上一个重要的里程碑，它标志着古代会计开始走向近代会计。随着19世纪初产业革命的完成，以及以资本所有权和经营权分离为特点的股份公司出现，在经济活动和会计监督方面起“公证人”作用，并以“自由职业”身份出现的注册会计师或特许会计师产生了，1854年在英国的苏格兰成立的第一个会计师协会——爱丁堡会计师协会，是会计发展史上的又一个里程碑。

当人类社会进入20世纪，特别是第二次世界大战后，科学技术迅猛发展，科技成果转化为生产力的速度大大加快，市场竞争日益加剧，促使企业组织规模不断扩大。与此同时，大量的科学管理思想和技术方法引入了会计领域。在这种情况下，会计从单纯的核算开始转向核算与管理并重，形成了面向未来、服务企业经营、以决策和控制为主要内容的管理会计。1952年，世界会计学会年会正式认定了“管理会计”这一会计分支，从此将会计划分为财务会计和管理会计两个体系。大约从20世纪60年代开始到现在，随着电子计算机在会计数据处理中的应用，以及电子技术与通信技术的结合，企业实现了管理信息系统的综合化和系统化，会计信息系统作为管理信息系统的一个子系统，使会计在数据处理、工作效能等方面发生了很大变化，它扩大了会计信息的范围，提高了会计信息的精确性和及时性。可以说，管理会计的产生和会计信息系统的出现，是现代会计的两个重要标志，被认为是会计发展史上的第三个里程碑。

20世纪初，我国从日本引进借贷记账法，开始了中式会计与西式会计的融通与结合。中华人民共和国成立后，从苏联引进了一整套会计制度和方法，通过消化和吸收，逐步形成了符合我国实际情况的、具有特色的会计理论和方法体系，基本适应了当时国民经济恢复和发展的需要。改革开放以来，我国的会计理论研究和会计制度建设工作突飞猛进，财政部会计司的恢复、中国会计学会的成立、各项会计法规制度的颁布、会计专业技术职称的考评等，对于加强经济管理、提高经济效益起到了积极的作用。特别是1993年的会计制度改革，使我国的会计发展走上了与国际惯例协调的道路，适应了投资主体多元化、筹资渠道多样化和利益关系复杂化等新的经济形势。在世纪之交，新《会计法》和《企业会计制度》的发布与实施，为我国的会计工作能更好地适应市场经济的发展、加快会计的国际化进程奠定了良好的基础。2006年，由基本会计准则和38项具体会计准则组成的企业会计准则体系问世，标志着我国会计步入了与国际会计趋同的轨道。

综上所述，可以看出，会计的产生与发展始终伴随着社会生产力的进步，与经济管理活动紧密联系。随着社会生产规模的逐渐扩大，生产社会化程度的日益提高及生产过程的日趋复杂，会计从只是对财务的收支进行记录和计算开始，逐渐发展成为用货币单位综合反映和监督经济组织的活动。这一方面使会计的方法技术由简单趋向复杂，由低级进化到高级，由不完善发展到逐渐完善；另一方面也使会计对生产过程的综合反映和监督作用日益显现。实践证明，生产愈发展，会计愈重要。正如马克思所讲，“生产过程越是按社会的规模进行，越是失去纯粹的个人性质，作为对过程的控制和观念总结的簿记就越是必要。因此，簿记对资本主义生产，比对手工业和农民的分散生产更为必要，对公有生产，比对资本主义生产更为必要”。

二、会计学的特点与主要内容

会计的定义：会计是以货币为主要计量单位，以凭证为主要依据，借助于专门的技术方法，对一定单位的资金运动进行全面、综合、连续、系统的核算与监督，向有关方面提供会计信息、参与经营管理、旨在提高经济效益的一种经济管理活动。

（一）会计学的特点

1. 以货币作为主要计量单位

会计反映的是各单位日常所发生的各种经济活动。那么，就要从价值的方面反映各单位的经济活动的情况。会计在对经济活动进行反映时，主要是从数量方面进行反映的，就需要用数量进行计量、记录和报告，所涉及的计量单位有实物计量单位（吨、台、件、尺等）、劳动计量单位（工时等）和货币计量单位（元、角、分等）3 种计量单位。

会计核算过程中，在发生经济业务增减变化时，应首先用实物计量单位和劳动计量单位进行计量、登记、计算和汇总。但是，企业发生的经济业务是错综复杂的，会计核算和监督的是再生产全过程，用实物计量单位或劳动计量单位只能反映再生产过程中的某个方面，不能全面计量、记录和报告企业发生的全部经济业务，如对企业之间不同类物资的交换、不同行业指标的对比以及会计报告的信息提供等实物计量单位和劳动计量单位都具有一定的局限性，不便于会计计量和经营管理。要全面地反映再生产全过程，只能借助于货币计量单位，因为货币是商品交换的一般等价物，具有价值尺度的功能。尽管实物计量单位和劳动计量单位是货币计量单位的基础，但由于会计毕竟是价值核算，它在运用实物计量单位、劳动计量单位和货币计量单位的同时，必然要以货币计量单位为主，实物计量单位其他指标及其文字说明都处于附属地位。这样，会计才能全面反映各单位财产物资的实有数额及其增减变动、费用的发生和成本的形成、各种收入的取得和财务成果的形成与分配等情况。但是，统一采用货币计量也存在缺陷。对于某些影响企业财务状况和经营成果的因素，如企业经营战略、研发能力、市场竞争力等，往往难以用货币来计量，但这些信息对于信息使用者也很重要。为此，企业应在财务报告中补充披露有关的非财务信息来弥补上述缺陷。

2. 会计对经济活动的核算和监督具有连续性、系统性、全面性和综合性

连续性是指会计对经济活动核算时，应按照经济活动发生时间的先后顺序不间断地反映；系统性是指企业对经济业务进行处理时，必须采取一整套科学、完整的专门方法进行归类和整理，提供反映企业经济活动情况的数据和资料；全面性是指属于会计核算对象的全部经济活动都必须记录下来，不能任意取舍，不得遗漏；综合性是指对所发生的各项经济业务都必须以货币计量单位进行综合反映，借以求得经营管理所需要的各种总括性的价值指标。

3. 会计对经济活动的反映必须以凭证为依据

会计对任何经济活动的记录，必须取得或填制合法的会计凭证，并按有关规定对凭证进行严格的审核。只有已审核无误的会计凭证，才能作为进行会计工作的依据。例如，会计账簿的登记、费用成本的计算、经营成果的确定等都必须以会计凭证作为依据。

（二）会计学的主要内容

会计学主要内容包括总论、会计要素与会计等式、账户与复式记账、会计凭证、企业主要经济业务的核算、账户的分类、会计账簿、成本计算、财产清查、账项调整、财务会计报告、账务处理程序、会计管理相关工作规范。

1. 总论

总论主要包括会计的产生与发展、会计的含义、会计的基本职能与作用、会计方法与会计循环、会计目标与会计信息使用者、会计假设与财务会计的一般原则、会计学分支及课程设置等内容。

2. 会计要素与会计等式

会计要素与会计等式主要包括会计对象、会计要素、会计等式、会计要素的确认与计量等内容。

3. 账户与复式记账

账户与复式记账主要包括会计科目、会计账户、复式记账等内容。

4. 会计凭证

会计凭证主要包括会计凭证概述、原始凭证、记账凭证、会计凭证的传递与保管等内容。

5. 企业主要经济业务的核算

企业主要经济业务的核算主要包括筹资业务的核算、供应阶段的核算、生产业务的核算、销售业务的核算、利润形成和分配业务的核算等内容。

6. 账户的分类

账户的分类主要包括账户分类的意义、账户分类的原则、账户分类、总分类账户与明细分类账户的平行登记等内容。

7. 会计账簿

会计账簿主要包括会计账簿概述、会计账簿的启用与登记要求、会计账簿的格式与登记方法、对账与结账、错账查找与更正的方法、会计账簿的更换与保管等内容。

8. 成本计算

成本计算主要包括成本概念、计入资产的成本、发出存货成本的计算等内容。

9. 财产清查

财产清查主要包括财产清查概述、财产清查的方法、财产清查结果的处理等内容。

10. 账项调整

账项调整主要包括会计分期与账项调整、账项调整的依据、账项调整的项目、调整后的试算平衡等内容。

11. 财务会计报告

财务会计报告主要包括财务会计报告概述、资产负债表、利润表、现金流量表、所有者权益变动表与财务报表附注等内容。

12. 账务处理程序

账务处理程序主要包括账务处理程序概述、记账凭证账务处理程序、汇总记账凭证账务处理程序、科目汇总表账务处理程序等内容。

账务处理程序，也称会计核算形式或会计核算组织，是指在会计循环中，特定的凭证和账簿组织与记账程序和方法相互结合处理会计账务的方式。所谓凭证和账簿组织，是指会计核算所应用的会计凭证和会计账簿的种类、格式，以及各种凭证之间、凭证与账簿之间、各种账簿之间的相互关系。所谓记账程序和方法，是指从会计凭证的填制、审核和传递到会计账簿的登记，再到会计报表编制的程序和方法。

13. 会计管理相关工作规范

会计管理相关工作规范主要包括我国的会计法规体系、会计职业发展、会计基础工作规范、会计档案管理方法等内容。

三、课程培养目标与学习意义

（一）会计学的培养目标

学生学习会计学之后，应能达到以下培养目标：

（1）了解会计的意义、会计的对象、会计的方法、会计核算的基本前提及原则、会计的职业与管理、会计要素等基本理论；

（2）熟悉会计核算的基本经济业务，掌握会计核算的基本方法，即能够运用借贷复式记账原理对企业经营过程中发生的主要经济业务进行核算和监督；

（3）掌握会计凭证填制、账簿登记、财产清查等基本技能，以及资产负债表和利润表的结构和编制方法；

（4）了解账务处理程序的相关内容，初步具有将所学知识与实际相结合、灵活运用所学知识分析问题的能力和技巧。

（二）学习会计学的意义

1. 有助于提供决策有用的信息，提高企业透明度，规范企业行为

企业会计通过其反映职能，提供有关企业财务状况、经营成果和现金流量方面的信息，是包括投资者和债权人在内的各方面进行决策的依据。例如，对于作为企业所有者的投资者来说，他们为了选择投资对象、衡量投资风险、做出投资决策，不仅需要了解企业包括毛利率、总资产收益率、净资产收益率等指标在内的盈利能力和发展趋势方面的信息，还需要了解有关企业经营情况方面的信息及其所处行业的信息；对于作为债权人的银行来说，他们为了选择贷款对象、衡量贷款风险、做出贷款决策，不仅需要了解企业包括流动比率、速动比率、资产负债率等指标在内的短期偿债能力和长期偿债能力，还需要了解企业所处行业的基本情况及其在同行业所处的地位；对于作为社会经济管理者的政府部门来说，他们为了制定经济政策、进行宏观调控、配置社会资源，需要从总体上掌握企业的资产负债结构、损益状况和现金流转情况，从宏观上把握经济运行的状况和发展变化趋势。所有这一切，都需要会计提供有助于他们进行决策的信息，通过提高会计信息透明度来规范企业会计行为。

2. 有助于企业加强经营管理，提高经济效益，促进企业可持续发展

企业经营管理水平的高低直接影响企业的经济效益、经营成果、竞争能力和发展前景，在一定程度上决定企业的前途和命运。为了满足企业内部经营管理对会计信息的需要，现代会计已经渗透到了企业内部经营管理的各个方面。例如，企业会计通过分析和利用有关企业财务状况、经营成果和现金流量方面的信息，可以全面、系统、总括地了解企业生产经营活动情况、

财务状况和经营成果，并在此基础上预测和分析未来发展前景；可以通过发现过去经营活动中存在的问题，找出存在的差距及原因，并提出改进措施；可以通过预算的分解和落实，建立起内部经济责任制，从而做到目标明确、责任清晰、考核严格、赏罚分明。总之，会计通过真实地反映企业的财务信息，参与经营决策，为处理企业与各方面的关系、考核企业管理人员的经营业绩、落实企业内部管理责任奠定基础，在加强企业经营管理、提高经济效益方面发挥了积极作用。

3. 有助于考核企业管理层经济责任的履行情况

企业接受了包括国家在内的所有投资者和债权人的投资，就有责任按照其预定的发展目标和要求，合理利用资源，加强经营管理，提高经济效益，接受考核和评价。会计信息有助于评价企业的业绩，有助于考核企业管理层经济责任的履行情况。例如，对于作为企业所有者的投资者来说，他们为了了解企业当年度经营活动成果和当年度的资产保值和增值情况，需要将利润表中的净利润与上年度进行对比，以反映企业的盈利发展趋势；需要将其与同行业进行对比，以反映企业在与同行业竞争时所处的位置，从而考核企业管理层经济责任的履行情况；对于作为社会经济管理者的政府部门来说，他们需要了解企业执行计划的能力，需要将资产负债表、利润表和现金流量表中所反映的实际情况与预算进行对比，反映企业完成预算的情况，表明企业执行预算的能力和水平。所有这一切，都需要作为经济管理工作者的会计提供信息。

第六章　人力资源管理与组织行为学

第一节　人力资源管理

1958年，怀特·巴克出版了《人力资源职能》一书，首次将人力资源管理作为管理的普遍职能来加以论述。此后，随着人力资源管理理论和实践的不断发展，国内外各流派从不同角度对人力资源管理的概念进行了阐述，综合起来，宏观意义上的人力资源管理，是指政府对于社会人力资源的开发和管理过程。而微观意义上的人力资源管理，是指组织或企业内部的人力资源管理。

人力资源管理指运用现代化的科学方法，对与一定物力相结合的人力进行合理的培训、组织与调配，使人力、物力经常保持最佳比例，同时对人的思想、心理和行为进行恰当的诱导、控制和协调，充分发挥人的主观能动性，使人尽其才、事得其人、人事相宜，以实现组织目标。

一、人力资源管理的特点与主要内容

（一）人力资源管理的特点

1. 综合性

人力资源管理是一门综合性很强的学科，其研究对象是被视为组织最重要资源的人，而对人的研究必然会涉及经济学、管理学、社会学、心理学、人类学、系统学、计算机科学等多学科的理论基础和研究方法。这种多学科理论和研究方法的交叉综合研究，不但对人力资源管理本身的发展具有重大学术意义，而且对各相关学科的发展也有着重要意义。

2. 实践性

人力资源管理学科的建立和发展，是现代社会化大生产高度发达，全球范围内的市场竞争日益激烈的产物。它发源于西方发达国家，引入我国时间不长，却发展迅速。人力资源管理的理论化，是现代社会经济发展的概括和总结。并反过来指导实践，同时接受实践的检验，具有较强的操作实践性。

3. 发展性

人力资源管理作为一个新兴学科，是现代社会化大生产和现代市场经济高度发展的产物，遥远的古代文明为人力资源管理积累了丰富的经验和思想。经历了漫长的过程，大体经历了传统的人事管理、科学管理和现代管理等3个发展阶段和探索。随着科学技术的发展，新的管理方法和技术层出不穷，人力资源管理学科正在实践中不断地发展创新。

4. 民族性

人的行为深受其思想观念和感情的影响，而人的思想感情则受民族文化传统的制约。因此，人力资源管理带有鲜明的民族特色。

（二）主要内容

1. 人力资源规划

人力资源规划的实质是根据企业的发展战略、目标及组织的内外部环境的变化，预测未来的组织任务和环境对组织的要求，以及为了完成这些任务、满足这些要求而提供人力资源的过程。人力资源规划是影响整个企业人员培训和开发的主要因素，主要关注的是人力资源供求之间的数量、质量与结构的匹配。一般来讲，人力资源规划包括以下3方面的内容：第一，确定员工的分类和企业目前及未来的人员需求；第二，确定企业获取员工的方式；第三，确定企业人力资源培训和开发的需求。

2. 工作分析与设计

工作分析与设计是人力资源管理中的一项重要工作，是指通过对工作任务的分解，根据不同的工作内容，设计不同的职务，并规定每个职务应承担的职责、工作任务、职位权力和工作条件，确定担任该职务应有的技能、知识与经验等，以确保企业拥有工作的规范和合格的员工。工作分析与设计要注意工作的丰富化和扩大化，以提高员工工作满意度。

3. 招聘

招聘是根据人力资源规划，以及工作分析与设计的要求，为企业获取所需人力资源的过程。招聘活动应该公开、公正，应扩大候选人的范围，尽可能覆盖一切有才能的人；候选人一旦确定，必须进行严格的选拔以获取合格的员工；通过选拔的候选人应予以录用，包括对工作申请人进行测评、制定录用规则和对录用结果做出评价等内容。

4. 培训

培训主要是结合企业的发展需要及工作需要，针对不同人员分别制订培训计划，并组织实施。企业培训应主要着力于员工知识、能力、态度等方面，以提高工作绩效为目标。在培训内容、方式、对象、地点和时间的选择与确定等环节均应科学有序，以使培训能落到实处，并且合理有效。

5. 薪酬管理

薪酬不仅是衡量一个人的劳动价值的标准，也是评价一个人事业成功与否的标准。大多数员工工作的目的是获得报酬，企业的薪酬福利往往是留住员工的重要因素之一。企业的薪酬管理主要包括以下工作：设计合理的薪酬体系与制度，根据员工工作绩效状况给予不同的报酬，同时还应适应企业发展战略，适时调整薪酬方案，以保证其激励性。

6. 绩效管理

绩效管理是针对员工在一个既定的时期内对企业贡献程度做出评价的过程。员工绩效评估是人力资源管理的重要工作之一，是员工培训、晋升、薪酬等人力资源决策的重要依据。其主要工作内容是，通过建立评估体系，对员工工作绩效进行评价，及时反馈评价结果，并奖优罚劣，目的在于改进和提高员工工作绩效。

7. 职业生涯管理

职业生涯管理主要是根据员工个人性格、气质、能力、兴趣和价值观等特点，结合企业的需要，为员工制订一个职业发展计划。职业生涯管理的目标是开发员工的潜能，使员工在企业中能够得到职业的发展，从而以更大的热情和主动性投入工作之中。

8. 员工关系管理

劳动关系是劳动者与用人单位在劳动过程和经济活动中发生的关系。一个企业的劳动关系是否健康和融洽，直接关系到企业的人力资源能否正常发挥作用。建立和维护有效的劳动关系可以通过以下几个方面的活动来实现：尊重员工权利，与员工及其组织代表协商处理员工投诉等。

二、人力资源管理的培养目标与学习意义

（一）人力资源管理的培养目标

本课程围绕人力资源规划、工作分析、招聘、绩效考评、薪酬管理、培训等核心问题，系统地学习人力资源管理的思想、技术与方法，使学生能了解当今人力资源管理方面最新的管理观念和发展趋势，掌握人力资源管理的基本理论、基本方法和实践技能，帮助学生了解人力资源管理对于组织的重要性，以及它对企业获得和维持竞争优势的种种潜在的贡献。通过本课程的学习，培养学生作为未来企业管理者所具备的人力资源开发与管理技能，掌握处理人际关系的技巧，从而成为一名合格的企业管理者。

1. 知识目标

了解人力资源管理的发展，掌握人力资源管理的基本原理、基本知识、基本技能及方法，能够将人力资源管理的基本理论应用于实践，具备解决人力资源管理活动过程中的各种基本问题的能力。

2. 能力目标

通过学习本门课程，使学生能够将人力资源管理的基本原理和方法融会贯通，并应用于实践，具备解决人力资源管理活动中的各种基本问题的能力。

3. 素质目标

具有从事人力资源管理活动所必需的理论和实务操作应用的素质，具有良好的从业道德、严谨的工作态度和良好的团队合作精神。

（二）学习人力资源管理的意义

1. 有助于人才强国战略实施

当今世界科技进步日新月异，全球经济一体化的趋势凸显，未来的竞争不再单纯局限于技术和市场的竞争，人才作为知识的拥有者、传播者和创造者，人才抢夺战将会在全球范围内展开。人才资源必将作为各国社会发展的最重要战略资源，同时体现着一个国家的核心竞争力和社会发展原动力。我国第一个以教育现代化为主题的中长期战略规划《中国教育现代化 2035》提出：“到 2035 年，总体实现教育现代化，迈入教育强国行列，推动我国成为学习大国、人力资源强国和人才强国。”人才强国战略的提出，表现出我国对人才工作的高度重视，已经将人才培养和开发工作上升到国家战略高度，人才强国战略的实施，极大地调动了各类人才的积极性和创造性，激发了各类人才的创新能力和创业激情，开创出人才辈出、人尽其才的新局面。因此，学习人力资源管理，有助于人才强国战略的实施。

2. 有助于社会经济的快速增长

适合社会需求的、受到良好教育且具有合作创新能力的人力资源是经济社会发展的支撑。通过实施有效的人力资源管理，为人才的培养指明了路径、为人才的分类设置了标准、为人才的发展提供了平台、为人才的可持续发展规划了方向，使各类人才在经济社会发展的不同岗位上创造良好的绩效，促进社会经济的快速增长。

3. 有利于企业战略的实现

从战略高度来看，企业若能有效地实施人力资源管理，则能够提高企业的综合竞争力。人力资源管理在战略管理上的作用强调的要点是“人比其他有形的资源更有价值”。因此，发挥人力资源管理在战略管理上的作用就必须把目标确定在其对企业战略发展的长期影响上，使其从企业战略的“反应者”转变为企业战略的“参与制定者”和“执行者”，最终成为企业战略的“贡献者”。

4. 有利于提高企业的绩效

企业的绩效是通过向顾客有效地提供企业的产品和服务体现出来的。所以，企业中的人力资源管理就是合理配置与使用设计、生产和提供这些产品和服务的人员。“管理出效率，人才是关键”中的人才就是人力资源中的佼佼者，通过实施有效的人力资源管理，不断设计与制造出具有竞争优势的产品和服务，从而提高企业的效率与效益，实现企业高质量发展。

第二节　组织行为学

一、组织行为学的产生与发展

组织行为学是研究组织中人的心理和行为表现及其客观规律，提高管理人员预测、引导和控制人的行为的能力，以实现组织既定目标的科学。组织行为学是研究在组织中组织与环境相互作用，人们从事工作的心理活动和行为反应规律性的科学。它采用系统分析的方法，综合运用心理学、社会学、人类学、生理学、生物学、经济学和政治学等知识，研究一定组织中人的心理和行为的规律性，从而提高各级领导者和管理者对人的行为预测和引导能力，以便更有效地实现组织预定的目标。

经过发展，组织行为学理论大体上可以分为 5 个学派，也有人将其作为 5 个发展阶段：早期的工业心理学派、古典管理学派、行为学派、权变学派、系统学派。

（一）早期的工业心理学派

组织行为学的产生与发展起源于心理学在管理实践或工业界的应用。20 世纪初，工业心理学的萌芽与发展为组织行为学乃至整个行为科学学派的产生与发展奠定了基础。

1901 年，德国心理学家威廉·斯特恩将心理学相关知识应用于企业，并首次提出“心理技术学”这个概念。1913 年，德国心理学家雨果·芒斯特伯格在《心理学与工业效率》一书中首次指出，只有对人的行为进行科学的研究才能鉴别一般模式和解释人的个体差异。将心理学运用到工业中，主要为了发现以下问题：第一，如何将工人的能力与从事的工作相匹配；第二，工人在什么样的心理下，工作产出才会最大；第三，企业如何影响工人以获得最大工作产出。他建议运用心理测验来提高甄选雇员的准确性；强调学习理论在培训开发中的价值，提倡通过研究人的行为来了解什么是最有效的激励方式。

美国管理学家莉莲·吉尔布莱斯发展了雨果·芒斯特伯格的思想，首次提出了"管理心理学"的概念，在1914年出版了《管理心理学》一书。莉莲·吉尔布莱斯强调工人的个性与需求是运用科学管理原理的前提。在管理实践中企业需要运用心理学的相关概念与原理。

第一次世界大战（以下简称"一战"）推动了工业心理学尤其是人员测评研究的发展。"一战"期间，大量的美国心理学家被征召从事兵员选拔的人事测评工作。"一战"后，人事测评的技术与方法被广泛地运用于工业界，成为企业选拔工人的有效工具。从20世纪20年代开始，心理学在工作环境中的作用得到越来越多人的认可，工业心理学开始全面兴起。

（二）古典管理学派

管理学界一般把古典管理学派作为管理科学诞生的标志，是人类系统研究组织管理问题的早期探索，也称为古典理论时期。这一时期，几位学者通过对管理实践的观察、探索和总结，形成了相对系统的逻辑表述和多种有影响的理论，包括美国的弗雷德里克·温斯洛·泰勒、法国的亨利·法约尔、德国的马科斯·韦伯等。

1. 科学管理理论

弗雷德里克·温斯洛·泰勒在20世纪初期所做的系统研究，关注的重点在于生产车间的计划、标准化和作业质量，以便以最小的投入获得最大的产出。他精心设计了生铁块搬运实验，依据实验结果制定出了标准的操作方法，并用这种方法对全体工人进行训练，据以制定较高的定额，这就是工作定额原理。同时，他还对工人使用的工具、机械、材料及作业环境加以标准化，这就是标准化原理。科学管理通过最大限度地提高每个工人的生产效率，能为劳资双方赚取最大的收益。因此，一切视劳资关系为"零和游戏"的消极情绪及矛盾冲突可经科学管理而解决。

弗雷德里克·温斯洛·泰勒通过明确界定提高效率的原则，致力于在工人和管理者当中引发一场心理革命。他指出，遵循这些原则将会使管理者和工人同时受益，工人会获得更多的收入，管理者会获得更多的利润。

弗雷德里克·温斯洛·泰勒确认的科学管理原则不仅对美国，还对欧洲的工业实践活动都产生了巨大的影响，它不但对工人完成工作任务的方法产生了影响，而且也为工业组织结构方面带来了很多变革。他的《科学管理原理》是影响极为深远的管理学著作之一。

2. 行政管理理论

科学管理理论主要针对生产车间和操作工人，没有涉及正式组织结构与一般管理的基本过程。法国工业学家亨利·法约尔的行政管理理论界定了管理者所发挥的基本职能，明确了组成有效管理实践的基本原理。1916年，亨利·法约尔发表了《工业管理与一般管理》，他把管理分为5个环节或五项职能：计划、组织、指挥、协调、控制。直至今日，这5个管理环节和职能仍然是研究管理职能的基础，几乎所有的管理学教材仍然使用这5项职能（或者压缩后的4项职能）作为描述管理者工作的基本框架，无论是企业还是政府组织，在管理原理上是一样的。后来，他进一步归纳了劳动分工、权力和责任、纪律、统一指挥、统一领导、个人利益服从整体利益、人员报酬、集中、等级制度、秩序、公平、人员稳定、首创精神和人员的团结14条管理原则，成为教材中的必备内容。

3. 科层结构理论

社会学家马科斯·韦伯出生在德国一个有着广泛社会和政治联系的富裕家庭，他是一位博学的知识分子，对社会学、宗教、经济学和政治学都有着广泛的兴趣。马科斯·韦伯提出了职权结构理论，该理论试图为权力建立一个合理合法的基础，并且为挑选人员和进行各种活动做出有秩序的安排。韦伯将组织活动描述为建立在职权关系基础上的活动，从结构化的角度分析组织和管理活动。

被马科斯·韦伯称为官僚模型（也被翻译成科层结构）的理想组织结构有以下特点：第一，劳动分工；第二，明确界定的等级制度；第三，详细的规章制度；第四，非人格化的人际关系。韦伯承认这种理想的官僚模型在现实生活中并不存在，但是它代表了一种对现实世界有选择性地重组，在大型组织中，可以作为对工作，以及如何完成工作进行推理的基础。他的理论成为大型组织的设计依据。

4. “社会人”理论

古典管理学派基本以一家独大的姿态主宰了那个时代，尽管他们也受到了批判。相对而言，同时诞生在那个时代但后来才引起人们关注的两个理论家，对组织行为学的发展也功不可没。

玛丽·帕克·芙丽特是最早承认应该从个体和群体行为两个角度来看待组织的学者之一。作为一位社会哲学家，她提倡以人为本的观点；组织应建立在团体道德而不是个人主义的基础之上；个人潜力除非在群体交往中得以释放，否则依然是个人潜力，管理者的工作就是协调群体努力激发个人潜力；管理人员与工人应将对方视为合作伙伴——双方都是共同群体中的一个组成部分；管理者领导下属，不仅要依靠正式职权，还要靠他们的专业技能和知识等。玛丽·帕克·芙丽特的思想被后人冠以“人本主义”的观点，今天还在影响我们看待激励、领导行为、权力和职权的方式。

切斯特·巴纳德对组织的性质和目的有独到的见解。在其1938年出版的《经理人员的职能》一书中，系统表达了他对组织和管理的观点。

切斯特·巴纳德认为，社会活动大多通过正式组织来完成，组织是人们自觉的、有意的、有目的的一种协作，由具有相互作用的社会关系的人所组成。管理者的主要作用是进行沟通，激励下属付出更大的努力。有以下几种普遍的要素会影响这种努力。

（1）协作意愿

协作意愿是各种组织不可缺少的首要的普遍要素。人们必须愿意为一个系统的目标做出贡献，但这种意愿的强度和实践安排却是变动的，因为它是以组织成员所感受或预计的满足或不满足为基础的。

（2）共同目标

组织动机和个人动机是不同的。个人之所以愿意为组织做出贡献，并不是因为组织动机就是他们的个人动机，而是因为他们感到，通过组织目标的实现，可以获得个人的满足。作为管理者，必须让所有的组织成员看到共同目标对于整个组织所具有的意义。

（3）信息交流。协作意愿、共同目标的实现等活动都是以信息交流为依据，通过沟通来实现的。良好的信息交流能够将组织的共同目标传递给个人，通过赢得他们的协作来实现组织目标和个人满足。所以，一个组织的成功主要依赖于沟通并从其成员中所获得的合作程度。

切斯特·巴纳德也承认非正式组织的作用。他把非正式组织定义为：不属于正式组织，且与正式组织管辖的人，以及有关的人们、团队没有接触和相互作用，然而却存在于正式组织中的一部分。

玛丽·帕克·芙丽特和切斯特·巴纳德对人的重视，超越了他们所处的时代。但他们强调的不是作为个体的人，而是通过合作的团体努力来实现自己的个人；两人都强调协调和统一，得出了同样的结论：只有专职的、有道德的领导者才能提高组织的效率和人们的福利。

（三）行为学派

1. 前期的思想和实践准备

作为对20世纪初工会化运动发展的回应，西方国家的一些企业纷纷设立了“福利秘书”职位，也就是现在的人力资源管理经理的前身。他们的作用是协调组织与雇员的关系。20世纪20年代末期的经济大萧条，迫使西方社会特别是美国政府颁布了一系列法律来协调工人、工会与雇主的关系，企业管理者开始更开放地寻求新的方式与雇员打交道，开始改善工作环境并谋求与劳动者建立良好的关系，这就为人际关系运动的兴起提供了社会基础。

雨果·芒斯特伯格和莉莲·吉尔布莱斯等人从心理学角度对组织管理问题的研究，为行为科学学派的兴起提供了一定的理论基础。

2. 人际关系理论

人际关系理论的精髓在于相信在组织中获得更高生产率的办法是提高雇员的满意度。除乔治·埃尔顿·梅奥等人在霍桑工厂的研究之外，其他三位学者的研究也发挥了推动作用：戴尔·卡耐基、亚伯拉罕·哈罗德·马斯洛、道格拉斯·麦格里戈。

对组织行为学中的人际关系运动的最重要贡献来自霍桑研究。这项实验从1924年开始一直延续到20世纪30年代。早期的实验在美国西方电气公司所属的霍桑工厂展开，并因此而得名。实验最初是想考察照明水平的变化对工人劳动生产率的影响。结果却发现：尽管只是增加了实验组的照明强度，但实验组和控制组的产量都上升了。继而又出现了更为令人惊奇的现象，当实验组的光照强度下降时，两个组的劳动生产率依然持续上升，为了解释他们所观察到的工人行为，公司请哈佛大学教授乔治·埃尔顿·梅奥及其助手作为顾问参加了这项研究。

梅奥小组进行了多轮实验，得出以下结论：计件工资对工人产出的影响比群体压力、归属及随之产生的安全感等因素对工人产出的影响更小；工人的行为与情感紧密联系，组织的力量显著地影响个人的行为，群体内标准决定着单个工人的产量；与群体内标准，群体情感、安全相比，金钱是决定产出的次要因素；群体内的社会规范或标准被认为是个体工作行为的决定性因素。这些结论导致了人们对于组织运作与实现组织目标的过程中人的因素有了新的重视，同时也导致了家长式管理的加强。

戴尔·卡耐基的书《如何赢得朋友及影响他人》在20世纪30年代到50年代成为美国乃至欧洲很多人的案头必备，同一时期成千上万的经理和渴望成为经理的人参加了他的管理讲座和研讨会。其核心论点是：只有赢得他人的合作才能赢得成功。因此，处理好人际关系是一个人事业的关键。

1949 年，芝加哥大学举行了一次跨学科的研讨会，主要讨论如何用已有的各个学科的知识来发展一种关于人的行为的一般理论。讨论会上第一次提出了“行为科学”的概念。1953 年，美国福特基金会召开的跨学科会议上，正式把研究人的行为的科学命名为“行为科学”。行为科学的正式定义是：运用科学的观察、调查、实验、测评等实证研究方法，研究人行为的一般规律及相关应用的学科群。狭义的行为科学包括心理学、社会学及文化人类学 3 个学科的相关知识，被称为“组织行为学”。广义的行为科学，除以上学科外，还包括经济学、教育学、生理学等学科的相关知识。

亚伯拉罕·哈罗德·马斯洛提出的五层次需要模型几乎无人不知，他的主要观点是：需要是人的行为的驱动力，要激励人就要努力满足人的需要。人的需要从低层次到高层次是逐渐发展的，低一层次的需要基本获得满足后，人们才会追求高一层次需要的满足。管理者只有通过改变管理实践，不断满足人们的需要，来促使人们达到自我实现的状态。

道格拉斯·麦格里戈是麻省理工学院的心理学教授，其以两个假设而著名，即关于人性的 X 理论和 Y 理论。X 理论也叫经济人假设，以消极的观点看待人，强调人的自然属性；Y 理论也叫社会人假设，以相对积极的观点看待人，强调人的社会属性。

3. 行为科学理论

行为学派的影响随着一批理论家的参与而愈加广泛和深刻，在 20 世纪 50 和 60 年代达到顶峰。行为科学理论专注于对组织内的人际行为进行客观和科学的研究，有代表性的包括：伯尔赫斯·弗雷德里克·斯金纳运用他的“斯金纳箱”提出了强化理论；戴维·麦克利兰提出了成就动机理论；弗雷德里克·赫茨伯格提出了“双因素”理论；理查德·拉克曼等人建立的工作特征模型揭示了工作的核心维度（技能多样化、任务一致性、工作重要性、独立程度及反馈）对承担工作的人的激励作用。

（四）权变学派

权变理论学派是 20 世纪 60 年代末在美国实证主义基础上发展起来的一派管理理论。权变理论认为，组织管理是一个动态的过程，没有绝对有效的模式或方法（国内流行的管理无定式的说法就来自这个理论），要根据组织所处的环境和内部条件的变化随机应变。权变理论的核心是通过组织内部和外部各个部分或系统的相互联系，区分和确定各种可能的影响因素，根据各种条件和变化，随机应变、伺机而动、审时度势，针对不同的具体条件寻求不同的管理模式或方法。实际上，这个学派已经隐含了系统学派的思想。权变理论与其他理论学派一样，也有几个主要的代表人物。

艾弗雷德·D. 钱德勒在 1962 年出版了《战略与结构》一书，强调在不同的条件下，有多种组织方案可供选择。组织管理结构是随着企业战略的变化而变化的，而战略本身又随着市场、资金、技术、社会等条件的变化而变化。因此，不存在既成不变的组织结构。

保罗·R. 劳伦斯等人被称为权变理论的创始人。1967 年的《组织与环境》一书，论述了外部环境和组织结构之间的关系。书中提出：组织应该按照不同的形势、不同的企业类型、不同的目标和价值取向等采取不同的管理方法。组织结构的特点就是分散化和整体化的整合；组织的有效运作离不开对组织外部环境的不确定性的预测和估计；企业可以根据自己所处的条件，选择事业部制、矩阵结构、直线职能制结构或者集权结构。

弗雷德·卢桑斯也是对权变理论有贡献的学者。他认为，权变关系是两个或两个以上的变量之间的一种函数关系，相当于一种假设关系，可以表述为“如果－那么”“如果”是前提或假设条件，“那么”是应对措施或方案。

权变理论的基础是系统理论，它同系统理论一样，把组织看成一个存在于一个大系统环境之中的子系统。与系统理论不同的是，权变理论强调管理方式要根据所处的情境随机应变，合适的就是最好的。而系统理论强调的是组织作为一个整体的运作及这个整体与外部环境的互动。

（五）系统学派

系统学派是指将组织作为一个有机整体，把各项管理业务看成相互联系的网络的一种管理学派。该学派重视对组织结构和模式的分析，应用系统理论的范畴、原理，全面分析和研究企业和其他组织的管理活动和管理过程，并建立起系统模型以便于分析。这一理论是弗里蒙特·卡斯特、詹姆斯·E.罗森茨韦克等美国管理学家在一般系统论的基础上建立起来的。该理论主要有以下观点.

第一，企业是由人、物资、机器和其他资源在一定的目标下组成的一体化系统，它的成长和发展同时受到这些组成要素的影响。在这些要素的相互关系中，人是主体，具有主动性，其他要素则是被动的客体。

第二，组织是由许多子系统组成的，各子系统既相互独立又相互作用，不可分割，从而构成一个整体。这些系统还可以继续分为更小的子系统，同时企业是社会大系统中的子系统。

第三，从系统的观点来考察管理的基本职能，可以把企业看成是一个投入－产出系统，投入的是物资、劳动力和各种信息，产出的是各种产品（或服务）。从系统的角度分析，组织行为也是一个子系统，这个行为子系统与其他子系统相互作用。

（六）组织行为学的最新进展

在过去的半个世纪，世界形势发生了翻天覆地的变化，从技术的进步到社会体制的转型，从组织的形态的改变到工作方式的转变，全球化和国际化的大趋势对组织行为学的研究和教学也产生了重大影响。组织行为学中有 4 个趋势值得关注。

1. 积极组织行为学

积极组织行为学，可以理解为一种研究思路，它起源于积极心理学。由于传统的心理学研究过度关注人的心理活动的消极成分，包括对变态和异常心理的研究，20 世纪 60 年代后期出现的人本主义心理学开始强调人性的积极一面，关注快乐和满意等问题。到了 20 世纪 90 年代，积极心理学水到渠成地正式成为一种研究思潮，并进而辐射到组织行为学的研究。

积极组织行为学将研究重点放在辨别和确认人的心理活动的积极因素，挖掘人的潜力，发挥人的优势，促进人的健康，使人获得幸福，同时提高组织绩效。这些积极的心理品质包括信心、希望、乐观、幸福、抗逆力、活力等。国内已经对心理资本、核心自我评价、公仆型领导、伦理型领导、真诚型领导、幸福感、健康组织等积极组织行为学的概念进行了实证研究。

2. 组织神经学

现代神经科学的重大突破之一是利用脑成像技术和计算机模拟技术揭示人类大脑的内部工作机制。这些突破带来了很多学科的革命性的变化。显然，组织行为学的研究，也可以与神经科学结合起来，或者从神经科学的角度来解释组织行为现象。

神经科学的研究主要关注大脑如何形成认知、态度、情感和行为，他们的发现和观点无疑对于我们解释组织行为有很大的促进作用。神经科学的方法可以补充，而不是代替组织行为学研究的传统方法，组织行为学者应该增加与神经科学家的对话，借用他们的研究成果，为组织行为学领域已经建立的概念和理论提供更充分的科学依据，从神经机制上解释人的行为背后的共同神经传导过程。例如，有人用多导生物反馈仪技术研究了愿景领导的行为特征，用功能性核磁成像技术和行为测量指标分析了领导者的马基雅维利主义特质对组织绩效的影响，用神经生物指标考察警察的决策过程。

也有人对这种趋势提出质疑：把人的行为还原到生理和神经的层面，是否抹杀了人的社会属性和文化成分？我们认为这种质疑有其合理性，最后的结论有待科学验证。

3. 关注组织行为的整体性

进入 21 世纪以来，管理学领域出现了一批有影响的研究成果，而这些成果大多是从心理学的角度或组织行为学的角度，对企业整体运作进行的系统研究，提供给读者的是一个整体性的分析和描述，例如，彼得·圣吉关于学习型组织的研究《第五项修炼》，埃德加·沙因对组织文化的研究《组织文化与领导》，约翰·科特对于组织变革的研究《领导变革》，吉姆·柯林斯的《基业长青》《从优秀到卓越》等。这些研究的一个共同特点是研究问题更接近现实，研究角度更加具有整体性，研究结论更容易落地。相对而言，研究过程的严谨性容易受到学者的质疑。

4. 跨文化组织行为学

随着国际商务和全球化趋势的加剧，传统的建立在单一国家或文化背景下形成的组织行为学概念或理论，不能完全解释现代组织的很多现象，尤其是跨国公司的出现，使得跨文化管理成为组织管理最迫切的挑战，对组织行为学的跨文化研究也成为必然趋势。尽管跨文化组织行为学还没有获得自己独立的地位，但有关的研究成果已经遍地开花。例如，针对不同国家或不同民族员工的工作价值观、工作态度、领导风格、谈判风格、冲突管理、决策、公平感、报酬偏好等的比较研究。

二、课程特点与主要内容

（一）课程特点

组织行为学是系统地研究人在组织中所表现的行为和态度的学科。是行为科学的一个分支，是一门以行为学为基础，与心理学、社会学、人类学、工程学、计算机科学等学科相交叉的边缘性学科。

1. 跨学科性

组织行为学吸收、借鉴了心理学、社会学、社会心理学、人类学、政治学、历史学、工程学、信息和系统科学等多门学科的概念、理论和方法。这些不同学派的理论是组织行为学中个体行为部分知识的最重要来源。

2. 实证性

组织行为学运用科学的、系统的方法进行研究，基于观察和推理提出假设，运用客观案例和数据进行论证，保证其研究结论的可靠性和可信性，而不是靠一般性的经验、直觉和臆断得出结论。

3. 文化相关性

组织行为学所研究的个体、群体、组织的行为表现和规律依赖于其所处的文化环境，在不同的文化环境中可能表现出不同的特点和规律。组织行为学非常重视跨文化比较的研究。

4. 层次性

组织行为学学科通常分为三个层次：第一层次是个体行为，第二层次是群体行为，第三层次是组织行为。

5. 情境性

组织行为学研究的是千变万化的人、群体和组织的行为，因此不可能有通用的最佳模式，而是主张根据不同情景采取不同的理论和对策。

（二）主要内容

1. 绪论

绪论部分主要包括组织行为学的含义、研究对象、研究方法、发展历程及学习组织行为学的意义。

2. 个体行为

个体行为部分主要从个体特征的角度分析人在组织中的行为表现，由个体心理与行为和动机与激励两部分组成。个体心理与行为主要包括个体的知觉与决策风格、价值观和态度、人格特征、能力倾向、情绪调节功能、压力应对方式等，动机与激励包括需要、动机与行为的概念及关系，激励的需要理论、过程理论和综合激励理论，以及在中国文化背景下的激励特点、原则和方法。

3. 群体与团队行为

群体与团队行为由群体心理与行为和团队两部分组成。群体心理与行为包括群体的概念、发展过程、群体结构、常见的群体行为及群体间的冲突与管理；团队包括团队的特征和类型、团队过程管理、团队效能的概念及团队绩效评价。团队管理的知识是现代组织行为管理的主要内容，本部分内容与培养学生的团队素质和团队管理能力密切相关。

4. 组织行为

组织行为部分由领导、沟通、组织文化、组织学习与创新、组织变革与发展5个方面构成。领导包括领导理论研究的产生与发展历程、经典领导理论和新型领导理论，以及中国情景下的领导实践；沟通包括沟通的基本原理、组织沟通的种类、沟通障碍与克服及跨文化沟通；组织文化包括组织文化概述、分类和测量、组织文化建设，以及中国组织文化建设的实践；组织学习与创新包括组织学习的过程与层次、学习型组织含义及构建、组织创新的影响因素及提升措施，以及学习型组织和组织创新在中国的实践等；组织变革与发展包括组织变革和发展的概念、动因、系统模型、组织变革阻力及其克服、组织发展趋势及其新型组织等。

5. 个人与组织的关系

没有离开组织的个人，也没有离开个人的组织，个人与组织交互影响，形影相伴。本部分主要包括个人－组织契合度、组织社会化与个体策略、组织认同与组织承诺、心理契约、组织公民行为等 5 个方面。

三、课程培养目标与学习方法

（一）课程培养目标

《组织行为学》是管理学、心理学等学科领域的一门专业课程，是研究组织中人及其心理和行为的学科，它采用观察、实验、调查等方法，并运用心理学、社会学、领导学、管理学等多学科知识，其目的在于使学生在掌握组织中人的心理和行为规律的基础上，提高学生预测、解释、改善组织中人的行为的能力，以提升组织绩效，实现组织目标。

1. 知识目标

全面了解组织行为学的体系，掌握组织行为学的基本概念、原理和研究的基本分析方法；能应用所学知识分析组织中人的行为、群体行为和组织行为；理解个性差异在管理中的应用和创造性行为的培养和开发；掌握群体的类型、制约群体有效性的因素、群体有效沟通的障碍和群体冲突的管理；理解领导理论，领会激励理论的应用；掌握组织结构的设计原则，认识不同组织结构的形式和特点，领会组织变革与组织发展的特点；掌握组织文化的层次结构和内容及其塑造。通过学习，使学生建立分析、解决管理问题的能力，为学习相关的专业课程或深入研究组织行为理论打下必要的基础。

2. 能力目标

（1）能运用个性理论分析人的个性差异、懂得改变态度提高工作满意度的方法。

（2）能运用适当的手段管理压力、防御挫折。

（3）能正确对待非正式群体，正确分析并处理管理中的人际沟通问题。

（4）会对冲突进行管理，能把自己塑造成为优秀的团队成员。

（5）能运用各类激励理论，熟知组织权力和政治的作用。

（6）会进行组织结构的设计。

3. 素质目标

培养学生诚实守信、敬业爱岗、吃苦耐劳、踏实肯干、团队合作、沟通表达、勤奋务实与细致耐心等职业精神。

（二）学习方法

研究方法是揭示研究对象的手段。任何一门以某种客观规律性为研究对象的科学，都有其与之相适应的一套合乎科学的研究方法。

1. 实验法

实验法包括实验室实验法和现场实验法两种。

实验室实验法是运用专门实验仪器测试被测试者（个人或群体）心理特质和行为的研究方

法，最大特点在于研究工作是在实验室条件下进行的。优点是其控制条件严格，可以避免许多其他因素的干扰，研究结果具有较强的说服力；缺点是普遍性较差，一定程度上也存在失真的情况。

现场实验法是利用现有的机构有目的地控制和改变某些因素和条件，验证某项假设，或检验某项变革所产生的效果而采取的方法。优点是实验有效性高，结果易于推广；缺点是控制条件不方便，易受外界因素干扰。

2. 现场调查法

现场调查法是研究者根据研究问题的性质，运用一定的工具，如问卷、调查量表、电话访问等，对特定人群收集资料，进行统计分析，以确定其行为特征或规律的方法。优点是简单而经济可行，现场调查的数据极易量化；缺点是调查的形式不易于了解被调查者的行为；调查结果可能会因被调查者的防御心理而失真。

3. 现场观察法

现场观察法是在自然条件下，有目的、有系统地观察、研究被观察者的行为，从而分析其心理活动及行为的方法。优点是使用方便，所得材料真实，应用广泛。缺点是只能了解到一些表面现象，很难通过这些表面现象去进一步把握其本质特征。

4. 案例分析法

案例分析法是研究者根据记录、文件、书籍等记载的某个群体或个人的活动资料，加以分析，从中推断群体或个人的心理和行为的活动规律的方法。优点是能尽快进入情景，比起大规模的普查要省时省力，是进行探索性研究的一种特别有效的方法；缺点是案例过于概念化并带有明显的倾向性。

四、学习组织行为学的意义

（一）有助于更系统地认识和了解组织中人的行为特点规律

学习组织行为学有助于更系统地认识和了解组织中人的行为特点规律，对于日后的工作和生活都会有帮助。这里的人，既包括上级、下级，也包括自己。从组织管理的角度来看，尤其是作为管理者，不但要知彼，而且也要知己。列宁说，“没有革命理论，就不会有坚强的社会党。”这包含着深刻的辩证法思想：理论产生于实践，并反作用于实践。已有的组织行为学理论部分揭示了组织中个体、群体和团队的行为规律，将组织行为的相关理论应用于指导实践，有助于管理者更好处理与人有关的管理问题，充分调动员工的积极性；有助于员工厘清个人需要，将组织发展与个人需要相结合，更好地实现个人目标；有助于领导者提高自己的领导水平，改善领导者与被领导者的关系。无论是对于自己的认识，还是对别人的理解，包括对于组织特征的把握，都可以从组织行为学中找到非常实用的分析工具和解决问题的有效方法。

（二）有助于对人进行管理

随着时间的推进和我国企业的成长，越来越多的管理者认识到：管理的本质是对人的管理。无论是财务管理还是运营管理，其核心都在对人的管理，知人善任是各级领导者的基本职能，知人才能善任。习近平总书记对此有精辟的论述，“用人得当，首先要知人，知人不深，识人不准，往往会出现用人不当，用人失误……对干部的认识不能停留在感觉和印象上，必须健全考察机制和办法，多渠道、多层次、多侧面深入了解。”对于了解人和认识人，组织行为学是所有管理者的必修课。

（三）有助于了解组织中人的认识水平

学习组织行为学，能够帮助我们了解组织中人的认识水平，为进一步推动认识的进步奠定基础。马克思主义的基本观点告诉我们，实践是人们认识的基础，实践为认识提供源泉、动力、目的和检验认识的真理性的标准，决定和支配着认识的全过程。在实践中检验和发展真理是我党思想路线的基本内容。对组织行为学知识真伪的判定也要坚持实践的标准。这就要求我们在实践中不断发展现有组织行为学的理论和观点，检验已有理论的适用性，并在实践中总结、归纳、提炼，形成我们自己的理论。

（四）有利于强化民族自信和理论自信

学习组织行为学有利于强化我们的民族自信和理论自信，更加坚定对马克思主义的信念。目前的西方组织行为学具有 3 个局限性：第一，虽然使用了“组织”，但主要以企业组织为研究对象，对于公共组织和非营利组织等其他组织的研究相对薄弱，尤其未能体现社会主义企业组织行为的特殊性，第二，目前组织行为学的主体内容大都以资本主义社会和商品经济相对发达的社会为研究对象，其结论是否完全适用于我国社会，还有待系统验证，第三，现有组织行为学，从研究的出发点和立场到具体研究方法，都有其局限性，尤其没有贯彻辩证唯物主义和历史唯物主义的方法论。

所以，在学习过程中，要以审辨和批判的思维有鉴别地吸收，不能完全照搬。同时要坚定对我国的组织管理从理论到实践的信心，尤其要坚信马克思主义指导下的组织管理实践。马克思主义的相关论述对如何发展中国情景下的组织行为学提供了方法论的指导。一方面，要把西方的理论与我们自己的组织管理实践相结合；另一方面，要与我们民族的传统文化和特色相结合，用马克思主义理论指导我们的研究。现阶段，加快本土组织学习、研究或推动组织行为学的本土化是我们的当务之急。

第七章　经营战略与经营决策

第一节　经 营 战 略

一、经营战略的含义

战略一词来源于希腊语“strategos”，意为军事将领、地方行政长官。当时，这个词的意义是指挥军队的艺术和科学。今天，在经营中运用这个词，是用来描述一个组织打算如何实现它的目标和使命。大多数组织为实现自己的目标和使命可以有若干种选择，战略就与决定选用何种方案有关。战略包括对实现组织目标和使命的各种方案的拟定和评价，以及最终选定将要实行的方案。企业要在复杂多变的环境中求得生存和发展，必须对自己的行为进行通盘谋划。

现代经营战略理论开始于安索夫，他将决策理论发展到了战略决策理论的阶段，并提出了企业成长向量的概念。此时，美国波士顿咨询公司（The Boston Consulting Group,BCG）从与管理学者不同的角度，提出了经验曲线的新概念。在 20 世纪 60 年代，一些管理学家和咨询人员指出，赢得企业竞争胜利要看综合成本，而不能仅仅看制造成本，要快速降低综合成本，就必须尽可能地增加产量，提高市场占有率。波士顿咨询公司以此为基础，开发了被称为产品资源配置的战略计划技术，即对某一产品或事业领域的投资决策由市场成长率与市场占有率的综合评价来决定。

波特是竞争战略论方面最知名的学者之一。他开创了解决企业如何维持竞争优势问题的竞争战略理论框架。他将产品资源配置中的市场成长率换成产业吸引力，将市场占有率换成产业中本公司的地位，认为企业制定战略时必须对这两个要素进行选择。波特提出了所谓“五种力模型”来帮助人们理解某个产业的结构与变化。这五种力就是决定市场竞争状态的力，包括进入壁垒、买方交涉力、供应商交涉力、替代品威胁和既成竞争对手 5 个方面。

根据人们对经营战略的认识，我们把经营战略定义为：经营战略是企业面对竞争激烈的市场环境，为求得长期生存和不断发展而进行的总体性谋划。它是企业战略思想的集中体现，是企业经营范围的科学规定，同时又是制订规划（计划）的基础。更具体地说，经营战略是在符合和保证实现企业使命条件下，在充分利用环境中存在的各种机会和创造新机会的基础上，确定企业同环境的关系，规定企业从事的事业范围、成长方向和竞争对策，合理地调整企业结构和分配企业的全部资源。从其制定要求看，经营战略就是用机会和威胁评价现在和未来的环境，用优势和劣势评价企业现状，进而选择和确定企业的总体、长远目标，制订和抉择实现目标的行动方案。

二、经营战略的作用

经营战略直接关系着企业的生死存亡。经营战略是企业为求得长期的生存和发展，在充分分析企业外部环境和内部条件的基础上，以正确的经营思想为指导，依据企业经营目标，对企业较长时期全局的发展做出纲要性、方向性的决策和谋划。经营战略的制定是一个相当复杂的过程，它既是动态的、连续的过程，又是一个探索和创新的过程，需要决策者积极探索，大胆创新，在进行充分的理性分析基础上，判定出符合本企业实际情况的战略。

企业管理的重心在经营，经营的重心在决策。经营战略决策关系到企业发展前途，决定企业发展方向，直至决定着企业的成败。决策失误，全盘皆输。因此，我们必须慎之又慎，经过严格且科学的论证，才能付诸实施。具体地说，当企业起步之初就要准确地把握好市场定位，当企业有了一定积累以后是向专业化方向发展，还是向多元化发展，企业究竟是纵向发展，还是横向扩张，就必须考虑企业的核心竞争力。只有牢牢把握自身优势，扬长避短，才能在“危机”四伏的商战中立于不败之地。毫无疑问，企业经营的成功与辉煌无不与其牢牢把握自身优势，通过稳步实施同心多样化的正确经营决策有密切关系。具体来讲，经营战略对企业生存发展的重要性体现在以下方面。

（1）通过制定经营战略，对企业外部环境和内部条件的调查分析，明确企业在市场竞争中所处的地位，对于企业增强自身经营实力有明确的方向。

（2）企业有了经营战略，就有了经营发展的总纲，发挥企业的整体效益，有利于调动职工群众的积极性。

（3）便于国家和有关部门对企业进行指导，有利于宏观经济和微观经济的有机结合和协调发展。

（4）有利于全面推进企业管理现代化。

三、经营战略的类型

经营战略是企业总体战略的具体化，其目的是使企业的经营结构、资源和经营目标等要素在可以接受的风险限度内与市场环境所提供的各种机会取得动态的平衡，实现经营目标。

人们按照不同的标准对企业的经营战略进行了许多不同的分类。经营战略有多种分类，为企业选择经营战略提供了广阔途径。

（一）按照战略的目的性，经营战略分为成长战略和竞争战略

1. 成长战略

成长战略是指企业为了适应企业外部环境的变化，有效地利用企业的资源，研究企业为了实现成长目标如何选择经营领域的战略。成长战略的重点是产品和市场战略，即选择具体的产品和市场领域，规定产品和市场的开拓方向和幅度。竞争战略是企业在特定的产品与市场范围内，为了取得差别优势，维持和扩大市场占有率所采取的战略。

2. 竞争战略

竞争战略的重点是提高市场占有率和销售利润率。企业经营战略归根到底是竞争战略。从企业的一般竞争角度看，竞争战略大致有三种可供选择的战略，即低成本战略、产品差异战略和集中重点战略。

（二）按照战略的领域，经营战略分为产品战略、市场战略和投资战略

1. 产品战略

产品战略主要包括产品的扩展战略、维持战略、收缩战略、更新换代战略、多样化战略、

产品组合战略等。

2. 市场战略

市场战略主要有市场渗透战略、市场开拓战略、新产品市场战略、混合市场战略、产品寿命周期战略、市场细分战略和市场营销组合战略等。

3. 投资战略

投资战略是一种资源分配战略，主要包括产品投资战略、市场投资战略、技术发展投资战略、规模化投资战略和企业联合与兼并战略等。

（三）按照战略对市场环境变化的适应程度，经营战略分为进攻战略、防守战略和撤退战略

1. 进攻战略

进攻战略可分为技术开发战略、产品发展战略、市场拓展战略、生产拓展战略，其特点是企业不断地开发新产品和新市场，力图掌握市场竞争的主动权，不断地提高市场占有率。进攻战略的着眼点是技术、产品、质量、市场和规模。

2. 防守战略

防守战略又称维持战略，其特点是以守为攻，后发制人。所采取的战略是避实就虚，不与对手正面竞争；在技术上实行拿来主义，以购买专利为主；在产品开发上实行紧跟主义，后发制人；在生产方面着眼于提高效率，降低成本。

3. 撤退战略

撤退战略是一种收缩战略，其目的是积蓄优势力量，以保证重点进攻方向取得胜利。

（四）按照战略的层次性，经营战略分为公司战略、事业部战略和职能战略

1. 公司战略

公司战略是企业最高层次的战略，其侧重点是确定企业经营的范围和在企业内部各项事业间进行资源分配。

2. 事业部战略

事业部战略是企业在分散经营的条件下，各事业部根据企业战略赋予的任务而确定的。

3. 职能战略

职能战略是各职能部门根据各自的性质、职能制定的部门战略，其目的在于保证企业战略的实现。

四、经营战略的特点

（一）目的性，纲领性

企业战略规定的是企业总体的长远目标、发展方向和重点、前进道路，以及所采取的基本行动方针、重大措施和基本步骤，都是原则性、概括性的规定，具有行动纲领的意义。战略的制定与实施必须服务于一个明确的目的，它必须通过展开、分解和落实等过程才能变为具体的行动计划，从而引导企业在变化着的竞争环境里生存和发展。

（二）全局性，系统性

企业的经营战略是以企业的全局为对象，根据企业总体发展的需要而制定的。它所规定的是企业的总体行动，它所追求的是企业的总体效果。虽然它必然包括企业的局部活动，但是这些局部活动是作为总体行动的有机组成部分在战略中出现的。这样也就使经营战略具有综合性和系统性。企业战略是指导企业全局的对策与谋划，其本身就是一个系统，也应该是分层次的。

（三）长远性，长期性

战略不是着眼于解决企业眼前遇到的麻烦，而是迎接未来的挑战。它是在环境分析和科学预测的基础上，展望未来，为企业谋求长期发展的目标与对策。凡是为适应环境条件的变化所确定的长期基本不变的行动目标和实现目标的行动方案都是战略。而那种针对当前形势灵活地适应短期变化、解决局部问题的方法都是战术。企业的经营战略既是企业谋取长远发展要求的反映，又是企业对未来较长时期（五年以上）内如何生存和发展的通盘筹划。虽然它的制定要以企业外部环境和内部条件的当前情况为出发点，并且对企业当前的生产经营活动有指导、限制作用，但是，这一切也都是为了企业能够更长远地发展，也是长远发展的起步。

（四）对策性，对抗性

这里有两种含义：一是面对环境变化的挑战，设计走向未来的对策；二是根据同行业竞争者的战略设计企业的战略以保持企业的竞争优势，从而使战略具有对抗性。企业经营战略是关于企业在激烈的竞争中如何与竞争对手抗衡的行动方案，同时也是针对来自各方面的许多冲击、压力、威胁和困难，迎接这些挑战的行动方案。它与那些不考虑竞争、挑战而单纯为了改善企业现状、增加经济效益、提高管理水平等为目的的行动方案不同。只有当这些工作与强化企业竞争力量和迎接挑战直接相关、具有战略意义时，才能构成经营战略的内容。应当明确，市场如战场，现代的市场总是与激烈的竞争密切相关。经营战略之所以产生和发展，就是因为企业面临着激烈的竞争、严峻的挑战，企业制定经营战略就是为了取得优势地位，战胜对手，保证自己的生存和发展。

（五）相对稳定性

由于经营战略规定了企业的发展目标，具有长远性，只要战略实施的环境未发生重大变化，即使有些变化，也是预料之中的，那么企业经营战略中所确定的战略目标、战略方针、战略重点、战略步骤等应保持相对稳定，不应该朝令夕改。但在处理具体问题、不影响全局的情况下，也应该有一定的灵活性。

经营战略的上述特性决定了经营战略与其他决策方式、计划形式的区别。根据上述经营战略的特性，又可以理解为，经营战略是企业对具有长远性、全局性、竞争性和纲领性的经营方案的谋划。

经营战略的上述特性，决定了经营战略决策的特点。

（1）由于决策的对象是复杂的，所以很难把握它的结构，并且是没有先例的，对其处理上也没有经验可循。

（2）面对的问题常常是突发性、难以预料的。所依靠的是来自外部的关于未来如何变化得很少的情报。

（3）决策的性质直接涉及企业的前途。进行这种决策不但要有长时间的准备，而且其效果所持续的时间也长，风险也大。

（4）评价困难，难以标准化。

五、经营战略决策的步骤

（一）经营战略决策的基础

经营理念是制定经营战略的基础。经营理念或称企业理念，是指企业的基本信念、价值观、抱负和哲学选择，是企业的行为准则，企业可以据此对自己的行为进行自我控制和自我约束。它反映了战略决策者的经营意识和价值观念，企业领导者的战略思想是在一系列战略观念和经营理念的基础上形成的，没有战略观念的指导，战略思想就难以形成。战略观念包括系统的观念、长远的观念、创新的观念、超前的观念、风险的观念和应变的观念等。企业领导者只有在这些战略观念和理念的指导下，才能正确地分析所处的内外环境，较好地处理企业所面临的问题，才能在动荡不安的经营环境中寻找到企业生存和发展的机会，从而为企业制定出正确的战略。企业决策者应从 3 个方面重塑和创新经营理念。

1. 创新观

未来竞争是不断创造与把握不断出现的商机的竞争，即重划新的竞争空间的竞争。

2. 竞争观

企业不仅要在现有产业范围内竞争，还要在塑造未来产业构架方面竞争。

3. 开拓观

扩充可利用资源的范围，并不断优化组合。创造性地不懈追求如何更好地利用各种资源去克服资源限制的困难，形成自己的拳头产品。

市场经济条件下企业之间的竞争，从表面上看是市场份额的竞争，是人、财、物及信息等资源的竞争，但实质上是理念、产品、资本、管理和营销 5 种要素的竞争。其中，理念是战略基础，产品是竞争的武器，资本是竞争的能量，管理是竞争的体制，营销是竞争的手段。5 个要素相互关联，缺一不可，忽略 5 个要素的任何一个，企业都将不可避免地走向失败。

（二）经营战略决策的步骤

1. 全面分析经营战略构成要素

（1）产品与经营领域

明确现有的产品与市场范围，以及未来有可能发展的产品与市场范围。产品与经营领域是说明企业使命属于什么特定的行业和寻求新机会的领域。

（2）企业的成长方向

企业的成长方向是说明企业从现有产品与市场组合向未来产品与市场组合转移的方向。

（3）竞争优势

竞争优势是指企业应选择具有优势的产品与市场领域，如技术水准优势、品牌优势等。

（4）协同作用

协同作用是指企业若干因素互助的有效组合，可以产生更大的效果，如销售商的协同效应（共用销售渠道）、管理的协同效应等。

2. 经营战略决策制定步骤

在全面分析企业经营战略的构成要素上，要重点把握好经营战略制定过程中的每个步骤。

（1）战略思想的形成过程

战略思想是企业制定和实施经营战略的指导思想，它是经营战略的灵魂。树立起正确的战略思想，是企业制定经营战略的首要条件。战略思想是战略思维的结果，它是决策者头脑中一种深层次的分析、判断、思考和探索的过程。纵观改革开放以来企业界成功人士，如海尔集团的张瑞敏、四川长虹电器股份有限公司的倪润峰等，他们之所以能脱颖而出，能在较短时间内把企业做强做大，关键就在于他们有较强的战略观念和战略思维能力，以及明确的战略思想。

（2）对战略环境的分析过程

在战略思想确立之后，应对战略环境进行认真分析、研究和预测，这是企业制定经营战略的前提和依据。企业的战略环境由外部环境和内部环境构成。企业的外部环境包括两个方面：一是宏观环境，如国际政治及经济形势变化，国家有关政策出台与调整等；二是行业环境，包括行业结构、行业现状与发展前景、行业动态等。以上两个外部因素是企业不可控制因素，我们分析外部环境的目的，是为了弄清在外部环境发展变化中存在着哪些企业成功的机会和制约因素，以便抓住机会、避开威胁、寻求机遇，使企业更好地生存和发展下去。在分析外部环境的同时，对企业自身的经营实力和竞争优势与劣势要充分了解，知己知彼，扬长避短，以优势取胜。

（3）战略决策过程

在进行了充分、全面、详尽的战略研究分析的基础上，才能进入企业经营战略的制定这一非常重要的环节，战略决策的制定一般由企业的高层管理者亲自参加并承担责任。其主要内容包括：

①确立企业使命；

②规定战略目标；

③选择战略方案；

④规划战略行动。

企业使命指明了企业的经营领域、业务范围和服务对象，使企业能够集中精力，沿着正确的方向从事生产经营活动。

战略目标规定了企业在经营上应当达到的经营成果和水平，是指导企业各项工作的准绳，也是衡量企业的经营成就的标准。

战略方案是完成企业使命，实现战略目标的途径。

规划战略行动是对战略方案的具体化过程，根据战略目标和战略方案的要求，制订出具体行动计划，把战略目标等分解为企业内部各部门、各单位的目标，使人人都明确自己在战略实施中应承担的任务、履行的职责等，以便确保战略的顺利实施。

（三）战略的实施与调整

经营战略方案确定后，必须通过具体化实施才能转化为实际行动，从而实现战略目标。在实施过程中，由于内外环境的变化和制定过程中的判断失误，需要在总体战略稳定的基础上，随时对战略方案进行修正和完善，从而更好地指导企业走向成功。

六、经营战略决策的方法

（一）经营战略选择的影响因素

经营战略的合理选择是管理者提高管理水平所必须行使的重要职能。但是，进行合理决策经常会受到诸多因素的影响，其中主要有以下几个方面的因素应该引起决策者的注意。

1. 环境层面

环境是经营战略方案产生的载体，也是经营战略方案得以实现的保障。关键是取决于管理者能否全面有效地把握和利用相关的环境信息，能否根据环境信息的各种不同情况做出相关的反应。所以，管理者在行使决策职能时，首先应该对组织的所有环境条件进行详尽的调查和分析，并合理确定组织在未来活动中的起点和预期目标，使组织决策保持良好的连续性和发展性。

2. 决策者层面

决策者是影响经营战略选择过程的关键因素。决策者对经营战略决策的影响主要是通过决策者的知识、心理、观念、能力等各种因素对决策产生作用。这就是说，决策的过程就是对决策者的一种全面的检验。

在决策时，无论是确定目的还是选择手段，都要对各种目的和手段进行比较。为了全面决策，还需要全面预测，而全面预测要求收集全面的情报和掌握全面的知识。在决策时，决策者还需要调动心理因素，克服各种心理障碍。此外，决策者还必须具备承担决策风险的心理承受能力，因为任何决策都在不同程度存在一定的风险，组织及其决策者对待风险的不同态度会影响决策方案的选择。愿意承担风险的决策者，通常会在被迫对环境做出反应之前就已采取进攻性的行动，并经常会进行新的探索；而不愿意承担风险的决策者，通常只对环境做出被动的反应，并习惯于过去的限制，按过去的规则策划将来的活动。对于决策者，行使决策职能经常会受到自身知识条件、心理条件和其他一些能力条件的制约，所以，管理者在学习决策的过程中，尤其要注意提升自身的知识水平和心理素质。

3. 组织层面

经营战略的决策会受到组织的影响和制约，因为任何决策在某种程度上都是对过去的否定，任何决策的实施都会给组织带来某种程度的变化。组织成员对这种可能产生的变化会怀有抵御或欢迎两种截然不同的态度，这种不同的态度会直接影响组织的决策。

组织对决策的影响主要是通过组织的文化来制约组织及其成员的行为方式，并通过组织文化来影响人们改变态度而发生作用的。如果在偏向保守、怀旧的组织中，人们总是根据过去的标准来判断现在的决策，总是担心在变化中会失去什么，从而对将要发生的变化产生怀疑抵御的心理与行为；而在具有开拓和创新气氛的组织中，人们总是以发展的眼光来分析决策的合理性，总是希望在可能产生的变化中得到什么，因此渴望变化、欢迎变化、支持变化。由此可见，欢迎变化的组织文化有利于新决策的实施，而抵御变化的组织文化则可能给新决策带来种种阻抗。所以，建立一种有利于变化与发展的组织文化是有效实施新决策的重要内容。

4. 时间层面

时间本身就是经营战略选择的重要组成部分，同时又是限制决策的重要因素。美国学者威廉·R. 金和大卫·I. 克里兰把决策分为时间敏感决策和知识敏感决策。所谓知识敏感决策，着重于未来，而不是现在；着重于机会的运用，而不是避开威胁。所以决策时，在时间上相对宽裕，并不一定要求在某一日期以前完成。所谓时间敏感决策是指那些必须迅速尽量准确的决策，这种决策对速度的要求超过对质量的要求。相对知识敏感决策，时间敏感决策对时间的要求比较严格，这类决策的执行效果主要取决于速度，所以管理者应该充分认识时间对决策的影响作用，并充分利用有限的时间做出正确的决策。

（二）经营战略决策的过程

经营战略决策是一个过程，其主要表现在决策的制定是一个完整的过程。经营战略决策的有效性取决于决策制定过程的完整性。决策制定的过程主要由以下 4 个阶段构成。

1. 情报活动阶段

情报活动阶段主要是通过调查研究，分析环境条件和寻求决策的条件，收集有关决策的资料与信息，为决策提供充足的信息依据。

2. 设计活动阶段

设计活动阶段主要是创造、分析和制订可能采取的行动方案，而且形成的方案不只是一套，应该是数套行动方案。

3. 抉择活动阶段

抉择活动阶段主要是从设计活动阶段形成的多套行动方案中，通过比较、分析，最后选择出可资利用的一套方案。

4. 审查活动阶段

审查活动阶段主要是对过去的抉择进行评价，对已经选出的行动方案进行最终的审核。这个活动阶段，一般还可以有有关领导与专家的参与，由他们从专业的角度对行动方案进行审定，以此确保决策的先进性与合理性。

由此可见，经营战略决策制定的过程是以“找出制定决策的依据、找到可能的行动方案、在诸多的行动方案中进行抉择、对已进行的抉择进行评价”这四个阶段进行的。这四个阶段在操作时各自所占的分量与时间也是不同的。一般说来，决策者应该将大部分时间用来进行调查和分析形势，用较大部分的时间进行创造、分析和制订可行的行动方案，用较少的时间选择方案，用适量的时间去进行评价。实际上，这些阶段在具体的操作过程中，经常是相互交织在一起的，各个阶段的运行次序也会根据情况的不同而发生变化。

（三）经营战略决策方法：波士顿矩阵评价法

为了使企业的发展能够与千变万化的市场机会之间取得切实可行的适应，就必须合理地在各项业务之间分配资源。在此过程中不能仅凭印象，认为哪项业务有前途，就将资源投向哪里，而是应该根据潜在利润分析各项业务在企业中所处的地位来决定，波士顿矩阵法就是一种著名的用于评估公司投资组合的有效模式。

1. 波士顿矩阵法的内容

波士顿矩阵法是美国波士顿咨询公司（BCG）在 1960 年时提出的一种产品结构分析的方法。这种方法是把企业生产经营的全部产品或业务的组合作为一个整体进行分析，常常用来分析企业相关经营业务之间现金流量的平衡问题。通过这种方法，企业可以找到企业资源的产生单位和这些资源的最佳使用单位。一般来说，企业都会有一个或几个经营业务，如何对这些业务进行投资组合分析是企业管理者在战略制定时要重点考虑的问题。下面介绍如何利用这一矩阵进行分析。

（1）高增长、低竞争地位的“问题”型业务

这类业务通常处于最差的现金流状态。一方面，所在行业市场增长率极高，企业需要大量的投资支持其生产经营活动；另一方面，该业务市场份额较低，能够生成的资金较少。因此，企业对于“问题”型业务的投资需要进一步分析，判断使其转移到“明星”型业务所需要的投资量，分析其未来是否盈利，研究其是否值得投资的问题。这类业务往往是一个公司的新业务，为发展问题业务，公司必须建立工厂，增加设备和人员，以便跟上迅速发展的市场，并超过竞争对手，这些意味着大量的资金投入。“问题”型非常贴切地描述了公司对待这类业务的态度，因为这时公司必须慎重回答“是否继续投资发展该业务”这个问题。只有那些符合企业发展长远目标、企业具有资源优势、能够增强企业核心竞争能力的业务才能得到肯定的回答。

（2）高增长、强竞争地位的“明星”型业务

这类业务处于迅速增长的市场，具有很大的市场份额。在企业的全部业务中，“明星”型业务在增长和盈利上有着极好的长期机会，但它们是企业资源的主要消费者，需要大量的投资。为了保护或扩展“明星”型业务在增长的市场中占据主导地位，企业应在短期内优先供给它们所需要的资源，支持他们继续发展。“明星”型业务是由问题业务继续投资发展起来的，可以视为高速成长市场中的领导者，它将成为公司未来的“现金牛”型业务。但这并不意味着“明星”型业务一定可以给企业带来巨大利润，因为市场还在高速成长，企业必须继续投资，以保持与市场同步增长，并击退竞争对手。企业没有“明星”型业务，就失去了希望，但如果没有识别“行星”和“恒星”的能力，将企业有限的资源投入在能够发展成为“现金牛”的“恒星”上，就可能导致做出错误的决策。

（3）低增长、强竞争地位的“现金牛”型业务

这类业务处于成熟的低增长市场中，市场地位有利，盈利率很高，本身不需要投资，反而能为企业提供大量资金，用以支持其他业务的发展。“现金牛”型业务是成熟市场中的领导者，它是企业现金的来源。由于市场已经成熟，企业不必大量投资来扩展市场规模，同时作为市场中的领导者，该业务享有规模经济和高边际利润的优势，因而给企业带大量财源。企业往往用“现金牛”型业务来支付账款并支持其他3种需大量现金的业务。因为如果市场环境一旦变化导致这项业务的市场份额下降，公司就不得不从其他业务单位中抽回现金来维持“现金牛”型的领导地位，否则这个强壮的“现金牛”可能就会变弱，甚至成为“瘦狗”。

（4）低增长、弱竞争地位的“瘦狗”型业务

这类业务处于饱和的市场当中，竞争激烈，可获利润极小，不能成为企业主要资金的来源。如果这类业务还能自我维持，则应缩小经营范围，加强内部管理。如果这类业务已彻底失败，企业应当及时采取措施，清理业务或退出经营领域。一般情况下，“瘦狗”型业务常常是微利甚至是亏损的。“瘦狗”型业务存在的原因更多是由于感情上的因素，虽然一直微利经营，但像人对养了多年的狗一样恋恋不舍而不忍放弃。其实，“瘦狗”型业务通常要占用很多资源，

如资金、管理部门的时间等，多数时候是得不偿失的。

2. 波士顿矩阵法的作用

波士顿矩阵法分析的目的在于帮助企业确定自己的总体战略。在总体战略的选择上，波士顿矩阵有着重要的贡献。

（1）波士顿矩阵指出了每个经营业务在竞争中的市场地位，使企业了解了它的作用或任务，从而有选择和集中地运用企业优先的资金

例如，企业要把“现金牛”型业务作为重要的资金来源，并放在优先的位置上；同样，企业可以考虑把资金集中在未来有希望的“明星”型业务、“问题”型业务上；并根据情况，有选择地抛弃“瘦狗”型业务和无希望的“问题”型业务。如果企业对经营的业务不加区分，采取一刀切的办法，规定同样的目标，按相同的比例分配资金，配备相同数量的机器和人员等，结果往往是对“现金牛”型业务和“瘦狗”型业务投入了太多的资金，而对“明星”型业务和“问题”型业务投资不足。这样的企业难以获得长期的发展。

（2）波士顿矩阵将企业不同经营领域内的业务综合到一个矩阵中，具有简单明了的效果

在其他战略没有发生变化的前提下企业可以通过波士顿矩阵判断自己经营业务的机会和威胁、优势和劣势，判断当前的主要战略问题和企业未来的竞争地位。比较理想的投资组合是企业有较多的明星和“现金牛”型业务、少数的“问题”型业务和极少的“瘦狗”型业务。

（3）波士顿矩阵法可以帮助我们分析一个企业的投资业务组合是否合理

如果一个企业没有“现金牛”型业务，说明它当前的发展中缺乏现金来源；如果没有“明星”型业务，说明在未来的发展中缺乏希望。一个企业的业务投资组合必须是合理的，否则必须加以调整。在明确了各项业务单位在企业中的不同地位后，就需要进一步明确其战略目标。

通常有 4 种战略目标分别适用于不同的业务。

（1）发展战略

继续大量投资，目的是扩大战略业务单位的市场份额。它主要针对有发展前途的问题业务和明星中的恒星业务。

（2）维持战略

投资维持现状，目标是保持业务单位现有的市场份额。它主要针对强大稳定的“现金牛”型业务。

（3）收获战略

它实质上是一种榨取，目标是在短期内尽可能地得到最大限度的现金收入。它主要针对处境不佳的“现金牛”型业务及没有发展前途的“问题”型业务和“瘦狗”型业务。

（4）放弃战略

目标在于出售和清理某些业务，将资源转移到更有利的领域。这种目标适用于无利可图的“瘦狗”型业务和“问题”型业务。

3. 波士顿矩阵法的局限性

波士顿矩阵作为一种分析方法时也有它的局限性，其局限性如下。

（1）在实践中，企业要确定各业务的市场增长率和相对市场份额是困难的。有时，数据会与现实不符。

（2）波士顿矩阵按照市场增长率和相对市场份额把企业的市场业务分为 4 种类型，相对来说有些过于简单。实际上，市场中还存在着很难确切归入某个象限中的业务。

（3）波士顿矩阵中市场地位和获利之间的关系会因行业和细分市场的不同而发生变化。在有些行业里，企业的市场份额大，会在单位成本上形成优势；而有些行业则不然，过于庞大的市场份额可能会导致企业成本的增加。实际上，市场占有率小的企业，如果采用创新和产品差异化的策略，仍然能获得很高的利润。

（4）企业要对自己一系列的经营业务进行战略评价，仅仅依靠市场增长率和相对市场份额是不够的，还需要行业的技术等其他指标。

（四）迈克尔·波特的竞争战略理论

迈克尔·波特被誉为“现代竞争战略之父”，也是现代最伟大的商业思想家之一。他有 4 部重要著作，即 1980 年出版的《竞争战略》、1985 年出版的《竞争优势》、1990 年出版的《国家竞争优势》、1998 年出版的《竞争论》。波特的竞争战略理论重点主要有五力模型、三大一般性战略、价值链、钻石体系、产业集群。

1. 五力模型

迈克尔·波特认为行业或企业外部存在 5 种竞争力，包括新加入者的威胁、客户的议价能力、替代品或服务的威胁、供货商的议价能力及既有竞争者。这 5 种竞争力能够决定产业的获利能力，它们会影响产品的价格、成本与必要的投资，也决定了产业结构。企业如果要想拥有长期的获利能力，就必须先了解所处的产业结构，并塑造对企业有利的产业结构。决定企业获利能力的首要因素是“产业吸引力”。企业在拟定竞争战略时，必须要深入了解决定产业吸引力的竞争法则。

2. 三大一般性战略

竞争战略的第二个中心问题是企业在产业中的相对位置。竞争位置会决定企业的获利能力是高出还是低于产业的平均水平。即使在产业结构不佳、平均获利水平差的产业中，竞争位置较好的企业仍能获得较高的投资回报。

每个企业都会有许多优点或缺点，任何的优点或缺点都会对相对成本优势和相对差异化产生作用。成本优势和差异化都是企业比竞争对手更擅长运用 5 种竞争力的结果。它将这两种基本的竞争优势与企业相应的活动相结合，就可导出可让企业获得较好竞争位置的三大一般性战略：总成本领先战略、差异化战略及专一化战略。

竞争优势是所有战略的核心，企业要获得竞争优势就必须做出选择，必须决定希望在哪个范畴取得优势。全面出击的想法既无战略特色，也会导致低于水准的表现，它意味着企业毫无竞争优势可言。

3. 价值链

竞争优势源自企业内部的产品设计、生产、营销、销售、运输、支援等多项独立的活动。这些活动对企业的相对成本地位都有贡献，同时也是构成差异化的基础。因此，分析竞争优势的来源时，必须要有一套系统化的方法，来检视企业内部的所有活动及活动间的相互关系。

价值链就是一套分析优势来源的基本工具，它可将企业的各种活动以价值传递的方式分解开来，借以了解企业的成本特性以及现有与潜在的差异化来源。企业的各种活动既是独立的，也是互相连接的。

企业应该根据竞争优势的来源，并透过了解组织结构与价值链、价值链内部的链接，以及它与供应商或营销渠道间的链接关系，制定一套适当的协调策略，而根据价值链需要设计的组织结构，有助于形成企业创造并保持竞争优势的能力。

公司的价值链进一步可与上游的供应商与下游的买主的价值链相连，构成一个产业的价值链。

4. 钻石体系

在企业竞争的成功上，国家扮演了重要的角色。因此，波特将他的研究更延伸到了国家竞争力上。针对这个主题，迈克尔·波特提出“钻石体系”（又称“菱形理论”）的分析架构。他认为可能会加强本国企业创造竞争优势的因素包括以下几个。

（1）生产要素

它是指一个国家将基本条件（如天然资源、教育、基础建设）转换为特殊优势的能力。如高度的专业技巧与应用科技的结合。例如，荷兰的花卉业很发达，它并不是因为位居热带而有了首屈一指的花卉业，而是因为它在花卉的培育、包装及运送上具有高度专精的研究机构。

（2）需求状况

它是指本国市场对该项产业所提供或服务的需求数量和成熟度。例如，日本家庭因为地狭人稠，所以日本的家电都朝小型、可携带的方向发展。正是因为日本国内市场拥有一群最挑剔的消费者，使得日本拥有了全球最精致、最高价值的家电产业。

（3）企业的战略、结构和竞争对手

企业的组织方式、管理方式、竞争方式都取决于所在地的环境与历史。若是一个企业所在地鼓励创新，有政策与规则刺激企业往训练技术、提升能力与固定资产投资的方向去努力，企业就会有竞争力。另外，当地若有很强的竞争对手，也会刺激企业不断地提升与改进。

（4）相关产业和支持产业表现

一个产业想要登峰造极，就必须有世界一流的供货商，并且从相关产业的企业竞争中获益，这些制造商及供货商形成了一个能促进创新的产业“族群”。例如，意大利具有领导世界的金银首饰业，就是因为意大利的机械业已经占领了全球珠宝生产机械60%的市场，而且意大利回收有价金属的机械也领先全球。

钻石体系是一个动态的体系，它内部的每个因素都会相互拉推，从而影响到其他因素的表现。同时，政府政策、文化因素与领导魅力等都会对各项因素产生很大的影响，如果掌握这些影响因素，将能塑造一个国家的竞争优势。

5. 产业集群

区域的竞争力对企业的竞争力有很大的影响，迈克尔·波特通过对10个工业化国家的考察发现，产业集群是工业化过程中的普遍现象，在所有发达的经济体中，都可以明显看到各种产业集群。产业集群是指在特定区域中，具有竞争与合作关系，且在地理上集中，有交互关联性的企业、专业化供应商、服务供应商、金融机构、相关产业的厂商及其他相关机构等组成的群体。不同产业集群的纵深程度和复杂性相异。

许多产业集群还包括由于延伸而涉及的销售渠道、顾客、辅助产品制造商、专业化基础设施供应商等，政府及其他提供专业化培训、信息、研究开发、标准制定等的机构，以及同业公会和其他相关的民间团体。因此，产业集群超越了一般产业范围，形成了特定地理范围内多个产业相互融合、众多类型机构相互联结的共生体，从而构成了这一区域有特色的竞争优势。产业集群发展状况已经成为考察一个经济体或其中某个区域和地区发展水平的重要指标。

七、经营战略的选择

（一）总体战略

企业的总体战略有发展型战略、稳定型战略、紧缩型战略、撤退型战略和组合型战略等。

1. 发展型战略

发展型战略具有以下几种基本类型。

（1）集中发展型战略

集中发展型战略是集中企业的资源，以快于过去的增长速度来增加现有产品或劳务的销售额、利润额或市场占有率。优点是经营目标集中，容易实现生产专业化，实现规模经济效益。缺点是当外部环境发生变化时，经营的风险很大。因此，应考虑实施一段时间后向其他类型的发展战略转移。

集中发展型资本经营战略的资本投向是集中的，问题是如何满足资本增长的需要。其战略重点是资本的融通和加快资本的运营速度，选择能够满足发展需要的资金融通方案。

（2）同心多样化发展战略

同心多样化发展战略是增加同企业现有产品或劳务相类似的新产品或新劳务，是一种很有生机的战略。同心多样化资本经营战略需要制定资本分配的方案，保证资源有效地利用，避免了集中投入单一产品或劳动力的风险，但也增加了资本多方面投向的运作难度，增加了资本短缺的风险。

（3）纵向一体化发展战略

纵向一体化发展战略是指在两个可能的方向上扩大企业现有经营业务的一种战略；同样，横向一体化资本经营战略也是有效的资本战略。这两种一体化战略都可以实现规模经济，但都有各自的风险。纵向一体化价格收益比率显著地低于同心多样化战略的企业；横向一体化要承担庞大的机构臃肿、效率低下的弊病。

（4）复合多样化发展战略

复合多样化发展战略是指增加与组织现有产品或劳务大不相同的新产品或劳务。可以在组织内部或外部产生，更多的是通过对其他组织的合并及合资经营方案而来。

复合多样化的优点是通过向不同产业的渗透和向不同的市场提供服务来分散企业经营的风险。要向具有更优经济特征的行业转移，以提高企业的盈利能力和灵活性，联络后的企业协同效应、税率优势、股份优势等。但一个企业在选择复合多样化时，应采取慎重的态度，不要为多样化而多样化，实践中许多企业在进行多种经营时会面临决策失误、资金短缺、不熟悉业务等风险因素。

要使复合多样化战略得以成功，要注意：第一，明确的组织目标；第二，一个企业必须至少利用它的 3 个基本实力（生产能力、特定市场的分销渠道和技术能力）之一；第三，必须正确评价自己实行多样的能力，包括对企业现状及其可用于多样化的资源条件的分析。

2. 稳定型战略

稳定型战略的特点：企业满足于它过去的经济效益水平，决定继续追求与过去相同或相似的目标；每年所期望取得的成就按大体相同的比率增长；企业继续用基本相同的产品或劳务为它的顾客服务。它的战略风险较小，避免开发新产品和新市场所必需的巨大资金投入，容易保持经营规模。但对外部环境应变性能较差。

3. 紧缩型战略

当企业的经营状况、资源条件不能适应外部环境的变化，难以为企业带来满意的收益，以致威胁企业的自下而上和发展时，企业常常采取紧缩型战略。这种战略只是企业在短期内实施的过渡性战略，分为抽资、转向、放弃、清算 4 种战略。

4. 撤退型战略

战略当然是具有对抗性的，制定战略的实质就是要研究如何以弱胜强，以小胜大，后来者居上。但有时企业的发展并不是一如人意的，扬长固然必要，但同时也要注意避短。当企业进入战略规划的领域但没有得到预想的效益时，就应当快刀斩乱麻，应用撤退战略从容全身而出。

这时企业战略策划人就应当将撤退战略托出水面。企业在前方伸出触角，实行多角化经营战略促使自身快速成长，充分利用企业的生产能力、技术开发能力和销售能力并使企业有较大的回旋余地。但有时也会形成企业只注重正面效益，盲目追求多样化和歧异化，只求“攻城略地”，并不注意巩固已占领的市场，最终导致摊子太大而无力回天，此时的企业就应当爽快地撤退出无利或亏损行业，即撤退战略的主旨是成功地保证企业主力投入到自己的核心优势产业中去，从无法获利的失误领域或正在全行业衰退的产业中毫发无伤地出来。

除了市场摊子过大，企业撤退的原因还有如技术替代、人口变动、需求变动等。

有关此类战略的讨论总是围绕着撤资或收割战略，但实际还有其他一系列行之有效的战略，企业只可能采用其中的一种或先后采用几种方法。这些战略无论在其力图实现的目标上，还是在投资的含义上都迥然各异。

（1）领导战略

领导战略的目标是从某类预撤退产业中获利。这类产业的结构使剩余企业有潜力获取超出平均水平的利润，而且在面对面的竞争者中领导地位是可以实现的。企业的目标是成为产业中仅存的一个或少数几个企业之一。一旦达到这个地位，企业就转而执行保持地位或有控制的收割战略。

（2）局部领导战略

局部领导战略的目标是辨识预撤退产业中某个细分市场（或某种需求），这种细分市场不但将保持稳定需要或缓慢下降，而且拥有结构特色能带来高收益，然后企业投资建立在这一细分中的地位，采取部分的领导战略是必要的。

（3）收割战略

执行收割战略时，企业力图优化业务的现金流，取消或大幅度削减新的投资，减少设备投资，在后续的销售中从业务拥有的任何残留优势上谋取利益，以提高价格或从过去的商誉中获利，甚至广告和研究经费也被削减。收割战术的一个基本特征是：存在某些客户可以感知的行动和某些不可见的行动。没有相对优势的企业极有可能仅限于采用不可见的行动，根据业务的发生性质，不一定能大把获利。

（4）迅速撤资战略

迅速撤资战略前提是企业只有在衰退早期出售业务才能使净投资的回收最大化，而不是实施收割战略之后再出售或再采用其他战略。一方面，及早出售业务通常能使企业从出售中实现价值最大化，因为出售越早，需求是否随后下降的不确定性越大，资产市场未饱和的可能性越大。另一方面，早期出售会带来企业对未来的预测被伪证的风险。

如果公司能够预计到撤退的情况，就应在成熟期间采取步骤提高自己，从而大大提高在衰退期的地位。

5. 组合型战略

许多大型企业并不局限于实施单一的战略，而是将战略组合起来，以下为一些可能的战略组合。

（1）同时组合

在增高其他的战略经营单位、产品线或事业部的同时放弃某个战略经营单位、产品线或事业部，在其他领域或产品奉行发展战略的同时，紧缩某些领域或产品；对某些产品实行抽资战略，而对其他产品采用发展战略。

（2）顺序组合

在一定时期内采用发展战略，然后在一定时期内实稳定战略；先使用转向战略，待条件改善后再采用发展战略。

总之企业可采用的战略方案是多种多样的，鉴别可用的战略方案则是一个企业选择最适宜战略的前提条件。

（二）一般竞争战略

要长期维持高于平均水平的经济效益，其根本基础就是持久的竞争优势。虽然一个企业与其竞争厂商相比可能有无数个优点和弱点，但它仍可以拥有两种基本的竞争优势，即低成本和别具一格。低成本和别具一格转而又来源于产业结构，它们是由一个企业比其竞争对手更擅长应付 5 种竞争力量所决定的。

两种基本的战略优势与企业获得谋略优势的活动相结合，就使我们得出了在产业中取得高于平均水平的经济效益的三大一般性竞争战略：成本领先战略、差异化战略、目标集中战略。它们分别对应于迈克尔·波特所讲的总成本领先战略、差异化战略、集中战略。

1. 成本领先战略

成本领先战略要求企业必须严格控制成本、管理费用及研发、服务、推销、广告等方面的成本费用。为了达到这些目标，企业需要在管理方面对成本给予高度的重视，确保使总成本低于竞争对手。

在此战略的指导下，企业决心成为所在行业中实行尽量低成本生产的那一类竞争者，因此，企业的经营面往往对其成本优势举足轻重。成本优势的来源因行业结构不同而异，它包括追求规模经济、专利和专有权技术、原材料的内部购买优惠和其他因素。追求低成本的企业必须寻找和探索成本优势的一切来源。

成本领先战略一般必然要求一个企业成为独一无二的成本领先者，而不是争夺这个位置的若干厂商企业中的一分子。许多企业未能认识到这一点，从而在战略上铸成大错。当渴望成为成本领先者的厂商不止一家时，他们之间的竞争通常是十分激烈的，因为每一个百分点的市场份额都是至关重要的。除非出现这种情况：一个企业在成本上能够出现独有性的新优势并说服其他厂商放弃其战略，否则对盈利能力及企业长期运营体系所带来的结果将是灾难性的。所以，只有重大的技术突破才能使一个企业得以彻底改变其成本地位；除此之外的小成本领先是特别依赖于先发制人策略的一种战略。

成本领先战略的成功取决于企业日复一日地实施该战略的技能。成本自身不会缩小，也不会忽起忽落。企业降低成本能力各有不同，甚至当他们具有相似的规模、相似的产品产量时也表现得不同。要改善成本优势的地位，更需要决策者把握住方向，策划战略时更为仔细，更加细分每一项可以开源节流的分战略。

2. 差异化战略

差异化战略是将企业提供的产品或服务差异化，使其在全产业范围中具有独特性。实现差异化战略可以有许多方式，如设计品牌形象、保持技术及性能特点、顾客服务、商业网络及其他方面的独特性等。

这种战略要求企业在全行业范围内形成一些独特的性质或具独特性的产品或服务。应当说明的一点是，差异化战略并不是使企业全然不顾成本，而只是把成本置于稍后的位置。如果企业能成功实现标新立异战略，它将成为行业中的至尊；因为它能建立起对付5种竞争力量的“防御工事”。差异化战略利用客户对品牌的忠诚，以及由此产生的价格敏感性下降，使公司得以避开激烈的竞争。它可以使利润增加而不必付出追求成本领先的代价。产品新异带来较高较广的收益，不仅可以用来对付供应商压力，同时也可减轻下游企业的价格压力，当客户缺乏选择余地，其价格敏感程度也就不高了。采取此项战略赢得客户忠诚的企业，在面对替代品威胁时其所处地位会比其他竞争者更为有利。

当然，实现产品新异有时会与争取更大的市场份额相矛盾。它要求企业对于这一战略的排他性有各项准备，此战略与市场份额是不可兼得的。因为即使全行业范围内的顾客都了解本企业产品的独特品质，也并不是全部顾客都愿意出高价买入。

3. 目标集中战略

目标集中战略主攻某个特殊的顾客群、某产品线的一个细分区段或某一地区市场。低成本与差异化战略都是要在全产业范围内实现其目标，专一化战略的前提思想是：企业业务的专一化能够以较高的效率、更好的效果为某一狭窄的战略对象服务，从而超过在较广阔范围内竞争的对手。企业或者通过满足特殊对象的需要而实现了差异化，或者在为这一对象服务时实现了低成本，或者二者兼得，这样的企业可以使其盈利的潜力超过产业的平均水平。集中战略的整体目标是围绕着某一特定目标范围的全方位服务而建立的。

目标集中战略的前提是：企业能够以更高的效率、更好的效果为某一狭窄领域的战略对象服务，从而超过宽领域内的竞争对手。结果往往是，企业通过较好满足特定对象的需求而实现战略目标，或者是实现低成本，或者是实现了歧异性，或二者兼得。在整个市场领域中虽显现不出，但企业将依靠一两种优势占领特定狭窄市场的巨大市场份额。

采用目标集中战略的企业具有超产业平均水平收益的潜力。它的目标集中意味着企业对于其战略实施对象或者有低成本优势，或者具有高效益优势，或者兼而有之。这些优势保护企业不受各个竞争作用力的威胁。

目标集中战略通常意味着对进军整体市场份额的限制。目标集中战略必然包含着利润率与销售量之间互为代价的关系。

（三）不同行业地位战略

处于不同市场地位的企业在企业创新中应该采取不同的市场战略。根据企业对市场影响程度及进入先后顺序，可将企业的市场战略分为 4 种类型：市场领先者战略、市场挑战者战略、市场追随者战略、市场补缺者战略。

1. 市场领先者战略

在行业中处于平均水平之上的企业，可以称作领先企业或主导企业。这类企业通常应将战略重点置于如何巩固已有地位和保持现有优势，一般可以采取 3 种不同的姿态，即继续采取进攻战略、不断发动攻势、积极主动出击，使对手穷于应付，从而保持自身的优势地位并巩固自己在行业中的领先地位；采取坚守战略，通过各种预防措施，保护现有市场地位，使对手难以参与竞争，从而保证企业的丰厚利润；采取骚扰与对抗战略，对行业中对手的市场活动采取积极严厉的反击行动，使得这些企业不敢或不愿轻举妄动，甘当跟随者。

2. 市场挑战者战略

市场挑战者战略是市场战略中十分重要的一环，每个成长起来的大型企业组织集团无一不是经历了这个阶段战略而成功的。

一个市场挑战者首先必须确定它的战略目标。绝大多数市场挑战企业的战略目标是增加其市场份额。另外，无论是为了击败竞争对手，还是为了减少其份额，都必须首先明确市场领先者是谁。

清楚了解战略对象和目标之后，企业就应该考虑采用何种战略来战胜领先者，达到目标市场份额。市场挑战者所采用的战略有以下几种方案可供选择。

（1）正面市场进攻

挑战者发起攻击时集中力量正面指向对手；向对手的实力发起进攻，并非攻其弱项，其结果取决于双方的实力和持久力。在一个纯粹的正面进攻中，挑战者往往针对领先者的产品、广告、价格等发起攻势。为了使后面进攻取得成功，挑战者需要以具有超过领先者的产品、广告、价格等发起攻势。为了使正面进攻取得成功，挑战者需要具有超过领先者的实力优势。这里我们提出“实力原则”，较大力量的一方将会取得交战的胜利。

（2）从旁进攻

现代进攻战略的主要原则是“集中优势力量打击对手弱点”。挑战者佯攻正面，但实际在侧翼或后方发动真正的进攻。从这点进攻在营销上具有重大意义，特别适用于那些资源少于领先者的挑战者，他们不能用实力来压倒对方，就可以用避实就虚的战术来取胜。

（3）包围进攻

包围战略与从旁战略不同，它试图设计几条战线同时发动一场大的攻势，使对手疲于奔命。挑战者可以向市场提供比对手多得多的产品或广告促销费用。当一个挑战者比对手具有资源能力优势，并相信包围将有可能完全和快速地击破对方的抵抗意志时，这样的包围战略才有意义。

（4）绕道进攻

绕道进攻是最间接的进攻战略，它避开任何直接的冲突，绕过对手，攻击较易进入的市场，扩大自己的资源和能力基础。它通常有 3 种途径：多角化经营无关联的产品，用现有产品进入新的地区市场，采用新技术以取代现有产品。在高技术行业中优先使用新技术是一个很合适的绕道战略，它比不断模仿的产品要主动得多。

（5）游击进攻

游击进攻是适用于竞争者的另一种战略，它对资本不足的小企业特别适用。它包括对领先者的不同领域进行小的、断断续续的攻击，目的是扰乱对方，降低其整体企业的精神，并最终获得永久的据点。常用方法有：有选择地减价、供应干预、密集的促销扩张等一系列短、平、快的措施。

3. 市场追随者战略

并非所有的在行业中屈居第二位、第三位的企业都会采取市场挑战者战略，因为市场领先者必定会对挑战者发起反击，这样一场恶战难免会使双方两败俱伤，而且领先者在一场大的市场战中往往可能会有更好的持久力。因此，许多企业采用了市场追随者战略，从而保持了一个稳定市场秩序。

一个市场追随者必须知道的是：如何保持现有的顾客和如何争取有新顾客加入的一个较高的市场份额。追随战略并非是被动的，追随必须确定一条不会引起竞争性服务的成功路线。这种战略大多可分为 3 类。

（1）紧追不舍

在多个细分市场中模仿领先者，往往以一个挑战者的面貌出现，但是并不十分妨碍领先者，因而不会发生正面大规模冲突。

（2）若即若离

保持某些距离，但又在主要市场和主要产品上创新、一般价格水平和分销上追随领先者，因为它使领先者认为市场计划很少受到干预，而且乐意让出部分市场以免遭独占市场的指责。

（3）选择性追随

实行这部分战略的企业在某些方面紧跟领先者，但有时又走自己的路。他们可能具有完全的创新性，但又避免了直接冲突，他只应在有明显好处时追随领先者的许多战略。

4. 市场补缺者战略

几乎每一个行业中都有小企业为市场的某些部分提供专门的服务，他们避免也无力同大企业冲突。他们占据大市场的小角落，通过十分专业化而为大企业忽略或放弃的市场进行有效服务，这些企业的战略称为市场补缺者战略。

市场补缺者战略的实施首先需要寻找一个或更高的、有利可图的市场补缺基点。同时市场补缺者必须在市场、顾客、产品或营销组合上实行专业化，企业专门为某一类顾客市场、某一地区市场服务等。

由于市场补缺基点往往会枯竭，有时也会受到攻击，因此，市场补缺的风险有时也较大。

为了求得生存，小企业应采取补缺战略，拥有多个补缺基点。

第二节　经营决策

一、经营决策的含义

科学决策就是指决策者在拥有大量信息和个人丰富经验的基础上，对未来行为确定目标，并借助一定的科学方法和手段，对影响因素进行分析研究后，从两个以上可行方案中选择一个合理方案的分析判断过程。所谓经营决策，就是企业等经济组织决定企业的生产经营目标和达到生产经营目标的战略和策略，即决定做什么和如何去做的过程。企业经营决策与一般管理决策和业务决策相比具有全局性、长期性、战略性的特点。

从决策的含义可见，它包含以下内容。

（1）决策具有明确的目标，没有目标，就无从决策。

（2）决策具有多种可行性方案，如果只有一个方案，就不存在决策。可行性方案一般应具备下述条件：能够实现预定目标；各种影响因素均能进行定性和定量分析比较；对不确定性因素可进行预测估计；在现行条件下能实施。

（3）决策要通过科学分析判断，选择合理方案。

二、经营决策的原则

为了使决策获得令人满意的经济效益，在做出决策时，必须坚持以下基本原则。

（一）信息准全原则

经济信息是经济决策的基础。没有准确、全面、及时、适用的经济信息，决策便没有基础，易发生主观臆断，陷入盲目性，导致决策失误，给经济管理带来严重后果。所以，科学的经济决策，首先要求信息准确，要能真实地反映经济发展过程；其次要求信息全面，从多源头、多渠道收集适用的信息，进行综合、整理、比较、筛选，以期能够全面地反映所要研究的经济问题。因此，经济决策必须遵循信息准全原则，只有以及时、适用、大量准确的信息为基础，才能提高决策科学和成功的把握程度。

（二）未来预测原则

决策的关键在预测。经济决策以经济预测为依据，才可提高可靠程度。经济预测遵循客观经济规律，对经济发展前景进行测定，可以为经济决策提供未来的经济信息，能够减少未来行动的不确定性。因此，经济预测是经济决策的依据，是科学决策过程不可缺少的环节。经济决策只有以经济预测为依据，总结过去，掌握现状，分析判断经济未来的发展趋势，才能减少主观盲目性，增强科学预见性。

（三）可行性原则

经济决策所选定的方案应从实际出发，在对各种方案进行定性、定量分析，对可行性进行科学论证和评价的基础上进行筛选。只有经过可行性分析论证后选定的决策方案，才有较大的把握实现成功的可能。

经济决策的可行性论证分析包括：经济决策方案是否从实际出发，符合我国的国情、国力；是否符合客观经济规律的要求；是否符合党和国家的路线、方针、政策；企业决策还要考虑本单位所具备的主客观条件。如果主客观条件不足，可行性分析论证不够，贸然做出决策，则易遭受失败，难以达到预定目标。因此，经济决策应遵循可行性原则。

（四）系统原则

经济决策的系统分析应从整体出发，全面地看问题和处理问题。整体以局部为基础，支配局部；局部是整体的构成要素，局部要服从整体。任何经济部门和企业的经济决策，都不能违背国民经济战略决策目标，在部门与企业之间、企业内部各职能单位之间的决策目标发生矛盾时，必须按局部服从全局的原则加以解决，才能做到国家、集体和个人的利益相统一。因此，经济决策必须遵循系统原则，进行系统分析、比较，找出统筹安排人、财、物，在各种约束条件下达到预期目标的方案。

（五）对比优选原则

对比优选原则是指从可供选取的方案中择优选取能实现目标的、令人满意的方案。

如果只有一个方案，无从选优，就失去了科学决策的意义。经济决策可供选取方案的优劣，关键在于经济效益的高低。优选令人满意的方案，就是在达到同样目标条件下，从有限个可供选取的方案中，选取耗费人力、物力、财力最少，费用最省，速度最快，达到目标需要的时间最短，经济效益最高的方案。盈利“小中求大”，损失“大中取小”是对比优选原则的具体体现。优化要局部利益与整体利益相结合，当前利益和长远利益相结合。而从全局和长远看不经济，则决策方案是不可取的。

（六）经济性原则

经济性原则是要研究经济决策所花的代价和取得收益的关系，研究投入和产出的关系。选取花费最少、收入最大、投入最少、产出最多的方案，是获得令人满意的经济效益以达到预期目标的充分条件。如果经济决策和改进决策所花费的代价大、所得到的收益小，就是不科学的决策，无实现的必要。因此，经济决策遵循经济性原则必须求得决策的经济效益。

遵循经济性原则要从经济效益方面考虑决策本身的必要性。在决策的技术方法上，技术越先进则耗费就越大。如果经济决策所要解决的问题较微小、较简单，用经验决策就可以解决问题，就不必要用电子计算技术和复杂的数学模型来制定决策方案。总之，决策坚持经济性原则，就必须以最小的人力、物力、财力获得令人满意的经济效益。

（七）追踪监控原则

选定经济决策方案，付诸实现，向预定目标推进时，往往会产生差距。决策部门为了保证预定目标的实现，必须追踪监控决策的执行情况，掌握反映决策的进程、实际情况与目标要求差距的反馈信息。以便根据情况的变化，进行必要的调整或追踪决策，减少或消除目标差距，使决策沿着预定方向执行，使目标得以实现。因此，为了使决策合理化、科学化，决策方案能够兑现，必须坚持追踪监控原则。

三、决策者素质

决策者素质就是决策者个人从事决策工作应具备的德、识、才、学，是决策者在一定的职位上行使权力、履行职责、发挥职能作用的基础。具体来说包括以下几方面。

（一）道德伦理素质

1. 正确的世界观和价值观

作为社会主义企业的决策者，必须树立正确的、科学的马克思主义世界观和人生价值观。企业的目的是盈利，但赢利不等于唯利是图，不等于置国家利益和社会责任于不顾，甚至为了小团体的利益而损害集体的利益、国家的利益。具有正确的世界观和价值观要求企业决策者必须加强理论知识的学习和理论素质的修养，用马克思主义思想去武装自己的头脑。

2. 高尚的道德情操和修养

道德是为了社会建立良好的伦理秩序而形成的行为规范。孔子教导其这生颜回“非礼勿视，非礼勿听，非礼勿言，非礼勿动”。“非礼”者，即不符合社会的道德规范。做企业与道德修养有什么关系呢？其实，这里面也是有学问的。企业决策者是企业的领袖人物，是企业“上行下效”的对象，我们很难想象，一个道德败坏的决策者能在企业管理中施展才华。近年来，一些迅速发展的民营企业遇到了管理上的瓶颈，在寻求“职业经理人”的过程中，第一个担心的问题就是职业经理人的人品问题，也就是道德问题，这从侧面反映了道德情操与做企业的紧密关系。而对民营企业家来讲，道德风险也是最大的风险。

3. 良好的职业道德和信誉

职业道德是道德的一部分，但更明确地对企业决策者提出了职业上的要求。企业决策者是企业者的中坚，也是社会的重要阶层，中国社科院发表的《当代中国社会阶层研究报告》专门对经理人阶层，也就是企业中高层管理人员阶层进行了论述。如果没有职业道德和信誉，将是对企业管理基石的最大侵蚀，对企业决策者个体来说，也将是一条自我毁灭之路。

（二）心理人格素质

1. 宽广的胸怀

企业决策者在企业中起着领袖的作用，他必须有宽广的胸怀。企业决策者在工作中将面临内外环境方面不同的声音、不同的观点，甚至是批评的声音和压力。企业决策者面对来自行业、媒体、其他组织的批评与指责，一定要以“有则改之，无则加勉”的方式对待，以正常心态来处理。对来自内部不同的观点，企业决策者一定要能有海纳百川的气魄，营造一个广进贤言的良好局面。法国社会心理学家托得利有一句名言，称作“托得利定理”：测验一个人的智力是否上乘，只看脑子里能否同时容纳两种相反的思想，而无碍其处世行事。企业决策者应该达到此境界。

2. 开放的心态

面临不断发展的社会和日新月异的科技，决策者应具有开放的心态，去积极地了解新事物，接纳新事物。不仅要在企业中建立起吐故纳新的机制，决策者个人也应建立起相应的思维习惯、行为习惯，及时跟上外界的变化，与时俱进。开放的心态要求决策者改变故步自封和安于现状的守旧心理，不断实现自我的突破和发展。

3. 坚韧的毅力和意志力

企业管理不是坐“顺风船”，能一帆风顺地达到设定的目的。企业的经营存在着各种各样的风险，商业风险、市场风险、政策风险、信用风险、管理风险等，企业经营本身就是与风险同在。这要求企业决策者必须对风险有清醒的认识，在遭遇风险时，必须有坚韧的毅力去对待，积极采取措施，解决问题。企业决策者在经营实践中必须锤炼出坚韧不拔的精神，去体会“笑到最后才是胜利者”境界。

4. 个人的自我控制力

企业决策者是企业和社会的中坚力量，是具有一定社会地位的人。在工作、生活中，企业决策者都会遇见各种不正常、不正当甚至是违反道德、违反法律的诱惑。权钱交易、权色交易、钱色交易，黑幕交易、幕后操作等都是近些年来沉渣泛起的体现。企业决策者在面对诱惑时一定要正确对待，必须有良好的自制力。“无欲则刚”当然是至高境界，但“取之有道”未尝不是明智的选择。

（三）基础知识素质

1. 扎实的基础知识

基础知识是指对社会、世界的基本认识方面的知识。基础知识包括自然科学知识、人文社科知识两个方面。自然科学知识包括地理、生物、物理、化学、天文、数学等方面的内容。人文社科知识包括哲学、政治、历史、心理、语言、军事等方面的内容。目前，社会上仍存在着重自然科学、轻人文科学的倾向，认为自然科学才能直接地促进社会进步，才能提高人民生活水平。其实，我们综观成功的人物，不管是科学家、政治家还是管理大师，他们都具有良好的人文科学知识。作为一个企业中承担着重大决策、协调、管理责任的企业决策者，更应该高度重视包括人文社科知识在内的基础知识。

2. 完善的知识结构

决策者应具备“有学有识”的智能结构，这种智能结构表现为决策者的组织才能、联络才能、社交才能。第一，组织才能是指为了统合与协调决策系统全体成员的力量，决策者在处理内部关系过程中，必须表现出杰出的组织才能。它包括：恩与威、赏与罚、纪律与自由、集中与民主、授权与削权、升与降、法律条文与社会舆论、局部利益与整体利益、团体利益与社会利益、个人利益与集体利益等的灵活处置。第二，联络能使指决策者处理好决策系统与外界环境的关系（包括与上级的关系）。它包括决策者对上级指示的正确理解与有意歪曲、原文照搬与有意发挥、全面执行与片面执行、立即执行与拖延执行、直接贯彻与绕道贯彻、积极执行与消极怠工、汇报与不汇报、执行结果的全面汇报与简要汇报、团体条例与社会公德等的灵活处置。在各种联络中，决策者对通信中使用的文字、语言的解释与应用表现出很高的技巧。其目的是调整上下级和集体与社会的关系，捍卫与执行确立的原则，更好地发挥决策系统的功能，以达到团体的目标。背离了这一宗旨就不会秉公执法而是营私舞弊。第三，社交才能指的是一个人在社交上的本领和能力。对企业管理而言，社交才能主要是指决策者在社会交往中绝不能以感情代替理智。它包括决策者的喜与怒、爱与憎、怯与勇、肯定与否定、甜言蜜语与唇枪舌剑等的灵活运用。一切感情的表露均不能出于自然流露的人之常情是决策者为达到社交活动胜利而采用的手段与技巧。

此外还要有健康的体魄。这一点本是最简单明白的一点，却又是最容易忽略的一点。国内媒体对企业管理人员做了一次调查，发现企业管理人员中，亚健康现象十分普遍，不少管理人员还患有不同的生理和心理方面的疾病，企业决策者每天都在高压下前行，但决不能丢了根本，企业决策者在这点上不可不慎。

基本素质是决策者的最基本要求，专业素质是决策者履行职责的专业要求，特质素质是不同决策者所体现的个体管理优势；三者从整体上构成了决策者素质的有机体，三者缺一不可。用结构图来表示，就如一个金字塔，基本素质为塔底，为基础；专业素质为塔身，是决策者的根本；特质素质为塔尖，体现了个人特点和优势。

不同素质结构的企业决策者体现不同的管理风格和管理能力。一般来说，一名合格的决策者在素质结构的组成应为良好的基本素质、扎实的专业素质、具有竞争优势的特质性素质。因个体差异，不同的决策者在素质结构中也会有不同的结构，不同的结构就会构成不同的管理风格和管理能力。作为企业决策者，如果发现自己在素质结构中有缺陷或有差距，就应从学习中、实践中尽快提升自己，做一名优秀的企业决策者。

四、科学决策原理的内容与类型

（一）科学决策的内容

科学决策的主要内容包括以下几方面。

（1）决策原理的研究

决策原理主要研究决策的基本原理，决策在管理活动中的地位，决策活动中人、机、物等因素的关系等。

（2）决策情报信息研究

决策情报信息主要研究如何收集、整理、分析决策所需要的情报信息，使其达到较准确的程度。

（3）决策步骤和方法的研究

决策步骤和方法主要研究决策过程中每个阶段应采取的步骤和方法，包括正确的数据处理方法、定性分析和定量方法等，以达到最理想的数量界限。

（4）决策组织机构的研究

决策组织机构主要研究组织机构的正确设置，决策各个系统之间的分工、协调、矛盾的解决等。

（5）决策对象规律性的研究

决策对象规律性主要研究决策对象的特殊规律，为实际做出某种决策提供科学依据。研究目的是使人们在主观上能正确认识、掌握和控制客观事物的运动、变化、发展的规律性，为科学决策服务。科学决策的理论在决策活动中占有重要的地位，它既是指导科学决策的理论基础，也是掌握决策技术的指南，只有在现代决策理论的指导下进行决策，使决策建立在科学的基础上，才能避免和减少政策的失误，实现正确决策的目的。决策科学化是当代社会、经济、科技发展的需要，也是促进社会、经济、科技不断发展的重要条件。

因此，决策是否达到了科学化是检验领导素质的重要标志。要实现决策科学化，就必须遵循科学的决策程序，运用科学的决策技术和方法完成决策工作。科学的决策程序包括发现问题、确定目标、收集信息、制定方案、评估和优选等重要环节。实行决策科学化的目的在于避免和减少决策的失误，使决策立于不败之地。这就要求决策者必须站到战略的高度，具有全局的观点，采用系统工程的方法，运用好专家智囊的集体知识、智慧力量共同完成决策工作。

（二）经营决策的分类

经营决策涉及企业经营管理活动的各个方面，所以其内容较为广泛，可以按以下 5 种情况分类。

（1）按决策目标的广度和深度，经营决策分为战略决策、战术决策和业务决策

①战略决策是指与确定企业发展方向和愿景有关的决策，如企业经营目标、技术革新方向、市场开拓和潜在市场开发方针的确定等，其特点是时间长、范围广、影响大。

②战术决策又称管理决策，是指为执行企业战略决策，在管理和组织工作中合理选择和使用人力、物力、财力等方面的决策，合理和组织生产过程的决策，合理选择和使用能源和物资的决策，劳动力素质的提高和平衡方面的决策等。

③业务决策又称作业决策，是指为提高业务效率，以及更好地执行管理决策在日常作业中所实行的具体决策，如原材料和外购件和库存管理、生产控制、销售工作以及劳动组织调配等方面的日常生活决策。

（2）按照决策者所处的管理层次，经营决策分为高层决策、中层决策、基层决策

①高层决策是指企业最高领导层所负责做出的决策，一般为经营决策。

②中层决策是指企业中层领导所负责进行的管理决策，多是执行性决策。

③基层决策是指企业基层所进行的作业性决策，持续性强、时间紧。

（3）按照决策目标与所用方法的类别，经营决策分为计量决策和非计量决策

①计量决策是指决策目标有准确的数量，容易采取数学方法做出决策。

②非计量决策是指难以用数字准确表示目标，主要依靠决策者的分析判断进行决策。

（4）按照决策的方法或进行决策时条件的充分情况，经营决策分为确定型决策、非确定型决策、风险型决策

①确定型决策是指事件未来的自然状态已经完全确定情况下的决策，它属于程序化或规范化的决策，例如，订货程序、材料出入处理程序等。这些决策经常是反复的，而且是在一定明确的结构条件下发生的，为此设立一定的方式或程序，在每一个问题发生时，只需根据规范加以调整，无须重新做新的决策。

②非确定型决策是指对未来事件的自然状态与否不能肯定，而且这一事件发生的概率也无法估计，因此，在其问题的解决上，没有一定可循的决策方式存在。或者，由于其决策的结构条件复杂且不稳定，决策不能以程序和定型化来表示，只能针对具体问题具体分析和决定。

③风险型决策是指未来事件发生何种自然状态不能肯定，但可对其发展变化评估成败概率而做出的决策。在企业的经营活动中，大量的决策属于这种，例如，能源和材料的供应、市场对产品的需求量、市场占有率、产品销售价格等方面的决策都属于风险型决策。

（5）按照决策事件发生的频率，经营决策分为程序性决策和非程序性决策

①程序性决策是指对经常重复出现的问题的决策，如订货、材料和零配件的存放、工资的发放和日常的生产等。一般来说，这类决策主要适用于企业内部的日常业务或管理工作，所以也称日常经营管理决策或生产技术决策，它应用定量分析法、运筹学方法进行数学计算，为选取最优方案提供了很好的数据。人们往往把日常的业务工作和管理工作经过数据处理，编成程序，输入计算机进行运算，就能获得所需的决策。由于技术的发展，使程序化决策工作更加趋于自动化。程序化决策工作主要由中层管理人员来处理。

②非程序性决策是指解决企业在过去尚未发生过的问题的决策。人们对这样的问题的性质和特点一时难以捉摸，而解决它的经验又不完善，如产品结构的调整、某产品进入新的市场、企业中新机构的建立等。企业处理这类问题时没有以往经验可以借鉴，需要从头做起，而且影响这类问题的因素极大部分来自外部环境，因此它比解决程序化决策困难得多。对这类问题的决策，不仅要求企业内部能够保持协调，还要求企业能适应瞬息万变的外部环境。对这类问题，一般采用定性分析，有时也采用部分定量分析。非程序化决策往往是对企业中重大问题的决策，对企业的成败关系很大。因此，非程序性决策通常由企业的最高层管理人员来决定。

五、科学决策及其基本要素

决策活动形形色色，但不论哪一种决策，都有几项共同的构成要素。根据这些构成要素的性质和表现不同，我们相应地将决策区分为不同的类型。下面围绕决策的各构成要素来逐一介绍。

（一）决策者：个体决策与群体决策

组织中的决策制定者，可能是单独的个人（个体），也可能是组成群体的机构（如委员会）。个体决策与群体决策各有优缺点，两者都不可能适用于所有的情况。

比较而言，群体决策通常能比个体决策做出质量更高的决策，这是群体决策的一个主要优点。原因主要是，由群体来制定决策有利于提供更完整的信息，能产生更多的备选方案，并从更广泛的角度对方案进行评价和论证，从而做出更准确、更富有创造性的决策。群体决策的另外一个优点是，以群体方式做出的决策有利于增加有关人员对决策方案的接受性。现实中许多决策在做出最终决定后所以没被付诸实施，很大程度上是因为人们并没有接受所决定的方案。但是，如果让受到决策影响或负责实施决策的人们参与了决策制定，他们将更可能接受所定的决策，并更可能也鼓励他人接受。毕竟人们不会轻易违背他们自己所制定的决策。

当然，群体决策的效果如何也受到群体大小、成员从众现象等的影响。要是决策群体成员不能够真正地集思广益，而都以一个声音说话，那决策的质量就难以得到保证和提高。再从决策群体的规模来看，参与制定决策的人员越多，提出不同意见的可能性越大，群体就需要花更多的时间和更多的协调来达成相对一致的意见，这样群体决策的效率性或时效性就比较低。因此，组织在决定是否采用群体决策方式时，必须考虑其决策质量和可接受性的提高是否足以抵消决策效率方面的损失。

相对说来，个体决策的效率性要高于群体决策方式，但效果一般要低于群体决策。因此，对于复杂、重要和需有关人员广泛接受的决策问题，组织最好采取群体的方式来制定决策。反

之，简单、次要和不需体现共同意志的决策，采取个体决策方式可能更适宜。

（二）决策目标：理性决策与非理性决策、单目标决策与多目标决策

决策目标是指决策行动所期望达到的成果和价值。根据决策是否围绕特定的目标来进行、决策是否要力图实现某种预期的结果，我们可以将决策分为理性决策和非理性决策两大类。

理性决策是指完全着眼于组织所要实现的目标而进行的决策。非理性决策是指随意的、无目的的决策，它不考虑决策会对组织带来什么样的影响，完全凭决策者自己个人的爱好或一时的喜怒哀乐来行事。这种决策行为毫无疑问是不符合组织生活的需要，因而不应该在组织中实施的。但现实中有不少管理人员的决策行为就表现出这种非理性的特征。对这些人，必须强化组织目标对其行为的约束力。

决策目标作为组织决策中不容忽视的要素，往往是与决策者的价值判断联系在一起的。组织决策中应该贯彻什么样的目标，有时很难有统一的标准。在这一时期或者这部分人看来是“恰当”的目标，可能在另一时期或被另一部分人看来是“不恰当”的。例如，管理者关于“方案A为最好”的选择，实际上就可能包括如下两种前提假设：一是企业应当追求利润最大化（或其他）目标，或者说追求利润最大化（或其他）目标是好的；二是方案A将能实现利润最大化（或其他）目标。第一个假设涉及企业的最终目标是应当追求利润还是其他，“利”与“义”之间如何平衡、取舍，这些无疑都是不可一概而论的，只能以伦理道德和价值观为基准进行价值判断；至于方案A是否比方案B或方案C更有助于导向最终目标，则是手段性质的事实判断问题，只要分析评价方法得当，就可以形成一个比较明确的肯定的结论。

根据一项决策过程中所选定的决策目标的多寡，决策可分为单目标决策与多目标决策。在单目标决策中，决策行动只力求实现一种目标，因而是相对比较简单的决策。多目标决策，顾名思义，就是决策行动需要力图实现多个的目标。例如，私人购买小汽车的决策，就需考虑购价、性能、舒适性、耐用性、操作便利性、维修情况等。这多重目标很难在某一品牌车型中完全实现，所以，购买者做出购车决策时需要妥善地处理多目标的冲突问题。给每一个目标规定相对重要的程度，即权重，然后进行加权平均，这是处理多目标决策的一种常用方法。例如，购买“经济车”与购买“豪华车”的人，前者肯定会给车的“购价”以更高的权重，后者则会更注重车的“舒适性”等。不难看出，权重的确定实际上也体现了决策者的价值判断成分。

（三）决策准则：最优决策与满意决策、保守决策与冒险决策

决策准则是指决策者选择方案所依据的原则和对待风险的态度或方针。在决策目标确定了以后，决策者在评判某个决策方案中既定的目标要实现到何种程度时，就需要遵循某种预先设定的决策准则。

一般而言，决策方案的抉择有最优化和满意化两种准则。采用最优化决策准则，意味着决策者必须在给定的约束条件下选出一个能产生最优后果（如利润最大化、成本最小化或其他目标最好）的行动方案，以求一次性地从根本上解决问题。但最优化是一种理想化的要求，在现实中只有为数很少的情况才用得上这种最优化决策准则。而大多数的情况之下，通常只能采用满意化决策准则，也即只要求将既定目标实现到足够好的、令人满意的程度即可。以“较优”而不是“最优”，以“满意”而不是“优化”，作为评判某决策方案是否可取的准则，在客观上会促使复杂问题的决策得以简化、时效化地处理。例如，某工厂其预定的目标是要增加50%

的生产能力，但最后采用的A决策方案实际只能提高35%生产能力，因而并不是最优的方案，但如果按照满意准则进行决策，却可以成为合理的、可取的方案。这说明了决策准则的确定同样也是个有赖于“价值判断”的问题；从现实的决策实践来看，在企业经营决策中，满意性决策准则的使用要更为普遍一些。

另外，决策制定不能单看收益性目标，还必须同时考虑到风险性因素。在绝大多数情况下，企业经营中的高收益往往会与高风险相伴随。对待风险，决策者是采取“君子不立于危墙之下”的躲避风险的态度，还是“不入虎穴，焉得虎子”的敢冒风险的态度，这会影响他对决策方案的选择。美国金融联合公司就是在极不确定的条件下，冒险做出了进入投资与贷款市场的决策，从而使自己得到了飞快地发展。到1982年，该公司的资产值增加了65%，而别的储蓄银行和贷款银行在同期的资产值却降低了75%。可以看出，越是不确定性、风险性的环境，决策者的胆识和决策果断程度就越易见出分晓。面对风险，决策者既要有决断的胆略、魄力和勇气，不可优柔寡断、贻误战机，又不能草率决定、盲目行动，而应该正确掌握决策的科学和艺术。冒险并不等于轻率，谨慎也不意味着可以不做决定。就像理性的决策者所意识到的，非确定条件下的决策总是难免要发生失误的，但可以肯定，掌握一定的科学决策方法及提高决策者的决策艺术，这些都会有助于改进和提高决策的可靠性和质量。

（四）决策备选方案

决策的本质是选择。决策质量的高低，与能否穷尽可行性备选方案直接相关。拟订方案的工作流程及注意的问题有：

（1）要先粗后细。要把各种重要的发展前景都考虑周到。先宏观，后具体，还要考虑后果。

（2）可替代不可兼容。可替代反映目标的一致性；不可兼容是指有资格被比较。

（3）集思广益。尽可能穷尽可供选择的方案，提出尽可能多的设想。

1. 方案的比较和选择

方案拟定的过程不是一个简单的一次性过程。拟定的过程就是一个比较选择的过程。对备选方案进行评价比较的思路是：

（1）看实施方案的条件、成本及自己的承受力；

（2）看实施方案的成效进行成效预测，分析各方案的近期影响和长远影响；

（3）看实施方案的风险，预计困难、失败的可能性及失败可能造成的影响。

2. 比较选择时要注意的问题

需要注意的问题主要有：要统筹兼顾全面看问题；要吸取多方面的意见，意见的过分一致是可怕的，要特别注意反对意见；要有决断的魄力，决策是众说纷纭下的最终选择；决策的弹性目标、实施方案都要留有余地，对重大问题的决策要有预案（第二实施方案）。

决策过程是一个无起始点的动态循环提升的过程，要及时了解决策执行过程中出现的问题或决策不当之处，这就有了追踪决策。追踪决策是指当原有的决策方案实施时，在决策追踪的过程中发现了危及决策目标的情况，而对目标或决策方案所进行的一种根本性的修正。究其实质而言，追踪决策是一种战略转移，或者说是重新进行一次决策。追踪决策具有以下特征。

（1）回溯分析

对原来决策产生的机制和产生的环境进行客观分析，对产生失误、出现问题的原因进行分析，以便找到有效的对策。

（2）非零起点

追踪决策所面对的已经不是无决策前的初始状态，不论是客观环境还是主观心理都受到了前决策过程及决策方案实施的干扰与影响。追踪决策的两个基本要求一是必须慎之又慎，不能一误再误；二是必须尽力抓紧，不能一拖再拖。

（3）双重优化

追踪决策中最终选择的方案应当具备双重优化的特征，既要优于原有决策方案，又要是新方案中的最优方案。另外，“害中取小，即为大利”是追踪决策中常见的情况。也就是说，如果一项决策已经给工作带来了损失，而追踪决策能使损失减少到最小，这项追踪决策就是正确的。

（4）心理效应

在进行追踪决策时，要注意人们的心理反应，做好各方面人员的思想工作，适当调整人员，控制他们参与追踪决策的程度。

（五）决策后果

决策后果是指一项决策实施后所产生的效果和影响。

人们要对各种各样的事情做出决策，而决策往往带有一定的风险。所谓风险就是决策具有多种可能的后果，包括不同程度的损失和盈利。决策风险主要与3个方面的因素有关：决策后果的种类、后果的严重程度和各种后果发生的概率。一般而言，决策后果的种类越多，后果的严重程度越大，后果发生的概率越小，相应的风险水平就越大。另外后果发生的不确定性也会给决策者带来风险。对待风险的态度，不同的决策者存在着明显的个体差异。有的决策者为了收益，哪怕是一点的收益，也会冒很大损失的风险去追寻。而有的决策者为了防止损失，哪怕面前有很大一笔收益，而且获得这笔收益的可能性是相当大的，他也不愿去冒损失一点的风险。还有一些人既不一味地追寻风险，也不一味地回避风险，而是对具有一定水平的风险特别喜爱。另外，即便是同一个人对待同一项决策任务，在不同的时间、不同的地点、不同的情境条件下，对待风险的态度也会有很大差别的。

六、科学决策的基本方法

（一）确定型决策的方法

如果决策者面对的决策问题是每一个抉择行动只能产生一个确定的结果，那么就可以根据完全确定的情况，选择最满意的方案或最优行动，这种决策就是确定型决策。确定型决策的一般准则是：所选行动方案能使收益（或损失）函数达到最大值（或最小值）。最优方案有以下两种方法：单纯选优决策法和模型选优决策法。模型选优决策法，就是建立一定的经济数学模型来解决确定情况下最优方案的抉择问题。例如，设备更新决策根据生产的数量和成本进行决策时，如果更新后成本减少就更新，否则就不更新。单纯选优决策法是一种较简单的决策方法。如果决策者遇到的是这样一类决策问题，其行动方案仅是有限几个，而且掌握的数据资料也无须加工计算，就可以逐个比较直接选出最优方案或最优行动，这种在确定情况下的决策就是单纯选优决策法。

1. 量本利分析法

量本利分析法就是通过产量（销售量）、成本和利润的关系来分析企业的盈亏情况，是确定型决策方法中的一种，也称盈亏分析法。

（1）量本利分析法的基本原理

将总成本划分为固定成本和变动成本。固定成本是指不随产量变化而变化的成本，如固定资产折旧费、管理人员的工资等。变动成本是随着产量的变化而变化的成本，如产品成本中的原材料费、燃料动力费、计件工资等均属于变动成本。企业产品销售收入与产品销售量成本成比例关系，当取得的销售收入与产生的总成本相等时即实现了盈亏平衡。盈亏平衡时，利润为零。

（2）盈亏平衡点的确定

盈亏平衡点是总费用和销售收入相等的点。确定盈亏平衡点就是计算这一点所对应的产量或销售额。计算方法有以下几种。

①产量（销售量）法，即以某一产量之固定费用和变动费用确定盈亏平衡点。

设固定成本为 F，变动成本为 V，总成本为 Y，销售收入为 S，销售价格为 W，产量为 X，单位产品变动成本为 C_V，盈亏平衡点产量为 X_0，则计算公式如下：

$S=W\times X$

$Y=F+V=F+C_v\times X$

在盈亏平衡点上，$S=Y$ 即得

$W\times X_0=F+C_v\times X_0$

整理得：$X_0=F\div(W-C_v)$

式中，S——销售额

Y——总费用

②销售额法。即以某一销售额之固定费用和变动费用确定盈亏平衡点。

计算公式如下：

$S_0=F\div(1-V\div S)$

式中，S_0——盈亏平衡点的销售额

V——变动费用总额

此法适用于企业的固定费用和变动费用难于按产品种类加以区分的多品种生产的企业。

③临界收益法。临界收益指销售收入减去变动费用后余下的部分，即固定费用加利润。它适用于企业费用能够按产品种类区分的多品种生产的企业。计算方法如下：

首先计算各产品的临界收益率（M）：

$M=M_I\div S_i$（i 为不同产品）

式中，M——临界收益

S——销售额

其次，按各产品临界收益率由高到低顺序排列，并按顺序计算临界收益的累计值。

再次，确定盈亏平衡点所在产品区。按顺序用 M 的累计数和 F 比较，在比较过程中，当 M 累计数首次大于或等于 F 时，则这时相对应的产品就是盈亏平衡点（a）所在产品区。

最后，计算与盈亏平衡点（a）对应的销售额。设 a 所在产品区之产品序号为 n，计算公式如下：

$$S_0=\sum_{i=1}^{n-1}\left\{S_1+\left[F-\sum_{i=1}^{n-1}\left(S_i\times m_i\right)\right]\div m_n\right\}$$

（3）企业经营状况的判定。

①判定企业现实产量是在盈利区还是在亏损区。如果现实产量低于 X_0 表示亏损。企业在决策中必须采取措施认真解决这一问题。

②确定企业经营安全率。

其计算公式为：（X_1–X_0）÷X_1

经营安全率为：$C\div S$

经营安全率是反映企业经营状况的一个重要指标，当它越接近于 0 时，经营状况就越差。采取增产措施，可以增大经营安全率。向低产量移动盈亏平衡点，也可以增加经营安全率。

一般可根据以下数值来判定经营安全状况，见表 7–1。

表 7–1 经营安全率及经营安全状况

经营安全率	30% 以上	25%~30%	15%~25%	10%~15%	10% 以下
经营安全状况	安全	较安全	不太好	要警惕	危险

2. 线性规划决策法

线性规划决策也属于确定型决策。它就是在线性等式和线性不等式等约束条件下极值的求解问题。在现代决策中，已被广泛地应用于管理工作中的各个方面。

（1）线性规划模型的建立

线性规划模型的建立，就是将实际决策问题转化为数学问题来处理。

（2）问题的求解

当线性规划模型建立以后，下一步所要进行的就是找出问题的合理解。求得问题的合理解只需用 Microsoft Excel 就能完成。

（二）不确定型决策方法

不确定型决策所面临的问题是决策目标、备选方案尚可知，但很难估计各种自然状态发生的概率。因此，此类决策主要靠决策者的经验、智力及对承担风险的态度，其决策准则带有某种程度上的主观随意性。其主要方法有悲观决策法、乐观决策法、赫威斯决策法等概率决策法、最小后悔决策法。

（1）悲观决策法

悲观决策法是一个小中取大的决策标准，决策者宁可把情况估计得坏一些，力求决策稳妥可靠。按此准则，在低需求状态下，新建方案亏损 160 万元，扩建方案不亏不盈，改建方案获利 80 万元，则选取改建方案。

（2）乐观决策法

决策者对未来情况保持乐观态度。在本例中，高需求状态下收益最高的是新建方案达 600

万元，所以选取新建方案。

（3）赫威斯决策法

赫威斯决策法又称为乐观系数决策法，它是介于悲观决策与乐观决策之间的一种决策准则，其特点是对客观条件的估计既不那么乐观，但也不悲观，主张折中平衡，是一种折中决策方法。在运用这种准则进行决策时，首先要确定一个乐观系数（对乐观程度的一个基本估计），通常用 a 表示，$0 \leqslant a \leqslant 1$。

（4）等概率决策法

等概率决策法是由拉普拉斯（Laplace）提出的一种决策准则。运用这种准则进行决策时，应做这样一个假定，即当决策者在决策过程中不能肯定哪种状态容易出现，哪种状态不容易出现时，就“一视同仁”，认为它们出现的可能性（概率）是相等的。在这种假定条件下再利用同等概率来计算各个行动方案的期望收益。具有最大收益期望值的方案就是最优方案。同样，如果我们所计算的是等概率条件下的损失值，那么具有最小损失值的方案就是最优方案。

（5）最小后悔决策法

最小后悔决策法也叫最小最大后悔值法。

（三）风险型决策方法

风险型决策有明确的目标，如最大利润；有可以选择的两个以上的可行方案；有两种以上的自然状态；不同方案在不同自然状态下的损益值可以计算出来；决策者能估算出不同自然状态下的概率。因此，决策者无论采用何种方案都要承担一定风险。

风险型决策常用的决策方法有期望值法和决策树法。

1. 期望值法

当管理者面临的各备选方案中存在着两种以上的可能结果，且管理者可估计每一种结果发生的客观概率时，就可用期望值法进行决策，即根据各方案的期望值大小来选择行动方案。

2. 决策树法

决策树法是把方案的一系列因素按它们的相互关系用树状结构表示出来，再按一定程序进行优选和决策的方法。决策树的优点是：①便于有次序、有步骤、直观而又周密地考虑问题；②便于集体讨论和决策；③便于处理复杂问题的决策。决策树结构如图 7–1 所示。

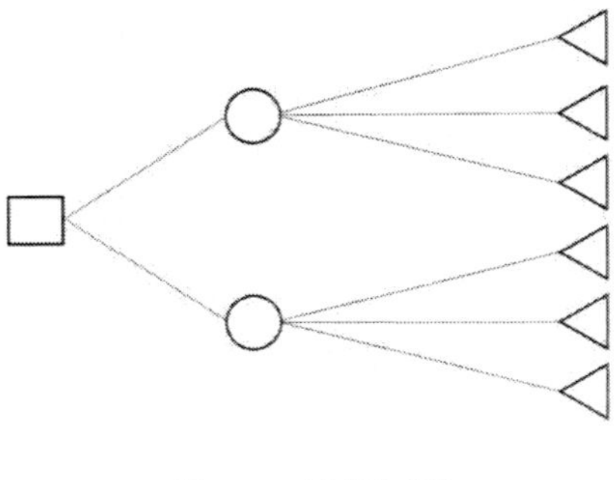

图 7–1　决策树图

符号说明：

■一决策点，从它引出的分枝为策略方案分枝，分枝数反映可能的策略方案数；

○一策略方案节点，节点上方注有该策略方案的期望值，从它引出的分枝为概率分枝，每个分枝上注明自然状态及其出现的概率，分枝数反映可能的自然状态数；

△一事件节点（又称“末梢”），它的旁边注有每一策略方案在相应状态下的损益值。

七、科学决策的程序

搞好经营决策是企业竞争与发展的中心问题，尤其在买方市场、竞争激烈的形势下更是如此。一个企业的经营管理过程，从本质上说也就是决策过程。决策有个性又有共性，决策程序虽不能严格地规范化，但也有一个可根据具体情况灵活掌握、大体上一致的基本程序。一般包括以下几个步骤：市场调查，经营预测，科学决策方案。

（一）市场调查

市场调查是经营决策的基础。虽然市场调查本身还不是预测与决策，但通过调查可以掌握和积累大量的有关数据和资料，为科学的预测、决策提供可靠真实的依据。在市场调查过程中，应注意以下几个环节。

（1）要以产品为出发点，用户为对象，了解使用该产品的用户范围

调查该产品在国民经济中的哪些部门、行业、地区、单位和个人中使用；了解产品在新的部门和新的行业中应用的可能性，以及打入国际市场的前景，以便进一步开拓市场。

（2）了解该产品的社会需求和市场容量、历年的产销情况、目前和今后的需求趋势

只有市场容量大，产品才有发展的前景。在调查市场容量的同时，要研究用户的购买力水平。由于经济发展的不平衡性，经济发达地区与比较落后的地区的购买力有很大的差异，因而对商品的档次和花色品种也有不同的要求。此外，还需注意了解该产品消费者的消费习惯。它包括地域的、民族的、不同年龄、不同层次上的消费者的差异。不重视这种差异，必然会使企业的产品大受冷落。

（3）调查全国各有关生产厂家的市场占有率，以及本企业产品在同类产品中的市场占有率

充分了解同行产品尤其是名优产品的特点、营销艺术等。比较本企业产品与他们的差距。“知己知彼”方可在竞争中取胜，才可能不断提高产品的市场占有率。

（4）市场调查的方法

按调查的方式来说，有直接与间接两种。直接调查是走出去或请进来，访问用户，举办展销会，直接与需方见面。间接调查是通过发信函、调查表或从报刊、广告等途径取得资料。两种调查方式可同时进行。按调查的广泛性来说，应根据产品的不同类型而有所区别。如对单件小批量生产或用户面窄的专用大型设备，可以逐台逐户调查，建立用户卡片；而对量大面广的通用产品，则应采用典型调查或抽样调查的方法较为简便。至于售后跟踪服务，把产品调查与服务融入一体，也是行之有效的调查方式。

（二）经营预测

经营预测是在市场调查的基础上进行科学分析，研究企业生产经营发展的经济合理性。这是企业科学决策的保证。

经营预测必须讲究科学的方法。经营预测的方法一般分为定性与定量两种类型：定性预测主要依靠专家调查、分析判断等方法进行；定量预测最普遍的方法是使用时间序列移动平均数法和因果关系的直线回归法。运用上述方法进行预测，都要有历史数据资料。根据我国企业目前的条件，完全靠数学方法来预测仍有困难，采用一些简单的预测方法同样能取得一定的实效。例如，在定性预测方面，运用经济发展形势分析法来分析社会需求的发展趋势，据此来调整企业的服务对象，发展适销对路的产品。在定量预测方面采用相关预测法，研究需求的内在联系，找出其相关比例系数。有了全国的需求量，生产厂家可根据本企业的市场占有率来预测本厂的销售量。当然，预测和市场调查不可能一劳永逸，要不间断地有系统地进行，为决策提供科学的依据。

（三）科学决策

如果说市场调查是基础，预测是保证，那么决策则是关键。企业的决策按类型可分为两类：一类是属于经营性的战略性决策，涉及企业的发展方向、产品品种、生产规模、投资方向等；另一类是属于管理性的战术性决策，在执行过程中对日常管理采取一定措施，保证企业目标的实现。

决策牵涉的问题较多，尤其是经营性的决策，问题较复杂，容易失误。一般来说，用集体方式决策可以集思广益，比个人做决策好。集体决策的方法有两种；一是决策时召集人们来开会，集体做出决定或以投票方式通过；二是决策前征求内行专家的意见，然后由主要负责人做出决断。国外决策的趋势是从个人决策发展到顾问团的集体决策方式，其优点是能够得到较多的情报信息，决策后大家能全心全意地去贯彻执行。必须注意的是，企业在做出决策后，往往可能由于外部情况的变化而影响决策目标的实现。因此，企业在决定自己的经营方针时，还必须同时备有应变方案，使企业立于不败之地。

现代财务与会计管理研究

金猛 ◎ 编著

哈爾濱工程大學出版社
Harbin Engineering University Press

图书在版编目（CIP）数据

现代财务与会计管理研究 / 金猛编著 . -- 哈尔滨 : 哈尔滨工程大学出版社 , 2025. 6. -- ISBN 978-7-5661-4779-0

Ⅰ . F234.4

中国国家版本馆 CIP 数据核字第 20250KU719 号

现代财务与会计管理研究

XIANDAI CAIWU YU KUAIJI GUANLI YANJIU

选题策划 王 丹
责任编辑 田雨虹
封面设计 李丹阳

出版发行 哈尔滨工程大学出版社
社　　址 哈尔滨市南岗区南通大街 145 号
邮政编码 150001
电　　话 0451-82519989
经　　销 新华书店
印　　刷 哈尔滨市海德利商务印刷有限公司
开　　本 787 mm × 1 092 mm 1/16
印　　张 8.5
字　　数 215 千字
版　　次 2025 年 6 月第 1 版
印　　次 2025 年 6 月第 1 次印刷
书　　号 ISBN 978-7-5661-4779-0
定　　价 152.00 元（全四册）

http://www.hrbeupress.com
E-mail:heupress@hrbeu.edu.cn

前言

在经济持续增长的大背景下，现代财务与会计管理运作的结合，已经成为一种创新的商业运作模式，并在企业活动中扮演着重要角色。现代财务与会计管理的起源可追溯至12世纪的欧洲，当时的港口城市正值资本主义的起步阶段，现代财务与会计管理的产生主要是为了提供市场动态的信息，并满足城市商业活动的需求。随着我国经济的蓬勃发展，经济发展对现代财务与会计管理的需求较以往有了显著增强。由于传统的财务与会计管理已无法满足现代产业的需求，于是财务与会计管理开启了第二个发展阶段——产业革命时期。在这个阶段，现代财务与会计管理的目标相较于传统目标更为具体，并建立了独立的财务目标体系。这个体系在反映企业经营状况和债务累积方面更为完善，并且现代财务与会计管理还能及时传递财务市场的最新动态，帮助公司制定精确的策略。在这一过程中，会计管理显示了重要的价值。

本书共七章，详细介绍了财务管理总论、会计工作创新、筹资管理、营运资金管理、投资管理、财务报表分析、财务管理创新等内容。本书的编写旨在摸索一条适合现代财务会计与企业管理工作的科学道路，帮助相关工作者在应用中少走弯路，并能够运用科学的方法，提高工作效率。

本书在编写过程中，参考和引用了大量的财务会计、企业财务管理、企业管理等方面的资料，借鉴了很多相关的研究成果，以及专著、期刊、论文等，在此向相关专家和学者致以诚挚的感谢。

由于编著者水平有限，书中难免存在不足之处，恳请广大读者批评指正。

编著者

目　录

CONTENT

第一章　财务管理总论

第一节　财务管理概述

一、财务管理的概念

财务是指企业、机关、事业单位和其他经济组织在经营活动过程中客观存在的资金运动及其所体现的经济利益关系。财务管理是组织企业财务活动、处理财务关系的综合性管理工作，是企业管理的重要组成部分。

在市场经济条件下，企业管理的核心是财务管理，财务管理的核心是资金管理。

二、财务管理发展脉络

财务管理作为增加财富的重要手段已被广泛应用于社会经济活动中。从最初的对当前和未来行为所需要的资源进行获取与分配，到现代经济赋予的超越市场的机制功能，财务管理的发展已经走过了近百年的历程。这一历程与社会经济的发展、重大的经济事件，以及特殊的经济时期都是密不可分的。其中，金融市场的发展和企业组织的变迁对财务管理的演进起到了重要的推动作用。

产业革命所产生的一个重要后果就是工厂化的机器生产方式代替了作坊、工厂手工业的生产方式，原有的独资、合伙等企业组织方式已经无法适应大规模生产的需要。19 世纪末 20 世纪初，股份制企业开始迅速发展。长期以来，由于财权的重要性和早期财务活动的单纯性，企业的财务管理活动往往由企业主直接控制。股份制企业和金融市场的发展使财务管理活动变得复杂起来，怎样利用市场筹集更多的资金，怎样选择各种外部资金的来源，盈余如何分配，这些都使那些擅长生产管理的企业主们无暇也无力顾及的，许多企业开始建立专门的财务管理部门，独立于其他管理活动的财务管理活动也随之应运而生。随着企业财务活动的独立，研究其规律的财务管理学也开始从经济学中分离出来，成为一门独立的学科。总体来看，它的发展一般分为以下四个阶段。

1. 筹资管理阶段

从 16 世纪到 20 世纪初，随着科学技术的发展、产业革命的推进，企业的生产经营社会化进程加快，私人资本越来越不能满足企业生产规模发展的需要，这一阶段财务管理的主要任务就是为企业的组建和发展筹集所需要的资金。随着纽约证券交易所等一批大规模的现代化证券交易市场的出现，大批股份制企业通过股票发行筹集资金，推动了企业和社会的发展。

当时的资本市场刚刚开始发展，市场的管理缺乏规范，会计信息披露混乱，内幕交易十分严重，所有这些最终导致了 1929 年纽约证券交易所崩盘，进而引发了世界性的经济危机。

为了刺激经济发展，确保投资人利益和资本市场的健康发展，美国政府采取了新的措施，其中重要措施之一就是在 1933 年和 1934 年分别通过《1935 年联邦证券法》和《1934 年证券交易法》，其规定企业在发行证券之前必须在证券交易委员会登记注册，向投资人提供公司财务状况及其他有关情况的说明书，并按规定的程序向证券交易委员会定期报告财务状况。这些措施使得企业要想通过证券市场筹资，就必须经过一系列审查步骤。从这一时期开始，财务管理的主要任务就是通过证券监管部门的审查而获得资金。

2. 营运资金管理阶段

第二次世界大战后，随着西方资本主义国家经济的复苏，科学技术迅速发展，市场竞争日益激烈。企业管理者逐渐意识到，在残酷的市场竞争中，要想维持企业的生存与发展，财务管理仅仅关注资金的筹集是不够的，更重要的是管好、用好企业所掌握的各种资源，加强企业内部的财务控制。在财务管理实践中，人们将计算机技术用于财务分析与财务预算及现金、应收账款、存货，以及固定资产的管理与控制，与此同时，各种计量模型也应运而生，并得到日益广泛的应用。

3. 投资管理阶段

随着企业经营环境的发展与变化，企业经营者发现，企业营运效率和效益的提高并不完全取决于日常的财务管理活动（如对存货、应收款项、固定资产等的管理），而在更大程度上依赖于投资决策的成功。因此，投资管理就成为财务管理的重要内容。投资管理的发展主要表现在以下方面。

（1）投资管理程序的科学化。不论是项目投资还是证券投资，企业都需要制定一系列严格的控制程序，保证投资决策的科学性。

（2）投资决策方法的科学化。净现值法、内含报酬率法、投资组合模型等方法得到广泛运用。

（3）投资风险和收益的均衡化。在投资决策中，企业不仅关注收益，还关注投资风险，使得投资决策更符合企业价值的增值要求。

4. 全面发展阶段

20 世纪 80 年代后，财务管理的发展呈现全面态势。一方面，由于资本市场的发展，企业合并等新型财务管理问题不断出现；另一方面，由于经济的国际化发展，出现了汇率变动、跨国结算和控制等多方面财务问题。财务管理有如下三个研究对象。

（1）企业并购的财务管理决策。主要包括并购企业的价值评估、并购支付方式、并购资源整合等问题。

（2）企业国际化经营的财务管理。主要包括跨国经营的资本控制、经营控制、汇率风险控制等问题。

（3）企业集团的财务管理问题。主要包括集团企业的预算管理、财务管理体系、现金控制等问题。

此外，大数据与人工智能的飞速发展推动了新的商务业态的产生，对财务管理的发展模式也具有显著影响。具体而言，财务管理的主体虚化，财务管理目标更加多元，财务管理结构也趋向扁平化。如何完善财务信息管理的程序化与网络化，以及财务管理职能的结点化，实现业财的有机融合，为企业科学决策提供有效的财务信息支持等，成为财务管理研究的主要方向。

三、财务管理的对象与内容

（一）财务管理的对象

财务管理的对象，是企业在生产过程中客观存在的资金运动及其所体现的财务关系。要全面了解财务管理的对象，就必须对企业在生产过程中的资金运动及其所体现的财务关系进行比较深入的考察。

企业资金从货币资金开始，经过供应、生产、销售三个阶段，依次转换其形态，又回到货币资金的过程是资金的循环，不断重复的过程就是资金的周转。企业资金只有不断循环和周转才能实现其价值的保值和增值。资金周转速度越快，其利用效果就越好，企业经济效益就越高。

（二）财务管理的内容

企业的财务管理是基于企业在生产过程中客观存在的财务活动和由此产生的财务关系。因此，财务管理的内容包括财务活动和财务关系。要了解什么是财务管理，就必须先分析企业的财务活动和财务关系。

1. 企业财务活动

企业财务活动是指以现金收支为主的企业资金收支活动的总称。在市场经济条件下，拥有一定数额的资金，是进行生产经营活动的必要条件。一切物资都具有一定量的价值，它体现了耗费于物资中的社会必要劳动量，社会再生产过程中物资价值的货币表现就是资金。在企业生产经营过程中，一方面表现为物资的不断购进和售出，另一方面则表现为资金的支出和收回。企业不断进行经营活动，也就会不断产生资金的收支活动，这便是企业的财务活动。企业财务活动包括资金的筹资、投放、使用和利润分配等一系列行为。

企业财务活动可分为以下四个方面。

（1）企业筹资引起的财务活动——筹资活动

企业从事经营活动，首先必须解决的是通过什么方式、在什么时间筹集多少资金。在筹资过程中，企业通过吸收直接投资、发行股票、发行债券等方式筹集资金，表现为企业资金的收入；企业通过支付股利、支付利息、偿还借款及支付各种筹资费用等，则表现为企业资金的支出。这种因为资金筹集而产生的资金收支，便是由企业筹资引起的财务活动。

企业在进行筹资活动时，财务人员首先要预测企业需要多少资金，是通过发行股票取得资金还是向债权人借入资金，两种方式筹集的资金占总资金的比重应各为多少才比较合理等。假设公司决定借入资金，那么是从银行借入资金合适，还是发行债券合适？资金应该是短期的还是长期的？资金的偿付是固定的还是可变的，等等。财务人员面对这些问题时，一方面要保证筹集的资金能满足企业经营与投资的需要，另一方面还要考虑筹资风险能否在企业的掌控之中，确保即使外部环境发生变化，企业也不至于因无法偿还债务而陷入破产的境地。

（2）企业投资引起的财务活动——投资活动

企业筹集资金的目的是把资金用于生产经营活动以取得盈利，不断增加企业价值。企业把筹集到的资金用于购置自身经营所需的固定资产、无形资产等，便形成企业的对内投资；企业把筹集到的资金投资于其他企业的股票、债券，与其他企业联营进行投资及收购另一家企业等，便形成企业的对外投资。企业无论是购买内部所需的各种资产，还是购买各种证券，都需要支出资金。当企业变卖其对内投资的各种资产或收回其对外投资时，会产生资金的收入。这种因企业投资而产生的资金收支，便是由企业投资引起的财务活动。

企业在进行投资活动时，由于企业的资金是有限的，因此应尽可能将资金投放于能带给企业最大收益的项目上。由于投资通常在未来才能获得回报，因此，财务人员在分析投资方案时，不仅要分析投资方案的资金流入与资金流出，还要分析公司为获得相应的报酬还需要等待多久。当然，获得回报越早越好。另外，投资项目几乎都是有风险的，一个新的投资项目可能成功，也可能失败，财务人员需要找到一种方法对风险因素加以衡量，从而判断选择哪个方案、放弃哪个方案，或者将哪些方案进行组合。

（3）企业经营引起的财务活动——营运资金活动

企业在正常的经营过程中，会发生一系列的资金收支。首先，企业要采购材料或商品，以便从事生产和销售活动；其次，还要支付工资和其他营业费用；再次，当企业将产品或商品售出后，便可取得销售收入，收回资金；最后，如果企业现有资金不能满足企业生产经营的需要，还要采取短期借款方式来筹集所需资金。上述各方面都会产生资金的收支，属于企业经营引起的财务活动。

企业经营引起的财务活动，主要涉及流动资产与流动负债的管理问题。其中关键是加速资金的周转。流动资金的周转与生产经营周期具有一致性，在一定时期内，资金周转快，就可以利用相同数量的资金生产出更多的产品，取得更多的收入，获得更多的报酬。

因此，如何加速资金的周转、提高资金的利用效率，是财务人员需要考虑的主要问题。

（4）企业利润分配引起的财务活动——利润分配活动

企业在经营过程中会产生利润，也可能会因对外投资而得到利润。这表明企业有了资金的增值或取得了投资报酬。企业的利润要按规定的程序进行分配。首先，要依法纳税；其次，要用来弥补亏损，提取盈余公积；最后，要向投资者分配股利。这种因利润分配而产生的资金收支，便属于由利润分配引起的财务活动。

企业在利润分配活动中，财务人员需要确定股利润支付率的高低，即将多大比例的税后利润支付给投资者。过高的股利支付率，会使较多的资金流出企业，从而影响企业再投资能力，一旦企业遇到较好的投资项目，将有可能因为缺少资金而错失良机；而过低的股利支付率，又有可能引起投资者的不满，对于上市公司而言，这种情况可能导致股价下跌，从而使公司价值下降。因此，财务人员要根据公司自身的具体情况确定最佳的利润分配政策。

上述财务活动的四个方面不是相互割裂、互不相关的，而是相互联系、互相依存的。这四个方面构成了财务管理的基本内容：企业筹资管理、企业投资管理、营运资金管理和利润分配管理。

2. 财务关系

企业财务关系是指企业在组织财务活动过程中与有关方面发生的经济关系。企业的筹资活动、投资活动、经营活动、利润分配活动与企业内部和外部的各方面都有着广泛的联系。企业的财务关系可概括为以下几个方面。

（1）企业与其所有者之间的财务关系

企业与其所有者之间的财务关系主要是指企业的所有者向企业投入资金，企业向其所有者支付投资报酬所形成的经济关系。企业所有者主要有国家、法人单位、个人和外商。企业的所有者要按照投资合同、协议、章程的约定履行出资义务，以便及时形成企业的资本金。企业利用资本金从事经营活动，实现利润后，应按出资比例或合同、章程的规定，向其所有者分配利润。企业同其所有者之间的财务关系体现了所有权的性质，反映了经营权和所有权的关系。

（2）企业与其债权人之间的财务关系

企业与其债权人之间的财务关系主要是指企业向债权人借入资金，并按借款合同的规定按时支付利息和归还本金所形成的经济关系。企业除利用资金进行经营活动外，还要借入一定数量的资金以降低企业资本成本，扩大企业经营规模。企业的债权人主要有贷款机构、债券持有人、商业信用提供者、其他出借资金给企业的单位或个人。企业利用债权人的资金后，要按约定的利息率及时向债权人支付利息。债务到期时，要合理调度资金，按时向债权人归还本金。企业同其债权人之间的关系体现的是债务与债权的关系。

（3）企业与其被投资单位（即受资者）之间的财务关系

企业与其被投资单位（即受资者）之间的财务关系主要是指企业将其闲置资金以购买股票或直接投资的形式向其他企业投资所形成的经济关系。企业向其他单位投资，应按约定履行出资义务，参与被投资单位的利润分配。企业同被投资单位之间的关系体现的是所有权性质的投资与受资的关系。

（4）企业与其债务人之间的财务关系

企业与其债务人之间的财务关系主要是指企业将其资金以购买债券、提供借款或商业信用等形式出借给其他单位所形成的经济关系。企业将资金借出后，有权要求其债务人按约定的条件支付利息和归还本金。企业同其债务人的关系体现的是债权与债务关系。

（5）企业内部各单位之间的财务关系

企业内部各单位之间的财务关系主要是指企业内部各单位之间在生产经营各环节相互提供产品或劳务所形成的经济关系。在实行内部责任核算制度的条件下，企业供、产、销各部门以及各生产单位之间，相互提供产品与劳务要进行计价结算，这种在企业内部形成的资金结算关系，体现了企业内部各单位之间的利益关系。

（6）企业与职工之间的财务关系

企业与职工之间的财务关系主要是指企业在向职工支付劳动报酬的过程中形成的经济关系。企业要用自己的现金向职工支付工资、津贴、奖金等，按照提供的劳动数量和质量支付职工的劳动报酬。这种企业与职工之间的财务关系，体现了职工和企业在劳动成果上的分配关系。

（7）企业与税务机关之间的财务关系

企业与税务机关之间的财务关系主要是指企业按税法的规定依法纳税，从而与国家税务机关形成的经济关系。任何企业都要按照国家税法的规定缴纳各种税款，以保证国家财政收入的实现，满足社会各方面的需要。及时、足额地纳税是企业对国家的贡献，也是对社会应尽的义务。因此，企业与税务机关之间的关系反映的是依法纳税和依法征税的权利义务关系。

四、企业财务管理的特点

企业生产经营活动的复杂性，决定了企业管理必须包括多方面的内容，如生产管理、销售管理、技术管理、劳动人事管理、设备管理、财务管理等。各项工作是互相联系、紧密配合的，同时又是科学分工、各具特点的。财务管理的特点主要有以下三个方面。

（一）财务管理是一项综合性的管理工作

企业在实行分工、分权的过程中形成了一系列专业管理工作，有的侧重于使用价值的管理，有的侧重于价值的管理，有的侧重于信息的管理，有的侧重于劳动要素的管理。社会经济的发展要求财务管理主要运用价值形式对经营活动实施管理。通过价值形式，把企业的一切物质条件、经营过程和经营结果都合理地加以规划和控制，从而达到不断提高企业效益、增加企业财富的目的。因此，财务管理既是企业管理的一个独立方面，又是一项综合性的管理工作。

（二）财务管理与企业各方面有着广泛联系

在企业的日常经营活动中，一切涉及资金的收支活动都与财务管理有关。事实上，企业内部各部门与资金不发生联系的情况是很少见的。因此，财务管理的触角常常伸向企业经营的各个角落。

企业的每一个部门都会通过资金的使用与财务部门发生联系，每一个部门也要在合理使用资金、节约资金支出等方面接受财务部门的指导，受到财务制度的约束，以确保企业经济效益的提高。

（三）财务管理能迅速反映企业生产经营状况

在企业管理中，产销是否顺畅、经营是否合理、决策是否恰当、技术是否先进，都能迅速地在企业财务指标中得以反映。例如，如果企业生产的产品适销对路，质量优良可靠，则可带动生产发展，实现产销两旺，加快资金周转，增强盈利能力，这一切都可以通过各项财务指标迅速地反映出来。这也说明，财务管理工作既有其独立性，又受整个企业管理工作的制约。财务部门应通过自己的工作，向企业领导及时通报有关财务指标的变化情况，以便把各部门的工作都纳入提高经济效益的轨道，努力实现财务管理的目标。

第二节　财务管理的内容

财务管理的内容规定了财务管理发挥其职能作用、财务管理人员行使其职责的范围。财务管理内容也是财务管理对象的具体化。企业的各项职能管理都有各自的管理对象，构成了各自不同的管理内容，共同对企业再生产过程的各个环节、各个方面进行管理。因此，财务管理的内容还是财务管理区别于其他管理活动的一个主要方面。

财务管理是对企业的财务活动及其财务关系进行的管理。企业的财务活动包括资金筹集方面的财务活动、资金使用和耗费方面的财务活动，以及资金收回和分配方面的财务活动。所以，财务管理的内容主要包括：资金筹集管理（简称筹资管理）、资金使用和耗费管理（简称投资管理）、资金收回和分配管理（简称分配管理），以及这些方面所涉及的企业与有关各方面的财务关系。

一 、资金筹集的管理

资金就如同企业的“血液”，如果企业不能获取所需要的资金，那么企业的经营活动就会因没有“血液”而停止运转。因此，筹集资金是企业财务活动的首要方面，是企业整个经营活动的前提和基础。由于企业筹集资金的渠道和方式多种多样，因此为企业筹资提供了多种选择的余地。

（一）吸收投资者直接投资

吸收投资者直接投资是企业投资者以独资、合资合作等形式向企业注入资本金的形式，主要是企业在注册时投入的资金。

（二）发行股票和债券

发行股票是股份公司以股票的形式筹资股本。发行债券是公司通过销售债券的形式筹资借入资金。这两种筹资方式，虽然前者筹集的是自有资金（股权资金），后者筹集的是借入资金（债务资金），但都是筹集大宗资金的常用方式，也是企业长期资金的主要来源。

（三）银行借款

银行借款是企业向银行或其他非银行金融机构借入资金的一种形式，也是企业短期资金的重要来源。目前我国银行贷款已经成为企业资金的主要来源。据统计，在我国国有企业流动资金中，银行贷款已占 75% 以上。银行贷款在企业更新改造投资中的比重也在不断上升。

（四）商业信用

商业信用是由于商品交易中的延期付款或分期付款而形成的企业之间直接的信用行为，它是企业短期筹资的有效方式。

（五）融资租赁

融资租赁是一种新型的以金融信贷和物资信贷相结合的信贷方式，在我国已开始出现，它也是承租企业解决资金需要的一种方式。

（六）企业联营

企业联营指原有企业吸收其他企业投资或若干企业联合出资建立新的经济实体。这些联合都是与企业筹资直接有关的，也是企业筹资的一种方式。随着横向经济联系的发展，越来越多的企业将采用合资经营的方式来筹集资金。

（七）企业内部筹资

企业内部筹资是指企业因固定资产折旧和企业留利而形成的资金来源。

企业对筹集资金活动的管理，实际上就是为了解决这样一些问题：企业究竟在什么时机、通过什么方式、从哪个渠道、获取多少资金才是最有利的？由于从不同的资金融通渠道和采取不同的方式所获得的资金，其成本、使用期限，以及资金提供者所加的其他条件都是不同的，财务管理人员就要分析这些因素，进行最佳的融资组合，尽可能以最优惠的条件来取得资金。由于筹集资金还必须在时间上与企业的生产需要相适应，而且各类资金在量上要有一个合理的比例，因此财务管理人员还必须考虑企业资金的需要量、资金结构及融资时机等问题。

对筹集资金活动的管理虽然只是财务管理的内容，但其管理的成效如何，不仅会影响使用资金和分配资金及其管理的效果，还会持续地影响整个企业经济效益的好坏。随着资金、证券市场的开放和完善，筹集资金管理在财务管理中的地位将越来越重要。

二、资金使用和耗费的管理

企业筹集资金是通过资金的使用来达到企业的生产经营目的。如何依据企业生产经营目的合理地使用资金，以取得最好的经济效益是财务管理的核心内容。

企业资金的使用和耗费包括固定资产项目投资、流动资产投资和对外投资三个方面。

为了使资金占用最合理，企业就要根据资金运用基本特性的要求，合理地将资金分配到企业的各个生产环节和部门。为了使资金占用最少，财务管理人员要了解企业的存货量是否经济合理，要考虑如何及时收回在销售产品、提供劳务中发生的应收账款等，尽量减少资金在再生产过程中的“滞留”时间，加速资金周转。为了使资金耗费最低，财务管理人员要加强成本管理，严格成本、费用的控制，制定内部价格，办理内部结算，编制生产费用预算，提出企业的目标成本指标并层层分解落实，建立严格的考核和奖惩制度等。此外，还要考虑购销价格和购销方式、结算方式等问题。

企业的资金除了在企业内部的生产经营过程中使用外，一部分在时间上和空间上与企业生产需要“脱节”的资金——企业暂时闲置资金，可以用来向企业外部进行其他活动，如存入银行、购买债券、出租设备等。因此，财务管理人员还要考虑如何使这部分闲置资金以最合理的渠道和方式投放到预期收益最好的地方去。这就需要考虑资金的投向、投资风险、投资回收期限等问题。

对资金使用和耗费活动的管理，其实绩如何将直接影响企业的生产经营成果和经济效益，它可以从企业营利水平中反映出来，因此，还会影响企业资金的分配。

三、资金分配的管理

资金的分配，从广义上讲就是企业经营收入的分割，狭义的资金分配是指企业税后利润的分配。企业资金的分配活动是建立在资金筹集和资金使用活动的基础之上的。企业通过运用筹集到的资金所获得的货币收入是资金分配活动的物质前提。

首先，企业的各项收入应缴纳流转税和补偿成本费用，形成利润；其次，企业应缴纳所得税，形成税后利润（净利润）；最后，企业按照规定支付红利，形成留利（留存收益）作为企业的积累用于发展生产。

总之，财务管理人员在企业收入分配活动中主要是考虑如何处理好国家、投资者、企业三者的利益关系。

财务管理中筹集资金、使用资金和分配资金互相依存、互为条件。其中，筹集资金的管理是使用资金和分配资金管理的前提和基础；使用资金的管理是财务管理的核心；分配资金的管理是在前两项管理的基础上进行的，它的成效又会反过来影响前两项的管理，特别是筹集资金运动的管理。财务管理这三个方面内容的有机联系，使财务管理形成一个统一的整体，在企业再生产过程中发挥作用。

四 、财务管理的具体内容

根据以上对财务管理内容的分析，财务管理具体内容包括以下几个方面。

（一）资金筹集管理

资金筹集管理包括资金需要量的预测、资金来源渠道和资金筹集方式的确定、资金成本的测算、资金结构的安排等。

（二）流动资产管理

流动资产管理包括现金的流动安排、材料资金、生产资金和产品资金的控制、商业信用的运用和商业信用政策的制定、定额的制定和管理等。

（三）成本管理

成本管理包括成本的预测、成本计划的制订、成本控制、成本的分析和考核等。

（四）固定资产投资和对外投资管理

固定资产投资和对外投资管理包括固定资金需要量的预测、固定资产折旧的管理、固定资产更新的决策、投资项目的预测和评价、投资组合的管理等。

（五）销售收入的管理

销售收入的管理包括销售收入的预测、销售资金的回笼、销售利润的预测和计算、扩大销售的财务政策的制定和运用等。

（六）利润分配的管理

利润分配的管理包括所得税的缴纳、税后利润的分配、再生产资金的安排等。

（七）财务收支预算的管理

财务收支预算的管理包括财务计划的制订、企业年度总体资金的安排、财务收支的平衡等。

（八）财务分析和评价

财务分析和评价包括财务分析体系的建立、财务分析制度的制定、财务分析指标的确定、财务分析报告的编制等。

（九）其他财务管理问题

其他财务管理问题包括企业的设立、企业的联合与兼并、企业的破产和清算、涉外业务的财务管理等。

在财务管理过程中财务关系的处理存在于各个环节，所以，财务管理的内容还包括企业与各方面财务关系的协调。

第三节 理财环境

一、外部环境

（一）政治环境

政治环境指企业市场经营活动所处的外部政治形势、国家方针政策的变化及调整。安定团结的政治局面不但有利于经济的发展和人们收入的增加，而且影响到人们的心理状况，使得市场需求发生变化。

政治环境是各种不同因素的综合反映，如国家危机、国家之间在特殊地区的冲突等。政治环境是政治体系存在和从事政治活动、进行政治决策的背景条件的总和。

（二）经济环境

1. 经济体制

在计划经济体制下，尽管企业是一个独立的核算主体，但是没有独立的理财权利。企业财务管理活动的内容比较单一，财务管理方法也比较简单。

在市场经济体制下，企业成为“自主经营、自负盈亏”的经济实体，有独立的经营权，同时也有独立的理财权，所以财务管理活动的内容比较丰富，方法也复杂多样。

2. 经济周期

宏观经济运行具有一定的波动。在经济繁荣阶段，市场需求旺盛，常常在复苏、繁荣、衰退和萧条几个阶段间循环。在经济的不同发展时期，企业的生产规模、销量大幅度上升，企业为扩大生产，就要增加投资，要求财务人员迅速地筹集所需资本。总之，面对经济的销售能力、获利能力以及由此产生的资本需求都会出的周期性波动，财务人员必须预测经济变化情况，发现重大差异。例如，在经济萧条阶段，考虑宏观经济情况，要适当调整财务政策。经济周期中不同阶段的财务管理战略不同，见表 1–1。

表 1–1　经济周期中不同阶段的财务管理战略

复苏	繁荣	衰退	萧条
增加厂房设备	扩充厂房设备	停止扩张	建立投资标准
实行长期租赁	继续建立存货	出售多余设备	保持市场份额
建立存货储备	提高产品价格	停产不盈利产品	压缩管理费用
开发新产品	开展营销规划	停止长期采购 削减存货	放弃次要利益 削减存货
增加劳动力	增加劳动力	停止扩招雇员	裁减雇员

3. 经济政策

经济政策是国家进行宏观经济调控的重要手段，包括产业政策、金融政策、财税政策等。国家经济政策对企业的筹资活动、投资活动和分配活动都会产生重要影响。例如，金融政策中的货币发行量、信贷规模会影响企业的资本结构和投资项目的选择等，价格政策会影响资本的投向、投资回收期及预期收益等。因此，财务管理人员应当时刻关注国家的经济政策，研究经济政策的调整对财务管理活动可能造成的影响。

4. 通货膨胀

通货膨胀一般是指在信用货币制度下，流通中的货币量超过实际需要货币量而引起货币贬值和物价全面、持续上涨。通货膨胀不仅对消费者不利，还严重影响企业的财务活动。大规模的通货膨胀会引起资本占用的迅速增加，利率的上升，增加企业的筹资成本；通货膨胀时期有价证券价格不断下降，给筹资带来较大的困难；通货膨胀会引起利润的虚增，造成企业的资本流失等。

5. 市场竞争

市场环境通常分为完全垄断市场、完全竞争市场、不完全竞争市场和寡头垄断市场四种。不同的市场环境对财务管理有不同影响。处于完全垄断市场的企业，价格波动不大，利润稳中有升，经营风险较小，企业可利用较多的债务资本。处于完全竞争市场的企业，销售价格完全由市场决定，企业利润随价格波动而波动，企业不宜过多地采用负债方式筹集资本。处于不完全竞争市场和寡头垄断市场的企业，关键是要使企业的产品具有优势、特色、品牌效应，这就要求在研究与开发产品上投入大量资本，开发出新的优质产品，并搞好售后服务，给予优惠的信贷条件。

企业竞争在财务管理中有多种表现。例如，投资项目盈利能力的大小在很大程度上取决于未来市场份额的大小；由于银行和投资者的谨慎，竞争能力强的企业会比其他企业更容易融通到资本；竞争能力不分伯仲的企业，各种财务策略的谋划和运用应注意相通性，避免发生冲突。

6. 金融市场环境

金融市场指资金供求双方交易的场所。广义的金融市场指一切资本流动的场所，其交易对象包括货币借贷、票据的承兑与贴现、有价证券的买卖、黄金和外汇买卖、办理国内外保险、生产资料的产权交换。狭义的金融市场一般指有价证券市场，即股票和债券的发行和买卖市场。

金融市场是企业最主要的环境因素，对企业的理财具有重要的意义。首先，金融市场是企业筹资和投资的场所。企业在符合有关法律、法规的条件下，经过批准以发行股票、债券的方式筹集资金，也可以将企业的资金投放于有价证券，或者进行与证券相关的其他财务交易。其次，企业通过金融市场实现长期资金与短期资金的相互转化。企业所持有的长期股票和债券投资，随时可以通过出售有价证券转化为短期资金；同理，企业的短期资金也可以通过购买股票或债券而转化为长期投资。长、短期资金的相互转化，在理财上从属于企业资产收益性与流动性关系的有效处理，从属于企业经营发展战略。最后，金融市场传递的信息，有助于企业进行财务管理的决策。

金融市场是商品经济发展和信用形式多样化的必然产物。它在财务管理中发挥着重要的作用。

（1）为企业筹资和投资提供场所

金融市场能够为资本所有者提供多种投资渠道，为资本筹集者提供多种可供选择的筹资方式。在现实经济生活中，资本所有者在为闲置资本寻找出路时，要兼顾其安全性、流动性和营利性；资本需求者在筹资时，也要在降低资本成本的同时，满足数量和时间上的需要。要实现资本所有者和筹集者的满意结合，就需要创造一个理想的场所，而且金融市场中有多种融资形式和金融工具可供双方选择。因此，通过金融市场，资本供应者能够灵活地调整其闲置资本，实现投资目的；资本需求者也能够从众多筹资方式中选择最有利的方式，实现其筹资目的。

（2）促进企业资本灵活转换

金融市场上各种形式的金融交易，形成了纵横交错的融资活动。通过融资活动可以实现资本的相互转换，包括长短期资本的相互转换、不同区域间资本的相互转换，以及大额资本和小额资本的相互转换。

（3）引导资本流向和流量，提高资本利用效率

金融市场通过利率的上下波动和人们投资收益的变化，引导资本流向最需要的地方，从利润率低的部门流向利润率高的部门，从而实现资本在各地区、各部门和各单位间的合理流动，实现社会资源的优化配置。

（4）为企业树立财务形象

金融市场是企业树立财务形象的最佳场所。企业如果有良好的经营业绩和财务状况，证券价格就会稳定增长，这是对企业财务形象最客观的评价。

（5）为财务管理提供有用信息

企业进行筹资和投资决策时，可以利用金融市场提供的有关信息。股市行情从宏观看，反映了国家的总体经济状况和政策情况；从微观看，反映了企业的经营状况、盈利水平和发展前景，有利于投资者对企业财务状况做出基本评价。此外，利率的变动也反映了资本的供需状况。

正确认识财务管理与环境的关系具有重要意义。适者生存、优胜劣汰是商品经济竞争中的规律。这一规律要求企业财务管理者必须主动面对纷繁复杂的财务管理环境，研究财务管理环境变化的规律性，通过制定和选择富有弹性的财务管理战略和政策，抓住环境因素的突变可能带来的各种有利机会，抵御环境变化可能对财务活动造成的不利影响。

（三）法律环境

财务管理的法律环境是企业组织财务活动、处理企业与有关各方的经济关系所必须遵循的法律规范的总和。财务管理作为一种社会活动，其行为受到法律的约束，企业合法的财务活动也相应受到法律的保护。企业从事筹资、投资、股利分配活动，必须遵循有关法律的规定。

1. 法律环境的范畴

法律环境是指企业与外部发生经济关系时应遵守的有关法律、法规和规章，主要包括公司法、证券法、金融法、证券交易法、经济合同法、税法、企业财务通则、内部控制基本规范等。市场经济是法治经济，企业的经济活动总是在一定法律规范内进行的。法律既约束企业的非法经济行为，也为企业从事各种合法经济活动提供保护。

国家相关的法律、法规按照对财务管理内容的影响可以分如下几类。

（1）影响企业筹资的法律、法规主要有：《中华人民共和国公司法》（以下简称《公司法》）、《中华人民共和国证券法》（以下简称《证券法》）、《中华人民共和国金融法》、《证券交易法》、《中华人民共和国民法典》等。这些法律、法规可以从不同方面规范或制约企业的筹资活动。

（2）影响企业投资的法律、法规主要有：《证券交易法》《公司法》《企业财务通则》等。这些法律、法规从不同角度规范企业的投资活动。

（3）影响企业收益分配的法律、法规主要有：《税法》《公司法》《企业财务通则》等。这些法律、法规从不同方面对企业收益分配进行了规范。

2. 法律环境对企业财务管理的影响

法律环境对企业的影响是多方面的，影响范围包括企业组织形式、公司治理结构、投融资

活动、日常经营、收益分配等。如《公司法》规定，企业可以采用独资、合伙、公司制等组织形式。企业的组织形式不同，如业主（股东）权利责任、企业投融资、收益分配、纳税、信息披露、公司治理结构。

（四）技术环境

新技术的迅猛发展，改变了人们的生活方式及消费需求。为此，企业或组织必须关注技术创新的步伐，分析技术变化带来的市场机会，探讨研究与开发对企业营销战略的影响作用，关注政府对技术创新的规定及社会影响。

技术对企业经营的影响是多方面的。企业的技术进步将使社会对企业的产品或服务需求发生变化，从而给企业提供有利的发展机会。然而，企业经营战略涉及的另一个重要问题是：一项新技术的发明或应用可能同时意味着“破坏”。因为一种新技术的发明和应用会带动一批新行业的兴起，从而损害甚至破坏另外一些行业，如静电印刷的发展使得复印机业得到发展，从而使复写纸行业变得衰落；半导体的发明和普及急剧地改变了视听业的竞争格局。越是技术进步快的行业，这种技术变革越应该作为环境分析的重要因素。

在衡量技术环境的诸多指标中，整个国家的研究开发经费总额、企业所在产业的研究开发支出状况、技术开发力量集中的焦点、知识产权与专利的保护、新产品开发的状况、实验室技术向市场转移的最新发展趋势、信息与自动化技术发展可能带来生产率的提高，这些都可以作为关键战略要素进行分析。

二、内部环境

（一）企业组织形式

企业组织形式有独资与合资两种，这两种形式对企业的利润分配方法有着不同的要求，财务管理方法也各不相同。

（二）企业组织结构

企业组织结构有直线制、职能制和事业部制等多种形式。企业组织结构对企业财务管理体制的建立具有影响。

（三）企业人员素质

企业人员素质，特别是财务管理人员的素质，对财务管理工作的质量和效率具有直接的影响。因此，需要研究安排能充分发挥财务管理作用的组织结构和人员分工，同时也要适应企业的组织结构和人员构成来组织财务管理。

第四节　财务管理的基本环节和方法

一、财务管理的基本环节

财务管理活动是通过一定的环节来实施的，主要环节包括：财务预测、财务决策、财务计划、财务控制、财务分析、财务监督和评价等。

要投资一个项目，首先，应该对拟投资的项目进行必要的预测，预测项目的资金需要量、项目的资金流转情况、产品的销路、项目的收入和成本、项目的净收益、项目的风险等。还应找出备选方案或类似方案，分析各种可能性。其次，根据实际情况，在许多备选方案中按优化原则选择最优方案，或者对唯一的方案做出决定，再准备实施已选择的方案。在方案实施前，先要做计划，确定实施的步骤和程序，对资金筹集、使用等事项做出具体的安排和部署，并对方案的实施进行控制。在项目实施过程中可能会因为市场变化等多种因素而造成实际和计划不一致的结果。因而，财务管理活动要对计划的实施进行有效的控制，使实际尽量与计划相一致。当发现计划脱离实际时，还应调整计划，使之符合实际；应定期或不定期地对财务管理活动进行分析。在项目实施过程中或实施到某一阶段后，应分析项目的成果，并及时分析问题，提出解决问题的方法，以利于今后项目的更好实施；最后还应对项目的实施进行监督和考核评价。

财务管理活动中财务预测、财务决策、财务计划、财务控制、财务分析、财务监督和评价等环节是相互作用、不断循环的，它们构成了一个完整的财务管理体系。在每一个财务管理环节中都有一定的方法，如一系列预测的方法、决策的方法、计划的方法、控制的方法、分析的方法及监督和评价的方法等。

二、财务预测

财务预测是财务人员根据历史资料，依据现实条件，运用特定的方法对企业未来的财务活动和财务成果所做出的科学预计和测算。

财务预测根据时间的长短可以分为短期预测、中期预测和长期预测。对企业来说，短期预测是指 1 年以内的预测，中期预测是指 1 ～ 3 年的预测，长期预测是指 3 年以上的预测。

财务预测根据预测的内容可以分为：资金预测、成本费用预测和销售及利润预测等。

（1）资金预测是指对资金需要量、资金流量、资金运用情况等的预测。

（2）成本费用预测是指对成本费用的发生情况、成本费用的水平、成本费用的增减趋势等的预测。

（3）销售及利润预测是指对产品销售量和销售收入、销售成本及销售税金、利润总额及利润分配等的预测。

财务预测的作用表现在以下几个方面：财务预测是财务决策的基础，财务预测是编制财务计划的前提，财务预测是组织日常财务活动的必要条件。

预测的程序一般包括如下三个方面。

（1）明确预测的对象和目的。

（2）收集和整理有关信息资料。

（3）选用特定的预测方法进行预测。

（一）定性预测法

定性预测法主要是利用直观材料，依靠个人经验的主观判断和综合分析能力，对事物未来的状况和趋势做出预测的一种方法。

这种方法一般是在企业缺乏完备、准确的历史资料的情况下而使用的。定性预测法的预测过程是：首先，由熟悉企业财务情况和生产经营情况的专家根据过去所积累的经验进行分析判断，提出预测的初步意见；最后，再通过召开座谈会或发出各种表格等形式，对上述预测的初步意见进行咨询并修正补充。这样经过几次反复后，得出预测的最终结果。

（二）定量预测法

定量预测法是根据变量之间存在的数量关系，如时间关系、因果关系等建立数学模型来进行预测的方法。定量预测法又可分为趋势预测法和因果预测法。

1. 趋势预测法

趋势预测法是按时间顺序排列历史资料，根据事物发展的连续性来进行预测的一种方法。因为是按时间顺序排列历史资料，所以又称时间序列预测法。这类方法又可细分为移动平均法、指数平滑法、直线回归趋势法、曲线回归趋势法等。

2. 因果预测法

因果预测法是根据历史资料，通过逐个分析，找出要预测因素与其他因素之间明确的因果关系，然后建立数学模型来进行预测的一种方法。因果预测法中的因果关系可能是简单因果关系，也可能是复杂因果关系。例如，企业销售收入只和销售价格、销售数量呈简单的因果关系，而销售利润则和销售数量、销售价格、销售税金、销售成本等呈复杂因果关系。只有合理地找出变量之间的因果关系，才能科学地进行预测。

定性预测法和定量预测法各有优缺点，在实际工作中可把二者结合起来应用，既进行定性分析，又进行定量分析。

三、财务决策

财务决策是指财务人员在财务目标的总体要求下，从若干个可以选择的财务活动方案中选择最优方案的过程。当然，在只有一个财务活动的预期方案时，决定是否采用这个方案也属于决策问题。在市场经济条件下，财务管理的核心是财务决策，财务预测是为财务决策服务的，财务计划是财务决策的具体化。

财务决策一般包括如下步骤：

（1）根据财务预测的信息提出问题；

（2）确定解决问题的备选方案；

（3）分析、评价、对比各种方案；

（4）拟定择优标准，选择最佳方案。

财务决策常用的方法有优选对比法、数学微分法、线性规划法、概率决策法、损益决策法等。

（一）优选对比法

优选对比法是把各种不同方案排列在一起，按其经济效益的好坏进行优选对比，进而做出决策的方法。优选对比法是财务决策的基本方法。优选对比法按其对比方式的不同，又可分为总量对比法、差量对比法、指标对比法等：

（1）总量对比法是将不同方案的总收入、总成本或总利润进行对比，以确定最佳方案的一种方法；

（2）差量对比法是将不同方案的预期收入之间的差额与预期成本之间的差额进行比较，求出差量利润，进而做出决策的方法；

（3）指标对比法是将反映不同方案经济效益的指标进行对比，以确定最优方案的方法，例如，在进行长期投资决策时，可把不同投资方案的净现值、内部报酬率、现值指数等指标进行对比，从而选择最优方案。

（二）数学微分法

数学微分法是根据边际分析原理，运用数学上的微分方法，对具有曲线联系的极值问题进行求解，进而确定最优方案的一种决策方法。在用数学微分法进行决策时，凡以成本为判别标准的，一般是求极小值；凡以收入或利润为判别标准时，一般是求极大值。在财务决策中，最优资本结构决策、现金最佳余额决策、存货的经济批量决策都要用到数学微分法。

（三）线性规划法

线性规划法是根据运筹学原理，对具有线性联系的极值问题进行求解，进而确定最优方案的一种方法。在有若干个约束条件（如资金供应、人工工时数量、产品销售数量）的情况下，这种方法能帮助管理人员对合理组织人力、物力、财力等做出最优决策。

（四）概率决策法

概率决策法是进行风险决策的一种主要方法。所谓风险决策，是指未来情况虽不十分明了，但各有关因素的未来状况及其概率是可以预知的决策。现代财务决策都会或多或少地具有风险性，因而在决策时，必须用概率法来计算各个方案的期望值和标准差，进而做出决策。这种方法往往把各个概率分枝用树形图表示出来，故有时也称为决策树法。

（五）损益决策法

损益决策法是在不确定情况的条件下进行决策的一种方法。所谓不确定性决策，是指在未来情况很不明了的情况下，只能预测有关因素可能出现的状况，但其概率不可预知的决策。在这种情况下决策是十分困难的，财务管理中常用最大最小收益值法或最小最大后悔值法来进行决策，统称为损益决策法。最大最小收益值法又称小中取大法，是把各个方案的最小收益值都计算出来，然后取其最大者。最小最大后悔值法又叫大中取小法，是把各方案的最大损失值都计算出来，然后取其最小者。

四、财务计划

财务计划是在一定的计划期内以货币形式反映生产经营活动所需要的资金及其来源、财务收入和支出、财务成果及其分配的计划。财务计划是以财务决策确立的方案和财务预测提供的信息为基础来编制的，是财务预测和财务决策的具体化，是控制财务活动的依据。财务计划一般包括如下内容：

（1）根据财务决策的要求，分析主、客观条件，确定目标，全面安排计划指标；

（2）对计划目标进行分解，落实责任，编制计划；

（3）执行计划并找出偏差，同时开展计划控制；

（4）调整和平衡计划；

（5）对计划完成情况进行评价和考核。

财务计划的编制过程，实际上就是确定计划指标，并对其进行平衡的过程。

五、财务控制

财务控制是指在财务管理过程中，利用有关信息和特定手段，对企业的财务活动施加影响或调节，以便实现计划所规定的财务目标。

（一）防护性控制

防护性控制又称排除干扰控制，是指在财务活动发生前，就制定一系列制度和规定，把可能产生的差异予以排除的一种控制方法。例如，为了保证现金的安全和完整，就要规定现金的使用范围，制定好内部牵制制度；为了节约各种费用开支，则可先规定开支标准等。排除干扰是最彻底的控制方法，但排除干扰要求对被控制对象有绝对的控制能力。在财务管理中，各种事先制定的标准、制度、规定等都可以看作排除干扰的方法。

（二）前馈性控制

前馈性控制又称补偿干扰控制，是指通过对实际财务系统运行的监视，运用科学方法预测可能出现的偏差，采取一定的措施，使差异得以消除的一种控制方法。例如，在控制企业短期偿债能力时，要密切注意流动资产与流动负债的对比关系，预测这一比例的发展趋势。当预测到这一比率将变得不合理时，就要使用一定的方法对流动资产或流动负债进行调整，使它们的对比关系保持在合理水平上。补偿干扰也是一种比较好的控制方法，但要求掌握大量的信息，并要进行准确的预测，只有这样，补偿干扰才能达到目的。

（三）反馈性控制

反馈性控制是在认真分析的基础上发现实际与计划之间的差异，确定差异产生的原因，采取切实有效的措施，调整实际财务活动或财务计划，使差异得以消除或避免今后出现类似差异的一种控制方法。在财务控制中，最常用的控制方法是反馈控制法。

六、财务分析

财务分析是根据有关信息资料，运用特定方法，对企业财务活动过程及其结果进行分析和评价的一项工作。通过财务分析，可以掌握各项财务计划指标的完成情况，评价财务状况，研究和掌握企业财务活动的规律性，改善财务预测、决策、计划和控制，提高企业经济效益和管理水平。

财务分析的一般程序如下：

（1）确立内容，明确目标；

（2）收集资料，掌握情况；

（3）运用方法，揭示问题；

（4）提出措施，改进工作。

财务分析的方法主要有对比分析法、比率分析法和综合分析法等。

（一）对比分析法

对比分析法是通过把有关指标进行对比来分析企业财务情况的一种方法。对比分析法要对同一指标的不同方面进行比较，从数量上确定差异，为进一步查找差异原因提供依据。例如，通过同计划数的对比，可以查明该项指标完成计划的程度；通过同历史时期有关数字的对比，可以发现有关财务指标的变动趋势；通过与同类企业之间的有关指标的对比，可以发现先进和落后之间的差距。对比分析法是一种比较好的分析方法，它具有适应面广、分析过程简单、揭示问题清楚等特点。但任何事物之间，只有遵循一定条件，才具有可比性，因此，在运用对比分析法时，必须注意各种指标之间是否可比。

（二）比率分析法

比率分析法是把有关指标进行对比，用比率来反映它们之间的财务关系，以揭示企业财务状况的一种分析方法。根据分析的不同内容和要求，可以计算各种不同的比率进行对比，其中最主要的比率有三个。

1. 相关指标比率

相关指标比率是根据财务活动存在的相互依存和相互联系的关系，将两个性质不同但又相关的指标相比，求出比率，以便从财务活动的客观联系中进行研究，更深刻地认识企业的财务状况。例如，将资金指标同销售指标、利润指标进行对比，便可求出资金周转率、资金利润率，能够更深入地揭示企业财务状况和经营成果。

2. 构成比率

构成比率是计算某项指标的各个组成部分占总体的比重，分析其构成内容的变化，从而掌握该项财务活动的特点与变动趋势。例如，将负债资金同全部资金进行对比，求出负债比率，便可揭示财务风险的大小。

3. 动态比率

动态比率是将某项指标的不同时期的数值相比，求出比率，观察财务活动的动态变化程度，分析有关指标的发展方向和增减速度。

比率分析是财务分析的一种重要方法。通过各种比率的计算和对比，基本上能反映出一个企业的偿债能力、盈利能力、资金周转状况和盈余分配情况，该方法具有简明扼要、通俗易懂的特点，很受各种分析人员的欢迎。

（三）综合分析法

综合分析法是把有关财务指标和影响企业财务状况的各种因素都有序地排列在一起，综合分析企业财务状况和经营成果的一种方法。对任何单一指标、单一因素进行分析，都不能全面评价企业的财务状况和经营成果及其发展变动趋势，必须进行综合分析，才能对企业的财务状况做出全面、系统的评价。在进行综合分析时，可采用财务比率综合分析法、因素综合分析法和杜邦体系分析法等。

综合分析法是一种重要的分析方法，它对全面、系统、综合地评价企业财务状况具有十分重要的意义。但综合分析法一般都比较复杂，所需资料很多，工作量比较大。

七、财务监督和评价

财务监督和评价是以国家财经法规、制度的规定，以及企业章程、内部财务制度和会计核算资料为依据，对企业财务活动的合理性、合法性和有效性进行检查和评价。

财务监督和评价分为内部、外部两种。企业内审部门及有关单位所进行的监督评价属于内部监督和评价；国家各级审计机构、财政、国有资产管理等部门对企业所进行的监督评价属于外部监督和评价。

企业应建立必要的内部监督评价和考核制度，防止违法乱纪行为的发生，堵塞各种漏洞。同时，企业也应自觉接受国家审计、财政、国有资产管理等部门的监督，并给予积极配合。

第五节　财务管理原则

财务管理原则，是指财务管理人员在组织开展各种财务管理工作时应遵循的基本准则。在财务管理实践中，人们逐渐总结出一些在财务管理中具有普遍指导意义的规则，这些规则逐渐成为财务管理原则。具体来看，财务管理原则主要有以下几条。

一、风险－报酬权衡原则

风险－报酬权衡原则，是指风险和报酬之间存在对等关系，投资人必须对报酬和风险做出权衡，为追求较高报酬而承担高风险，或者为降低风险而接受较低的报酬。所谓“对等关系”，是指高收益的投资机会必然伴随着高风险，低风险的投资机会必然只有较低的收益。

在财务交易中，当其他一切条件相同时，人们倾向于高报酬和低风险；如果两个投资机会除了报酬不同以外，其他条件（包括风险）都相同，人们会选择报酬较高的投资机会；如果两个投资机会除了风险不同以外，其他条件（包括报酬）都相同，人们会选择低风险的投资机会。如果人们都倾向于高报酬和低风险，而且都在按照他们自己的经济利益行事，那么竞争结果就产生了风险和报酬之间的权衡。不可能在低风险的同时获取高报酬，因为这是每个人都想得到的。即使你最先发现了这样的机会并率先行动，别人也会迅速跟进，竞争会使报酬率降至与风险相当的水平。因此，现实的市场中只有高风险同时高报酬和低风险同时低报酬的投资机会。

要想有一个获得巨大收益的机会，就必须冒可能遭受巨大损失的风险。每一个市场参与者都在风险和报酬之间做权衡。有的人偏好高风险、高报酬，有的人偏好低风险、低报酬，但是每个人都要求风险与报酬对等，不会去冒没有价值的风险。

二、投资分散化原则

投资分散化原则，是指不要把全部财富投资于一个公司，而要分散投资。

投资分散化原则的理论依据是投资组合理论。马科维茨的投资组合理论认为，若干种股票组成的投资组合，其收益是这些股票收益的加权平均数，但其风险要低于这些股票的加权平均风险，所以投资组合能降低风险。

如果一个人把他的全部财富投资于一个公司，那么这个公司一旦破产了，他就失去了全部财富。如果他投资了10个公司，只有10个公司全部破产，他才会失去全部财富。10个公司全部破产的概率比1个公司破产的概率要小很多，所以投资分散化可以降低风险。

分散化原则具有普遍意义，其不仅适用于证券投资，还适用于公司的各项决策。不应当把公司的全部投资集中于个别项目、个别产品和个别行业，不应当把销售集中于少数客户，不应当使资源供应集中于个别供应商，重要的事情不要依赖一个人完成，重要的决策不要由一个人做出。凡是有风险的事项，都要贯彻分散化原则，以降低风险。

三、货币时间价值原则

货币时间价值原则，是指在进行财务计量时要考虑货币时间价值因素。货币的时间价值，是指货币在经过一定时间的投资和再投资后所增加的价值。

货币具有时间价值的依据是它被投入市场后，数额会随着时间的延续而不断增加。这是一种普遍的客观经济现象。要想让投资人把钱拿出来，市场必须给他们一定的报酬。

货币时间价值原则的首要应用是现值概念。由于现在的1元货币比将来的1元货币经济价值大，不同时间的货币价值不能直接加减运算，需要进行折算。通常，要把不同时点的货币价值折算到“现在”时点，然后进行运算或比较。把不同时点的货币折算为“现在”时点的过程，称为折现。折现使用的百分率称为折现率，折现后的价值称为现值。财务估价中，广泛使用现值计量资产的价值。

货币时间价值的另一个重要应用是“早收晚付”观念。对于不附带利息的货币收支，与其晚收不如早收，与其早付不如晚付。货币在自己手里，可以立即用于消费而不必等到将来再去消费，可以投资获利而无损原来的价值，可以用于预料不到的支付，因此早收、晚付在经济上是有利的。

四、净增效益原则

净增效益原则，是指财务决策建立在净增效益的基础上，一项决策的价值取决于它和替代方案相比所增加的净收益。

一项决策的优劣是与其他可替代方案（包括维持现状而不采取行动）相比较而言的。如果一个方案的净收益大于替代方案，就认为它是一个比替代方案好的决策，其价值是增加的净收益。在财务决策中，净收益通常用现金流量计量。一个方案的净收益是指该方案现金流入减去现金流出的差额，也称为现金流量净额。一个方案的现金流入是指该方案引起的现金流入量的增加额。一个方案的现金流出是指该方案引起的现金流出量的增加额。方案引起的增加额，是指这些现金流量依存于特定方案，如果不采纳该方案就不会发生这些现金的流入和流出。

净增效益原则的应用领域之一是差额分析法，也就是在分析投资方案时，只分析它们有区别的部分，而省略分析其相同的部分。净增效益原则初看似乎很容易理解，但实际贯彻起来却需要非常清醒的头脑，需要周密地考察方案对企业现金流量总额的直接和间接影响。例如，一项新产品投产的决策引起的现金流量，不仅包括新设备投资，还包括动用企业现有非货币资源对现金流量的影响；不仅包括固定资产投资，还包括需要追加的营运资金；不仅包括新产品的销售收入，还包括对现有产品销售产生的积极或消极的影响；不仅包括产品直接引起的现金流入和流出，还包括对公司税负的影响等。

净增效益原则的另一个应用是沉没成本概念。沉没成本，是指已经发生、不会被以后的决策改变的成本。沉没成本与将要采纳的决策无关，因此在分析决策方案时应将其排除。

五、资源优化配置原则

企业作为一个财务主体，拥有货币、员工、财务等各种资源，这些资源都是企业付出一定代价获得的，企业必须合理地使用这些资源，才能保证其所获得的现金流入超过资源消耗，取得经济效益。然而企业的各种资源只有配合使用才能生产出社会需要的商品和服务，获得现金收入。企业的各种资源配置方法不同，其所产生的现金流入也不同，因此企业应选择最优的资源配置方案，以取得最佳的经济效益。

资源优化配置原则要求财务管理人员在开展财务管理活动时，既要保证有限资源得到充分利用，以防止资源闲置，又要分析计算各种不同的资源配置方案所产生的效益，从效益最佳的角度出发，优先保证资源使用效益最佳的决策方案得到资源配置。在企业的预算管理、投资项目决策等财务管理活动中，财务管理人员要根据资源优化配置原则，确定各部门、各投资项目的资金分配，以保障企业的效益不断提高。

六、动态平衡原则

财务管理的中心是企业的资金运动。在企业的运营中，只有资金周转顺畅，才能保证企业的正常运转，否则企业可能会陷入财务危机。在市场经济中，由于许多不确定因素的存在，企业的资金流入和流出在某一个时段可能会不均衡。在这种情况下，如果企业不能预计这一现象的发生，进而采取预防措施，就无法保证资金周转顺畅。为此，财务管理人员要定期预计未来一段时期（一个月、一个季度、一年）可能的现金流入和流出，进而发现现金流入和流出可能会不均衡的未来状况，及时采取控制措施（筹集资金或组织闲置资金投资），保持未来现金收支的大致均衡。因此，动态平衡原则就是要求财务管理人员能及时预测未来的现金流入和流出，及时发现企业可能出现的现金流入和流出失衡，从而采取有针对性的措施，保持企业资金流动的长期动态平衡。

第二章　会计工作创新

第一节　概　　述

随着社会经济的不断发展，我国的一些中小企业获得了很大的发展空间。在企业经营的过程中，公司的会计工作在一定程度上对公司的发展起着重要的作用。然而，在一些公司的经营中，其会计工作还存在很多问题，给公司的整体经营带来极为不利的影响。因此，本章针对现阶段公司会计工作所出现的问题及公司会计应注意的事项进行了探析。

一、新时期会计工作的内涵及特点

一般来讲，会计是以凭证为依据，以货币为主要量度，对一定主体的经济活动进行全面、综合、连续、系统的核算与监督，并向有关方面提供会计信息的一种经济管理活动。在企业，会计主要反映企业的财务状况、经营成果和现金流量，并对企业的经营活动和财务收支进行监督。随着我国市场经济体制的不断完善对会计核算的要求也相应提高，会计工作发生了相应的变化，呈现出以下几个特点。

首先，主要工作方式向现代化、信息化发展。现阶段，利用对有关的会计信息技术统计计算是他们的主要工作方式。全面地了解企业在生产与运营过程中的基本情况，不但对企业会计信息的披露带来巨大的帮助，而且还是企业制定管理决策的重要基石，进而易于对企业经济运行和内部结构进行管理与控制。在现代化企业经济的推动下，传统的企业会计思想观念已经跟不上时代发展的步伐，因此，会计工作的现代化也是其中的一个主要的特征，发挥会计工作在企业中的基础作用，在工作的过程中掌握现代化会计的工作方式，并且在工作的过程中要将企业的经济活动很好地反映出来，将可靠的会计信息提供给公司的经济决策。

其次，以货币作为基本的单位来进行有关计量的统计，这是企业会计工作的主要特点。在具体的工作当中，这仅是计算与度量一些具体的实物，所以有的企业的工作内容并不全面；很多公司的会计工作，都依据会计凭证来进行工作，以此来确保企业会计信息的可靠性与真实性；当今阶段的会计工作，会计工作的全面性、系统性、连续性是人们对于会计工作所提出的重要要求，但是在实际工作当中还难以达到这样的要求，还需要不断健全完善。

二、会计要素的分类

本书所讲的会计要素是特指的大类，会计报表所列示的具体事项，则称为项目。对会计要素的进一步具体分类，则是会计科目。六项会计要素中，资产、负债和所有者权益是存量要素，反映在一定日期拥有的经济资源及应承担的经济责任，是直接关系到财务状况计量的因素，它们与资产负债表有密切关系，是资产负债表的重要项目，因此也称为资产负债表要素。收入、费用和利润是增量要素，反映一定时期内的经营成果和盈利状况，是直接关系到利润计量的要素，它们与利润表有密切联系，是利润表的重要项目，也称为利润表要素。

三、会计创新要素分析

（一）应以经济发展和变化的观念去认识会计对象要素及其确立问题

会计目标是会计确认、计量、记录、报告所要达到的目的，它是会计系统与社会经济环境的联结点，体现着经济环境对会计工作的客观要求和投资者对会计信息的内在需要。经济环境和经济活动的特点，会影响到会计对象要素的确立。营利组织与非营利组织经济活动的目标和特征等均有较大差别，因而其会计对象要素的设立也不相同。会计对象要素的确立受会计目标的影响，由于会计目标的内涵与外延总是随着社会经济环境的变迁而不断变化与深化，故会计对象要素的划分及不同要素的重要程度等，均非一成不变。金融衍生工具的不断创新及其他新型交易的迅速发展，使得投资者对会计信息的需求在广度和深度上均有很大程度的拓展。相应地，会计对象要素的确立也在发生显著变化。

（二）会计要素划分需要重新界定收入、费用要素

损益类会计科目中收入类科目既有日常活动收入，如主营业务收入、其他业务收入、投资收益，也有偶发性的利得，如营业外收入。同样，损益类会计科目中费用类科目既包括在日常活动中发生的费用，如主营业务成本、其他业务成本、管理费用等，又包括损失，如营业外支出。这些显然都是广义的含义。因此，会计要素中的收入和费用采用广义的概念界定，有利于下一步对会计科目的类别进行重新划分，而且“收入－费用＝利润”这种会计等式就能解释清楚，不用再考虑增加“利得”和“损失”这两个会计要素。

（三）合理设置会计科目

首先，在大类上设置资产、负债、所有者权益、收入、费用、利得、损失等七大类会计科目；其次，科学划分每一大类会计科目下面的具体科目。把我国现行会计准则中的成本类和共同类会计科目按照其经济实质划归到资产类科目中，把损益类会计科目划分为收入、费用、利得、损失四类会计科目。通过如此划分，将复杂的交易或事项划分为七大类经济性质相同的经济业务，然后据此设置账户进行会计处理，使得会计要素、会计科目和账户前后一致，使会计处理按类进行，简便易行。这样一来会计科目和会计要素之间就建立了一对一应关系，非常方便理论学习和实际运用。

（四）完善会计等式

1. 静态会计等式

负债＋所有者权益＝资产

反映特定主体在某一特定日期的财务状况，是编制资产负债表的理论基础。

2. 动态会计等式

（收入＋直接计入当期利润的利得）－（费用＋直接计入当期利润的损失）＝利润

反映特定主体在一定会计期间经营成果，是编制利润表的理论基础。

现金流入－现金流出＝现金净增加额

这反映了特定主体在一定会计期间现金和现金等价物流入和流出的情况，是编制现金流量表的理论基础。

3. 综合会计等式

负债 + 所有者权益 + 利润 = 资产

这一等式综合了利润分配前财务状况等式和经营成果等式之间的关系，揭示财务状况与经营成果之间的相互联系。

（期末负债 – 期初负债）+（期末所有者权益 – 期初所有者权益）–（期末非现金资产一期初非现金资产）= 现金净增加额

这一等式综合了现金流量表与资产负债表的关系。

（五）科学界定收益和费用

在收益和费用的定义和划分上，坚持沿用国际会计准则的划分标准，采用广义的概念，按照与经营活动的相关性，将收益划分为收入和利得。收入是在经营活动中形成的、导致所有者权益增加的、与所有者投入资本无关的经济利益的总流入。利得是在非经营活动中形成的、导致所有者权益增加的经济利益的总流入。企业需要同时按照与经营活动的相关性，将费用划分为支出和损失。支出是指在经营活动中发生的、导致所有者权益减少的、与向所有者分配利润无关的经济利益的总流出。损失是指在非经营活动中发生的、导致所有者权益减少的经济利益的总流出。并在具体准则中明确规定支出和损失的具体规范。

（六）妥善处理直利得和损失单列要素后续问题

不管是把利得和损失合并入收入和费用还是单列要素，都会存在一个比较棘手的问题。新会计准则把“利得”和“损失”按照能否直接影响所有者权益分为两大类：一类为直接计入所有者权益的利得和损失，表现为直接计入“资本公积 – 其他资本公积”的利得和损失，这一类既然直接计入所有者权益，则应该属于所有者权益要素；另一类以“营业外收支”的方式计入当期损益，这应该归属“损益类”要素。新会计准则正式引入“利得”和”损失”两个概念，却把它们划分到两个不同的要素范畴，使得科学地给“利得”和“损失”定性工作很难进行。直接计入所有者权益的利得和损失增设新的概念使得其与利得和损失概念明确区分，建议在所有者权益要素下单设子要素“所有者权益利得”和“所有者权益损失”，直接作为所有者权益的来源，并逐步去除利得和损失两大分类的概念，使利得和损失仅变现为“非日常活动”资金运动的“动态会计要素”，这样就使得我国的会计要素各归其位，各司其职。

第二节　会计工作创新的主要内容

信息化时代的到来使我国的会计工作面临着极大的挑战，尤其是新的会计准则的颁布，让我国会计准则实现了与国际准则的趋同，这就要求我国的会计工作要跟上时代的步伐。目前我国财务会计工作存在以下问题。

首先，在市场经济条件下，要求会计在资源配置中的基础性作用进一步得以发挥。合理地配置资源，就是要有效地将各种资源配置不同的地区、行业和具体的企业，以便通过生产来最大限度地满足社会的需求。要在更大程度上发挥市场在资源配置中的基础性作用，就要建立健全现代市场体系，通过市场价格来引导和调整资源的流动。从我国现阶段各类生产要素的稀缺程度看，资本在大多数领域仍是最稀缺的资源。要使资源真正得到合理配置，必须进一步推动资本市场的改革开放和稳步发展。而会计信息是资本市场的血液。企业通过对外提供真实和完整的会计信息，通过提高会计信息的透明度，可以吸引投资者，从资本市场输入血液，获得生产经营所需要的资金。因此，要健全现代化市场体系，更好地发挥市场在资源配置中的基础性作用，就要进一步加强会计工作。

其次，会计假设会计信息披露存在的问题。信息时代的到来，也会使会计假设的环境和条件发生很大变化。网络经济的兴起，使得会计主体越来越难以把握。“网上企业”又称为“无实体企业”，其可以通过互联网横跨大洋把千万个个体联系起来。一旦业务完成，又可以在几秒钟内解除这种关系，如何正确、客观地反映企业资产负债财务状况，是知识经济条件下会计假设应设法解决的问题。竞争激烈使企业并购成为一大趋势，而企业并购使持续经营假设受到挑战。我国现行财务报告的信息披露只以财务信息为主，其披露的范围也只限于财务会计确认和计量的交易事项。未来的财务报告应在突破上述限制的条件下，扩宽信息披露的范围，不仅提示财务信息，还应扩大到非财务信息，如风险信息、不确定信息、前瞻性信息、创新金融工具信息、企业管理信息等，以满足不同财务使用者的要求。对财务报表不能反映的“外表项目”也应以适当的方式予以披露。

最后，电子商务对传统会计工作的影响。由于电子商务的出现，传统的餐票、现金的主导地位将逐步被数字货币所代替，传统的结算体系将逐渐消失，交易双方网上支付的安全性成为头等大事。与此相关的商业、会计等法规要适应网络经济的发展，在传统商务活动中，产品在会计上作为存货币以历史成本原则对其进行确认和计量，进、销、存等都在存货数量、金额上进行核算，并及时反映到会计报表上。而在电子商务环境中，数字产品已超越了资源限制的约束，数量和内容可以无限制地复制，按实物产品方式反映资产价值的计量已失去现实意义。所以，在具体会计核算上，这些产品的广泛应用是虚拟经济的重要特征，是未来经济发展的重要产业之一。因此，会计界需要从会计理论和会计实务中对数字产品的确认、计量和报告加以研究。

基于以上原因，我国需要加强会计工作的创新。首先，要提高会计信息质量，加强会计信息网络化，提供客观、真实、完善、准确的，能够向各界披露的会计信息，必须坚持以诚信为本，操守为重。做到操作程序规范化，核算原则统一化，开支范围制度化，基础管路标准化；在网络财务环境下实现远程报表、远程查账、远程审计及网上实体，经济交易，会计决策都是瞬间完成，要求会计主义适时监控。同时也给财务管理、会计业务提出了新规范和要求。其次，加快会计智能的转变更好地为经济建设服务，全球经济一体化后，国际交往频繁，企业在市场的大潮中竞争越来越激烈，面临的风险也越来越大，会计作为企业的智力之一需要提高预测、决策、控制及防风险的能力，会计职能必须从“核算型转向管理型、智能型”。在全球经济一体化和跨国资本流动迅速扩大的今天，加强会计国际协调是必然的。我国既要认识到存在的机遇，还要看到面临的挑战。要在会计确认、计量方面创新，目前所有的经济业务已进入会计信息系统，经加工处理便成了可用的信息，也就是以前人工一套规则的记账，确认到会计报表，现行会计确认没有载体人力资源。即使会计系统信息不能反映企业的规模和正式财务状况及经济实力，也难以实施和预测会计信息。会计计量方面，传统的存货、设备、厂房等有形资产一般采用购入或自制时的成本，也转为历史成本。全球经济一体化后，资产不再定义为主要是有形资产，会计反映和控制无形资产也是一个重要的组成部分。而无形资产则是动态的，如人力资产转移（调动、私自离开本单位）可能会带走商业机密和核心技术部分，会给企业带来无法估量的损失。对充满风险和不确定性的资产的计量，无法满足“相关性”“可靠性”的要求，怎样针对众多的不确定性事件和难以用货币计量的模式等是一个重大的课题。

当前会计管理正面临着现代科技革命的挑战，社会主义市场经济的发展使企业生产经营中的新问题日益增多，企业财务会计工作比以往任何时候都更迫切需要深化改革，这既是一种压力，也是一种动力。因此我们要用科学的眼光处理财务会计问题，迅猛发展的信息技术正在将财务会计的方方面面推向一个新时代。面对即将到来的种种机遇，企业应积极主动地做好迎接未来挑战的准备，推动财务会计得到发展与创新，让财务会计与时俱进。

第三节　会计管理体制的创新

一、会计管理体制的内涵

（一）会计管理体制的含义

所谓会计管理体制是国家或地区在一定的时期根据自己所处的社会经济环境，介入经济活动，对会计活动进行干预、干涉、控制等一系列制度和机制上的安排，以及据此所制定的一系列会计规范。这一定义所要强调的是以下两点：其一，会计管理体制是国家或地区在判断自身所处的经济环境的基础上所做出的选择；其二，任何会计管理体制所要解决的核心问题都是如何干预、干涉、控制会计活动。

（二）会计管理体制的内容

会计管理体制主要包括以下内容。

（1）会计工作的隶属关系，在我国，财政部门管理会计工作，并在各级财政部门之间实行“统一领导，分级管理”的原则。

（2）会计机构设置，即会计制度的制定权限。

（3）会计人员管理制度。

（4）会计人员职责。

（5）会计运行机制。

（三）会计管理体制的特点及作用

会计管理体制主要的特点是具有动态性，即它可以根据社会经济环境进行不断调整和改革。从不同的环境中选择与之相适应的会计管理体制，这个动态性使其不局限于某一种形式下，而是可以改变的。会计管理体制的作用就是能使企业内部机制更为明晰，健全单位的会计监督机制，提高会计人员的综合素质，从而使会计信息更为真实。

二、我国现有会计管理体制的缺陷

我国传统的会计管理体制存在着“两重性结构”特征。会计人员既是管理者，必须维护本单位的利益，又要站在国家利益的立场上，履行监督职责，维护国家利益。我国现有会计管理体制主要有以下弊端。

（一）会计信息失真

我国会计主体的独立性差、不能有效抑制财务上的乱收乱支、国有资产流失的现象十分普遍。

（二）会计监管不严

现行会计管理体制的监督机制还存在许多问题，会计人员的业务执法地位、会计监督的法律地位不为社会所广泛承认，仍然把会计人员视为法人代表的私有财产，会计工作听命于单位负责人的随意指挥，会计工作没有执法独立性。

（三）法律体系不完善

（1）缺乏对虚假信息具体认定的法律规定。

（2）会计法律责任难以界定。

（3）在司法实践中，一项虚假信息的披露，从原始凭证直至报表的公布，中间有着非常多的环节，涉及公司的财务人员、财务经理、公司监管机构，以及注册会计师、会计信息发布的媒介等，如何确定这不同环节的法律责任，现行法律法规没有明确的规定。

（4）业内存在素质不高、缺乏应有的责任心、丧失原则的会计人员，从而影响会计信息质量。

三、创新会计管理模式

会计管理体制的创新是一项庞杂的系统工程，需要循序渐进实行，它必须经历一个由权治、人治到法治的过程。

（一）会计委派制

会计委派制是国家以所有者身份凭借管理职能，对国有大中型企业（事业单位亦可）的会计人员统一进行委派的一种会计管理体制。在这种管理体制下，各级政府相应设立会计管理的专设机构，负责国有大中型企业（含事业单位）会计人员的委派、考核、调遣、任免和日常管理；会计人员从企业中完全独立出来，变成政府派驻企业的专业管理人员，代表政府对企业的经济活动进行综合、连续、系统、完整地反映，并在此过程中达到实施直接监督的目的；企业经营者在尊重会计人员做账权的同时，拥有法律、法规所赋予的完全的财权，对企业一切收支的合法性、合理性、经济性、效果性责无旁贷地负有全部的受托责任；除国有独资公司外，在国有企业里的非国有股份制企业一般无法享有财产监督权，不论情愿与否，只有依赖于政府的公正，搭乘政府监督的便车。会计委派制由于从编制上实现了会计独立，防止会计信息的严重失真，在此基础上，有效地遏制国有资产的流失，维护国家所有者权益。

（二）财务总监制

财务总监制是国家以所有者身份凭借其对国有企业的绝对控股（或者控制）地位，向国有大中型企业直接派出财务总监的一种会计管理体制。这种创新的会计管理体制的最大优点就是抓住了经济转轨时期会计工作秩序紊乱的现象。首先，政府授权财务总监进行的监督与管理，是从产权角度去行使权力，体现的是一种来自产权约束的监督关系，在建立现代企业制度与经济转轨时期“内部人控制”和“产权约束软化”的矛盾冲突问题上，加强了股权对法人所有权、经营权的渗透，维护了国家所有者权益。其次，这种会计管理体制吸收和集中了总会计师和内部审计中的部分财务管理与监督职能，弥补了总会计师在企业组织地位和职责权限上的不足，更为关键的是在很大程度上避免了内部审计（甚至是企业监事会）监督上存在滞后性的缺陷，有效、及时地抵制财务上的滥收乱支。最后，这种创新的体制较之于会计委派制，更符合政府机构精简的原则，在制度运作上更符合成本效益原则。

（三）稽查特派员制

稽查特派员又称总会计师制度下的稽查特派员制。在这种体制下，一方面政府有关部门加强国有大中型企业中总会计师的组织落实和职权落实，抓好总会计师的培训、交流、任免、考核和奖惩等工作；另一方面由国务院向国有大中型企业，尤其是国有重点大型企业，派出稽查特派员，由他们代表国家行使监督权力。目前，我国的国有企业最需解决的两个问题就是对企业经营者的选择和对其激励约束机制的形成。稽查特派员制的建立能有效地解决这两个问题。

第四节　会计工作创新的路径

随着现代经济和科技的不断发展，以及信息化时代的来临，在这样一个信息爆炸的时代里，传统的会计财务工作模式正逐渐变得难以适应激烈的市场竞争环境，这不仅是对会计工作人员的考验，更是对整个会计信息制度和会计系统的考验。信息环境下的会计将会改进财务信息的获得及运用方式，并且将会给传统的记账模式造成一定的冲击。因此，企业应当从自身实际情况出发，分析当前存在的问题并积极提出应对措施，进而促进其快速发展。

一、信息时代下加强财务会计工作创新遇到的问题

（一）重视程度不足，资源配置不合理

一部分财务管理人员由于思想观念跟不上信息时代变化的步伐，因此财务管理工作效率不高，但他们并未意识到提升财务管理水平对企业的意义，财务管理制度未能落实到位，例如，计算机是最基本的办公设备，而信息化今天，计算机技术的提升与财务管理效率有着直接的联系，但一部分财务工作人员却并不能熟练运用。

同时，在资源配置中，许多企业的资金较为匮乏，而要引进资金，需要企业制定合理的财务报表，使外界投资者能够看到企业发展的实际情况，充分体现其在市场竞争中的生命力，进而使投资者对其进行资金支持。但是，某些企业的财务会计管理人员工作效率不高，工作进度较慢且无法体现企业的根本情况，例如，因为财务报表中的数据不全面、不真实，而无法打动

投资者出资。在资金难以周转的情况下，企业将难以维持其生存，直接影响企业的健康运转。所以，财务会计管理工作在企业中的重要性不言而喻，企业的发展依赖于资金的维系，为了提高企业的竞争力，企业必须加强对于这一问题的重视，并及时提出应对措施，避免企业造成经济损失。

（二）管理制度缺失，会计信息失真

很多企业并没有建立起严格的财务制度，即使存在相应的制度，是否真正落到实处又是另外一回事。此外，大多数基层的财务工作人员不具备较强的责任心，对财务会计的管理工作重要性没有一个系统而深远的认识。如当前，企业电子商务得到迅速的发展与进步，与传统贸易所不同的是，其方便、快捷的交易方式简化了企业间的业务往来，在双方意见一致时，交易便能够在两个主体间进行，交易结束时，主体关系也随之结束。这样的方式使企业的基本交易模式产生了变革，但也给企业的财务会计管理工作带来一定挑战，电子商务贸易中的会计信息不确定性高，难以在财务报告中进一步体现。从当前的经济发展情况分析，电子商务的发展空间十分广阔，为了提高企业财务信息的真实性，企业财务会计管理模式也应当进行创新，目前企业会计信息失真的现象非常严重。

（三）计量体系的缺陷

会计计量是财务会计的主要组成部分，指的是按照科学的计量流程与方式，将实际的会计信息录入系统，并形成财务报表进行金额确认。会计要素包括资产、负债、所有者权益、收入、费用和利润几个部分。由于财务会计信息属于确定的信息，通过计量才能进行金额的确认。但是信息化的发展使以往的财务会计计量体系发生了转变，在传统的企业财务会计核算中，会计计量的多个要素是确切的、固定的，而互联网使得企业的财务会计工作中所有的信息、数据可以进行更改与复制，致使会计的计量体系失去了价值。

二、信息时代下加强财务会计工作创新措施

（一）提高思想认识，强化财务会计管理工作

企业领导部门应加强制度建设和管理，根据企业本身的具体需求制定相应的策略。为切实有效提高财务会计人员的思想认识，企业可以组织员工培训活动价，安排权威人士来企业举办讲座，或安排企业会计人员进行外出培训。信息化的今天，财务管理人员倾向信息化管理方式，结合财务相关流程，严格对财务信息进行审核，最后确定，有效保障信息的真实性及完整性。现阶段，为进一步实现高效会计信息管理，财务管理人员对内部会计信息的交流及数据管理等方面要给予重视，并做好备份工作，避免信息发生丢失等情况，确保企业财务会计管理工作的顺利开展。管理人员应当利用集中式与分散式的两种方式对数据进行管理与保存，同时，管理人员应当学会使用信息防火墙及杀毒软件实时保护信息安全，以防泄露企业财务会计的重要内容。同时，为了确保企业财务会计资料与信息的全面性与正确性，达到财务信息的准确、高效共享，进而使企业管理人员能够准确掌握自身情况，及时根据市场变化做出准确的判断，在企业的财务会计管理工作中，管理人员应当使用信息技术提高其工作效率。

（二）健全财务会计法律，增强会计信息化质量

信息化时代对财务工作的要求也产生了较大的改变，因此政府部门也应顺应时代发展，健全并完善相关的财务制度，为财务工作的有效开展奠定坚实基础。因此，企业对其财务会计管理工作进行改进是时代发展的必然，企业必须引进国际通用的财务会计管理模式，适当改变传统的财务计量方式，促进企业会计工作智能化的实现，进而提高企业的财务管理工作的效率，保证经济交易的科学性及安全性，进而促进企业的国际化发展，扩大其发展前景。人员培训方面要组建一支优秀的财务会计管理团队，企业领导进行决策前均需要参考自身企业财务会计信息，尤其是较大决策方面，正确的会计信息对于企业决策具有高的参考价值。财务人员同时也要紧跟信息时代步伐，将新技术引入财务会计管理工作中，提高财务会计管理工作效率，不断地强化管理工作，提升财务信息化管理质量。

（三）完善内部管理

企业财务会计管理工作的顺利开展离不开内部管理，因此一定要重视完善内部管理工作，实际工作中的利益趋势、工作态度、计算失误等因素，可能会导致财务会计信息不准确的情况发生。企业设立审核部门，将财务会计不能及时反映的情况进行反映，同时对财务会计人员也起到一个良好的监督作用，增强其工作责任心。在进行监测与审核的过程中需要提出的是：要体现控制制度的可操作性和全面性，形式化的管理模式难以充分体现其效率，还可建立奖惩制度，对会计工作表现良好之处给予表扬或者是物质上的鼓励，而不当之处也要给予惩罚，以此警示，减少错误，有效促进企业内部管理效率，进而为企业的市场信息判断及商业决策提供科学保障，进一步深化企业财务会计的创新性管理。

总之，在信息化时代，企业领导者要重视财务会计管理工作，增加财务会计管理人员培训等投入，提高财务人员的创新能力，这也是新时代财务工作应做出的转变之一。利用信息技术实现财务会计工作的智能化管理，建立健全相关管理体系与监督制度，有效提升企业财务会计的管理水平，进而更好地适应市场环境的改变，促进企业的长远发展。

第三章 筹资管理

第一节 筹资的渠道、方式与规模预测

企业筹资，是指企业为了满足其经营活动、投资活动、资本结构调整等需要，运用一定的筹资方式，筹措和获取所需资金的一种行为。资金是企业的血液，是企业设立、生存和发展的物质基础，是企业开展生产经营业务活动的基本前提。任何一个企业，为了形成生产经营能力，保证生产经营正常运行，必须拥有一定数量的资金。

一、企业筹资的动机

企业筹资最基本的动机是维持企业的经营和发展，给企业的经营活动提供资金保障，但每一次的筹资行为往往都是事出有因的。例如，为提高技术水平购置新设备而筹资；为对外投资活动而筹资；为解决资金周转而筹资等。筹资原因，归纳起来表现为四类筹资动机：创立性筹资动机、支付性筹资动机、扩张性筹资动机和调整性筹资动机。

（一）创立性筹资动机

创立性筹资动机是指企业设立时，为取得资本金并形成开展经营活动的基本条件而产生的筹资动机。资金是设立企业的第一个环节，根据《公司法》《中华人民共和国合伙企业法》《中华人民共和国个人独资企业法》等相关法律的规定，任何一个企业或公司在设立时都要求有符合企业章程或公司章程规定的全体股东认缴的出资额。企业创建时，要按照企业经营规模核定长期资本需要量和流动资金需要量购建厂房设备等，形成企业的经营能力。这样就需要筹措注册资本和资本公积等股权性资金，而不足部分则需要通过筹集债务性资金解决。

（二）支付性筹资动机

企业在开展经营活动过程中，经常会出现超出维持正常经营活动资金需求的季节性、临时性的交易支付需要，如购买原材料的大额支付、员工工资的集中发放、银行借款的提前偿还、股东股利的发放等。这些情况除了要求正常经营活动的资金投入外，还需要通过经常的临时性筹资来满足经营活动的正常需求，维持企业的支付能力。这种为了满足经营业务活动的正常开展而发生的资金需求便是支付性筹资动机。

（三）扩张性筹资动机

扩张性筹资动机是指企业因扩大经营规模或对外投资需要而产生的筹资动机。企业维持简单再生产所需要的资金是稳定的，通常不需要或很少追加筹资。一旦企业扩大再生产，经营规模扩张，开展对外投资就需要大量追加筹资。具有良好发展前景、处于成长期的企业，往往会产生扩张性筹资动机。扩张性的筹资活动在筹资的时间和数量上都要服从投资决策和投资计划的安排，避免资金闲置和贻误投资时机。扩张性筹资的直接结果往往是企业资产总规模的增加和资本结构的明显变化。

（四）调整性筹资动机

调整性筹资动机是指企业因调整资本结构而产生的筹资动机，目的在于降低资本成本，控制财务风险，提升企业价值。企业产生调整性筹资动机的具体原因大致有以下两个。

1. 优化资本结构，合理利用财务杠杆效应

随着企业的经营发展，很有可能出现债务资本比例过高或者股权资本比例较大的情况，债务过高会给企业带来较大的财务风险，而股权资本较高，企业的资本成本就会较大，这些均会使企业的资本结构不合理。企业可以通过调整性筹资增加股权或债务资金，达到调整、优化资本结构的目的。

2. 偿还到期债务，进行债务结构内部调整

如果流动负债比例过高，使得企业近期偿还债务的压力较大，可以举借长期债务来偿还部分短期债务。例如，一些债务即将到期，企业虽然有足够的偿债能力，但为了保持现有的资本结构，可以举借新债以偿还旧债。

调整性筹资的目的是调整资本结构，而不是为企业经营活动追加资金，这类筹资通常不会增加企业的资本总额。

企业通过追加筹资，既可以满足经营活动、投资活动的资金需要，又可以调整资本结构。这类情况很多，可以归纳称之为混合型筹资动机。混合型筹资动机一般是基于企业规模扩张和调整资本结构两种目的，兼具扩张性筹资动机和调整性筹资动机的特性，同时增加了企业的资产总额和资本总额，也同时导致企业的资产结构和资本结构出现变化。

二、企业筹资的原则

企业筹资是一项重要而复杂的工作，为了有效地筹集企业所需资金，在遵守国家有关法律和维护各方合法权益的前提下，还需要遵守以下基本原则。

（一）合理确定筹资规模

筹资规模即为企业筹集资金的总额。企业财务人员要认真分析企业生产、经营状况，采用科学的方法，预测不同时期的资金需要量，合理确定筹资规模。资金筹集不足会影响生产经营的正常进行和贻误投资良机，也会因再筹资而增加费用支出；而资金筹集过多，会造成资金闲置浪费，影响资金使用效果，增加不必要的筹资费用支出。

（二）恰当安排筹资时间

企业财务人员在筹集资金时，必须熟知资金时间价值的原理和计算方法，以便根据资金需求的具体情况，制订筹资计划，恰当安排资金的筹集时间，适时获取所需资金，使资金的筹集和运用在时间上互相衔接，既能避免过早筹集资金造成资金投放前的闲置浪费，又要防止滞后筹资而错过资金投放的最佳时机，从而提高资金使用效果。

（三）选择最佳筹资方式

资金的来源渠道和资金市场为企业提供了资金的源泉和筹资场所，它反映资金的分布状况和供求关系，决定着筹资的难易程度。不同来源的资金，筹资风险和资本成本也不相同。因此，企业应认真研究资金来源渠道和资金市场，合理确定筹资方式，选择最佳资本结构，以降低资金成本。

（四）保持最佳资本结构

在确定筹资数量、筹资时间、资金来源的基础上，企业在筹资时还必须认真研究各种筹资方式的风险和效益。企业筹集资金必然要付出一定的代价和承担一定的风险，不同筹资方式的资金成本和风险不同，企业应保持最佳资本结构，使企业综合资金成本达到最低。因此，需要对各种筹资方式进行分析对比，选择经济可行、风险适度的筹资方式，确定合理的资本结构，既要通过负债经营获取较高效益，又要通过各种途径加强筹资风险控制，确保财务安全和稳定，达到风险与效益的统一。

三、企业筹资的分类

企业筹集的资本由于具体的属性、期限、范围和机制的不同分为不同的类型。不同类型资本的结合，就构成不同的筹资组合。企业筹资从不同的角度划分为以下四种分类方式。

（一）按筹集资金的权益性质划分

按性质不同，筹资可以分为权益性筹资、债务性筹资和混合性筹资三种。

1. 权益性筹资

权益性筹资由企业成立时各种投资者投入的资金，以及企业在生产过程中形成的资本公积、盈余公积和未分配利润组成。权益性筹资的方式主要有吸收直接投资、发行股票和内部积累等。由于权益性筹资在企业存续期间不需要偿还，属于企业永久性资本金，因而又称为企业自有资金、股权资本和主权资金。投资者将资金投入企业时期望获得较高的投资收益，加上投资人的利润分配是在企业支付各种税费之后对企业净利润的分配，所以权益性筹资对于企业来讲具有财务风险小、资本成本相对较高的特点。

2. 债务性筹资

债务性筹资所筹到的资金是企业的负债。负债是企业所承担的能以货币计量、需要以资产或者劳务偿付的债务。企业通过发行债券、向银行借款、融资租赁等方式筹集的资金也属于企业的负债。对于债务性筹资，企业负有到期要归还本金和利息的法定责任，加上债务利息的固定性和在所得税税前支付等特点，债务性筹资对于企业来讲具有财务风险大、资本成本低的特点。

债务性筹资和权益性筹资的主要差异见表 3–1。

表 3–1　债务性筹资和权益性筹资的主要差异

债务性筹资	权益性筹资
剩余索取权	股东索取权
不可抵免税收	可抵免税收
在财务困难或破产时只有最后先清偿权	在财务困难或破产时具有优先清偿权
无期限	固定期限
有管理控制权	无管理控制权
所有者具有经营权和分享权	债权债务关系
主要表现为所有者股权、风险资本、普通股等	主要表现为银行借款、公司债券、商业票据等

3. 混合性筹资

混合性筹资兼具权益性与债务性筹资的性质。我国目前常见的混合型筹资方式有发行可转换债券和发行认股权证。

（二）按筹集资金的使用期限划分

按使用期限不同，筹资划分为短期筹资和长期筹资。

1. 短期筹资

短期筹资是指企业筹集使用期限在 1 年（含 1 年）以内的资金。短期资金主要用于企业的流动资产和资金日常周转，一般在短期内需要偿还。短期筹资经常采用商业信用、短期借款等方式来筹集。

2. 长期筹资

长期筹资是指企业筹集使用期限在 1 年以上的资金。长期筹资的目的主要在于形成和更新企业的生产和经营能力，或扩大企业生产经营规模，或对外投资筹集资金。长期筹资通常采取吸收直接投资、发行股票、发行债券、长期借款、融资租赁等方式，所形成的长期资金主要用于购建固定资产、形成无形资产、进行对外长期投资，以及垫支铺底流动资金、产品和技术研发等。从资金权益性质来看，长期资金可以是权益资金，也可以是债务资金。

（三）按筹集资金的取得方式划分

按取得方式不同，筹资可分为内部筹资和外部筹资两种类型。

1. 内部筹资

内部筹资是指资金直接来源于企业内部，又称内源性筹资。内部筹资主要是企业通过利润留存、计提折旧等方式形成的筹资来源。内部筹资数额大小主要取决于企业可分配利润的多少和利润分配政策，一般无须花费筹资费用，从而降低了资本成本。

2. 外部筹资

外部筹资是指企业向外部筹措资金，对处于初创期的企业而言，内部筹资的可能性是有限的，而处于成长期的企业，内部筹资也往往难以满足企业发展需要，这就使得企业需要广泛地开展外部筹资，例如，发行股票、债券，取得商业信用、银行借款等。企业向外部筹资大多需要花费一定的筹资费用，于是筹资成本便提高了。

（四）按是否通过媒介划分

根据企业筹资是否以金融机构为媒介来获取社会资金，可将企业筹资分为直接筹资和间接筹资两种类型。

1. 直接筹资

直接筹资是企业直接与资金供应者协商融通资金的筹资活动。直接筹资不需要通过金融机构来筹措资金，而是企业直接从社会取得资金，主要方式有发行股票、发行债券、吸收直接投资等。直接筹资既可以筹集权益资金，也可以筹集债务资金。相对来说，直接筹资不但手续比较复杂，而且筹资费用也相对较高，但其筹资领域广阔，能够直接利用社会资金，有利于提高企业的知名度和资信度。

2. 间接筹资

间接筹资是企业借助银行和非银行金融机构而筹得资金的方式。在间接筹资方式下，银行等金融机构发挥中介作用，预先集聚资金，然后提供给企业。间接筹资的基本方式是银行借款，此外还有融资租赁等方式。通过间接筹资取得的主要是债务资金，目的是满足企业资金周转的需要。间接筹资手续相对比较简便，筹资效率高，虽筹资费用较低，但却容易受金融政策的制约和影响。

四、企业筹资的渠道和方式

（一）企业筹资的渠道

资金筹集的渠道是指企业筹措资金的来源和通道，体现了所筹资金的性质。目前，企业筹资渠道可以归纳为以下 7 种类型。

1. 国家财政资金

国家财政资金历来是国有企业特别是国有独资企业筹资的主要来源，随着我国市场经济的发展，国家财政资金在企业权益资金中的比例越来越小，但由于国家财政资金具有广阔的来源和稳固的基础，加上国家不断加大对基础性产业、事关国计民生的产业和公益性产业的资金投入，因而国家财政资金仍是国有大中型企业一个十分重要的筹资渠道。

2. 银行信贷资金

银行信贷资金是各类企业筹资的重要来源。银行一般分为商业性银行和政策性银行。在我国，商业性银行主要有中国工商银行、中国农业银行、中国建设银行、中国银行及交通银行等；政策性银行有国家开发银行、农业发展银行和中国进出口信贷银行等。商业性银行按一定规则为各类企业提供短期和长期的商业性贷款；政策性银行主要为特定企业提供一定的政策性贷款。银行信贷资金有个人储蓄、单位存款等经常性的资金来源，财力雄厚、贷款方式灵活多样，能适应企业的各种需要，并且有利于加强宏观控制，已成为企业资金来源的主渠道。

3. 非银行金融机构资金

非银行金融机构资金也可以为一些企业提供一定的资金来源，它是指由各级政府及其他经济组织主办的，在经营范围上受到一定限制的金融企业，如信托投资公司、保险公司、证券公司、租赁公司、企业集团的财务公司等。它们有的聚集社会资本，融资融物；有的承销证券，提供信托服务，为一些企业直接筹集资金或为一些公司发行证券筹资提供承销信托服务。这种筹资渠道的财力虽然不及专业银行，融通资金范围也受到一定的限制，但它们也有自身的优势，如资金供应灵活方便，且可以为企业筹资提供相关服务等。

4. 其他法人企业资金

其他法人包括企业法人、事业法人和团体法人。它们在日常的资本运营周转中，有时也可能形成暂时闲置的资金，为了让其发挥一定的效益，也需要相互融通，这就为企业筹资提供了一定的来源。

5. 居民个人资金

我国居民有良好的储蓄习惯，他们可以通过储蓄、买股票、买债券等多种形式对企业进行直接投资，为企业筹资提供资金来源。个人资金是企业筹资中不可缺少的渠道，并且随着市场经济的不断发展，这个渠道的地位将越来越突出，其作用也越来越重要。

6. 企业内部资金

企业内部资金是指企业内部形成的资金，主要包括提取的公积金和未分配利润等。这些资金的重要特征之一是企业无须通过一定的方式去筹集，而是由企业内部直接生成或转移。

7. 境外资金

境外资金是指外国投资者手中的资金。吸收境外资金是一切资金短缺国家尤其是发展中国家弥补资金不足、促进本国企业壮大、推动经济发展的重要手段之一。

（二）企业筹资的方式

资金筹集的方式是指企业筹措资金的具体方法和形式，即如何取得资金，对于各种渠道的资金，企业可以采取不同的方式予以筹集。企业筹资的方式一般有以下 6 种类型。

1. 吸收直接投资

吸收直接投资是企业以协议等形式吸收国家、其他法人单位、个人和外商等向企业直接投入的资金，形成企业资金的一种筹资方式，是非股份制企业取得权益资金的基本方式。

2. 发行股票

股票是股份公司按照公司章程依法为筹集自由资金而发行的有价证券，是持股人拥有公司股份并享有权利和承担义务的书面凭证，它代表持股人在公司中拥有的所有权，是股份公司取得权益资金的基本方式。

3. 银行借款

银行借款是指企业根据借款合同向国内外银行及非银行金融机构借入的、按规定还本付息的款项，它广泛适用于各类企业，是企业筹集长、短期债务资金的主要方式。

4. 发行债券

债券是一种债权债务证明，它是表明借款人将在某些特定的时间向债券持有者支付利息，并在债券到期日支付本金的一种有价证券。

5. 融资租赁

融资租赁又称财务租赁，是指由出租人出资购买承租人选定的技术设备或其他物资，作为租赁物出租给承租人，承租人按合同约定取得租赁物的长期使用权，在承租期间，按合同约定的期限支付租金，租赁期满按合同约定的方式处置租赁物。它是企业筹集长期债务性资本的一种方式。

6. 商业信用

商业信用是企业通过赊购商品、预收货款等商品交易行为筹集短期债权资金的一种筹资方式，它表现为企业之间的直接信用关系。目前，我国商业信用形式灵活多样，为各类企业所采用。

筹资渠道解决的是资金来源问题，筹资方式解决的是通过何种方式取得资金的问题，它们之间存在一定的对应关系，见表 3–2。

表 3-2　筹资渠道和筹资方式的对应关系

筹资渠道	筹资方式					
	吸收直接投资	发行股票	银行借款	发行债券	融资租赁	商业信用
国家财政资金	√	√				
银行信贷资金			√			
非银行金融机构资金	√	√	√	√	√	
法人企业资金	√	√		√	√	√
居民个人资金	√	√		√		
企业内部资金	√					
境外资金	√	√		√	√	√

五、资金需要量的预测

企业在筹资之前，应当采用科学合理的方法预测资金需要量，只有这样才能保证筹集来的资金既满足生产经营的需要，又不会有太多的闲置。企业资金需要量的预测可以采用定性预测法、比率预测法和资金习性预测法。

（一）定性预测法

定性预测法是利用直观的资料，依靠个人的经验和主观分析、判断能力，对未来资金需要量做出预测的方法。预测过程是：首先，由熟悉财务情况和生产经营情况的专家，根据过去所积累的经验进行分析、判断，提出预测的初步意见；其次，通过召开座谈会或发出各种表格等形式，对上述预测的初步意见进行修正补充；最后，这样经过一次或多次预测后，得出预测的最终结果。

定性预测法虽然十分实用，但它不能揭示资金需要量与有关因素之间的数量关系。例如，预测资金需要量应和企业生产经营规模相联系。生产规模扩大，销售数量增加，会引起资金需求增加；反之，则会使资金需求量减少。

（二）比率预测法

比率预测法是依据财务比率与资金需要量之间的关系，预测未来资金需要量的方法。能用于资金预测的比率可能有很多，如存货周转率、应收账款周转率等，但最常用的是资金与销售额之间的比率，即销售额比率法。

销售额比率法是以资金与销售额的比率为基础，预测未来资金需要量的方法。应用销售额比率法预测资金需要量时，是以下列假定为前提的。

（1）企业的部分资产和负债与销售额同比例变化。

（2）企业的各项资产、负债与所有者权益结构已达到最优。销售额比率法的计算公式为

$$\text{对外筹资需要量} = A/S_1(\triangle S) - B/S_1(\triangle S) - EP(S_2)$$

$$\text{或对外筹资需要量} = \triangle S/S_1(A-B) - PE(S_2)$$

式中，A——随销售变化的资产（变动资产）；

B——随销售变化的负债（变动负债）；

S_1——基期销售额；

S_2——预测期销售额；

ΔS——销售的变动额；

P——销售净利率；

E——留存收益比率；

A/S_1——动资产占基期销售额的百分比；

B/S_1——变动负债占基期销售额的百分比。

应用销售额比率法预测资金需要量通常需经过以下几个步骤。

（1）预计销售额增长率。

（2）确定随销售额变动而变动的资产和负债项目。

（3）确定需要增加的资金数额。

（4）根据有关财务指标的约束确定对外筹资数额。

【例 3-1】某公司 2023 年 12 月 31 日的资产负债表（简表）见表 3-3。

表 3-3　某公司 2023 年 12 月 31 日资产负债表　　（单位：万元）

资产	负债与所有者权益
现金 5 000	应付费用 10 000
应收账款 15 000	应付账款 5 000
存货 30 000	短期借款 25 000
固定资产净值 30 000	公司债券 10 000
	实收资本 20 000
	留存收益 10 000
资产合计 80 000	负债与所有者权益合计 80 000

假定该公司 2023 年的销售收入为 100 000 万元，销售净利率为 10%，股利支付率为 60%，公司现有生产能力尚未饱和，增加销售无须追加固定资产投资。经预测，2013 年公司销售收入将提高到 120 000 万元，企业销售净利率和利润分配政策不变。

现就销售额比率法的预测程序做如下说明。

（1）预计销售额增长率

$$\text{销售额增长率}=(120\,000-100\,000)/100\,000\times100\%=20\%$$

（2）确定随销售额变动而变动的资产和负债项目

该公司资产负债表中，资产方除固定资产外其余项目数额都将随销售量的增加而增加，因为较多的销售量需要占用较多的存货，发生较多的应收账款，导致现金需求增加。在负债与所有者权益一方，应付账款和应付费用也会随销售的增加而增加，但实收资本、公司债券、短期借款等不会自动增加。公司的利润如果不全部分配出去，留存收益也会有适当增加。预计随销售增加而自动增加的项目列示在表 3-4 中。

表 3-4　销售额比率表

资产	占销售收入	负债与所有者权益	占销售收入
—	—	应付费用	10%
现金	5%	短期借款	5%
应收账款	15%	应付账款	不变动
存货	30%	公司债券	不变动
固定资产净值	不变动	实收资本	不变动
—	—	留存收益	不变动
合计	50%	合计	15%

在表 3-4 中，不变动是指该项目数额不随销售的变化而变化。表中的各项目占销售收入百分比反映的是企业资本（资产）的密集度，是以表 3-4 中有关项目的数字除以销售收入求得的，如存货 =30 000/100 000=30%。

（3）确定需要增加的资金数额

从表 3-4 中可以看出，销售收入每增加 100 元，必须增加 50 元的资金占用，但同时增加 15 元的资金来源。从 50% 的资金需求中减去 15% 自动产生的资金来源，还剩下 35% 的资金需求。因此，每增加 100 元的销售收入，该公司必须取得 35 元的资金来源。本例中，销售收入从 100 000 万元增加到 120 000 万元，增加了 20 000 万元，按照 35% 的比率可预测将增加 7 000 万元的资金需求。

（4）根据有关财务指标的约束条件，确定对外筹资数额

上述 7 000 万元的资金需求有些可通过企业内部来筹集。依题意，该公司 2015 年净利润为 12 000 万元（120 000 × 10%），公司股利支付率为 60%，则将有 40% 的利润即 4 800 万元被留存（即留存收益率为 40%），从 7 000 万元中减去 4 800 万元的留存收益，则还有 2 200 万元的资金必须从外界融通。

根据上述资料，可取得 2023 年该公司对外筹资数额为

$$50\% \times 20\,000-15\% \times 20\,000-10\% \times 40\% \times 120\,000=2\,200\text{（万元）}$$

【例 3-2】某公司是一家财务状况比较稳定的企业，2023 年 12 月 31 日的简要资产负债表见表 3-5。该公司 2023 年的销售额为 6 000 万元，假定税后利润率为 10%，向投资者分配利润比率为 50%，公司现有生产能力尚未饱和。如果 2023 年的销售额将在 2022 年的基础上增长 25%，请用销售百分比法预测公司 2023 年需要从外部筹资的数额。

表 3-5　某公司 2023 年 12 月 31 日简要资产负债　　（单位：万元）

资产		负债与所有者权益	
货币资金	300	应付账款	300
应收账款	900	应付票据	600
存货	180	长期借款	2 700
固定资产净值	2 100	实收资本	1 200
无形资产	300		
		留存收益	600
资产合计	5 400	负债与所有者权益合计	5 400

为了解决这个问题，首先对销售百分比法进行了解。

1. 销售百分比法的基本原理

资金需要量预测的销售百分比法是假设收入、费用、资产、负债与销售收入存在着稳定的百分比关系，并且在未来时期保持不变，再根据预计销售额和相应的百分比预计资产、负债和所有者权益，然后利用会计等式（资产 = 负债 + 所有者权益）确定融资需求的一种方法。

2. 销售百分比法相关知识点：敏感项目和非敏感项目

通常企业销售额的变化会引起有关资产、负债及所有者权益项目发生相应变化，但并不是所有项目都会发生变化。在资产负债表中，预计随销售额变动而变动的项目称为敏感项目，包括货币资金、应收账款、存货等流动资产项目，应付账款、应缴税费、其他应付款等流动负债项目。反之，不随销售额的变动而变动的项目称为非敏感项目，包括非流动资产、非流动负债各项目、短期借款及所有者权益各项目。此外，固定资产是否随销售额增加而增加，需视固定资产是否已被充分利用而定。

3. 销售百分比法的步骤

（1）分析资产负债表中各项目与销售额之间的比例关系，确定敏感项目和非敏感项目。

（2）将即期资产负债表中的敏感性项目以销售百分比的形式表示。

（3）预测销售额的增长额。

（4）确定计划年度需要增加的资金数额，计算公式为

计划年度需要增加的资金数额 = 增加的销售额 × 敏感性资产的销售百分比 – 增加的销售额 × 敏感性负债的销售百分比

（5）确定预计销售的增加引起留存收益的增加额，计算公式为

预计留存收益的增加额 = 预计的销售额 × 销售净利率 × 留存收益率

或预计留存收益的增加额 = 预计的销售额 × 销售净利率 ×（1– 股利支付率）

（6）确定对外筹集资金的数额，计算公式为

对外筹集资金的数额 = 计划年度需要增加的资金数额 – 预计留存收益的增加额

根据以上步骤，为某公司预测 2023 年需要从外部筹资的数额。

首先，确定敏感项目和非敏感项目，并将敏感项目以销售百分比的形式表示，见表 3–6。

其次，预测增加的销售额。

2023 年预计增加的销售额 =6 000×25%=1 500（万元）

再次，确定计划年度需要增加的资金数额。

计划年度需要增加的资金数额 = 增加的销售额 × 敏感性资产的销售百分比 – 增加的销售额 × 敏感性负债的销售百分比

=1 500×50%–1 500×15%

=525（万元）

然后，确定预计销售的增加引起留存收益的增加额。

预计留存收益的增加额 = 预计的销售额 × 销售净利率 × 留存收益率 = 预计的销售额 × 销售净利率 ×（1– 股利支付率）

=7 500 × 10% × （1–50%）

=375（万元）

最后，确定对外筹集资金的数额。

对外筹集资金的数额 = 计划年度需要增加的资金数额 – 预计留存收益的增加额 =525–375（万元）

表 3-6 某公司销售百分比表

资产	占销售额的百分比	负债与所有者权益	占销售额的百分比
货币资金	5%	应付账款	5%
应收账款	15%	应付票据	10%
存货	30%	长期借款	不变动
固定资产净值	不变动	实收资本	不变动
无形资产	不变动	留存收益	不变动
合计	50%	合计	15%

（三）资金习性预测法

资金习性是指资金的变动与产销量变动之间的依存关系。按照依存关系，资金可以分为不变资金、变动资金和半变动资金。不变资金是指在一定的产销量范围内，不受产销量变化的影响，保持固定不变的那部分资金，包括为维持营业而占用的最低数额的现金，原材料的保险储备，必要的成品储备，以及厂房、机器设备等固定资产占用的资金。变动资金是指随产销量的变动而同比例变动的那部分资金，包括直接构成产品实体的原材料、外购件等占用的资金，以及最低储备以外的现金、存货、应收账款等。半变动资金是指虽然受产销量变化影响，但不成同比例变动的资金，如一些辅助材料所占用的资金。半变动资金可采用一定的方法分为不变资金和变动资金两部分。

资金习性法的基本预测模型为

$$y=a+bx$$

式中，y——资金总需要量；

a——不变资金；

b——单位变动资金；

x——一定时期的产销量。

【例 3–3】某公司 2018—2022 年的产销量和资金占用量的历史资料见表 3–7，2023 年的预计产销量为 10.2 万件。

表 3–7 2018—2022 年某公司的产量与资金占用量

年份	产量 x/ 万件	资金占用量 y/ 万元
2018	10	250

表 3-7（续）

年份	产量 x/ 万件	资金占用量 y/ 万元
2019	9	245
2020	8	240
2021	11	260
2022	12	270

想一想：根据以上资料，你能确定中某公司 2023 年的资金需求量是多少吗？

根据企业历史资料，运用上列预测线性模型，确定 a、b 的数值后，便可预测一定业务量 x 所需要的资金量 y。

确定 a、b 的数值主要有以下两种方法。

1. 高低点法

根据两点可以确定一条直线的原理，将高点和低点代入直线方程就可以求出 a 和 b。这里的高点是指产销业务量最大点及其对应的资金占用量，低点是指产销业务量最小点及其对应的资金占用量。将高点和低点代入直线方程

最大产销业务量对应的资金占用量 $=a+b\times$ 最大产销业务量

最小产销业务量对应的资金占用量 $=a+b\times$ 最小产销业务量

解方程得

$b=$（最大产销量对应的资金占用量 – 最小产销量对应的资金占用量）÷（最大产销量 – 最小产销量）

$a=$ 最大产销业务量对应的资金占用量 $-b\times$ 最大产销业务量

或 $a=$ 最小产销业务量对应的资金占用量 $-b\times$ 最小产销业务量

根据高低点法，［例 3-3］的解决步骤应为

（1）$b=(270-240)/(12-8)=7.5$（元 / 件）

（2）选取最低点 2019 年，将其数据代入 $y=a+bx$，求得

$$a=y-bx=240-7.5\times 8=180\text{（万元）}$$

或选取最高点 2021 年，将其数据代入 $y=a+bx$，求得

$$a=y-bx=270-7.5\times 12=180\text{（万元）}$$

建立预测资金需要量的数学模型：$y=180+7.5x$

（3）预测 2022 年产销量为 10.2 万件时的资金需求量：

$$180+7.5\times 10.2=256.5\text{（万元）}$$

高低点法计算简便，适用于企业资金变动趋势比较稳定的情况。

2. 回归直线法

线性回归分析法是根据有关历史资料，运用最小二乘法原理，用回归直线方程求得资金需要量的一种方法。

线性回归分析法的数学模型为

$$y=a+bx$$

根据最小二乘法原理运算，整理可得

$$a=\frac{\sum x^2\sum y-\sum x\sum xy}{n\sum x^2-\left(\sum x\right)^2}$$

$$b=\frac{n\sum xy-\sum x\sum y}{n\sum x^2-\left(\sum x\right)^2} \text{ 或 } b=\frac{\sum y-na}{\sum x}$$

根据表 3–7 的资料计算的回归方程有关数据见表 3–8。

表 3–8　回归方程有关数据计算表　（单位：万元）

年度	销售量（x）	y	xy	x^2
2017	10	250	2 500	100
2018	9	245	2 205	81
2019	8	240	1 920	64
2020	11	260	2 860	121
2021	12	270	3 240	144
N=5	$\sum x$=50	$\sum y$=1 265	$\sum xy$=12 725	Zx^2=510

将表 3–8 中的数据代入公式求得：a=178，b=7.5。则回归方程为 y=178+7.5 x。预测 2023 年产销量为 10.2 万件时的资金需要量：178+7.5 × 10.2=254.5 万元。

从理论上来说，回归直线法是计算结果最为精确的方法。

第二节　债务筹资

债务筹资是指通过负债筹集资金。长期负债是指期限在一年以上的负债，它有以下优缺点。

（1）长期负债的优点

可以解决企业长期资金的不足，如满足发展长期性固定资产的需要；由于长期负债的归还期长，债务人可对债务的归还做长期安排，还债压力或风险相对较小。

（2）长期负债的缺点

长期负债筹资一般成本较高；负债的限制较多。

一、银行借款

（一）银行借款的种类

银行借款是向银行借入的款项。我国国有企业的银行借款，有的作为流动资金使用，如工业企业的定额借款、超定额借额、结算借款，商业企业的商品流转贷款款、农副产品预购定金借款；有的作为进行小型技术措施使用，如工业企业的小型技措贷款、工业技措贷款；有的作为进行基本建设、专用基金工程使用，如基建借款、大修理借款。银行借款应有物资保证，按规定用途使用，按期归还，并支付利息，银行存款可在“银行借款”账户核算。借入时，贷（或增）记该账户。归还时，借（或减）记该账户，余额表示尚未归还的结欠数。银行借款也可按其用途分别设置“基建借款”“流动资金借款”“专用借款”等总分类账户。

1. 按提供贷款的机构分类

（1）政策性银行贷款

政策性银行贷款是指执行国家政策性贷款业务的银行向企业发放的贷款，通常为长期贷款。如国家开发银行贷款，主要满足企业承建国家重点建设项目的资金需要；中国进出口信贷银行贷款，主要为大型设备的进出口提供的买方信贷或卖方信贷；中国农业发展银行贷款，主要用于确保国家对粮、棉、油等政策性收购资金的供应。

（2）商业性银行贷款

商业性银行贷款是指由各商业银行，如中国工商银行、中国建设银行、中国农业银行、中国银行等，向工商企业提供的贷款，用以满足企业生产经营的资金需要，包括短期贷款和长期贷款。

（3）其他金融机构贷款

其他金融机构贷款如从信托投资公司取得实物或货币形式的信托投资贷款，从财务公司取得的各种中长期贷款，从保险公司取得的贷款等。其他金融机构的贷款一般较商业银行贷款的期限要长，要求的利率较高，对借款企业的信用要求和担保的选择比较严格。

2. 按机构对贷款有无担保要求分类

（1）信用贷款

信用贷款是指以借款人的信誉或保证人的信用为依据而获得的贷款。企业取得这种贷款，无须以财产作为抵押。对于这种贷款，由于风险较高，银行通常要收取较高的利息，往往还附加一定的限制条件。

（2）担保贷款

担保贷款是指由借款人或第三方依法提供担保而获得的贷款。担保包括保证责任、财务抵押、财产质押，由此，担保贷款包括保证贷款、抵押贷款和质押贷款。

（3）保证贷款

保证贷款是指按《中华人民共和国担保法》（以下简称《担保法》）规定的保证方式，以第三人作为保证人承诺在借款人不能偿还借款时，按约定承担一定保证责任或连带责任而取得的贷款。

（4）抵押贷款

抵押贷款是指按《担保法》规定的抵押方式，以借款人或第三人的财产作为抵押物而取得的贷款。抵押是指债务人或第三人不转移财产的占有，将该财产作为债权的担保，债务人不履行债务时，债权人有权将该财产折价或者以拍卖、变卖的价款优先受偿。作为贷款担保的抵押品，可以是不动产、机器设备、交通运输工具等实物资产，可以是依法有权处分的土地使用权，也可以是股票、债券等有价证券等，它们必须是能够变现的资产。如果贷款到期借款企业不能或不愿偿还贷款，银行可取消企业对抵押品的赎回权。抵押贷款有利于降低银行贷款的风险，提高贷款的安全性。

（5）质押贷款

质押贷款是指按《担保法》规定的质押方式，以借款人或第三人的动产或财产权利作为质押物而取得的贷款。质押是指债务人或第三人将其动产或财产权利移交给债权人占有，将该动产或财务权利作为债权的担保，债务人不履行债务时，债权人有权以该动产或财产权利折价或者以拍卖、变卖的价款优先受偿。作为贷款担保的质押品，可以是汇票、支票、债券、存款单、提单等信用凭证，可以是依法可以转让的股份、股票等有价证券，也可以是依法可以转让的商标专用权、专利权、著作权中的财产权等。

3. 按企业取得贷款的用途分类

（1）基本建设贷款

基本建设贷款是指企业因从事新建、改建、扩建等基本建设项目需要资金而向银行申请借入的款项。

（2）专项贷款

专项贷款是指企业因为专门用途而向银行申请借入的款项，包括更新改造技改贷款、大修理贷款、研发和新产品研制贷款、小型技术措施贷款、出口专项贷款、引进技术转让费周转金贷款、进口设备外汇贷款、进口设备人民币贷款及国内配套设备贷款等。

（3）流动资金贷款

流动资金贷款是指企业为满足流动资金的需求而向银行申请借入的款项，包括流动基金借款、生产周转借款、临时借款、结算借款和卖方信贷。

（二）银行借款的程序

1. 提出申请，银行审批

企业根据筹资需求向银行提出书面申请，按银行要求的条件和内容填报借款申请书。银行按照有关政策和贷款条件，对借款企业进行信用审查，核准企业申请的借款金额和用款计划。银行审查的主要内容包括：企业的财务状况、信用情况、盈利的稳定性、发展前景、借款投资项目的可行性、抵押品和担保情况。

2. 签订合同，取得借款

借款申请获批准后，银行与企业进一步协商贷款的具体条件，签订正式的借款合同，规定贷款的数额、利率、期限和一些约束性条款。借款合同签订后，企业在核定的贷款指标范围内，根据用款计划和实际需要，一次或分次将贷款转入公司的存款结算账户，以便使用。

（三）长期借款的保护性条款

长期借款的金额高、期限长、风险大，除借款合同的基本条款之外，债权人通常还在借款合同中附加各种保护性条款，以确保企业按要求使用借款和按时足额偿还借款。保护性条款一般有以下三类。

1. 例行性保护性条款

例行性保护性条款作为例行常规，在大多数借款合同中都会出现，主要包括以下内容：

（1）定期向提供贷款的金融机构提交公司财务报表，使债权人随时掌握公司的财务状况和经营成果；

（2）保持存货储备量，不准在正常情况下出售较多的非产成品存货，以保持企业正常生产经营能力；

（3）及时清偿债务，包括到期清偿应纳税金和其他债务，以防被罚款而造成不必要的现金流失；

（4）不准以资产进行其他承诺的担保或抵押；

（5）不准贴现应收票据或出售应收账款，以避免负债等。

2. 一般性保护性条款

一般性保护性条款是对企业资产的流动性及偿债能力等方面的要求条款。这类条款应用于大多数借款合同，主要包括以下内容。

（1）保持企业资产的流动性

要求企业持有一定最低额度的货币资金及其他流动资产，以保持企业资产的流动性和偿债能力，一般规定了企业必须保持的最低营运资金数额和最低流动比率数值。

（2）限制企业非经营性支出

例如，限制支付现金股利、购入股票和职工加薪的数额与规模，以减少企业资金的过度外流。

（3）限制企业资本支出的规模

控制企业资产结构中的长期性资产的比例，以减小企业日后不得不变卖固定资产以偿还贷款的可能性。

（4）限制企业再举债规模

目的是防止其他债权人取得对企业资产的优先索偿权。

（5）限制企业的长期投资

例如，规定企业不准投资于短期内不能收回资金的项目，不能未经银行等债权人同意而与其他企业合并等。

3. 特殊性保护性条款

特殊性保护性条款是针对某些特殊情况而出现在部分借款合同中的条款，只有在特殊情况下才能生效，主要包括：要求公司的主要领导人购买人身保险、借款的用途不得改变、违约惩罚条款等。

上述各项条款结合使用，将有利于全面保护银行等债权人的权益。但借款合同是经双方充分协商后确定的，其最终结果取决于双方谈判能力的大小，而不是完全取决于银行等债权人的主观愿望。

（四）短期借款的相关内容

短期借款是指企业向银行和其他非银行金融机构借入的期限在 1 年以内的借款。企业的短期借款主要有经营周转借款、临时借款、结算借款、票据贴现借款、卖方信贷、预购定金借款和专项储备借款等。

1. 信用条件

按照国际惯例，银行发放短期贷款时，往往涉及以下信用条件。

（1）信贷额度

信贷额度即贷款限额，是借款人与银行在协议中规定的允许借款人无担保借款的最高限额。信贷额度的有效期限通常为 1 年，但也可延期 1 年。企业在信贷额度内随时可以取得借款，不必另外审批，超过规定额度，银行则停止办理。如果企业信誉恶化，即使银行曾经同意按信贷额度提供贷款，企业也可能得不到借款。这时，银行不会承担法律责任。

（2）周转信贷协定

周转信贷协定是银行具有法律义务的承诺提供不超过某一最高限额的贷款协定。在协定的有效期内，只要企业的借款总额未超过最高限额，银行必须满足企业任何时候提出的借款要求。企业享用周转信贷协定，通常要对贷款限额的未使用部分付给银行一笔承诺费。

【例 3-4】某企业取得银行为期 1 年的周转信贷额 100 万元，借款企业年度内使用了 80 万元，平均使用期只有 6 个月，借款利率为 12%，年承诺费率为 0.5%，要求计算年终借款企业需要支付的利息和承诺费总计是多少。

解答：

需支付的利息 =80×（12%÷12）×6=4.8（万元）

需支付的承诺费 =（100-80）×0.5%+80×（0.5%÷12）×6 ≈ 0.3（万元）

总计支付额 =4.8+0.3=5.1（万元）

（3）补偿性余额

补偿性余额是银行要求借款人在银行中保持按贷款限额或实际借用额一定百分比（一般为 10% ～ 20%）计算的最低存款余额。补偿性余额有助于银行降低贷款风险，补偿其可能遭受的风险；对借款企业来说，补偿性余额则提高了借款的实际利率，加重了企业的利息负担。补偿性余额贷款实际利率计算公式为

补偿性余额贷款实际利率 =1- 补偿性余额百分比 ×100%

【例 3-5】某企业按年利率 5% 向银行借款 200 万元，银行要求保留 10% 的补偿性余额，则该项贷款的实际利率为多少？

解答：

实际利率 =5%÷（1-10%）×100% ≈ 5.6%

（4）借款抵押

银行向财务风险较大的企业或对信誉难以确定的企业发放贷款，有时需要有抵押品担保，以减少自己蒙受损失的风险。抵押贷款的利率要高于非抵押贷款的利率，原因在于银行将抵押贷款视为风险贷款，借款企业的信誉不是很好，所以需要收取较高的利息。而银行一般愿意为信誉较好的企业提供贷款，且利率会相对较低。

（5）偿还条件

贷款的偿还条件有到期一次偿还和在贷款期内定期（每月、季）等额偿还两种方式。一般来说，企业不希望采用分期等额偿还方式借款，而是愿意在贷款到期日一次偿还，因为分期偿还会加大贷款的实际利率。但是银行不希望采用到期一次偿还方式，因为到期一次偿还借款本金会增加企业的财务负担，加大企业拒付风险，同时会降低借款的实际利率。

2. 利息的支付方法

（1）收款法

收款法又称利随本清法，是在借款到期时向银行支付利息的方法。采用这种方法，借款的名义利率等于实际利率。银行向工商企业发放贷款大多数都采用这种方法收息。

（2）贴现法

贴现法是银行向企业发放贷款时，先从本金中扣除利息部分，在贷款到期时借款企业再偿还全部本金的一种计息方法。采用这种方法，企业可利用的贷款额只有本金减去利息部分后的余额，因此贷款的实际利率高于名义利率，此时，实际利率的计算公式为

$$实际利率=\frac{利息}{贷款金额-利息}\times 100\%=\frac{名义利率}{1-名义利率}\times 100\%$$

（3）加息法

加息法是银行发放分期等额偿还贷款时采用的利息收取方法。在分期等额偿还贷款的情况下，银行要将根据名义利率计算的利息加到贷款的本金上，计算出贷款的本息和，再要求企业在贷款期内分期偿还本息和。由于贷款分期等额偿还，因此借款企业实际上只平均使用了贷款本金的半数，却支付了全额利息。这样，企业所负担的实际利率便高于名义利率。此时，实际利率的计算公式为

$$实际利率=\frac{贷款额\times 利息率}{贷款额\div 2}\times 100\%$$

（五）银行借款的筹资特点

1. 筹资速度快

与发行公司债券、融资租赁等其他债务筹资方式相比，银行借款的程序相对简单，所花时间较短，企业可以迅速获得所需资金。

2. 资本成本较低

利用银行借款筹资，一般都比发行债券和融资租赁的利息负担要低，而且无须支付证券发行费用、租赁手续费用等筹资费用。

3. 筹资弹性较大

在借款之前，企业根据当时的资本需求与银行等贷款机构直接商定贷款的时间、数量和条件。在借款期间，若企业的财务状况发生某些变化，也可与债权人再协商，变更借款数量、时间和条件，或提前偿还本息。因此，借款筹资对企业而言具有较大的灵活性，特别是短期借款。

4. 限制条款多

与发行公司债券相比，银行借款合同对借款用途有明确规定，通过借款的保护性条款对企业资本支出额度、再筹资、股利支付等行为有严格的约束，企业未来的生产经营活动和财务政策必将受到一定程度的影响。

5. 筹资数额有限

银行借款的数额往往受到贷款机构资本实力的制约，难以像发行公司债券、股票那样一次

筹集到大笔资金，无法满足企业大规模筹资的需要。

二、发行公司债券

关于公司债券的概念，在教科书中一般这样定义：公司债券是公司依照法定程序发行、约定在一定期限内还本付息的有价证券。同时还进一步解释，公司债券表明发行债券的公司和债券投资者之间的债权债务关系，公司债券的持有人是公司的债权人，而不是公司的所有者，是与股票持有者最大的不同点，债券持有人有按约定条件向公司取得利息和到期收回本金的权利，取得利息优先于股东分红，公司破产清算时，也优于股东而收回本金。但债券持有者不能参与公司的经营、管理等各项活动。

（一）发行债券的法定程序

公司债券不管对发行公司债券的公司而言，还是对政府监管部门而言，都是一件重大的事件。对于发行人而言，发行公司债券属于向社会投资者出售信用、增加负债的重大社会融资行为，几乎所有国家的公司法都规定，发行公司债券需要公司决策机构，如董事会、股东大会等批准，公司经营管理层不得擅自决定发行公司债券，募集的资金不可以用于偿还银行贷款。对于政府监管机构而言，由于发行公司债券涉及社会重大信用，对稳定社会经济秩序、维护投资者权益都有重大影响，因此几乎所有国家的公司法都规定，发行公司债券必须报经政府有关监管机构批准或核准，或者到政府监管机构登记、注册，否则，就属于违法行为。因此，“依照法定程序”主要包含两层含义。

（1）须经公司决策层，如董事会、股东大会等批准。

（2）须经政府监管部门同意。政府监管部门在同意发行公司债券的审查过程中，还通过有关法律法规在信用评级、财务审计、法律认证、信息披露等方面进行严格要求。

（二）公司债券的种类

1. 按是否记名划分

按是否记名公司债券分为记名公司债券和无记名公司债券。

（1）记名公司债券

记名公司债券应当在公司债券存根簿上载明债券持有人的姓名及住所、债券持有人取得债券的日期及债券的编号等信息。记名公司债券由债券持有人以背书方式或者法律、行政法规规定的其他方式转让，转让后由公司将受让人的姓名或者名称及住所记载于公司债券存根簿。

（2）无记名公司债券

无记名公司债券应在公司债券存根簿上载明债券总额、利率、偿还期限和方式、发行日期及债券的编号。无记名公司债券的转让由债券持有人将该债券交付给受让人后即发生转让的效力。

2. 按是否能够转换成公司股权划分

按是否能够转换成公司股权，公司债券分为可转换债券与不可转换债券。

（1）可转换债券

可转换债券是指债券持有者可以在规定的时间内按规定的价格转换为发债公司股票的一种债券。这种债券在发行时，对债券转换为股票的价格和比率等都做了详细规定。根据《公司法》

的规定，可转换债券的发行主体是股份有限公司中的上市公司。

（2）不可转换债券

不可转换债券是指不能转换为发债公司股票的债券，大多数公司债券都属于这种类型。

3. 按有无特定财产担保划分

按有无特定财产担保，公司债券分为担保债券和信用债券。

（1）担保债券

担保债券是指以抵押方式担保发行人按期还本付息的债券，主要是指抵押债券。抵押债券按其抵押品的不同，又分为不动产抵押债券、动产抵押债券和证券信托抵押债券。

（2）信用债券

信用债券是无担保债券，是仅凭企业自身的信用发行的、没有抵押品进行抵押担保的债券。在企业清算时，信用债券的持有人因无特定的资产作为担保品，只能作为一般债权人参与剩余财产的分配。

（三）公司债券的发行

1. 发行程序

（1）做出发债决议

拟发行公司债券的公司，需要由公司董事会制定公司债券发行的方案，并由公司股东大会批准，做出决议。

（2）提出发债申请

根据《证券法》的规定，公司申请发行债券由国务院证券监督管理部门批准。公司申请应提交公司营业执照、公司章程、公司债券募集办法、国务院授权的部门或国务院证券监督管理机构未定的其他文件。

（3）公告募集办法

企业发行债券的申请经批准后，要向社会公告公司债券的募集办法。公司债券募集分为私募发行和公募发行。私募发行是以特定的少数投资者为指定对象发行债券，公募发行是在证券市场上以非特定的广大投资者为对象公开发行债券。

（4）委托证券经营机构发售

按照我国公司债券发行的相关法律规定，公司债券的公募发行采取间接发行方式。在这种发行方式下，发行公司与承销团签订承销协议。承销团由数家证券公司或投资银行组成，承销方式有代销和包销两种：①代销是指承销机构代为推销债券，在约定期限内未售出的余额可退还发行公司，承销机构不承担发行风险；②包销是由承销团先购入发行公司拟发行的全部债券，然后再出售给社会上的投资者，如果约定期限内未能全部售出，余额要由承销团负责认购。

（5）交付债券，收缴债券款

债券购买人向债券承销机构购买债券，承销机构向购买人交付债券。然后，债券发行公司向承销机构收缴券款，登记债券存根簿，并结算发行代理费。

2. 发行价格

债券的发行价格由债券到期还本面值按照市场利率折现的现值与债券各期利息的现值两部

分组成。其计算公式为

$$P=I\ (P/A,\ i,\ n)+M\ (P/F,\ i,\ n)$$

式中，P——债券的发行价格；

I——每一年的债券利息；

i——市场利率；

M——债券面值；

n——债券期限。

【例 3-3】某公司发行面值为 1 000 元、票面利率为 10%、期限为 10 年的债券，于每年年末付息。

当市场利率为 10% 时，其对应的发行价格为

P=1 000×10%×（P/A，10%，10）+1 000×（P/F，10%，10）=999.96（元）当市场利率为 8% 时，其对应的发行价格为

P=1 000×10%×（P/A，8%，10）+1 000×（P/F，8%，10）=1 134.21（元）当市场利率为 12% 时，其对应的发行价格为

P=1 000×10%×（P/A，12%，10）+1 000×（P/F，12%，10）=887.02（元）

（四）债券的偿还

债券偿还时间按其实际发生与规定的到期日之间的关系，分为提前偿还与到期偿还两类，后者又包括分批偿还和一次偿还两种。

1. 提前偿还

提前偿还又称提前赎回或收回，是指在债券到期之前就予以偿还。只有在公司发行债券的契约中明确规定了有关允许提前偿还的条款时，公司才可以进行此操作。提前偿还所支付的价格通常要高于债券的面值，并随到期日的临近而逐渐降低。具有提前偿还条款的债券可使公司筹资有较大的弹性，当公司资金有结余时可提前赎回债券；当预测利率下降时，也可提前赎回债券，而后以较低的利率来发行新债券。

2. 到期偿还

（1）分批偿还

如果一个公司在发行同一种债券的同时为不同编号或不同发行对象的债券规定了不同的到期日，这种债券就是分批偿还债券。因为各批债券的到期日不同，所以它们各自的发行价格和票面利率也可能不相同，从而导致发行费较高。但由于这种债券便于投资人挑选最合适的到期日，因此也便于发行。

（2）一次偿还体例

在多数情况下，发行债券的公司在债券到期日一次性归还债券本金，并结算债券利息。

（五）发行公司债券的筹资特点

债券之所以是公司债券，在于公司债券的主要特征：还本付息，这是与其他有价证券的根本区别。首先，公司债券反映的是其发行人和投资者之间的债权债务关系，因此，公司债券到期是要偿还的，不是“投资”或“赠予”关系，而是一种“借贷”关系。其次，公司债券到期不但要偿还，而且还需在本金之外支付一定的“利息”，这是投资者将属于自己的资金在一段时

间内让渡给发行人使用的“报酬”。对投资者而言是“投资所得”，对发行人来讲是“资金成本”。对于利息确定方式，有固定利息方式和浮动利息两种；对于付息方式，有到期一次付息和间隔付息（如每年付息一次、每6个月付息一次）两种。

1. 一次筹资数额大

利用发行公司债券筹资，能够筹集大额的资金，满足企业大规模筹资的需要。这是与银行借款、融资租赁等债务筹资方式相比，企业选择发行公司债券筹资的主要原因，大额筹资能够适应大型企业经营的需要。

2. 募集资金的使用限制条件少

与银行借款相比，发行债券募集的资金在使用上相对具有灵活性和自主性，特别是发行债券所筹集的大额资金，能够用在流动性较差的公司长期资产上。从资金使用的性质来看，银行借款一般期限短、额度小，主要用途为增加适量存货或增加小型设备等；相反，期限较长、额度较大，用于规模扩张、增加大型固定资产和基本建设投资的需求多采用发行债券的方式筹资。

3. 资本成本负担较高

相对于银行借款筹资，发行债券的利息负担和筹资费用都比较高，但公司债券的期限长，利率相对固定。在预计市场利率持续上升的金融市场环境下，发行公司债券筹资能够锁定资本成本。

4. 提高企业的社会声誉

国家对公司债券的发行主体有严格的资格限制，股份有限公司和有实力的有限责任公司一般会发行债券。通过发行公司债券，企业一方面筹集了大量资金，另一方面也扩大了企业的社会影响。

（六）债券的信用评级

对债券进行信用评级的最主要原因是方便投资者进行债券投资决策，因为投资者购买债券是要承担一定风险的。如果发行者到期不能偿还本息，投资者就会蒙受损失，这种风险称为信用风险。债券的信用风险因发行后的偿还能力不同而有所差异，对广大投资者尤其是中小投资者来说，事先了解债券的信用等级是非常重要的。由于受到时间、知识和信息的限制，无法对众多债券进行分析和选择，因此需要专业机构对准备发行的债券还本付息的可靠程度进行客观、公正和权威的评定，也就是进行债券信用评级，以方便投资者进行决策。

债券信用评级的另一个重要原因是减少信誉高的发行人的筹资成本。一般来说，资信等级越高的债券，越容易得到投资者的信任，越能够以较低的利率出售；而资信等级偏低的债券，风险较大，只能以较高的利率发行。

三、融资租赁

（一）含义

融资租赁是一种融资与融物相结合的筹资方式，相对于前几种方式，它属于较新的筹资方式。这种方式是租赁公司依照企业要求，出资购买设备，在比较长的时间内，以签订书面合同的形式租给企业使用的信用业务，这种方式能使企业前期投入较少资金的情况下，迅速使用所需设备，投入生产，既能避免现有资源的闲置浪费，又能规避设备陈旧带来的风险。如果显示资金成本较高，即相当于以分期付款还本付息的方式购入设备。

（二）特点

1. 所有权与使用权相分离

租赁资产的所有权与使用权分离是租赁的主要特点之一。银行信用虽然也是所有权与使用权相分离，但主体是货币资金，租赁则是在资金与实物相结合基础上的分离。

2. 融资与融物相结合

租赁是以商品形态与货币形态相结合提供的信用活动，出租人在向企业出租资产的同时，解决了企业的资金需求，具有信用和贸易双重性质。它不同于一般的借钱还钱、借物还物的信用形式，而是借物还钱，并以分期支付租金的方式来体现。租赁的这一特点使银行信贷和财产信贷融合在一起，成为企业融资的一种特定形式。

3. 租金的分期支付

在租金的偿还方式上，租金与银行信用到期还本不一样，采取的是分期支付的方式。出租方的资金一次投入，分期收回。对于承租方而言，通过租赁可以提前获得资产的使用价值，分期支付租金便于分期规划未来的现金流出量。

（三）分类

1. 经营租赁

经营租赁是由租赁公司向承租单位在短期内提供设备，并提供维修、保养、人员培训等的服务性业务，又称服务性租赁。经营租赁的特点主要如下：

（1）出租的设备一般由租赁公司根据市场需要选定，然后再寻找承租企业；

（2）租赁期较短，相较于资产的有效使用期较短，在合理的限制条件内承租企业可以中途解约；

（3）租赁设备的维修、保养由租赁公司负责；

（4）租赁期满或合同终止以后，出租资产由租赁公司收回（经营租赁比较适用于租用技术过时较快的生产设备）。

2. 融资租赁

融资租赁是由租赁公司按承租单位要求出资购买设备，在较长的合同期内提供给承租单位使用的融资信用业务，它是以融通资金为主要目的的租赁。融资租赁的主要特点如下：

（1）出租的设备根据承租企业提出的要求购买，或者由承租企业直接从制造商或销售商那里选定；

（2）租赁期较长，接近于资产的有效使用期，在租赁期间，双方无权取消合同；

（3）由承租企业负责设备的维修、保养；

（4）租赁期满，按事先约定的方法处理设备，包括退还租赁公司，或继续租赁，或企业留购。通常采用企业留购办法，即以很少的“名义价格”（相当于设备残值）买下设备。

融资租赁和经营租赁的区别见表 3–9。

表 3-9 融资租赁和经营租赁的区别

对比项目	融资租赁	经营租赁
业务原理	融资、融物于一体	无融资特征，只是一种融物方式
租赁目的	融通资金，增添设备	暂时性使用，预防无形损耗风险
租期	较长，相当于设备经济寿命的大部分	较短
租金	包括设备价款	只是设备使用费
契约法律效力	不可撤销合同	经双方同意可中途撤销合同
租赁标的	一般为专用设备，也可为通用设备	通用设备居多
维修与保养	专用设备多为承租人负责，通用设备多为出租人负责	全部为出租人负责
承租人	一般为一个	设备经济寿命期内轮流租给多个承租人
灵活方便	不明显	明显

（四）基本程序

1. 选择租赁公司，提出委托申请

当企业决定采用融资租赁形式来获取某项设备时，需要了解各个租赁公司的资信情况、融资条件和租赁费率等，通过分析比较，选择一家作为租赁单位。然后，向租赁公司申请办理融资租赁。

2. 签订购货协议

由承租人企业和租赁公司中的一方或者双方，与选定的设备供应商进行购买设备的技术谈判和商务谈判，在此基础上与设备供应商签订购货协议。

3. 签订租赁合同

承租企业与租赁公司签订租赁设备的合同，如需要进口设备，还需要办理设备进口手续。租赁合同是租赁业务的重要文件，具有法律效力。融资租赁合同的内容可分为一般性条款和特殊性条款两部分。

4. 交货验收

设备供应商将设备发运到指定地点，承租企业要办理验收手续。验收合格之后，签发交货及验收证书交给租赁公司，作为其支付货款的依据。

5. 定期交付租金

承租企业按照租赁合同规定，分期交纳租金，这也就是承租企业对所筹资金的分期还款。

6. 合同期满处理设备

承租企业根据合同约定，选择对设备进行续租、退租或者留购。

（五）基本形式

1. 直接租赁

直接租赁是融资租赁的主要形式，承租方提出租赁申请时，出租方按照承租方的要求选购设备，然后再出租给承租方。

2. 售后回租

售后回租是指承租方由于急需资金等各种原因，将自己的资产出售给出租方，然后以租赁的形式从出租方原封不动地租回资产的使用权。

3. 杠杆租赁

杠杆租赁是指涉及承租人、出租人和资金出借人三方的融资租赁业务。一般来说，当所涉及的资产价值昂贵时，出租方自己只投入部分资金，通常为资产价值的20%～40%，其余资金则通过将该资产抵押担保的方式，向第三方（通常为银行）申请贷款解决。随后，出租人将购进的设备出租给承租方，用收取的租金偿还贷款，该资产的所有权属于出租方。此时，出租人既是债权人也是债务人，既要收取租金，又要支付债务。

（六）租金的确定

1. 融资租赁租金的构成

通常情况下，出租人消耗在租赁物上的价值即构成租金。融资租赁租金主要包括以下部分。

（1）租赁物的成本，也就是设备的原价及预计残值。它包含租赁物的买价、运输费、保险费、调试安装费、保险费等。

（2）利息，指出租人为购买租赁物向银行贷款而支付的利息，按银行贷款利率的复利计算。

（3）租赁手续费用和利润。手续费用是指出租方在经营租赁过程中开支的费用，包括业务人员工资、办公费、差旅费等，因手续费用通常较小，所以一般不计利息。

2. 融资租赁租金支付方式的分类

（1）按支付间隔期的长短，融资租赁租金支付方式分为年付、半年付、季付和月付等。

（2）按照期初还是期末支付，融资租赁租金支付方式分为先付租金和后付租金两种。

（3）按每次支付额不同，融资租赁租金支付方式分为等额支付和不等额支付两种。实务中，承租企业与租赁公司商定的租金支付方式大多为后付等额年金。

3. 融资租赁租金的计算

融资租赁租金的计算可分为两种情况：不考虑资金时间价值和考虑资金时间价值。

（1）不考虑资金时间价值。采用平均分摊法，首先以商定的利息率和手续费率计算租赁期间的利息和手续费，然后连同设备成本按支付次数进行平均，作为每期等额租金。计算公式为

$$每期融资租凭租金=\frac{（租凭设备购置成本-租凭设备的预计净残值）+租凭期间的利息+租凭期间的手续费}{租期}$$

（2）考虑资金时间价值。采用等额年金法，即利用年金现值的计算公式经变换后计算每期支付租金的方法。每期支付的租金折现应等于设备的价值与租赁手续费之和。

（七）筹资特点

1. 不需要大量资金就能迅速获得资产

融资租赁集“融资”与“融物”于一身，融资租赁使企业在资金短缺的情况下引进设备成

为可能，特别是对中小企业、新创企业而言，融资租赁是一条重要的融资途径。有时大型企业的大型设备、工具等固定资产，也需要通过融资租赁方式取得。例如，商业航空公司的飞机大多是通过融资租赁取得的。

2. 融资租赁筹资的限制条件较少

企业运用股票、债券、长期借款等筹资方式，都受到相当多的资格条件的限制，如足够的抵押品、银行贷款的信用标准、发行债券的政府管制等。相比之下，融资租赁筹资的限制条件很少。

3. 风险小，财务优势明显

融资租赁与购买的一次性支出相比，能够避免一次性支付的负担，而且租金支出是未来的、分期的，企业无须一次筹集大量资金偿还。还款时，租金可以通过项目本身产生的收益来支付，是一种基于未来的“借鸡生蛋，卖蛋还钱”的筹资方式。

4. 能延长资金融通的期限

通常为设备而贷款的借款期限比该资产的物理寿命要短得多，而融资租赁的融资期限却可接近其全部使用寿命期限，并且其金额随设备价款金额而定，无融资额度的限制。

5. 资本成本负担较高

融资租赁的租金通常比银行借款或发行债券所负担的利息高，租金总额通常要高于设备价值的 30%。尽管与借款方式比，融资租赁能够避免到期一次性集中偿还的财务压力，但高额的固定租金也给企业经营的各期带来了负担。

四、商业信用

商业信用是指在商品交易中由于延期付款或预收货款所形成的企业间的借贷关系，其具体形式包括应付账款、应付票据、预收账款等。 商业信用筹资的优点是最大的优越性在于容易取得，如果没有现金折扣或使用不带息票据，商业信用筹资不负担成本；其缺点是在放弃现金折扣时所付出的成本较高。

（一）商业信用的类型

1. 应付账款

应付账款是供应商给企业提供的一个商业信用。由于购买者往往在到货一段时间后才付款，商业信用就成为企业短期资金来源。如企业规定对所有账单均见票后若干日付款，商业信用就成为随生产周转而变化的一项内在的资金来源。当企业扩大生产规模，其进货和应付账款相应增长，商业信用就提供了增产需要的部分资金。

商业信用条件常包括以下两种：

（1）有信用期，但无现金折扣，如“*N*/30”表示 30 天内按发票金额全数支付；

（2）有信用期和现金折扣，如“2/10，*N*/30”表示 10 天内付款享受现金折扣 2%，若买方放弃折扣，30 天内必须付清款项。

供应商在信用条件中规定有现金折扣，主要目的在于加速资金回收。企业在决定是否享受现金折扣时，应仔细考虑。通常，放弃现金折扣的成本是高昂的。

放弃现金折扣的成本 =［折扣百分比 /（1– 折扣百分比）］×［360/（信用期 – 折扣期）］

（1）放弃现金折扣的信用成本。倘若买方企业购买货物后在卖方规定的折扣期内付款，可以获得免费信用，这种情况下企业没有因为取得延期付款信用而付出代价。例如，某应付账款规定付款信用条件为“2/10，*N*/30”，是指买方在 10 天内付款，可获得 2% 的付款折扣，若在 10 ～ 30 天付款，则无折扣；允许买方付款期限最长为 30 天。

（2）放弃现金折扣的信用决策。企业放弃应付账款现金折扣的原因，可能是企业资金暂时的缺乏，也可能是基于将应付的账款用于临时性短期投资，以获得更高的投资收益。如果企业将应付账款额用于短期投资，所获得的投资报酬率高于放弃折扣的信用成本率，则应当放弃现金折扣。

2. 预收账款

预收货款是指销货单位按照合同和协议规定，在发出货物之前向购货单位预先收取部分或全部货款的信用行为。购买单位对于紧俏商品往往乐于采用这种方式购货；销货方对于生产周期长，造价较高的商品，往往采用预收货款方式销货，以缓和本企业资金占用过多的矛盾。

3. 应付票据

应付票据是企业进行延期付款商品交易时反映债权债务关系的票据。对于买方来说，它是一种短期融资方式。商业汇票是一种期票，是反映应付账款和应收账款的书面证明，一般最长付款期限不超过 6 个月。应付票据可以带息，也可以不带息。

此外，企业在生产经营活动中往往还形成一些应付费用，如应付工资、应付福利费、应付利息、应交税费等。这些费用发生在前，支付在后，前清后欠，始终不断，也属于商业信用的范畴。值得说明的是，企业商业信用筹资属于企业短期筹资方式，但由于这些项目在企业经营过程中不断偿还的同时还不断发生，在企业持续经营期间始终保持一个稳定的数量，因此这些流动负债形成了企业一项长期稳定的资金来源，西方财务管理中称为“视同自有资金”或“自发性负债”，按企业的长期资金来源对待。

（二）应收账款的信用条件

信用条件是指债权人对付款期限（信用期限）、现金折扣和折扣期限所做的具体规定。其中，付款期限是指债务人使用商业信用资金的最长期限；现金折扣是指债务人在折扣期限内付款可享受的价格优惠；折扣期限是指可享受现金折扣的付款时间。如信用条件“2/10，*N*/30”，表示 10 天内付款优惠 2%，最长付款期限为 30 天。

在商品交易中，根据货款支付时间的不同，信用条件主要有以下几种形式。

（1）货到付款，即不提供商业信用。

（2）预收货款，即买方在卖方发出货物之前支付货款的情形。

（3）延期付款，但不涉及现金折扣。即卖方允许企业在交易发生后一定时期内按发票金额支付货款的情形，如“*N*/45”，是指在 45 天内按发票金额付款。

（4）延期付款，但可享受现金折扣。即买方若提前付款，卖方可给予一定的现金折扣，如买方不享受现金折扣，则必须在一定时期内付款。如“2/10，*N*/30”便属于此种信用条件。

（三）应付账款的信用形式

应付账款筹资额的大小取决于以下因素：

（1）信用额度，是指销货方提供赊销信用的总金额；

（2）信用期，是指允许按发票面额付款的最迟期限；

（3）折扣期，是指享有现金折扣的最迟付款期；

（4）折扣率，是指享有现金折扣的比率。

从筹资角度看，购货方通过应付账款获得的信用有以下三种。

1. 免费信用

如果购货方购买了货物以后，在销货方规定的折扣期内付款，便可以享受到销货方提供的现金折扣。购货方因为享受现金折扣获得的信用属于免费信用，没有任何资金成本。免费信用的资金使用期为折扣期，筹资额为应付账款总额扣除现金折扣后的余额。免费信用筹资额计算公式为

$$\text{免费信用筹资额} = \text{应付账款额} \times (1 - \text{现金折扣率})$$

2. 有代价信用

如果购货方购买了货物以后，在卖方规定的折扣期内不想付款或没有能力付款，就只能享受有代价信用，这种代价表现为使用该信用必须承担因放弃现金折扣而发生的机会成本。该成本的计算公式为

$$\text{放弃现金折扣的机会成本} = \frac{\text{折扣率}}{1 - \text{折扣率}} \times \frac{360}{\text{信用期} - \text{折扣期}} \times 100\%$$

从上述公式可以看出，放弃现金折扣的成本与折扣率、折扣期成正比，与信用期成反比。当加大现金折扣率、延长现金折扣期时，会加大放弃现金折扣的成本；当延长信用期时，会减少放弃现金折扣的资金成本。

企业使用有代价信用决策时，应将其他可能的筹资方式的资金成本与放弃现金折扣的机会成本相比较。当其他筹资方式的资金成本低于放弃现金折扣的机会成本时，企业应在折扣期内付款，享受现金折扣；当企业需要资金时，应按其他资金成本较低的筹资方式筹集资金，以降低资金使用成本。

3. 展期信用

展期信用是购货方在购买了货物以后，在卖方规定的信用期内没有付款，而是在超过信用期以后的某一时间付款，称为展期信用。展期信用是购货方强制销货方延长信用期得到的信用，这种信用有得也有失。一方面，付款期延长，可以降低放弃现金折扣的机会成本，降低企业机会损失；另一方面，购货方延期付款属于失信，在市场经济逐渐规范化的今天，失信将给企业带来更大的信用损失。展期信用资金成本计算公式为

$$\text{展期信用期资本成本} = \frac{\text{折扣率}}{1 - \text{折扣率}} \times \frac{360}{\text{展期信用期} - \text{折扣期}} \times 100\%$$

展期信用可以降低商业信用的资金成本，但由于失信增加的信誉损失却是难以计量的。

（四）应付账款的决策原则

根据前文的论述，应付账款的决策原则总结如下：

（1）如果能以低于放弃现金折扣机会成本的利息率借入资金，则应在现金折扣期借入资金支付货款，享受现金折扣，以降低资金成本；

（2）如果折扣期内将应付账款用于短期投资，所得的投资收益率高于放弃现金折扣的机会成本率，则应放弃现金折扣去追求更高的收益；

（3）如果企业因资金短缺而欲延展付款期，需要在降低了的放弃现金折扣机会成本和展期付款所带来的信用损失之间权衡选择；

（4）如果有两家以上提供不同信用条件的供货方，在其他条件相同时，应通过比较对应的放弃现金折扣的机会成本的大小，选择成本最小的一方。

（五）商业信用筹资的特点

（1）筹资便利。利用商业信用筹措资金非常方便，限制条件较少，无须担保和抵押，不需要办理筹资手续，也没有附加条件，而且市场经济越发达，商业信用越普遍。

（2）筹资成本低。如果没有现金折扣或者企业不放弃现金折扣或使用不带息票据，则利用商业信用筹资的成本为零。

（3）商业信用的期限一般较短，如果企业取得现金折扣，则时间会更短。应付账款的付款期限一般短于 2 个月，应付票据的付款期限不超过 6 个月。

（4）如果放弃现金折扣，则要付出较高的资金成本。

五、债务筹资的优缺点

（一）债务筹资的优点

1. 筹资速度较快

与股权筹资相比，债务筹资不需要经过复杂的审批手续和证券发行程序，如银行借款、融资租赁等，可以迅速地获得资金。

2. 筹资弹性较大

通过发行股票等股权筹资，一方面需要经过严格的政府审批；另一方面从企业的角度出发，由于股权不能退还，股权资本在未来永久性地给企业带来了资本成本的负担。利用债务筹资，可以根据企业的经营情况和财务状况，灵活地商定债务条件，控制筹资数量，安排取得资金的时间。

3. 资本成本负担较轻

一般来说，债务筹资的资本成本要低于股权筹资。一是取得资金的手续费用等筹资费用较低；二是利息、租金等融资费用比股权资本要低；三是利息等资本成本可以在税前支付。

4. 可以利用财务杠杆

债务筹资不改变公司的控制权，因而股东不会出于对控制权稀释的担心而反对公司举债。债权人从企业那里只能获得固定的利息或者租金，不能参加公司剩余收益的分配。当企业的资本报酬率（息税前利润率）高于债务利率时，会增加普通股股东的每股收益，提高净资产报酬率，提升企业价值。

5. 稳定公司的控制权

债权人无权参加企业的经营管理，利用债务筹资不会改变和分散股东对公司的控制权。在信息沟通与披露等公司治理方面，债务筹资的代理成本也较低。

（二）债务筹资的缺点

1. 不能形成企业稳定的资本基础

债务资本有固定的到期日，到期需要偿还，只能作为企业的补充性资本来源。再加上取得债务往往需要进行信用评级，所以，没有信用基础的企业和新创企业往往难以取得足额的债务资本。现有债务资本在企业的资本结构中达到一定比例后，往往由于财务风险而不容易再取得新的债务资金。

2. 财务风险较大

债务资本有固定的到期日、固定的债息负担，通过抵押、质押等担保方式取得的债务，资本使用上可能会有特别的限制。这些都要求企业必须保证有一定的偿债能力，要保持资产流动性及资产报酬水平，作为债务清偿的保障，对企业的财务状况提出了更高的要求，否则会给企业带来财务危机，甚至导致企业破产。

3. 筹资数额有限

债务筹资的数额往往受到贷款机构资本实力的制约，除发行债券方式外，一般难以像发行股票那样一次筹集到大笔资金，所以无法满足公司大规模筹资的需要。

第三节　权益筹资

权益筹资形成企业的股权资金，是企业最基本的筹资方式。吸收直接投资、发行股票（普通股和优先股）和利用留存收益是权益筹资的三种基本形式。

一、吸收直接投资

吸收直接投资是企业以合同、协议等形式，吸收国家、其他企业、个人和外商等主体直接投入的资金，形成企业自有资金的一种筹资方式。

（一）出资方式

企业在采用吸收投资的方式筹集资金时，投资者可以用现金、厂房、机器设备、材料物资、无形资产等作价出资，出资方式主要有以下几种。

1. 以现金出资

以现金出资是吸收投资中一种最主要的出资方式。有了现金，便可获取其他物质资源。因此，企业应尽量动员投资者采用现金方式出资。吸收投资中所需投入现金的数额，取决于除投入的实物、工业产权之外尚需多少资金来满足建厂的开支和日常周转的需要。

2. 以实物出资

以实物出资就是投资者以厂房、建筑物、设备等固定资产和原材料、商品等流动资产所进行的投资。一般来说，企业吸收的实物应符合如下条件：①确为企业科研、生产、经营所需；②技术性能比较好；③作价公平合理。

实物出资所涉及的实物作价方法应按国家的有关规定执行。

3. 以工业产权出资

以工业产权出资是指投资者以专有技术、商标权、专利权等无形资产所进行的投资。一般来说，企业吸收的工业产权应符合以下条件：①能帮助企业研究和开发出新的高科技产品；②能帮助企业生产出适销对路的高科技产品；③能帮助企业改进产品质量，提高生产效率；④能帮助企业大幅度降低各种消耗；⑤作价比较合理。

企业在吸收工业产权投资时应特别谨慎，要认真进行技术时效性分析和财务可行性研究。因为以工业产权投资实际上是把有关技术资本化了，把技术的价值固定化了。而技术具有时效性，容易因其不断老化而导致价值不断减少甚至完全丧失，风险较大。

4. 以土地使用权出资

投资者也可以用土地使用权来进行投资。土地使用权是按有关法规和合同的规定使用土地的权利。企业吸收土地使用权投资应符合以下条件：①确为企业科研、生产、销售活动所需；②交通、地理条件比较适宜；③作价公平合理。

（二）成本

吸收直接投资的成本，是企业因吸收直接投资而支付给直接投资者的代价。吸收直接投资的成本除不需考虑筹资费用外，其计算方法与普通股筹资基本相同。

（三）优缺点

1. 优点

（1）有利于增强企业信誉

吸收直接投资所筹集的资金属于自有资金，能增强企业的信誉和借款能力，对扩大企业经营规模、壮大企业实力具有重要作用。

（2）有利于尽快形成生产能力

吸收直接投资可以直接获取投资者的先进设备和先进技术，有利于尽快形成生产能力，尽快开拓市场。

（3）有利于降低财务风险

吸收直接投资可以根据企业的经营状况向投资者支付报酬，企业经营状况好，可向投资者多支付一些报酬；企业经营状况不好，则可不向投资者支付报酬或少支付报酬。报酬支付较为灵活，所以，财务风险较小。

2. 缺点

（1）资金成本较高

一般而言，采用吸收直接投资的方式筹集资金所需负担的资金成本较高，特别是企业经营状况较好和盈利较多时，更是如此，因为向投资者支付的报酬是根据其出资的数额和企业实现利润的比率来计算的。

（2）容易分散企业控制权

采用吸收直接投资的方式筹集资金，投资者一般都要求获得与投资数量相适应的经营管理权，这是企业接受外来投资的代价之一。如果外部投资者的投资较多，则投资者会有相当大的管理权，甚至会对企业实行完全控制，这是吸收直接投资的不利因素。

二、发行普通股股票

股票是股份有限公司为筹措股权资本而发行的有价证券，是公司签发的证明股东持有公司股份的凭证。股票作为一种所有权凭证，代表着对发行公司净资产的所有权，只能由股份有限公司发行。

（一）股票的特点

1. 永久性

企业发行股票筹集的资金属于企业的长期自有资金，没有期限，无须归还。换言之，股东在购买股票之后，一般情况下不能要求发行企业退还股金。

2. 流通性

股票作为一种有价证券，在资本市场上可以自由流通，也可以继承、赠送或作为抵押品。特别是上市企业发行的股票具有很强的变现能力，流通性很强。

3. 风险性

由于股票的永久性，股东成了企业风险的主要承担者。风险的表现形式有：股票价格的波动性、红利的不确定性、破产清算时股东处于剩余财产分配的最后顺序等。

4. 参与性

股东作为股份有限公司的所有者，拥有参与企业管理的权利，包括重大决策权、经营者选择权、财务监控权、企业经营的建议和质询权等。此外，股东还有承担有限责任、遵守企业章程等义务。

（二）股东的权利

股东最基本的权利是按投入企业的股份额，依法享有企业收益、参与企业重大决策和选择企业管理者的权利，并以其所持股份为限对企业承担责任。

1. 企业管理权

股东对企业的管理权主要体现在重大决策参与权、经营者选择权、财务监控权、企业经营的建议和质询权、股东大会召集权等方面。

2. 收益分享权

股东有权通过股利方式获取企业的税后利润，利润分配方案由董事会提出并经过股东大会批准。

3. 股份转让权

股东有权将其持有的股票出售或者转让。

4. 优先认股权

原有股东拥有优先认购本企业增发股票的权利。

5. 剩余财产要求权

当企业解散、清算时，股东有清偿债务、清偿优先股股东以后的剩余财产的索取权利。

（三）股票的分类

1. 按股东权利和义务划分

按股东权利和义务，股票分为普通股股票和优先股股票。

（1）普通股股票

普通股股票简称普通股，是企业发行的代表着股东享有平等的权利、义务，不加特别限制的、股利不固定的股票。普通股是最基本的股票，股份有限公司通常情况下只发行普通股。

依照《公司法》规定，普通股股东主要有以下权利。

①出席或委托代理人出席股东大会，并依企业章程规定行使表决权，这是普通股股东参与企业经营管理的基本方式。

②股份转让权。股东持有的股份可以自由转让，但必须按照《公司法》、其他法规和企业章程规定的条件和程序进行。

③股利分配请求权。分享盈余也是普通股股东的一项基本权利。盈余的分配方案由股东大会决定，每一个会计年度由董事会根据企业的盈利数额和财务状况来决定分发股利的多少并经股东大会批准通过。

④对企业账目和股东大会决议的审查权和对企业事务的质询权。

⑤分配企业剩余财产的权利。当企业解散、清算时，普通股股东有分配企业剩余财产的权利。但是，企业破产清算时，财产的变价收入首先要用来清偿债务，然后支付给优先股股东，最后才能分配给普通股股东。所以，在破产清算时，普通股股东实际上很少能分到剩余财产。

⑥企业章程规定的其他权利。同时，普通股股东也基于其资格，对企业负有义务。《公司法》中规定了股东具有遵守公司章程、缴纳股款、对企业负有有限责任、不得退股等义务。

（2）优先股股票

优先股股票简称优先股，是企业发行的相对于普通股具有一定优先权的股票。其优先权利主要表现在股利分配优先权和获取剩余财产优先权上。优先股股东在股东大会上无表决权，在参与企业经营管理上受到一定限制，仅对涉及优先股权利的问题有表决权。

2. 按票面是否记名划分

按票面是否记名，股票分为记名股票和无记名股票。

记名股票是指在股票票面上记载有股东姓名或将名称记入企业股东名册的股票；无记名股票不登记股东名称，企业只记载股票数量、编号及发行日期。《公司法》规定，企业向发起人、国家授权投资机构、法人发行的股票，为记名股票；向社会公众发行的股票，可以为记名股票，也可以为无记名股票。

3. 按发行对象和上市地点划分

按发行对象和上市地点，股票分为 A 股、B 股、H 股、N 股和 S 股等。

（1）A 股

A 股是指人民币普通股票，由我国境内企业发行，在境内上市交易，以人民币标明面值，以人民币认购和交易。

（2）B 股

B 股是指人民币特种股票，由我国境内企业发行，在境内上市交易，以人民币标明面值，以外币认购和交易。

（3）H 股、N 股和 S 股

H 股是指企业注册地在内地、在我国香港上市的股票。依次类推，在纽约和新加坡上市的股票，就分别称为 N 股和 S 股。

4. 按投资主体划分

按投资主体，股票分为国家股、法人股、个人股和外资股。

（1）国家股

国家股是指有权代表国家投资的政府部门或机构以国有资产投入企业所形成的股份。国家股的股权所有者是国家，由国有资产管理机构或其授权单位行使国有资产的所有权职能。国家股股权也包含国有企业向股份有限公司形式改制变更时，现有国有资产折成的股份。

（2）法人股

法人股指企业法人或具有法人资格的事业单位和社会团体，以其依法可经营的资产向企业投资所形成的股份。根据认购对象，法人股可进一步细分为境内发起法人股、外资法人股和募集法人股三类。在股权分置改革之前，法人股与国家股都是不能上市交易的“非流通股”。但股权分置改革之后，这部分“非流通股”会陆续变成可以在二级市场自由交易的流通股。

（3）个人股

个人股是指以个人合法财产向企业投资形成的股份，在我国有两种类型：一种是股份制企业内部职工认购本企业的股份，称为“职工股”；另一种是股份制企业向社会公众招募的个人股，又被称为“私人股”。

（4）外资股

外资股是指股份有限公司向外国和我国香港、澳门、台湾地区投资者发行的股票。它是我国股份公司吸收外资的一种方式。外资股根据上市地域可以分为境内上市外资股和境外上市外资股。

除上述分类外，根据股票是否具有面值可分为有面值股票和无面值股票；按照股票上表示的份数又可分为单一股票和复数股票。

（四）股票的发行和销售方式

1. 发行方式

（1）公开间接发行

公开间接发行股票是指股份有限公司通过中介机构向社会公众公开发行股票。采用募集设立方式成立的股份有限公司向社会公开发行股票时，必须由有资格的证券经营中介机构，如证券公司、信托投资公司等承销。这种发行方式的特点是发行范围广、发行对象多、易于足额筹集资本。公开发行股票还有利于提高公司的知名度，扩大其影响力，但公开发行方式审批手续复杂严格，发行成本高。

（2）非公开直接发行

非公开直接发行股票是指股份有限公司只向少数特定对象直接发行股票，不需要中介机构承销。用发起设立方式成立和向特定对象募集方式发行新股的股份有限公司，向发起人和特定对象发行股票，采用直接将股票销售给认购者的自销方式。这种发行方式弹性较大，企业能控制股票的发行过程，节省发行费用。但这种发行方式发行范围小，不易及时足额筹集资本，发行后股票的变现性差。

2. 销售方式

销售方式主要是指股份有限公司向社会公开发行股票时所采取的股票销售方法，目前主要有两种方式：自行销售和委托中介机构销售。

（1）自行销售

自行销售是指发行企业自己将股票销售给认购者。这种销售方式可由发行企业直接控制发行过程，实现发行意图，进而节省发行费用，但对应的发行时间也相对较长，发行企业要承担全部的发行风险，且对发行企业的知名度和实力等有着较高的要求。

（2）委托中介机构销售

委托中介机构销售是指发行企业将股票销售业务委托给证券经营机构代理，这种方式也是较为常见的发行方式。《公司法》规定，股份有限公司向社会公开发行股票，必须与依法设立的证券经营机构签订承销协议，由证券经营机构承销。

（五）股票的上市交易

1. 股票上市的目的

股票上市的目的是多方面的，主要包括以下几个方面。

（1）便于筹措新资金

证券市场是一个资本商品的买卖市场，有众多的资金供应者。同时，股票上市经过了政府机构的审查批准并接受了严格的管理，执行股票上市和信息披露的规定，容易吸引社会资本投资者。另外，企业上市后，还可以通过配股、增发和发行可转换债券等方式进行再融资。

（2）促进股权流通和转让

股票上市后便于投资者购买，提高了股权的流动性和股票的变现力，便于投资者认购和交易。

（3）便于确定企业价值

股票上市后，企业股价有市价可循，便于确定企业的价值。对于上市企业来说，即时的股票交易行情就是对企业价值的市场评价。同时，市场行情也能够为企业收购、兼并等资本运作提供询价基础。

但股票上市也有对企业不利影响的一面，主要是上市成本较高，手续复杂严格；企业将负担较高的信息披露成本；信息公开的要求可能会暴露企业商业机密；股价有时会歪曲企业的实际情况，影响企业声誉；可能会分散企业的控制权，造成管理困难。

2. 上市企业的股票发行

（1）发行类型

上市的股份有限公司在证券市场上发行股票包括公开发行和非公开发行两种类型。公开发行股票又分为首次上市公开发行股票和上市公开发行股票；非公开发行即向投资者发行，也叫定向发行。

①首次上市公开发行股票。首次上市公开发行股票（Initial Public Offering，IPO），是指股份有限公司对社会公开发行股票并上市流通和交易。实施 IPO 的公司，自股份有限公司成立后，持续经营时间应当在 3 年以上（经国务院特别批准的除外），应当符合中国证监会《首次公开发行股票并上市管理办法》规定的相关条件，并经中国证监会核准。

实施 IPO 发行的基本程序是：A、企业董事会应当依法就本次股票发行的具体方案、本次募集资金使用的可行性及其他事项做出决议，并提请股东大会批准；B、企业股东大会就本次发行股票做出决议；C、由保荐人保荐并向证监会申报；D、证监会受理，并审批核准；E、自证监会核准发行之日起企业应在 6 个月内公开发行股票，超过 6 个月未发行的，核准失效，须经证监会重新核准后方可发行。

②上市公开发行股票。上市公开发行股票，是指股份有限公司已经上市后，通过证券交易所在证券市场上对社会公开发行股票。上市公开发行股票，包括增发和配股两种方式。增发是指上市公司向社会公众发售股票的再融资方式；配股是指上市企业向原有股东配售股票的再融资方式。

③非公开发行股票。上市企业非公开发行股票，是指上市企业采用非公开方式，向特定对象发行股票的行为，也叫定向募集增发。定向募集增发的对象可以是老股东，也可以是新投资者，但发行对象不超过 10 名，发行对象为境外战略投资者的，应当经国务院相关部门事先批准。

上市企业定向募集增发的优势在于：A、有利于引入战略投资者和机构投资者；B、有利于利用上市企业的市场化估值溢价，将母企业资产通过资本市场放大，从而提升母企业的资产价值；C、定向募集增发是一种主要的并购手段，特别是资产并购型定向募集增发，有利于集团企业整体上市，同时减轻并购的现金流压力。

（2）发行价格

股票的发行价格通常有三种：平价发行、溢价发行和折价发行。

平价发行又称为面值发行，即以股票的票面金额为发行价格。溢价发行又可以称为时价发行，主要是以流通市场上的股票价格（通常高于票面价格）为基础来确定股票发行价格。发行价格与票面价格之间的差价归股份有限公司所有，列入公司的资本公积。折价发行是指按照低于票面金额的价格也就是打折后的价格发行股票，发行价格和面额间的差额由企业的公积金进行抵补。这种发行方式要么是优惠性的销售，要么是股票行情不佳，发行存在一定困难。这种发行方式会造成企业的实有资本少于企业的应有资本，不符合我们国家企业资本务必充实的原则，因此我们国家不允许折价发行。

（六）发行普通股股票的筹资特点

1. 两权分离，有利于企业自主经营管理

通过对外发行股票筹资，企业的所有权与经营权相分离，分散了企业控制权，有利于企业自主管理、自主经营。普通股筹资的股东众多，公司日常经营管理事务主要由企业的董事会和经理层负责。但企业的控制权分散，企业容易被经理人控制。

2. 资本成本较高

由于股票投资的风险较高，收益具有不确定性，投资者就会要求较高的风险补偿，因此股票筹资的资本成本较高。

3. 能提高企业的社会声誉，促进股权流通和转让

普通股筹资，股东的大众化为企业带来了广泛的社会影响。特别是上市企业，其股票的流通性强，有利于市场确认企业的价值。普通股筹资以股票作为媒介，便于股权的流通和转让，从而吸收新的投资者。但流通性强的股票交易，也容易在资本市场上被恶意收购。

4. 不利于及时形成生产能力

普通股筹资吸收的一般都是货币资金，还需要通过购置和建造形成生产经营能力。相对于吸收直接投资方式来说，不易及时形成生产能力。

三、发行优先股股票

优先股是一种股息固定的股票，它是一种类似于债券，但又具有普通股的某些特性的证券。作为优先股股东，对企业的收益和资产有优先于普通股股东求偿的权利，但是作为报酬，它却是有限的。

1. 优先股的种类

优先股因发行条款或股利的分配条件不同，可分为若干种，其中最常见的为以下几种。

（1）按股利是否能累积计算，分为累积优先股和非累积优先股

累积优先股是指当企业不能正常支付股利时，未付的股利可以加在一起或累积在一起，当企业恢复优先股股利的支付能力时，一起予以如数补偿；非累积优先股是指不论上一年度企业对其股利是否进行过分配，一律以本年度所获得的盈余和比率为限进行分配，企业不负有补偿过期优先股股利的义务，优先股股东也无权要求企业予以补发。很显然，这样会损害优先股股东所获得的优先地位。

（2）按能否参与普通股分配企业盈余，分为参与优先股和非参与优先股

参与优先股，是指优先股在其所应得的股利之外，如企业有额外盈余，有权与普通股一起分享额外的股利；非参与优先股，是指优先股的股东所获得的股利只限于按事先规定的股利率计算，如企业有额外盈余，应全部归属普通股所有。

（3）按优先股可否转换为普通股，分为可转换优先股和不可转换优先股

可转换优先股是指约定于一定期限后，优先股的持有人有权将其股票按照事先规定的兑换率转换为企业的普通股；不可转换优先股是指优先股的持有人无权要求将其优先股转换成普通股，只能享受固定的股利。

（4）按企业有无收回优先股的权利，分为可收回优先股和不可收回优先股

可收回优先股是指优先股发行若干年后，企业可随时按照预先制定的价格和方式收回已发行的优先股，此项收回的决定权归发行企业所有，而不是股票的持有人；不可收回优先股是指发行企业不能在某一期间，以某一价格或方式收回的优先股，企业如果想收回优先股，只能在证券市场上按照市价收购。

2. 优先股股东的权利

优先股是相对普通股而言的，其优先权主要体现在以下几个方面。

（1）优先获得股利的权利

股票优先股股东对企业的资产与收益拥有优先于普通股股东求偿的权利，所以企业在支付普通股股利前，必须先行支付优先股股利。

（2）优先获得分配企业资产权

当企业因破产而清算财产时，优先股将比普通股优先以票面价值参加资产分配，然后再由普通股按比例分配，所以优先股都设有票面价值，以便于优先股的清偿。但企业优先股股东的财产清偿权位于债权人之后。

（3）部分管理权

与普通股股东相比，优先股股东没有表决权，但当企业研究与优先股有关的问题时有权参加表决。

3. 优先股筹资的优缺点

（1）优先股筹资的优点

从发行企业的角度来看，主要包括以下方面。

①没有固定的到期日，不用偿还本金。事实上等于使用一笔无限期的贷款，无偿还本金义务，也无须做再筹资计划。但大多数优先股又附有收回条款，这就使得使用这种资金更有弹性。在财务状况较弱时发行，在财务状况转强时收回，有利于结合资金需求，同时也能控制企业的资本结构。

②股利的支付既固定，又有一定弹性。一般而言，优先股都采用固定股利，但固定股利的支付并不构成企业的法定义务。如果财务状况不佳，则可暂时不支付优先股股利，那么优先股股东也不能像债权人一样迫使企业破产。

③保持普通股股东的控制权。当企业既想从外界筹集权益资金，又不想丧失原有股东控制权时，则利用优先股筹资尤为恰当。

④作为股票筹资的工具，优先股的特定成本低于普通股的特定成本，这是由于优先股较之普通股具有某些优先权所致。

（2）优先股筹资的缺点：从发行企业的角度来看，主要包括以下方面。

①筹资成本很高。优先股所支付的股利要从税后盈余中支付，不同于债券利息可在税前扣除。因此，优先股成本很高。

②股利的延期支付将影响企业形象。虽然在法律上没有强制分配股利的要求，但不发放股利会损害优先股股东的利益。如股利是累积的话，投资者预测企业近期内不能支付累积股利，将会降低股票的市场价值。

四、利用留存收益

（一）留存收益的性质

从性质上看，企业通过合法有效地经营所实现的税后净利润，都属于企业的所有者。因此，属于所有者的利润包括分配给所有者的利润和尚未分配留存于企业的利润。

企业将本年度的利润部分甚至全部留存下来的原因很多，主要包括三点。一是收益的确认和计量是建立在权责发生制基础上的，企业有利润，但不一定有相应的现金净流量增加，因而企业不一定有足够的现金将利润全部或部分给所有者。二是法律法规从保护债权人利益和要求企业可持续发展等角度出发，限制企业将利润全部分配出去。根据《公司法》的规定，企业每年的税后利润，必须提取 10% 的法定盈余公积金。三是企业基于自身的扩大再生产和筹资需求，也会将一部分利润留存下来。

（二）留存收益的筹资途径

1. 提取盈余公积金

盈余公积金是指有指定用途的留存净利润，其提取基数是抵减年初累计亏损后的本年度净利润。盈余公积金主要用于企业未来的经营发展，经投资者审议后也可以用于转增股本（实收资本）和弥补以前年度的经营亏损。盈余公积金不得用于以后年度的对外利润分配。

2. 未分配利润

未分配利润是指未限定用途的留存净利润。未分配利润有两层含义：一是这部分净利润本年没有分配给公司的股东投资者；二是这部分净利润未指定用途，可以用于企业未来的经营发展、转增股本（实收资本）、弥补以前年度的经营亏损、以后年度利润分配。

3. 留存收益的筹资特点

（1）不用发生筹资费用

与普通股筹资等从外界筹集长期资本的方式相比，留存收益筹资不需要发生筹资费用，资本成本较低。

（2）维持公司的控制权分布

利用留存收益筹资，不用对外发行新股或吸收新投资者，由此增加的权益资本不会改变公司的股权结构，不会稀释原有股东的控制权。

（3）筹资数额有限

当期留存收益的最大数额是当期的净利润，不像外部筹资一样可以一次性筹集大量资金。如果企业发生亏损，当年没有利润留存；另外，股东和投资者从自身期望出发，往往希望企业每年发放一定股利，保持一定的利润分配比例，这都会影响筹资数额。

五、股权筹资的优缺点

（一）优点

1. 股权筹资是企业稳定的资本基础

股权资本没有固定的到期日，无须偿还，是企业的永久性资本，只有企业清算时才有可能予以偿还。这对于保障企业对资本的最低需求、促进企业长期持续稳定经营具有重要意义。

2. 股权筹资是企业良好的信誉基础

股权资本作为企业最基本的资本，代表了公司的资本实力，是企业与其他单位组织开展经营业务、进行业务活动的信誉基础。同时，股权资本也是用其他方式筹资的基础，尤其可为债务筹资，包括银行借款、发行公司债券等提供信用保障。

3. 股权筹资的财务风险较小

股权资本不用在企业正常营运期内偿还，没有还本付息的财务压力。相对于债务资金而言，股权资本筹资限制少，资本使用上也无特别限制。另外，企业可以根据其经营状况和业绩的好坏，决定向投资者支付报酬的多少。

（二）缺点

1. 资本成本负担较重

一般而言，股权筹资的资本成本要高于债务筹资。这主要是由于投资者投资于股权特别是投资于股票的风险较高，投资者或股东相应要求得到较高的报酬率。从企业成本开支的角度来看，股利、红利从税后利润中支付，而使用债务资金的资本成本允许税前扣除。此外，普通股的发行、上市等方面的费用也十分庞大。

2. 控制权变更可能影响企业长期稳定发展

利用股权筹资，由于引进了新的投资者或出售了新的股票，必然会导致公司控制权结构的改变，而控制权变更过于频繁，又会影响企业管理层的人事变动和决策效率，影响企业的正常经营。

3. 信息沟通与披露成本较大

投资者或股东作为企业的所有者，有了解企业经营业务、财务状况、经营成果等权利。企业需要通过各种渠道和方式加强与投资者的关系管理，保障投资者的权益。特别是上市企业，股东众多且较分散，只能通过企业的公开信息披露了解企业状况，有些企业还需要设置专门的部门，进行企业的信息披露和投资者关系管理。

第四章　营运资金管理

第一节　营运资金概述

营运资金亦称“运用资金”（国外称为营运资本），是合营企业流动资产总额减流动负债总额后的净额，即企业在经营中可供运用、周转的流动资金净额。由于营运资金是流动资产减去流动负债后的净额，因此，流动资产和流动负债的变化都会引起营运资金增减的变化。如流动负债不变，流动资产的增加就意味着营运资金的增加；流动资产的减少就意味着营运资金的减少。如流动资产不变，流动负债增加，就意味着营运资金的减少；流动负债减少就意味着营运资金增加。在两者同时变化的情况下，只有两者抵消后的净额才是营运资金的增减净额。在一般情况下，只有一方涉及流动资产或流动负债类科目，而另一方涉及非流动资产或非流动负债类科目（如长期负债、长期投资、资本、固定资产等）的经济业务才会使营运资金发生增减。双方都涉及流动资产或流动负债类科目的经济业务，即发生在营运资金内部项目间的业务，不会使营运资金发生增减。

一、营运资金的概念

营运资金是指流动资产减去流动负债后的余额。营运资金的管理既包括流动资产的管理，也包括流动负债的管理。

1. 流动资产

流动资产是指可以在 1 年以内或 1 年以上的一个营业周期内变现或运用的资产。流动资产具有占用时间短、周转快、易变现等特点。企业拥有较多的流动资产，可在一定程度上降低财务风险。流动资产按不同的标准可进行不同的分类，常见分类方式如下。

（1）按占用形态不同，分为现金、交易性金融资产、应收及预付款项和存货等。

（2）按在生产经营过程中所处的环节不同，分为生产领域中的流动资产、流通领域中的流动资产及其他领域的流动资产。

2. 流动负债

流动负债是指需要在 1 年或者 1 年以上的一个营业周期内偿还的债务。流动负债又称短期负债，具有成本低、偿还期短的特点。流动负债按不同标准可作不同分类，最常见的分类方式如下。

（1）应付金额确定的流动负债和应付金额不确定的流动负债

以应付金额是否确定为标准，可以分为应付金额确定的流动负债和应付金额不确定的流动负债。应付金额确定的流动负债是指那些根据合同或法律规定到期必须偿付并有确定金额的流动负债；应付金额不确定的流动负债是指那些要根据企业生产经营状况，到一定时期或具备一定条件才能确定的流动负债，或应付金额需要估计的流动负债。

（2）自然性流动负债和人为性流动负债

以流动负债的形成情况为标准，可以分为自然性流动负债和人为性流动负债。自然性流动负债是指不需要正式安排，由于结算程序或有关法律法规的规定等原因而自然形成的流动负债；人为性流动负债是指根据企业对短期资金的需求情况，通过人为安排所形成的流动负债。

（3）有息流动负债和无息流动负债

以是否支付利息为标准，可以分为有息流动负债和无息流动负债。

二、营运资金的特点

为了有效地管理企业的营运资金，必须研究营运资金的特点，以便有针对性地进行管理。营运资金一般具有如下特点。

（1）营运资金的来源具有灵活多样性

与筹集长期资金的方式相比，企业筹集营运资金的方式较为灵活多样，通常有银行短期借款、短期融资券、商业信用、应交税费、应交利润、应付工资、应付费用、预收货款、票据贴现等多种内外部融资方式。

（2）营运资金的数量具有波动性

流动资产的数量会随企业内外条件的变化而变化，时高时低，波动很大。季节性企业如此，非季节性企业也如此。随着流动资产数量的变动，流动负债的数量也会相应发生变动。

（3）营运资金的周转具有短期性

企业占用在流动资产上的资金，通常会在 1 年或一个营业周期内收回。根据这一特点，营运资金可以用商业信用、银行短期借款等短期筹资方式来加以解决。

（4）营运资金的实物形态具有变动性和易变现性

企业营运资金的实物形态是经常变化的，一般按照现金、材料、在产品、产成品、应收账款、现金的顺序转化。为此，在进行流动资产管理时，必须在各项流动资产上合理配置资金数额，做到结构合理，以促进资金周转顺利进行。此外，短期投资、应收账款、存货等流动资产一般具有较强的变现能力，如果遇到意外情况，企业出现资金周转不灵、现金短缺时，便可迅速变卖这些资产，以获取现金。这对财务上应付临时性资金需求具有重要意义。

三、营运资金的管理原则

企业的营运资金在全部资金中占有相当大的比重，而且周转期短，形态易变，是企业财务管理工作的一项重要内容。实证研究也表明，财务经理的大量时间都用于营运资金的管理。企业进行营运资金管理，应遵循以下原则。

1. 保证合理的资金需求

企业应认真分析生产经营状况，合理确定营运资金的需要数量。企业营运资金的需求数量与企业生产经营活动有直接关系。一般情况下，当企业产销两旺时，流动资产会不断增加，流动负债也会相应增加；而当企业产销量不断减少时，流动资产和流动负债也会相应减少。必须把满足正常合理的资金需求作为营运资金的管理首要任务。

2. 提高资金使用效率

加速资金周转是提高资金使用效率的主要手段之一。提高营运资金使用效率的关键就是采取得力措施缩短营业周期，加速变现过程，加快营运资金周转。因此，企业要千方百计地加速存货、应收账款等流动资产的周转，以便用有限的资金，服务于更大的产业规模，为企业取得更好的经济效益提供条件。

3. 节约资金使用成本

在营运资金管理中，必须正确处理保证生产经营需要和节约资金使用成本二者之间的关系。要在保证生产经营需要的前提下，遵守勤俭节约的原则，尽力降低资金使用成本。一方面，要挖掘资金潜力，盘活全部资金，精打细算地使用资金；另一方面，积极拓展融资渠道，合理配置资源，筹措低成本资金，服务于生产经营。

4. 保持足够的短期偿债能力

偿债能力的高低是企业财务风险高低的标志之一。合理安排流动资产与流动负债的比例关系，保持流动资产结构与流动负债结构的适配性，保证企业有足够的短期偿债能力是营运资金管理的重要原则之一。流动资产、流动负债及二者之间的关系能较好地反映企业的短期偿债能力。流动负债是在短期内需要偿还的债务，而流动资产则是在短期内可以转化为现金的资产。因此，如果一个企业的流动资产比较多，流动负债比较少，说明企业的短期偿债能力较强；反之，则说明短期偿债能力较弱。但如果企业的流动资产太多，流动负债太少，也不是正常现象，这可能是因流动资产闲置或流动负债利用不足所致。

四、营运资金战略

企业必须建立一个框架用来评估营运资金管理中的风险与收益的平衡，包括营运资金的投资和融资战略，这些战略反映企业的需要及对风险承担的态度。实际上，一个财务管理者必须做两个决策：一是需要拥有多少营运资金；二是如何为营运资金融资。在实践中，这些决策一般同时进行，并且相互影响。

（一）流动资产的投资战略

由于销售水平、成本、生产时间、存货补给时订货到交货的时间、顾客服务水平、首款和支付期限等方面存在不确定性，因此，流动资产的投资决策至关重要。对于不同的产业和企业规模，流动资产与销售额比率的变动范围非常大。

企业销售额的不确定性和就风险忍受的程度决定了企业在流动资产账户上的投资水平。流动资产账户通常随着销售额的变化而立即变化，但风险则与销售的稳定性和可预测性相关。销售额越不稳定，越不可预测，则投资于流动资产上的资金就应越多，以保证有足够的存货满足顾客的需要。

稳定性和可预测性的相互作用非常重要。即使销售额是不稳定的，但可以预测，如属于季节性变化，那么将没有显著的风险。然而，如果销售额不稳定，而且难以预测，例如，石油和天然气开采业及许多建筑业企业，就会存在显著的风险，从而这些企业必须保证一个高的流动资产水平，以维持较高的流动资产与销售收入比率。如果销售额既稳定又可预测，则只需维持较低的流动资产投资水平。

一个企业必须选择与其业务需要和管理风格相符合的流动资产投资战略。如果企业管理政策趋于保守，就会选择较高的流动资产水平，保证更高的流动性（安全性），但盈利能力也更低；然而，如果管理者倾向为了产生更高的盈利能力而承担风险，那么它将以一个低水平的流动资产与销售收入比率来运营。下面就紧缩的或较低流动性的投资战略与宽松的或更高流动性的投资战略进行介绍。

1. 紧缩的流动资产投资战略

在紧缩的流动资产投资战略下，企业维持低水平的流动资产与销售收入比率。利用准时制（Just in time, JIT）存货管理技术，原材料等存货投资将尽可能紧缩。另外，尚未结清的应收账款和现金余额将保持在最低水平。

紧缩的流动资产投资战略可能伴随着更高风险，这些风险可能源于更紧的信用和存货管理，或源于缺乏现金用于偿还应付账款。此外，紧缩的信用政策可能减少企业销售收入，而紧缩的产品存货政策则不利于顾客进行商品选择，从而影响企业销售。

只要不可预见的事件没有损坏企业的流动性而导致严重的问题发生，紧缩的流动资产投资战略就会提高企业效益。

2. 宽松的流动资产投资战略

在宽松的流动资产投资战略下，企业通常会维持高水平的流动资产与销售收入比率。也就是说，企业将保持高水平的现金、高水平的应收账款（通常来自宽松的信用政策）和高水平的存货（通常源于补给原材料或不愿意因为产成品存货不足而失去销售）。对流动资产的高投资可能导致较低的投资收益率，但由于较高的流动性，企业的营运风险较小。

3. 如何选择流动资产投资战略

一个企业该选择何种流动资产投资战略取决于该企业对风险和收益的权衡。通常，银行和其他借款人对企业流动性水平非常重视，因为流动性包含了这些债权人对信贷扩张和借款利率的决策。另外他们还考虑应收账款和存货的质量，尤其是当这些资产被用来当作一项贷款的抵押品时。

许多企业，由于上市和短期借贷较为困难，通常采用紧缩的投资战略。此外，一个企业的流动资产战略可能还受产业因素的影响。在销售边际毛利较高的产业，如果从额外销售中获得的利润超过额外应收账款所增加的成本，宽松的信用政策可能为企业带来更为可观的收益。

流动资产投资战略的另一个影响因素是那些影响企业政策的决策者。财务管理人员较之运营或销售经理，通常具有不同的流动资产管理观点。运营经理通常喜欢高水平的原材料存货或部分产成品，以便满足生产所需。相似地，销售经理也喜欢高水平的产成品存货以便满足顾客的需要，而且喜欢宽松的信用政策以便刺激销售。相反，财务管理人员喜欢使存货和应收账款最小化，以便使流动资产融资的成本最小化。

（二）流动资产的融资战略

关于流动资产的融资战略问题，读者可参考本书第三章第一节“企业筹资的原则”中的“保持最佳资本结构”部分，此处不再赘述。

第二节　营运资本财务政策

企业制定短期财务政策，就是为了使企业能够有效地运用营运资本，增加企业的净现金流入量，从而增加企业价值。显然，有效地运用营运资本是关键。

营运资本财务政策包括两个方面：一是流动资产投资政策，即确定流动资产投资总额和各项流动资产目标投资额的政策；二是营运资本融资政策，即如何确定流动资产的资金来源的政策。

一、流动资产投资政策

企业制定流动资产投资政策时，要在获利能力和短期偿债风险之间进行权衡。这是因为：①从获利角度来看，如果流动资产占用较多，一方面将不会产生额外利润，另一方面却会增加公司的融资需求，从而引起筹资成本和利息支出；相反，如果流动资产占用较少，企业可以在维持其正常经营的同时，减少对企业融资的需求，从而可以降低融资成本，提高收益。②从风险角度来看，流动资产占用较多，在某种程度上意味着企业短期偿债能力有一定的保障，从而可以降低短期支付风险；反之则相反。因此，权衡获利性与风险性是流动资产投资政策所需要考虑的主要原则，这一原则将贯穿营运资本管理的始终。

在现实中，不同行业、不同经营规模、不同利率水平等因素，都可能使企业的流动资产占用水平呈现各异。一般认为，企业在流动资产的占用水平上存在三种可能的投资策略，其与企业销售水平之间的关系如图 4–1 所示。

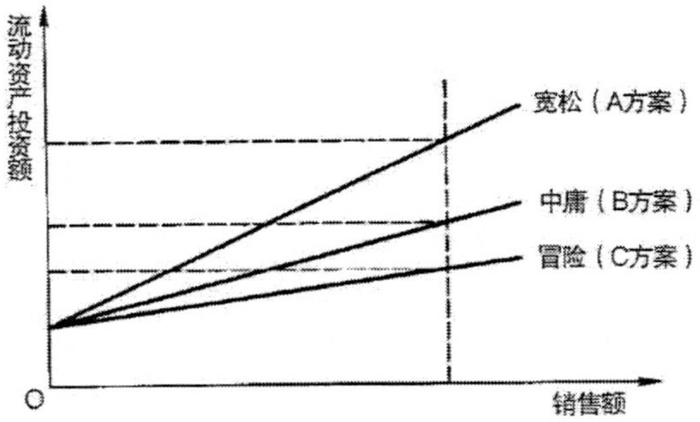

图 4–1　流动资产投资政策

（一）宽松（稳健）的投资政策

宽松（稳健）的投资政策指企业在安排流动资产数量时，在正常经营需要量和正常保险储备的基础上，再加上一部分额外的储备量，以便降低企业的风险。这种策略属于保守投资政策，图 4–1 中的 A 方案便属于这样一种政策。在这种投资策略下，流动资产的营利性低，企业投资报酬率一般较低，但由于流动资产变现能力强，其短期偿付风险相对较小。

（二）冒险（激进）的投资政策

冒险（激进）的投资政策是指企业在安排流动资产数量时，只安排正常生产经营所需的资产投入，而不安排或很少安排除正常需要外的额外资产（如采购的材料只满足正常需要，而不考虑安全储备需要）。图 4–1 中的 C 方案便属于冒险投资策略。在采用冒险的投资政策时，因为流动资产比重低，企业投资报酬率相对较高，但由于整体资产变现能力偏弱，短期支付风险相对较高。

（三）中庸（折中）的投资政策

中庸（折中）的投资政策处于保守与激进之间，是指企业在保证流动资产正常经营所需的情况下，适当安排一定的保险储备，以防不测。图 4–1 中的 B 方案便属于此类政策。

【例 5–1】假设某企业有冒险、中庸、稳健三个可供选择的营运资本投资方案，这三种方案的唯一区别是流动资产的持有量不同（流动负债和长期负债不变），见表 4–1。

表 4–1　营运资本投资方案　（单位：千元）

项目	冒险	中庸	稳健
（1）流动资产	1 000	1 100	1 200
（2）其中：有价证券	0	100	200
（3）固定资产	2 000	2 000	2 000
（4）资产总额	3 000	3 100	3 200
（5）流动负债	400	400	400
（6）长期负债	600	600	600
（7）股东权益	2 000	2 100	2 200
（8）预计息税前利润	500	500	500
（9）总资产报酬率［（8）/（4）］	16.67%	16.13%	15.63%
（10）净营运资本［（1）～（5）］	600	700	800
（11）流动比率［（1）/（5）］	2.5%	2.75%	3%

从表 4–1 中可知，在其他条件不变的情况下，随着流动资产投资额的增加，总资产报酬率由 16.67% 分别降为 16.13% 和 15.63%；但流动比率却由 2.5% 分别变为 2.75% 和 3%，短期偿付风险变小。这表明，流动资产投资额的高低与投资利润和风险呈反方向变化。

公司在进行方案选择时，不但要考虑各方案下的收益水平和风险状况，还要取决于决策者的风险态度。

二、营运资本融资政策

从财务分析中，企业营运资本还可分为临时性营运资本和永久性营运资本。临时性营运资本是指由于季节性需求或商业周期波动的临时性需求而占用在流动资产上的资金，如销售旺季增加的应收账款和存货等；永久性营运资本是指满足企业长期稳定需求（最低需求）而占用在流动资产上的资金，如安全储备中的存货或现金等。永久性营运资本与占用在固定资产上的资金相似，其所占用的资金是长期的，并且随时间的延续、公司规模的扩大而增加。

与此分类相对应，企业的资金来源也可分为临时性资金来源和永久性资金来源两部分。临时性资金来源一般通过短期负债融资满足，永久性营运资金来源一般是通过长期负债和权益资本融资来满足。

营运资本融资政策是指如何安排永久性流动资产和临时性流动资产的资金来源的政策。从营运资本与长、短期资金来源的配合关系，依其风险和收益的不同，主要有三种可供选择的营运资本政策类型：配合型（折中型）融资政策、激进型（冒险型）融资政策和稳健型（保守型）融资政策。

（一）配合型（折中型）融资政策

配合型融资政策的特点是：将公司的资产和负债的到期日进行匹配以规避风险。具体来说，对于临时性流动资产的资金需求，主要应用临时性流动负债融资方式满足；对于永久性流动资产和固定资产（以下简称永久性资产）的资金需求，则主要运用长期负债、自发性负债和股权资本等融资方式满足。

短期融资包括应付账款、银行借款、商业票据等。在短期资金需求处于低谷时，企业除自发性负债外，应当没有其他流动负债。只有在临时性流动资产的需求高峰期，企业才举借各种临时性债务。配合型融资政策要求企业的临时负债融资计划严密，使现金流动与预期安排相一致。

如某企业在经营上有淡旺季之分。在淡季，企业需占用 1 000 万元的流动资产和 2 000 万元的固定资产；而在旺季，则需要额外追加 200 万元的季节性存货。配合型融资政策的做法是：企业只有在经营旺季才会借入 200 万元的短期借款，而对于 3 000 万元永久性资产所需占用的资本，均通过长期负债、自发性负债和股权资本等方式来解决融资问题。

（二）激进型（冒险型）融资政策

激进型融资政策的特点是：临时性负债不但可以满足临时性流动资产的占用需要，还可以满足部分永久性资产的资金占用需要。

激进型（冒险型）融资政策是一种高风险、低成本、高盈利的筹资策略，图 4–1 中虚线越低，表明所冒风险越大。采取这种策略，一方面降低了公司的流动比率，加大了偿债风险；另一方面，由于短期负债利率的波动性，增加了盈利的不确定性。这种策略适用于公司长期资本来源不足或短期负债成本较低的公司。

如某公司在经营淡季占用 1 000 万元的流动资产和 2 000 万元的固定资产，在经营高峰期，额外增加 200 万元的季节性存货需求。如果公司的权益资本、长期负债和自发性负债的筹资额低于 2 000 万元，如只有 1 700 万元甚至更少，那么公司就会有 300 万元甚至更多的永久性资产和 200 万元的临时性流动资产占用，需要由临时性负债融资来满足。

由于临时性负债的资本成本一般低于长期负债和权益资本的资本成本，而在激进型融资政策下，临时性负债所占比重较大，所以该政策下的企业资本成本较低。但是，为了满足永久性资产的长期资金需要，企业必然要在临时性负债到期后重新举债或申请债务展期，从而有可能面临增大筹资难度和企业资本成本、降低企业收益的风险。所以，激进型融资政策是一种收益性和风险性均较高的营运资本融资政策。

（三）稳健型（保守型）融资政策

稳健型融资政策的特点是：临时性负债只满足部分临时性流动资产的资金需要，另一部分临时性流动资产和永久性资产，则由长期负债、自发性负债和股权资本等融资方式来满足。

稳健型（保守型）融资政策是一种低风险、低收益、高成本的筹资策略，图 4–1 中虚线位置越高，就越保守。

仍沿用上例，如果该企业只是在经营旺季借入低于 200 万元的资金（如 100 万元的短期借款），而无论何时的长期负债、自发性负债和权益资本之和总是高于 3 000 万元（如 3 100 万元），那么旺季季节性存货的资金需要只有一部分靠当时的短期借款解决，其余部分的季节性存货和全部永久性资金需要，则由长期负债、自发性负债和权益资本来提供。而在经营的淡季，企业则将其闲置资金投资于短期有价证券，赚取报酬，以备旺季之用。

这种政策由于临时性负债所占比重较小，所以企业无法偿还到期债务的风险较低，企业面临短期利率变动损失的风险也较低；然而，由于长期负债的资本成本高于临时性负债的资本成本，这种策略将会降低公司收益。因此，稳健型融资政策是一种风险性和收益性均较低的营运资本融资政策。

一般地说，如果企业能够驾驭资金的使用，采用收益和风险均较为适中的配合型筹资政策是有利的。

第三节 现金管理

现金是可以立即投入流动的交换媒介，它的首要特点是普遍接受性，即可以有效地立即用来购买商品、货物、劳务或偿债。因此，现金是企业中流动性最强的资产。属于现金的项目包括：企业的库存现金、各种形式的银行存款和银行本票、银行汇票。

有价证券是企业现金的一种转换形式。有价证券变现能力强，可以随时兑换成现金。企业有多余现金时，需将现金兑换成有价证券；现金流出量大于流入量需要补充现金时，再出让有价证券换回现金。在这种情况下，有价证券就成了现金的替代品。

在资产中，货币资金的流动性和变现能力最强，但货币资金营利性最弱。现金是非营利性资产，银行存款虽有利息生成但利益太小。企业因种种需要必须置存货币资金，但应合理安排货币资金的持有量，减少货币资金的闲置，提高货币资金的使用效率。

一、现金管理的有关规定

按照现行制度，国家有关部门对企业使用现金做了如下规定。

（1）规定了现金的使用范围。这里的现金，是指人民币现钞。企业用现钞从事交易，只能在一定范围内进行，该范围包括：支付职工工资、津贴；支付个人劳务报酬；根据国家规定颁发给个人的科学技术、文化艺术、体育等各种奖金；支付各种劳保、福利费用，以及国家规定的对个人的其他支出；向个人收购农副产品和其他物资的价款；出差人员必须随身携带的差旅费；结算起点（1 000 元）以下的零星支出；中国人民银行确定需要支付现金的其他支出。

（2）规定了库存现金限额。企业库存现钞，由其开户银行根据企业的实际需要核定限额，一般以 3 ～ 5 天的零星开支额为限。

（3）不得坐支现金。即企业不得从本单位的人民币现钞收入中直接支付交易款。现钞收入应于当日终了时送存开户银行。

（4）不得出租、出借银行账户。

（5）不得签发空头支票和远期支票。

（6）不得套用银行信用。

（7）不得保存账外公款，包括不得将公款以个人名义存入银行和保存账外现钞等各种形式的账外公款。

二、现金收支的日常管理

现金收支管理的目的在于提高现金使用效率，为达到这一目的，应当注意做好以下几方面工作。

（1）力争现金流量同步。如果企业能尽量使它的现金流入与现金流出发生的时间趋于一致，就可以使其所持有的交易性现金余额降到最低水平。

（2）使用现金浮游量。从企业开出支票，收票人收到支票并存入银行，至银行将款项划出企业账户，中间需要一段时间。现金在这段时间的占用称为现金浮游量。在这段时间里，尽管企业已开出支票，却仍可动用在活期存款账户上的这笔资金。在使用现金浮游量时，一定要控制好使用时间，否则会发生银行存款的透支。

（3）加速收款。这主要指缩短应收账款的时间。企业发生应收账款会增加企业资金的占用，但它又是必要的，因为它可以扩大销售规模，增加销售收入。如何利用应收账款吸引顾客并缩短收款时间是关键，这就要求企业在两者之间找到平衡点，并采取适当的收账策略。

（4）推迟应付款的支付。推迟应付款的支付，是指企业在不影响自己信誉的前提下，尽可能地推迟应付款的支付期，充分运用供货方所提供的信用优惠。如果企业急需现金，甚至可以放弃供货方的折扣优惠，在信用期的最后一天支付款项，这时要权衡折扣优惠与急需现金之间的利弊得失。

三、置存货币资金的原因与成本

（一）置存货币资金的原因

企业置存货币资金的原因是满足交易性需要、预防性需要和投机性需要。

（1）交易性需要是指企业生产经营活动中货币资金支付的需要，如购买原材料、支付人工工资、偿还债务、缴纳税款等。这种需要发生频繁，金额较大，是企业置存货币资金的主要原因。企业经营得到收入，也经常发生支出，两者不可能同步同量。收入多于支出，形成现金置存；收入少于支出，需要借入现金。企业必须维持适当的现金余额，才能使业务活动正常地进行下去。

（2）预防性需要是指企业为应付意外的、紧急的情况而需要置存货币资金，如生产事故、自然灾害、客户违约等会打破原先的货币资金收支平衡。预防性现金数额与企业的借款能力有关，如果企业能够很容易地随时借到短期资金，可以减少预防性现金的数额；如果情况相反，则应该增加预防性现金的数额。

（3）投机性需要是指企业为抓住瞬息即逝的市场机会，投机获利而置存货币资金，如捕捉机会超低价购入有价证券、原材料、商品等，意在短期内抛售获利。

（二）置存货币资金的成本

置存货币资金通常会发生三种成本，即机会成本、管理成本、短缺成本。

（1）机会成本。现金作为企业的一项资金占用，是有代价的，这种代价就是现金的机会成本。机会成本即因持有现金而丧失的再投资收益，与现金持有量成正比例变动关系。假定某企业的资本成本为10%，年均持有50万的现金，则该企业每年的现金成本为5万元（50×10%）。现金持有额越大，机会成本越高。企业为了经营业务，需要拥有一定的现金，付出相应的机会成本代价是必要的，但现金拥有量过多，机会成本代价大幅度上升，就不合算了。用公式表示现金机会成本为

机会成本＝现金持有量 × 有价证券利率（或报酬率）

（2）管理成本。企业拥有现金，会发生管理费用，如管理人员工资、安全措施等。这些费用是现金的管理成本。管理成本是一种固定成本，与现金持有量之间无明显的比例关系。

（3）短缺成本。现金的短缺成本，是指因缺乏必要的现金，不能应付业务开支的需要，而使企业蒙受的损失或为此付出的代价。现金的短缺成本随现金持有量的增加而下降，随现金持有量的减少而上升。

四、最佳现金持有量的确定

企业在生产经营过程中为了满足交易、预防、投机等需要，必须置存一定数量的货币资金，但货币资金持有太多或太少都对企业不利，因此，最佳现金持有量就是指使有关成本之和最小的货币资金持有数额，它的确定方法主要有成本分析模式、存货模式和随机模式三种。

（一）成本分析模式

成本分析模式是通过分析企业置存货币资金的各相关成本，测算各相关成本之和最小时的货币资金持有量的一种方法。在成本分析模式下应分析机会成本、管理成本、短缺成本，上述三项成本之和最小时的现金持有量，就是最佳现金持有量。

计算最佳现金持有量时，可以先分别计算出各种方案的机会成本、管理成本、短缺成本之和，再从中选出总成本之和最低的现金持有量，即为最佳现金持有量。如果把以上三种成本线放在一个图中，就能表示持有现金的总成本（总代价），从而找出最佳现金持有量的点。

（二）存货模式

存货模式主要用来解决现金资产的持有量与一定时期企业有价证券最佳变现次数的关系问题，其着眼点也是现金相关总成本最低。运用存货模式确定最佳现金持有量时，是以下列假设为前提的：①企业所需要的现金可通过证券变现取得，且证券变现的不确定性很小；②企业预算期内现金需求总量可以预测；③现金的支出过程比较稳定、波动较小，而且每当现金余额降至零时，均可通过部分证券变现得以补足；④证券的利率或报酬率及每次固定性交易费用可以获悉。如果这些条件基本得到满足，企业便可以利用存货模式来确定现金的最佳持有量。

在现金成本中，管理费用因相对稳定，同现金持有量关系不大，因此在存货模式中将其视为决策无关成本而不予考虑。由于现金是否会发生短缺、短缺多少、概率多大，以及各种短缺情形发生时可能的损失如何，都存在很大的不确定性和无法计量性，在利用存货模式计算现金

最佳持有量时，对短缺成本也不予考虑。在存货模式中，只对机会成本和固定性转换成本予以考虑。前已述及，机会成本和固定性转换成本随着现金持有量的变动而呈现相反的变动趋向，这就要求企业必须对现金与有价证券的分割比例进行合理安排，从而使机会成本与固定性转换成本保持最佳组合。换言之，能够使现金管理的机会成本与固定性转换成本之和保持最低的现金持有量，即最佳现金持有量。

（三）随机模式

随机模式是在现金需求量难以预知的情况下控制现金持有量的方法。对企业来讲，现金需求量往往波动大且难以预知，但企业可以根据历史经验和现实需要，测算出一个现金持有量的控制范围，即制定现金持有量的上限和下限，将现金量控制在上下限之间。当现金量达到控制上限时，用现金购入有价证券，使现金持有量下降；当现金量降到控制下限时，则抛售有价证券换回现金，使现金持有量回升；若现金量在控制上下限之间，便不必进行现金与有价证券的转换，保持它们各自的现有存量即可。这种随机模式对现金持有量的控制，如图 4–2 所示。

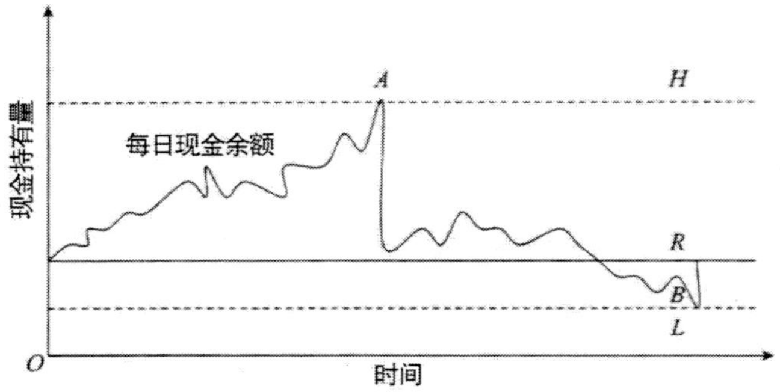

图 4–2　随机模式

在图 4–2 中，虚线 H 为现金存量的上限，虚线 L 为现金存量的下限，实线 R 为最优现金返回线。从图中可以看到，企业的现金存量（表现为现金每日余额）是随机变动的，当其达到 A 点时，即达到现金控制的上限。企业用现金购买有价证券，使现金量回落到现金返回线旧线的水平；当现金存量降至 B 点时，达到了现金控制的下限，企业应该转让有价证券换回现金，使其存量回升到现金返回线的水平。现金存量在上下限之间的波动属于控制范围内的变化。上述关系中的上限 H、现金返回线 R 可按以下公式计算

$$R=\sqrt[3]{\frac{3b\delta^2}{4i}}+L$$

$$H=3R+2L$$

式中，b——每次有价证券的固定转换成本；

i——有价证券的日利息率；

δ——预测每日现金余额变化的标准差（可以根据历史资料测定）。

式中下限 L 的确定，受企业每日的最低现金需要、管理人员的风险承受能力等因素的影响。随机模式是建立在企业的现金未来需求总量和收支不可能预测的前提下，因此计算的现金

持有量比较保守。

第四节 存货管理

存货管理是将厂商的存货政策和价值链的存货政策进行作业化的综合过程。反应方法或称拉式存货方法是利用顾客需求，通过配送渠道来拉动产品的配送。另一种管理理念是计划方法，它是按照需求量和产品可得性，主动排定产品在渠道内的运输和分配。第三种方法，或称混合方法，即用逻辑推理将前两种方法进行结合，形成对产品和市场环境做出反映的存货管理理念。一项综合的存货管理战略将详细说明各种政策，并用于确定何处安排存货、何时启动补给装运和分配多少存货等过程。

存货决策包括决定订货时间与订购数量。当存货水准下降到一定水准时，必须发出订单，此时的存货水准称为订购点（Order Point） 或再订购点（Reorder Point）。

一、存货的概念及作用

存货是指企业在生产经营过程中为生产或销售而储备的物资，包括材料、燃料、低值易耗品、在产品、半成品、产成品、库存商品等。

企业持有存货，主要是因为存货在企业生产经营过程中具有以下几个方面的作用。

1. 防止停工待料

适量的原材料存货和在制品、半成品存货是企业生产正常进行的前提和保障。就企业外部而言，供货方的生产和销售往往会因为某些原因而暂停或推迟，从而影响企业材料的及时采购、入库和投产。就企业内部而言，有适量的半成品储备，能使各生产环节的生产调度更加合理，各生产工序步调更为协调，联系更为紧密，不至于因等待半成品而影响生产。可见，适量的存货能有效防止停工待料事件的发生，维持生产的连续性。

2. 适应市场变化

存货储备能增强企业在生产和销售方面的动机性及适应市场变化的能力。企业有了足够的库存产成品，能有效地供应市场，满足顾客的需求。相反，若某种畅销产品库存不足，将会错失目前的或未来的推销良机，并有可能因此而失去顾客。在通货膨胀时，适当地储存原材料存货，能够减缓因原材料价格上涨而给企业带来的冲击。

3. 降低进货成本

很多企业为了扩大销售规模，对购货方提供较为优厚的商业折扣待遇，即购货达到一定数量时，便在价格上给予相应的折扣优惠。采取批量集中进货，可获得较多的商业折扣。此外，通过增加每次购货数量、减少购货次数，可以降低采购费用支出。即便在推崇以零存货为管理目标的今天，仍有不少企业采取大批量购货方式，原因就在于这种购货方式有助于降低购货成本。只要购货成本的降低额大于因存货增加而导致的储存等各项费用的增加额，便是可行的。

4. 维持均衡生产

对于那些生产的产品季节性较强、生产所需材料的供应具有季节性的企业，为实现均衡生产、降低产品成本，就必须适当储备一定的半成品存货或保持一定的原材料存货。否则，这些企业若按照季节性变动组织生产活动，难免会产生忙时超负荷运转，闲时生产能力得不到充分利用的情形，这也会导致生产成本的提高。其他企业在生产过程中，同样会因为各种原因导致生产水平的高低变化，拥有合理的存货可以缓冲这种变化对企业生产活动及获利能力的影响。

二、存货的成本分析

通过前面的分析，我们知道存货在企业生产活动中的重要作用，但是，企业储备存货，必然会发生由此而产生的各项支出，这就是存货成本。企业存货成本主要包括以下内容。

（一）取得成本

取得成本是指企业为取得某种存货而支出的成本，通常用 TC_a 来表示。取得成本又分为订货成本和购置成本。

1. 订货成本

订货成本是指取得订单的成本，如办公费、差旅费、邮资、电报电话费等支出。订货成本中有一部分与订货次数无关，如常设采购机构的基本开销等，称为订货的固定成本，用 F_1 表示；另一部分与订货次数有关，如差旅费、邮资等，称为订货的变动成本。每次订货的变动成本用 K 表示，订货次数等于存货年需要量 D 与每次进货量 Q 之商。订货成本的计算公式为

$$\text{订货成本} = F_1 + \frac{D}{Q}K$$

2. 购置成本

购置成本是指存货本身的价值，经常用数量与单价的乘积来表示。当年需求量是 D、单价为 U 时，购置成本就是 DU。

订货成本加上购置成本，就是存货的取得成本，用公式表示为

$$TC_a = F_1 + \frac{D}{Q}K + DU$$

（二）储存成本

储存成本是指为保持存货而发生的成本，包括存货占用资金所应计的利息（如企业用现金购买存货，便失去了现金存放银行或投资于证券本应取得的利息，称之为“放弃利息”；如企业借款购买存货，便要支付利息费用，称之为“付出利息”、仓库费用、保险费用、存货破损和变质损失等，通常用 TC_c 来表示。

储存成本也分为固定成本和变动成本。固定成本与存货数量的多少无关，如仓库折旧费、仓库职工的固定月工资等，常用 F_2 表示。变动成本与存货的数量有关，如存货资金的应计利息、存货的破损和变质损失、存货的保险费等，单位成本用 K 来表示。用公式表述的储存成本为储存成本 = 储存固定成本 + 储存变动成本，即

$$TC_c = F_2 + \frac{Q}{2}K_c$$

（三）缺货成本

缺货成本是指由于存货供应中断而造成的损失，包括材料供应中断造成的停工损失、产成

品库存缺货造成的拖欠发货损失和丧失销售机会的损失，以及需要主观估计的商誉损失；如果生产企业以紧急采购待用材料解决库存材料中断之急，那么缺货成本就表现为紧急额外购入成本（紧急额外购入的开支会大于正常采购的开支）。缺货成本用 TC_s 表示。

如果用 TC 来表示储备存货的总成本，它的计算公式为

$$TC = TC_a + TC_c + TC_s = F_1 + \frac{D}{Q}K + DU + F_2 + \frac{Q}{2}K_c + TC_s$$

企业存货管理的最优化就是在满足需求的同时，追求 TC 最小。

三、存货的管理目标

通过前面的分析我们知道，企业持有较高的存货，就能够为企业正常的生产经营提供良好的保障，但同时，过高的存货水平必然会带来较高的存货成本，而存货成本的增加必然会导致获利能力的降低。所以，存货管理水平的高低，直接影响着收益、风险和流动性的综合水平。因此，存货管理的目标就在于在存货的成本与收益之间进行利弊权衡，实现两者的最佳结合，达到既要维持高效和持续经营的需要，又要以最低的存货总成本获得最高的收益。

四、存货决策

存货决策涉及 4 项内容：决定进货项目、选择供应单位、决定进货时间和决定进货批量。决定进货项目和选择供应单位是销售部门、采购部门和生产部门的职责。财务部门的职责是决定进货时间和进货批量。根据存货管理的目的，需要通过合理的进货批量和进货时间，使存货总成本最低，这时对应的进货批量就是经济订货量或经济批量。根据经济订货量，我们可以较容易地找出最适宜的进货时间。

（一）经济订货量的基本模型

经济订货批量的基本模型有下列假设条件：

（1）企业能够及时补充存货，即需要订货时便可立即取得存货；

（2）能集中到货，而不是陆续入库；

（3）不允许缺货，即无缺货成本，TC_s 为 0，这是因为良好的存货管理本来就不应该出现缺货成本；

（4）需求量稳定，并且能预测，即 D 为已知常量；

（5）存货采购单价不变，不存在商业折扣和现金折扣，即 U 为常量；

（6）企业现金充足，不会因为现金短缺而影响进货；

（7）所需存货市场供应充足，不会因为买不到需要的存货而影响其他。

设立了上述假设后，存货总成本的公式可以简化为

$$TC = TC_a + TC_c + TC_s = F_1 + \frac{D}{Q}K + DU + F_2 + \frac{Q}{2}K_c$$

当 F_1、K、D、U、F_2、K_c 为常量时，TC 的大小就取决于 Q。通过对 TC 求极小值分析，可得，当 TC 取极小值时，对应的经济订货批量 Q^* 为

$$Q^* = \sqrt{\frac{2KD}{K_c}}$$

这一公式成为经济订货批量的基本模型，用此公式求出的每次订货批量，就是经济订货批量，能够使 TC 达到最小值。

这个基本模型还可以演变为其他形式：

每年最佳订货次数

$$N^* = \frac{D}{Q^*} = \sqrt{\frac{DK_c}{2K}}$$

与批量有关的存货总成本

$$TC(Q^*) = \sqrt{2KDK}$$

最佳订货周期（天数）

$$t^* = \frac{360}{N^*}$$

经济订货量占用资金

$$I^* = \frac{Q^*}{2} \times U$$

（二）经济订货批量的扩展模型

经济订货量的基本模型是在前述假设条件下建立的，但是现实生活中能够满足这些假设条件的情况十分罕见。为使模型更接近于实际情况，需要逐一放宽条件，改进模型。

1. 有商业折扣的经济批量模型

为了鼓励客户购买更多的商品，销售企业通常会给予不同程度的价格优惠，即实行商业折扣。购买越多，所获得的价格优惠就越大。此时，进货企业对经济订货批量的确定，除了考虑进货成本与储存成本外，还应考虑存货的进价成本，因为此时的存货进价成本已经与进货数量的大小有了直接的联系，属于决策的相关成本。

在经济批量基本模型其他各种假设条件均具备的前提下，存在数量折扣时的存货相关总成本可以按下面的公式计算：

存货相关总成本 = 存货进价 + 相关订货成本 + 相关储存成本实行数量折扣的经济进货批量可以按照如下步骤进行。

（1）按照基本经济批量模型确定经济进货批量。

（2）计算按经济批量进货时的存货相关总成本。

（3）计算按给予数量折扣的进货批量进货时的存货相关总成本。

如果给予数量折扣的进货批量是一个范围，如进货数量在 1 000 到 1 999 单位可以享受 2% 的价格优惠，此时按给予数量折扣的最低进货批量，即按 1 000 单位计算存货相关总成本。

（4）比较不同进货批量的存货相关总成本、最低存货相关总成本对应的进货批量，就是实行数量折扣的最佳经济批量。

2. 存货陆续供应和使用的经济批量模型

经济批量基本模型是在存货一次全部入库的假设之上的。事实上，各批存货一般都是陆续入库，库存量陆续增加。特别是产成品入库和在产品转移，几乎总是陆续供应和陆续耗用的。

在这种情况下，需要对经济订货的基本模型进行一些修正。

假设每批订货数为 Q，每日送货量为 p，则该批存货全部送达所需日数即送货期为

$$送货期=\frac{Q}{p}$$

假设每日耗用量为 d，则送货期内的全部耗用量为

$$送货期内耗用量=\frac{Q}{p}d$$

由于零件边送边用，所以每批送完时，送货期内平均库存量为

$$送货期内平均库存量=\frac{1}{2}\left(Q-\frac{Q}{p}d\right)$$

假设存货年需要量为 D，每次订货费用为 K，单位存货储存费率为 K。则与批量有关的总成本为

$$\begin{aligned}TC(Q)&=\frac{D}{Q}K+\frac{1}{2}\left(Q-\frac{Q}{p}d\right)K_c\\&=\frac{D}{Q}K+\frac{Q}{2}\left(1-\frac{d}{p}\right)K_c\end{aligned}$$

在订货变动成本与储存变动成本相等时，TC（Q）有最小值，故存货陆续供应和使用的经济订货批量公式为

$$\frac{D}{Q^*}\times K=\frac{Q^*}{2}\left(1-\frac{d}{p}\right)K_c$$

$$Q^*=\sqrt{\frac{2KD}{K_c}\cdot\frac{p}{p-d}}$$

与订货批量相关的最小成本为

$$TC(Q^*)=\sqrt{2KDK_c\left(1-\frac{d}{p}\right)}$$

3. 订货提前期

一般情况下，企业的存货不能做到随用随时补充，因此不能等到企业存货用完时再去订货，而是需要在存货没有用完时提前订货。在提前订货的情况下，企业再次发出订货单时，尚有存货的库存量，称为再订货点，用 R 表示。它的数量等于交货时间（L）和每日平均需用量（d）的乘积：

$$R=Ld$$

（三）保险储备

前文假定企业存货每日需求量不变，交货时间也固定不变，但实际上，每日需求量可能会变化，交货时间也可能会变化。按照经济订货批量订货和再订货点发出订单后，如果需求量突然增大或送货延长，就会发生缺货或供货中断。企业为了防止缺货或供货中断的损失而多储备

的以备应急之需的存货量，就是保险储备（安全存量）。这些安全存量在正常情况下不动用，只有当存货过量使用或送货延迟时才动用。存货的保险储备如图 4–3 所示。

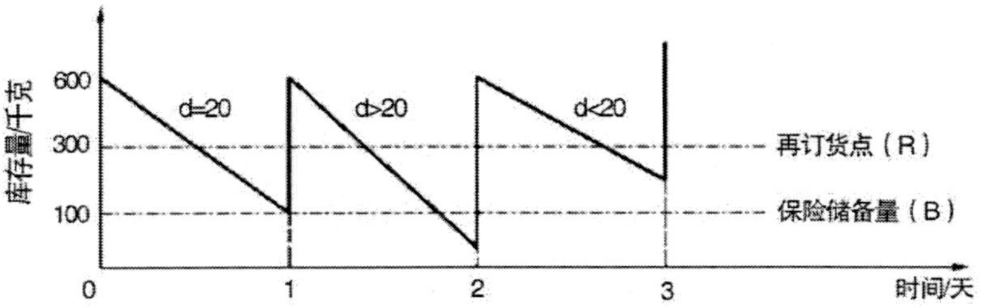

图 4–3 存货的保险储备

在图 4–3 中，假定经济订货量为 600 件，每年订货次数为 12 次，存货平均每日需求量（d）为 20 件，平均每次交货时间（L）为 10 天。为防止需求变化引起缺货损失，保险储备量（B）为 100 件，再订货点 R 就会相应提高到

R= 交货时间 × 平均日需求量 + 保险储备 =$Ld+B=20\times10+100=300$（件）

在第一个周期中，日需求量等于 20 件，不需要动用保险储备；在第二个周期里，日需求量大于 20 件，需要动用保险储备；在第三个周期中，日需求量小于 20 件，不需要动用保险储备，而且正常储备还没有用完时，下次存货就已经到了。

通过前面的分析可知，建立保险储备可以使企业弥补缺货或供货中断造成的损失，但是存货储备量的加大也会使储备成本提高。所以，找出合理的保险储备量，使缺货成本或供应中断损失和储备成本之和最小，就是保险储备研究的目的。可以采用先计算出各种不同保险储备量的总成本，然后再对总成本进行比较，选定其中最低的。

设与此有关的总成本为 TC（S，B），缺货成本为 C_s，保险储备成本为 C_B，则有

TC（S，B）$=C_s+C_B$

设单位缺货成本为 K_u，一次订货缺货量为 S，年订货次数为 N，保险储备量为 B，单位存货成本为 K_c，则有

$C_s=K_uSN$

$C_B=BK_c$

TC（S，B）$=C_s+C_B=K_uSN+BK_c$

在现实中，缺货量 S 具有概率性，其概率可以根据历史经验估计得出；保险储备量 B 可以选择而定。

五、存货 ABC 分类管理

ABC 分类管理就是按照一定的标准，将企业的存货划分为 A、B、C 三类，分别实行分品种重点管理、分类别一般控制和按总额灵活掌握的存货管理方法。

企业存货品种繁多，尤其是大中型企业的存货往往多达上万种甚至数十万种。有的存货尽管品种数量很少，但是金额巨大，如果管理不善，将会给企业造成极大的损失；有的存货虽然品种数量繁多，但金额微小，即使管理当中出现一些问题，也不至于对企业产生较大的影响。

因此，无论是从经济角度还是从能力角度，企业均不能也没有必要对所有存货事无巨细地严加管理。ABC 分类管理正是基于这一考虑提出的，目的在于使企业分清主次，突出重点，以提高存货管理的整体效果。

1. 存货 ABC 分类的标准

存货 ABC 分类的标准主要有两个：一个是金额标准，另一个是数量标准。其中，金额标准是最基本的，品种数量标准仅作为参考。

A 类存货的特点是金额巨大，但是品种数量较少；B 类存货金额一般，品种数量相对较多；C 类存货品种数量繁多，但是价值金额很小。

一般而言，三类存货的金额比例大致为 A ： B ： C=0.7 ： 0.2 ： 0.1，而品种数量比例大致为 A ： B ： C=0.1 ： 0.2 ： 0.7。由此可见，A 类存货占用着企业绝大多数的资金，只要能够控制好 A 类存货，基本上也就不会出现较大的问题。同时，由于 A 类存货品种数量较少，企业完全有能力按照每一个品种进行管理。B 类存货的金额相对较小，企业不必像对待 A 类存货那样花费太多的精力。同时，由于 B 类存货的品种数量远远多于 A 类存货，企业通常没有能力对每一具体品种进行控制，因此可以通过划分类别的方式进行管理。C 类存货尽管品种数量繁多，但其所占金额却很小，对此，企业只要把握一个总金额也就可以了。不过，需要提醒的是，由于 C 类存货大多与消费者日常的生活息息相关，虽然这类存货的直接经济效益对企业并不重要，但其间接经济效益将是无法估量的。

2.A、B、C 三类存货的具体划分

具体过程可以分为以下三个步骤。

（1）列示企业全部存货的明细表，计算出每种存货的价值总额及占全部存货金额的百分比。

（2）按照金额由大到小进行排序，并累加金额百分比。

（3）当金额百分比累加到 70% 左右时，以上存货视为 A 类存货；百分比介于 70% ～ 90% 的存货作为 B 类存货；其余则为 C 类存货。

通过对存货进行 ABC 管理，可以使企业分清主次，采取相应的对策进行有效的管理控制。企业在组织经济进货批量、储存期分析时，对 A、B 两类存货可以分别按品种、类别进行。对 C 类存货只需要加以灵活掌握即可，一般不必进行上述各方面的测算与分析。此外，企业还可以运用 ABC 分类法将存货区分为 A、B、C 三类，通过研究各类消费者的消费倾向、档次等，对各档次存货的需求量（额）加以估计，并购进相应数量的存货。这样，能够使存货的购进与销售工作有效地建立在市场调查的基础上，从而收到良好的控制效果。

第五节　应收账款管理

一、应收账款的功能

企业通过提供商业信用，采取赊销、分期付款等方式可以扩大销售，增强竞争力，获得利润。应收账款作为企业为扩大销售和增加盈利的一项投资，也会产生一定的成本，所以企业需要在应收账款所增加的盈利和所增加的成本之间权衡。应收账款管理就是分析赊销的条件，使赊销带来的盈利增加大于应收账款投资产生的成本费用的增加，最终使企业利润增加，企业价值上升。

应收账款的功能指其在生产经营中的作用，主要有以下两方面。

1. 增加销售的功能

在激烈的市场竞争中，通过提供赊销可有效地促进销售。因为企业提供赊销不仅向顾客提供了商品，还在一定时间内向顾客提供了购买该商品的资金，顾客将从赊销中得到好处。所以赊销会带来企业销售收入和利润的增加，特别是在企业销售新产品、开拓新市场时，赊销更具有重要的意义。

提供赊销所增加的产品一般不增加固定成本，因此，赊销所增加的收益等于增加的销售量与单位边际贡献的乘积，计算公式为

增加的收益 = 增加的销售量 × 单位边际贡献

2. 减少存货的功能

企业持有一定产成品存货会相应地占用资金，形成仓储费用、管理费用等，产生成本，而赊销则可避免这些成本的产生。所以，无论是季节性生产企业还是非季节性生产企业，当产成品存货较多时，一般会采用优惠的信用条件进行赊销，将存货转化为应收账款，减少产成品存货，存货资金占用成本、仓储与管理费用等也会相应减少，从而提高企业收益。

二、应收账款的成本

应收账款作为企业为增加销售和盈利进行的投资，会发生一定的成本。应收账款的成本主要有以下三种。

1. 应收账款的机会成本

应收账款会占用企业一定量的资金，而企业若不把这部分资金投放于应收账款，便可以用于其他投资并可能获得收益，例如，投资债券获得利息收入。这种因投放于应收账款而放弃其他投资所带来的收益，即为应收账款的机会成本。其计算公式为

应收账款平均余额 = 日销售额 × 平均收现期

应收账款占用资金 = 应收账款平均余额 × 变动成本率

应收账款占用资金的应计利息（即机会成本）= 应收账款占用资金 × 资本成本 = 应收账款平均余额 × 变动成本率 × 资本成本 = 日销售额 × 平均收现期 × 变动成本率 × 资本成本 = 全年销售额 /360× 平均收现期 × 变动成本率 × 资本成本 = [（全年销售额 × 变动成本率）/360] × 平均收现期 × 资本成本 =（全年变动成本 /360）× 平均收现期 × 资本成本

式中，平均收现期为各种收现期的加权平均数。

2. 应收账款的管理成本

应收账款的管理成本主要是指在进行应收账款管理时所增加的费用，主要包括调查顾客信用状况的费用、收集各种信息的费用、账簿的记录费用、收账费用、数据处理成本、相关管理人员成本和从第三方购买信用信息的成本等。

3. 应收账款的坏账成本

在赊销交易中，债务人由于种种原因无力偿还债务，债权人就有可能因无法收回应收账款而发生损失，这种损失就是坏账成本。可以说，企业发生坏账成本是不可避免的，而此项成本一般与应收账款发生的数量成正比。

坏账成本一般用下列公式测算

应收账款的坏账成本 = 赊销额 × 预计坏账损失率

三、信用政策

在许多行业中，信用条件和政策已经成为标准化的惯例，因此，某一家企业很难采取与其竞争对手不同的信用条件。企业还必须考虑提供商业信用对现有贷款契约的影响，因为应收账款的变化可能会影响流动比率，可能会导致违反贷款契约中有关流动比率的约定。

企业的信用条件、销售额和收账方式决定了其应收账款的水平。应收账款的占用必须要有相应的资金来源，因此，企业对客户提供信用的能力与其自身的借款能力相关。不适当地管理应收账款可能会导致顾客延期付款，进而导致流动性问题。然而，当应收账款被用于抵押贷款或作为债务担保工具出售时，应收账款也可以成为流动性的来源。

信用政策包括信用标准、信用条件和收账政策三个方面。

（一）信用标准

信用标准是指信用申请者获得企业提供信用所必须达到的最低信用水平，通常以预期的坏账损失率作为判别标准。如果企业执行的信用标准过于严格，可能会降低对符合可接受信用风险标准客户的赊销额，减少坏账损失，减少应收账款的机会成本，但不利于扩大企业销售量，甚至会因此限制企业的销售机会；如果企业执行的信用标准过于宽松，可能会对不符合可接受信用风险标准的客户提供赊销，因此，会增加随后还款的风险，并增加应收账款的管理成本与坏账成本。

1. 信息来源

企业进行信用分析时，必须考虑信息的类型、数量和成本。信息既可以从企业内部收集，也可以从企业外部收集。无论信用信息从哪里收集，都必须将成本与预期的收益进行对比。企业内部产生的最重要的信用信息来源是信用申请人执行信用申请（协议）的情况和企业自己保存的有关信用申请人还款历史的记录。

企业可以使用各种外部信息来源来帮助其确定申请人的信誉。申请人的财务报表是该种信息主要来源之一，由于可以将这些财务报表及其相关比率与行业平均数进行对比，因此它们都提供了有关信用申请人的重要信息。获得申请人付款状况的第二个信息来源是一些商业参考资料或申请人过去获得赊购的供货商。另外，银行或其他贷款机构（如商业贷款机构或租赁公司）可以提供申请人财务状况和可使用信用额度方面的标准化信息。一些地方性和全国性的信用评级机构也会收集、评价和报告有关申请人信用状况的历史信息。这些信用报告包括还款历史、财务信息、最高信用额度、可获得的最长信用期限和所有未了结的债务诉讼等信息。

2. 信用的定性分析

信用的定性分析是指对申请人“质”的方面的分析。常用的信用定性分析法是 5 C 信用评价系统，即评估申请人信用品质的五个方面：品质、能力、资本、抵押和条件。

（1）品质（Character）

品质是指个人申请人或企业申请人管理者的诚实和正直表现。品质反映了个人或企业在过去的还款中所体现的还款意图和愿望，这是5C中最主要的因素，通常要根据过去的记录结合现状调查来进行分析，包括企业经营者的年龄、文化、技术结构、遵纪守法情况、开拓进取及领导能力、有无获得荣誉奖励或纪律处分、团结协作精神及组织管理能力。

（2）能力（Capacity）

能力是指经营能力，通常通过分析申请者的生产经营能力及获利情况、管理制度是否健全、管理手段是否先进、产品生产销售是否正常、在市场上有无竞争力、经营规模和经营实力是否逐年增长等来评估。

（3）资本（Capital）

资本是指如果企业或个人当前的现金流不足以还债，他们在短期和长期内可供使用的财务资源。企业资本雄厚，说明企业具有强大的物质基础和抗风险能力。因此，信用分析必须调查了解企业资本规模和负债比率，反映企业资产或资本对负债的保障程度。

（4）抵押（Collateral）

抵押是指当企业或个人不能满足还款条款时，可以用作债务担保的资产或其他担保物。信用分析必须分析担保抵押手续是否齐备、抵押品的估值和出售有无问题、担保人的信誉是否可靠等。

（5）条件（Condition）

条件是指影响申请者还款能力和还款意愿的经济环境。经济环境对企业发展前途具有一定影响，也是影响企业信用的一项重要的外部因素。信用分析必须对企业的经济环境，包括企业发展前景、行业发展趋势、市场需求变化等进行分析，预测其对企业经营效益的影响。

3. 信用的定量分析

进行商业信用的定量分析可以从考察信用申请人的财务报表开始。通常使用比率分析法评价顾客的财务状况，常用的指标有：流动性和营运资本比率（如流动比率、速动比率及现金对负债总额比率）、债务管理和支付比率（利息保障倍数、长期债务对资本比率、带息债务对资产总额比率，以及负债总额对资产总额比率），以及盈利能力指标（销售回报率、总资产回报率和净资产收益率）。将这些指标和信用评级机构及其他协会发布的行业标准进行比较，可以观察申请人的信用状况。

（二）信用条件

信用条件是销货企业要求赊购客户支付货款的条件，由信用期限、折扣期限和现金折扣三个要素组成，折扣期限和现金折扣构成折扣条件。

1. 信用期限

信用期限是企业允许顾客从购货到付款之间的时间，或者说是企业给予顾客的最长付款时间，一般简称为信用期。

信用期的确定，主要是分析改变现行信用期对收入和成本的影响。延长信用期，会使销售额增加，产生有利影响；与此同时，应收账款、收账费用和坏账损失增加，会产生不利影响。当前者大于后者时，可以延长信用期，否则不宜延长。如果缩短信用期，情况则与此相反。

2. 折扣条件

折扣条件包括折扣期限和现金折扣两个方面。折扣期限是为顾客规定的可享受现金折扣的付款时间。现金折扣是在顾客提前付款时给予的优惠。如果企业给顾客提供现金折扣，那么顾客在折扣期付款时少付的金额所产生的“成本”将影响企业收益。当顾客利用了企业提供的现金折扣，而现金折扣又没有促使销售额增长时，企业的净收益会下降。当然，上述收入方面的损失可能会全部或部分地由应收账款持有成本的下降所补偿。

向顾客提供现金折扣的主要目的在于吸引顾客为享受优惠而提前付款，缩短企业的平均收款期。另外，现金折扣也能招揽一些视折扣为减价出售的顾客前来购货，借此扩大销售量。现金折扣的表示常用如“5/10，3/20，*N*/30”这样的符号。“5/10”表示 10 天内付款，可享受 5% 的价格优惠，即只需支付原价的 95%，如原价为 10 000 元，只支付 9 500 元；“3/20”表示 20 天内付款，可享受 3% 的价格优惠，即只需支付原价的 97%，若原价为 10 000 元，则只需支付 9 700 元；“*N*/30”表示付款的最后期限为 30 天，此时付款无优惠。

企业采用什么程度的现金折扣，要与信用期限结合起来考虑。例如，要求顾客最迟不超过 30 天付款，若希望顾客 20 天、10 天付款，能给予多大折扣？或者给予 5%、3% 的折扣，能吸引顾客在多少天内付款？不论是信用期限还是现金折扣，都可能给企业带来收益，但也会增加成本。现金折扣带给企业的好处前面已经讲过，它使企业增加的成本，指的是价格折扣损失。当企业给予顾客某种现金折扣时，应当考虑折扣所能带来的收益与成本孰高孰低，权衡利弊。

因为现金折扣是与信用期限结合使用的，所以确定折扣程度的方法与程序实际上与前述确定信用期限的方法与程序一致，只不过要把所提供的延期付款时间和折扣综合起来，计算各方案的延期与折扣能取得多大的收益增量，再计算各方案带来的成本变化，最终确定最佳方案。

（三）收账政策

收账政策是指信用条件被违反时，企业采取的收账策略。企业如果采取较积极的收账政策，可能会减少应收账款投资，减少坏账损失，但会增加收账成本；如果采用较消极的收账政策，则可能会增加应收账款投资，增加坏账损失，但会减少收账费用。企业需要做出适当的权衡。一般来说，可以参照评价信用标准、信用条件的方法来评价收账政策。

四、应收账款的监控

实施信用政策时，企业需监督和控制每一笔应收账款和应收账款总额。例如，可以运用应收账款周转天数衡量企业需要多长时间收回应收账款，可以通过账龄分析表追踪每一笔应收账款，可以采用 ABC 分析法来确定重点监控的对象等。监督每一笔应收账款的理由：一是在开票或收款过程中可能会发生错误或延迟；二是有些客户可能故意拖欠到企业采取追款行动才付款；三是客户财务状况的变化可能会改变其按时付款的能力，并且需要缩小该客户未来的赊销额度。

企业也必须对应收账款的总体水平加以监督，因为应收账款的增加会影响企业的流动性，还可能导致额外融资的需要。此外，应收账款总体水平的显著变化可能表明业务方面发生了改变，这可能影响企业的融资需要和现金水平。企业管理部门需要分析这些变化以确定其起因并采取纠正措施。可能引起重大变化的事件包括销售量的变化、季节变化、信用政策的修改、经济状况的波动，以及竞争对手采取的促销等行动。最后，对应收账款总额进行分析还有助于预测未来现金流入的金额和时间。

（一）应收账款周转天数

应收账款周转天数或平均收账期是衡量应收账款管理状况的一个指标。将企业当前的应收账款周转天数与规定的信用期限、历史趋势及行业正常水平进行比较，可以反映企业整体的收款效率。然而，应收账款周转天数可能会被销售量的变动趋势和剧烈的销售季节性所破坏。

（二）账龄分析表

账龄分析表将应收账款划分为未到信用期的应收账款和以 30 天为间隔的逾期应收账款，这是衡量应收账款管理状况的另外一种方法。企业既可以按照应收账款总额进行账龄分析，也可以对顾客进行账龄分析。账龄分析法可以确定逾期应收账款，随着逾期时间的增加，应收账款收回的可能性变小。

（三）ABC 分析法

ABC 分析法是现代经济管理中广泛应用的一种“抓重点、照顾一般”的管理方法，又称重点管理法。它是将企业的所有欠款客户按其金额的多少进行分类排队，然后分别采用不同的收账策略的一种方法。它一方面能加快应收账款收回，另一方面能将收账费用与预期收益联系起来。

例如，某企业应收账款逾期金额为 260 万元，为了及时收回逾期贷款，企业采用 ABC 分析法来加强应收账款回收的监控，具体数据见表 4–2。

先按所有客户应收账款逾期金额的多少分类排队，并计算出逾期金额所占比重。从表 4–2 中可以看出，应收账款逾期金额在 25 万元以上的有 3 家，占客户总数的 6%，逾期总额为 165 万元，占应收账款逾期金额总额的 63.46%，我们将其划入 A 类，这类客户是催款的重点对象。应收账款逾期金额在 10 ～ 25 万元的客户有 5 家，占客户总数的 10%，其逾期金额占应收账款逾期金额总数的 30.77%，我们将其划入 B 类。欠款在 10 万元以下的客户有 42 家，占客户总数的 84%，但其逾期金额仅占应收账款逾期金额总额的 5.77%，我们将其划入 C 类。

对这三类不同的客户，应采取不同的收款策略。例如，对 A 类客户，可以发出较为严厉的信件催收，或派专人催收，或委托收款代理机构处理，甚至可通过法律解决；对 B 类客户则可以多发几封信函催收，或打电话催收；对 C 类客户，只需要发出通知其付款的信函即可。

表 4–2　欠款客户 ABC 分类法（共 50 家客户）

顾客	逾期金额 / 万元	逾期期限	逾期金额所占比重 /%	类别
A	85	4 个月	32.69	A
B	46	6 个月	17.69	
C	34	3 个月	13.08	
小计	165	——	63.46	

表 4-2（续）

顾客	逾期金额 / 万元	逾期期限	逾期金额所占比重 /%	类别
D	24	2 个月	9.23	B
E	19	3 个月	7.31	
F	15.5	2 个月	5.96	
G	11.5	55 天	4.42	
H	10	40 天	3.85	
小计	80	——	30.77	
I	6	30 天	2.31	C
J	4	28 天	1.45	
…	…	…	…	
小计	15	——	5.77	
合计	260	——	100	

五、应收账款日常管理

应收账款的管理难度比较大，在确定合理的信用政策之后，还要做好应收账款的日常管理工作，包括对客户的信用调查和分析评价、应收账款的催收工作。

（一）调查客户信用

信用调查是指收集和整理反映客户信用状况有关资料的工作。信用调查是企业应收账款日常管理的基础，是正确评价客户信用的前提条件。企业对顾客进行信用调查主要通过以下两种方法进行。

1. 直接调查

直接调查是指调查人员与被调查单位进行直接接触，通过当面采访、询问、观看等方式获取信用资料的一种方法。直接调查可以保证收集资料的准确性和及时性，但也有一定的局限，获得的往往是感性资料，同时，若不能得到被调查单位的合作，则会使调查工作难以开展。

2. 间接调查

间接调查是以被调查单位及其他单位保存的有关原始记录和核算资料为基础，通过加工整理获得被调查单位信用资料的一种方法。这些资料主要来自以下几个方面。

（1）财务报表

通过财务报表分析，可以基本掌握一个企业的财务状况和信用状况。

（2）信用评估机构

信用评估机构是专门的信用评估部门，因为它们的评估方法先进，评估调查细致，评估程序合理，所以可信度较高。在我国，目前的信用评估机构有三种形式：第一种是独立的社会评级机构，它们只根据自身的业务吸收有关专家参加，不受行政干预和集团利益的牵制，独立自主地开办信用评估业务；第二种是由政策性银行、政策性保险公司负责组织的评估机构，一般由银行、保险公司有关人员和各部门专家进行评估；第三种是由商业银行、商业性保险公司组织的评估机构，由商业性银行、商业性保险公司组织专家对其客户进行评估。

（3）银行

银行是信用资料的一个重要来源，许多银行都设有信用部，为其顾客服务，并负责对其顾客信用状况进行记录、评估。但银行的资料一般仅愿意在内部及同行间进行交流，而不愿向其他单位提供。

（4）其他途径

财税部门、工商管理部门、消费者协会等机构都可能提供相关的信用状况资料。

（二）评估客户信用

收集好信用资料以后，就需要对这些资料进行分析、评价。企业一般采用 5 C 信用评价系统来评价，并对客户信用进行等级划分。在信用等级方面，目前主要有两种：一种是三类九等，即将企业的信用状况分为 AAA、AA、A、BBB、BB、B、CCC、CC、C 九等，其中 A 为信用最优等级，C 为信用最低等级；另一种是三级制，即分为 AAA、AA、A 三个信用等级。

（三）收账的日常管理

应收账款发生后，企业应采取各种措施，尽量争取按期收回款项，否则会因拖欠时间过长而发生坏账，使企业蒙受损失。因此，企业必须在对收账的收益与成本进行比较分析的基础上，制定切实可行的收账政策。通常企业可以采取寄发账单、电话催收、派人上门催收、法律诉讼等方式进行催收应收账款，然而催收账款要发生费用，某些催款方式的费用还会很高。一般来说，收账的花费越大，收账措施越有力，可收回的账款应越多，坏账损失也就越小。因此，制定收账政策又要在收账费用和所减少坏账损失之间权衡。制定有效、得当的收账政策，很大程度上是靠有关人员的经验。从财务管理的角度讲，也有一些数量化的方法可以参照。根据应收账款总成本最小化的原则，可以通过比较各收账方案成本的大小对其加以选择。

第五章 投资管理

第一节 证券投资管理

证券资产是企业进行金融投资所形成的资产。证券投资不同于项目投资，项目投资的对象是实体性经营资产，经营资产是直接为企业生产经营服务的资产，如固定资产、无形资产等，它们往往是一种服务能力递减的消耗性资产。证券投资的对象是金融资产，金融资产是一种以凭证、票据或者合约形式存在的权利性资产，如股票、债券及其衍生证券等。

一、证券资产的特点

1. 价值虚拟性

证券资产不能脱离实体资产而完全独立存在，但证券资产的价值不是完全由实体资本的现实生产经营活动决定的，而是取决于契约性权利所能带来的未来现金流量，是一种未来现金流量折现的资本化价值。债券投资代表的是未来按合同规定收取债券利息和收回本金的权利；股票投资代表的是对发行股票企业的经营控制权、财务控制权、收益分配权和剩余财产索取权等股东权利。证券资产的服务能力在于它能带来未来的现金流量，按未来现金流量折现的资本化价值是证券资产价值的统一表达。

2. 可分割性

实体项目投资的经营资产一般具有整体性要求，如构建新的生产能力，往往是厂房、设备、配套流动资产的结合。证券资产可以分割为一个最小的投资单位，如一股股票、一份债券，这就决定了证券资产投资的现金流量比较单一，往往由原始投资、未来收益或资本利得、本金回收所构成。

3. 持有目的多元性

实体项目投资的经营资产往往是为消耗而持有的，为流动资产的加工提供生产条件的。证券资产的持有目的是多元的，它既可能是为未来积累现金即为未来变现而持有的，也可能是为谋取资本利得即为销售而持有的，还有可能是为取得对其他企业的控制权而持有的。

4. 流动性强

证券资产具有很强的流动性，其流动性表现在：①变现能力强，证券资产往往都是上市证券，一般都有活跃的交易市场可供及时转让；②持有目的可以相互转换，当企业急需现金时，可以立即将为其他目的而持有的证券资产变现。证券资产本身的变现能力虽然较强，但其实际周转速度取决于企业对证券资产的持有目的。作为长期投资的形式，企业持有的证券资金周转一次一般都会经历一个会计年度以上。

5. 风险高

证券资产是一种虚拟资产，其决定了金融投资受企业风险和市场风险的双重影响，不仅发行证券资产的企业业绩影响着证券资产投资的报酬率，资本市场的市场平均报酬率变化也会给金融投资带来直接的市场风险。

二、证券投资的目的

1. 分散资金投向，降低投资风险

投资分散化，即将资金投资于多个相关程度较低的项目，实现多元化经营，能够有效地分散投资风险。当某个项目经营不景气而利润下降甚至导致亏损时，其他项目可能会获得较高的收益，企业总体经营将不受太大影响。将企业的资金分为内部经营投资和对外证券投资两个部分，实现了企业投资的多元化。与对内投资相比，对外证券投资不受地域和经营范围的限制，投资选择面非常广，投资资金的退出和收回也比较容易，是多元化投资的主要方式。

2. 利用限制资金，增加企业收益

企业在生产经营过程中，由于各种原因有时会出现资金闲置、现金结余较多的情况。这些闲置的资金可以投资于股票、债券等有价证券，谋取投资利益，这些投资收益主要表现在股利收益、债息收入、证券买卖差价等方面。有时企业资金的闲置是暂时的，它可以投资在资本市场上流通性和变现能力较强的有价证券，这类证券能够随时变卖，收回资金。

3. 稳定客户关系，保障生产经营

在企业生产经营环节中，供应和销售是企业与市场相联系的重要通道。没有稳定的原材料供应来源、没有稳定的销售客户，都会使企业的生产经营中断。为了保持与供销客户良好而稳定的业务关系，可以对业务关系链的供销企业进行投资，保持对它们一定的债权或股权，甚至控股。这样，企业能够以债权或股权对关联企业的生产经营施加影响和控制，保障本企业的生产经营顺利进行。

4. 提高资产的流动性，增强偿债能力

资产流动性强弱是影响企业财务安全性的主要因素。除现金等货币资产外，有价证券投资是企业流动性最强的资产，是企业速动资产的主要构成部分。在企业需要支付大量现金，而现有现金储备又不足时，可以通过变卖有价证券迅速取得大量现金，保证企业的及时支付。

三、证券资产投资的风险

由于证券资产的市价波动频繁，证券投资的风险往往较大。获取投资收益是证券投资的主要目的，证券投资的风险是投资者无法获得预期投资收益的可能性。证券投资的风险可分为系统风险和非系统风险。

第二节　项目投资管理

投资项目是投资对象的总称。通常指包括成套投资建设工程项目在内的一个投资单位。亦称“投资建设项目”。项目内的各项投资密切相关，即各项投资具有共同的目标，在技术上、经济上存在着内在联系，在管理上有必要作为一个单位进行规划决策、筹集资金和组织实施。

一个投资项目还必须与其他的投资保持一定的独立性，即在投资目标，项目的技术、经济或管理方面，区别于其他投资。

一、项目投资的特点及分类

（一）项目投资的概念和特点

项目投资是对企业内部各种生产经营资产的长期投资，其目的是保证企业生产经营过程的连续和生产经营规模的扩大。在企业整个投资中，项目投资具有十分重要的地位，对企业的稳定与发展、未来盈利能力、长期偿债能力都有着重大影响。与企业其他类型的投资相比，项目投资具有以下几个特点。

1. 回收时间长

作为长期投资的项目投资，其发挥作用的时间较长，几年、十几年甚至几十年才能收回投资。项目投资对企业未来的生产经营活动和财务状况将产生重大影响，其投资决策的成败对企业未来的命运产生决定性的作用。

2. 投资数额大

项目投资，特别是战略性的扩大生产能力投资一般都需要较多的资金，其投资数额往往在企业的总资产中占有较大的比重。因此，项目投资对企业未来的现金流量和财务状况都会产生重大的影响。

3. 变现能力差

作为长期投资的项目投资，在短期内的变现能力很差。因此，项目投资一旦完成，要想改变是相当困难的，不是无法实现，就是代价太大。

4. 发生频率低

企业项目投资一般不会频繁发生，特别是大规模的、具有战略意义的投资，一般要几年甚至几十年才发生一次。

5. 风险大

由于项目投资时间长，投资额大，在进行投资决策时，需要考虑的因素比较多，需对各种影响因素进行预测，包括市场情况、销售、成本、价格、竞争对手和政治经济环境等。由于未来是不确定的，预测值和实际值难免发生偏差。因此，在项目投资时必须充分考虑这些不确定因素。

（二）项目投资的分类

项目投资是直接投资中最重要的一种。这种投资的结果是形成了企业的经营性资产，它是企业维持简单再生产和扩大再生产的基础。项目投资可按照不同的标志进行分类。

1. 按项目投资对象不同，可分为固定资产投资、无形资产投资和其他长期资产投资

（1）固定资产投资是指投资于企业固定资产特别是生产经营用固定资产的投资，如对房屋及建筑物、机器设备、运输设备、工具器具等的投资。

（2）无形资产投资是指投资于企业长期使用但没有实物形态的资产的投资，如对著作权、专利权、商标权、土地使用权和非专利技术的投资。

（3）其他长期资产投资是指投资于其他长期资产上的投资，如开办费投资等。

2. 按投资与企业未来经营活动的关系，可分为维持性投资与扩大生产能力投资

（1）维持性投资是指为维持企业正常经营，保持现有能力而投入的财力，如固定资产的更新投资等。

（2）扩大生产能力投资是企业为扩大生产规模、增加生产能力或改变企业经营方向、对企业今后的经营与发展有重大影响的各种投资。

3. 按投资对企业的影响，可分为战术性投资与战略性投资

（1）战术性投资是指不牵涉整个企业前途的投资，如为提高劳动生产率而进行的投资、为改善工作环境而进行的投资等。

（2）战略性投资是指对企业全局有重大影响的投资，如企业转产投资、增加新产品投资等。战略性投资一般所需资金多、回收时间长、风险大。

4. 按投资之间的相互关系，可分为相关性投资、独立性投资和互斥性投资

（1）相关性投资。如果采纳或放弃某个投资项目，可以显著地影响另外一个投资项目，则可以说这两个项目在经济上是相关的。如对油田和输油管道的投资，便属于相关性投资。

（2）独立性投资。指当采纳或放弃某一项目时，并不影响另一个投资项目的经济指标的投资。如一个设备制造公司在专用机床上的投资和它在某些办公设施上的投资，就是两个非相关性投资，属于独立性投资。

（3）互斥性投资。指接受了某一项目，必须拒绝其他项目的投资，即在两个或两个以上的项目中只能选择其中之一的投资。如在一块土地上兴建一个儿童乐园或建造一个运动场，就属于互斥性投资。

二、项目投资决策的程序

1. 确定目标

项目投资决策首先要明确所进行的项目投资所要达到的目的或需要解决的问题，例如，产品设备需要更新，或生产技术需要改进，或能使企业效益提高的投资机会出现等。

2. 提出备选方案

投资决策目标确定后，就要提出备选方案。提出备选方案是投资决策分析中的重要环节。假若不提出备选方案，决策分析就无从谈起。

3. 搜集可计量信息

提出备选方案后，需要就每一个方案尽可能多地搜集可计量的信息，如投资项目未来的营业收入、付现成本等。

4. 比较分析

在搜集可计量信息的基础上，选择并利用适宜的项目投资决策方法，计算各备选方案的相关指标，判断各方案是否可行。

5. 最终决策

根据各备选方案的相关指标，选出最优方案。

三、项目投资计算期的构成

项目投资计算期（通常用 n 表示）指投资项目从投资建设开始到最终清理结束整个过程的全部时间，即该项目的有效持续期间，包括建设期和经营期。建设期是指项目资金正式投入开始到项目建成投产为止所需要的时间，建设期的第一年年初称为建设起点，建设期的最后一年末称为投产日。通常将建设期的第一年年初定义为第 0 年。在实践中，通常应参照项目建设的合理工期或项目的建设进度计划合理确定建设期。项目投资计算期的最后一年年末称为终结点。从投产日到终结点之间的时间间隔称投资经营期，经营期一般应根据项目主要设备的经济使用寿命确定。

项目投资计算期、建设期和经营期的关系可用下式表示：

项目投资计算期 = 建设期 + 经营期

四、项目投资的内容

（一）原始投资

原始投资是指企业为使投资项目完全达到设计生产能力、开展正常生产经营而投入的全部现实资金。包括建设投资和流动资产投资两项内容。

1. 建设投资

建设投资是指在建设期内按一定生产经营规模和建设内容进行的投资，包括固定资产投资、无形资产投资、其他资产投资。

（1）固定资产投资是指项目用于购置和安装固定资产应当发生的投资。固定资产原值与固定资产投资的关系为

固定资产原值 = 固定资产投资 + 建设期资本化利息

建设期资本化利息是指在建设期发生的与购建固定资产、无形资产等长期资产有关的债务利息。

（2）无形资产投资是指用于取得无形资产项目发生的投资。

（3）其他资产投资是指建设投资中除固定资产投资和无形资产投资以外的投资，如开办费投资。

2. 流动资产投资

流动资产投资是指项目投产前后分次或一次投放于流动资产项目的投资增加额，又称垫支流动资金或营运资金投资。

（二）项目总投资

项目总投资是反映项目投资总体规模的价值指标，它等于原始投资与建设期资本化利息之和，即

项目总投资 = 原始投资 + 建设期资本化利息

五、项目投资资金的投入方式

原始投资的投入方式包括一次投入和分次投入两种方式。一次投入方式是指投资行为集中一次发生在项目投资计算期第一个年度的年初或年末；分次投入方式是指投资行为涉及两个或两个以上年度，或虽然只涉及一个年度但同时在该年的年初和年末发生。

第六章　财务报表分析

第一节　财务报表及其结构

财务报表分析就是报表分析者利用公司公开披露的财务报表及其他相关信息，来了解公司财务状况与经营成果，揭示公司优势与不足，以有助于分析者做出各种决策的一种手段与方法。

不同的报表分析者因其不同的决策需要，会从不同的角度和重点对财务报表进行分析。如股东（包括潜在的和现实的）会因其投资决策需要（如买入或卖出股票决策、长期持有股票或短期投资决策等），而在分析财务报表时重点关注公司的价值及其成长性；债权人则因其贷款的还本付息风险而重点关注公司资产质量及其偿债能力；公司经营者则试图通过财务报表来明晰公司财务状况和经营成果，揭示报表背后可能存在的潜在问题和风险，以提出未来的管理重点和管理方略。

那么应该如何分析财务报表？要回答这一问题，首先必须了解财务报表的种类与结构。

一、财务报表种类

财务报表是对企业在某一时点或时期内的财务状况、经营成果和现金流量的一种结构性表述。无论是从对外信息披露还是从满足内部管理角度，企业都需要编制财务报表。要使财务报表所提供的数据成为有用的信息，都应当对其进行加工、处理和分析。财务报表分析即以企业财务报表数据为基础，通过对相关数据的分析，来揭示企业经济活动的过程和财务业绩的结果。

财务报表主要由报表主体及报表附注两部分组成，其中报表主体主要包括资产负债表、利润表、现金流量表等。

二、资产负债表及其结构

资产负债表反映了企业在某一特定时点的财务状况，如资产总额及其资本来源（负债和股东权益）、资产结构与资本结构等。资产负债表一般由左（资产）、右（负债和股东权益）两方构成，其逻辑关系是

$$资产 = 负债 + 股东权益$$

从资产负债表可以看出以下方面。

（1）企业所拥有的所有资产都来自股东权益和负债，其中股东权益是企业生成的基础和财务保障。

（2）股东是企业风险的最终承担者，其拥有的权益总额是“资产 – 负债”后的剩余差额，即

$$股东权益 = 资产 - 负债$$

（3）“资产”是公司作为一个独立法人所拥有、控制的完整资产，具有不可分割性。也就

是说，不论公司资产是由借款购入，还是股东直接投资形成，一旦为公司所拥有并实际投入公司运营，该项资产与具体的筹资方式（如股东投资或债权人借款）就没有关系了。因此，从评价、分析资产的运营效率角度来看，100% 由借款形成的公司资产和 100% 由股东投资形成的公司资产，在资产使用效率的评价上是无差异的。这就是投资与融资的分离原则。

（4）负债与股东权益之间的比例关系被称为资本结构，该结构对公司财务风险分析及公司价值评估会产生重大影响。

（5）债权人权益保护主要借助于债权债务合约，如还本付息、资产抵押、优先清偿权规定等。因此，负债对公司资产使用具有刚性的财务约束。

资产负债表左边“资产”项目是按照各项资产的流动性来列示的，它分为流动资产和非流动资产（如固定资产、无形资产等）；其右边则是按负债和股东权益分别列示。负债和股东权益比例可以反映公司资本结构政策的选择；负债总额由流动负债和长期负债构成，它反映了公司管理层对债务结构的基本政策。

（一）资产

1. 流动资产

从会计角度看，流动资产是满足下列条件之一的资产。

（1）预计在一个正常营业周期中变现、出售或费用。

（2）主要为交易目的而持有。

（3）预计自资产负债表日起一年内（含一年）变现。

（4）自资产负债表日起一年内，交换其他资产或清偿负债的能力不受限制的现金或现金等价物。

流动资产可以进一步细分为货币资金、应收及预付款项、交易性投资、存货及其他项目。

2. 非流动资产

除流动资产以外的其他资产，在会计上都归类为非流动资产，从性质上分列为长期股权投资、固定资产、递延所得税资产、无形资产等。

3. 资产总额

资产总额是企业在某一时点所拥有或控制的总资产，在数量关系上，它等于流动资产与非流动资产的加总。人们在进行公司资产分析时，一般重点考虑以下两点。

（1）资产总量或规模。任何资产占用都存在风险，资产规模越大，公司所承受的风险也可能越大。如大量存货占用会产生存货减值风险，应收账款占用会产生坏账风险等。因此，资产只有处于不断地周转利用之中，即通过资金周转提高其利用效率并相对降低其占用总量，才能规避资产风险。

（2）资产结构。企业所占用的各项资产，其功能是不同的。如有些属于垫支性资产（如流动资产中的应收账款，它属于为促进有价值产品的销售而垫支的资产额），这类资产自身不能增值但却有利于企业增值的实现（由此推动企业所生产的各类有价值产品或服务的价值实现）；而有些则属于投资性资产（如生产设备等各项资产投资），这类资产的充分利用将直接生产出有价值的产品和服务。因此，保持合理的企业资产结构，不仅有利于提高企业资产的流动性，同时有利于资产的营利性。保持合理的资产结构对公司经营与管理意义重大。

影响企业资产结构的因素有很多。不同行业有着不同的资产结构，如资本密集型企业（如制造业）投资于非流动资产的比例就相对要高。同一行业因管理水平不同，最终所反映的资产结构也不尽相同，如加大应收账款管理既有利于销售的增长，同时还降低了该项资产的占用额。同一企业不同的经营策略，也会反映企业资产占用比例的高低，如对不影响公司核心竞争力的部分经营进行外包，不但有利于提高企业整体盈利水平，而且还能提高企业资产的总体运营效率。

（二）负债与股东权益

1. 负债

负债是企业承诺的一项到期支付义务。负债规模及比例高低对企业现金流（现金流出量、流出时间等）影响非常大。

从会计报表角度看，公司负债一般分为流动负债和非流动负债两大类。其中，满足以下条件之一的负债都被视为流动负债：①预计在一个正常营业周期中清偿；②主要为交易目的而持有；③自资产负债表日起一年内到期应予清偿；④企业无权自主地将清偿推迟至资产负债表日后一年以上。流动负债主要包括短期借款、应付及预收款项、应交税费、应付工资等。流动负债以外的其他负债都归类为非流动负债，如长期借款、长期应付款、应付债券、递延所得税负债等。

从财务角度看，负债还可分为计息债务和非计息债务两类。其中，计息债务主要是企业为筹资活动而产生的债务（如各种借款等），而非计息债务主要是指企业在正常生产经营过程中产生的自然负债（如各种应付项目）。

任何企业都会因负债融资而存在着潜在的不能到期还本付息的风险，这就是人们所说的财务风险。公司负债规模大体上反映了企业整体财务风险的高低，负债总额及其占总资产的比例越高，说明企业面临的财务还款压力越大，财务风险越高。在负债总额不变的条件下，不同的负债结构（如流动负债与非流动负债的比例关系）也能反映出不同的风险结构。如负债总额中短期负债比重过大，一方面意味着债务融资成本较低，另一方面却意味着企业所面临的还款压力更大、风险更高。

2. 股东权益

股东权益也称所有者权益，它主要由股本（实收资本）、资本公积、盈余公积和未分配利润构成，代表着股东对企业资产的剩余索取权。股东权益是形成公司并保障公司发展的财务基础。

3. 投入资本总额（Invested Capital 或 Capital Employed）

投入资本总额是指某一时点对企业资产具有利益索取权的各类投资者（如债权人和股东）为企业所提供的资本总额。一般情况下，企业所占用的各项资产的资本来源主要有两类。

（1）筹资活动形成的资本来源，如银行借款、发行债券或股票筹资等。企业利用这部分资本投资于企业生产、经营或资本项目等，从而形成企业的各项资产。

（2）经营活动过程自发形成的应付账款等短期债务，如赊购材料、存货等交易活动形成的各种短期应付账款等。财务上认为，这些短期应付账款等债务额在性质上有两大特点：一是自发性，它因经营活动而非筹资活动而自发产生（因此它们也被称为自然筹资）；二是非计息性（这类负债大多是由供应商们“免费”提供的，因此它们也被称为非计息债务或无息债务）。

因此，从资本提供及权益索取角度看，投入资本总额代表了企业筹资活动过程中由企业投资者所提供给企业的资本总额，它不包括因非筹资活动而产生的非计息流动债务额，即

投入资本总额 = 计息债务总额 + 股东权益总额

= （债务总额 − 非计息流动债务总额）+ 股东权益总额　　　（6–1）

与此相对应，如果从公司占用资产的角度看，由公司资本提供者提供的资本而形成的总资产，被定义为运用资产总额，在计算公式上即

运用资产总额 = （流动资产 − 非计息流动债务）+ 非流动资产

= 营运资本 + 非流动资产　　　（6–2）

在这里，“流动资产 − 非计息流动债务”代表了企业在流动资产上的净投资额，它在财务上被定义为“营运资本”。

同时，会计等式：资产 = 负债 + 股东权益，如果从资本提供者角度看，则可改写为

运用资产总额 = 资本提供者投入资本总额

即

（流动资产 − 非计息流动债务）+ 非流动资产 = 计息债务 + 股东权益　　　（6–3）

4. 负债与股东权益的比例关系

负债与股东权益的比例关系大体反映了财务风险的大小和收益的高低。从风险角度来看，负债比例越高，意味着公司面临的偿债压力越大；但从股东收益角度来看，高负债比例则可能意味着股东预期回报率较高。这是因为，如果企业的投入资本收益率（息税前利润总额 / 投入资本总额）高于借款利率，则债务比例越高（在资产总额不变的情况下意味着股东投资额相对较少），股东所分享的剩余收益越高。

在财务上，人们一般将负债 / 股东权益这一比例定义为资本结构，而将负债 / 总资产这一比例定义为资产负债率。

（三）账面价值（Book Value 或 Carrying Value）与市场价值（Market Value）

资产负债表各项目的金额大多是根据历史成本计价原则确定的，它反映资产或负债的账面价值。因此，因计价属性不同，投资者（股东或债权人等）难以通过财务报表本身来直接判断公司价值，而且在多数情况下，资产账面价值与公司市场价值总是存在差异的。

在理论上，企业市场价值即为各项资产内在价值的总额，或者是外在化为市场交易价格。资产的账面价值与内在价值的区别可以通过下列来解释。如某企业购置了一台设备，其购置成本为 50 万元（在会计上所确认的账面价值）。企业购入该设备的目的在于运营（而不仅是为拥有或收藏该设备），即通过高效利用该设备来实现其预期收益。财务上，人们将该设备所创造的未来各期现金净流入的现在价值定义为该设备的内在价值。可见，在会计报表上所列示的该设备金额为 50 万元，但其所体现的内在价值可能高于或可能低于 50 万元。

财务报表中的资产总额与企业价值并不相等，其背离程度有时会很大。原因可能有：首先，很多资产项目的报表数只能依赖历史成本计价原则来计量，它们很难用市场价值来直接体

现（如大多数非流动资产项目）；其次，会计师在计量资产总值时是按照各单项资产价值加总后确定的，但是，正如一个车间的内在价值绝不等于该车间内所有单项设备的价值一样，企业作为各项资产的集合体，其资产整体使用效能所体现的现在价值并不等于单项资产使用效能现在价值的总和；最后，更重要的是，企业整体价值中还有很多具有市场价值的项目（如商誉、品牌），并没有在报表中直接反映出来。因此，企业账面价值与市场价值间的背离，对大多数公司来说都是非常明显的。

三、利润表及其结构

利润表是反映企业在某一时期内经营成果的基本报表。

（一）利润表结构

利润表的编制逻辑是：利润 = 营业收入 – 费用。其中，营业收入是企业在某一期间所发生的正常业务收入，包括主营业务收入和其他业务收入等；费用按功能则分为：从事经营业务发生的成本，管理费用，销售费用，财务费用等。

利润表结构通常包括以下三个层次。

1. 营业利润

营业利润反映了企业在一定时期内的经营性收益，是企业利润的根本来源。在财务上，人们将“营业收入 – 营业成本 – 营业税金及附加”定义为营业毛利额，而将“营业毛利额 – 销售费用 – 管理费用”定义为息税前利润（Earnings Before Interes Tandtax，EBIT）。其中，息税前利润反映了公司资产的投资收益能力（它不考虑资产的来源如何）。用公式表示即

营业毛利额 = 营业收入 – 营业成本 – 营业税金及附加　　（6–4）

息税前利润（EBIT）= 营业毛利额 – 销售费用 – 管理费用　　（6–5）

2. 利润总额

利润总额是营业利润加减营业外收支后的总额。

3. 净利润

净利润是利润总额扣减按所得税法计算的所得税费用后的利润净额。从性质看，净利润是公司当期为全体股东所创造的新增收益。净利润可以用于股利分红，也可以用于留存收益（形成公积金和未分配利润）。

（二）利润表与现金流

利润表是根据会计准则的要求而编制的，即收入及成本费用的确认与计量均以会计准则为依据。因此，收入实现与现金是否流入、成本费用发生与现金是否流出并不必然相关。如销售业务完成确认了收入，但相应销售货款并未收回（形成“应收账款”）；利息计提作为当期费用抵减当期收入，但利息并未在当期实际付出（形成“应付利息”）等。

在进行财务分析时，人们会高度关注现金流，但利润表并不是以完整反映现金流量为目的的，利润表中有很多非付现项目（如折旧）已作为费用抵减了收入，但并未影响经营现金流量。

四、现金流量表及其结构

现金流量表是反映企业在一定时期内现金及现金等价物流入与流出的报表。其中，现金是

指企业库存现金，以及可以随时用于支付的存款，现金等价物是指企业持有的期限短、流动性强、易于转换为已知金额现金、价值变动风险很小的投资。会计上，现金流量表要反映出企业经营活动、投资活动和筹资活动的现金流量。

（一）现金流量表的含义

现金流量表的本质在于通过该表来解释：引起现金及现金等价物的“期初”与“期末”数变化（即现金及现金等价物净增加额，体现为资产负债表中“货币资金”的期初、期末数之差）的原因到底是什么？为什么企业有时利润很高但现金余额很少，有时利润很低但现金余额却较高？要解释现金及现金等价物的净变化情况，就必须追溯该期间内所从事的所有活动，包括经营活动、投资活动和筹资活动对现金流量所产生的影响额。

（二）经营活动现金流量

经营活动现金流量是指由于经营活动而产生的现金流量净变化额。

（三）投资活动现金流量

投资活动现金流量是公司收回投资、取得投资收益、处置非流动资产等形成的现金流入量，与购置长期资产、对外投资等形成的现金流出量之间的差额。用公式表示即

投资活动现金流量 =（期末固定资产净额 – 期初固定资产净额）+ 本期计提折旧额

（四）筹资活动现金流量

筹资活动是指导致企业股本及债务规模、构成变化的活动，如吸收投资和取得借款收到现金、偿还债务本息等支出现金、分配股利等。筹资活动产生的现金流量主要体现为吸收投资收到现金、借款收到现金等现金流入量，与偿还债务支付现金、分配股利及偿付利息等现金流出量间的差额。

（五）现金流量表所反映的现金净变化额

现金流量表是从流量角度来解释“现金及现金等价物”的净变化状态的。

第二节　财务报表分析方法

报表分析需要借助于一定的方法。报表分析者除了需要深入了解企业战略与成长背景、行业发展状态、企业盈利模式等因素外，还需要通过对相关报表数据的计算、加工、对比和分析，来揭示报表数据背后存在的问题。在财务报表分析中，常用的方法主要有：比较分析法、比率分析法、趋势分析法、因素分析法等。

一、比较分析法

（一）比较分析法的含义

比较分析法是通过财务指标对比来确定数量差异的一种方法。具体地说，它是将报表中的各项数据，与计划（预算）、前期、其他企业等同类数据进行比较，从数量上确定差异的一种

方法。通过比较分析所确定的数量差异可以反映出经营管理工作中存在的差距。比较分析法的功用在于揭示客观存在的差距，并分析差距成因，帮助人们发现问题，挖掘潜力，改进工作。根据分析内容不同，比较分析法可以单独使用，也可以与其他分析方法结合使用。

（二）比较分析法的比较标准

比较分析法常用的比较标准有：预算标准、历史标准、行业或标杆企业标准、经验标准。

1. 预算标准

预算标准是指企业根据自身经营条件或经营状况预先制定的目标标准。在报表分析时，它通常被广泛采用。

2. 历史标准

历史标准是指以企业过去某一时间的财务状况或经营成果为标准。在历史标准的选择上，可以选择企业的历史最高水平，也可以选择企业正常经营条件下一般或平均水平。如在进行财务报表分析时，经常将本年度的财务状况与上年进行对比，就是一种以历史标准为基础的比较分析法。但历史标准只代表过去，并不代表它是完全合理的，经营环境的改变会对历史标准产生重大影响。

3. 行业或标杆企业标准

行业或标杆企业标准是指同一行业或同行业内的标杆企业的平均水平或最高水平。行业标准在财务报表分析中被广泛采用，其原因在于，通过行业比较可以说明企业在行业中所处的地位与水平，从而正确判断企业的差距与未来变动趋势。

4. 经验标准

经验标准是指通过大量实践经验检验，总结得出的具有普遍意义的财务标准。如流动比率的经验标准是不低于 2 ∶ 1；当流动负债对有形净资产（净资产总额 – 无形资产）的比率超过 80% 时，企业就会出现经营困难等。但在以经验标准进行比较分析时必须格外小心，因为经验标准毕竟是对经验的总结，在多数情况下它没有参考价值，除非该经验值经得起时间的检验。

需要注意的是，比较分析法以可比性为重要前提，它要求在指标设计、计算方法、时间尺度等各方面保持其可比性。如果没有可比性，比较分析就没有任何意义。

二、比率分析法

（一）比率分析法的含义

比率分析法是指通过两个相互联系的指标的对比确定比率，以分析企业财务状况和经营水平的一种方法。通过比率分析可以直接说明某项比率指标水平的高低，也可以和比较分析法结合起来分析某项比率指标与对比指标的差异。

（二）比率分析法的种类

比率分析法主要包括相关比率分析法（指标分析法）和构成比率分析法两种。

1. 相关比率分析法

相关比率分析法也称指标分析法，是根据财务活动客观存在的相互依存、相互联系的关系，将两个性质不同、但又相互关联的指标进行比较，求出比率，以便在财务活动的客观联系中进行研究，更深入地认识财务状况和经营状况。例如，将营业收入和企业实现的利润总额两个性质不同的指标相比，可以计算出销售利润率，反映企业营业收入的获利水平及总体盈利情况。

相关比率分析法是确定财务指标的根本方法，它以被计算项目间的相关性为前提。

2. 构成比率分析法

构成比率分析法是指通过计算某一指标的各个组成部分占总体的比重，来分析其结构或其构成变化。如营业收入可以按其产品线、管理区域、经营分部等不同标志来分别确定其各自的构成结构，以从不同角度来确定营业收入的构成，并得出其未来管理重点。

三、趋势分析法

趋势分析法是通过分析同一企业若干年的财务指标升降变化，从而发现问题，评价企业财务状况和经营成果的一种方法。比较分析法和比率分析法是从一个时点来观察企业的财务状况，但是在经济生活中，经常存在这样的现象，即某一财务指标在某一时点看起来较好，但从发展趋势看则不一定好；在某一时点上表现较差，但在趋势发展上却可能处于迅速改善之中。因此，趋势分析法是从一个较长的时间段来评价和分析企业的财务状况和经营成果。趋势分析可以采用增长率分析来判断，也可以采用时间序列下的更直观的指标直方图和趋势图来描述。

四、因素分析法

（一）因素分析法的含义及其分析步骤

因素分析法是从数值上测定各个相互联系的因素的变动对有关经济指标影响程度的一种分析方法。经济指标值的变动，往往是许多因素共同影响的结果，这些因素同方向或反方向的变动对经济指标有着重要的推动作用。要测定各个因素对经济指标变动的影响程度，就需要假定影响经济指标变动的诸因素中的其他因素不变，来确定其中某一个因素变动的影响。其分析步骤大体包括：①确定经济指标对比差异，即确定分析对象；②根据影响经济指标的各个因素之间的内在联系，建立反映经济因素与经济指标之间关系的分析模型；③以基数（计划数或上期数等）为计算基础，按因素顺序以实际指标的各个因素逐次替换基数指标的各个因素，有几个因素就替换几次，直到所有因素变为实际数为止；④将每次替换后的结果，与前一次的计算结果相比较，两者之差即为某个因素的变动对经济指标差异的影响数额；⑤综合各个因素的影响数之和，确定该项经济指标的对比差异数。

（二）因素分析法的注意事项

在应用因素分析法时要注意以下几点

1. 指标构成因素的相关性

指标构成因素的相关性是指确定构成经济指标的各个因素与经济指标之间客观上存在着的因果关系，或者说，组成经济指标的各个因素应该能够反映经济指标差异的内在原因，否则就失去了分析的意义。

2. 因素替换计算的顺序性

因素替换计算的顺序性是指因素排列顺序要遵循一定的原则，以确定正确的替代顺序。在实际分析中，往往遵循“先替换数量性指标，后替换质量性指标；先替换实物指标，后替换价值量指标；先替换主要指标，后替换次要指标”这一顺序。

3. 计算程序的连环性

计算程序的连环性是指因素替换和指标对比要连环进行，以使各因素的影响数与经济指标差异数相符。所谓因素替换的连环性，一是指因素替换要按顺序依次进行，不能从中间隔替换；二是指替换过的数要用实际数，尚未替换过的数用基期数或计划数。

需要注意的是，财务报表分析是各种方法的综合运用，只有灵活运用各种方法，并结合企业的经营背景和经营活动，所得出的分析结论才可能是正确的、有用的。

第三节　财务指标及其分析

全面分析财务报表，需要构建有机、综合的指标体系。人们可以根据需要，依据各财务报表数据来加工、整理并创造出不同的财务指标。但是，任何有意义的财务指标或指标体系都应当以分析为目的，即以分析、解剖和透视企业的财务状况与经营成果为目的，并以此分类和构建其财务指标体系。

财务分析实践表明，短期偿债能力、营运能力、长期偿债能力、盈利能力等体现了企业财务状况与经营成果的各个方面，以此分类所构建的财务指标体系，被认为是最有用的。

一、短期偿债能力及其指标分析

短期偿债能力（Short-Term Solvency）是指企业偿还日常流动负债的能力。如果企业现金流充足，则能保证如期偿还短期债务；如果企业现金流短缺，则可能会出现短期偿债危机。从财务角度看，短期偿债能力强弱是显示企业财务状况好坏的重要标志之一。

短期偿债能力通常与流动资产、流动负债的结构相关。如前文所述，流动资产结构是指现金及其等价物、应收账款、存货等项目之间的比例结构。在资产负债表中，流动资产是按其流动性强弱由高到低排序的。流动性显示了任何资产项目转换为现金用于支付的能力，显然现金及其等价物的流动性最强，应收账款次之，而存货项目更次之。流动资产结构大体反映了企业流动资产用于偿付债务的状况和能力。流动负债结构主要指应付账款、其他应付款、短期借款（含一年内到期的长期借款）等项目在数量、到期时间长短上的比例关系。越接近到期日，或接近到期日时流动负债占总负债的比例越大，则企业短期偿债压力就越大。

从持续经营角度来看，任何企业流动负债的偿还基础都是经营活动中所产生的现金流。或者说，任何企业都不希望以变卖流动资产所得的变现值来用于短期债务的偿还（除非企业迫不得已进入破产清算程序），更不希望变卖企业的长期资产来偿还短期债务。

因此，在财务分析上，人们用流动资产与流动负债的相关关系构建了一系列指标，主要包括流动比率和速动比率。

（一）流动比率

流动比率（Current Ratio）是流动资产与流动负债的比率。其计算公式为

流动比率 = 流动资产 / 流动负债 （6–6）

流动比率的财务含义是：面对将于一年内到期的流动负债偿还压力，企业有多少流动资产可以充当偿还债务的财务资源基础。通常情况下，该指标值高比低要好。但在分析时应注意，该指标值高低并不能说明太多问题，主要有以下原因。

（1）从静态来看，流动资产和流动负债都属于时点数，可能会因企业在某一时点（如期末、指标计算时点）的经营活动变动而引起指标值波动。如流通企业在年末大批量进货（销售旺季）会导致存货大量增加，从而相对降低该指标值。从经营业态看，这种正常经营行为所引起的指标值偏低，并不意味着企业偿债能力在这一时点表现很差。

（2）从动态来看，同一企业在不同经营期内，可能会随着经营环境变动而调整其经营策略，从而影响该指标的计算结果。如企业由过去传统的“先购货、后生产”这一传统经营模式，转变为在生产环节直接向供应商订货这一经营模式（这一模式下存货量将大大减少，规划周全的话，库存可降至为零）。在新经营模式下，企业运转可能更有效率，且对企业短期偿债能力并不产生实质性影响（但该指标值却因存货降低而“变差”了）。③管理效率的改变也会改变这一指标值。以应收账款为例，加强应收账款管理，一方面意味着其资金占用量降低，销售回款速度加快；另一方面意味着收账费用和坏账损失都可能降低。在这种情况下，应收账款管理效率的提高可能会降低该指标值，但对企业的短期债务偿还而言，其偿债能力不是减弱而是增强了。

因此，流动比率高低的分析，需要结合企业具体经营业务、商业周期、经营管理效率及在同行业中所处的地位，进行序时比较分析、趋势分析和标杆比较，以关注指标值的波动及异常，以便发现其中可能出现的偿债风险问题。

（二）速动比率

速动比率（Quick Ratio）是企业速动资产与流动负债的比率，它也称酸性测试比率（Acid–Test Ratio）。其中，速动资产是流动资产扣除存货后的余额，即能够快速转化为现金用于支付的流动资产。

速动比率计算公式为

速动比率 = 速动资产 / 流动负债 =（流动资产 – 存货）/ 流动负债 （6–7）

之所以在计算速动资产时扣除存货项目，主要有以下原因。

（1）存货是流动资产中变现能力最差的惰性资产，它通常要经过存货销售和账款收回两个阶段，才可能变为现金。例如，如果流动负债的偿还期较短（如 3 个月要还款），而存货要经历一个经营周期才能变现，从而收回现金所需的时间较长（如 9 个月），则公司将难以利用手头的存货来归还到期债务。在这种情况下，存货量高低与公司短期偿债能力强弱并不直接相关。

（2）存货中可能包含适销不对路从而难以变现的部分，这部分存货在会计账面上可能存在，但其变现价值很低。

（3）因会计计价原因，存货账面成本并不代表其可变现净值。

（4）部分存货可能已被抵押或冻结等。

为稳健起见，在分析短期偿债能力时，还可计算保守速动比率。正如在流动资产中存货属于变现力最差的资产一样，流动资产还包括预付账款等资产。预付账款一般为存货采购而发生（现金已付但未收到货品），从经营上看，该资产难以一时变现。因此，企业真正能迅速变现用于偿还的流动资产，主要是现金、交易性金融资产（短期证券投资）和应收账款这三项资产。在财务分析时，人们将这三项的加总数定义为保守速动资产。

保守速动比率的计算公式为

保守速动比率 =（现金 + 交易性金融资产 + 应收账款）/ 流动负债　　(6–8)

与流动比率相类似，不存在通用的标准来判断速动比率到底是较高好，还是较低好。不同行业、同一行业的不同企业、同一企业的不同经营期、同一经营期的不同经营时点等，都会有不同的速动比率。但是，如果企业的速动比率存在长期不规则波动，则可能会给公司短期偿债能力的分析判断提供某些预警信号。

另外，如果将流动比率与速动比率进行联合分析，则可能会得出一些有益的结论。例如，如果某一时期流动比率较高而速动比率较低，可能反映企业的存货周转存在问题；反过来，如果不同时期的速动比率提高幅度较大，而流动比率的提高幅度相对较小，可能反映应收账款质量和回收风险。但这仅仅是某种信号提示，具体分析时还需要结合流动资产结构和单向流动资产质量来综合考虑。

二、营运能力及其指标分析

营运能力是指企业资产投入水平相对于销售产出的经营能力，即资产的周转使用效率。企业资金周转状况的好坏，既是企业供、产、销等经营环节有效运营的结果，也是企业经营管理水平的体现。从资金周转使用效率角度来看，如果一定的资产投入所带来的营业收入最多，或者营业收入一定的情况下所投入的资产量最少，则无论是从经营能力（营业收入的增长）还是资产风险管理上来看（资产占用越大，所暴露的风险可能越高，如存货越大，其面临的减值风险压力越大），这样的资金周转状况却是最为理想的。

营运能力反映企业资产的利用效率，它一般以资产投入与销售产出之间的关联关系来反映企业资产的运营效率。反映企业营运能力的指标主要有：应收账款周转率、存货周转率、营业周期和总资金周转率。

（一）应收账款周转率

应收账款周转率是指营业收入与应收账款平均余额的比率，该指标用于衡量企业应收账款周转的快慢程度。其计算公式为

应收账款周转率 = 营业收入 / 应收账款平均余额　　(6–9)

理论上，相对于应收账款占用，用于衡量企业业务周转额的“营业收入”应当是营业收入总额扣除现销收入、销售退回、现金折让与折扣后的净额。但由于企业现销、赊销数据难以取得（除非公司内部），因此在确定业务周转额时，可以直接以利润表中的“营业收入”数据来替代。另外，“应收账款平均余额”一般采用期初和期末两个时点的应收账款平均数来确定，即

应收账款平均余额 =（期初应收账款余额 + 期末应收账款余额）/2

应收账款周转率指标在本质上反映了公司信用政策的宽松程度及应收账款的管理能力。一

般情况下，如果公司信用政策较严，则公司被客户所占用的应收账款资产数量相对较低，占用期限相对较短，那么应收账款周转率越高，回收账款的速度也越快，流动性越强；反过来，如果公司采用为客户提供较为宽松的信用政策，则客户占用公司的应收账款数量多、占用期长，那么其应收账款周转率也相对较低，平均回收期较长，进而公司面临的收账风险也较大，收账成本可能也较高。同样，应收账款管理能力越强，其周转速度越快，反之则越慢。

如果企业因信用政策的过严、过宽而产生的应收账款周转率过高或过低，都可能会对企业经营活动产生不良影响。周转率过高可能意味着企业给客户提供的信用条件过于苛刻，从而丧失潜在有价值客户的可能性越大；反之，周转率过低可能意味着向客户提供的信用政策过于宽松，从而收账成本和收账风险越高。因此，应收账款周转率指标值到底多少最为合适，并不存在统一标准，它取决于企业的经营战略和管理能力。在西方商业界，有一条不成文的规则，即应收账款的实际平均收账期最高不要超过信用期的 10 天以上。也就是说，如果企业销售商品时给客户所提供的平均信用期是 50 天，则应收账款的收账期最高不应高于 60 天。

（二）存货周转率

存货周转率是在一定时期内企业营业成本总额与存货平均余额的比率。存货在流动资产总额中所占比例较大，存货周转能力在很大程度上反映了企业购、产、销之间的经营平衡能力及流动资产整体管理效率。在存货周转率的概念中，人们之所以采用营业成本总额作为周转额，主要是因为存货是以历史成本计价的。为计算上的配比，需要将营业收入中的销售毛利部分剔除。其计算公式为

$$存货周转率=营业成本/平均存货成本 \tag{6-10}$$

式（6-10）中，平均存货成本 =（期初存货成本 + 期末存货成本）/2。

一般来说，存货周转率越高，存货转化为应收账款和现金的速度就越快，企业经营状况就越好；反之则越坏。由于存货是由原材料、在产品和产成品等构成的，因此，存货周转率的高低主要取决于公司的采购和销售模式、生产制造环节的作业流程等（如存货实行即时制管理模式，将会大大降低原材料和产成品的存货占用，从而大大提高存货周转能力）。但存货周转率过低，也可能会因缺货而导致经营中断。

（三）营业周期

营业周期是指企业从购买原材料开始到销售产品收回现金为止的整个经营期间。营业周期的长短取决于存货周转天数和应收账款周转天数。其计算公式为

$$营业周期=存货周转天数+应收账款周转天数 \tag{6-11}$$

一般情况下，营业周期短，说明处于营运状态的流动资产的周转速度快。

（四）总资金周转率

总资金周转率是企业营业收入与资产占用平均额的比率。其计算公式为

$$总资金周转率=营业收入/资产占用平均额 \tag{6-12}$$

总资金周转率反映公司整体资产的使用效率。如果该指标值较低，则说明企业整体资产利用效率不尽如人意（它进而会影响企业的获利能力）。在这种情况下，企业应该采取积极措施提高营业收入或处置不需用或无效资产，以提高总资产利用率。当然，如果公司总资金周转率

过高，则也有可能意味着公司投资不足或资产更新改造能力不足。另外，该指标值的高低在某种程度上也反映了行业的多种属性。如服务行业的固定资产和流动资产的占用比例都要比制造业的低，从而其总资金周转比率相对制造业较高。

在计算总资金周转率时，资产总额可采用期初、期末资产的平均数，亦可简化而直接采用期末数。

三、长期偿债能力及其指标分析

长期负债是指偿还期在一年或者超过一年的一个营业周期的债务总额，包括长期借款、公司债券、长期应付款等。公司发展离不开长期债务资本的支持。长期债务在加大公司财务风险的同时，也为提高股东回报提供了机会。

长期偿债能力分析主要是为了判断公司偿还长期债务本金、支付利息的能力，它从以下两方面入手。

（1）静态的债务本金偿还能力。如果在某一时点，公司总资产价值大于负债总额，或者总资产中有部分来源于股东投资，或者极端情形下公司有形资产净值（总资产扣除无形资产）大于长期债务，则公司长期债务本金的偿还都是有物质保障的。反之，则可能出现债务偿还危机（如资不抵债）。

（2）动态的债务利息支付能力。债权人对公司的权益要求首先体现为利息支付。从长期看，公司能否支付利息成为债权人能否收回本金，并且是否会为公司提供再贷款的基本标志。因此，如果公司总资产的盈利能力足以支付所有计息债务的利息，或者其总资产所取得的收益额能数倍于利息支付要求，则债权人可以将款项续借给公司，公司也将因此而拥有持续的融资能力。

可见，判断公司长期偿债能力的高低，可以根据以下指标：资产的偿付能力指标，包括资产负债率、产权比率或权益乘数、有形净值债务率等；资产的盈利能力指标，如已获利息倍数。通过上述指标，可以分析公司财务活动的“风险－收益”平衡能力和财务稳健程度。

（一）资产负债率

资产负债率（Debt Ratio），也称负债比率，它是在某一时间点上企业负债总额与资产总额的比率。其计算公式为

$$资产负债率 = 负债总额 / 资产总额 \quad (6\text{-}13)$$

资产负债率直接反映了企业资产总额中举债筹资的比例，它考察的是公司总资产对总负债的偿还性。其中，负债总额是流动负债和长期负债的加总额（注意，不单纯指长期负债总额）。从长期偿债能力看，资产负债率越高，说明企业总资产中举债筹措的资本越多，偿债压力及财务风险越大；相反，资产负债率越低，企业资产用于偿债保证的程度越强，财务风险就越小。但从另一个角度看，资产负债率的高低还可能说明股东潜在收益能力的高低。由此，资产负债率在某种程度上，反映了公司管理层在财务管理中的“风险－收益”平衡能力。

（二）产权比率或权益乘数

公司总资产中的一部分来自股东权益的投入，股东权益所占比例越大，债务比率也越低。因此，人们还可以从股东权益这一角度来衡量公司的偿债能力与风险，它所涉及的指标主要有

产权比率和权益乘数（Equity Multiplier）。这两项指标的含义大体相同。

产权比率是负债与股东权益的比率。其计算公式为

产权比率 = 负债 / 股东权益 （6–14）

权益乘数是总资产与股东权益的比率。用公式表示为

权益乘数 = 总资产 / 股东权益 =1/（1– 资产负债率） （6–15）

（三）有形净值债务率

有形净值债务率是负债同股东权益扣除无形资产价值后的比率。其计算公式为

有形净值债务率 = 负债总额 /（股东权益—无形资产） （6–16）

有形净值债务率是产权比率的某种延伸，它更为谨慎地反映了企业在清算时债权人的债务总额受股东权益保护的程度。

资产负债率、产权比率或权益乘数、有形净值债务率等，都反映了债务总额的资产保护程度。资产负债率反映了企业总资产的债务偿还能力；产权比率则是对资产负债率的延伸，它反映了债权人提供资本与所有者提供资本的相对关系；有形净值债务率更加谨慎，它扣除了无形资产价值，反映了有形资产偿还债权人资本的程度。它们构成了用于反映长期偿债能力的结构性指标体系。

（四）已获利息倍数

已获利息倍数（Interest Coverage），也称利息偿付比率，它反映了公司在某一时期内总资产的收益能力与该期债务利息支付的相关比值。其中，总资产的收益能力是指总资产运营所实现的收益总额，它用息税前利润来反映。其计算公式为

已获利息倍数 = 息税前利润 / 利息费用

=（营业利润 + 利息费用）/ 利息费用 （6–17）

在式(6–17）中，分子“息税前利润”可以直接从利润表中提取，即“营业利润+财务费用”，而分母“利息费用”是指支付债权人的全部利息，它包括在“财务费用”中体现的利息费用（要扣除利息收入）和固定资产的资本化利息。

四、盈利能力及其指标分析

盈利能力是指企业通过经营管理活动取得收益的能力。公司盈利水平的高低反映了公司管理层的管理能力，反映了公司满足利益相关者（股东、债权人、员工等）利益诉求的程度。盈利能力分析是报表分析的重点。

在分析公司盈利能力之前，需要明确以下内容。

（1）盈利能力是公司正常经营、资产有效利用后的“真实”收益能力，应剔除会计政策变更等对利润结果的影响。因此，保持会计政策一致性、可比性是进行盈利能力分析的前提。

（2）盈利能力是一个综合、动态概念，它要反映公司收益潜质、趋势，从而包含着对盈利时间、风险等因素的分析。从时间的角度看，当期盈利能力低并不等于未来盈利差（如新产品开发需要大量的当期投入，从而影响当期损益，但对未来取得更大的收益影响很大）；反之则相反。因此，当期营利性并不完全反映公司未来营利性。从风险的角度看，如果两家公司所面临的经营风险不同，而当期盈利却相同，人们能否认为这两家公司的盈利能力是一样好或一样

不好？答案是不能。风险高的公司，在判断其营利性时是要打折扣的。

（3）剔除非正常经营事项所产生的影响。由于盈利能力是公司正常经营、资产有效利用后的一种真实的持续收益能力，因此，在评价公司盈利能力时，需要剔除其他非正常经营事项及其损益的影响。这些事项包括：短期投资等非经常收益；已经或将要停止的营业项目；重大事故或法律更改等特别项目；会计准则和财务制度变更带来的累积影响等因素。

（4）盈利能力的高低最终必须与价值增值挂钩。股东是企业剩余收益的索取者，如果企业盈利水平超出了股东个人在资本市场上投资所期望取得的均衡收益水平，则理论上认为企业是在为股东创造价值，反之则是在损害股东价值。可见，企业盈利能力的最终评判标准是企业为股东所创造的新增价值。

盈利能力分析可以从四个维度进行：营业收入与利润的关系；资产与利润的关系；股东权益与利润的关系；盈利与企业价值的关系。其评价指标主要包括：销售净利率和销售毛利率、总资产报酬率、净资产收益率、投入资本收益率、经济利润（经济增加值）等。

（一）销售净利率和销售毛利率

销售净利率是公司税后净利润与营业收入的比率，它说明每一元营业收入所赚取的税后净利有多少。由于营业收入是由企业营业活动带来的，因此，销售净利率是从营业活动角度来评价企业实际营业收益能力的指标。销售净利率越高，表明企业营利性越好；反之则越差。其计算公式为

$$销售净利率 = 净利润 / 营业收入 \times 100\% \qquad (6-18)$$

（二）总资产报酬率

总资产报酬率（Return On Total Assets，ROA）是企业利润与平均资产总额（账面值）的比率，它从企业总资产利用效率角度来反映企业的盈利能力。在报表分析中，总资产报酬率有税后、税前两种计算口径。计算公式分别为

$$总资产报酬率（税后）= 净利润 / 平均资产总额 \times 100\% \qquad (6-19)$$

$$总资产报酬率（税前）= 息税前利润 / 平均资产总额 \times 100\% \qquad (6-20)$$

用销售利润率、总资金周转率这两个变量来解释总资产报酬率的变动，具有重要的分析价值。它揭示了企业提高总资产报酬率的两大关键因素：营业活动及其收益能力、资产经营及其周转能力。在现实经济生活中，一些企业通过提高销售利润率策略来提高总资产报酬率（如服务型企业，它们大多通过提高差异化服务和差异化定价来盈利）；另一些企业通过加速资金周转策略来提高总资产盈利水平（如零售商与批发商，它们大多通过加速资金周转、薄利多销策略来盈利）；只有极少数企业且只在少数情况下，同时采用这两种策略（既能提高销售利润，又能加速资金周转）。

（三）净资产收益率

净资产收益率（Return On Equity，ROE）是企业净利润与净资产（账面值）的比率，反映了股东的收益能力。一般认为，该指标是分析、评价企业盈利能力最具综合性的指标。其计算公式为

$$净资产收益率 = 净利润 / 净资产 \times 100\% \qquad (6-21)$$

净资产是企业资产总额扣除负债总额后的账面值，包括实收资本、资本公积、盈余公积和未分配利润四个部分。净利润是企业当期经营管理活动所取得的属于股东的收益额（不论净利润用于留存或股东分红）。净资产收益率从股东角度评价、分析企业收益情况，因此它与销售净利率、资产利润率的分析角度不相同。该指标值越高，说明企业为股东提供的收益性越强，反之则越差。

与总资产报酬率一样，净资产收益率同样可以被分解为销售净利率、总资金周转率和权益乘数三项指标。用公式表示即

$$
\begin{aligned}
\text{净资产收益率} &= \text{净利润} / \text{净资产} = \frac{\text{净利润}}{\text{资产总额}} \times \frac{\text{资产总额}}{\text{净资产}} \\
&= \frac{\text{净利润}}{\text{营业收入}} \times \frac{\text{营业收入}}{\text{资产总额}} \times \frac{\text{资产总额}}{\text{所有者权益}} \\
&= \text{锁售净利率} \times \text{总资产周转率} \times \left[1/\left(1-\text{资产负债率}\right)\right]
\end{aligned}
\tag{6-22}
$$

式（6–22）中，1/（1– 资产负债率）即权益乘数。

净资产收益率作为一个综合指标，既反映了销售的营利性（销售净利率），又反映了资产的周转性（总资金周转率），同时还反映了企业的财务杠杆利用程度和风险性（权益乘数）。这三项因素也被定义为净资产收益率的驱动因素。

（四）投入资本收益率

总资产报酬率（税后）是从总资产运营效率角度来分析企业营利能力的，净资产收益率则是从净资产角度来分析企业对股东的收益回报的。不论是总资产报酬率还是净资产收益率，都受企业融资政策的深远影响。为剔除资本结构对企业盈利的影响并得到合理的分析结论，有时还需要从投入资本角度来分析企业的盈利能力，分析指标即投入资本收益率。

投入资本收益率（Return On Invested Capital，ROIC）是指在不考虑负债融资的情况下（或者假定为全权益融资），企业利润与投入资本总额（账面值）的比率关系。用公式表示即

$$\text{投入资本收益率} = \text{息税前利润} \times (1-T) / \text{投入资本总额} \times 100\% \tag{6-23}$$

在式（6–23）中需要解释的是：① T 为所得税税率。②投入资本总额是从投资者（债权人和股东）角度所确定的投资于企业的总资本额，如前所述，投入资本总额 = 有息债务总额 + 股东权益总额，或者投入资本总额 = 总资产 – 无息债务总额。③息税前利润 ×（1–T）是指在不考虑负债融资情况下的公司经营收益的税后净利润，也就是说仅从企业经营活动产生的总收益角度来确定的税后净利润，因此企业的分子在财务上也被称为税后净营业利润（Net Operating Profit After Taxes, NOPAT）。

从上述计算公式可以看出，投入资本收益率实质上是生产经营活动中所有投入资本所取得的回报。它并不考虑这些投入资本是来自于债务还是净资产，从而可以使不同资本结构、不同财务风险的企业，可以在同一水平线上进行盈利能力分析与比较。而这一点正好弥补了总资产报酬率、净资产收益率指标在计算、分析和比较上的不足。

（五）经济利润（经济增加值）

任何资产占用所对应的资本来源都存在机会成本。在这一点上，会计利润只是考虑了债

务成本（利息），而没有将股东权益的机会成本考虑进来，因此不能完整地反映公司的盈利能力和价值增值。如果在计算利润时将所有资本来源的机会成本都包含在内，则这一利润在财务上被定义为经济利润，通常也称为经济增加值（Economic Value Added，EVA）。计算公式为

$$
\begin{aligned}
\text{经济增加值（EVA）} &= \text{息税前利润} \times (1-T) - \text{投入资本总额} \times WACC \\
&= \text{投入资本总额} \times (ROIC-WACC) \qquad (6\text{-}24)
\end{aligned}
$$

在式（6-24）中，WACC 被定义为企业整体的加权平均资本成本，用以反映与投资者所承担的风险相对应的必要报酬率或机会成本。可见，经济增加值的核心理念是“资本获得的收益至少要能补偿投资者承担的风险”，经济增加值是真正考虑所有投入资本的必要报酬后的净增加值，这一净增加值即为企业价值增值。如果企业的经济增加值大于零，则表明企业在为其股东创造价值。反之，如果经济增加值小于零，则意味着企业在毁损股东价值。

综上所述，财务报表分析应构建一个多指标的指标体系，但并不是说，组成该体系的指标越多越好。无论是从管理者角度还是从外部投资者角度，分析所用的指标体系应当满足：①指标间逻辑关系强；②具体指标定义清晰、财务含义明确；③指标个数少而精，反映关键指标；④指标计算中的取数要方便等。

第四节　财务报表综合分析

任何单一指标或某一维度指标都只是反映公司经营与财务活动等的某一侧面，为了全方位了解公司的财务状况与经营成果，需要将各类指标进行汇总，以进行综合分析和评价。

在财务报表分析实践中，报表综合分析方法主要有两种：①杜邦分析法；②综合评价法。

一、杜邦分析法

杜邦分析法是以净资产收益率指标为核心所构成的财务指标分析体系，又称杜邦分析体系（DuPont Analysis）。在该指标体系中，管理者需要围绕净资产收益率指标，对引起该指标结果变动的各项核心要素进行分析比较，以确定公司未来管理的重点。由公式可得

$$\text{净资产收益率} = \text{销售净利率} \times \text{总资金周转率} \times [1/(1-\text{资产负债率})]$$

杜邦分析法的目的是强化管理，其分析步骤主要包括以下内容。

（一）确认关键因素

从杜分析法入手，找出对净资产收益率指标产生影响的各种关键因素。这些因素主要包括：①营业收入；②营业成本和营业税金；③三项费用（含财务费用）；④所得税税率；⑤流动资产平均占用；⑥非流动资产平均占用；⑦资产负债率等。

（二）对影响净资产收益率变动的关键因素进行排序

对影响净资产收益率变化的所有因素进行重要性程度排序，从而确定哪些因素属于关键

因素或驱动因素，并为未来管理确定重点。在对所有因素进行重要性程度排序并确定关键因素时，可以采用以下两种方法。

1. 比较分析法

将企业的相关指标值与标杆值进行比较分析，确定影响净资产收益率变化的主要指标或项目。例如，处于同行业的 A、B 两家企业，其净资产收益率分别是 20% 和 25%。通过比较分析发现，这两家企业的销售净利率并没有太大差异，且两家企业的资产负债率也相差无几，造成净资产收益率差异的主要原因是资产占用——资金周转率。通过进一步分析，发现流动资产占用及其周转率是造成差异的主要原因。通过层层分析和比较，从而确定应收账款和存货占用过多是影响净资产收益率业绩的关键因素。

2. 敏感分析法

敏感分析法的基本原理是：在影响某指标值变动的所有因素中，变动其中的某一要素（而其他因素保持不变），来判断该因素变动对指标值所产生的弹性影响。以净资产收益率为例，在所有影响该指标的上述 7 个因素中，假定营业收入上升或下降 5%（而其他因素不变），则该因素变动对净资产收益率的影响有多大？这就是敏感分析所需要确定的问题。因此，人们可以根据敏感性分析，将各种因素单独变动对净资产收益率变动所产生的影响进行计算、排序，以确定对净资产收益率产生影响的各因素的重要性程度。

以 A 企业为例，2× ×5 年的净资产收益率为 22.95%，假定该企业未来年度的盈利模式不会发生很大变化，且假定敏感分析时所有 7 个因素的变化幅度（上升或下降幅度）均为 5%。这样，就能计算出在其他因素不变的情况下，某一因素值的变动对净资产收益率所产生的影响值。

（三）明确管理重点

根据重要性排序结果，确定未来管理重点，并提出相关改善建议或意见。

需要指出的是，根据比较分析法或是敏感分析法所得到的影响净资产收益率变动因素的排序结果，都只是为人们对未来管理的各项重点领域提供了某种参考。以 A 企业为例，按敏感程度不同所排出的驱动净资产收益率变动的关键因素分别是营业收入、营业成本和营业税金、三项费用和资产负债率，但这一排序结果只是揭示了这些因素对净资产收益率的重要程度，它以“现有盈利模式将在未来延续”为计算和排序假设。如果 A 企业未来年度的盈利模式发生了重大变动，则这一敏感因素排序结果将会发生变化。

二、综合评价法

理论上认为，一家企业的可持续发展及价值增值，有赖于其营利性、风险性、增长性三者间的合理均衡，管理者的能力也主要体现在这三者的平衡能力上。任何打破这三者平衡的策略或做法，都会损害企业的稳定和可持续发展。例如，过分追求营利性而忽视风险和现金流，或者过于关注投资拉动及销售增长而忽视盈利能力的持续培养，过于追求现金流及安全性而忽视增长潜力等，都将不利于企业财务目标的实现。

综合评价法就是从企业营利性、风险性、增长性等三维角度，以相关指标的实际值与标杆值的对比分析、加权计分为手段，用以反映企业财务状况、经营成果的系统评价法。从相关指标上看，企业营利性主要体现在总资产报酬率、净资产收益率和投入资本收益率等方面；风险性主要体现在资产负债率、速动比率、应收账款周转率和已获利息倍数等方面；而增长性主要体现在营业收入增长率、经营性现金流量增长率、人均利润增长率、总资产增长率等方面。

综合评价法有以下基本思路是。

（一）确定相关财务指标及综合评分标准

表 6–1 是人为设定的关键财务指标及综合评分标准，它以行业标杆为基础来确定。

表 6–1　关键财务指标及综合评分标准表

关键财务指标		标准评分值（1）	标杆比率（%）（2）	行业最高比率（%）（3）	最高评分（4）	最低评分	每分比率的差（%）=［（3）－（2）］/［（4）－（1）］
营利性	总资产报酬率	15	12	20	20	8	1.6
	净资产收益率	15	15	25	20	8	2
	投入资本收益率	10	13	22	15	5	1.8
风险性 30	资产负债率	10	60	50	15	5	–2
	速动比率	10	150	200	15	5	10
	应收账款周转率	5	500	800	10	3	60
	已获利息倍数	5	500	1 000	10	2	100
增长性 30	营业收入增长率	10	20	30	12	5	5
	经营性现金流量增长率	10	18	28	15	5	2
	总资产增长率	5	15	24	8	2	3
	人均利润增长率	5	22	32	10	2	2
合 计		100			150	50	

注：（1）营利性、风险性和增长性的分值权重，分别取 40 ∶ 30 ∶ 30，这是人为设定的；

（2）各指标间的标准评分值也是人为假定的，它取决于不同企业和不同行业

（3）标杆比率可以取行业平均值或企业过去年度的最优值；

（4）行业最高值比率根据行业优秀值来选定；

（5）资产负债率是控制性指标，超过 60% 要减分，低于 60% 要加分；

（6）每一个指标都有确定的上下限分值，主要是为了强化指标间的同步协调，在评价逻辑上不鼓励管理者偏重于关注某类指标而不重视其他类指标。

（二）确定计分方法

企业根据计算的相关指标值并对照评价标准，以确定其综合财务分值。

表 6–2 为 A 企业财务综合评价计分的说明。

表 6-2　A 企业财务综合评价计分表

分类指标	实际（1）	标杆（2）	差异（3）=（1）-（2）	每分比率的差（4）	调整分(5)=(3)/(4)	标准分值（6）	实际得分（7）=(5)+(6)
总资产报酬率	8	12	−4	1.6	−2.5	15	12.5
净资产收益率	10	15	−5	2	−2.5	15	12.5
投入资本收益率	10	13	−3	1.8	−1.67	10	8.33
资产负债率	80	60	20	−2	−10	10	5
速动比率	180	150	30	10	3	10	13
应收账款周转率	600	500	100	60	1.67	5	6.67
已获利息倍数	500	500	0	100	0	5	5
销售增长率	30	20	10	5	2	10	12
经营性现金流量增长率	22	18	4	2	2	10	12
总资产增长率	36	15	21	3	7	5	8
人均利润增长率	0	22	−22	2	−11	5	2
						100	97

注：最后一栏的得分情况视其最高和最低得分限制，如 A 企业资产负债率的得分从其最低得分，而总资产增长率的得分从其最高得分。

（三）确定企业得分并给出相关评价结论

在计算综合分值后，给出企业财务状况及经营成果的总体评价结论。

从表 6-2 中的 A 公司情况可以看出，其最终得分为 97 分，低于 100 分的标准得分。据此，可得出该企业的总体财务情况在行业中处于中等偏下这一结论。通过具体分析发现，A 企业总体盈利情况并不好，财务风险的控制也相对一般，但企业的投资增长率较高，经营活动现金流量增长也还不错。从总体上看，企业可能尚处于投资拉动期，如果本期投资增长能够在未来取得较好的收益，则企业未来几年的情况可能比现在要好。为此，需要对该企业的未来发展状况进行连续评价，以判断其在行业中的财务实力和经营地位。

三、财务报表分析应注意的几个问题

企业财务状况与经营成果能够通过对财务报表数据的分析来揭示。但是，以财务报表为基础的分析中，也存在一些问题。这些问题有些可能一时难以解决，因此管理者在进行报表分析时应格外小心。

（一）报表的计价属性问题

财务报表是基于过去的交易和事项编制而成的，这一属性就决定了：①财务报表具有很强的“记录”功能，并不完全具有预测价值；②基于过去交易和事项所编制的财务报表，以历史成本原则为主要计价基础，这一计价基础下的账面价值与公允价值可能背离很大；③报表只反映能够被确认和计量的经济活动，而对于难以被确认和计量的资产要素（如品牌、商誉、营销渠道等无形资产），则被排除在报表外。因此，在进行财务报表分析时，不仅要关注报表自身，而且更要关注企业实际经营活动，从业务和活动中去发现问题、验证数据、找出差距、提出未来行动方案并最终解决问题。

（二）报表数据的真实性、可比性问题

基于财务报表的指标分析，其前提是数据真实、可比。所谓数据真实是指财务报表数据按照会计准则的要求，无偏、公允地反映了当期所发生的所有经济业务和事项，不存在人为操纵情形。所谓数据可比是指前后各期采用了合理的会计政策，且一贯性地利用这些政策，从而使报表数据具有共同的比较口径。如果报表数据不真实、不可比，则相关指标计算及分析结果的意义就不大。

为尽可能保证报表数据的真实、可比，人们在分析报表时，一般要求财务报表是经过外部审计师审计后的报表。

第七章　财务管理创新

第一节　概　　述

近年来，我国在经济改革开放方面取得了显著成就，但原有的企业财务管理模式已无法满足现代经济快速发展的需求。面对这一挑战，企业迫切需要对财务管理体制进行改革与创新，尤其是作为企业核心部门之一的财务部门，强化其管理体制的改革和创新工作显得尤为重要。观察我国现行的企业财务管理体系，会发现其中存在缺乏统一标准和有效制度的不足，因此，在管理制度方面的改革和创新任务仍然十分繁重。管理人员需要主动更新财务管理观念，确立正确的财务管理目标，并对财务管理的具体内容进行创新，以便为我国企业行业的持续发展创造一个有利的环境。

一、转变落后的管理观念

随着改革开放的不断深入和推进，对企业财务的管理工作提出了新的要求。传统的、落后的管理观念已经难以满足现代社会的发展要求，亟待变革。所谓企业财务管理观念，是指在建立和完善财务管理体系和机制的过程中树立的正确的价值观，这种价值观会对企业财务管理的各个方针和具体实践提供导向和约束作用，是落实整个财务管理工作的出发点和落脚点。对于企业财务管理来说，只有不断进行变革和创新，抛弃陈旧的管理经验和办法，采取新的管理方式对财务各个方面进行管理，提高对企业财务管理的正确认识，才能极大地提高财务管理的效率，促进资金的有效使用和流通，避免企业出现不必要的财政危机，为企业创造更多的财富。目前企业财务管理的核心和重要内容就是对风险理财的管理。能否对风险财务进行有效管理，转变风险理财管理的传统思维模式和观念，直接关系着企业能否在激烈的市场竞争中求得生存和发展。因此，企业必须加强对风险理财的投入力度，不断创新财务管理观念。

（1）企业的财务管理观念始终要以人为中心，实现理财观念的人本化。企业的发展和创新离不开人的参与和投入，只有始终重视人在发展中的主体地位，不断感知和体验发展的成果，才能为发展提供源源不断的动力，从而提高整个企业乃至社会的创新能力，推动社会向前发展。对于企业来说，如果缺乏足够业务素质较高的理财人员，企业财务管理就失去了创新的源泉，提高企业的财务管理创新水平简直是天方夜谭。因此，企业必须加强对财务管理人员的培训力度，培养一支有业务水平较强、综合素质较高的专业理财队伍。

（2）企业必须明确财务管理人员的权利和义务，做到权责明确，并建立完善的监督和奖罚机制，规范和约束财务管理人员的行为，调动财务管理人员的积极性和主动性，为财务管理目标的实现提供人力资源保障。

（3）在财务管理观念的创新上，要实现竞争与合作的有机结合。随着市场经济体制的不断建立和完善，再加上科技的进步和变革，市场经济和产品更新换代的速度越来越快，竞争也越来越激烈，企业只有在获取和分析数据和信息上占得先机，才能在激烈的市场竞争中处于优势地位，获得发展先机。同时，科技的不断进步和发展又进一步加快了全球经济一体化的步伐，企业在寻求自身发展的同时，越来越需要与别的行业和领域进行沟通和交流，以便加强双方之间的合作，互惠互利，获得共同发展。

（4）企业需要重视和创新风险理财观念。市场在对经济进行自发调节的同时，也存在着一定的滞后性和不确定性，企业置身其中难免会受到市场调节的不良影响，特别是在财务投入和管理上更是存在着较大的风险，另外政治及社会环境的制约和影响，加大了风险发生的可能性，一旦出现风险，将会给企业带来巨大的损失。因此，必须引起企业的高度重视，积极转变理财观念，树立正确的风险理财观念。

二、树立科学的财务管理目标

企业财务管理在企业的经营活动中发挥着越来越重要的作用，财务管理目标作为企业财务管理的基础和关键，对于引领企业财务方向及约束企业财务活动具有十分关键的导向作用。必须不断建立和完善企业财务管理目标，促进企业财务管理体系的建立。企业在为构建和谐社会进行努力时，不仅要保障企业和股东的利益，同时还要关注和满足员工的需求。只有保证各方利益者的需求均被满足，才能实现绿色财务，促进企业和社会的和谐。企业在树立科学财务管理目标时，必须充分考虑国家相关经济政策、企业的整体发展战略，以及社会责任和利益的实现等问题，以便随时满足当代市场发展的需求，提高理财目标的创新水平。

（1）促进财务管理目标创新的多元化。在日益激烈的市场竞争条件下，各个企业为了谋求进一步的生存和发展，纷纷进行股份制改革，职业经理逐渐取代了业主经理，成为企业的管理者。但是业主并没有完全将权力进行让渡，不但对财产的收益，而且对财产的最终处分权进行了保留，这就使得股东财富最大化应运而生，渐渐成为企业财务目标的基本理念之一。然而企业在追求股东利益最大化的情况下，不能忽略其他相关利益主体的需求。21 世纪是知识经济的时代，物质资本已经不再占据市场竞争的主要地位，已经被知识和科技所取代，这主要是因为科技和经济更具有共享性和创新潜力。所以企业需要将财务管理目标的创新从追求物质层面转移到追求知识和技术的层面上去。

（2）企业在树立财务管理目标时还必须兼顾社会责任和利益，实现创新的社会化。企业作为市场经济的主体，承担着强烈的社会责任，企业提高对知识和科技的投入和研发力度，进一步拓宽知识传播和分享的途径，可以为社会创造更多的物质和精神财富，得到公众的认可和积极反馈，提高企业的社会形象，为企业经济利益的提高创造了一个良好的发展环境。

三、创新企业财务管理内容

企业可以从以下几个方面入手。

（1）企业加大对无形资产的重视和投入力度。市场经济体制的不断完善和科技的不断创新给企业的发展带来了新的机遇和挑战。有形资产在财务管理中的地位和比例已经严重被削弱，新兴的无形资产在市场竞争中展现出较强的生命力。通过对企业无形资产的观察和研究，便可大体探知企业的总资产及综合竞争力的强弱，因此，企业必须加重无形资产在财务管理创新中的比重，提高无形资产的拥有权，以便提高企业的财务管理效率和水平，提高企业在市场中的综合竞争力，不断与国际接轨，获得更深层次的生存和发展。

（2）企业在对财务管理内容进行创新时，还需对企业的收益进行合理分配，体现公平。现代企业在企业利益进行分配时，必须按照相关规定和多种分配标准对不同类型的劳动者及其对公司的劳动和贡献进行分配，在兼顾效率的同时保证分配的公平性。

（3）促进企业财务管理创新水平的科学化和规范化。为了满足知识经济对财务管理的高要求，在对财务管理进行制定时，一定要以绿色财务为主体，在保护生态环境的前提下发展企业经济，提高企业的社会责任意识。并且还要对财务管理的风险进行分析和探究，以便加强对财务管理风险的防范和治理，提高企业财务的管理水平。由于科技的巨大变革，可以将高科技广泛应用到财务管理中去，提高其搜集和分析数据的能力，提高理财战略的服务水平。

（4）企业在进行财务管理创新时，还应加大对信息和科技的投入力度。

互联网技术的广泛应用必然导致企业的财务管理要实现网络化、技术化和信息化。利用信息技术进行管理，企业可以对财务进行远程管理和控制，加强企业各个财务部门及财务环节的合作和交流，进一步提高了财务管理的效率，节省了管理时间和成本。同时也促进了企业管理模式的转变，逐渐走向集中管理的道路，提高了报账、查账、审计等的工作效率，而且还加强了财务监督，使得企业财务管理能够更有效地规避风险，降低了财务危机发生的概率，促进了企业资金的流转，给企业带来新的发展机遇。

第二节　财务管理创新的内容

随着知识经济时代的到来，形成并发展于工业经济时代的公司财务在许多方面显示其不适应性，因而必须考虑其创新与发展问题，从信息时代的角度，分析财务管理的变革方向。现代企业财务管理创新主要包括财务管理目标创新、财务管理内容创新、财务分析内容创新、财务分配方式创新、财务报告内容创新等。

一、财务管理内容的延伸

随着知识经济兴起、电子商务的发展和经济全球化浪潮等财务管理环境的变迁，现有财务管理内容面临严峻挑战。探讨如何突破旧框架建立一个新的框架结构以容纳财务管理理论与实践的新内容，是财务管理发展中面临的重要问题。

（一）将知识资本的管理纳入财务管理范围

在工业经济时代，对企业来说财务资本是其战略性资本，因此，财务学科要研究和解决的问题是财务资本的合理有效配置。知识经济时代，知识资本将成为影响企业可持续发展、决定企业前途命运的重要的战略性资本，因此，知识资本的合理有效配置及管理，将成为财务管理的重要内容。

（二）风险管理的内容将有所增加，并成为财务管理的重要内容

知识经济、电子商务和经济全球化的发展使公司理财的复杂性和难度提高，承受的风险更大，因此风险投资和风险管理的内容将更加丰富，其在财务管理中的重要性会进一步提高。

二、财务管理目标的调整

（一）财务目标调整应适应现代企业的要求

财务管理作为企业的一个重要管理系统，其目标直接反映着理财环境的变化，并需要根据环境的变化进行调整。现代企业理论认为，企业是多边契约关系的总和，股东、债权人、经理、员工、消费者、供应商和政府等各方都有自身利益，共同构成企业的利益制衡机制。所以，现代企业是利益相关者之间缔结的“契约网”，各利益相关者在企业投入物质资本和知识资本（包括人力资本），获得单个主体无法获得的合作收益，他们应共同拥有企业的剩余索取权与控制权，形成更为广泛的财务资源配置主体。

（二）财务管理的目标应定位于“相关者利益最大化”

在共同治理的逻辑下，财务管理的目标应定位于“相关者利益最大化”。企业通过财务上的合理经营，充分兼顾和均衡各利益相关者的财务利益，保证企业在长期稳定发展的基础上使企业价值达到最大。不同的利益相关者的财务利益是不同的，股东期望其投入的资本有效增值最大化，债权人期望其本金的安全收回及利息收入最大化，经理和员工期望其薪金收入最大化，社会公众期望企业的社会责任最大化，政府期望企业的社会贡献最大化等。正是各利益相关者的共同参与，构成了企业的利益制衡机制，只有使企业各种契约关系者的财务利益得到较好的满足，才能使企业获得可持续发展，实现财务管理的良性循环。美国 IBM 公司把其目标定为“为员工利益、为顾客利益、为股东利益”，这种转变与创新顺应了 21 世纪经济发展的要求，是财务管理发展的又一突破，必将对整个财务管理内容产生深刻的影响。

（三）重新审视“股东财富最大化”财务目标

由此可见，将财务管理目标定位于股东财富最大化，仅仅强调股东的利益，而忽视其他利益相关者的利益，必然会导致矛盾冲突，将不利于企业发展。特别是随着知识经济的发展，知识资本的比重大大提高，物质资本的比重相对降低，这种重大变化，日益显示企业各要素所有者地位在改变，从“股东至上”向“利益相关者合作”转变，这种新的产权理念，要求人们更加重视股东利益以外的其他相关利益主体的利益及社会利益，更加重视人力资本和无形资本，重新审视传统的“股东财富最大化”财务目标，确立适合于 21 世纪财务管理要求的新目标。

三、财务管理观念的创新

随着环境的变迁，财务管理的发展必然与创新紧密联系，特别是观念的创新将是推动财务管理发展的重要因素。根据 21 世纪财务管理的发展趋势，其观念的创新体现在以下 4 个方面。

（一）知识资本观念

据西方学者测算，知识资源对经济增长的贡献，在 20 世纪初仅有 5%~20%，如今已达到 60% ～ 80%。可见，未来的财务管理将是一种知识化管理，企业的科学技术、组织管理、人才素质、无形资产等知识的含量，将是决定财务管理是否创新与发展的关键因素。研究知识资本筹集、培育、扩张及与有形资本的匹配，优化企业资源结构是顺应知识经济发展的客观要求。

（二）一体化财务观念

随着信息技术、通信技术与电子商务的迅速发展及广泛应用，国际贸易和跨国经营规模不断扩大，生产、流通、消费等领域突破国界，经济全球化浪潮势不可挡，成为世界经济发展的主流。在这种新的理财务环境下，财务管理的外延进一步拓展，以适应企业走向国际市场的战略发展需求。有关国际筹资、国际投资、跨国经营及在全球企业激烈竞争中所形成的跨国并购等问题，成为财务管理研究的新课题。

（三）互联网财务观念

以信息流为核心的商务活动——电子商务，其蓬勃发展将促使传统的财务管理进入新型的网络财务时代。网络财务是运用计算机系统构建的一个网络财务体系，实施以互联网、内部网及电子商务为背景的在线理财和信息化理财活动，它不仅使交易、决策可在瞬间完成，大大提高企业工作效率， 还实现了财务与各项业务的协同，优化企业资源配置。

（四）人本财务观念

在以知识和科技作为发展经济主要资源和动力的 21 世纪，人力资本具有重要的价值和地位。经济学家舒尔茨认为，劳动者掌握的具有经济价值知识和技能是造成技术先进国家生产优势和巨大经济实力的重要原因。从财务管理来看，企业的每一项具体的财务活动都是由人来完成的，所以人所具备知识、智慧及其运用知识创造经济价值能力和努力的程度如何，将决定企业财务活动成果的好坏。因此，在财务管理中，要贯彻以人为本的理财观念，探讨在理解人、尊重人的基础上，建立责权利相结合有效的财务运行机制，以充分发挥人的主动性、积极性和创造性。人本管理是知识经济的客观要求，是企业顺利而有效进行财务活动的保证。

（五）财务管理主体的变化

财务管理的主体由实体化转向虚拟化。财务管理主体是财务管理为之服务的特定组织实体，是一定的社会经济形态下具有独立的物质利益的经济实体，这实体是有形的相对稳定的。在建立现代企业制度以后，企业只有获得充分的财权才能成为企业的财务主体。但是在新经济时代，随着网络技术的飞速发展、电子商务的日益推广，从而出现同上虚拟公司这样的企业形式，而这些虚拟公司往往只是一种动态的、短期的战略联盟，因时因势而生，合作目标完成后迅速解散。时分时合、分合迅速，从而使财务主体显得虚拟化、模糊化。

（六）财务管理手段的提升

理财手段将以网络为主。网络财务是以互联网内部网及电子商务为背景的在线理财活动。

（1）事务的过程处理能够整合整个企业的财务资源，全面提高企业的竞争力。企业的一切活动均可实时报告，便于企业进行在线管理，从而提高工作效率。

（2）对拥有复杂结构且涉及多行业下属机构的集团型企业来说，实现财务与业务、企业内部各部门之间及企业与社会等方面的协同可以优化资源配置，最大限度地节约和使用资源。

（3）在财务环境下，电子单据和电子货币的普遍使用可以节省许多中间环节，促进流程速度和财务效率的提高，进而加快资金周转速度，降低企业的资金成本。

四、现代企业财务管理创新

现代企业财务管理观念不同于传统企业，财务管理服务于知识管理的观念，这主要包括以下含义。

（1）现代企业应转变传统企业中流行的企业管理以财务管理为中心的观念，而取而代之以知识管理为中心的观念，故财务管理要服务于知识管理。

（2）知识管理中知识资产的开发、利用及企业技术创新活动都需要财务管理活动的支持和参与。

（3）高收益与高风险相配比的观念。现代企业表现为高收益与高风险并存，要想取得高收益就必须接受高风险的存在。为此现代企业必须突破传统企业财务管理中保守的消极规避风险的观念，而应树立在高收益与高风险合理配比前提下勇于承担风险的观念，这也是社会和历史赋予其的使命。

现代企业的风险主要源于技术创新，技术创新是企业生存和发展的关键，如果技术创新停滞不前或反应不够敏捷就会导致企业覆灭。因此在等待死亡与可能获得高收益的高风险技术创新之间，现代企业只有选择不断的技术创新。

从一般意义上说，财务目标就是通过合理地分配资源使其利用达到最优化。在知识经济条件下，财务目标体系结构的基本框架如下。

（1）财务资源配置：随着科技进步和经济发展，“硬”财务资源在企业发展中的作用和相对价值下降，而“软”财务资源的作用和相对价值在上升。因此，企业的理财应在尊重“硬”财务资源在整个泛资源系统中的作用的同时，重视“软”财务资源的战略作用及其对硬资源的调控作用。

（2）财务资源配置规则：财务资源的配置、开发利用与分配时应遵循一定的原则，这种规则最基本的思想应体现公平与效率的统一。然而在现实中这两个方面又难以兼顾，要么忽视公平去获取效率，要么牺牲效率去实现公平。财务资源的配置规则可以作为一个体系来设计，包括社会规则、人的规则、经济规则、资源规则和环境规则等方面，为了便于操作，每一类规则还可以细分为若干细则。如果资源配置规则缺失，必然会发生利益相关者过度“拥挤”和“摩擦”的问题，最终将危及可持续发展的原则。

企业财务管理目标是与经济发展密切相连的，这一目标的确立总是随着经济形态的转化和社会进步而不断深化。世界经济向知识经济转化，企业知识资产在企业总资产中的地位和作用日益突出，知识的不断增加、更新、扩散和加速应用，深刻影响着企业经营管理活动的各个方面，使企业财务管理的目标向高层次演化。原有追求企业自身利益和财富最大化的目标将转向知识最大化的财务管理目标。主要有以下原因：

（1）知识最大化目标可以减少企业股东以外的人员对企业经营目标的抵触行为，防止企业不顾经营者、债权人及广大职工的利益去追求股东权益最大化；

（2）知识最大化目标不排斥物质资本的作用，它实际是有形物质资本和无形资本在较短时间内最佳组合运营的结果；

（3）知识最大化目标能兼顾企业内外利益，维护社会生活质量，达到企业目标与社会目标的统一。

五、信息时代财务管理的变革方向

（一）财务管理理念的更新

在网络环境下，企业的原料采购、产品生产、需求与销售、银行汇兑、保险、货物托运及申报等过程均可通过计算机网络完成，无须人工干预。因此，它要求财务管理从管理方式上，能够实现业务协同、远程处理、在线管理、集中式管理模式。从工作方式上，能够支持在线办公、移动办公等方式，同时能够处理电子单据、电子货币、网页数据等新的介质。然而，传统的财务管理使用基于内部网的财务软件，企业可以通过内部网实现在线管理，但是它不能真正打破时空的限制，使企业财务管理变得即时和迅速。由于传统的财务管理与业务活动在运作上存在时间差，企业各职能部门之间信息不能相互连接，因而企业的财务资源配置与业务运作难以协调同步，不利于实现资源配置最优化。

1. 财务管理目标多元化

随着信息时代的到来，客户目标、业务流程发生了巨大变化，具有共享性和可转移性的信息资本将占主导地位。企业财务管理的目标必须考虑更多的影响因素，不仅能协调企业各利益相关者的收益，注重企业的预期成长效益和未来增加值，还要担负一定的社会责任，实现企业价值的最大化。

信息时代，财务管理者可以在离开办公室的情况下也能正常工作，无论身在何处都可以实时查询到全集团的资金信息和分支机构财务状况，在线监督客户及供应商的资金往来情况，实时监督往来款余额。企业集团内外，以及与银行、税务、保险等社会资源之间的业务往来，均在互联网上进行，将会大大加快各种报表的处理速度，这也是管理方式创新的目的之所在。

2. 财务管理软件的更新

传统的财务软件功能相对独立，数据不能共享，企业在人、财、物和产、供、销管理中难以实现一体化。运用 Web 数据库开发技术，研制基于互联网的财务及企业管理应用软件，可实现远程报表、远程查账、网上支付、网上信息查询等，支持网上银行提供网上询价、网上采购等多种服务。这样，企业的财务管理和业务管理将在 Web 的层次上协同运作，统筹资金与存货的力度将会空前加大。业务数据一体化的正确传递，保证了财务部门和供应链的相关部门都能迅速得到所需信息并保持良好的沟通，有利于开发与网络经济时代相适应的新型网络财务系统。

（二）建立并完善财务管理信息系统

企业财务管理信息系统将建立在 Internet、Extranet 和 Intranet 基础之上。会计信息传递模式将变为“报告主体—信息通道—信息使用者”。网络方式从企业内部财务信息“孤岛”直接转向客户、供应商、政府部门及其他相关部门。而财务管理信息系统，则以价值形式综合反映企业人力、物力和财力资源运动的事前、事中、事后控制与实际生产经营过程及其业绩的全部信息。在信息时代，信息理财将综合运用计算机网络的超文本、超媒体技术，使信息更形象、直观，提供多样化的各类信息，包括数量信息与质量信息、财务信息与非财务信息、物质层面的信息和精神层面的信息。广泛采用财务虚拟管理，对以电子商务为基础的知识企业，实施财务虚拟管理可以大幅度提高财务管理效率。财务虚拟管理就是以企业的核心功能为财务管理的中心，对各虚拟化的职能部门进行集中协调性的财务管理。它是以网络技术为基础，全面创新的，以实现财务信息资源优化的一种财务管理策略，是财务再生管理和网络财务管理等技术方法的综合。

（三）建立健全财务信息安全防范体系

完善的内部控制可有效减轻由于内部人员道德风险、系统资源风险和计算机病毒所造成的危害。从软硬件管理和维护控制、组织机构和人员的管理和控制、系统环境和操作的管理和控制、文档资料的保护和控制、计算机病毒的预防与消除等各个方面建立一整套行之有效的制度，从制度上保证财务网络系统的安全运行。在技术上对整个财务网络系统的各个层次（通信平台、网络平台、操作系统平台、应用平台）都要采取安全防范措施和规则，建立综合的多层次的安全体系，在财务软件中提供周到、强力的数据安全保护。

智能化财务管理

贾晓晖 ◎ 编著

哈爾濱工程大學出版社
Harbin Engineering University Press

图书在版编目（CIP）数据

智能化财务管理 / 贾晓晖编著 . -- 哈尔滨 : 哈尔滨工程大学出版社 , 2025. 6. -- ISBN 978-7-5661-4779-0

Ⅰ . F275-39

中国国家版本馆 CIP 数据核字第 2025AY5513 号

智能化财务管理

ZHINENGHUA CAIWU GUANLI

选题策划 王 丹
责任编辑 田雨虹
封面设计 李丹阳

出版发行 哈尔滨工程大学出版社
社　　址 哈尔滨市南岗区南通大街 145 号
邮政编码 150001
电　　话 0451-82519989
经　　销 新华书店
印　　刷 哈尔滨市海德利商务印刷有限公司
开　　本 787 mm × 1 092 mm　1/16
印　　张 8.25
字　　数 208 千字
版　　次 2025 年 6 月第 1 版
印　　次 2025 年 6 月第 1 次印刷
书　　号 ISBN 978-7-5661-4779-0
定　　价 152.00 元（全四册）

http://www.hrbeupress.com
E-mail:heupress@hrbeu.edu.cn

前　言

随着我国社会经济的迅猛发展和科学技术的日新月异，信息化与网络化已成为各行各业发展的重要趋向。与此同时，我国经济改革的深化进程如火如荼，因此，财务会计工作的开展情况对经济发展至关重要。随着财务智能时代的到来，人工智能实现了财务模型和方法的自动化，极大地简化了财务工作的流程，提高了财务工作的效率，并且推动了社会经济的快速发展。由于财务个人职业生涯管理体系的不断完善，人工智能技术也获得了发展的良机。国外金融界与财务界紧密结合人工智能，深入研究财务管理，旨在开发出能够智能处理复杂财务分析和决策问题的专家系统，实现财务管理的智能化。人工智能技术能够协助财务人员完成重复性较高的工作，使他们从烦琐、机械性的工作中解脱出来，从而拥有更多时间学习专业知识。

本书共六章，详细介绍了财务管理、智能时代下的财务人员管理、智能时代财务会计领域的发展、财务分析、财务预算、智能时代财会工作的创新等内容。

在编写本书的过程中，编著者参考了大量的学术文献，得到了许多专家学者的帮助，在此表示真诚的感谢。本书内容系统全面，论述条理清晰、深入浅出，但由于编著者水平有限，书中难免存在疏漏之处，希望广大读者批评指正。

编著者

目　录

CONTENT

第一章　财务管理

第一节　概　　述

财务管理主要是资金的管理，其对象是现金及其流转。这种流转周而复始，不断循环，形成现金的循环，如图 1–1 所示。

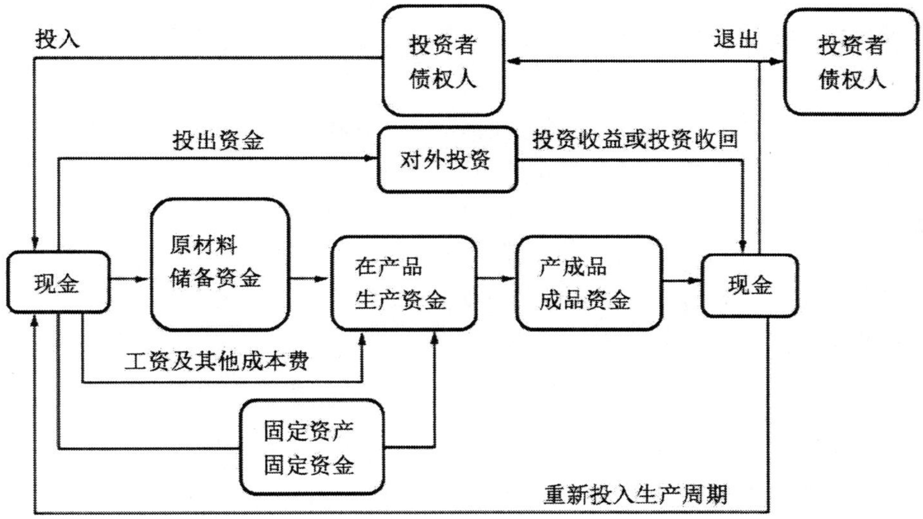

图 1–1　现金循环

企业财务管理是企业管理的重要组成部分，它是根据财经法规制度，按照财务管理的原则组织企业财务活动，处理企业财务关系的一项经济管理工作。财务管理是一项综合性很强的管理工作，它与企业各方面都有广泛的联系，能迅速反映企业的生产经营状况。

企业的生产经营过程是实物商品或服务的运动与资金的运动相结合的运动过程，资金运动不仅以资金循环的形式存在，还伴随着生产经营过程不断进行。企业资金的收支构成了企业经济活动的一个独立方面，因此，资金运动也表现为一个周而复始的周转过程。可以说，从企业的筹资扩展、正常经营到终结清算，都有大量的财务问题，而解决这些财务问题就需要很好地组织活动，处理好财务关系。所以，要明确什么是财务管理，必须分析企业的财务、财务活动和财务关系。

一、企业的财务

财务泛指财务活动和财务关系，是企业生产经营过程中有关资金的筹集、使用和利润分配活动及其货币关系的总称。其中，资金的筹集、使用和利润分配活动，称为财务活动；财务活动过程中形成的企业与各方面的货币关系，称为财务关系。企业财务是企业生产经营活动的一个重要方面，是企业生产、营销、技术、人事等的集中体现。

企业财务是社会经济发展到一定阶段的产物。因为在自然经济条件下，人类社会的经济活动主要表现为物质资料的生产和物物交换，不需要货币充当交换媒介，所以不存在企业财务活动。商品交换产生后，出现了充当一般等价物和交换媒介的货币，以及货币表现的债权债务关系、货币的收支和保管活动。银钱收支和保管，便成为企业财务的萌芽。以资本主义私有制为基础的发达商品经济诞生以后，实现了货币的资本化，生产条件表现为一定的货币资本，生产成果的交换以货币为媒介，出现了经常的、大量的债权债务关系，生产成果的取得表现为货币增值，生产成果的分配表现为货币的分配，从而形成了以资金筹集、使用和利润分配及其货币关系为内容的企业财务。

企业财务存在于企业生产经营过程的资金运行系统中，在企业生产经营过程中处于主导地位。企业财务具有筹资、调节、分配及监督的职能。首先，企业财务是资金的投入活动。随着企业再生产规模的不断扩大，会产生大量的资金需求，使企业面临筹集资金的决策问题，如需要通过何种方式、何种渠道筹集多少资金，怎样使筹资成本降到最低，如何实现最优化的资本结构等。其次，在企业生产经营当中，资源的稀缺性决定了其生产规模、技术及产品结构。企业同时还要受到生产要素和国家宏观调控政策的制约，必将不断调整生产规模及经济结构，以提高企业的经济效益，实现投资的保值增值。再次，企业的生产经营活动必然伴随着财务分配活动。企业要依法缴纳各种税金，并对税后的净利润提取法定盈余公积金，然后向投资者进行利润分配。最后，企业财务的监督职能体现在对企业财务活动有效性、财务关系合理性及企业理财合法性的监督上。

二、企业财务活动

企业财务活动是指企业再生产过程中筹集、运用和分配资金的活动。具体说来是指以现金收支为主的企业资金收支活动的总称。企业财务活动如图 1–2 所示。

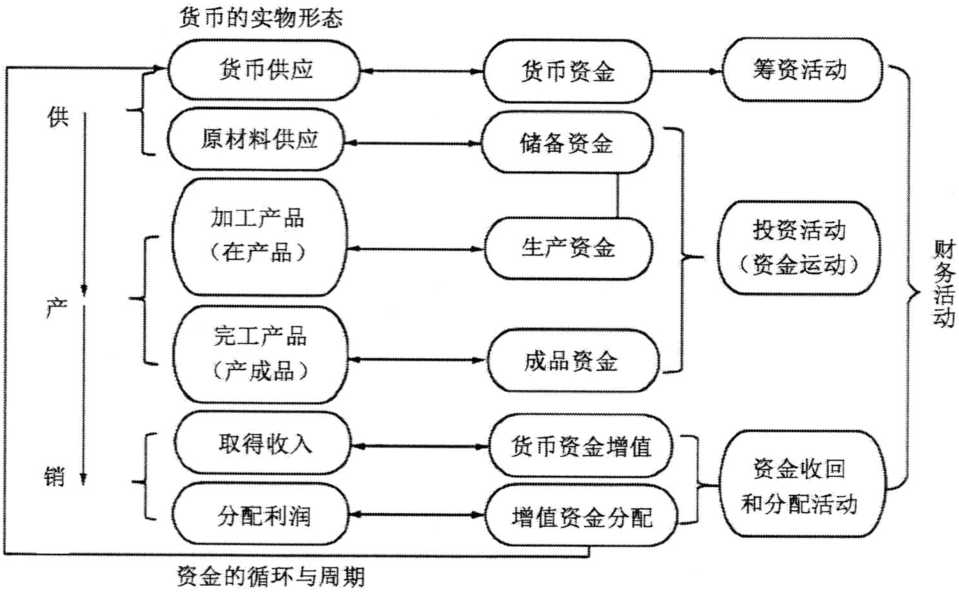

图 1–2　企业财务活动

企业财务活动可分为以下 4 个方面。

（一）企业筹资活动

筹资活动是指筹集资金的活动。在市场经济条件下，经济资源首先表现为与生产经营规模和技术结构相适应的一定量资本。因此，在企业创办之初，投资者应当按照有关法律的规定投入定量的资本。企业投入运营后，还将根据生产经营需要进一步筹集必要的资金。总体来说，企业筹集的资金包括所有者投入的资金和借入资金两类，前者通常称为所有者权益，后者通常称为负债。所有者权益主要包括两项：一是实收资本，指企业所有者按照法律规定在创立时投入的资本或在创立后增加的资本，在公司制企业称为股本；二是留存收益，指企业按照法律规定或企业内部分配政策，为了补充生产经营资金、职工集体福利设施、后备或以后年度分配等，将税后利润留在企业的部分。另外，因股本溢价等而形成的资金，也是企业所有者权益的一项内容。负债主要包括向银行借款、发行债券、商业信用等。这种因为资金筹集而产生的资金收支便是由企业筹资而引起的财务活动。

（二）企业投资活动

投资活动是指以收回本金并取得收益为目的而发生的现金流出活动，是资金运动的中心环节。企业通过各种途径取得资金以后，将按照生产经营的实际需要投放资金。其主要用途包括：一是用于购建房屋、建筑物、机器设备等固定资产；二是用于开发或外购专利、土地使用权等无形资产；三是用于对外直接投资，如设立子公司或联营公司、购买股票等。进行资金投放时会产生资金的支出，企业获取投资收益、收回投资时会产生资金的收入。这种因企业投资而产生的资金收支，便是投资而引起的财务活动。

（三）企业经营活动

企业经营活动是指企业在正常经营过程中，发生的一系列的资金收支。企业要购买材料物资以便从事生产和销售活动，还要支付工资和其他费用。在这个过程中，企业的资金形态也由货币资金转变为在产品资金或产成品资金，这是一个资金积累的过程。在这个过程中，企业一方面为自己创造了价值，另一方面又为社会创造了价值。当企业销售产品时，又可取得收入，收回资金。这不仅补偿了产品成本，还实现了企业利润。在此过程中，企业产品资金转化为债权资金，最终转化为货币资金。这种由企业经营而产生的资金收支就是企业经营产生的财务活动。

（四）企业分配活动

企业分配活动是指企业获取利润和利润分配的活动。企业在生产经营过程中取得的利润，在缴纳所得税以后，要按照法律规定以及企业收益分配政策进行分配。企业税后利润通常是按以下顺序进行分配：一是依法纳税；二是弥补企业以前年度亏损；三是提取盈余公积；四是向投资者分配利润。这种由于利润分配产生的资金收支即属于由利润分配而引起的财务活动。

上述财务活动中的 4 个方面，是相互联系、相互依存的。正是上述互相联系又有一定区别的 4 个方面，构成了完整的企业财务活动，这 4 个方面也就是财务管理的基本内容：企业筹资管理、企业投资管理、营运资金管理、利润及其分配的管理。

三、企业财务关系

企业财务关系是指企业在组织财务活动过程中与各有关方面发生的经济关系，企业的筹资活动、投资活动、经营活动、利润及其分配活动与企业各方面有着广泛的联系。

（一）企业同其所有者之间的财务关系

企业同其所有者之间的财务关系是企业的所有者向企业投入资金，企业向其所有者支付投资报酬所形成的经济关系。企业同其所有者之间的财务关系，既体现所有权的性质，还反映经营权和所有权的关系。

（二）企业同受资单位之间的财务关系

企业同受资单位之间的财务关系是企业将其闲置资金以购买股票或直接投资的形式向其他企业投资所形成的经济关系。企业与被投资单位的关系是体现所有权性质的投资与受资的关系。

（三）企业同其债权人之间的财务关系

企业同其债权人之间的财务关系是企业向债权人借入资金，并按借款合同的规定按时支付利息和归还本金所形成的经济关系。企业同其债权人的关系体现的是债务与债权关系。

（四）企业同其债务人之间的财务关系

企业同其债务人之间的财务关系是企业将其资金以购买债券、提供借款或商业信用等形式出借给其他单位所形成的经济关系。企业同其债务人的关系体现的是债权与债务关系。

（五）企业与税务机关之间的财务关系

企业与税务机关之间的财务关系是企业要按税法的规定依法纳税而与国家税务机关所形成的经济关系。企业与税务机关的关系反映的是依法纳税和依法征税的权利义务关系。

（六）企业内部各部门之间的财务关系

企业内部各部门之间的财务关系是企业内部各部门之间在生产经营各环节中相互提供产品或劳务所形成的经济关系。这种在企业内部形成的资金结算关系，体现了企业内部各部门之间的利益关系。

（七）企业与职工之间的财务关系

企业与职工之间的财务关系是企业向职工支付劳动报酬过程中所形成的经济关系。这种企业与职工之间的财务关系，体现了职工和企业在劳动成果上的分配关系。

第二节　财务管理的核心内容

一个企业成功的经营和良好的业绩取决于管理者的正确决策。一般来说，管理者代替企业所有者做决策，运用内部和外部财务资源为股东创造财富。尽管不同企业面临的问题各不相同，但财务基本决策一般包括投资决策、筹资决策、经营决策和股利分配决策。

决策会不同程度地引起资本运动，还会对资本流动方式和规模产生影响，包括资本筹集和资本运用。而所有资本运动综合作用，在经营一定时期后，实现了企业价值增值，从而说明股东的财富实现了增值。为股东创造价值取决于企业对以上 4 种基本决策的管理，即根据全面的财务分析选择并进行投资，通过提高资金的使用效率，不断增加利润；谨慎地管理企业筹资，认真权衡预期收益和财务风险。

一、投资决策

投资是所有企业经营的基本原动力。企业投资可分为对内投资和对外投资两种。按照投资形态，又可分为实物投资和证券投资两类。投资决策是财务决策的重要组成部分。投资决策与生产经营领域和生产能力的扩大、生产手段和设备更新、生产方式和工艺的改变，及对外直接投资等诸多因素有关。

投资决策的核心是在多个供选择的投资方案中选择一个最佳方案。因为投资决策的投资数额大、占用时间长，所以承担的风险也大。一旦投资决策不当，不但会增加投资费用，延长建设周期，而且会影响企业生产经营活动的支出和效益。因此，在每年制定预算时，财务人员通常要从许多预期能为股东带来收益的新投资项目中做出选择。

选定投资方案的标准一般是现值和收益的价值概念，如净现值、内含报酬率、投资收益率、净资产收益率等，用这些标准对投资和经营的现金收益做出经济权衡。如果分析表明，从某一投资活动中撤出来更经济合理，那么企业就应该采取投资的反向活动，即撤资，将资产出售或将某一经营机构作为一个经济实体出售，从而使企业更有效地利用被占用的资本，也为企业其他活动提供资金。

无论投资还是撤资，都必须符合企业经营的特点和需要，也要符合管理者制定的财务政策。例如，选定的投资方案符合企业发展战略，将使目前的市场或潜在的市场发展迅速，但未来的投资增加可能会受到财务决策下企业筹资能力的限制。

二、筹资决策

筹资是指企业为满足投资和日常经营的需要所进行的筹集资金行为。企业筹资可以有多个渠道。首先，企业可以从投资者那里获取资金，这种资金来源属于权益性资金；其次，企业也可以从债权人（银行等机构）那里获取借款，这种资金来源属于债务性资金；最后，企业还可以通过内部盈利留存等方式获取资金。筹资决策的关键是决定各种资金来源在总资金中所占的比重，即确定资本结构，以使筹资风险和筹资成本相对应。

资本结构决策涉及选择权益资本和长期负债资本的比例，在充分考虑财务风险和偿还能力后，应该达到预期的盈利水平。权益资本和负债资本的筹集方式有很多，关键是谨慎利用固定成本借入的资金，将其投入能够带来比借款利息更高收益的项目上，收支差额将增加股东价值，即对风险和预期收益进行比较。资本结构中债务比例越高，从利润中用于支付利息的比例就越大，财务风险就越大。

衡量筹资决策的主要标准包括每股收益、股利支付率、已获利息倍数、资产负债率、偿债比率、各种资本来源的资本成本及综合资本成本等指标。

三、经营决策

企业经营业绩取决于对经营能力的了解和开发利用。经营决策主要是经营者决策如何有效地利用资金，为选择的市场服务确定适当的价格和服务政策，以满足客户需求，从而提高企业竞争力。财务人员必须权衡竞争价格、销售价格对利润的影响，考虑成本效益，从而在竞争中保持不败。

正确管理营运资本是企业经营成功的基本条件。权衡营运资本的需求与来源会产生事半功倍的效果。为了达到最佳经济效益，企业必须花费大量的时间和精力来平衡其运营资本。财务人员必须了解不同类型的经营方式对资本来源和运用的影响，如季节性变化、周期性变化、迅速增长或下降等，合理地安排现金流量。

企业经营状况是管理者连续经营决策的结果。对企业的经营状况进行分析，可以判断经营决策是否正确，例如，评估经营效率和盈利能力等。当然任何时候对企业的深刻了解都是相对的，因为业务和经营情况在企业间、行业间的差别很大，要做出最经济的判断还需要借助财务数据，以反映现时的经济价值和情况。

四、股利分配决策

企业在经过一段时间的经营后会产生盈利。企业的投资者可能需要收回部分盈利，而企业也可能因为有比较好的投资项目需要将盈利留存在企业内部，因此如何确定盈利留存和分配的比例成为财务管理的重要内容。此外，分配利润的形式也很重要。企业的投资者不同，所需要的利润分配形式也不同，如过高的股利支付率，不仅会影响企业再投资的能力，还会使企业未来收益减少造成股价下跌，而过低的股利支付率，可能会引起股东的不满，股价也会下跌。

股利决策受多种因素影响，包括税法对股利和出售股票收益的不同处理、未来公司的投资机会、各种资金来源及其成本、股东对当期收入和未来收入的相对偏好等。公司根据具体情况确定最佳的股利政策是财务决策的一项重要内容。

投资决策、筹资决策、经营决策和股利分配决策的一致是企业经营成功的关键。企业在制定发展的增长目标时，如果采取的是限制自身的保守的财务政策，就不易产生成效。同样，如果将经营利润大部分用于支付股利，同时实行严格的借款政策，就会与迅速发展市场并保持市场份额的目标产生冲突。因此，财务管理决策的选择必须经过经营者和财务人员认真的权衡与分析。

第三节　财务管理工作的组织

财务管理工作的组织是指财务管理运行的组织形式、方法体系和组织原则，包括财务管理体制、财务管理机构、财务管理制度等。

财务管理组织是履行财务管理职能、完成财务管理任务的重要基础工作，财务管理人员是在财务管理组织的基础上开展工作、组织财务活动的。

一、企业组织形式与财务经理

（一）企业组织形式

企业组织形式，按照不同标准可以分成不同类别。按照国际惯例，企业组织形式一般划分为以下几种。

1. 独资企业

独资企业也称个人独资企业，是指由一个自然人投资的企业，投资者即为业主。独资企业的业主享有全部的经营所得，同时对债务负完全责任。

（1）独资企业的优点

①企业开办、转让、关闭的手续简便。

②企业主自负盈亏，对企业的债务承担无限责任，因而企业主会竭力把企业经营好。

③企业税负较轻，只需要缴纳个人所得税。

④企业在经营管理上制约因素较少，经营方式灵活，决策效率高。

⑤没有信息披露的限制，企业的技术和财务信息容易保密。

（2）独资企业的缺点

①风险巨大，业主对企业承担无限责任，在硬化企业预算约束的同时也带来了企业主承担风险过大的问题，从而限制了企业主向风险较大的部门或领域进行投资，这对新兴产业的形成和发展极为不利。

②筹资困难，因为个人资金有限，在借款时往往会因信用不足而遭到拒绝，限制了企业的发展和大规模经营。

基于以上特点，独资企业的理财活动相对来说比较简单。

2. 合伙企业

合伙企业是指由两个或两个以上的自然人订立合伙协议，共同出资、合伙经营、共享收益、共担风险，并对合伙企业债务承担无限连带责任的企业。为了避免经济纠纷，在合伙企业成立时，合伙人须订立合伙协议，明确每个合伙人的权利和义务。与独资企业相比，合伙企业资信条件较好，容易筹措资金和扩大规模，经营管理能力也较强。

按照合伙人的责任不同，合伙企业可分为普通合伙企业和有限合伙企业。普通合伙企业的合伙人均为普通合伙人，对合伙企业的债务承担无限连带责任。有限合伙企业由普通合伙人和有限合伙人组成，有限合伙人以其出资额为限对企业债务承担有限责任。但是，有限合伙企业要求至少有一人是普通合伙人，而且有限合伙人不直接参与企业经营管理活动。

合伙企业具有设立程序简单、设立费用低等优点，但也存在责任无限、权力分散、产权转让困难等缺点。

由于合伙企业的资金来源和信用能力比独资企业有所增加，盈余分配也更加复杂，因此合伙企业的财务管理比独资企业要复杂得多。

3. 公司制企业

公司制企业是指依照国家相关法律集资创建的，实行自主经营、自负盈亏，由法定出资人（股东）组成的，具有法人资格的独立经济组织。公司制企业主要有以下特点。

（1）独立的法人实体

企业一经宣告成立，法律即赋予其独立的法人地位，具有法人资格，能够以企业的名义从事经营活动，享有权利，承担义务，从而使企业在市场上成为竞争主体。

（2）具有无限的存续期

股东投入的资本长期归企业支配，股东无权从企业财产中抽回投资，只能通过转让其拥有的股份收回投资。这种资本的长期稳定性决定了企业只要不解散、不破产，就能够独立于股东而持续、无限期地存在下去，这种情况有利于企业实行战略管理。

（3）股东承担有限责任

这是指企业一旦出现债务，即仅是企业的债务，股东仅以其出资额为限对企业债务承担有限责任，这就为股东分散了投资风险，从而有利于吸引社会游资，扩大企业规模。

（4）所有权和经营权分离

企业的所有权属于全体股东，经营权委托专业的经营者负责管理，管理的专业化有利于提高企业的经营能力。

（5）筹资渠道多元化

股份制企业可以通过资本市场发行股票或发行债券募集资金，有利于企业的资本扩张和规模扩大。

公司制企业分为有限责任公司和股份有限公司。二者的不同点有以下几个方面。

（1）股东的数量不同

有限责任公司的股东人数有最高和最低的要求，而股份有限公司的股东人数只有最低要求，没有最高限制。

（2）成立条件和募集资金的方式不同

有限责任公司的成立条件相对来说比较宽松，股份有限公司的成立条件比较严格；有限责任公司只能由发起人出资，不能向社会公开募集资金，股份有限公司可以向社会公开募集资金。

（3）股权转让的条件限制不同

有限责任公司的股东转让自己的出资要经股东会讨论通过；股份有限公司的股票可以自由转让，具有充分的流动性。

在上述三种企业组织形式中，公司制是大型企业普遍采用的组织形式。因此，财务管理学的分析与研究以公司制企业这种组织形式为基本研究对象。本书所讲的财务管理也主要是指企业的财务管理。

（二）财务经理及其职责

在大中型企业中，理财活动通常与企业高层管理者有关，如董事长、总经理、财务经理及其他经理。总经理是企业的首席执行官，直接负责管理企业的生产经营。总经理下面设副总经理负责不同部门的经营与管理。财务经理和会计经理负责向财务总监报告。财务经理负责筹资、投资、分配和财务规划、财务关系等方面的管理，并且通过这些管理工作为企业创造价值。

企业的财务管理和会计核算是两项不同的工作。财务管理工作由财务经理通过资金运作为企业创造价值。会计核算工作由会计经理负责，主要是通过数据处理、财务报告等形式对外提供会计信息。

二、财务管理的基础工作

企业在开展财务管理活动之前，要做好财务管理所必需的基础工作，这些基础工作是财务管理的前提条件。

（一）建立财务管理机构

每个企业在开展财务管理工作之前都必须建立财务管理机构，即在企业内部设立必要的、适应财务管理和生产经营需要的财务管理部门。企业财务管理机构可以是财务和会计合并设立的财会科，也可以是分设的财务科和会计科。不论采用哪种形式，企业都必须设置相应的财务管理机构。

企业除在总部设置财务管理机构外，还应在其二级财务管理部门和三级财务管理部门设立财务管理的分支机构，这些分支机构根据企业的内部财务管理制度和企业内部经济责任制划分的职责，在总部财务管理机构的领导和指导下开展财务管理工作。二级财务管理机构可以设财务管理组，三级财务管理机构可以设财务管理组或财务管理室，或由一个专职或兼职人员负责本部门的财务管理工作。

在分级设置财务管理机构的同时，企业的有关职能科室或部门也应根据需要设置财务管理机构。例如，企业的销售部门应根据需要设置财务管理机构，负责销售政策的制定、商业信用的调查、信用条件的制定和销售货款的收回等工作；采购部门的财务管理主要负责材料物资资金需要量的预测和安排、材料物资的保管、经济订货量的确定等。

（二）培养财务人员，提高财务人员素质

财务人员素质的好坏直接影响财务管理工作的发展，还会进一步影响财务管理目标的实现。企业应招募具有专业知识的财务人员从事财务管理工作，对非专业人员或专业知识不够的财务人员应进行上岗前的培训，使之能较好地适应工作。培训内容除专业知识外，还包括企业生产经营方面的知识，例如，企业产品的生产工艺流程、各道工序的材料耗用情况、产品的市场情况等。

（三）建立企业内部财务管理制度

企业的内部财务管理制度是财务管理的具体规范和操作程序，每个企业都必须制定适合本企业实际情况的财务管理制度。这些制度包括各项资金管理制度、成本管理制度、利润分配制度、财务开支审批制度、财务分析制度和财务监督制度等。

（四）加强财务信息管理

企业的财务管理工作包括预测、决策、计划、控制、分析、监督和评价等活动，所有这些活动都离不开财务信息资料。只有具备符合实际的信息资料，才能进行各方面的财务管理工作。信息资料不足或不准确都会影响财务管理工作的顺利开展。所以，财务管理中应加强对信息资料的管理，各部门、各单位都应建立信息管理制度，由专人负责本部门、本单位的信息收集、汇总和上报工作。

在信息管理工作中不可忽视计量工作，要注意计量的及时性和准确性。

（五）制定内部财务管理责任制

企业的财务管理工作应与企业的经济责任制相结合，并且要配合企业经济责任制的落实和考核工作。为了做到这一点，财务管理部门应制定有关部门或单位、有关工作或工序的定额，包括劳动用工定额、材料消耗定额、成本费用定额等。在制定定额的同时，财务管理部门还应根据企业经济责任制的要求，制定企业各责任单位在产品调拨过程中的部门价格。

财务管理部门在制定定额和部门转移价格的同时，还应督促这些指标的落实，定期或不定期地对定额或部门转移价格的实施情况进行分析和考核，并及时改进不合理的定额和部门转移价格，使之真正发挥作用。

三、财务管理体制

财务管理体制是以企业为主体，在资金运动过程中规定企业与有关各方面的财务关系的制度，其实质是确定和划分企业与各方面的财务管理权限。

要做好财务管理工作，必须建立并不断完善适应财务管理环境的财务管理体制。好的财务管理体制有利于财务管理工作的开展，还有利于企业处理好与有关各方面的财务关系；而不适应财务管理环境的财务管理体制，会不利于财务管理活动的顺利进行。

企业的财务管理体制是指企业内部各个管理层次、各个管理环节之间，以及企业与职工之间在财务管理的责、权、利方面的相互关系。

（一）企业内部财务管理体制的确定

企业内部财务管理体制主要从以下几方面来确定企业内部各部门之间，以及企业与职工之间的经济关系。

1. 资金的管理

确定企业内部资金管理办法、资金运用和审批权限。例如，将资金考核指标分解落实到各级各部门，层层考核，使各部门都承担一定的经济责任等。

2. 财务收支的管理

确定各部门计算收入与支出的方法，以便考核企业生产经营的成果。

3. 实行内部结算

确定企业内部各单位经济往来所采用的内部结算价格、结算程序等，以分清经济责任，加强经济核算。

4. 劳动报酬的计算

确定企业职工劳动报酬的计算方法，奖金的评定标准以及发放的方式、时间等。

（二）企业财务管理体制的具体形式

企业财务管理体制的具体形式可以采用一级、二级和三级管理体制形式。

1. 一级管理体制

一级管理体制是指企业的财务管理权限集中在总部。企业总部统一分配各项资金、处理财务收支、核算收入、成本和盈利，进行收益分配，各部门、各单位主要对财产物资的收、发、存及其使用进行实物管理，各部门之间的经济往来，由总部统一核算。这种体制简便易行，适合于小型企业和业务简单的中型企业。

2. 二级管理体制

二级管理体制是指企业总部统一安排各项资金、处理财务收支、核算成本和核算盈亏，统一制定财务政策，统一对外经济往来。二级管理单位（车间或分厂等）负责管理涉及本部门管理范围的一部分生产储备资金和在产品资金，核算产品成本，对部门之间的经济往来进行计价结算并通过总部财务部门转账，对于资金、成本等项目要核定计划指标，定期考核。这种体制适合中型企业。

3. 三级管理体制

三级管理体制是指在二级管理体制的基础上，给班组一定的财务管理权限。例如，要求班组核算直接发生的生产消耗，计价结算同其他部门之间的经济往来，定期考核产量、质量，以及材料消耗、全部直接生产费用等经济指标，并据以计算奖金，以明确基层生产单位的经济责任和经济权力及经济利益。这种体制相对比较复杂，适用于中型和大型企业。

企业财务管理体制的制定，其根本问题是划分财务管理的集权和分权。

四、财务管理机构的设置

财务管理机构是处理企业资金运动，实施财务管理的部门。

财务管理机构的职责是参与企业的经营决策、管理资金、组织财务活动、对经济活动进行财务监督，更好地履行财务管理的职能。

财务管理机构的组织形式主要有财务、会计合并的一体化组织形式和财务、会计分别设置机构的平行组织形式。

（一）财务、会计合并的一体化组织形式

财务、会计合并的一体化组织形式是将财务管理和会计管理两个机构合并在一起工作，是目前我国多数企业采用的形式。在这种形式下，企业一般设一个财会科室，由总会计师或主管经济管理的副职来领导，负责整个企业的财务和会计两个方面的管理工作。

这种形式的基本特点如下：财务、会计合并的一体化组织形式关系简明，便于财会业务集中管理，能提高工作效率。但是，企业面临的财务管理环境是复杂多变的，财务管理的内容也越来越丰富，财务管理在企业管理中也显得越来越重要。在这种情况下，一体化的组织形式越来越不适应现代企业管理的需要。

（二）财务、会计分别设置机构的平行组织形式

财务、会计分别设置机构的平行组织形式是将一体化的财务、会计分开，分别设置财务部门和会计部门，二者各有分工、各司其职。会计主管负责内部会计控制、会计核算的组织、办理纳税、编制财务报告等方面的工作。财务部门主管负责资金的筹集、制定商业信用政策、进行投资分析、调查客户的信用、制定定额和经济责任制等。

财务、会计分别设置机构的平行组织形式有利于财务、会计发挥各自的作用，职责明确，既保证财务工作又保证会计工作，适应市场经济条件下企业管理的要求，一般适用于大中型企业。

第四节　智能财务概述

一、智能财务的研究背景与现状

（一）智能财务的研究背景

我国经济秉承新发展理念，已由高速增长阶段转向高质量发展阶段。企业面临成本上升、创新能力不足和风险管控难度大的困境。同时，大数据、云计算和移动互联等现代信息技术也在蓬勃发展，在推动企业商业模式变革的同时，倒逼企业财务管理进行转型，在这个大环境下，财务共享模式开始进入快速发展阶段。财务共享模式是企业内部财务管理主体及财务组织体系的重大变革，为企业带来降低成本、提升服务质量、提高运营效率、加强风险管控、支撑全球化战略实施等益处。随着我国越来越多的企业不断规模化与全球化，财务共享模式越来越得到认可，并逐渐开始在我国企业中落地生根。财务共享模式必然也会影响财务工作方式的改变，引起财务人员角色的转型，更重要的是对财务流程再造带来质的飞跃，使企业战略、财务和业务融为一体，为企业推行精益财务、提供共享精细化实时信息和改变内部资源配置效率提供条件。

2010 年以来，人工智能技术发展突飞猛进，在云计算和大数据的背景下，传统的机器学习、专家系统、模式识别、神经网络、规则引擎等技术萌发了新的应用场景，更是增加了新一代人工智能的发展方向。企业财务工作也在人工智能不断成熟发展的过程中增加了更多机遇，财务业务一体化、财务决策、财务分析和财务管控都有了更准确的算法和更先进的模型工具。企业全面数据处理技术帮助管理层借助专家系统综合不同专家的建议，通过商业智能平台获取最终决策信息。财务机器人可帮助财务人员实现财务会计工作的自动化操作，再借助现代信息技术，智能化地实现业务活动、财务会计、管理会计和税务之间的无缝衔接。

我国经济已由高速增长阶段转向高质量发展阶段。会计作为服务经济发展的基础性、应用型学科，必然会在经济转型的重要历史阶段起到不可替代的作用，而经济转型发展需要高质量会计的支撑。虽然会计在经济转型中的重要性显而易见，但由于我国经济改革进入深水区，企业仍面临着成本上升、创新能力不足和风险管控难度大等困境。现代信息技术不仅给社会经济发展带来了新的引擎，还给会计改革发展带来新的利器。以“大智移云物区”为代表的新技术正以风卷残云之势改变着传统会计的流程、组织和方法，甚至战略思维，这为高质量会计服务经济转型的需要提供了基础手段和工具。要加强会计信息化建设，密切关注大数据、“互联网+”发展对会计工作的影响，及时完善相关规范，研究探索会计信息资源共享机制。同时，要抢抓人工智能发展的重大战略机遇，构筑我国人工智能发展的先发优势，加快建设创新型国家和世界科技强国，倒逼企业进行财务转型，使财务沿着“专业化、信息化、共享化、智能化”的方向快速转变，引领财务工作进入智能化时代。

（二）智能财务的研究现状

目前，财务共享服务中心已成为企业财务转型的首选。财务共享服务模式使企业凸显出财务会计流程的作用，但业务活动流程、财务会计流程和管理会计流程各自为战，缺乏一种思想理念或技术手段将其完全融合，而智能财务是一种将业务活动流程、财务会计流程和管理会计流程等全流程智能化的管理模式。企业产品或服务借助业务活动流程来解释，并通过业务和财务智能融合来管理整个供应链。财务会计流程是管理会计流程的信息支撑，价值链中价值信息的衡量由管理会计进行评价，通过财务会计和管理会计智能化融合得以实现。企业全生命周期使智能化的信息经历输入、处理与输出，财务智能化转型所覆盖的业务活动流程、财务会计流程与管理会计流程，将各项经营管理活动基于资源、事件、主体和价值的智能化信息处理，借助人工智能、商业智能、数据挖掘等技术输出多维信息，以满足企业内外部管理决策者的需求，提升企业绩效。

2016 年，德勤宣布将人工智能引入会计、税务、审计等工作中，标志着我国进入了会计智能化阶段。随后，国内的各大软件厂商也分别提出了自己的智能化思路，如用友提出了“实时会计智能财务”；金蝶提出“无人会计人人财务”；元年也发布了智能管理会计平台。2017 年 5 月，德勤推出第一款财务机器人，随后以“四大”为代表的会计师事务所和以金蝶、用友及元年为代表的软件厂商推出了自己的财务机器人方案。上海国家会计学院也在 2018 年 12 月成立了智能财务研究中心，并成功举办了首届智能财务高峰论坛。智能财务研究中心坚持“开放与合作”的原则，邀请社会各界致力于智能财务研究的单位和个人注册成为中心成员，加入研究中心团队，并于 2019 年起正式启动中心重点科研课题申报工作，面向研究中心团队公开招标。

通过文献回顾和实践梳理，我们发现，当前研究仅围绕智能财务的理念和思路展开初步探讨，尚无专门针对企业智能财务建设进行的系统化论述。本书创新性地对智能财务建设进行了系统性阐释和论述，包括智能财务的内涵和外延、智能财务的整体规划和具体方案，提出了智能财务建设的具体框架、整体思路与可行路径，既丰富了智能财务的理论与方法，又为企业智能财务建设实践提供切实指导和有益参考。

二、财务人工智能概述

财务人工智能是将有关财务的管理理论进行模型化处理，再通过运用高科技的信息进行匹配，把数据导入总信息库或以信息库的现存数据作为研究对象来分析，然后以最快的速度得到公司的经营报告，形成经营的战略建议。财务领域人工智能技术着重模仿人类的财务操作和判断，同时在业务收入预测、风险控制和管理、反舞弊分析、税务优化等方面也有很大的应用空间。

（一）财务人工智能应用领域

目前在相关研究的科技应用领域，财务人工智能有专家系统、模式识别、智能财务管理信息共享系统和人工神经网络模型等内容。

1. 专家系统

从本质上来说，专家系统是在特定的专业领域拥有超高专业水平、理解能力的程序系统，就像通过早期的学习和积累，在业界已经具备较高专业素养的某个领域的专家一样。针对这一领域的问题，能够快速运用经验和知识给出反应，进而解决问题。从结构上来看，专家系统如同一个特定领域的信息库和，以及一个能够被人类所获得和利用的系统所组成的专业解题系统。它的核心项目是信息库的储备和反应机制，由经验和智能的程序系统、信息库、推理机制、解释程序等项目的运作来获取程序。财务专家系统就是积累经验、获取数据、知识收集储备和智能化的程序系统，利用这个系统来解决财务范围内的所有问题。专家系统在一定程度上能够辅助财务方面的专家进行工作，对一些财务管理的内容进行叙述、诊断问题、分析数据和验证原理，从而通过对财务管理环境、技术和理念进行综合利用而得出最终的决策。其工作的思维方式是从复杂到简单、从抽象到具体，把复杂的财务问题拆分为简单的问题，最后通过搜索问题，分析归纳总结，实现问题的解决。系统进行处理和整合后，财务管理专家系统的功能能够在很大程度上被利用，财务人员在决策方面会更有信服力，财务预算也更符合实际，财务控制也能更到位，不会严重脱节，财务数据和各种分析也会更加清晰，财务管理也会更加全面、更易掌控。

2. 模式识别

模式识别是对物体表征的各种各样的消息进行归纳和汇总分析，然后对事物或特定现象进行叙述、分辨、归类和阐述的行为。当今社会，模式识别的方法有很多，其中最主要的方法是结构法和决策论法。最近几年，又出现了一些新的方法。例如，在多元化大数据基础上的多元图形基元、特征基元的模式识别和粗糙集模式识别法等。另外，模式识别在财务领域也有大量的实际运用，如能高效地分辨并描述出财务目标和大环境，并能识别公司财务管理受到金融危机时的原因和影响，从而根据分析提出解决方案；在公司的经营框架中，能够识别公司财务经营框架及框架所掌控的运行机制；在运营管理上，它的工作重点是识别财务的主体行为及它对财务管理目标的作用；在现金的保管规划层面，能识别资金的筹划支付及流动性；在企业财务的风险规避和安全层面，模式识别可以感受到潜在的财务危机和隐患，设立一个有预防作用的模型，从而达到保护财产安全的目的。

3. 智能财务管理信息共享系统

为了实现快速有效的处理财务的目的，本书将智能财务信息管理系统分为财务操作系统和财务查询系统。这样的系统使各部门可以通过浏览 Web 网站方便快捷地查询相关财务信息，即使是远离公司，也可以通过网站及时查询实时财务信息，而且发布财务信息的企业成本很低。财务管理智能系统的出现，意味着财务管理变得高效方便，其与网络技术完美结合，各部门在任何地方、任何时候都可以一目了然地在共享系统中了解财务状况。而以上方便快捷的系统生成是通过将企业 ERP 财务信息植入系统来实现的。

4. 人工神经网络模型

人工神经网络模型是通过大量的处理单元对人脑神经系统进行模仿，仿照系统的工作结构和原理，再通过各个链接组成网络。运用学习案例更新信息储备库、推理机制等，以达到帮助人们增加对外部世界的认识及智能管理的目标。人工神经网络模型主要运用在优化、预测、归类和函数逼近等方面，主要运用范围包括对上市企业进行财务风险预测和预警、财务问题分析诊断、规划财务管理、缴税和评估、财务质量的检测评估、对风险投资的项目进行分析评估、股票价格指数的监测和分析评估、固有财产投资规划和分析预测、金融证券定价、选择经济发展方式等等。人工智能技术是人工智能研究领域的重点、亮点和关注点，它在经济与财务管理方面的辉煌成就已经引起了人们的特别关注。

（二）智能财务的架构特点

与传统财务信息化功能架构有所不同，智能财务是建立在一系列智能技术基础之上的。在具体的信息化架构搭建时需要考虑以下要点。

1. 构建数据基础

对于大数据和人工智能来说，数据是这些智能技术能够有效运转的基础。因此，在信息化架构中，必须要考虑搭建一个可靠的数据层。这个数据层和传统信息化技术中所理解的后台的数据是不一样的。如图 1–3 所示，在这个数据层的搭建中，要兼顾结构化数据和非结构化数据。

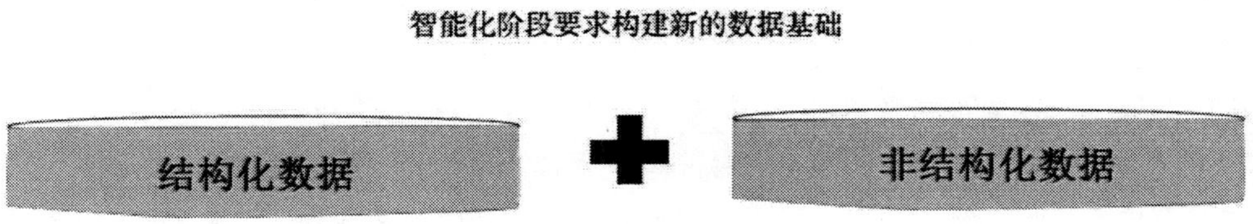

图 1–3 智能化阶段的数据基础

首先，对于结构化数据来说，需要对系统中所有具有业务含义的数据进行标签化，也就是说，要建立一个标签字典，用来结构化地重新定义系统中的每一个具有业务含义的字段，并在每一笔交易发生时，将交易中所包含的所有标签及标签值存储到数据层中。

其次，对于非结构化数据来说，要能够使用大数据技术对非结构化数据进行管理和存储，并基于应用场景尽可能地获取更为广泛的非结构化数据。

在建立了基于标签的结构化数据及非结构化数据的数据基础之后，无论是后续基于规则引擎的自动化处理，还是基于机器学习引擎的智能建设，都具备了基础条件。这对于财务信息化来说是一个重要的改变。

2. 构建智能技术引擎

在有了数据基础之后，财务信息化平台向智能化的转型还需要一系列的技术引擎的支持，如图 1–4 所示。

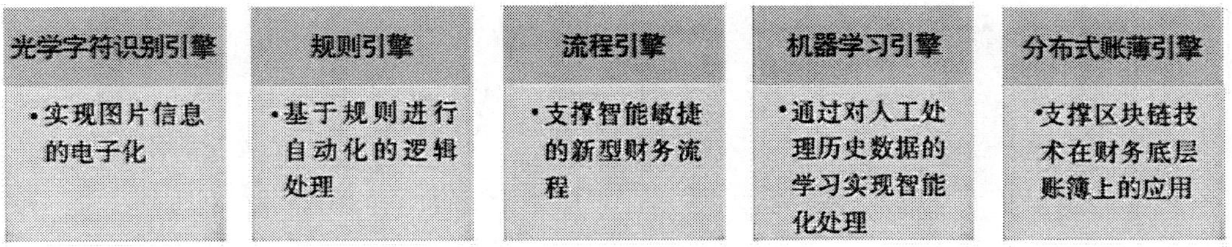

图 1–4 智能技术引擎

（1）光学字符识别引擎

财务的大量数据还是以实物形态存在的，如发票、合同等。虽然这些原始凭证正在向电子化迈进，但在现阶段实物仍然是其主要形态，而这些实物中蕴含了大量财务信息，并且是后续智能应用的关键基础。要提取这些信息，除了通过人工录入或者采取众包模式外，还可以运用光学字符识别（Optical Character Recognition,OCR）技术。基于 OCR 技术，能够批量高效地对图像中财务信息进行提取。需要注意的是，传统的 OCR 技术由于不是非常成熟，所以识别率较低，而基于深度学习的 OCR 引擎会有所改进。

（2）规则引擎

规则引擎能够以标签为基本元素，通过特定的语法对控制规则进行表述和封装，形成一个个规则包。这些规则包从业务角度来看，能够替代一部分人工进行系统的自动化审核控制，规则引擎本身技术并不复杂，难点在于进行清晰的标签定义和管理，梳理和拆解规则，以及基于标签定义规则。对于最简单的差旅费报销来说，其涉及的标签可能多达数百个，并且也需要数十个的规则来进行组合审核。

（3）流程引擎

流程引擎虽然在传统的财务信息化架构中已经广泛应用，但在智能化要求下，流程引擎需要具有更强的灵活性和扩展性，以支撑在智能应用中更为复杂的后台任务路径分流。流程引擎技术本身需要引入机器学习技术，以逐渐实现流程的智能化流转管理，如在共享派工时，实现更为灵活和均衡的智能派工。

（4）机器学习引擎

机器学习引擎是人工智能技术的关键组件，能够将一系列算法进行封装，并形成标准化的输入和输出。机器学习引擎能够通过对带有特征和标签的大量历史数据的学习去自主发现规则或算法，并将这些规则或算法应用于财务的工作场景中，实现对人工的辅助或替代。机器学习引擎是财务信息化从自动化向智能化迈进的关键一步。

（5）分布式账簿引擎

分布式账簿引擎可以理解为实现区块链在财务领域应用的重要基础。分布式账簿引擎通过在业务系统与财务系统底层搭建统一底账的方式，实现每一笔交易发生时的平行记账，并基于区块链的原理实现去中心化和数据一致。分布式账簿引擎能够为内部往来核对、关联交易核对、业财一致性核对等复杂业务问题提供技术支持。

在完善的数据基础的支持及多个技术引擎的共同作用下，财务信息化架构能够实现从传统的自动化向智能化的进化。

（三）财务人工智能的缺点

财务人工智能虽然可以替代财会人员完成大部分基础核算工作，但在实际工作中仍存在一些不能替代财会人员完成的工作。

1. 成本费用高

目前，财务人工智能对工作内容的标准化要求很高，不适合多种少量的工作模式。因此，财务人工智能只适用于规模大、财税日常工作负荷重、快速成长期的企业。而对于普通企业来说，财务人工智能的成本费用较高，后期维护费用过大，从成本效益的原则考虑，很多企业目前还不具备引进财务人工智能的能力。

2. 技术发展不完善

第一，财务人工智能属于发展初级阶段，功能不完善，兼容性差，使用前期问题比较多。目前，财务人工智能虽然在一些企业中已经应用，但从应用情况上来看，仍处于初级阶段，应用范围较小、应用层次不高、功能不够完善。因为初级阶段开发人员未全面考虑系列化、通用化、模块化的设计，容易造成系统兼容性差，所以使用初期问题较多。

第二，操控财务人工智能的技术人员不足，售后服务问题较多。财务人工智能是新兴产品，精通操控财务人工智能的技术人员十分紧缺。技术人员不仅要具有一定的会计理论知识，还需要了解人工智能和互联网相关的技术知识，具有综合技能的人才的匮乏给财务人工智能后期的维护升级造成了一定的影响。

第三，会计信息的安全性受到威胁。目前的会计信息处理与保存都以电子形式为主，而财务人工智能的系统由于存在一定技术漏洞，如果防护措施不到位，则有可能会被黑客攻破系统，盗取商业信息。对于企业来说，财务信息的外泄会造成非常严重的后果，使企业遭受巨大的经济损失。

3. 人性化水平低

第一，财务人工智能很难实现情感化。虽然财务人工智能的计算速度和数据处理能力要比人类强，但是始终没有人类所具备的丰富情感。与人类相比，目前财务人工智能在直觉判断方面不具备优势，并且无法处理复杂的逻辑判断问题，它很难完全模拟财会人员。财务人工智能是按照事先设定的规则执行程序，它既没有感情，也不能完全像人一样进行思考。尤其是在涉及人际关系的处理时，财会人员能够根据人类的表情、语气等进行判断处理，而财务人工智能则不具备这种处理能力。

第二，财务人工智能的及时反应和灵活程度不够。在普通的数据核算型工作中，财务人工智能可以代替财会人员，但在处理涉及多种因素的宏观经济环境变化的问题时，财务人工智能无法取代财会人员。财会人员在处理一个经济类工作时，能够根据自己所掌握的知识和经验，结合企业当前的内部环境状况和外部市场经济状况来做出决策。其中涉及会计规则、法律知识及情感经验等，而且会计规则及内外部的形势是随时变化着的，财会人员能够根据其变化做出相应的改变，而财务人工智能则难以得出最佳的财务结论。无论财务人工智能如何发展，在处理涉及组织与组织、人与人、企业与社会的关系等问题时，它都不可能完全取代财会人员发挥作用。

（四）财务人工智能对财会人员工作的影响

2017 年，英国牛津大学发布的一篇研究报告称，目前被人工智能代替的可能性最大的工作岗位就是财务工作。哈格和卡明斯在《信息时代的管理信息系统》中阐述了专家系统，专家系统是通过模拟人类专家解决各个领域问题的人工智能技术，适合应用在会计工作中，同时他也指出这种系统的应用将会极大地威胁财会人员的工作，使得财会人员面临失业。财务人工智能技术的应用和发展对财会人员工作的影响包含以下两个方面。

第一，财务人工智能的发展给财会人员的工作带来巨大的挑战。基础核算财务岗位急剧减少，企业对财会人员的综合管理能力的要求不断提高，对财会人员的需求类型发生一定的变化。

第二，财务人工智能的发展加速了财会人员的职业转型发展。财务人工智能虽然在很多方面可以代替财会人员进行工作，也可以完成传统的财务核算工作，但是财务人工智能与财会人员相比，并不能适用于会计行业中的每个领域。在人工智能背景下，财会人员需要不断提高战略分析与判断能力，提高自己的综合素质，打造自身软实力，加强对自身职业生涯的设计与管理。

三、智能化全面驱动财务转型

（一）智能化带来的财务管理模式转型

以大数据、云技术、物联网、区块链、人工智能等为代表的智能化技术的出现，不仅从技术能力上全面提升了对财务工作的支持能力，还从思维模式上对企业财务管理的转型提出了更高的要求。

1. 集团管控向全局视角的转变

在传统的财务管理模式下，集团财务管控长期以来一直是企业所面临的难题和挑战。对于企业集团来说，存在横向、纵向的信息壁垒，存在横纵信息割裂。

从横向来看，集团内的各业务板块及板块下的各专业公司之间存在壁垒。从集团的视角来看，业务板块及专业公司之间的信息以烟囱状的形态存在。不同专业公司之间的信息可比性存在问题，各公司之间的协同财务效果难以进行清晰的评价，专业公司之间财务结果的可比性也会存在问题。

从纵向来看，集团和专业公司、专业公司总部与下级机构之间每一个层次也都存在着信息壁垒，集团难以进入专业公司内部看清其经营情况，而专业公司总部也不排除和下级机构存在信息不对称和不透明的情况。

这种信息割裂状况一方面是因为管理机制，另一方面是因为在技术层面采用传统的信息化架构模式，数据在集团层面的高度集中是困难的。多数情况下，数据在不同的管理主体中分散存储，进一步造成了数据透明的困难。

而在技术智能化后，基于大数据、云计算等能力的支持，从技术角度来说，有条件实现数据更广范围的集中化管理，通过建立集中化的数据中心，打破集团内横向和纵向的信息壁垒。在技术条件具备的前提下，推动管理变革，成功的概率也会更大，从而进一步打破由于管理所造成的信息壁垒。

当我们实现了数据在集团内横到边、纵到底的通透后，集团财务管控的模式能够发生本质上的改变。在传统模式下不得不进行的块状管控模式能够转变为全局管控的新模式，而对于企业集团财务转型来说，这种模式的转变具有极其重要的意义与价值。

2. 集团流程管理向敏捷化的转变

企业集团财务信息化迈向智能化的进程伴随着流程再造的过程。在从人工管理向财务自动化管理过渡的过程中，已经发生过一次非常重要的流程再造。在管理制度化、制度流程化、流程系统化的过程中，流程与系统被紧密地结合在了一起。

费控系统和预算管理系统的出现很好地诠释了这种改变，费控系统使员工填写纸质单据并交由领导审批，再转至财务记账付款的模式实现了全面的线上化，从而将信息流转依托纸质单据单线程流转的模式转换为实物流和信息流双线程流转的模式。预算管理系统的建立使通过 Microsoft Excel 进行多级人工汇总的预算编制过程实现了线上化，使整个预算编制流程的效率得以大幅提高。而预算控制也由以往只能在核算完成后的事后控制转变为事前或者是事中控制。

以上结合信息系统从人工向自动化管理转变的过程中所发生的流程再造，更多的是形成了一套新的固化流程，是对财务人员升级后的管理思维的适应。而在智能时代，流程与系统的结合方式还将发生进一步的升级，从固化向敏捷流程跃迁。

在智能化阶段，内置规则类似条件数方式的流程流转决策机制转变为基于人工智能的优化策略的选择：在流程流转过程中，系统能够更为灵活地根据管理模板设定流程流转的路径和复杂度，如针对不同风险程度的单据，能够灵活动态地决策是否需要更高级别的领导或者是财务人员进行审批、审核。再如，在管理决策的过程中，智能系统可以通过判断决策分析后获得信息的紧急程度，并据此进行不同的后续信息反馈流程。简单地说，流程不再是固化的模式，而是基于目标的敏捷和弹性的管理模式。

敏捷流程的实现意味着管理从人工决策向机器决策更大程度的授权，也是计算机模拟人工进入深度阶段后可以尝试的应用场景。

3. 集团财务运营向自动化、智能化的转变

在智能化过程中，相比管控的全局化及流程的敏捷化来说，集团财务运营向自动化和智能化的转变是相对容易实现的。

所谓集团财务运营是指在当前财务工作中涉及的工作量大、标准化高的财务作业。在财务领域，这一类业务消耗了大量的人力，但其价值产出却相对有限。因此，针对这一领域的财务信息化能力建设始终是重点和热点。

在过去，大量财务信息系统的建设已经在这一领域自动化的实现中发挥了重要作用，如银企互联取代了以往网银方式的资金作业，通过简单的会计引擎，实现了记账从人工向自动化的转变。但是，随着智能技术的不断发展，这一领域仍然有较大的空间能够进一步实现自动化。

财务运营领域的智能化首先需要实现所有财务作业输入信息的数字化，如 OCR 技术、众包模式等都能够帮助解决此问题。而随着电子发票、电子合同的普及，大量纸质凭证将从源头实现数字化。在此数据基础上，计算机能够通过建立大量的规则、模型，将财务人员工作时所使用的大量的思考、分析、判断动作进行系统化，从而达到将复杂财务运营业务自动化、智能化的目的。

在具体的应用中，财务共享服务中心是财务运营智能化的主要组织，但在企业的各级机构中，同样存在大量的财务运营自动化和智能化的机会。

（二）智能化带来的组织革新

财务的智能化不仅带来了财务管理模式的改变，还驱动了财务组织形态发生改变。

1. 财务组织的智能化外延扩展

在财务转型的上一个阶段中，很多企业构建了包括战略财务、专业财务、业务财务和共享服务四分类组织架构模式。这一转变很好地支撑了企业集团从传统财务模式向现代财务模式的转变。但是，这一组织形态在智能化的进化中还在发生着进一步的演进。

最为典型的架构演进模式是在四分类组织架构的基础上进一步衍生出具有外延扩展特性的创新组织，这些组织的出现为财务向智能化转型提供了重要助力。

首先，数据中心的出现。智能化技术之一的大数据，无论是对数据的管理还是应用，都极其重要。在传统的财务组织中，数据的处理都是分散在不同的财务职能中的。在这种模式下，

数据的集中度不足，也难以满足大数据的要求。而财务数据中心的建立，能够从组织上保障数据的集中化管理。通过这样一个团队，实现数据探源、抽取、存储、维护等全过程的管理，为后续进一步基于数据展开大数据分析、人工智能应用带来重要的帮助。这样的组织应该是跨越财务、业务，以及信息技术的能力边界之上的，团队人员需要具有一定的复合技术能力。

其次，需要有管理会计等专业化数据应用团队的出现。数据中心实现的是对数据基础的管理，在此基础上，数据的应用至关重要。因此，在企业的组织进化中，也需要专注于数据应用的专业化团队，如最为典型的管理会计团队，会在基础数据上进一步研究数据的分摊方法，分析多维度的成本盈利情况，构建基于管理会计的考核体系等。此外，经营分析团队也属于数据应用的专业化组织。通过这些职能的构建，数据及智能技术与财务管理的实际应用场景进行结合，能够带来更好的智能化价值。

最后，财务智能化团队的建立。财务的智能化技术和传统的财务信息化已经有所不同。对于企业来说，需要将传统的财务信息化队伍向智能化进一步升级。当然，如果企业还没有建立信息化队伍，那么构建的必要性就更加突出了。在财务智能化团队的职能中有两个方面比较重要：一方面是围绕应用需求进行场景构建的能力，财务智能化团队要能够进行业务需求分析，能够帮助财务部门各业务团队去发现和挖掘智能化的应用需求，并思考如何通过信息技术满足这些需求；另一方面是技术能力，能够将业务需求转化为技术需求，并能够与科技部门展开有效沟通，推动科技部门对业务需求的落地实现。

智能化背景下的财务组织较之传统模式，将更多地以数据和场景为核心，进行智能化的外延拓展。

2. 财务组织从刚性向柔性转变

在财务组织的智能化外延扩展的同时，另一个财务组织的变化——财务组织由刚性向柔性的转变。

对于刚性管理来说，最具有代表性的当属泰勒的科学管理。泰勒的科学管理包括作业管理、组织管理和管理哲学 3 个核心内容。其中，作业管理强调的是如何通过科学的工作方法、培训方法和激励方法来提升劳动生产率。当然，传统管理的刚性并不仅体现在科学管理理论，还体现在现实的管理工作中，如组织中森严的管理层级、制度中可能存在的简单粗暴、流程中缺少变通的执行方式，信息系统中难以改变的架构等。

安应民在《企业柔性管理：获取竞争优势的工具》中提出，从本质上来说，柔性管理是一种对“稳定和变化”同时进行管理的新战略，它以思维方式从线性到非线性的转变为前提，强调管理跳跃和变化、速度和反应、灵敏与弹性，它注重平等和尊重、创造和直觉、主动和企业精神、远见和价值控制，它依据信息共享、虚拟整合、竞争性合作、差异性互补等实现知识由隐到显的转换，为企业创造与获取竞争优势。

智能时代的到来，释放出要求财务进行自我改变的强烈信号，同时也给企业创造了一个改变的机会。人工智能将越来越多地帮助企业完成原本需要“刚性”生产完成的工作，如财务审核、会计核算、资金结算等；而财务人员精力的释放将帮助企业有机会去重新构建创造能力和柔性管理的能力。

在智能化大背景下，财务组织的柔性主要体现在以下两个方面。

（1）组织架构的柔性

在传统的财务组织中，层级式架构最为常见，也具有极强的刚性。而这种架构模式并不利于创造性的发挥，反而在很多时候会成为财务组织创新和能力提升的束缚。而柔性的财务组织则可以更多地考虑减少组织层次，建立扁平化的财务组织。此外，可以更多地使用团队的架构方式。基于阶段性的创新目标灵活地设置团队，能够更好地适应智能化的组织需求。

（2）财务文化的柔性

在传统财务组织中，文化方面更多体现的是严谨。这与需要充分发挥技术想象力和进行场景创新的智能化的诉求是不相匹配的。因此，财务组织中文化的改变也是必要的。在组织文化的构建中，应当在更多地鼓励协作型的文化的同时，构建鼓励创新的文化氛围，以促进财务组织从刚性向柔性的转变。此外，适度引入市场文化，让财务工作能够适度地以市场化的方式参与公司经营，对柔性文化的建立也是很有帮助的。

（三）智能化带来的团队和人员能力的升级

财务转型迈入智能化阶段后，不仅对运营模式、组织带来影响，还对财务团队和人员的能力升级带来了极大的挑战和要求，这种能力升级主要体现在财务人员创新能力升级和财务人员知识结构升级两个方面。

1. 财务人员创新能力升级

智能化时代对财务人员的创新要求和传统财务时代有了显著不同，创新的压力来自多个方面。

首先，智能化将在当前及未来相当长的时间内对整个社会经济带来重大改变。在这个过程中，传统的商业经济模式会快速发生变化，每个企业集团的主业都会受到这一浪潮的影响，并发生深远、快速的变革。财务作为每个企业必备的管理部门，其重要的使命之一是帮助企业管理层实现战略的落地，并能够为企业的经营发展提供有效的决策支持。在企业主业发生快速变化的时候，财务创新能力的提升如果没有办法跟上企业发展的节奏，可能会对企业的经营发展带来不利的影响，或者说难以起到应有的支持作用。

其次，财务管理的各方面都在因为智能化的出现而发生各种改变。财务人员如果在这一过程中没有认识到，或者说是应对得不及时，将直接导致所在企业的财务管理水平落后于市场，无论是财务的运营效率、决策支持水平，还是资源配置能力等各个专业领域，都会受到影响，甚至出现瓶颈。因此，积极地提升财务专业领域的创新能力至关重要。

那么，对于一个被广泛认为需要严谨地开展工作的群体来说，如何提升创新能力呢？

第一，在实现财务创新本身就困难的情况下，应该将创新的方向聚焦，并保持与企业发展战略的一致性。财务创新并不是孤立的，当财务创新的目标与企业发展战略的目标高度一致时，财务创新能够获得最大化的资源保障。与此同时，管理层也容易认同和理解财务的创新工作，避免不必要的沟通和解释。

第二，要在财务中打造鼓励创新的文化环境。创新本身并不是一件简单的事情，应该建立必要的机制，对于积极做出管理创新的财务人员给予鼓励或奖励。通过对创新的正向激励，让一线的财务人员有意愿参与到这一过程中去，而不是将创新作为机械的任务来看待。

第三，要建立适合创新的组织环境。在层级森严的组织中是很难孕育出创新精神的。因此，在鼓励创新的同时，要适度打破组织边界，让跨团队的交流成为可能。项目制是打破组织边界很好的工具，不妨考虑将财务项目作为创新的摇篮。

第四，创新本身就是一种尝试，对于财务人员的创新试错要有一定的包容性。在创新的过程中，很多新的技术流程都需要经过试验的验证。在创新型企业中，往往对财务人员给予了极大的包容性，甚至在很多时候鼓励财务人员试错，以取得创新成功。因此，好的创新生态应当具有技术试验环境，让大家能在不断地尝试中找到正确答案。这一点对财务人员尤为重要，因为财务人员对创新的态度本就高度谨慎，一旦受到打击，将严重影响其积极性。

结合以上内容着手进行财务团队创新能力的升级，将为财务转型迈入智能化阶段奠定很好的基础。

2. 财务人员知识结构升级

在智能化阶段，财务人员的知识结构也面临着极大的升级压力。在传统财务组织中，财务人员更多的是专业路线，也就是说，在某一个专业领域，如核算、资金、税务等方面从最基础的工作做起，不断丰富自己的知识结构，通过多年努力成为某一领域的专家。这样一条发展路径在传统财务发展阶段是无可厚非的，也是大多数财务人员的成长历程。

但必须要认识到，随着智能化阶段的到来，很多新进入财务工作领域的人员已经不再有机会经历这样一条发展路径。一方面由于技术的发展，基于网络的专业协同和专业分工变得越发主流，这使从一开始就迈入特定基础工作领域的财务人员很有可能在后续的多年中始终没有机会接触到更大范围的知识领域；另一方面由于技术的进步，越来越多的基础工作会被计算机替代，这使得新入行的财务人员根本没有机会接触到最基础的财务业务。

在这种情况下，团队中财务人员想要在智能化阶段发挥其价值，就必须慢慢脱离传统的职业发展方式，从一开始就树立全局观和系统观，及早构建完整的财务知识结构的框架体系，知道财务各职能中的模块构成，以及各模块的相互作用关系。

在这一框架体系的支撑下，企业应当鼓励财务团队成员构建自己更为宽阔的专业知识体系。通过系统化和全局化思维，先构建一个知识面，再逐渐加深知识面的厚度，同时选择少数专业领域重点钻研。这种团队人员的发展模式能够让财务人员在智能化阶段更好地适应多变的技术环节，并能够为及时调整自身的发展方向打下基础，从而具有更大的职业弹性。

综上所述，智能化阶段的到来将全面驱动财务从模式、组织、文化、人员多个方面进行转型。成功转型的财务组织也必将为企业经营迈入智能化阶段提供巨大的助力，这也是财务人员应有的贡献和价值。

四、智能财务的内涵

智能财务是指将以人工智能为代表的“大智移云物区”等新技术运用于财务工作，对传统财务工作进行模拟、延伸和拓展，以改善会计信息质量、提高会计工作效率、降低会计工作成本、提升会计合规能力和价值创造能力，促进企业财务在管理控制和决策支持方面发挥作用，通过财务的数字化转型推动企业的数字化转型进程。下面将从 4 个方面来阐释智能财务的内涵。

（一）智能化场景设计和新技术匹配运用是智能财务的本质所在

财务领域中智能化应用场景的精心设计和“大智移云物区”等新技术的匹配运用，是智能财务的本质所在。以人工智能为代表的“大智移云物区”等新技术（以下简称“新技术”或“大智移云物区”等新技术），主要包括大数据、人工智能、移动互联网、云计算、物联网和区块链等。

1. 大数据

大数据是以容量大、类型多、存取速度快、应用价值高为主要特征的数据集合，其正快速发展为对数量巨大、来源分散、格式多样的数据进行采集、存储和关联分析，并从中发现新知识、创造新价值、提升新能力的新一代信息技术和服务业态。大数据技术首先是提供存储和计算能力；其次是洞察数据中隐含的意义。前者依赖于硬件设备的升级，后者依赖于数据挖掘算法的不断优化创新。

2. 人工智能

人工智能是研究、开发用于模拟、延伸和拓展人的智能的理论、方法、技术及应用系统的一门新的技术科学，其主要发展方向为感知智能、运算智能和认知智能。其中，感知智能模拟了人类视觉、听觉和触觉等感知能力；运算智能模拟了人类大脑的快速计算和记忆存储能力；认知智能模拟了人类大脑的概念理解和逻辑推理能力，有助于进一步形成概念、意识和观念。

3. 移动互联网

移动互联网是移动通信和互联网的结合，同时拥有移动互联网的随时、随地和随身等便利特性，以及互联网的分享、开放和互动等社交特性。

4. 云计算

云计算是一种基于互联网的计算方式，可将共享的软硬件资源和信息按需提供给计算机和其他设备，广义上的云计算包括后台硬件的云集群、软件的云服务和人员的云共享等不同形态。

5. 物联网

物联网是指通过二维码识读设备、射频识别装置、红外感应器、全球定位系统和激光扫描器等信息传感设备，按约定的协议，把任何物品与互联网相连接，进行信息交换和通信，以实现智能化识别、定位、跟踪、监控和管理的一种网络，主要解决物品与物品、人与物品、人与人之间的互联。

6. 区块链

区块链是分布式数据存储、点对点传输、共识机制、加密算法等计算机技术的新型应用模式，其核心特点是实时共享、可追溯和不可篡改。

（二）智能财务平台建设和新型财务管理模式构建是智能财务的落脚点

在智能财务的建设过程中，应着重聚焦两个落脚点——智能财务共享平台的建设和新型财务管理模式的构建，它们主要包括业务流程设计、共享平台设计、财务组织规划和财务制度设计四项内容。其中，智能财务平台的建设，需要从业务流程梳理和优化出发，落脚于智能财务平台的开发和运用，以实现智能财务建设过程中的业务驱动财务、管理规范业务和数据驱动管理三个目标；新型财务管理模式的构建，通过财务组织的重新架构、职责权限的重新划分、财务岗位的重新界定、财务人员的转型提升和管理方式的重新选择，借助智能财务平台和配套制度规定的保障，实现会计职能转型和管理会计落地。

（三）对传统财务工作的模拟、延伸和拓展是智能财务的实质所在

对传统财务工作的模拟、延伸和拓展是智能财务的实质所在。其中，模拟是指模仿现成的财务工作方式，如会计核算软件中记账凭证、账簿和报表的半自动或自动生成，就是对传统会计核算工作的模拟；延伸是指在宽度、大小、范围上向外延伸、伸展，如智能财务不受数据收集和整理能力的限制，可以核算到最小经营单元的损益和投资收益；拓展是指在原有的基础上，增加新的东西，是质的变化而非量的变化。智能财务中的大数据分析，更多的是运用数据的聚集效应和数据之间的关联关系来寻找数据本身蕴含的经济规律，是对传统财务工作的大幅拓展。

（四）提升财务工作及更好地服务于业务和管理工作是智能财务的目标

智能财务对传统财务工作的模拟，包括证、账、表等会计核算的自动化，以及财务分析报告的协同工作和半自动生成，将大幅提升财务会计工作的效率，提高财务会计信息的质量，同时大幅降低财务会计工作的成本。智能财务对传统财务工作的延伸，包括在资金管理、资产管理、税务管理、预算管理、成本管理、投资管理和绩效管理等方面的精细化和前瞻性，将大幅提升财务规划指导和规范管理的职能。智能财务对传统财务工作的拓展，包括相对固定的管理会计报告和基于大数据的分析应用，将大幅提升财务对于业务部门和管理部门及企业高层领导的决策的支持能力，促使财务人员实现从本位思考向换位思考和全局思考的转换。可见，促进财务工作的提升，以及更好地服务于业务工作和管理工作是智能财务的目标。

五、智能财务的构成要素

（一）技术应用视角的构成

财务领域中智能化应用场景的精心设计和“大智移云物区”等新技术的匹配运用，是智能财务的本质所在。为此，从技术应用的视角，智能财务由智能化场景的设计和新技术的匹配运用两个要素构成。其中，智能化场景的设计起源于针对具体财务工作任务的智能财务工作目标，仰赖于“大智移云物区”等新技术的精准匹配运用，重在精心构思和巧妙设计。这些新技术涵盖不限于“大智移云物区”技术，可能涉及新技术。财务领域中智能化场景的设计和新技术的匹配运用，将贯穿课题组对智能财务建设理论研究、方法探索和实践运用的始终。

（二）财务工作领域视角的构成

本书中界定的智能财务，是针对企业实务而言的。企业实务中的财务工作，包括财务会计工作和管理会计工作两个方面，相当于学术领域中大会计的概念。其中，财务会计工作主要包括会计核算和财务会计报告两个核心内容；管理会计工作主要包括资金管理、资产管理、税务管理、预算管理、成本管理、投融资管理、绩效管理和管理会计报告等核心内容。为此，智能财务建设，不仅要提高企业的财务会计工作效率，还要将企业的管理会计工作落地，实现财务的职能转型，提升财务本身的价值。

（三）建设思路视角的构成

智能财务的建设是一个复杂的系统性工程，需要思量的事情众多，需要梳理的关系复杂。但课题组认为其核心落脚点有两个：一是智能财务共享平台的建设；二是新型财务管理模式的构建。其中，智能财务共享平台的建设，重在将业财管一体化业务流程嵌入智能财务共享平台，功能范畴应同时覆盖实务中财务会计和管理会计两个财务工作领域。课题组将智能财务共享平台划分为智能财务会计共享平台、智能管理会计共享平台和大数据分析应用平台，分别聚焦财务会计工作领域中的工作任务、管理会计工作领域中的单项管理会计工作任务，以及管理会计工作领域中的交叉、综合和复杂的管理会计工作任务。新型财务管理模式的构建，重在智能财务组织的构建和智能财务运行规则的建立，组织范围应同时覆盖公司各级财务组织。本书认为，新型财务管理模式的构建包括模式选择、模式设计和模式的落地运行等重点工作，应基于智能财务共享平台、围绕管理会计落地和财务职能转型进行，也应符合本企业的经营管理实际情形。

（四）建设工作视角的构成

智能财务两个核心落脚点的具体实现，即智能财务共享平台的建设和新型财务管理模式的构建，依赖于智能财务建设过程中 4 项具体建设工作的实际开展。一是智能财务组织的规划、设计和架构；二是智能财务相关的业务流程的规划、设计和执行；三是智能财务平台的规划、设计和落地；四是智能财务相关的制度体系的规划、设计和运行。智能财务建设对课题组而言，是个全新的探索性工作，课题组对于智能财务及其建设的认识也是逐步深入和明晰的。在智能财务实际建设过程中，每项建设工作都有不同的工作阶段。为此，这四项建设工作既相对独立又紧密关联，彼此之间往往交叉进行。在智能财务建设实务工作中，需要具体关注和做好财务组织规划、业务流程设计、共享平台设计和制度体系设计四项建设工作，还需要关注和理顺这些建设工作之间的关联关系，以便恰当地安排智能财务建设各项工作进度，合理配置智能财务建设各类资源。

六、智能财务的构建逻辑

智能财务的目标是“促进财务工作的提升，更好地服务于业务工作和管理工作”，这就有必要针对财务工作任务逐一确定智能财务的工作目标，并进一步探讨财务工作目标的实现方式，包括智能化场景设计和新技术匹配运用。智能财务的构建逻辑主要涵盖以下 6 个关键节点。

（一）财务工作领域界定

在企业实务中可将财务工作划分为财务会计和管理会计两个领域。其中，财务会计是会计的一个重要分支，是对本会计期所发生的经济业务的分类、计量和记录，并通过编制的会计报表（资产负债表、损益表和现金流量表）将企业财务状况和经营成果报告给外部的报表使用者，如股东、债权人、政府主管机构等；管理会计是会计的另一个重要分支，主要服务于单位（包括企业和行政事业单位）内部管理需要，是通过利用相关信息，有机融合财务与业务活动，在单位规划、决策、控制和评价等方面发挥着重要作用的管理活动。

（二）财务工作任务划分

财务工作任务划分依据财务工作领域可划分为财务会计工作任务和管理会计工作任务。其中，财务会计工作任务主要包括会计核算和财务会计报告两部分内容；管理会计工作任务主要包括资金管理、资产管理、税务管理、预算管理、成本管理、投融资管理、绩效管理和管理会计报告等内容。针对特殊领域的特定问题，企业还需要借助专家团队的力量予以研究并解决。

（三）财务专业分工确认

在新型财务管理模式下，财务工作大致可划分为3个层次的专业分工，即战略财务、业务财务和基础财务。战略财务一般定位为规划指导和对战略层的决策支持，实务中多由总部财务部门负责；业务财务一般定位为过程控制和服务业务，实务中多由总部财务部门和属地财务部门共同负责；基础财务一般定位为交易执行和操作控制，也可称为操作财务或共享财务，实务中通常由财务共享服务中心负责，也存在财务人员调动安排等因素仍由属地财务部门负责的情形。每一项财务工作任务中的某项具体工作，均可归为财务专业分工中的某一层。

（四）智能财务工作目标确定

智能财务的目标是提升财务工作，以更好地服务于业务工作和管理工作。提升财务工作本身质量，主要包括降低财务基础工作成本、提高财务工作效率、改善会计信息质量及提升财务合规能力等；服务于业务工作和管理工作，主要是借助专业洞察和大数据分析辅助业务部门、管理部门和高层领导决策。此处的智能财务工作目标是针对具体财务工作任务而言的，主要涉及成本、效率、协同、质量、全面、精确、实时、灵活、合规和安全等具体目标。

（五）智能化场景设计

凡是将“大智移云物区”等新技术运用于财务工作领域，对传统财务工作进行模拟、延伸和拓展的场景，都是广义智能化场景设计的范畴。大数据在财务领域的典型应用场景，包括预算的自动推导、风险的自动筛选、客户的精准画像、仓储的排列优化和派单路径的优化等。人工智能技术在财务领域的应用场景可细分为感知智能、运算智能和认知智能的应用场景。目前，感知智能在财务领域中的应用场景最为丰富，如人脸识别、图像识别和语音识别等；运算智能在财务领域中的应用场景也比较多，如各类财务机器人流程自动化（Robotic Process Automation，RPA）、财务的多维分析和关联分析等；认知智能目前在财务领域中的应用场景较少，如财务报告分析领域的专家系统及智能客服、虚拟个人助手（Virtual Personal Assistant，VPA）等。移动互联网在财务中的典型应用场景，包括移动审批、移动商旅、移动报账和移动身份认证等。云计算在财务中的典型应用场景，包括大中型企业基于私有云或混合云的财务共享，以及小微企业租用的软件即服务（Software as a Service，SaaS）服务平台和代理记账服务。物联网在财务中的典型应用场景，包括资产的识别、定位、追踪、监控和管理，以及纸质会计档案的定位、追踪和管理等。当前，在财务领域区块链的典型应用场景，包括供应链金融、产品溯源、存证和电子发票等。

（六）新技术匹配运用

新技术匹配运用是指支持某个智能化场景实现的具体技术，包括前文提到的“大智移云物区”等新技术，如资产管理中的自动盘点场景，就需要用到物联网技术；又如安永会计师事务所基于云端的资产追踪平台，由物联网传感器网络驱动，通过读取二维码、条形码和货架标签实时分析库存数量，并将相关信息直接传输至无缝连接着8万多名审计师的全球审计数据平台EY Canvas。

综上，针对不同财务工作领域划分财务工作任务，针对不同财务工作任务确认财务专业分工、智能财务工作目标及设计智能化财务应用场景，针对不同智能化财务应用场景匹配可运用的、以人工智能为代表的“大智移云物区”等新技术，是智能财务建设的内在逻辑。

七、智能时代的财务管理实践升级

智能化带来的不仅是观念的转变，在财务管理的实践中，我们还能够看到越来越多的智能化应用场景，这些场景的落地也让财务管理能力不断升级。财务的整体框架包括智能化与战略财务，智能化与专业财务，智能化与业务财务，财务人工智能，智能化与共享服务，智能化助力财务管理实践再升级等5个方面，下面分别从这几个方面展开智能化影响的探讨。

（一）智能化与战略财务

战略财务包括战略与业务支持、财会控制机制、价值管理、经营分析与绩效管理、全面预算管理等多个方面。

智能时代的到来对企业的经营将产生重大影响，各行各业在这个过程中都被或多或少地影响。企业会成为智能服务的提供商，或者成为智能技术研发的参与者，也可能在当前的业务模式中引入智能化工具，创新商业模式，提升竞争力。智能化会对企业未来的经营产生重要的影响，有些公司会在战略层面进行调整，也有些公司会进行战术层面的适配。

战略财务需要能够敏锐地跟上企业的战略和经营变化的步伐，主动对公司的战略或战术改变提供支持，而非被动响应。

在战略财务领域，智能化技术的影响主要集中在经营分析和全面预算管理两个方面。

1. 智能化对经营分析的影响

什么是经营分析体系？经营分析并不是简单地做一些分析报表。对于企业来说，要让经营分析能够体系化并且发挥管理价值，需要将经营分析构建在一套相对稳固的机制之上。

对于经营分析来说，其核心是由数据、指标和报表3个层次构成的。

（1）数据

数据比较容易理解，有了丰富的数据积累，我们才有可能展开分析。无论是传统阶段的财务，还是智能化阶段的财务，数据都极其重要。而在智能化阶段，数据的范围更是从结构化数据扩展到了非结构化数据，大数据概念的引入也让经营分析有了更多的可能。在经营分析体系中，要构建一个好的数据基地需要企业对数据仓库、数据集市有一个清晰的规划和设计，对数据的定义、标准、来源和采集有清晰的业务逻辑。当然，数据仓库和数据集市都是数据的载体，要想避免数据垃圾的产生，系统本身的数据质量就要有所保障。而对数据质量的保障来自前端业务流程和信息系统的有效搭建和管理。

（2）指标

指标是一种衡量目标的单位或方法。当我们进行经营分析时，会围绕企业经营的目标来设定一些衡量标准，这些衡量标准能够评价经营结果是否达到了设定的目标，从而帮助我们进一步提升企业的经营管理水平，这些衡量标准就是经营指标。指标的管理在经营分析体系中尤为重要，好的管理体系要构建企业的指标树，并定义每个指标的名称和维度值。一套清晰有序的指标体系能够帮助企业更透彻地看清楚自身的经营情况和管理水平。

（3）报表

报表经营分析结果的展示，实际上就是将各种指标的不同层级维度交叉组合起来进行应用的产物。因此，在搭建报表体系时，我们要先明晰经营管理者到底需要看到什么，在明确需求后，选取能够说明问题的指标，并在匹配和管理对象相关的维度信息后进行组合展示。此外，在报表的指标组合中，我们还经常需要用到使用说明来解释指标。

在理解了经营分析体系后，我们再来看智能化对经营分析的影响。

智能化技术将对经营分析的视角和工具方法带来影响。从分析视角上来说，传统经营分析所受到的数据的局限性将被打破。在大数据的基础上，能够从因果分析向相关性分析增强。由于数据的边界从企业内部延展到社会化数据，对于KPI、经营分析报告、市场对标等职能都可能获得更加可靠的数据基础，从而对经营分析结果的可用性带来更大的帮助。

而在工具方法方面，大数据和云计算的结合应用将使经营分析变得更加灵活。二者的结合能够为经营分析提供更加强大的数据采集、数据捕获和数据处理服务，使经营分析的范围得到大大的拓宽。同时，大数据的非结构化数据的处理能力也能够帮助企业在进行经营分析时更好地处理市场上与企业相关的热点信息，将新闻、微信、微博等社会化媒体的信息纳入经营分析的视野。

此外，人工智能技术的发展也将使经营分析的方法从经验分析向算法分析演变，使更为复杂的分析能够得以实现。同时，基于机器学习、算法的自我优化，能够使经营分析的能力得到持续提升。

2. 智能化对全面预算的影响

预算实际上是一种对企业资源的配置方式，当股东设定了经营目标后，业务单位要达成这些经营目标就需要匹配相应的资源。从契约的角度来看，如果把预算作为一种契约，那么一方是企业的股东，另一方是企业的经营者。资源本质上属于股东，业务单位作为经营者向股东承诺经营目标，而股东向经营单位承诺支持其实现经营目标所需要的资源。当然，在经营目标达成后，会有相应的绩效激励，这又是另一个层次的契约关系。

因此，在企业进行预算管理的过程中，预算编制的核心是提出股东和经营单位都能够接受的资源配置方案，也就是在经营目标承诺和资源承诺上找到平衡点。

在企业预算管理的过程中，也就是资源配置的过程中会遇到一些难点，包括契约双方如何建立信任，使用怎样的标准来进行资源配置，如何提升资源配置效率，如何进行资源配置效果检验等问题。这些问题在传统财务管理阶段并不容易解决，往往会以变通和妥协的方式来解决。但在智能化时代到来后，这一情况将有所改观。

其一，在制订经营计划和预算编制过程中，智能化技术能够发挥重要作用。由于经营计划和预算编制是资源配置的过程，资源配置的方向、权重是否合理是预算编制结果是否能够发挥价值的重要评价标准。大数据分析能够帮助验证业务部门在资源投向上所讲故事的真实性，能够展开更为清晰的资源投向和业绩达成的相关性分析，从而使得财务有能力对资源配置投向进行评价。

其二，在预算预测的过程中，能够基于大数据、机器学习等方法构建更为复杂和完善的预测模型，能够展开大量复杂场景下的敏感性分析，从而提升预算预测的可靠性和对未来复杂不确定性的预判能力。而现在，让人更加期待的模拟技术正在出现，引入人工智能的虚拟商业生态系统能够让未来的预测建立在与真实社会相仿的现实模拟环境中，如在拟真的环境中投放广告、设置不同的预算投入、模拟用户的真实反映、评价预算的投入效果等都可以在未来成为现实。

（二）智能化与专业财务

专业财务是财务框架模块中较为成熟的部分，也是企业财务管理的基础。可以理解为，没有战略财务、业务财务和共享业务都是可以的，但如果没有专业财务就会导致整个财务体系无法运转。当然，成熟的背后也意味着要有更大的提升空间。

专业财务领域包括会计报告管理、税务管理、资金管理、合规管理、管理会计、成本管理及财务风险管理等多个领域。智能化阶段对财务报告与税务管理、管理会计、风险管理有较大的影响。

1. 智能化对财务报告与税务管理的影响

会计与报告在传统的会计电算化、财务信息化过程中一直是重要的建设领域，财务的各项信息化工作在早期也都是在这个领域开展的。智能时代的到来给会计与报告管理领域信息化的提升带来了契机。

在报告领域，基于机器学习技术，可以实现智能报告。将会计报告交给人工智能来处理并非不可能，现在的人工智能写出的市场研究报告已经让人难以区分背后是资深研究员还是机器。基于相对结构化的报告范式，再加入人工智能基于市场反应的学习，智能报告或许对股价的提升越来越有帮助。

此外，在税务管理中，还存在非常多可以借助信息技术实现自动化的领域，如对发票真伪的查验、发票认证、纳税申报等，都可能引入智能化技术，进一步解放人力。

2. 智能化对管理会计的影响

管理会计的应用十分依赖信息系统的建设。在通常情况下，管理会计需要处理大量数据，如果缺少信息系统的支持，就很难实现日常的机制化运转。但在传统模式下，管理会计在支持系统的运算性能方面存在瓶颈，在性能难以支持的情况下，需要通过简化业务逻辑的方式来满足性能的要求。

实际上，从多维数据库的出现开始，管理会计的性能已经得到了很大的改善。传统模式下的关系数据库对大数据量的数据的处理非常费时，且性能较差、开发周期长、成本高。而多维数据库结构简单、容易理解，开发相对容易，却导致出现了很多冗余，多维数据库属于使用空间换取时间的解决方式。

随着智能化时代的到来，管理会计将更多地从技术性能方面获益。针对管理会计最大的痛点——运算性能不足，在物理架构、硬件等方面的技术进步能够使这个问题有所缓解。基于云计算架构来搭建多维数据库，或直接使用内存数据库进行相关的管理会计数据处理，都有优化数据性能的机会。

另外，大数据技术架构的发展也为使用大数据平台来解决多维数据处理问题提供了新的技术思路。在实践中，已经有部分企业尝试着将新的管理会计的数据处理搭载在大数据平台中。基于大数据平台的技术优势，突破计算性能的瓶颈，使得管理会计系统能够处理更多的数据维度和更为复杂的逻辑。

3. 智能化对风险管理的影响

在专业财务中的风险管理领域，智能化也在发挥作用。

智能技术能够从事前、事中、事后三个层次，防范财务操作风险。

（1）事前

从事前防范角度来看，在传统模式下，我们所构建的风险监控体系是基于经验和分析的，但这种构建方式可能在认知完整性上存在缺陷。机器学习方法能够基于财务业务流程中大量的交易及风险事件，发现新的风险规则，从而补充和完善现有的风险指标体系，加强对事前风险的防范能力。

（2）事中

从事中控制角度来看，基于经验规则的系统化能够实现初级人工智能的应用。通过大量的规则，我们能够发现财务交易中的潜在风险事件，并能够对一些风险事件进行直接拦截。此外，基于数据积累，我们能够对每一笔单据进行风险分级，针对不同的风险等级配置不同的控制流程，从而提升风险管控能力。同样，机器学习技术能够基于经验的规则积累，进行持续的训练优化，持续提升风险控制能力。而基于企业内外大数据的积累和挖掘，能够建立更为丰富的单据风险分级规则模型，使单据的风险分级更加准确。

（3）事后

从事后分析角度来看，能够建立起不同类型的分析模型以发现风险，如基于决策树的模型、社交网络的模型、聚类分析的模型等。这些模型的构建能够帮助我们在事后进一步进行操作风险审计和发现问题，通过跨交易单据的分析，发现更为广泛的风险，并基于相关风险提示进一步发现和解决问题。同样，大数据和机器学习有助于我们持续完善各种分析模型的规则，从而提升风险线索发现的精准度。

智能化技术在风险领域的应用是相对容易起步的，也适合企业作为迈入智能化阶段的前期选择之一。

（三）智能化与业务财务

业务财务本质上是战略财务与专业财务在业务机构端的延伸，也是财务共享服务在业务前端的支持与保障。因此，从业务职能的范围来看，智能化对其的影响与对战略财务、业务财务（简称业财）及共享服务的影响是相似的。我们可以从业财融合的视角来关注智能化与业务财务的关系。

在智能化与业财融合方面，有两个技术对业财融合有比较重要的影响，分别为会计引擎与区块链。

1. 会计引擎与业财融合

为什么说会计引擎与业财融合的关系极其紧密呢？其根本原因是业务财务融合最大的挑战就在于业务信息向财务信息转换过程中的数据需要保持一致。

业务和财务都按照各自的语言体系来进行经济事项的记录和反映。业务系统中记录的是每一笔交易的明细，在进行记录的时候只是从业务管理视角出发来记录交易中的各种业务细节。但很多时候，这种从管理角度出发的信息记录存在大量个性化和不规范的表述，难以最终汇集成企业经营的完整信息。

而对于财务记录来说，它是通过准则的约束和规范，将各种差异化的业务信息的表达最终转换为统一的会计语言，并反映出企业的实际经营情况。但由于会计语言的规范性要求，很多信息在以会计语言记录的时候进行了舍弃。

正是由于业务和财务两种语言体系的差异，信息从业务向财务转换出现了一些困难和挑战。一方面，转换过程存在同样的信息其表达方式却不一致的问题，需要进行语言的对等翻译；另一方面，转换过程中存在数据偏差导致数据不一致的情况，需要进行业财核对。

如何解决以上问题呢？即在业务系统与财务系统之间构建具有高度灵活性的会计引擎便能够起到一定作用。

会计引擎是通过系统设计一个翻译器，针对不同的业务系统和财务系统之间的数据关系，在会计引擎中进行信息转换的初始配置。随后，在业务发生的过程中，每笔交易都能够最终通过会计引擎翻译为会计分录，完成从业务信息到会计信息的转换。

会计引擎本身并不是智能化的产物，目前市场上的大多数会计引擎被集成在不同行业的业务系统中，以解决行业的特性问题。但随着技术的发展，会计引擎逐渐被抽象为独立的产品，并有可能引入智能技术进行产品升级。

智能化阶段的会计引擎会在独立产品化的基础上建立跨行业的统一会计引擎模式。会计引擎可以引入机器学习技术，通过学习基于规则转换的历史数据积累，逐渐形成新的转换规则体系。有了这样的技术基础，会计引擎能够随着数据积累的不断扩充，在学习过程中持续提升业务到财务的语言转换能力，并最终实现新业务接入免配置。这就如同我们通过海量案例培养了业务专家，这些业务专家能够自主解决复杂的业财信息转换问题。

2. 区块链与业财融合

如果说会计引擎解决了业务信息向财务信息翻译的问题，那么区块链技术的出现则在推动业财一致性方面带来了新的思路。

本书不再用过多的篇幅阐述区块链技术本身。需要明确的是，区块链是一种分布式账簿。传统的财务记账的模式是只有一个集中的账簿，所有的财务信息都进行集中记载。业务系统中的交易记录可以理解为一本业务账，财务系统中的会计凭证则是财务账。二者是转换关系，所以在一致性上就容易出现问题。

而对于区块链来说，它能够在业务与财务之间构建一个平行账簿。任何一笔业务发生的时候，都同时在双方的账簿中记录一笔交易。而由于业务方在企业集团内部会有多个组织或法人的形态存在，也会在关联方或者内部往来方之间形成多个平行账簿。

基于区块链技术在企业底层搭建了这样一套平行账簿体系后，由于任何一笔交易都是在多账簿中同时记账的，这就解决了数据一致性问题。在实现了数据一致性后，业务系统与财务系统之间不需要再进行数据一致性核对，内部往来和关联交易的核对问题也能够使用类似的方式来解决。

（四）财务人工智能、智能化与共享服务

前文我们深度探讨过财务共享服务与智能化的关系，可以看到智能化阶段的到来能够极大地提升财务共享服务的效率，OCR、规则引擎、众包、人工智能等技术的综合使用，能够带来财务共享服务从传统模式向智能共享的跃迁。

在这里，我们对财务共享服务领域当下比较流行的财务人工智能的概念进行说明。实际上，财务人工智能从严格意义上来说并不能称为智能化，而更类似于脚本自动化的概念。机器人流程自动化（Robotic Process Automation，RPA）与智能化流程自动化（Intelligent Process Automation，IPA）应用的最大区别在于，RPA 应用的实现基础依然是传统的流程规则的明确，而 IPA 应用的实现基础将会是机器的自我学习、自我认知能力。在智能化阶段，如果要迈入彻底的无人共享模式，需要将多种技术进行组合使用，而财务人工智能就是其中的重要一环。

那么，什么是 RPA 呢？这项技术实际上是通过模拟人工作业的方式，将一些无法通过系统集成的系统手工：操作进行自动化的处理。以最常见的应付流程为例：维护供应商数据一提交采购请求 / 采购订单一收货确认一收到供应商发票一三单匹配一调整差异一建立付款日期一准备付款一批准付款一付款执行一记账……在这个流程场景中，绝大多数业务环节都可以采用 RPA 来协助完成，如 RPA 可以协助企业进行供应商信息更新、创建采购申请、查询物流信息、更新采购计划、收货确认提醒、三单匹配核对、核对价格、检查付款差异、信用检查、银行对账等，通过这些环节的自动化应用，会在很大程度上提高应付流程的执行效率和质量。

RPA 更类似于 Microsoft Office 系统中的宏工具，只是功能上比宏工具强大了很多。RAP 具有如下优势。

首先，RPA 并不是孤立的应用程序，而是具有服务端和能实现统一调度管理的工具。在这一功能的支撑下，RPA 能够实现对多流程自动化任务的统一管理，也就是说，能够清晰地监控这些自动化任务发生的过程和执行结果。

其次，RPA 技术最大的优势在于能够实现跨系统平台的作业。这与宏工具不同，如果自动化任务只能在如 Microsoft Office 这样的封闭系统中运行，那么要实现全流程的自动化就非常困难了。RAP 能够跨越系统平台进行作业，这与人工作业的情况极为相似。甚至，对于使用虚拟系统的机器，RPA 也能够支持本机和虚拟机之间的自动化交互作业，进一步扩大了应用场景。

再次，RPA 技术的学习成本非常低。这并不是一个需要程序员技能的工具，对于具有一定计算机基础的财务人员来说，经过培训也是可以掌握此工具的使用方法的。这使 RPA 能够更好地下沉至财务共享服务中心一线，在财务共享服务中心内部实现更为及时、动态的流程优化。

最后，RPA 中也能够进行一些简单的规则处理，这从某种意义上与规则引擎发挥的作用是相似的，能够使流程中一些需要简单判断就能进行的处理无须使用更为专业的规则引擎，而能够使用 RPA 直接实现。

当认识了 RPA 的这些特点后，我们再来关注一些财务人工智能在实施过程中需要关注的要点。

第一，财务人工智能的实施并不仅是技术问题，其核心在于对流程的分析和梳理，并基于流程分析的发现设计实施方案。这个过程更偏重对流程的理解，因此财务人工智能的项目不能脱离业务开展，必须要依赖一线业务人员的深度参与，方能够发挥其价值和效果。

第二，要认识到 RPA 并不是万能的，更好的解决方案是实现系统的深度集成。但由于 IT 开发进度的问题，或者系统之间本身难以集成，很多情况下还是需要使用 RPA 作为对系统集成以外大量零散手工问题的补充解决方案。很多时候，这些零散的手工环节系统集成的代价非常高，使用 RPA 有时候能够起到意想不到的作用。

智能化对财务共享的影响是深远的，而这一进程也将持续进行，并集成更多新的技术形成合力。

（五）智能化助力财务管理实践再升级

财务转型已经正式迈入了智能化的阶段，这已经不再是假想中的趋势，而是已经发生的事实。对于企业集团的财务转型之路来说，在实现从核算向共享，出纳向司库转型的过程中，必须要重视并且抓住技术升级转型这一重大趋势，以智能化技术为基础，全面升级企业的财务信息化能力，为业务转型奠定扎实的基础。

在漫长的转型道路中，我们经历了管理模式的升级、信息技术的进步。财务管理实践在这一过程中从未止步。对于企业财务来说，在这个过程中，无论是组织、团队还是财务人员，都在积极进行自我提升，以适应甚至是引导这一变革。

智能化的到来并不可怕，从某种意义上来讲，这是时代赋予我们的新的机遇。财务人员在这一浪潮中，如果能够积极面对自身能力全面升级的需求，必然能够在此过程中掌握主动权，将智能化技术与财务管理的场景进行深度融合，从而在管理实践中创造出更大的价值。

八、财务管理技术的新逻辑

管理技术是财务主体的脉络。好的财务管理技术能够让财务主体运转得更具活力，并焕发出青春的能量。财务管理技术的逻辑转变将让财务能够触及更为广阔的管理技术领域，获得更加先进和更有价值的管理技术工具。让我们从数据、计算、记录、流程、互联 5 个关键词来看财务管理技术的新逻辑。

（一）数据：小与大

传统的财务数据处理和数据分析都是建立在结构化数据基础上的，也可称之为“小数据”。这也是我们最擅长的领域。传统财务分析领域的技术工具也多是基于“小数据”开展的。对财务来说，即使在智能时代，“小数据”也仍然是不可舍弃的核心，毕竟太多的财务管理理论都是构建在结构化数据基础上的。但对我们来说，在手握“小数据”工具的同时，还要高度重视大数据。基于大数据的技术工具，让海量非结构化数据的处理成为可能，这能够帮助我们跳出传统思维的局限，探索出一片广阔的新天地。这是智能时代数据的新逻辑。

（二）计算：本地与云端

传统的信息系统或计算多是构建在本地部署基础上的，从用户的角度来看，本地部署模式能够更加灵活地匹配我们的管理需求，更好地支持按需建设。但随着本地部署量越来越大，其带来的负面影响是持续高昂的运维成本的投入，以及企业大量资产的占用。这些在传统时代由于算力有限，并非不可容忍之痛，而在智能时代，大数据和机器学习对算力的要求都是海量的，传统的本地部署模式势必受限，云计算将成为首选，无论是公有云、私有云还是混合云，走向云端成为必然。这是智能时代计算的新逻辑。

（三）记录：集中与分布

传统财务信息的记录采用的是集中记录的方式，或者说“有中心”的记录方式。这种方式的好处是数据存储量小，不会产生大量的资源消耗，但数据的安全性及一致性并不是很高。因此，很多公司常见的财务问题是业财不一致，或者可以解释为不同系统之间的同源数据不一致。而在智能时代，随着区块链技术的出现，记账方式发生了革命性的改变，从原来的集中记账转变成分布式记账，将财务信息进行去中心化的多账本同步记录。虽然这种财务信息记录模式会造成大量的数据冗余，但网络存储的便捷发展克服了这一不足，信息记录从集中到分布将有越来越多的应用场景。这是智能时代记录的新逻辑。

（四）流程：稳健与敏捷

为保持传统财务端到端流程的可靠性，大家更多的是进行流程固化。在业务流程相对稳健的模式下，流程的可靠性和维护的便利性得到增强，但丧失了较多的流程灵活性，以及对客户需求响应的可能性，从而造成客户满意度的下降。在智能时代，更为高效的流程引擎能够支持维度更加丰富的流程控制，并且能够基于动态数据分析及时调整流程控制参数。同时，流程中智能自动处理的环节在增加，流程变动并不会给运营造成过多压力。在这种情况下，适度地将流程从稳健向敏捷转变成为可能，也将会赢得财务客户的青睐。这是智能时代流程的新逻辑。

（五）互联：数联与物联

传统的财务关注数字之间的联系，无论是流程处理还是经营管理，都更多地关注数字流转。数联时代帮助我们将一系列的经营管理过程及流程转换为数字形态，从而可以展开量化管理。而在智能时代，我们可以在数联的基础上引入物联。随着物联网应用的逐渐展开，在企业经营中关键实物、运输、人、财务凭证等的流动都可以打上物联标签，而将物流信息进一步转换为数字信息，让我们可以通过数字进行进一步分析，引入在没有物联时难以关注到的管理视角，如更为复杂的物流运输的成本管理等。物联并不是排斥数联，这里强调的是将物联转换为数联，在数联里加上物联的信息。这是智能时代互联的新逻辑。

九、财务管理实践的新逻辑

管理实践如同财务主体的手足，手足敏捷能够帮助财务主体变得更加刚劲有力。财务管理实践的逻辑转变能够让我们在实践工作中引入不同的视角，通过另一种模式对现有的实践进行转换和升级。让我们从绩效、预算、管会、控本、业财、共享、财资 7 个关键词来看财务管理实践的新逻辑。

（一）绩效：因果与相关

在传统的财务管理中，绩效管理通常会预先设定因果，通过设定关键绩效指标（Key Performance Indicator，KPI），并设定目标值来监控业务部门的执行情况。当 KPI 结果发生偏离时，需要找到其原因，再进一步寻求解决措施。这是典型的因果分析法，也是当今主流的绩效管理思维。但在智能时代，大数据并不强调因果关系，而更关注相关性，这为经营分析打开了另一扇窗。基于大数据分析，我们从数据角度去找到影响 KPI 偏离的因素，并获得其影响方向，直接对这些因素进行干预管理，不解释为什么，不用必须向业务部门说明其中的逻辑。这是智能时代绩效的新逻辑。

（二）预算：经验与数配

传统的预算编制或资源配置往往基于经验，即使采用复杂的作业预算概念，其中的业务动因也大多是基于经验形成的。因此，传统预算是一种经验预算的说法是不为过的。这种经验预算对预算编制人员的经验要求很高，并且其结果很不稳定，往往在预算沟通过程中会有很大的弹性和空间。同时，沟通双方都很难找到合适的逻辑说服对方。而在智能时代，依靠大数据的可预测性，通过分析数据，从结果出发，能够找到影响经营结果的热点因素。通过确定这些热点的资源投入，实现精准预算或精准资源配置，我们称之为数配。这是智能时代预算的新逻辑。

（三）管会：多维与全维

传统管理会计的核心部分就是维度，而维度往往又是很多管理会计人员的痛苦回忆。在当前模式下，管理会计要实现多维度盈利分析的目标，关系型数据库的性能早已无法支持，多维数据库成为当下管理会计系统数据载体的主流。即使这样，在管理设计中，大家也仍然极其谨慎，减少一切不必要的维度，以提高运行效率。而在智能时代，无论是算力还是数据处理模式都将可能有更大的提升空间。虽然在当下还没有看到技术突破至理想的状况，但相信在不远的将来，维度的组合计算将不再是业务设计的约束，全维管理会计将成为可能。这是智能时代管理会计的新逻辑。

（四）控本：后行与前置

传统的成本管控往往是在成本发生后进行的事后追踪。即使往前推进一步，做到设计阶段的成本管理，在现阶段也是必要的，是能够发挥作用的。而随着智能时代技术的进步，成本、费用被细分为一个子类，针对不同子类都可以进一步向前延伸，建立专业的前端业务管理系统，如商旅管理系统、品牌宣传管理系统、车辆管理系统、通信费管理系统等。这些前置业务系统和财务系统之间无缝衔接，将成本费用的管理前置到业务过程中。这是智能时代控本的新逻辑。

（五）业财：分裂与融合

传统的业务系统和财务系统之间存在一定的分离情况，业务系统通过数据体外传递的方式完成和财务系统的数据对接。而近年来随着业财融合的深入，出现了单个业务系统在体内自建会计引擎，并对接财务系统的模式，但多个系统之间仍然是分裂的。在智能时代，随着会计引擎应对复杂性能力的提升，将能够逐步建立起大型企业内部统一的会计引擎，并作为载体融合多个前端差异化的业务系统，从而实现业财对接从分裂到融合的转变。这是智能时代业财的新逻辑。

（六）共享：人工与智控

当下的财务共享服务采用的是典型的劳动密集型运营模式，将分散的财务作业进行集中处理。这种模式的建立在过去十年内极大地解决了国内企业在会计运营成本和管控能力上所面临的问题。但也要意识到，劳动密集本身也存在着成本和操作风险。在智能时代，基于人工智能和机器学习的共享作业将逐渐取代依赖于人工作业的模式。基于前端数据的丰富采集，依托智能规则，可以大幅降低财务共享服务中心的作业人力，从劳动密集型运营转变为技术密集型运营。依托人工智能，现在已经可以实现在智能作业时开展更加丰富的智能风控。这是智能时代共享的新逻辑。

（七）财资：平面与立体

在传统的财资管理系统中更多的是平面化的财资管理，所谓的平面化是指将财资管理的重点放在账户管理、资金结算、资金划拨、资金对账等交易性处理流程上。这也是很多国内企业目前资金管理水平的基本状况。而在智能时代，随着对复杂的资金管理模式技术支持能力的增强，财资管理将从平面走向立体。一方面，财资管理从交易处理模式转型为复杂的司库模式，在资产负债和流动性管理、风险管理领域进行更为丰富的实践；另一方面，财资管理从企业内部资金管理模式向供应链金融模式转变，构建起多维度立体的财资管理体系。这是智能时代财资的新逻辑。

以上就是我们提出的智能时代财务管理的新逻辑，也是构建智能时代财务管理体系的思想基础。可以看到，智能时代已经全面到来，只有从思想基础上做好准备，我们才有可能拥抱这个大时代的到来。

十、共享经济与财务

说到“共享经济”这个概念，相信大家都不陌生。“共享经济”这个术语最早由美国得克萨斯州立大学社会学教授马科斯·费尔逊和伊利诺伊大学社会学教授琼·斯潘思在 1978 年发表的论文《群落结构和协同消费：一种日常活动方法》中提出。但是，共享经济现象却是最近几年才流行的，而这种流行应当说是受到了美国作家罗宾·蔡斯的《共享经济：重构未来商业新模式》一书热销的影响。吴军在其专栏“硅谷来信”中也对共享经济有不一样的深刻理解。结合这些对共享经济的理解，我们来讨论共享经济与财务的关系。

那么，什么是共享经济呢？

一种相对通俗的理解是一方把闲置资源的使用权拿出来，另一方通过付费的方式来获得使用权，在这个过程中，拿出资源的一方获得收益，使用资源的一方通过用类似租赁的方式，实现低成本和便捷的资源使用，这个过程形成经济循环。

从这种理解来看，共享经济似乎与分享经济极其相似，都以闲置资源或者冗余资源的共享利用为核心。共享经济的思想的确驱动了非常多的商业实践，如旅行住宿共享、物流共享、交通共享、闲置用品共享等商业模式都是共享经济思想下的产物。而在这种思想的影响下，财务领域也出现了一项非常重要的创新实践——财务共享服务，它解决了财务人力资源在分散模式下冗余浪费的问题，并实现了人力资源的共享。

随着我们对商业经济的观察，发现了一个问题，似乎并不是所有的依托闲置资源的共享经济模式都能够获得成功，也有不少成功的共享经济案例超出了闲置资源共享的概念范畴。

对于闲置资源共享的共享经济模式来说，一个极大的挑战是资源互通共享中存在的共享成本。例如，要把大家手中的闲置图书拿来共享，并形成商业模式，就要考虑闲置图书在流动过程中的物流成本和沟通成本，可能很难将人们从直接购买新书的商业经济转变到闲置图书共享经济的模式中来。

另一些并非基于闲置资源共享的新共享经济模式似乎取得了更大的成功，并值得我们借鉴。最为典型的是滴滴出行和共享单车。如果仔细研究就会发现，实际上这两种模式中都不是在使用闲置资源，如滴滴出行所用的车是大量社会人员为成为滴滴司机而购买的新车；共享单车也不是对人们家中闲置的自行车进行共享，而是向市场上投放大量的新自行车。这两种模式并没有使用闲置资源，但又都属于共享经济，其本质是通过新增平台化工具和资源，实现新增资源的共享，并以此来激发和创造出新的用户使用需求。例如，在共享单车这种模式出现后，原本并不热衷于自行车的社会成员对自行车的使用量突然呈现出现象级的上升。那么，共享经济对财务又有怎样的启示呢？

基于增量资源实现共享经济的核心在于以下几点：打造新的工具或资源平台；共享新的工具或资源；基于以上条件创造新的用户需求。

在这样的新共享经济思维模式下，财务管理或财务服务市场可以从一些新视角进行思考。虽然我们说财务共享服务模式在过去十年间是一项非常重要的创新实践，但也要认识到，这仍然是建立在传统共享经济思维模式下的。那么，新的共享经济思维模式能够给我们带来怎样的启发呢？这里本书尝试提出两个想法，希望可以引发大家的思考。

1. 集团财务领衔进行技术平台投资和创新的增量共享经济

在增量资源共享思想的指导下，集团化企业不妨考虑形成一种集中投资先进技术平台，提供给集团内下属各个子公司使用的共享经济模式。

在这种模式下，对于集团来说，投入了一笔增量资源，这些资源将用于技术研发，研发取得的成果以较低的成本提供给各个子公司使用，让那些本身并没有太多想法和能力使用财务新技术或进行财务创新的专业公司，也有机会迈入财务技术革新之路。这样就如同在市场上投放了一大批共享单车，让原本没打算骑车出行的人改变习惯，开始骑车出行。

事实上，智能时代正在改变财务的新技术（如大数据、云计算、人工智能、区块链等），其研发投入是非常大的，如果仅依托子公司的资源，实现难度会很大。而集团财务基于共享经济的思路进行建设，将使作为用户的子公司更加积极主动地发现和创造自身的财务管理创新需求，从而带来整个集团管理水平的大幅提升。

2. 用高品质中小企业财务共享服务提升代理记账市场

在国内的中小企业财务服务市场中，存在着大量良莠不齐的代理记账公司。这就如同在滴滴模式出现前的出租车市场，既有规范运营公司的出租车，也有大量黑车，整个出租车市场混乱不堪，用户也难以得到好的服务。而滴滴模式通过共享平台的方式，定义了新的准入标准、新的调度方式，将各种各样的资源进行有效共享整合，并且在标准化体系中引入了大量新的专车司机，使整个市场标准日趋规范，并且扩大了整体用户规模。

因此，未来的代理记账市场，同样需要类似于滴滴的财务共享服务平台，通过规范代理记账行业的服务标准、信用体系，依托信息系统进行供需关系间的撮合服务。在这个基础上，引入更多高品质的财务服务商，势必将使整个服务市场更加规范，并推动用户在简单的记账需求基础上衍生出对财务服务商在税务、财务制度、财务管理、经营分析等方面全方位的业务需求，实现增量共享经济。

第二章　智能时代下的财务人员管理

第一节　智能时代财务人员的基本能力

在智能时代，财务人员的基本能力显得尤为重要。他们不仅要掌握传统的财务知识，还要适应信息化、自动化的财务管理工具，并且提升数据分析能力，以应对复杂多变的财务管理场景。未来，随着科技的发展，财务人员还需掌握人工智能、大数据等新兴技术，以提升工作效率和准确性。在此基础上，财务人员应关注财务管理系统的安全防护，确保企业财务数据的安全。此外，财务人员还需具备良好的沟通能力，以便在团队协作中发挥重要作用。在新形势下，财务人员的基本能力将直接影响企业的生存与发展。因此，财务人员应不断提升自身能力，以适应智能时代的挑战。

一、财务人员转型的方向

随着财务共享与智能化的结合越发紧密，共享中心将从一个人力密集型组织转变为一个技术密集型组织。随着规则的不断梳理与完善，并在信息系统中形成可执行的规则后，财务共享中心的作业人员将可被替换，并最终趋于人力的削减。从管理者的角度来说，这对整个组织是有益的，但也会对财务共享中心现存员工的转型形成极大的挑战。部分能力较高的员工将转至规则梳理的相关岗位，而部分员工则可能因为智能化而离开工作岗位。因此，财务人员只有适应时代发展，加速转型，才有可能避免在新财务时代被淘汰。

（一）财务人员应向成本控制与内部控制人员转型

大数据时代的到来与不断发展，企业管理会计逐渐彰显出其重要性。因此，在大数据时代下，企业的财务人员应积极调整思路，逐渐向管理会计的方向转型。对于企业来说，随着市场经济的不断发展与完善，在微利时代，成本的高低将成为企业获利的关键性因素。在大数据时代，专业的成本分析与控制人员不仅要具备丰富的、扎实的财务专业知识，还必须对企业的各项生产工艺流程、生产环节、企业的内控流程等进行了解与高度关注，并在成本控制系统的帮助下，充分挖掘相关成本数据，对成本数据进行合理地分配、归集、构成分析等，从而为企业成本的有效控制奠定基础，为企业的决策提供帮助。

（二）财务人员应向全面预算人员转型

现代企业进行的管理基本都是事后管理，越来越多的企业采用（Enterprise Resource Planning，ERP）管理软件对企业数据进行整合，通过对数据穿透查询，结合企业的预测目标，将企业事后管理逐步变成事前控制。用信息化手段进行事前控制、预测等对企业管理十分重要。在大数据时代，预算作为财务管理的核心，要求企业参与预算的财务人员站在企业战略规划的高度，对企业的战略规划目标进行层层分解，直至最后的预算分析报告的编制、预算绩效考核，以及预算对未来目标与战略的影响与规划，使预算真正发挥其职能作用。因此，大数据时代需要企业的财务人员向全面预算人员转型。

（三）财务人员应向专业财务分析人员转型

企业的财务人员必须具备专业的分析技能，能够从海量的数据中挖掘出对企业有价值的信息；同时，还可以在数据分析过程中更加全面地了解企业的发展现状与存在的问题，及时对企业的财务状况、经营成果进行评价，为提高企业的经营管理效率提供更有价值的分析。因此，大数据时代的企业财务人员应积极向专业的财务分析人员转型。

（四）财务人员应向风险管理人员转型

风险管理主要是企业从战略制定到日常经营过程中对待风险的一系列信念与态度，目的是确定可能影响企业的潜在事项，并进行管理，为实现企业的目标提供合理的保证。实践证明，内部控制的有效实施有赖于风险管理，战略型财务人员需将企业风险的影响控制在可接受的范围内，以此来促进企业的可持续发展。因此，在大数据时代，企业的财务人员应向风险管理人员转型。

（五）财务人员应向技术型财务人员、战略型财务人员转型

大数据、大共享理念的延伸与拓展要求财务共享的产生，并在未来成为主要的工作环境，并借此形成数据中心，为未来的决策与发展奠定基础。财务共享中心的人员是财务人员在大数据时代转型的另一个方向。在财务共享中心中，有设计好的专业的标准与流程。例如，应收应付款项、费用报销、明细账的管理、总账及各种财务报销、资金的管理、税务的合理筹划等。这一职能对财务人员的要求并不高，只要具有一定的财务基础知识、英语基础知识、计算机基础知识，并经过一定的培训即可转型上岗，对于那些处于初级阶段的财务人员来说是一个较好的工作选择。在经过一段时间的熟悉以后，可以向更高级的技术型财务人员、战略型财务人员转型。

在财务共享管理模式下，业务转型定位将财务人员分为共享财务、业务财务、战略财务。其中，高端财务岗位的需求将会增加，对从业人员的学历、经验、技能要求也更高更全面。相反，财务的一般岗位对财务人员的技能要求不高，一些工作完全可以用自动化技术或人工智能代替，导致基础财务人员将会被大幅度裁员，尤其是企业内部同质化的岗位将被“共享”掉，整体财务岗位缩编。

普通的财务人员转型为共享财务人员，其人数低于缩编后财务人员总体比重的40%。普通财务人员是指那些学历层次相对不高、年龄不大，掌握新技能、学习新知识的能力较强，同时又具备财务会计实务操作经验的工作人员。这些财务人员长期在一线从事财务基础工作，在原始单据审核、凭证录入、交易结算等方面积累了丰富的实战经验，可通过选拔、培训后到财务共享中心从事财务会计工作。但是，现实中由于国内的整体教育环境，本科学历人才的供给成本已经大幅度降低，并且呈现出供大于求的长期趋势，本科学历的员工会成为共享财务中心高性价比的首选人才。

优秀的财务人员转型为业务财务人员，其人数约占缩编后财务人员总体比重近50%。优秀的财务人员指学历教育层次较高，专业知识系统和实操经验丰富的工作人员。他们应该深入业务前端，针对企业研发、供应、生产、营销等各个环节进行财务分析、预测、规划、控制、激励、考核等，加快财务与业务的融合，积极参与公司价值链各环节的价值创造，即完成财务与业务的各个层级的融合，能把财务数据转化为信息，并以业务语言传递给各级领导，辅助后者决策，并且可以把业务部门遇到的困难及时反馈到财务部门。

卓越的财务人员应转型为战略财务人员，他们是真正的财务精英，将占缩编后财务人员总体的20%左右。卓越的财务人员指学历层次很高（财经专业本科以上毕业生），管理知识储备深厚，既掌握财务会计实务，又懂得战略规划，对财务管理及其他经济领域业务也有深入研究，精于预算管理、绩效评价、风险管理、内部控制、资本运作、纳税筹划等的工作人员，他们可作为战略财务培养。战略财务不仅相当于企业总部的参谋，还是管理者进行战略决策时的重要伙伴，是全面预算与绩效管理的设计师，是制定和实施组织战略的专家。

二、财务人员基础能力框架

所有期望成为首席财务官（Chief Financial Officer,CFO）的财务人都很关心一个问题：应当积累哪些知识才能更加高效地实现成为CFO这个目标呢？实际上，很多人在年轻的时候是没想过或没想明白这个问题的。在未来出现机遇的时候，往往会与之失之交臂，或者勉强上任，但无法达到预期的绩效目标。

（一）战略财务基础能力框架

1. 战略与业务

作为CFO，需要有非常宽阔的知识面，但最重要的并不是专业知识，而是对公司战略和业务的理解及把控。该能力决定了CFO是否能够真正成为一个经营团队的合格管理者，而不仅是一个财务工作者。

核心技能：战略解读、财务与战略配合、公司资源及计划的管理参与、财务资源配置管理、与业务单元的沟通。

2. 财会控制机制

作为CFO，需要在企业内部建立完善的财务、内部控制和内部审计体系，以确保会计风险的可控性。也有一些公司是由首席风险官负责这部分职能的。

核心技能：财务及会计制度管理、内部控制、内部审计与稽核。

3. 价值管理

价值管理是CFO的高阶技能，需要从多方面主动管理以提升公司的价值，并最终在股价上有所体现，满足公司股东的投资回报诉求。

核心技能：产权管理、营运资本管理、现金流量管理、经济附加值管理、新业务价值管理、并购价值管理。

4. 经营分析与绩效管理

经营分析与绩效管理是CFO在公司经营管理方面体现自身核心价值的重要内容，好的CFO是公司持续前进的一个重要推动器。通过KPI的设定，以及持续的考核跟踪、深度的经营与数字探究，能够给企业的发展注入强大的活力。

核心技能：KPI体系搭建、经营分析报告、绩效考核制度搭建及奖惩执行、投入产出管理、市场对标管理、重大关键项目管理。

5. 全面预算管理

全面预算管理是 CFO 在资源配置方面配合企业战略落地的重要工作。凡事预则立，不预则废，CFO 正是承担起这项职能的重要角色。当然，全面预算管理并不仅是财务的事情，还是作为 CFO 去承担牵头职能所必需的。

核心技能：经营计划管理；预算编制管理；预算执行与控制管理；预算分析；预算组织管理；预算流程管理；预算系统管理。

（二）专业财务基础能力框架

1. 会计与报告管理

作为 CFO，会计写报告是不可缺失的基本技能。当然，CFO 可以请专业会计和会计师事务所代劳，但无论如何是绕不开这项技能的，必须懂会计。

核心技能：会计交易处理及相关流程；往来管理、关联交易管理等会计管理；会计报告及合并；会计信息系统，如核算系统、合并系统等；信息披露；审计流程及管理。

2. 税务管理

税务管理是 CFO 的传统工作领域，无论在世界上的哪个国家，CFO 都是绕不开税务工作的。在我国，税务又有着自己的特点，CFO 需要将税务管理当成一项既严肃又充满艺术性的工作来对待。

核心技能：税务政策研究；税务关系管理；税务检查配合与风险防范；税务数据管理；税务系统管理；营改增及电子发票 / 特定时期的特殊事项。

3. 资金管理

资金管理是 CFO 工作中的重要一环，也是对一个称职 CFO 的基本要求。从分类上说，资金管理是专业财务的一个构成领域，具有一定的技术性，如果没有从事过这个领域的工作，要覆盖这部分专业知识是有一定难度的。

核心技能：资金收付管理；资金计划管理；债券融资管理；混合融资管理；股权融资管理；司库管理；外汇管理；银行关系管理；资金系统管理；流动性管理；投资管理。

4. 合规管理

合规管理对于很多监管行业来说非常重要，监管机构有金融行业的银保监会、人民银行等，上市公司的证监会等。作为 CFO，需要很好地把握监管政策，主动、积极应对，以避免因合规问题给公司带来损失。

核心技能：监管政策研究；监管沟通及检查应对；监管信息报送；违规风险管理及违规后危机管理。

5. 管理会计

管理会计是当下各大 CFO 面对的既久远又新鲜的课题。国内正在掀起一波管理会计体系建设的热潮，CFO 不可免俗，必须要懂管理会计。

核心技能：维度体系搭建；收入分成管理；成本分摊；多维度盈利分析；作业成本管理；资金转移定价（Funds Transfer Pricing system,FTP）管理；风险成本和资本成本管理；管会数据应用（定价、精准营销等）；管理会计系统。

6. 成本管理

成本管理是每个企业都十分重要的一项内容。对于 CFO 来说，要开源节流，其中的节流就要靠成本管控。甚至对于一些企业来说，成本管理是其生存的核心战略和命脉。

核心技能：成本战略体系设计；基于价值链的全成本管理；费用的前置管控；成本文化建设；最佳成本实践的形成和推广。

7. 财务风险管理

广义的风险管理领域是首席风险官的管理职责，但在财务领域，CFO 应该对财务相关风险予以高度关注，并实施有效的管理。CFO 力求创造价值，但必须牢记，风险是底线，控制好财务风险是一个好 CFO 的必修课。

核心技能：财务操作风险管理；财务风险意识及管理文化建设；（Risk and Control Self-Assessment，RCSA）风险控制与自我评价工具的财务应用；KRI 关键风险指标体系的财务领域搭建；重大风险事件监控。

（三）业务财务基础能力框架

1. 产品财务管理

产品财务是业务财务中向产品事业部提供财务专业服务的队伍，CFO 需要基于产品财务队伍，加强对以产品规划、产品研发为核心的产品全生命周期的财务管理。

核心技能：产品规划及投资财务管理；产品研发财务管理；产品周转资金管理；产品质量成本管理；产品最佳财务实践管理。

2. 营销财务管理

营销财务是财务队伍中服务于营销或销售事业部的业务财务队伍。CFO 需要通过营销财务开展对营销、销售过程的财务管理，如合同商务管理、客户相关财务管理、销售费用管理等工作。

核心技能：商务合同财务管理；营销及销售费用管理；客户信用及风险管理；竞争对手财务及经营信息管理。

3. 供应链财务管理

供应链财务主要为企业经营中供应链相关环节提供业务财务支持。CFO 需要借助供应链财务实现对采购、生产、配送等相关业务环节的财务管理。

核心技能：采购财务管理；生产财务管理；库存控制管理；配送物流财务管理；分销财务管理。

4. 项目财务管理

除了以价值链划分的业务财务之外，CFO 还需要关注另一个业务财务维度，即项目维度。项目财务是从另一个视角与产品、销售、供应链财务进行矩阵式协同的业务财务职能。

核心技能：研发项目财务管理；市场推动项目财务管理；售前 / 销售项目财务管理；工程项目财务管理；实施交付项目财务管理；管理支持项目财务管理。

5. 海外财务管理

对于开拓海外市场的企业来说，CFO 还需要高度关注海外财务管理工作，特别是在新进入一个国家时，海外财务的支持能力显得尤为重要。

核心技能：国家财税政策管理；海外机构综合财务管理。

6. 业财一体化管理

CFO 需要始终保持对业财一体化的关注度和警惕性，通过加强业财一体化管理，实现有效的业务与财务核对管理，提升业务与财务的一致性水平。

核心技能：业财一致的制度及流程管理；业财对账管理；业财一致性系统管理。

（四）财务共享服务基础能力框架

1. 财务共享服务中心设立管理

在我国，大中型企业已普遍将财务共享服务中心作为标配。因此，作为 CFO 需要对财务共享服务的模式有所了解，从而有效地开展建设。

核心技能：财务共享服务中心立项；财务共享服务中心战略规划；财务共享服务中心建设方案设计；财务共享服务中心实施；财务共享服务中心业务移管。

2. 财务共享服务中心组织与人员管理

财务共享服务中心是一种基于大规模生产的运营管理模式，这种模式对组织和人员管理都有较高的要求，CFO 应当关注财务共享服务中心的组织效率和人员的稳定性、成长性。

核心技能：财务共享服务中心组织职责管理；财务共享服务中心岗位及架构；财务共享服务中心人员招聘；财务共享服务中心人员培训及发展；财务共享服务中心人员考核；财务共享服务中心人员保留。

3. 财务共享服务中心流程管理

流程管理是财务共享服务管理的精髓，CFO 应当关注财务共享服务中心端到端的流程体系建设及流程维护、持续优化，以提高流程效率，降低流程成本。

核心技能：财务共享服务中心流程体系定义；财务共享服务中心标准化流程设计；财务共享服务中心标准化流程维护和执行监控；财务共享服务中心流程持续改进。

4. 财务共享服务中心运营管理

财务共享服务中心需要有效地运营以创造价值，CFO 需要对运营管理中的核心职能予以关注。

核心技能：财务共享服务中心绩效管理；财务共享准入管理；财务共享服务水平协议（Service Level Agreement,SLA）及定价管理；财务共享人员管理；财务共享风险与质量管理；财务共享“服务”管理；财务共享信息系统管理。

5. 财务服务外包及众包管理

服务外包和众包是财务共享服务模式的延伸和补充，CFO 需要关注应如何进行外包、众包与共享服务之间的选择决策，同时对外包和众包的管理也需要有特定的模式。

核心技能：服务模式战略管理；外包供应商选择管理；外包商交付管理；众包平台搭建；众包平台用户获取、服务及管理；外包及众包风险管理。

（五）财务通用支持基础能力框架

1. 财务组织、人员管理

作为 CFO，建设财务组织、培养财务队伍是责无旁贷的。因此，人力资源管理理论在财务领域的应用也是 CFO 需要掌握的。一个管理不好组织、团队和人员的 CFO，必然是一个不称职的 CFO。

核心技能：财务的分层治理机制；财务组织架构及岗位设计；财务团队及干部管理；财务人员绩效管理；财务培训及知识管理。

2. 财务信息化及智能化管理

对于现代的 CFO 来说，财务信息化和智能化管理已经是不可或缺的技能。大量的财务工作都是建立在信息系统基础之上的，因此，对于 CFO 来说，懂一些信息系统知识是十分必要的。而在未来，大量的财务工作还会进一步被信息系统所取代。可以说，不懂信息系统相关知识的 CFO 在未来根本无法生存。

核心技能：财务信息化团队建设；财务产品设计及系统架构；财务与 IT 之间的沟通管理；财务大数据技术；财务自动化及智能化技术。

第二节　智能化时代的财务人员职业选择

智能化时代的财务人员职业选择，不仅要求财务人员具备扎实的专业知识，还需要他们紧跟时代步伐，不断学习新的技术。在这个过程中，财务人员可以根据自己的兴趣和特长，选择适合自己的职业路径。例如，一些财务人员可以选择专注于数据分析，帮助企业更好地决策；另一些财务人员可以选择专注于财务咨询，为企业提供专业的财务解决方案。随着经济的发展，财务人员的职业选择也将更加多元化。在这个过程中，我们需要不断学习和积累经验，提升自己的专业素养，以适应智能化时代的要求。同时，我们也要关注国家的政策导向，积极参与到国家的发展建设中，为实现中华民族伟大复兴的中国梦贡献自己的力量。

关于人工智能是否会取代财务人员的讨论引发了不少财务人员对未来职业发展的担忧，也成为热议的话题。在 2017 年 4 月底召开的全球移动互联网大会（Global Mobile Internet Conference,GMIC）北京大会上，李开复与霍金展开了隔空对话。霍金认为，“对于人工智能的崛起，其好坏我们仍无法确定，现在人类只能竭尽所能，确保其未来发展对人类和环境有利，人类别无选择。”李开复则提出这样的问题，“我们要看到，人工智能要取代 50% 的人的工作，在未来 10～15 年，这些人怎么办？还有更重要的，教育怎么办？”是的，在智能时代，有些问题已不是我们能决定是否面对，我们只能思考如何面对。

一、智能时代财务人的“进”“退”“守”

在智能时代，财务人员面对整个社会变革、新技术的挑战能做出的选择无外乎“进”“退”“守”3 种模式。

“进”是一种拥抱变革的态度，虽然意识到智能时代会带来空前的挑战，但总有一些人愿意成为这场变革中的主导者和生力军，并在这场智能时代的变革中迎接挑战。

“退”是一种远离风险的态度，可能也是一种聪明的选择。如果知道自己没有办法成为“进”的那一群人，也意识到智能时代可能会促使现在的工作内容发生改变，那么明智之举就是及早远离现在的岗位，重新规划自己的未来，找到智能时代的避风港。

“守”是一种以静制动的态度，在难以做出清晰判断的时候，静观其变，并在坚守中慢慢寻找自身定位。但需要注意的是，在智能时代社会快速变化的大环境下，静守未必是好的选择，即使选择观望，也应当及早做出适合自己的关于“进”“退”的选择。

如果财务人员终究要在智能时代做出“进”或“退”的选择，那么影响选择的决策因素又有哪些呢？我们从以下 4 个方面来探讨这个问题。

（一）人工智能对其所处行业及公司的影响

在进行“进”或“退”的评估时，需要关注的是财务人员所处的行业及行业内的公司在智能时代将受到怎样的影响。我们说过，智能时代是一场巨变，在这场巨变中，有些行业和公司会兴起，而有些行业和公司会走向衰退。财务人员的职业发展本就依托于其所在公司的发展，当我们在谈论智能时代进退策略时，第一件事就是对自己所在公司的未来做出判断。行业兴、公司兴，则财务兴。

（二）人工智能对其所在环境竞争性的影响

人工智能的出现会改变我们所在环境的竞争格局。对于有些公司来说，智能时代的到来有可能会让整个公司内部的竞争环境变得非常宽松。大家的焦点都在如何进行有效的合作上，并积极参与到智能时代的市场开拓中。公司的每一个员工都会感受到其存在的价值，自然有一个宽松的竞争环境。在这种情况下，财务人员可以考虑采用“进”的策略。而对于另一些公司来说，在智能时代将面临巨大的压力，需要通过压缩成本、强化内部竞争来获得生存空间。在这样的环境中，如果不愿意忍受环境中激烈的竞争，则不妨采取“退”的策略。

（三）个人能力与智能时代要求的适合性

智能时代对财务人员的技能需求也发生了改变。智能时代的财务技能需求相比于传统需求有较大变化，如信息技术能力、建模能力、创新能力的提升等。如果财务人员期望在对智能技术大力推崇且形成了趋势性文化环境的公司内获得成功，就要对自己的存量能力和增量学习能力做出客观的评估，不能做到，则可以采取“退”的策略。

（四）个人对人工智能风险和挑战的喜好

智能时代的财务择业与当下相比会有更多的不确定性。技术的不确定性带来商业模式的不确定性，进而带来企业和行业的不确定性，而不确定性正是风险的内涵。在这样一个充满风险和挑战的时代，财务人员选择“拥抱”还是“远离”，在很大程度上和每个人对风险和挑战的喜好有关。并不是说喜好风险和挑战就一定是好事情，如同投资决策中的风险厌恶程度，喜好就是喜好，并不存在道义上的对错。

当结合上面几个因素进行综合评估后，或许财务人员能够对自己在智能时代的“进”和“退”做出大致的判断和选择。

二、智能时代，财务人择业的“拥抱”模型和“远离”模型

（一）关于评估维度

1. 平台

对于平台这个维度，我们要评估的是择业对象是一个大型企业集团，还是中小型公司或创业公司。不同规模的公司能够创造的应用智能技术的机会和概率是不同的，公司规模越大，应用智能技术的可能性就越大。

2. 技术实力

在技术实力的维度下，我们主要看一家公司在大数据、人工智能、云计算等方面是否具有技术能力方面的显著优势。具备技术能力的公司可能有两种，一种是使用这些技术来支持自身的主业发展的大公司；另一种是以这些技术为核心的中小型公司或创业公司。总体来说，技术实力越强，在财务领域应用智能技术的可能性就越大。

3. 行业

这里所说的行业关注的并不是行业在当前是否兴盛，更多的是要关注行业是否能够从智能革命的浪潮中获得业务发展的技术红利。一个能够获得技术红利的行业必将非常积极主动地应用智能技术。

4. 财务交易规模

为什么不看公司业务规模呢？对于财务来说，规模巨大的公司未必一定有大量的财务交易。而要判断智能技术在财务中的应用的概率，财务交易规模的大小和财务数据量的多少才是至关重要的。

5. 待遇

待遇就是付给员工的薪酬。在择业模型中什么都可以不谈，但待遇是必须要谈的。但是在这里，只需简单地将待遇划分为高、中、低三个等级，在这两个模型中我们要看的是最低容忍度。

6. 未来发展机会

未来的机会就是现在的福利，对于择业者来说，要考虑的是现在的工作能够帮助自己未来进入怎样的公司、平台。如果和自己的职业规划是一致的，那么就可以作为择业模型的加分项；否则，将成为扣分项。

（二）“拥抱”模型下的选择

在“拥抱”模型下，我们对以上这些维度应当做出怎样的选择或考虑呢？

对于平台，选择大型企业集团，在财务实践中有更多的接触智能技术的机会。

对于技术实力，选择具有技术优势的公司，能够享受到技术红利，有利于财务在使用较低成本的情况下展开智能应用实践，也使财务智能化应用有了更早实现的可能。此外，智能技术还可以与平台形成合力，进一步推动智能技术在财务中的使用。

对于行业，选择进入金融、零售、通信运营等高度需要智能技术的行业，有可能更快地接触到智能技术。同时，这些行业对智能技术具有更好的认同度，能够营造出良好的创新氛围和环境。

对于财务交易规模，选择有大规模财务交易的行业是更好的选择。智能实践是建立在领先

的数据技术之上的，没有财务的大数据，何谈智能化？

对于待遇问题，如果选择拥抱智能，也许要做出一些牺牲。较好的情况是能够获得中等待遇，如果能够获得高待遇当然更好，但是最重要的是，即使待遇偏低，我们也不妨考虑一下综合收益，即虽然在短期内待遇偏低，但有可能在未来的成长中获得快速弥补。

（三）远离模型下的选择

在远离模型下，我们对以上这些维度又该如何选择呢？

在平台方面，核心诉求是规避智能技术造成的职业风险。因此，选择中小型公司有更多规避智能风险的机会，这些公司轻易不会使用价格昂贵的智能技术。

从技术实力来看，需要小心的是以智能技术作为主业的中小型公司或创业公司，财务很可能不小心就会成为那只“小白鼠”。

对于行业，要绕开“拥抱”模型下的优选公司，如金融、零售。选择传统行业，则相对安全一些。

就财务交易规模而言，规模一定要小。在这种情况下，老板想的是如何用人工去解决问题，而不是使用机器来替代人工。

在待遇方面，作为择业的财务人员，应当积极寻求中等收入职位，高收入职位就要看运气，如果是太低收入的职位，则建议果断放弃。

未来的发展很可能是在相近规模的公司里打转，建议选择小而全的公司，一旦遇上创业潜力不错、有机会爆发成长并成功上市的公司，或许就实现财务自由了。

至此，读者应该已经掌握了智能时代进退自如的秘技。虽然技术在进步，社会在进步，但财务人员仍然能够找到适合自己的定位。

第三节　智能时代的会计人员职业规划与发展战略

智能时代的会计人员职业规划与发展战略，需要我们把握时代脉搏，紧跟科技发展步伐。面对日益复杂的财务环境和激烈的市场竞争，会计人员应提升自身的专业素养，积极拥抱新技术。同时，我们还应关注国家政策导向，确保企业财务活动的合规性。在此基础上，会计人员的职业规划更应注重终身学习，不断提高自身的创新能力。未来，随着智能财务的深入发展，会计人员如何转型和升级，将是我们需要持续探讨的新话题。

财务人工智能的发展目前主要会对企业初级和中级岗位的财会人员造成一定的冲击，本节重点针对该部分财会人员进行分析研究，深入阐述人工智能背景下财会人员的职业再规划及职业发展策略。

一、财会人员职业再规划与发展策略分析

（一）基层财会人员职业再规划与发展策略分析

小刘是一家科技公司的会计信息系统实施“专家”，主要负责财务信息系统的维护和开发。

小刘刚入职时是财务助理，深知财务人工智能对其工作的影响。因此，小刘一直思索自己未来的职业生涯发展路径。在人工智能迅速发展的外部环境下，传统的职业发展路径已经越来越窄，而且竞争也越来越激烈。人工智能对财务岗位的替代具有必然性和渐进性，从基础核算财务岗到中层财务岗都会受到人工智能的冲击。小刘通过自我分析，制定职业发展目标和具体实施方案。经过慎重考虑，小刘决定转型做一名人工智能系统的线下实施者。小刘在大学四年期间学习了会计学，拥有较好的会计基础，在校期间同时兼修了计算机专业，拥有较好的计算机基础。他经常利用业余时间对企业信息化系统建设及维护进行研究，同时还研究学习了人工智能系统开发相关内容。小刘现在是企业财务信息系统的辅助实施和管理者，辅助计算机系统正常运行。在工作过程中，小刘不但积累了与财务相关的工作经验，还对计算机系统应用变得更加熟悉。通过对小刘职业生涯再规划与发展路径进行分析，发现小刘职业转型面临以下问题。

第一，岗位职责低且技术含量不高。小刘作为财务助理，主要负责企业原始凭证的登记、整理、粘贴，记账凭证的登记整理及打印装订，以及其他需要外出办理的工商及税务相关事项，处理的事务烦琐且没有技术含量。

第二，工作范围比较窄，缺少全面分析的能力。小刘的工作重心主要聚焦在企业内部费用报销上，负责员工费用报销、单据整理及报销款支付等工作内容，接触不到与企业整体业务相关的工作，全面分析能力差。

第三，对企业经营业务不了解。小刘平时把注意力主要放在财务数据上，未完全参与到企业的生产经营过程中，不能对企业经营业务进行全面的了解，对企业生产经营的产品、生产流程及业务流程不熟悉。

第四，沟通协调能力较弱。小刘平时只关注财务数据及单据，很少与其他部门人员进行沟通，因此他的沟通协调能力相对比较弱。

小刘进行职业生涯再规划与发展，以下为调整自己工作内容后的情况。

第一，岗位工作内容与互联网人工智能相关，工作岗位的技术含量增大，承担的责任增加，为小刘提供了很好的发展平台。

第二，更多关注企业整体数据。小刘参与企业财务信息系统建设过程中接触到企业内部整体的数据信息，可以从全局的角度分析企业的财务信息，对企业整体经营情况有了一定的认识。小刘通过运用财务信息系统将数据信息进行收集整合，为管理者提供具有科学性和系统性的分析报告。

第三，参与企业业务流程。小刘在建设企业财务信息系统过程中，涉及生产、销售、采购、人事、财务等多个部门的信息管理，在系统设立过程中既要保证审批程序简便，又要保证风险在可控范围内。在建设信息系统过程中，小刘不断研究生产和业务部门的工作流程，对企业的生产运营非常熟悉。

第四，沟通协调能力得到提升。通过建设企业信息系统，小刘需要与不同部门的领导和同事进行反复的沟通协调，其沟通能力、协作能力、工作能力等都得到了很大的提升。

小刘职业生涯再规划与发展前后对照情况，见表 2-1。

表 2-1　小刘职业生涯再规划与发展前后对照表

项目	转型前	转型后
财务战略	与企业发展战略无关联	支持财务信息系统建设，与企业的发展战略密切关联
财务角色	数据的收集与录入者	数据的汇总分析者
管理职能	对业务流程不了解	熟悉业务流程
人员素质	沟通、协调能力较弱	沟通、协调能力等得到很大的提升

以下是对小刘职业生涯再规划与发展策略分析。

小刘作为企业财务信息系统维护负责人具有良好的专业技能。他有良好的财务教育背景和扎实的计算机基础，对信息系统有浓厚的兴趣。小刘还利用业余时间参加了人工智能系统开发的培训课程，自己研读与互联网和人工智能相关的书籍。这些是小刘可以做好企业财务信息系统维护人员的基础。小刘还具有良好的沟通协调能力，在建立和维护企业信息系统过程中需要和企业各个部门领导及员工沟通交流，反馈信息。在系统实施过程中难免遇到阻力和困难，面对压力，小刘主动调节自己，保持正确的态度和良好的心态，全方位提升人际交往能力。财务人工智能程序需要后期不断维护更新，财务信息化系统和财务机器人的开发、应用和维护均依靠财会人员和计算机开发人员之间的沟通协调。因此，财会人员和人工智能机器科学研究人员可以相互取长补短，发挥财会人员在会计行业的特殊优势，与科学研究人员相配合，在财务人工智能程序化，计算机软硬件的研发、维护和升级上发挥重要的作用。随着会计信息化系统的持续发展，财务机器人的开发、管理和维护，将催生兼备财务知识、计算机编程能力、机器人维护能力的复合型人才需求。

（二）中层财会人员职业再规划与发展策略分析

孙女士是某外企财务主管，属于企业的中级财会人员。面对人工智能的发展，孙女士作为一名财会人员，深知财务人工智能对其工作的影响。她通过对企业的财务制度及岗位现状进行分析，为自己的职业生涯再规划与发展做准备。孙女士不断完善自己的知识结构，注重团队合作意识的培养，在工作中不断提高自己的综合管理能力。

孙女士利用业余时间参加了 MBA 进修班的学习，精读企业管理和心理学相关书籍。她还参加了英语培训课程，在日常工作和生活中也不断练习，努力提高运用英语的能力。她非常注重提高自己与他人沟通协调的能力，培养管理能力和大局观念，提高自身的综合素质。孙女士具有良好的理解沟通和协调能力，较强的英语口语能力，熟练的财务专业技能和管理能力。她不仅熟悉中国相关法律，还熟悉西方财务法律法规。通过对孙女士职业生涯再规划与发展路径进行分析，发现孙女士职业转型面临以下问题。

第一，岗位职责比较单一。孙女士作为企业的财务主管，主要从事财务数据整理和分析工作，岗位职责相对比较单一。

第二，注重传统职责而缺少决策参与权。孙女士的工作重心主要放在传统财务管理上，很少涉及与制定企业战略紧密相关的税收筹划、风险控制、筹集资金、财务战略、投资业务等事务。

第三，与业务之间缺乏互动。孙女士把注意力完全放在财务数据上，未完全参与到企业的生产经营过程中。

第四，沟通协调能力较弱。孙女士最关注的就是财务数据，但因过度关注数字，使其在一定程度上缺少和其他人员沟通协调的技能。由于缺乏必要的沟通和协调，财务数据在企业快速发展时期已不能科学合理地反映企业价值。

孙女士进行职业生涯再规划与发展，以下为调整自己工作内容后的情况。

第一，更多关注企业战略。孙女士通过转变财务管理思想，理顺财务管理目标，将财务管理的重点锁定在提升业务服务能力上，财务管理能力得到了全面提升，提高了财务参与制定企业战略的能力。

第二，以管理者的视角分析企业战略发展趋势。孙女士通过改变原有的工作模式，站在管理者的角度对企业情况进行分析，制定了企业财务战略。建立了企业风险控制系统，该系统包括信息系统、资金管理系统及绩效考评系统等。

第三，工作内容与企业发展战略变得更加密切。为适应企业快速发展的政策要求，孙女士通过及时转变战略思想，制定了以投资、筹资和风险控制为核心内容的财务战略来支持企业业务的发展。

第四，从“管理控制”向“决策支持”转变，孙女士从一名控制数据的财务主管，向为企业决策提供支持的财务主管转型。财务战略转型使孙女士成为业务的最佳合作伙伴，参与企业决策。

第五，沟通协调能力得到提升。通过进行职业再规划与发展设计，孙女士的沟通和协调能力得到了很大提升。同时，在孙女士的影响下，财务部门全体成员的整体素质也有了大幅提高。孙女士的领导能力和控制能力也不断增强。

孙女士职业生涯再规划与发展前后对照情况，见表 2-2。

表 2-2　孙女士职业生涯再规划与发展前后对照表

项目	转型前	转型后
财务战略	与企业发展战略关联度弱	与企业财务战略和企业发展战略密切关联
财务角色	企业数据的反映者	企业决策的参与者
管理职能	对业务的指导力度弱	业务的合作伙伴
财务体系	财权分散、执行力低下的财务体制	集中协调一致的财务管理体制
决策地位	无参与决策权	有参与决策权
人员素质	沟通、协调能力较弱	沟通、协调能力等得到很大提升

以下是对孙女士职业生涯再规划与发展策略分析。

孙女士作为企业中层财会人员具有良好的专业技能，为企业提供决策支持，促进企业快速发展和企业全球化；合理筹划配置企业资源，追求企业价值最大化，整合财务管理流程，促进企业战略决策的实现；策划和实施资本运作，为企业赢得更多的发展机会。孙女士通过项目投资决策分析、内部控制、利用管理会计工具进行绩效考核和业绩管理，为企业战略服务，工作内容不再局限于简单的财务工作，而是逐步实现了财务工作由价值守护向价值创造的转变。在财务人工智能背景下，孙女士十分重视专业技能与领导能力培养，进行有效的沟通和团队建设，制定财务服务业务的目标。她不仅熟悉中国相关法律，还熟悉西方财务法律法规，精通商务英语。利用业务数据和财务数据，通过业务与财务融合，为企业业务决策和管理决策提供数据支持。

人工智能背景下，财会人员岗位受到冲击，财务角色贯穿业务活动的整个运行过程，财会人员作为企业决策者的合作者，所有的职能都应与资源和业务相关，全方位服务于企业业务并自觉参与整个经营管理活动。从这一侧面表明，一些财会人员具有向管理岗位转型的潜力。因此，许多财会人员随着工作经验的积累及工作年限的增长，会逐渐向管理方向发展。

二、人工智能背景下财会人员职业再规划与发展的策略

人工智能背景下，财会人员最需要的是应变的能力和超前的意识。通过自我学习、参加职业发展培训等多种渠道，加深对职业再规划与发展的了解，通过学习和探索，找到设定职业再规划的方法，根据自身能力，制定职业再规划与发展方案。首先，进行自我评价。在日常工作生活中，要多对自己的成就进行总结和反思，加深对自我的认识。其次，进行职业选择。在充分了解自己的强项和弱项之后，进一步明确自己的职业兴趣，并制定符合实际情况的、具有较高可行性的职业再规划方案。最后，调整职业计划。职业规划方案不是一成不变的，而是要随时根据内外部因素的变化而及时调整。针对人工智能背景下财会人员面临的问题，财会人员的应对策略有以下几种。

（一）财务基础岗位向高级岗位转型

1. 向管理会计转型

人工智能时代，在财务机器人普及和大量财务软件上线运行的情况下，企业的财会岗位将会得到削减和整合，市场上的财会岗位总数将会逐年缩减，财会从业人员的需求也会有所降低，其中受到突出影响的是从事基础核算工作的财会人员。对于这部分财会人员来说，为了不被历史发展潮流所淘汰，就需要及时更新自身的知识结构，提升自身的价值，以求适应人工智能时代的财务管理需求。结合当前财会人员的基本情况和企业发展的现实需要，财会人员最理想的转型之路就是由财务会计尽快转型为管理会计。人工智能时代，企业对管理会计的需求量会与日俱增，管理会计将会是企业财会人员的主流。众所周知，管理会计需要具备洞察未来和指引决策的能力、管理风险的能力、建立道德环境的能力；还需要具备管理信息系统和与他人合作达成组织目标的能力。首先要重视数据分析，明确管理数据与财务数据的区别。管理数据不同于财务数据，它是企业基础核算数据整合之后形成的，对企业战略发展具有指导意义的信息，包含企业基础信息、财务数据、业务数据、业务信息等相关内容。企业对传统会计数据进行分类，更接近于企业的业务活动和管理要求，也能反映企业管理中所有环节中的投入与产出关系，对于业务部门来说，这样的会计核算大大增强了成本控制的责任感。

2. 向国际会计转型

人工智能时代，大中型企业和跨国企业的业务范围和投资领域将会再次扩展，更多的企业将会走出国门与其他国家和地区的市场主体开展广泛而深入的合作，这就需要财会人员具备广阔的国际视野，不仅要了解投资目的地的风土人情和政策法规，还要了解和掌握投资目的地的

财政税收情况和会计核算、利润分配、投资收益分配、税收返还、优惠政策等多个方面的专业知识，从财务管理和成本控制的角度为企业发展提供必要的技术和财务支持。从全球化发展的角度分析，会计行业的发展越来越国际化，需要财会人员具备一定的国际管理能力，如具备丰富的专业知识和商务英语理解沟通能力并熟悉全球经济和商业环境，具备职业判断与决策能力、风险控制能力及管理能力。对于英文水平比较高的财会人员来说，可以参加一些与国际税法相关的培训课程，对国际税法进行系统的学习。具备专业的财务知识和技能、熟练的英语运用能力、精通国内和国际税法的财会人员将是顺应未来发展趋势的财会人才。

（二）财会人员自觉提高职业胜任能力

1. 加强人际沟通

要在工作上取得成就，实现自己的职业规划，仅仅有硬实力还不够，还需要有足够的软实力，即良好的人际沟通交流能力。企业内部的良好沟通不仅可以提高工作效率，还可以营造良好的工作氛围，使员工保持友好相处的关系；另外，良好的沟通还可以使员工明白目标差异，从而调整各自的行为，进行有效的合作；良好的沟通能力可以提高管理效率。财会人员通过与上级和同事的交流沟通，可以进一步了解自身的缺点和不足，并不断完善自我。

2. 充分利用职业再培训提高自身能力

利用业余时间参加财务专业培训，考取财务职称证书，抓住每个学习和培训的机会，努力增加自己的职业知识积累，提高职业技能。随着会计新政策、制度、技术、方法的不断更新改革，财会人员在完成基础岗位职责的前提下，面对财会行业的转型和发展，必须保持不断学习的态度，通过多种渠道和方式，丰富自己的知识，提高各项工作技能，使自己的知识和能力能够应对不断变化的环境，进行动态的职业规划，合理利用财务资源和创新管理机制，提高自己的工作能力。

3. 不断积累知识和提高技能，做到业务财务一体化，培养全局观念和战略规划能力

财会人员不仅要了解财务专业知识，还要熟悉企业的经营业务，了解所在企业的行业类型及特点，对企业进行业务流程再造和资源整合。财会人员提高自己的控制能力和职业判断能力，对未来的业务做出合理的分析和判断。身处企业相对独立的部门，财会人员必须站在全局的角度，客观公正地看待所有的经营问题。财会人员不仅要关注财务报告数据，还应结合宏观经济和行业形势，从更广阔的视野和更长远的角度来分析决策，使资源配置更加合理。此外，财会人员还应培养战略规划能力，财会工作应该围绕企业目标，服务于企业的战略。

4. 培养独立分析的能力和风险管理意识，完成企业流程优化

只有通过对数据进行分析，了解数据背后的信息，才能转化为对企业有用的经营决策。财会人员要用会计专业思维分析和思考问题，充分利用财务专业知识对企业进行风险控制，通过分析财务数据，洞察企业可能存在的经营风险和财务风险。财会人员需要从业务的角度来探讨项目的可行性，并通过对项目的可行性进行事前评估，分析企业的业务发展趋势和相应的资源配置问题。在一些发展到一定规模和水平的企业中，业务非常复杂，审批流程非常烦琐。为了使企业中的审批流程更加顺畅便捷，管理需求与财务控制之间需要达到一个平衡。因为如果设定一个烦琐的审批流程，审批工作的效率会降低，但是如果审批过程过于简单，风险监控就可

能会出现漏洞。这就要求财会人员自觉熟悉整个过程和状态，对各系统的关联性进行设计和优化，对风险进行预先评估和漏洞管理，实施有效的控制措施，提高审批系统的效率等，优化企业流程。

（三）财会人员主动拓展职业发展类型

1. 向投融资岗位转型

企业发展过程中，往往涉及投融资相关业务，而财会人员是企业的核心人员，熟悉企业经营情况，对投融资拥有一定的建议权。财会人员可以从企业会计准则、证券金融、财务管理、内部控制、经济热点等方面入手，努力增强对宏观经济学、金融学、市场营销学等相关领域知识的研究，增强自己对投融资工作的理解，通过不懈的努力，使自己的投融资能力不断提高，由原来的会计专业人才向企业投融资管理型人才转变。

2 向企业主转型

财会人员在职业生涯规划与发展过程中，可以充分利用各种资源和平台学习与创业相关的知识，有意识地参加一些与目标行业相关的培训课程，了解目标行业的信息，不断为自己创业打下基础。培养自己良好的心理素质和心理承受能力，培养自己独立思考和独立行动的好习惯。充分认识自己的知识结构，制订适合自己的发展计划和目标，为实现目标而不断努力。

3. 向职业经理人转型

财会人员在熟悉企业工作的前提下，可以利用业余时间参加 MBA 培训课程，充分学习管理学相关课程的内容并掌握与职位相关的工作技巧。学习心理学和管理学，拓宽财会人员的知识和技能。在工作中不断学习思考并掌握更多与会计相关的工作技巧，学会分析企业和整个行业的发展趋势，随时关注国家的宏观经济政策。不断提高英语水平，使自己的知识不断更新，在工作学习中快速成长。

4. 将财务专业知识与人工智能技术相结合，向人工智能的线下管理者转型

在知识更新换代不断加快的时代，会计工作也处于不断变化的状态，因此财会人员不仅需要掌握基本的理论知识，还需要通过多渠道学习新科技知识和技能，迎接人工智能带来的新挑战，学习和掌握人工智能相关技术，将财务专业知识与人工智能技术相结合，辅助人工智能系统开发和升级，更高效地履行财会人员的工作职能。

5. 尝试跨领域发展转型

突破财会专业的局限，在掌握会计专业知识的基础上，接受跨专业的转型和学习，拓展职业发展空间。财会人员可以根据自己的兴趣爱好和工作经历选择从事销售、技术、人力资源等工作，通过不同专业之间的交流学习，增强财会人员对自己职业生涯发展方向的认知。

（四）财会人员应加快打造自身软实力

1. 加快成长为复合型人才

人工智能背景下，企业财会人员面临的失业风险将会大大增加，工作流程的简化和工作强度的逐步降低使财会人员不得不主动参与企业经济事项决策，并为决策人员提供专业性的财务意见和建议。在税收筹划、投资方案拟定、内部控制、风险指引和防控措施制定、收入预测、投融资决策等方面依靠自身的专业知识，切实提升资本运作和资金管理水平，以专业财会人员

的视角参与企业经济事项决策，加快成长为复合型人才就成为当前财会人员的现实所需，也是人工智能时代企业发展的必然选择。作为财会人员，不但要掌握更多的财经理论知识，而且要能够在实际操作过程中将理论与实践相结合，用理论指导实践，依靠分析提炼的财务数据，总结归纳和分析企业应当采取的财务管理措施、战略性业务拓展措施和会计核算政策。

2. 掌握必要的大数据管理和集权化财务管理知识

在人工智能背景下，市场竞争将会更加激烈，企业主对所聘用的财会人员的要求将会一再提高，在会计核算尤其是财务处理全程自动化的基础上，财务分析与决策的精准化和智能化是企业发展的必然需求，这些都需要充分依托大数据分析。因此，财会人员需要掌握必要的大数据管理的相关知识，能够在庞杂的基础数据中分析提炼出企业发展所需的财务数据，进而制定出适合企业发展的财务政策。人工智能时代，传统的会计岗位将会大大缩减，企业财会人员将会更加集全，实现信息共享和财务会计处理规范化、标准化、便捷化。财会人员除了需要学好财务相关知识外，还要不断拓宽自己的视野，为以后的职业生涯发展打下坚实的基础。努力提升自己综合运用知识的能力，重视人际关系的培养，发挥工作主动性和积极性，充分利用各种机会锻炼自己，积累丰富的工作经验。人工智能背景下，财会人员需要尽快转变工作理念，培养自己的全局观念，站在全局的角度，客观公正地看待所有的经营问题。培养独立分析的能力，只有通过对数据进行分析，了解数据背后的信息，才能将其转化为对企业有用的经营决策。将互联网和会计工作相结合，用会计专业思维分析和思考问题，主动分析经济形势，积极顺应社会发展形势，转变自身职能，提高自己的核心竞争力，不断提升自身素质。

企业需要参与到财会人员的职业生涯规划过程中，不断完善企业的人力资源管理相关制度，与财会人员建立良好的沟通渠道。加强对财会人员的职业指导和辅导，提高财会人员的工作效率。建立职业生涯管理体系、职业生涯管理保障体系，并对职业生涯管理体系实施过程进行管理。当今竞争日益激烈，企业更需要不断完善人力资源管理相关制度，重视财会人员的职业生涯规划。把财会人员个人的职业生涯规划作为企业战略发展的一个重要组成部分，协调个人职业目标和组织发展目标，使其共同发展，以形成更有凝聚力的企业合作伙伴关系，更有效地调动财会人员的工作积极性。从以人为本的角度出发，关注财会人员职业发展诉求，拓展其职业发展空间，满足其不同阶段的需求，使财会人员的岗位能力和价值贡献得到更好的发挥。指导财会人员全面系统地掌握专业管理知识，并积极扩大和培训运行管理、风险控制等相关业务，从理论知识、管理要点、协调实践等多个维度出发，提高财会人员对企业风险和经营业务的全面理解能力。

第三章　智能时代财务会计领域的发展

第一节　概　　述

财务会计的发展趋势，体现了我国经济的稳步前行。在新的发展阶段，财务会计行业正朝着专业化、精细化、智能化方向发展。一方面，财务会计人员需不断提高自身素质，适应经济社会发展需求；另一方面，财务会计领域科技创新也在不断推动行业发展。例如，人工智能、大数据等技术的应用，为财务会计工作带来了便捷和高效。财务会计行业将关注绿色会计、社会责任会计等领域的发展，为我国经济的可持续发展贡献力量。

一、现代财务会计理论的主要内容

（一）会计目标

会计目标的内容主要是明确要提供会计信息的原因、提供会计信息的对象，以及提供哪几类会计信息等问题。会计目标已经成了现代财务会计理论发展的重要依据和出发点。

（二）会计基本前提

现行财务会计的基本前提主要体现在会计主体、持续经营、会计分期、货币计量上，目前会计基本前提的内容和范畴也在逐渐发生变化，朝着更适用于经济增长方式的角度改变，将实效性作为会计基本前提改变的重要原则和发展方向。

（三）会计要素

目前会计要素主要包含财务状况要素和经营成果要素两种。新形势下对会计要素的理解应结合财务会计的具体应用和实际发展。

二、现代财务会计理论的变化

受到经济增长方式变化的影响，现代财务会计理论也在发生着积极的变化，其变化具体表现在以下几个方面。

（一）在持续经营概念的理解上发生了变化

在财务会计理论中，持续经营概念主要是对企业的经营时间有较为正确的认识，财务会计理论的建立是以企业能够持续经营为基础而制定的。但是受到知识经济发展方式的影响，在知识经济时代，企业的寿命越来越短，企业的经营时间存在较大的不确定性，持续经营概念在理解上也发生了一定的变化。在这种情况下，现代财务会计理论也将在持续经营概念上出现新的理解。

（二）在会计分期的概念上发生了变化

会计分期的概念主要是指企业能够对会计信息进行及时利用，并根据会计信息做出及时的决策。但是受到知识经济发展的影响，会计信息的提供渠道越来越多，许多会计信息通过网络的方式在网上实现了共享，会计分期的概念发生了根本的变化，在这一影响下，财务会计理论中的会计分期和会计信息的定义也较传统的会计理论发生了许多变化。为此，我们要对会计分期概念的变化引起足够的重视。

（三）在货币计量的概念上发生了变化

在传统的财务会计理论中，货币计量的概念主要是建立在货币价值恒定的基础上的，但是在新知识经济时代，货币的价值随时都会发生变化，货币价值变化成了主流，由此而产生的货币计量的概念也发生了变化，单纯依靠原来的货币价值恒定的货币计量方式已经无法满足要求。因此，从目前知识经济发展的角度出发，货币计量的概念也在慢慢发生变化。

三、财务会计发展的历史必然性

财务会计作为现代企业的基础性工作，它的产生是具有历史必然性的。在历史的不断发展及世界经济的进步下，财务会计也逐渐地进入了人们的视野，在时代发展的潮流中显现了其特有的生机和魅力，它的优越性也越来越突出。财务会计是立足于企业，并且面对市场的工作，它向企业外部利益者提供各类有助于进行经济决策的信息。财务会计的目的在于提高企业的经济效益，并能积极参与经营经济的决策管理。

一个企业如果想要取得投资者的信任，就必须向资本市场传递特有的信号，也就是一种能够显示企业优点、异质性，并且具有甄别性的信息。而此时，财务会计作为一个为企业外部利益者提供评价受托责任履行情况及进行各方面的经济决策相关信息的人造系统，在继承和发展的基础之上，从传统会计中分离了出来。

在目前全球经济一体化发展的形势下，经济增长方式发生了较大的变化，传统经济增长方式已经逐渐被知识经济所取代，知识经济在发展质量和发展规模上都发生了非常大的变化。受到经济增长方式转变的影响，现代财务会计理论也与时俱进，会计理论和会计细则方面产生了较大的改变，使财务会计理论更适应新经济形势的发展，成为新经济增长的重要手段和推动力。为此，我们应根据现代财务会计理论的具体变化，对其发展趋势进行认真分析，保证现代财务会计理论的实用性。

四、现代财务会计理论的未来发展趋势

从上述分析可知，受到知识经济的影响，现代财务会计理论在发展中发生着重要变化，原有的一些规则和概念都出现了不同程度的变更，为此，我们应对现代财务会计理论的发展趋势进行深入分析。目前来看，现代财务会计理论的未来发展趋势主要表现在以下几个方面。

（一）会计基本假设得到了持续的创新

受到了知识经济的影响，原有的会计基本假设面临着严峻的挑战，通过对会计基本假设的不断创新，会计基本假设取得了积极的效果。通过了解发现，会计分期假设将会对交易期进行变化，将交易期变成报表的报告期。

（二）会计人员知识结构的多元化成了新的发展方向

正是由于会计基本假设朝着持续创新的方向发展，会计人员的素质也必须得到相应提高，

以此来满足会计理论知识的发展需要。从目前来看，知识经济的发展使得财务会计理论发生了变化，并且这种变化是持续的。由此也对会计人员的知识结构和专业素质提出了具体的要求，使会计人员的知识结构变得更加多元化。

（三）网络会计将会成为重要的会计发展方式

知识经济除了对会计基本假设和会计人员的知识结构产生变化之外，还对会计工作方式产生了重要影响。随着网络技术的快速发展，网络会计将会成为重要的会计发展方式，不但会改变传统会计的工作方式，还会对会计工作规则和会计工作流程产生重要影响，使会计工作朝着网络化、高效化的方向发展。

五、未来财务会计发展的趋势

（一）会计核算向电子化发展

所谓的会计核算，主要就是运用计算机核算系统，以企业经营活动的全过程为主要依据进行会计信息的处理。可以对原始凭证确认输入到精确编制会计报表的整个过程进行系统化的完成。计算机系统在进行会计处理的时候不需要任何人工干预，自身具有集中性和自动性，这样不仅提高了会计信息的工作效率，还提高了会计信息的准确性。并且在电子商务兴起以来，很好的方便了企业和外界的账目往来沟通，不需要再浪费过多的人工进行企业之间的沟通，直接可以通过电子货币的形式表现出企业间的账目往来关系。

（二）会计信息向开放化发展

对各个单位经济活动的披露我们统称为会计信息。伴随互联网会计信息系统的建立，企业的经济活动可以全部纳入企业的信息网中，同时方便企业与外界的系统联结沟通，还方便企业内部机构进行会计资料的调阅和会计数据信息的获取，更好地扩大了会计信息的空间，加强了数据的开放性，使会计数据的处理呈现出集成化的趋势。

（三）会计人员向高智能发展

会计工作主要负责企业资金管理等问题，最主要的是对资金进行运算，明确资金的去向，加强对企业经济数据的分析，把控企业的经济活动，以保证会计信息的真实性和准确性。从会计工作主要的职能不难看出，企业对会计从业人员的要求很多，能够严格遵守国家的相关法律法规，熟悉企业的生产流程，加强对软件操作的熟练程度，在拥有专业的财务会计、管理会计相关知识的同时还要具有创新精神和创新能力。从社会的发展现状来看，任何企业都需要这种高智能型的符合人才。

（四）会计服务向真诚化发展

会计信息质量保证的媒介是会计服务单位，同时也是投资者维护权益的合法途径。会计行业的根本生存法则是真诚守信，这在一定程度上就对会计师事务所和相关会计服务机构提出了更高的要求，即在进行会计服务的时候要加强真诚建设，营造公正气氛，加强对信息的公开，提升自身的服务意识。

（五）会计管理向多元化发展

会计网络信息系统最基本的功能就是对企业的资金进行科学化的核算、分析、管理和控制，在运用会计网络信息系统的同时，加入财务管理人员的财务还能够加强网络信息系统的功能性和预测性。会计管理的多元化主要表现在获取会计信息多元化、梳理会计信息多元化、披露会计信息多元化3个方面，它则相互独立又相互联系，能够很好地促进企业财务会计的顺利发展。

第二节　财务创新与会计发展的融合性

财务创新与会计发展的融合性是当今经济发展中不可或缺的一环。随着科技的进步，大数据、人工智能等新技术正在不断改变着会计行业，使其变得更加智能化、高效化。在此背景下，财务创新与会计发展的融合显得尤为重要。一方面，财务创新能够帮助企业提高财务管理水平，优化资源配置，降低成本，提高效益；另一方面，会计发展能够为企业提供更准确、更及时的财务信息，帮助企业制定更合理的经营策略。然而，财务创新与会计发展也面临着一些挑战，例如，如何保障信息安全，如何提高会计人员的素质等。因此，我们需要积极探索新的解决方案，以实现财务创新与会计发展的深度融合，推动我国经济的持续发展。

一、财务会计的发展趋势

（一）财务会计人员呈现出多元化发展的趋势

随着财务会计人员工作的深化，不仅要掌握专业知识，还要具备较强的逻辑思维能力，了解管理、计算机等方面的知识，拥有预测、分析和决策的基本理论，从而适应新时期的发展要求，实现会计人员知识结构的多元化发展，有效发挥财务会计人员的职业能力，顺应市场经济的发展，使企业真正拥有复合型的财务会计人才。

（二）财务会计工作呈现出创新发展的趋势

创新是企业发展的基石，现代化技术有助于减少收集、加工信息的障碍，企业财务会计工作同样如此，也需要进行创新，会计信息的决策有效期也会大大缩短，因此只有创新发展才能符合时代发展的需要，我国企业的财务信息分析整理能力亟待加强。各企业之间的业务往来离不开财务会计工作，经济活动不确定性也有所增加，所以企业要想在激烈的市场竞争中处于不败之地就必须在财务上进行创新，包括财务核算方法和财务分析方法，因此企业财务会计人员必须认真履行职责，认真收集和处理财务信息，编制完整准确的企业财务报告，为使用者提供更为准确的决策依据，帮助企业提高经济效益和管理水平，同时准确地对财务信息进行整理分析，确保企业各项业务的顺利开展。

（三）财务会计手段呈现出信息化和现代化发展的趋势

随着科技在各个领域行业中的应用越来越广泛，企业的各项信息化管理备受重视，也推动了传统财务会计向现代财务会计的发展。现代会计的信息化发展已经摒弃了传统的手工记账方式，未来也将使用更加现代化和自动化的财务系统。因此，我们必须充分发挥现代化会计手段，重视会计信息化的实现，来完成会计信息的收集和整理工作，保证提供会计信息的准确性和真实性，为企业管理决策打下良好基础。为了打造符合时代发展需求的现代化财务会计信息系统，就要坚持完善企业的财务系统。一方面，制定规范的财务报告制度的同时将财务会计和现代信息化手段有机结合；另一方面，在接纳新的会计核算方法的同时，企业还要从大局出发，充分发挥传统财务会计核算方法的作用，完善和健全财务会计核算系统。

（四）财会会计操作流程呈现出简化发展的趋势

财务会计中应用信息技术后，财务会计工作的效率得到了很大提高，能够做到简化财务操作流程的同时保证会计信息的及时准确。财务会计人员必须全面掌握财务信息的内容，记录真实可信的会计信息，快速地处理相关数据，防范错误和舞弊行为，为企业最终决策提供科学有效的服务。

（五）财务会计计量模式呈现出改进发展的趋势

第一，要进一步加强企业财务会计报表的附注内容，以便使财务会计信息符合真实准确的要求。目前我国财务报表的附注内容相对缺乏，使得财务信息失去了公信力，需要注意添加必要的内容，也可以通过改变计量属性来披露相关信息。第二，企业应该设立预测、决策和财务管理相关的部门和工作人员。随着企业不断发展壮大，其会计信息使用者迅速增加，一方面编制财务收益表的工作需要进行改进，由于传统收益表只能反映出企业有利信息的内容，为了完整地反映出企业的收益水平，就要改变传统收益表，避免收益不完整的现象。另一方面，财务会计部门要及时提供相关信息，会计核算人员准确地反映企业盈亏后，要按照市场发展趋势进一步定制相应措施。

二、企业财务会计的现状

（一）财务会计信息更新速度慢

我国财务会计信息虽然在不断更新发展，但如果不能跟上经济变化的步伐，就会给企业带来不利影响。从历史成本计量方法上看有着一定的局限性，使得会计信息内容无法及时提供。从会计分期假设的定期报告方式来说，其时效性较差，无法顺应新形势的发展，以及满足使用者的需要。

（二）财务会计信息缺少可比性

现阶段，我国大部分企业仍然将传统的货币单位计量模式作为唯一的财务会计核算方式，这使得企业财务会计信息严重缺少可比性，加之财务会计工作是以货币计量假设为前提的，对于前后期财务信息比较不利。除了纵向比较的缺失，财务会计政策方面的欠缺也使得不同企业间财务信息的横向比较存在一些困难。

（三）财务会计知识掌握不足

随着市场竞争日益激烈，对企业财务会计人员的整体能力素质也提出了更高的要求。我国企业涉及各行各业，然而财务会计报告的模式都是通用的，这就导致财务人员将多元化的会计信息编制成了参差不齐的财务报告。为了顺应计算机网络技术的发展，企业建立了财务信息化管理系统，财务工作人员不仅要具备专业化的知识，还要熟练财务方面的计算机操作。

三、财务会计创新发展的意义

信息技术的不断创新发展推动了企业经济的增长，在提高企业销售利润的同时，也增加了企业的经营风险，有的企业甚至已经无法掌控财务状况和资产盈利能力，面临巨大的挑战，这种情况下就必须建立完善的财务会计管理体系，无论是在法律法规还是管理体系方面，都要符合标准化、国际化的会计职能和全球经济一体化发展趋势，通过技术创新，将企业财务会计与国际接壤。财务人员也要全面掌握财务报表、信息状况和财务制度。传统的会计模式信息已无法满足现实需求，要追求多元化的信息输出，因此建立财务会计管理体系已经是我国财务会计发展的重中之重。

财务会计必须创新的原因之一就是现代企业财务会计核算重点已经发生了巨大的变化，尤其是在文化创意企业迅速发展的情况下，无形资产在企业资产总额中所占的比例越来越大，使无形资产成了衡量企业价值的重要标准，改变了传统企业以物质资源为主的局面，同时也决定了企业的实际价值。因此，财务会计的具体处理方法和处理模式都发生了较大变化，逐渐把重点放到了无形资产核算，在企业财务报表里也为了全面掌握企业整体经营活动而引入了无形资产项目。

四、财务会计创新发展面临的问题

（一）通过知识等无形资产提高企业的竞争优势

在知识经济时代，会计的内容不再只是现金状况，而要通过管理来帮助企业提高核心竞争力。但是企业无法对知识型人才的成本进行量化的衡量，这就给财务会计工作带来了难题，因此企业必须处理好量化的工作才能更好地促进企业发展。

（二）无形资产管理工作存在困难

随着知识创意等无形资产的重要性逐渐显现，无形资产成了影响企业核心竞争力的重要内容，但是现代财务会计还没有对无形资产做细致的规定，无法满足现代知识型企业的发展要求。所以，财务会计工作在无形资产管理方面还存在困难。

（三）法律法规体系不健全

健全的法律体系能够保护企业的发展，也能够为财务信息使用者提供一定的保障。但是目前的法律法规体系无法满足现代企业会计管理的需要，无法让使用者及时掌握报表中反映的企业状况。

（四）财务会计人员能力不足

企业中的财务人员多数为经验丰富的财务工作者，但是同时也意味着他们的年龄较高，有的人员在观念上无法接受新的事务和会计核算方法，不能利用现代网络技术开展财务工作，会计信息处理效率不高，综合水平较低。

五、企业财务会计创新发展的策略

（一）加强会计核算的创新

目前的人力资源会计包括成本会计和价值会计两部分构成，前者的计量方法包括历史成本法和重置成本法，反映了企业人力资源投资的资本化；后者的计量方法包括经济价值法、内部竞价法和未来工资贴现法，反映了企业对人力资源产出的资本化。作为企业在选择人力资产计量方法时必须科学合理，人力资源资本化取决于劳动力的市场化发展，计量人力资产使用未来工资贴现法更加适宜，因为通过价格来计量工资可以分期支付。

（二）加强会计法规制度的创新

财务会计的创新也包括会计制度的创新，会计制度要向国际化、规范化方向发展，突破传统标准，与国际接轨，与国际体系相融合。

（三）加强会计人员的创新

企业要想方设法创造有利条件，提高财务会计人员的综合能力和素质。例如，组织培训学习、交流和讨论，对机构进行改革，提高财务人员的专业知识水平，培养其计算机操作水平和管理能力，锻炼其实践应用能力等。

随着企业规模不断扩大，创新已经成为其迅速和持续发展的重点，各种科技力量也融入了企业的各个方面，从财务会计工作的角度来说，更加需要与时俱进进行创新，这是决定企业成败的关键。所以，我国企业应该努力创新财务方面的先进技术和方法，推动财务工作上一个新台阶，只有全新的理念创新才能为企业创造更大的价值。

第三节　创新财会工作的发展策略

财会工作是一项系统性很强的综合性经济管理工作，它不仅要求工作者具备扎实的专业知识，还要有严谨的工作态度和高度的责任心。在新时代背景下，为了适应市场经济的发展，财会工作必须在原有的基础上进行创新，不断完善和提高财务管理水平。这不仅有助于企业提高经济效益，更是我国经济社会发展的重要保障。

为了实现这一目标，财会人员需要紧跟时代步伐，学习掌握先进的财务管理理念和技术。例如，运用大数据、云计算等现代信息技术，提高财务数据的处理速度和准确性；借鉴国际先进的财务管理经验，创新财务管理制度和流程，提升财务管理效率。同时，财会人员还应关注国家相关政策法规的动态，确保企业财务活动的合规性，为企业创造一个安全稳定的经营环境。

在创新财会工作的过程中，还需要强化人才队伍建设，培养一支高素质、专业化的财会人才队伍。通过加强职业教育和培训，提高财会人员的业务素质和职业素养，激发他们的创新意识和潜能。此外，企业还应建立健全激励机制，鼓励财会人员积极参与创新实践，为我国财会工作的创新发展贡献力量。

一、树立财会工作的新观念

（一）认真提高会计工作质量，加强科学管理

会计工作是一项严密细致的管理工作，会计提供的会计信息，需要经过会计凭证、会计账簿、会计报表等一系列方法及相应的手续和程序，进行记录、计算、分类、汇总、分析、检查等工作。科学地组织会计工作，使会计工作按预先规定的手续和处理程序进行，可以有效地防止差错，提高会计工作的效率，提高会计工作者的科学管理意识。

（二）提高会计工作者的创新意识

会计工作是企业经济管理工作的一个部分，它既独立于其他的经济管理工作，又与其他经济管理工作有着密切的联系。会计工作一方面能够促进其他经济管理工作，另一方面也需要其他经济管理工作的配合。只有这样才能充分发挥会计工作的重要作用，从而提高会计工作者的创新意识。

（三）提高会计工作者的协调能力，和谐管理意识

企业内部的经济责任制，离不开会计工作。科学地组织会计工作，可以促使单位内部及有关部门提高资金的使用效率，协调各部门间的关系，提高单位经济效益，增强经济管理水平，并对经济预测、经济决策、业绩评价等工作提供支持，从而加强单位内部的经济责任制。

二、必须具有服务的创新精神

（一）要有任劳任怨地为群众服务的精神

对于会计工作和会计工作者来说，受到的质疑与谴责似乎比得到的鲜花与掌声更多。其实瑕不掩瑜，数以千万的会计工作者们大多以勤勉与正直来维护职业尊严，而其中又不乏出类拔萃者。会计工作是为群众服务的工作，会有不被群众所理解的地方。作为会计工作者要宽宏大量，任劳任怨，一心一意为群众服务。

（二）要有爱岗敬业的服务精神

会计工作者应该转变观念，弘扬爱岗敬业精神。服务是无形的却是有情的。发挥会计服务职能，转变会计人员的思想观念，在核算、监督的同时，做好服务工作。只有服务功能的充分发挥，才能体现会计工作的前移——由事后的核算监督移到事前的服务。也只有会计人员转变观念，增强服务意识，才能更好地弘扬爱岗敬业精神，从自身做起，从本职岗位做起，认真履行自己的职责，为企业的生存和发展而努力工作。

（三）提高会计工作者的个人业务素质，加强自身学习

1. 强教育，提高会计人员整体素质

增强会计人员的服务意识，关键在平时教育。单位领导、财会部门负责人应该经常组织会计人员学习，提高会计人员的个人素质。只有会计人员的整体素质普遍提高了，每个会计人员才能端正工作态度，增强服务意识，想企业之所想，急职工之所急，认真履行自己的职责，加强会计基础工作，实现规范化管理，提高会计工作质量。

2. 强培训，提高会计人员业务素质

会计服务职能的发挥，很大程度上依赖会计人员业务素质的提高。会计人员业务素质高，会计提供的服务质量才可能好；反之，会计人员业务素质低，即使服务态度好，服务质量也好不到哪里去。许多单位会计工作质量不高，不是由于会计人员主观上不努力，而恰恰是业务素质太低，无法为单位、为领导提供高质量的会计服务。因此，必须注意会计人员的业务素质教

育，加强会计专业知识和专业技能的培训，提高会计队伍整体素质水平。会计人员自己，也应有紧迫感、压力感，明确工作目标，找出自身不足，并通过一定的学习形式，提高自己的业务素质，积极主动地提供服务，在服务过程中锻炼和提高自己。

三、财会工作是单位的好帮手

（一）认真贯彻执行会计法

《中华人民共和国会计法》（简称《会计法》）是我国社会主义市场经济法律体系中的一部重要法律，是规范会计行为的基本法律规范，为有效发挥会计工作在加强经济管理，提高经济效益，维护社会主义市场经济和社会公共利益中的职能作用，提供了强有力的法律保障。会计工作者应继续深入贯彻《会计法》，求真务实、奋发进取、扎实工作，不断开创会计工作新局面，为完善社会主义市场经济体制，全面建设小康社会和构建和谐社会做出新的更大贡献。

（二）会计工作者是节约型社会的执行者

加快建设节约型社会，是全面建设小康社会的重要保障。我国在全面建设小康社会进程中，经济规模将进一步扩大，工业化不断推进，居民消费结构逐步升级。城市化步伐加快，资源需求持续增加，资源供需矛盾和环境压力将越来越大。解决这些问题的根本出路在于节约资源。加快建设节约型社会，既是当前保持经济平稳较快发展的迫切需要，也是实现全面建设小康社会宏伟目标的重要保障。要做到节约型单位，会计工作者应该身先士卒，做节约型模范，为单位节约一度电、一滴水，做出努力。

（三）会计工作者是决策信息的提供者，是领导的参谋者

一个单位的兴衰与会计工作有至关重要的作用，尤其在市场经济瞬息万变的今天，会计数字的“演变”关系着单位的前途。一个领导的新的决策源于会计工作中“1、2、3、4”的变化。所以会计是信息的提供者，又是单位领导的参谋者，会计工作者在经济实体中俗称“内当家”。

认真做好会计工作对于贯彻执行国家的方针、政策和法令、制度，维护财经纪律，建立良好的社会经济秩序，具有重要的意义。做好会计工作是创新型社会发展的需要，会计工作者要适应市场经济的发展，努力提高自身的理论水平，增强服务意识。

四、信息时代下财务会计工作创新的途径

（一）信息时代下加强财务会计工作创新管理的必要性

1. 促进信息时代下财务会计核算的开展

随着信息化时代的来临，企业财务会计的工作创新思维变得越来越重要，它已经成为确保企业财务安全的重要保障。技术的发展带来了很多观念上的革新，企业的无形资产已经逐渐占据越来越重要的位置，它们对企业的整体价值起到了至关重要甚至是决定性的作用。当企业对自身的无形资产进行核算时，其处理方式已经相较于传统财务工作发生了明显变化。引入无形资产至企业财务的报表中是当前企业为应对信息化时代财务工作变革而采取的有效措施，因此，创新对于信息时代的财务会计核算具有极其重要的意义。

2. 适应财务会计工作职能标准化和国家化的发展需求

随着经济全球化、经济一体化的发展，有关企业财务的管理体系和制度也应逐渐完善，同

国际接轨，而这也需要财务人员不断创新工作方法和工作内容。与此同时，作为财务会计工作人员来说，财务会计的制度以及企业的信用都要结合财务工作的实际情况进行掌握。

（二）信息时代下财务会计工作的不足

1. 重视程度不足

很多财务工作人员依然存在思想观念落后的问题，他们不重视财务工作，忽视了提升财务水平的重要意义，并且对制度的落实也不到位，根本不能有效适应时代的发展及变化。计算机是现代财务系统的重要工具之一，对计算机基础应用的掌握有利于提高财务工作的效率，但很多财务工作人员却并不能做到熟练运用。

2. 会计信息失真

目前对财务工作的有效管理措施非常缺乏，这就给财务造假提供了温床。财务工作人员通常不具有足够的稳定性，流动性较强，很多企业对财务工作人员的工作范围限定也非常模糊，这样就从无形之中加大了工作人员的压力，而财务工作人员以权谋私的行为也难以被有效追责，这一系列的问题共同导致了目前企业会计信息失真的现象。

3. 管理制度缺失

很多企业单位并没有建立起严格的财务制度，即使存在相应的制度，是否真正落到实处又是另外一回事。此外，大多数基层的财务工作人员不具备较强的责任心，对财务会计的管理工作重要性没有一个系统而深远的认识，在这一系列的问题影响下，企业的管理制度逐渐失去了本应起到的效果。

（三）财务会计在信息化时代中的管理创新途径

1. 提高思想认识

企业财务工作人员应充分认识到财务创新的重要意义，结合新的市场环境明确财务工作的具体要求。与此同时，企业领导部门应加强制度建设和管理，根据企业本身的具体需求制定相应的策略。为切实提高财务会计人员的思想认识，企业可以组织员工培训，安排权威人士来企业举办讲座，或安排企业会计人员外出进行培训。企业还应定期对员工进行专业考核，奖励成绩优异的财务人员，惩罚考核不过关的财务人员，充分引起财务工作人员对财务工作的思想重视程度。

2. 增强会计信息化质量

财务管理工作应顺应新时代的潮流，实现信息化管理，稳步提升企业财务管理工作的实效性，确保企业财务信息达到准确可靠的要求。企业财务工作者应严格按照财务管理的规章制度进行操作，遵守职业规范和道德规范，做到不损公利己。同时，精确的财务会计信息也能为企业领导的决策提供正确参考，这也符合信息化时代的具体要求。企业领导和财务管理人员都应充分重视信息化时代下新技术在财务工作中的应用，借此构建出一套先进全面的财务管理系统，强化数据完善，保障财务信息的真实性及有效性。

3. 健全财务会计法律

信息化时代对财务工作的要求也产生了较大的改变，因此政府部门也应顺应时代发展，健全并完善相关的财务制度，为财务工作的有效开展奠定坚实基础。政府部门应制定相关的法律法规，明确财务会计工作人员的具体职责及权限，并要求他们严格依照具体的规定和制度履行自己的职责，完成自己的使命，做好每一项财务会计工作。

4. 强化企业的内部监控

在信息化时代下，企业必须通过创新并加强财务内部控制的方式保障资金安全。企业可以建立并完善对内部财务活动的监督机制，同时随时根据市场信息进一步完善企业的监督制度。关于企业的内部监督机制，其主要内容有监督企业的资金流向及流量，以及各资金使用项目的具体情况，确保企业财务信息具有高可靠性，切实保障企业自身利益。企业通过建立完善内部控制制度的方式，能够非常有效地杜绝财务人员出现以权谋私等各种违法行为，使企业资产不会被侵吞或蚕食。另外企业在制定具体的监督制度规定时，应明确财务人员的职责划分，实现谁违规、谁负责的制度执行方法，针对性地明确职责职权，建立起行之有效的企业内部监督制度。

第四章　财务分析

第一节　概　　述

财务分析是以会计核算和报表资料及其他相关资料为依据，采用一系列专门的分析技术和方法，对企业等经济组织过去和现在有关筹资活动、投资活动、经营活动、分配活动的盈利能力、营运能力、偿债能力和增长能力状况等进行分析与评价的经济管理活动。它是为企业的投资者、债权人、经营者及其他关心企业的组织或个人了解企业过去、评价企业现状、预测企业未来做出正确决策提供准确的信息或依据的经济应用学科。

关于财务分析的定义，还有多种表述， 有的学者认为，财务分析的本质是搜集与决策有关的各种财务信息，并加以分析和解释的一种技术。

财务分析的方法与分析工具众多，具体应用应根据分析者的目的而定。最经常用到的是围绕财务指标进行单指标、多指标综合分析，再加上借用一些参照值（如预算、目标等），运用一些分析方法（比率、趋势、结构、因素等）进行分析，然后通过直观、人性化的格式（报表、图文报告等）展现给用户。

一、财务分析的目的

财务分析相关主体有投资人、债权人、经理人员（管理者）、供应商、政府、雇员、工会和中介机构等，他们进行财务分析的目的各不相同。

1. 投资人

指公司的权益投资人，即普通股股东。投资人投资于公司的目的是增加自己的财富，分析企业的资产和盈利能力；为决定是否转让股份，要分析盈利状况、股价水平和发展前景；为考察经营者的业绩，要分析资产盈利水平、破产风险和竞争能力；为决定股利分配政策，要分析筹资状况。

2. 债权人

关心企业是否具有偿还债务的能力，决定是否发放贷款，要分析报酬和风险；了解企业短期偿债能力，要分析流动状况；了解企业长期偿债能力，要分析盈利状况；决定是否转让债权，要分析其价值。

3. 经理人员（管理者）

指对公司资产和负债进行管理的个人。他们分析报表的主要目的是改善报表，涉及的内容最广泛，几乎包括外部使用人关心的所有问题。

4. 供应商

考查企业信用。

5. 政府

包括税务部门、国有企业的管理部门、证券管理机构、会计监管机构和社会保障部门等。政府进行财务分析的目的在于纳税；了解企业是否遵守法规和市场秩序；了解职工收入和就业情况等。

6. 雇员和工会

通过分析，判断企业盈利与员工收入、保险、福利之间是否相适应。

7. 中介机构

审计人员确定审计重点，财务分析领域的逐渐扩展与咨询业的发展有关。在一些国家，财务分析师已成为专门的职业，他们为各类报表使用人提供专业咨询。

本章主要站在经理人员（管理者）的角度，因为经理人员符合公司财务主体假设，主要对企业财务报表等相关主体共同关注的问题进行全面分析。

二、财务分析的方法

财务分析方法一般包括比较分析法、比率分析法和因素分析法等。

（一）比较分析法

比较分析法是对两个或多个有关的可比数据进行对比，揭示企业财务状况、经营成果中的差异和矛盾的分析方法。它是一种最基本、最主要的分析方法，比较的基本表达方式为绝对额的比较、百分数的比较和比率的比较。比较分析法按照比较的对象和内容分类。

1. 按比较的对象分类

（1）趋势分析法

趋势分析法也称趋势分析，考察企业经济活动的变动情况和变动趋势，以本企业本期实际指标与以前各期（上期、上年同期或历史最好水平等）同类指标进行比较。

（2）横向比较法

横向比较法也称横向比较，是将本企业实际指标与国内外同行业先进指标或同行业平均指标相比较的形式。

（3）预算差异分析法

预算差异分析法也称差异分析，是将本企业本期实际指标与计划或定额指标相比。

2. 按比较的内容分类

（1）比较总量财务指标

总量的财务指标有总资产、净资产和净利润等。将总量的财务指标与预算进行纵向、横向比较，一方面可以看出其增长趋势，另一方面可以看出本企业在同行业中的竞争地位和本企业的业绩情况。

（2）比较结构性财务指标

通过比较结构性财务指标，可以看出导致总量指标变化的主要原因，可以分析是其中哪一个项目变化导致了该总量指标的变化，以此来判断有关财务活动的变化趋势。

（3）比较财务比率

财务比率是各会计要素的相互关系，反映其内在联系。比率的比较是最重要的分析。它们是相对数，排除了规模的影响，使不同的比较对象建立起可比性。比率的计算是比较简单的，但对其加以说明和解释是相当复杂和困难的。分析是研究的过程，分析得越具体、越深入，则水平越高。如果仅仅是计算出财务比率，不进行分析，那么则说明不了问题。

（二）比率分析法

比率分析法是根据各种比率指标来计算和确定财务活动变动程度，以此来评价企业的财务状况和经营成果的一种方法。比率分析法在财务分析中占有十分重要的地位，也是比较分析法的一种形式。比率分析法的分类有以下几种。

1. 构成比率

构成比率是指财务报表中个别项目与全部项目金额总和的比率，如现金流入与流出的结构比例。构成比率的公式表示为

$$构成比率=\frac{某个组成部分的数值}{总体数值}\times100\%$$

2. 效率比率

效率比率是某项经济活动中所费与所得的比率，反映投入与产出的关系。例如，将利润项目与营业成本、营业收入、资本金等项目加以对比，可以计算出成本利润率、销售利润率和资本金利润率等指标。效率比率的公式表示为

$$效率比率=\frac{所得}{所费}\times100\%$$

3. 相关比率

相关比率是以某个项目和与其有关但又不同的项目加以对比所得的比率。相关比率是基本的财务比率，主要包括反映偿债能力的比率，如流动比率、速动比率等；反映运营能力的比率，如存货周转率等；反映盈利能力的比率，如资产收益率等。相关比率的公式表示为 0

$$相关比率=\frac{某一指标}{某一相关指标}\times100\%$$

（三）因素分析法

因素分析法是依据分析指标和影响因素的关系，从数量上确定各因素对指标的影响程度。因素分析法既可以全面分析各因素对某一经济指标的影响，又可以单独分析某个因素对经济指标的影响。因素分析的具体方法有以下几种。

1. 连环替代法

连环替代法是指依次用分析值替代标准值，测定各因素对财务指标的影响，计算出各个因

素对综合性经济指标变动程序的一种计算方法，例如，影响成本降低的因素分析。

2. 差额分析法

差额分析法的一种简化形式，是指直接利用各因素的比较值与基准值的差异来计算确定其变动对分析对象的影响程度。如固定资产净值的增加，分解为原值增加和折旧增加两部分。

3. 指标分解法

如资产利润率，可分解为资产周转率和销售利润率的乘积。

4. 定基替代法

定基替代法是分别用分析值替代标准值，测定各因素对财务指标的影响。

财务分析不仅是一门科学，而且是一门艺术。实际工作中通常会将上述分析方法综合运用，以达到财务分析的目的。

三、财务分析的原则

1. 实事求是原则

实事求是，从实际出发，反对主观臆断、结论先行、搞数字游戏。

2. 全面分析原则

一分为二，全面地看问题，兼顾成功经验与失败教训、有利因素与不利因素、主观因素与客观因素、经济问题与技术问题、外部问题与内部问题。

3. 系统分析原则

坚持联系地看问题，注意局部与全局的关系，在进行指标分析时将指标联系起来看问题。

4. 动态分析原则

发展地看问题，要注意过去、现在和未来的关系。在对上市公司过去和现在进行总结分析的基础上，分析公司未来的发展空间和潜力。

5. 定量分析与定性分析相结合原则

将定量分析与定性分析结合起来，坚持定量为主。定性分析是前提和基础，没有定性分析就弄不清本质、趋势及其与其他事物的联系。定量是工具和手段，没有定量分析就弄不清数量界限、阶段性和特殊性。财务分析要透过数字看本质，没有数字就得不出结论。

只有遵循以上原则，才能更好地对企业财务进行本质分析，从而准确判断企业的财务状况。

第二节 基本财务比率分析

财务比率根据所涉及企业的经营管理的各个方面，主要分为变现能力比率、负债比率、资产管理水平比率及盈利能力比率。对于每一比率指标都要从它的含义、计算要求、分析过程、影响因素、注意问题等方面去把握。

一、变现能力比率

变现能力是企业产生现金的能力。它取决于可以在近期转变为现金的流动资产的多少，反映企业短期偿债能力大小。反映变现能力的财务比率主要有流动比率和速动比率。

1. 流动比率

流动比率是流动资产与流动负债的比值。

其计算公式为

$$流动比率=\frac{流动资产}{流动负债}$$

流动比率可以反映短期偿债能力。企业能否偿还短期债务，要看有多少债务以及有多少可变现偿债的流动资产。一般认为流动比率越高，其偿还短期债务的能力越强；反之，则越差。但这也不尽然，还要看债务的多少，以及流动资产的数量和质量。一般情况下，影响流动比率的主要因素有营业周期、流动资产中的应收账款数额和存货的周转速度。一般认为生产企业合理的流动比率为 2。

2. 速动比率

速动比率又称酸性测试比率，指从流动资产中扣除存货部分后，再除以流动负债的比值。

其计算公式为

$$速动比率=\frac{速动资产}{流动负债}=\frac{流动资产-存货}{流动负债}$$

流动资产扣除存货后的差额称为速动资产。之所以要扣除存货，主要有以下原因：

①存货的变现速度最慢；

②部分存货已损失报废尚未处理；

③部分存货已抵押给某债权人；

④存货估价还存在成本与合理市价相差悬殊的问题。

通常认为正常的速动比率为 1。影响速动比率可信性的重要因素是应收账款的变现能力。此外，还可以通过计算保守的速动比率来进一步反映其变现能力，一般是减去与当期现金流量无关的项目，如待摊费用等。

3. 影响变现能力的其他因素

除了上述从财务报表中取得的相关数据外，还有一些影响变现能力的因素。

（1）引起变现能力增加的因素

可动用的银行贷款指标、准备很快变现的长期资产、偿债能力的声誉。

（2）引起变现能力减少的因素

未做记录的或有负债、担保责任引起的负债等。

二、负债比率

负债比率是指债务和资产、净资产的关系，它从长期反映企业偿付债务本金和支付债务利息的能力，反映企业长期偿债能力大小。反映长期偿债能力的财务比率主要有资产负债率、产权比率、权益乘数、有形净值债务率、已获利息倍数等。

1. 资产负债率

资产负债率是负债总额除以资产总额的比值。它从资金占用角度反映企业资产对负债的保障程度，或者说总资产中有多大比例是通过举债来筹资的。

其计算公式为

$$资产负债率=\frac{负债总额}{资产总额}\times 100\%$$

负债总额包括长期负债和短期负债。资产总额是扣除累计折旧后的净额。资产负债率也叫举债经营比率。从不同的角度分析，资产负债率也有不同的含义。债权人认为资产负债率越低越好，资产负债率越低，债权人越有保障，贷款风险越小；从股东的角度看，如果能够保证全部资本利润率大于借债利率，则希望该指标越大越好，否则反之；经营者应从财务的角度审时度势，全面考虑，权衡之后做出正确决策。

2. 产权比率

产权比率是负债总额与所有者权益总额的比值，也是衡量长期偿债能力的指标。其计算公式为

$$产权比率=\frac{负债总额}{所有者权益}$$

该指标一方面反映了由债权人提供的资本和股东提供的资本的相对比率关系，反映企业基本财务结构是否稳定。产权比率高，是高风险、高报酬的财务结构；产权比率低，是低风险、低报酬的财务结构。另一方面也表明债权人投入的资本受到股东权益的保障程度，或者说是企业清算时对债权人利益的保障程度。

3. 权益乘数

权益乘数是资产总额与所有者权益总额的比值，也是衡量长期偿债能力的指标。其计算公式为

$$权益乘数=\frac{总资产}{所有者权益}$$

权益乘数越大，表明所有者投入企业的资本占全部资产的比重越小，企业负债的程度越高；权益乘数越小，表明所有者投入企业的资本占全部资产的比重越大，企业负债的程度越低，债权人权益受保护的程度越高。

4. 有形净值债务率

有形净值债务率是企业负债总额与有形净值的比值。有形净值是股东权益减去无形资产后

的净值。其计算公式为

$$有形净值债务率=\frac{负债总额}{所有者权益-(无形资产+递延资产+待摊费用)}$$

有形净值债务率是更为谨慎、保守地反映企业清算时债务人投入的资本受到股东权益保障的程度。这个指标越大，表明风险越大；该指标越小，表明企业长期偿债能力越强。

5. 已获利息倍数

已获利息倍数也叫利息保障倍数，是指企业经营业务收益与利息费用的比率，用以衡量企业偿付借款利息的能力。其计算公式为：

$$已获利息倍数=\frac{息税前利润}{利息费用}$$

式中的息税前利润是指利润表中未扣除利息费用和所得税之前的利润。利息费用既包括计入财务费用中的利息，也包括计入固定资产成本的资本化利息。通常认为，该指标为 3 时较为适当，从长期来看至少应大于 1。已获利息倍数为负值时没有任何意义，已获利息倍数是表示长期偿债能力的，这个比率越高，说明企业偿债能力越强。

三、资产管理水平比率

资产管理水平比率是用来衡量企业在资产管理方面效率的财务比率，反映企业营运能力，包括营业周期、存货周转率、应收账款周转率、流动资产周转率和总资产周转率。

1. 营业周期

营业周期是指从取到存货开始到销售存货并收到现金为止的这段时间。

营业周期的计算公式为

营业周期 = 存货周转天数 + 应收账款周转天数

2. 存货周转率

存货的流动性直接影响企业的流动比率，存货的流动性一般用存货的周转速度指标来反映，即存货周转率或存货周转天数。

存货周转率是销售成本与平均存货余额的比值。

其计算公式为

$$存货周转率(次数)=\frac{销售成本}{平均存货余额}$$

$$存货周转天数=\frac{平均存货余额\times 360}{销售成本}=\frac{360}{存货周转率}$$

一般来讲，存货周转速度越快，存货的占用水平越低，流动性越强，存货转换为现金或应收账款的速度越快。

3. 应收账款周转率

应收账款周转速度的指标是应收账款周转率，也就是年度内应收账款转为现金的平均次数。它说明应收账款流动的速度。

应收账款周转率是销售收入与平均应收款净额的比值。其计算公式为

$$应收账款周转率(次数)=\frac{销售收入}{平均应收账款净额}$$

$$收账款周转天数(平均收账期)=\frac{平均应收账款净额\times 360}{销售收入}=\frac{360}{应收账款周转天数}$$

一般来说，应收账款周转率越大，说明平均收账期越短，应收账款的收回越快，应收账款管理水平越高，短期偿债能力越强。影响该指标正确计算的因素有：①季节性经营的企业使用这个指标时不能反映实际情况；②大量使用分期付款结算方式；③大量使用现金结算的销售；④年末大量销售或年末销售大幅下降。

4. 流动资产周转率

流动资产周转率是销售收入与全部流动资产的平均余额的比值。其计算公式为

$$流动资产周转率=\frac{销售收入}{平均流动资产余额}$$

流动资产周转率反映流动资产的周转速度。周转速度快，会相对节约流动资产，增强企业的营运能力。

5. 总资产周转率

总资产周转率是销售收入与平均总资产余额的比值。其计算公式为

$$总资产周转率=\frac{销售收入}{平均总资产余额}$$

该指标反映企业对总资产的管理效率及获利能力。总资产周转率越大，说明周转越快，企业对资产管理效率越高，销售能力越强。

四、盈利能力比率

盈利能力是指企业获取利润的能力。反映企业盈利能力的指标很多，通常使用的有销售毛利率、销售净利率、资产报酬率、净资产收益率、每股收益、市盈率、每股净资产等。

1. 销售毛利率

销售毛利率是销售毛利占销售收入的比值。其中，销售毛利 = 销售收入 − 销售成本。

销售毛利率计算公式为

$$销售毛利率=\frac{销售收入-销售成本}{销售收入}\times100\%$$

该指标表示销售收入扣除销售成本后，有多少可用于各项期间费用和形成利润，它是销售净利率的最初基础。

2. 销售净利率

销售净利率是净利润与销售收入的比值。

其计算公式为

$$销售净利率=\frac{净利润}{销售收入}\times100\%$$

该指标反映每 1 元销售收入带来的净利润的多少，表示收入的收益水平。该指标还可以进一步分解为销售毛利率、销售税金率、销售成本率、销售期间费用率来分析。

3. 资产报酬率

资产报酬率又称资产净利率，是净利润与平均总资产余额的比值。

其计算公式为

$$资产报酬率=\frac{净利润}{平均总资产余额}\times100\%$$

通过该指标的计算和分析，可说明三个方面的问题：一是表明企业资产利用的综合效果；二是指出了影响资产净利率的因素有产品价格、单位成本、产量和销量、资金占用量；三是可以利用它来分析经营中存在的问题，提高销售利润率，加速资金周转。

4. 净资产收益率

净资产收益率又称净值报酬率或权益净利率，是净利润与平均所有者权益的比值。其计算公式为

$$净资产收益率=\frac{净利润}{平均所有者权益}\times100\%$$

该指标反映企业所有者权益的投资报酬率，具有很强的综合性。一般认为，净资产收益率越高，企业自有资本获取收益的能力越强，运营效益越好，对企业投资人、债权人利益的保障程度越高。

5. 每股收益

每股收益也称每股利润或每股盈余，反映某一会计年度内企业平均每股普通股投入所获得的收益。每股收益的计算包括基本每股收益和稀释每股收益。基本每股收益的计算公式为

$$基本每股收益=\frac{净利润}{年末普通股总数}$$

稀释每股收益是在考虑潜在普通股稀释性影响的基础上，对基本每股收益的分子、分母进

行调整后再计算的每股收益。每股收益越高，表明企业的获利能力越强。

6. 市盈率

市盈率是普通股每股市价与每股收益的比值，反映投资者对每股净利润愿意支付的价格，可以用来估计股票的投资报酬和风险。

其计算公式为

$$市盈率=\frac{普通股每股市价}{普通股每股收益}$$

一般来说，市盈率高，说明投资者对该企业的发展前景看好，愿意出较高的价格购买该企业股票。但是，某种股票的市盈率过高，也意味着这种股票具有较高的投资风险。

7. 每股净资产

每股净资产又称每股账面价值或每股权益，是年末净资产（即股东权益）与普通股份总数的比值。其计算公式为

$$每股净资产=\frac{年末股东权益}{年末普通股份总数}\times 100\%$$

每股净资产在理论上提供了股票最低价值，如果企业股票价格低于净资产账面价值，且该账面价值又接近可变现净值，表明企业已无存在价值，应该清算。

第三节 财务分析的运用

企业的财务活动是一个整体连贯的系统，单一财务指标只能片面反映企业某一方面变动对财务状况、经营成果的影响，要想全面评价企业经营业绩，就必须采用综合性的财务分析方法。

一、沃尔评价法

沃尔评价法是把若干个财务比率用线性关系结合起来以评价企业的信用水平，涉及的财务比率主要有流动比率、净资产负债比率、资产与固定资产比率、存货周转率、应收账款周转率、销售额与固定资产比率以及销售额与净资产比率。

沃尔评价法通过对选中的财务比率给定其在总评价中的比重（比重总和为 100），然后确定标准比率，并与实际比率相比较，评出每项指标的得分，最后得出总评分。沃尔评价法基本操作原理见表 4–1。

表 4-1　沃尔评价法基本操作原理

指标	比重 （1）/%	标准比率 （2）/%	实际比率 （3）/%	相对比率 （4）=（3）÷（2）	评价得分 （5）=（4）×（1）
流动比率	25	2.0	2.33	1.17	29.13
净资产 / 负债	25	1.5	1.33	0.89	22.17
资产 / 固定资产	15	2.5	2.17	0.87	13.02
存货周转率	10	8.0	2.70	0.34	3.38
应收账款周转率	10	6.0	9.50	1.58	15.83
销售额 / 固定资产	10	4.0	4.75	1.19	11.88
销售额 / 净资产	5	3.0	3.84	1.28	6.40
合计	100	—	—	—	101.80

沃尔评价法通过简洁明了的指标评价企业财务状况和信用水平，当实际值大于标准值为理想时，此公式正确；但当实际值小于标准值为理想时，实际值越小，得分应越高，用此公式计算的结果却恰恰相反。

因此，沃尔评分法 7 个指标选取及比重分配合理性有待求证，当某一指标严重异常时，会对总评分产生不合逻辑的重大影响。财务比率提高一倍，评分增加 100%；缩小一半，评分减少 50%，原因在于：综合得分 = 评分值 × 关系比率。

二、现代综合评价法

现代综合评价法是在沃尔评价法基础上进行改进的一种分析方法，它同样是把若干个财务比率用线性关系结合起来以评价企业的信用水平。一般认为，企业财务评价的内容首先是盈利能力，其次是偿债能力，最后是成长能力，它们之间大致可按 5 ∶ 3 ∶ 2 来分配。

现代综合评价法采用标准比率，以本行业平均数为基础，在给每个指标评分时，规定了上限和下限，以减少个别指标异常对总评分造成不合理的影响。此外，得分不是采用相乘的关系，而是采用相加或相减的关系，以此来克服沃尔评分法的缺陷。现代综合评分标准分配表见表 4-2。

表 4-2　现代综合评分标准分配表

指标	标准评分值	标准比率（100%）	行业最高比率（100%）	最高分	最低分	每分比率的差异（100%）
盈利能力：						
总资产净利率	20	10	20	30	10	1.0
销售净利率	20	4	20	30	10	1.6
净值报酬率	10	16	20	15	5	0.8
偿债能力：						
自有资本比率	8	40	100	12	4	15

表 4–2（续）

流动比率	8	150	450	12	4	75
应收账款周转率	8	600	1 200	12	4	150
存货周转率	8	800	1 200	12	4	100
成长能力：						
销售增长率	6	15	30	9	3	5
净利增长率	6	10	20	9	3	3.3
人均净利增长率	6	10	20	9	3	3.3
合计	100	—	—	150	50	

现代综合评价法反映获利能力的指标主要有总资产净利率、销售净利率和净值报酬率，虽然净值报酬率最重要，但前两个指标已分别采用总资产净利率和销售净利率，为了减少重复影响，三个指标按 2 ∶ 2 ∶ 1 的比例安排。反映偿债能力的常用指标有 4 个，反映成长能力的常用指标有 3 个，以 100 分为总评分，现代综合评价法基本操作原理见表 4–3。

表 4–3　现代综合评价法基本操作原理

指标	实际比率（1）/%	标准比率（2）/%	差异（3）=（1）–（2）	每分比率的差异（4）	调整分（5）=（3）÷（4）	标准评分值（6）	得分（7）=（5）+（6）（或上、下限）
盈利能力：							
总资产净利率		10		1.0		20	
销售净利率		4		1.6		20	
净值报酬率		16		0.8		10	
偿债能力：							
自有资本比率		40		15		8	
流动比率		150		75		8	
应收账款周转率		600		150		8	
存货周转率		800		100		8	
成长能力：							
销售增长率		15		5		6	
净利增长率		10		3.3		6	
人均净利增长率		10		3.3		6	
合计		—				100	

现代综合评价法避免了个别指标异常导致总分不合理的情况，优点是评价程度高，简单易懂；缺点是标准分值合理性未得到证明，计算方法较麻烦。

三、杜邦分析法

杜邦分析法又称杜邦财务分析体系，简称杜邦体系，是一种分解财务比率的方法，可用于任何财务指标的分解。杜邦分析法的作用是揭示指标变动的原因和变动的趋势，为采取措施指明方向。图 4–1 描述了杜邦分析法的基本原理。

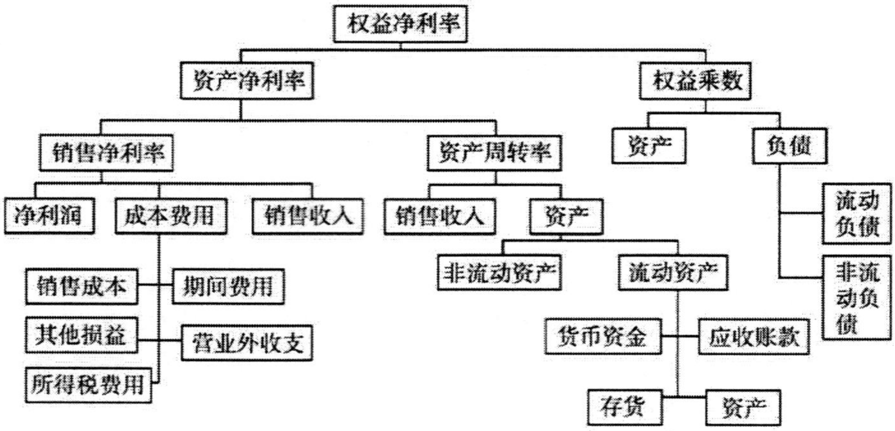

图 4–1　杜邦分析法的基本原理

杜邦体系有 3 个核心公式，又称杜邦等式：

权益净利率 = 资产净利率 × 权益乘数资产净利率 = 销售净利率 × 资产周转率

权益净利率 = 销售净利率 × 资产周转率 × 权益乘数

权益乘数主要受资产负债率影响，负债比例大，权益乘数就高，说明企业有较高的负债程度，给企业带来很多杠杆收益，同时，也给企业带来较多风险。

销售净利率的高低因素分析需要从销售额和销售成本两个方面进行。这方面的分析可以参见有关盈利能力指标的分析。

杜邦等式适用于因素分析法，也称连环替代法，通过逐步替代发现各因素对权益净利率、资产净利率等变化的影响程度。

杜邦分析法有助于企业管理层更加清晰地看到权益资本收益率的决定因素，以及销售净利润率与总资产周转率、债务比率之间的相互关联关系，给管理层提供了一张清晰的考察企业资产管理效率和股东投资回报是否最大化的路线图。但缺点是对短期财务结果过分重视，

有可能助长企业管理层的短期行为，忽略企业长期的价值创造。财务指标反映的是企业过去的经营业绩，衡量工业时代的企业能够满足要求，但在信息时代，顾客、供应商、雇员、技术创新等因素对企业经营业绩的影响越来越大，而杜邦分析法在这些方面是无能为力的。在市场环境中，企业的无形知识资产对提高企业长期竞争力至关重要，杜邦分析法却不能解决无形资产的估值问题。

第五章 财务预算

第一节 概 述

一、预算的特征与作用

（一）预算的特征

预算是企业在预测、决策的基础上，用数量和金额以表格的形式反映企业未来一定时期内经营、投资、筹资等活动的具体计划，是为实现企业目标而对各种资源和企业活动所做的详细安排。预算是一种可据以执行和控制经济活动的最为具体的计划，是对目标的具体化，是企业战略导向预定目标的有力工具。

预算具有两个特征：其一，预算与企业的战略目标保持一致，因为预算是为实现企业目标而对各种资源和企业活动所做的详细安排；其二，预算是数量化的，并具有可执行性，因为预算作为一种数量化的详细计划，是对未来活动的细致、周密安排，是未来经营活动的依据。数量化和可执行性是预算最主要的特征。

（二）预算的作用

1. 预算通过规划、控制和引导经济活动，使企业经营达到预期目标

通过预算指标可以控制实际活动过程，随时发现问题，采取必要的措施，纠正不良偏差，避免经营活动漫无目的、随心所欲，通过有效的方式实现预期目标。因此，预算具有规划、控制、引导企业经济活动有序进行、以最经济有效的方式实现预期目标的功能。

2. 预算可以实现企业内部各个部门之间的协调

从系统论的观点来看，局部计划的最优化对全局来说不一定是最合理的。为了使各个职能部门向着共同的战略目标前进，它们的经济活动必须密切配合、相互协调、统筹兼顾、全面安排、搞好综合平衡。各部门预算的综合平衡能促使各部门管理人员清楚地了解本部门在全局中的地位和作用，尽可能地做好部门之间的协调工作。各级各部门因职责不同，往往会出现相互冲突的现象。各部门之间只有协调一致，才能最大限度地实现企业整体目标。例如，企业的销售、生产、财务等各部门可以分别编制出对自己来说最好的计划，但该计划在其他部门却不一定能行得通。销售部门根据市场预测提出了一个庞大的销售计划，生产部门可能没有那么大的生产能力；生产部门可能编制一个充分利用现有生产能力的计划，但销售部门可能无力将这些产品销售出去；销售部门和生产部门都认为应该扩大生产能力，财务部门却认为无法筹到必要的资金。全面预算经过综合平衡后可以提供解决各级各部门冲突的最佳办法，代表企业的最优方案，可以使各级各部门的工作在此基础上协调进行。

3. 预算是业绩考核的重要依据

预算作为企业财务活动的行为标准，使各项活动的实际执行有章可循。各部门责任考核必须以预算标准为基础。经过分解落实的预算规划目标能与部门责任人的业绩考评结合起来，成为奖勤罚懒、评估优劣的重要依据。

二、预算的分类

（一）根据内容分类

根据内容不同，企业预算可以分为业务预算（即经营预算）、专门决策预算和财务预算。

1. 业务预算

业务预算是指与企业日常经营活动直接相关的经营业务的各种预算，主要包括销售预算、生产预算、直接材料预算、直接人工预算、制造费用预算、产品成本预算、销售费用预算和管理费用预算等。

2. 专门决策预算

专门决策预算是指企业不经常发生的、一次性的重要决策预算。专门决策预算直接反映相关决策的结果，是实际中选方案的进一步规划。如资本支出预算，其编制依据可以追溯到决策之前搜集到的有关资料，只不过预算比决策估算更细致、更精确一些。例如，企业对一切固定资产的购置都必须在事先做好可行性分析的基础上来编制预算，具体反映投资额需要多少、何时进行投资、资金从何筹得、投资期限多长、何时可以投产、未来每年的现金流量是多少。

3. 财务预算

财务预算是指企业在计划期内反映有关预计现金收支财务状况和经营成果的预算，主要包括现金预算和预计财务报表。财务预算作为全面预算体系的最后环节，是从价值方面总括地反映企业业务预算与专门决策预算的结果，故亦称为总预算，其他预算则相应称为辅助预算或分预算。显然，财务预算在全面预算中占有举足轻重的地位。

（二）根据预算指标覆盖的时间长短分类

按预算指标覆盖的时间长短，企业预算可分为短期预算和长期预算。

通常将预算期在 1 年以内（含 1 年）的预算称为短期预算，预算期在 1 年以上的预算称为长期预算。预算的编制时间可以视预算的内容和实际需要而定，可以是 1 周、1 月、1 季、1 年或若干年等。在预算编制过程中，往往应结合各项预算的特点，将长期预算和短期预算结合使用。一般情况下，企业的业务预算和财务预算多为 1 年期的短期预算，年内再按季或月细分，而且预算期间往往与会计期间保持一致。

三、预算体系

各种预算是一个有机联系的整体。一般将由业务预算、专门决策预算和财务预算组成的预算体系称为全面预算体系，如图 5-1 所示。

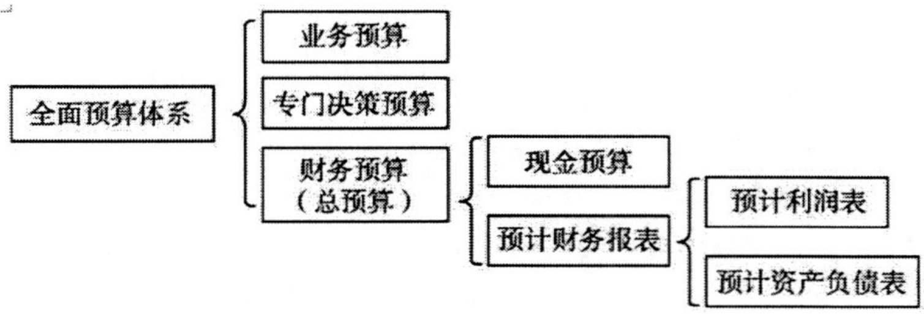

图 5–1　全面预算体系

四、预算工作的组织

《公司法》规定，企业的年度财务预算方案、决算方案由企业董事会制定，经股东会审议批准后方可执行。预算工作的组织包括决策层、管理层、执行层和考核层，具体分工如下。

（1）企业董事会或类似机构应当对企业预算的管理工作负总责。企业董事会或者经理办公会可以根据情况设立预算管理委员会或指定财务管理部门负责预算管理事宜，并对企业法定代表人负责。

（2）预算管理委员会或财务管理部门主要拟定预算的目标、政策，制定预算管理的具体措施和办法，审议、平衡预算方案，组织下达预算，协调解决预算编制和执行中的问题，组织审计、考核预算的执行情况，督促企业完成预算目标。

（3）企业财务管理部门具体负责企业预算的跟踪管理，监督预算的执行情况，分析预算与实际执行的差异及原因，提出改进管理的意见与建议。

（4）企业内部生产、投资、物资、人力资源市场营销等职能部门具体负责本部门业务涉及的预算编制、执行、分析等工作，并配合预算管理委员会或财务管理部门做好企业总预算的综合平衡、协调、分析、控制与考核等工作。其主要负责人参与企业预算管理委员会的工作，并对本部门预算执行结果承担责任。

（5）企业所属基层单位是企业预算的基本单位，在企业财务管理部门的指导下，负责本单位现金流量、经营成果和各项成本费用预算的编制、控制、分析工作，接受企业的检查、考核。其主要负责人对本单位财务预算的执行结果承担责任。

第二节　预算的编制方法与程序

一、预算的编制方法

企业全面预算的构成内容比较复杂，编制预算需要采用适当的方法。常见的预算方法主要包括增量预算法与零基预算法、固定预算法与弹性预算法、定期预算法与滚动预算法，这些方法广泛应用于营业活动有关预算的编制。

（一）增量预算法与零基预算法

按出发点的特征不同，编制预算的方法可分为增量预算法和零基预算法。

1. 增量预算法

增量预算法是指以历史期实际经济活动及其预算为基础，结合预算期经济活动及相关影响因素的变动情况，通过调整历史期经济活动项目及金额形成预算的预算编制方法。增量预算法以过去的费用发生水平为基础，主张无须在预算内容上做较大的调整，它的编制遵循如下假定。

第一，企业现有业务活动是合理的，无须进行调整。

第二，企业现有各项业务的开支水平是合理的，在预算期予以保持。

第三，以现有业务活动和各项活动的开支水平确定预算期各项活动的预算数。增量预算法的缺陷是可能导致无效费用开支无法得到有效控制，使得不必要开支合理化，造成预算上的浪费。

2. 零基预算法

零基预算法是指企业不以历史期经济活动及其预算为基础，以零为起点，从实际需要出发分析预算期经济活动的合理性，经综合平衡，形成预算的预算编制方法。零基预算法适用于企业各项预算的编制，特别是不经常发生的预算项目或预算编制基础变化较大的预算项目。零基预算法的应用程序如下。

（1）明确预算编制标准

企业应搜集和分析对标单位、行业等外部信息，结合内部管理需要形成企业各预算项目的编制标准，并在预算管理过程中根据实际情况不断分析评价、修订完善预算编制标准。

（2）制订业务计划

预算编制责任部门应依据企业战略、年度经营目标和外部环境变化等安排预算期经济活动，在分析预算期各项经济活动合理性的基础上制订详细具体的业务计划，作为预算编制的基础。

（3）编制预算草案

预算编制责任部门应以相关业务计划为基础，根据预算编制标准编制本部门相关预算项目，并报预算管理责任部门审核。

（4）审定预算方案

预算管理责任部门应在审核相关业务计划合理性的基础上，逐项评价各预算项目的目标、作用、标准和金额等，按战略相关性、资源限额和效益性等进行综合分析和平衡，汇总形成企业预算草案，上报企业预算管理委员会等专门机构审议后报董事会等机构审批。

零基预算法的优点表现在：一是以零为起点编制预算，不受历史期经济活动中的不合理因素影响，能够灵活应对内外环境的变化，预算编制更贴近预算期企业经济活动的需要；二是有助于增加预算编制透明度，有利于进行预算控制。

零基础预算法的缺点表现在：一是预算编制工作量较大、成本较高；二是预算编制的准确性受企业管理水平和相关数据标准准确性影响较大。

（二）固定预算法与弹性预算法

编制预算的方法按其业务量基础的数量特征不同，可分为固定预算法和弹性预算法。

1. 固定预算法

固定预算法又称静态预算法，是指以预算期内正常的、最可实现的某一业务量（企业产量、销售量、作业量等与预算项目相关的弹性变量）水平为固定基础，不考虑可能发生的变动的预算编制方法。

固定预算法的缺点表现在以下两个方面。

一是适应性差。因为编制预算的业务量基础是事先假定的某个业务量。在这种方法下，不论预算期内业务量水平实际可能发生哪些变动，都只按事先确定的某一个业务量水平作为编制预算的基础。

二是可比性差。当实际的业务量与编制预算所依据的业务量发生较大差异时，有关预算指标的实际数与预算数就会因业务量基础不同而失去可比性。例如，某企业预计业务量为销售100 000 件产品，按此业务量给销售部门的预算费用为 5 000 元。如果该销售部门实际销售量达到 120 000 件，超出了预算业务量，固定预算下的预算费用仍为 5 000 元。

2. 弹性预算法

弹性预算法又称动态预算法，是指企业在分析业务量与预算项目之间数量依存关系的基础上，分别确定不同业务量及其相应预算项目所消耗资源的预算编制方法。

理论上，弹性预算法适用于编制全面预算中所有与业务量有关的预算，但实务中主要用于编制成本费用预算和利润预算，尤其是成本费用预算。

编制弹性预算，要选用一个最能代表生产经营活动水平的业务量计量单位。例如，以手工操作为主的车间，就应选用人工工时；制造单一产品或零件的部门，可以选用实物数量；修理部门可以选用直接修理工时等。

弹性预算法所采用的业务量范围，视企业或部门的业务量变化情况而定，务必使实际业务量不至于超出相关的业务量范围。一般来说，可定在正常生产能力的 70% ～ 110%，或以历史上最高业务量和最低业务量为其上下限。弹性预算法编制预算的准确性，在很大程度上取决于成本形态分析的可靠性。

与按特定业务量水平编制的固定预算法相比，弹性预算法的主要优点是考虑了预算期可能的不同业务量水平，更贴近企业经营管理实际情况。弹性预算法的主要缺点：一是编制工作量大；二是市场及其变动趋势预测的准确性、预算项目与业务量之间依存关系的判断水平等会对弹性预算的合理性造成较大影响。

企业应用弹性预算法，一般按照以下程序进行。

第一步，确定弹性预算适用项目，识别相关的业务量并预测业务量在预算期内可能存在的不同水平和弹性幅度。

第二步，分析预算项目与业务量之间的数量依存关系，确定弹性定额。

第三步，构建弹性预算模型，形成预算方案。

第四步，审定预算方案并上报企业预算管理委员会等专门机构审议后，报董事会等机构审批。

弹性预算法又分为公式法和列表法两种方法。

（1）公式法

公式法是运用总成本性态模型，测算预算期的成本费用数额，并编制成本费用预算的方法。根据成本性态，成本与业务量之间的数量关系可用公式表示为

$$y=a+bx$$

式中，y 表示某项预算成本总额；a 表示该项成本中的固定基数；b 表示与业务量相关的弹性定额；x 表示预计业务量。

【例 5–1】某企业制造费用中的修理费用与修理工时密切相关。经测算，预算期修理费用中的固定修理费用为 3 000 元，单位工时的变动修理费用为 2 元；预计预算期的修理工时为 3 500 小时。运用公式法，测算预算期的修理费用总额为

$$3\,000+2\times 3\,500=10\,000\text{（元）}。$$

因为任何成本都可用公式“$y=a+bx$”来近似地表示，所以只要在预算中列示 a（固定成本）和 b（单位变动成本），便可随时利用公式计算 x（任一业务量）的 y（预算成本）。

【例 5–2】A 企业经过分析得出某种产品的制造费用与人工工时密切相关，采用公式法编制的制造费用预算见表 5–1。

表 5–1　制造费用预算（公式法）

业务量范围	420 ～ 600 人工工时	
费用项目	固定费用 /（元 / 月）	变动费用 /（元 / 人工工时）
运输费用		0.20
电力费用		1.00
材料费用		0.10
修理费用	85	0.85
油料费用	108	0.20
折旧费用	300	
人工费用	100	
合计	593	2.35
备注	当业务量超过 600 工时后，修理费中的固定费用将由 85 元上升为 185 元	

本例中，针对制造费用而言，在业务量为 420 ～ 600 人工工时的情况下，$y=593+2.35x$；在业务量为 600 ～ 660 人工工时的情况下，$y=693+2.35x$。如果业务量为 500 人工工时，则制造费用预算为 593+2.35×500=1 768（元）；如果业务量为 650 人工工时，制造费用预算为 693+2.35×650=2 220.5（元）。

公式法的优点是便于在一定范围内计算任何业务量的预算成本，可比性和适应性强，编制预算的工作量相对较小；缺点是按公式进行成本分解比较麻烦，对每个费用子项甚至细目逐一进行成本分解，工作量很大。另外对于阶梯成本和曲线成本，只能先用数学方法修正为直线，才能应用公式法。必要时，还需在“备注”中说明适用不同业务量范围的固定费用和单位变动费用。此外，应用公式法编制预算时，相关弹性定额可能仅适用于一定业务量范围，当业务量

变动超出该适用范围时，应及时修正、更新弹性定额，或改为列表法编制。

（2）列表法

列表法是指企业通过列表的方式，在业务量范围内依据已划分出的若干个不同等级，分别计算并列示该预算项目与业务量相关的不同可能预算方案的方法。

应用列表法编制预算，首先要在确定的业务量范围内划分出若干个不同水平，然后分别计算各项预算值，汇总列入一个预算表格。

列表法的优点是：不管实际业务量多少，不必经过计算即可找到与业务量相近的预算成本；混合成本中的阶梯成本和曲线成本，可按总成本性态模型计算填列，不必用数学方法修正为近似的直线成本。但是，运用列表法编制预算，在评价和考核实际成本时，往往需要使用插值法来计算“实际业务量的预算成本”，比较麻烦。

【例 5-3】根据表 5-1，A 企业采用列表法编制的 2012 年 6 月制造费用预算见表 5-2。

表 5-2 制造费用预算表（列举法）

业务量 / 直接人工工时	420	480	540	600	660
占正常生产能力百分比 /%	70	80	90	100	110
变动成本：					
运输费用（b=0.02）/ 元	84	96	108	120	132
电力费用（b=1.0）/ 元	420	480	540	600	660
材料费用（b=0.1）/ 元	42	48	54	60	66
变动成本合计 / 元	546	624	702	780	858
混合成本：					
修理费用 / 元	442	493	544	595	746
油料费用 / 元	192	204	216	228	240
混合成本合计 / 元	634	697	760	823	986
固定成本：					
折旧费用 / 元	300	300	300	300	300
人工费用 / 元	100	100	100	100	100
固定成本合计 / 元	400	400	400	400	400
总计 / 元	1 580	1 721	1 862	2 003	2 244

在表 5-2 中，分别列示了五种业务量水平的成本预算数据（根据企业情况，也可以按更多的业务量水平来列示）。这样，无论实际业务量达到何种水平，都有适用的一套成本数据来发挥控制作用。

如果固定预算法是按 600 工时编制的，成本总额为 2 003 元，在实际业务量为 500 工时的情况下，不能用 2 003 元去评价实际成本的高低，也不能按业务量变动的比例调整后的预算成本 1 669 元（2 003 × 500 ÷ 600）去考核实际成本，因为并不是所有的成本都一定同业务量呈同比例关系。

如果采用弹性预算法，就可以根据各项成本与业务量的不同关系，采用不同方法确定实际业务量的预算成本，去评价和考核实际成本。实际业务量为500工时，运输费等各项变动成本可用实际工时数乘以单位业务量变动成本来计算，即变动总成本为650元（500×0.2+500×1+500×0.1）。固定总成本不随业务量变动，仍为400元。混合成本可用插值法逐项计算：500工时处在480～540工时，修理费应该在493～544元，设实际业务的预算修理费为x元，则：

（500−480）÷（540−480）=（x−493）÷（544−493）

x=510（元）

油料费用在480工时和540工时分别为204元和216元，用插值法计算500工时应为208元。可见：

500工时预算成本 =（0.2+1+0.1）×500+510+208+400=1 768（元）

这样计算出来的预算成本比较符合成本的变动规律，可以用来评价和考核实际成本，比较确切并容易被考核人接受。

（三）定期预算法与滚动预算法

编制预算的方法按其预算期的时间特征不同，可分为定期预算法和滚动预算法两大类。

1. 定期预算法

定期预算法是指在编制预算时，以不变的会计期间（如日历年度）作为预算期的一种预算编制方法。这种方法的优点是能够使预算期间与会计期间相对应，便于将实际数与预算数进行对比，也有利于对预算执行情况进行分析和评价。但这种方法固定以1年为预算期，在执行一段时期之后，往往使管理人员只考虑剩下来的几个月的业务量，缺乏长远打算，导致一些短期行为的出现。

2. 滚动预算法

滚动预算法又称连续预算法或永续预算法，是指在编制预算时，将预算期与会计期间脱离开，随着预算的执行不断地补充预算，逐期向后滚动，使预算期始终保持一个固定长度（一般为12个月）的一种预算编制方法。滚动预算法的基本做法是使预算期始终保持12个月，每过1个月或1个季度立即在期末增列1个月或1个季度的预算，逐期往后滚动，因而在任何一个时期都使预算保持为12个月的时间长度。这种预算能使企业各级管理人员对未来始终保持整整12个月时间的考虑和规划，从而保证企业的经营管理工作能够稳定而有序地进行。

采用滚动预算法编制预算，按照滚动的时间单位不同可分为逐月滚动、逐季滚动和混合滚动。

（1）逐月滚动

逐月滚动是指在预算编制过程中，以月份为预算的编制和滚动单位，每个月调整一次预算的方法。如在2011年1月至12月的预算执行过程中，需要在1月末根据当月预算的执行情况修订2月至12月的预算，同时补充下年1月的预算；到2月末可根据当月预算的执行情况修订3月至2012年1月的预算，同时补充2012年2月的预算；以此类推，如图5-2所示。

按照逐月滚动方式编制的预算比较精确，但工作量较大。

图 5-2　逐月滚动预算方式示意

（2）逐季滚动

逐季滚动是指在预算编制过程中，以季度为预算的编制和滚动单位，每个季度调整一次预算的方法。逐季滚动编制的预算比逐月滚动的工作量小，但精确度较差。

【例 5-4】某公司甲车间采用滚动预算方法编制制造费用预算。已知 2011 年分季度的制造费用预算见表 5-3（其中，间接材料费用忽略不计，间接人工费用预算工时分配率为 4 元 / 小时，水电与维修费用预算工时分配率为 2.5 元 / 小时）。

表 5-3　某公司甲车间 2011 年全年制造费用预算

项目	第 1 季度	第 2 季度	第 3 季度	第 4 季度	全年
直接人工预算总工时 / 小时	52 000	51 000	51 000	46 000	200 000
变动制造费用：					
间接人工费用 / 元	208 000	204 000	204 000	184 000	800 000
水电与维修费用 / 元	130 000	127 500	127 500	115 000	500 000
变动制造费用合计 / 元	338 000	331 500	331 500	299 000	1 300 000
固定制造费用：					
设备租金 / 元	180 000	180 000	180 000	180 000	720 000
管理人员工资 / 元	80 000	80 000	80 000	80 000	320 000
固定制造费用合计 / 元	260 000	260 000	260 000	260 000	1 040 000
制造费用合计 / 元	598 000	591 500	591 500	559 000	2 340 000

2011 年 3 月 31 日，公司在编制 2011 年第 2 季度—2012 年第 1 季度滚动预算时，发现未来的 4 个季度中将出现以下情况。

第一，间接人工费用预算工时分配率将上涨 10%，即上涨为 4.4 元 / 小时。

第二，原设备租赁合同到期，公司新签订的租赁合同中设备年租金将降低 20%，即降低为 576 000 元。

第三，2011 年第 2 季度—2012 年第 1 季度预计直接人工总工时分别为 51 500 小时、51 000 小时、46 000 小时和 57 500 小时。

2011 年第 2 季度—2012 年第 1 季度制造费用预算见表 5-4。

表 5-4　2011 年第 2 季度—2012 年第 1 季度制造费用预算

项目	2011 年			2012 年	合计
	第 2 季度	第 3 季度	第 4 季度	第 1 季度	
直接人工预算总工时 / 小时	51 500	51 000	46 000	57 500	206 000
变动制造费用					
间接人工费用 / 元	226 000	224 400	202 400	253 000	906 400
水电与维修费用 / 元	128 750	127 500	115 000	143 750	515 000
变动制造费用合计 / 元	354 750	351 900	317 400	396 750	1 421 400
固定制造费用					
设备租金 / 元	144 000	144 000	144 000	144 000	576 000
管理人员工资 / 元	80 000	80 000	80 000	80 000	320 000
固定制造费用合计 / 元	224 000	224 000	224 000	224 000	896 000
制造费用合计 / 元	578 750	575 900	541 400	620 750	2 317 400

（3）混合滚动

混合滚动是指在预算编制过程中，同时以月份和季度作为预算的编制和滚动单位的方法。这种预算方法的理论依据是：人们对未来的了解程度具有对近期的预计把握较大、对远期的预计把握较小的特征。

运用滚动预算法编制预算，使预算期间依时间顺序向后滚动，能够保持预算的持续性，有利于结合企业近期目标和长期目标考虑未来业务活动；使预算随时间的推进不断加以调整和修订，能使预算与实际情况更加适应，有利于充分发挥预算的指导和控制作用。

二、预算的编制程序

企业编制预算，一般应按照“上下结合、分级编制、逐级汇总”的原则进行。

（一）下达目标

企业董事会或经理办公会根据企业发展战略和预算期经济形势的初步预测，在决策的基础上提出下一年度企业预算目标，包括销售或营业目标、成本费用目标、利润目标和现金流量目标，并确定预算编制的政策，由预算管理委员会下达各预算执行单位。

（二）编制上报

各预算执行单位按照企业预算管理委员会下达的预算目标和政策，结合自身特点及预算的执行条件，提出详细的本单位预算方案，上报企业财务管理部门。

（三）审查平衡

企业财务管理部门对各预算执行单位上报的财务预算方案进行审查、汇总，提出综合平衡的建议。在审查、平衡过程中，预算管理委员会应当进行充分协调，对发现的问题提出初步调整意见，并反馈给有关预算执行单位予以修正。

（四）审议批准

企业财务管理部门在有关预算执行单位修正调整的基础上，编制出企业预算方案，报企业预算管理委员会讨论。对于不符合企业发展战略或者预算目标的事项，企业预算管理委员会应当责成有关预算执行单位进一步修订、调整。在讨论、调整的基础上，企业财务管理部门正式编制企业年度预算草案，提交董事会或经理办公会审议批准。

（五）下达执行

企业财务管理部门对董事会或经理办公会审议批准的年度总预算，一般在次年 3 月底以前分解成一系列的指标体系，由预算管理委员会逐级下达各预算执行单位执行。

第三节　预 算 编 制

一、业务预算的编制

（一）销售预算

销售预算是指在销售预测的基础上编制的，用于规划预算及销售活动的一种业务预算。销售预算是整个预算的编制起点，其他预算的编制都以销售预算为基础。

销售预算的主要内容是销量、单价和销售收入。销量是根据市场预测或销货合同结合企业生产能力确定的，单价是通过价格决策确定的，销售收入是两者的乘积，在销售预算中计算得出。表 5–5 所示为甲公司本年度销售预算（为方便计算，本章均不考虑增值税）。

表 5–5　甲公司本年度销售预算

项目	第 1 季度	第 2 季度	第 3 季度	第 4 季度	全年
预计销售 / 件	100	150	200	180	630
预计单位售价 / 元	200	200	200	200	200
销售收入 / 元	20 000	30 000	40 000	36 000	126 000
预计现金收入：					
上年应收账款 / 元	6200				6200
第 1 季度（销货 20 000）/ 元	12 000	8000			20 000
第 2 季度（销货 30 000）/ 元		18 000	12 000		30 000
第 3 季度（销货 40 000）/ 元			24 000	16 000	40 000
第 4 季度（销货 36 000）/ 元				21 600	21 600
现金收入合计 / 元	18 200	26 000	36 000	37 600	117 800

销售预算通常要分品种、分月份、分销售区域、分推销员来编制。为了简化，本例只划分了季度销售数据。

销售预算中通常还包括预计现金收入的计算，其目的是为编制现金预算提供必要的资料。第1季度的现金收入包括两部分，即上年应收账款在本年第1季度收到的货款及本季度销售中可能收到的货款。本例中假设每季度销售收入中，本季度收到现金60%，另外的40%现金要到下季度才能收到。

（二）生产预算

生产预算是为规划预算期生产规模而编制的一种业务预算，它是在销售预算的基础上编制的，并可以作为编制直接材料预算和产品成本预算的依据。其主要内容有销售量、期初和期末产成品存货、生产量。在生产预算中，只涉及实物量指标，不涉及价值量指标。表5-6所示为甲公司本年度生产预算。

表5-6　甲公司本年度生产预算　　单位：件

项目	第1季度	第2季度	第3季度	第4季度	全年
预计销售量	100	150	200	180	630
加：预计期末产成品存货	15	20	18	20	20
预计销售量合计	115	170	218	200	650
减：预计期初产成品存货	10	15	20	18	10
预计生产量	105	155	198	182	640

通常，企业的生产和销售不宜做到同步同量，需要设置一定的存货，以保证能在发生意外需求时按时供货，并可均衡生产，节省员工的额外支出。期末产成品存货数量通常按下期销售量的一定百分比确定，比例按10%安排期末产成品存货。年初产成品存货是编制预算时预计的，年末产成品存货根据长期销售趋势来确定。本例假设年初有产成品存货10件，年末留存20件。

生产预算的预计销售量来自销售预算，其他数据在表5-6中计算得出。

预计期末产成品存货 = 下季度销售量 ×10%

预计期初产成品存货 = 上季度期末产成品存货

预计生产量 = 预计销售量 + 预计期末产成品存货 − 预计期初产成品存货

生产预算在实际编制时是比较复杂的，产量受到生产能力的限制，产成品存货数量受到仓库容量的限制，只能在此范围内来安排产成品存货数量和各期生产量。此外，有的季度可能销售量很大，可以用赶工方法增产，为此要多付加班费。如果提前在淡季生产，会因增加产成品存货而多付资金利息。因此，要权衡两者得失，选择成本最低的方案。

（三）直接材料预算

直接材料预算是为了规划预算期直接材料采购金额的一种业务预算。直接材料预算以生产预算为基础编制，同时要考虑原材料存货水平。

表 5-7 所示为甲公司本年直接材料预算。其主要内容有材料的单位产品用量、生产需用量、期初和期末存量等。“预计生产量”的数据来自生产预算，“单位产品材料用量”的数据来自标准成本资料或消耗定额资料，“生产需用量”是上述两项的乘积。年初和年末的材料存货量，是根据当前情况和长期销售预测估计的。各季度“期末存量”根据下季度“生产需用量”的一定百分比确定，比例按 20% 计算。各季度“期初存量”等于上季度的“期末存量”。各季度预计采购量根据下式计算确定。

预计采购量 = 生产需用量 + 期末存量 − 期初存量表

表 5-7　甲公司本年直接材料预算

项目	第 1 季度	第 2 季度	第 3 季度	第 4 季度	全年
预计生产量 / 件	105	155	198	182	640
单位产品材料用量 /（千克 / 件）	10	10	10	10	10
生产需用量 / 千克	1 050	1 550	1 980	1 820	6 400
加：预计期末存量 / 千克	310	396	364	400	400
减：预计期初存量 / 千克	300	310	396	364	300
预计材料采购量 / 千克	1 060	1 636	1 948	1 856	6 500
单价 /（元 / 千克）	5	5	5	5	5
预计采购金额 / 元	5 300	8 180	9 740	9 280	32 500
预计现金支出：					
上年应付账款 / 元	2 350				2 350
第 1 季度（采购 5 300）/ 元	2 650	2 650			5 300
第 2 季度（采购 8 180）/ 元		4 090	4 090		8 180
第 3 季度（采购 9 740）/ 元			4 870	4 870	9 740
第 4 季度（采购 9 280）/ 元				4 640	4 640
预计现金支出合计 / 元	5 000	6 740	8 960	9 510	30 210

为了便于以后编制现金预算，通常要预计各季度材料采购的现金支出。每个季度的现金支出包括偿还上期应付账款和本期应支付的采购货款。本例假设材料采购的货款有 50% 在本季度内付清，另外 50% 在下季度付清。这个百分比一般是根据经验确定的。如果材料品种很多，需要单独编制材料存货预算。

（四）直接人工预算

直接人工预算是一种既反映预算期内人工工时消耗水平，又规划人工成本开支的业务预算。直接人工预算也是以生产预算为基础编制的。其主要内容有预计产量、单位产品工时、人工总工时、每小时人工成本和人工总成本。“预计产量”数据来自生产预算，“单位产品工时”和“每小时人工成本”数据来自标准成本资料，“人工总工时”和“人工总成本”是在直接人工预算中计算出来的。由于人工工资都需要使用现金支付，因此不需要另外预计现金支出，可直接参加现金预算的汇总。甲公司全年的直接人工预算见表 5-8。

表 5-8　甲公司全年的直接人工预算

项目	第 1 季度	第 2 季度	第 3 季度	第 4 季度	全年
预计产量 / 件	105	155	198	182	640
单位产品工时 /（小时 / 件）	10	10	10	10	10
人工总工时 / 小时	1 050	1 550	1 980	1 820	6 400
每小时人工成本 /（元 / 小时）	2	2	2	2	2
人工总成本 / 元	2 100	3 100	3 960	3 640	12 800

（五）制造费用预算

制造费用预算通常分为变动制造费用预算和固定制造费用预算两部分。变动制造费用预算以生产预算为基础来编制。如果有完善的标准成本资料，用单位产品的标准成本与产量相乘，即可得到相应的预算金额。如果没有标准成本资料，就需要逐项预计计划产量需要的各项制造费用。固定制造费用需要逐项进行预计，通常与本期产量无关，按每季度实际需要的支付额预计，然后求出全年数。表 5-9 所示为甲公司本年的制造费用预算。

表 5-9　甲公司本年度制造费用预算　　单位：元

项目	第 1 季度	第 2 季度	第 3 季度	第 4 季度	全年
变动制造费用：					
间接人工 /（1 元 / 件）	105	155	198	182	640
间接材料 /（1 元 / 件）	105	155	198	182	640
修理费 /（2 元 / 件）	210	310	396	364	1280
水电费 /（1 元 / 件）	105	155	198	182	640
变动制造费用合计	525	775	990	910	3200
固定制造费用：					
修理费	1 000	1 140	900	900	3 940
折旧	1 000	1 000	1 000	1 000	4 000
管理人员工资	200	200	200	200	800
保险费	75	85	110	190	460
财产税	100	100	100	100	400
固定制造费用合计	2 375	2 525	2 310	2 390	9 600
制造费用合计	2 900	3 300	3 300	3 300	12 800
减：折旧	1 000	1 000	1 000	1 000	4 000
现金支出的费用	1900	2300	2300	2300	8800

为了便于以后编制产品成本预算，需要计算小时费用率。

变动制造费用小时费用率 =3 200÷6 400=0.5（元 / 小时）固定制造费用小时费用率 =9 600÷6 400=1.5（元 / 小时）

为了便于以后编制现金预算，需要预计现金支出。制造费用中，除折旧费外都需支付现金，所以，每个季度制造费用数额扣除折旧费后，即可得出现金支出的费用。

（六）产品成本预算

产品成本预算是销售预算、生产预算、直接材料预算、直接人工预算、制造费用预算的汇总，主要内容是产品的单位成本和总成本。单位产品成本的有关数据，来自前述 3 个预算。生产量、期末存货量来自生产预算，销售量来自销售预算。生产成本存货成本和销货成本等数据，根据单位成本和有关数据计算得出。表 5-10 所示为甲公司本年度产品成本预算。

表 5-10 甲公司本年度产品成本预算

项目	单位成本			生产成本（640 件）/ 元	期末存货成本（20 件）/ 元	销货成本（630 件）/ 元
	每千克或每小时 / 元	投入量	成本 / 元			
直接材料	5.0	10 千克	50	32 000	1 000	31 500
直接人工	2.0	10 小时	20	12 800	400	12 600
变动制造费用	0.5	10 小时	5	3 200	100	3 150
固定制造费用	1.5	10 小时	15	9 600	300	9 450
合计			90	57 600	1800	56 700

（七）销售及管理费用预算

销售费用预算是指为了实现销售预算所需支付的预算费用。它以销售预算为基础，分析销售收入、销售利润和销售费用的关系，力求实现销售费用的最有效使用。在安排销售费用时，要利用本量利分析方法，费用的支出应能获取更多的收益。在草拟销售费用预算时，要对过去的销售费用进行分析，考察过去销售费用支出的必要性和效果。销售费用预算应和销售预算相配合，应有按品种、按地区、按用途的具体预算数额。

管理费用是搞好一般管理业务所必需的费用。随着企业规模的扩大，一般管理职能日益重要，其费用也相应增加，在编制管理费用预算时要分析企业的业务业绩和一般经济状况，务必做到费用合理化。管理费用多属于固定成本，所以，一般是以过去的实际开支为基础，按预算期的可预见变化来调整。重要的是，必须充分考察每种费用是否必要，以便提高费用使用效率。表 5-11 所示为甲公司本年的销售及管理费用预算。

表 5-11 甲公司本年度销售及管理费用预算 单位：元

项目	金额
销售费用：	
销售人员工资	2 000
广告费	5 500
包装、运输费	3 000
保管费	2 700
折旧	1 000
管理费用：	
管理人员薪金	4 000
福利费	800
保险费	600
办公费	1 400
折旧	1 500
销售费用和管理费用合计	22 500
减：折旧	2 500
每季度支付现金（20 000 ÷ 4）	5 000

二、专门决策预算的编制

专门决策预算主要是长期投资预算（又称资本支出预算），通常是指与项目投资决策相关的专门预算，往往涉及长期建设项目的资金投放与筹集，并经常跨越多个年度。编制专门决策预算的依据是项目财务可行性分析资料及企业筹资决策资料。

专门决策预算的要点是准确反映项目资金投资支出与筹资计划，同时也是编制现金预算和预计资产负债表的依据。表 5-12 所示为甲公司本年度专门决策预算。

表 5-12 甲公司本年度专门决策预算 单位：元

项目	第 1 季度	第 2 季度	第 3 季度	第 4 季度	全年
投资支出预算	50 000	—	—	80 000	130 000
借入长期借款	30 000	—	—	60 000	90 000

三、财务预算的编制

（一）现金预算

现金预算是以业务预算和专门决策预算为依据编制的，专门反映预算期内预计现金收入与现金支出，以及为满足理想现金余额而进行筹资或归还借款等的预算。现金预算由可供使用现金、现金支出、现金余缺、现金筹措与运用 4 部分构成。甲公司本年的现金预算见表 5-13。

表 5-13　甲公司本年度现金预算　单位：元

项目	第 1 季度	第 2 季度	第 3 季度	第 4 季度	全年
期初现金余额	8 000	3 200	3 060	3 040	8 000
加：现金收入（表 5-5）	18 200	26 000	36 000	37 600	117 800
可供使用现金	26 200	29 200	39 060	40 640	125 800
减：现金支出					
直接材料（表 5-7）	5 000	6 740	8 960	9 510	30 210
直接人工（表 5-8）	2 100	3 100	3 960	3 640	12 800
制造费用（表 5-9）	1 900	2 300	2 300	2 300	8 800
销售及管理费用（表 5-11）	5 000	5 000	5 000	5 000	20 000
所得税费用	4 000	4 000	4 000	4 000	16 000
购买设备（表 5-12）	50 000			80 000	130 000
股利				8 000	8 000
现金支出合计	68 000	21 140	24 220	112 450	225 810
现金余缺	（41 800）	8060	14 840	（71 810）	（100 010）
现金筹措与运用					
借入长期借款（表 5-12）	30 000			60 000	90 000
取得短期借款	20 000			22 000	42 000
归还短期借款			6 800		6 800
短期借款利息（年利 10%）	500	500	500	880	2 380
长期借款利息（年利 12%）	4 500	4 500	4 500	6 300	19 800
期末现金金额	3 200	3 060	3 040	3 010	3 010

表中，可供使用现金 = 期初现金余额 + 现金收入，可供使用现金 − 现金支出 = 现金余缺，现金余缺 + 现金筹措 − 现金运用 = 期末现金余额。

其中，“期初现金余额”是在编制预算时预计的，下一季度的期初现金余额等于上一季度的期末现金余额，全年的期初现金余额指的是年初的现金余额，所以等于第一季度的期初现金余额。

“现金收入”的主要来源是销货取得的现金收入，数据来自销售预算。

“现金支出”部分包括预算期的各项现金支出。“直接材料”“直接人工”“制造费用”“销售及管理费用”“购买设备”的数据分别来自前又有关预算。此外，还包括所得税费用、股利分配等现金支出，有关的数据分别来自另行编制的专门预算。

财务管理部门应根据现金余缺与理想的期末现金余额的比较，结合固定的利息支出数额及其他的因素来确定预算期现金运用或筹措的数额。本例中理想的现金余额是 3 000 元，如果资金不足，可以取得短期借款，银行的要求是，借款额必须是 1 000 元的整数倍。本例中借款利息按季支付，做现金预算时假设新增借款发生在季度的期初，归还借款发生在季度的期末（如果需要归还借款，先归还短期借款，归还的数额为 100 元的整数倍）。本例中，甲公司上年末的长期借款余额为 120 000 元（表 5-15），所以第 1 季度、第 2 季度、第 3 季度的长期借款利息均为（120 000+30 000）× 12% ÷ 4=4 500（元），第 4 季度的长期借款利息 =（120 000+30 000+60 000）× 12% ÷ 4=6 300（元）。

由于第 1 季度的长期借款利息支出为 4 500 元，理想的现金余额是 3 000 元，因此现金余缺加借入长期借款 30 000 元的结果只要小于 7 500 元，就必须取得短期借款，而第 1 季度的现金余缺是 −41 800 元，所以，需要取得短期借款。本例中甲公司上年末不存在短期借款，假设第 1 季度需要取得的短期借款为 W 元，则根据理想的期末现金余额要求可知：

−41 800+30 000+W−W × 10% ÷ 4−4 500=3 000（元），解得：W=19 794.88（元）。

由于按照要求必须是 1000 元的整数倍，因此第 1 季度需要取得 20 000 元的短期借款，支付 20 000 × 10% ÷ 4=500（元）短期借款利息，期末现金余额 =−41 800+30 000+20 000−500−4 500=3 200（元）。

第 2 季度的现金余缺是 8 060 元，如果既不增加短期借款也不归还短期借款，则需要支付 500 元的短期借款利息和 4 500 元的长期借款利息，期末现金余额 =8 060−500−4 500=3 060（元），刚好符合要求。如果归还借款，由于必须是 100 元的整数倍，因此必然导致期末现金余额小于 3 000 元，因此，不能归还借款。期末现金余额为 3 060 元。

第 3 季度的现金余缺是 14 840 元，固定的利息支出为 500+4500=5000（元），所以，按照理想的现金余额是 3000 元的要求，最多可以归还 14 840−5000−3000=6840（元）短期借款，由于必须是 100 元的整数倍，因此可以归还短期借款 6800 元，期末现金余额 =14 840−5000−6800=3040（元）。

第 4 季度的现金余缺是 −71 810 元，固定的利息支出 =（20000−6800）× 10% ÷ 4+6 300=6 630（元），第 4 季度的现金余缺 + 借入的长期借款 =−71 810+60 000=−11 810（元），小于固定的利息支出 6 630 元加理想的现金余额 3 000 元，所以，需要取得短期借款。假设需要取得的短期借款为 W 元，则根据理想的期末现金余额要求可知 −11 810+W−W × 10% ÷ 4−6 630=3 000（元），解得：W=21 989.74（元），由于必须是 1000 元的整数倍，因此第 4 季度应该取得短期借款 22 000 元，支付短期借款利息（20 000−6800+22 000）× 10% ÷ 4=880（元），期末现金余额 =−71 810+6 000+22 000−880−6 300=3 010（元）。

全年的期末现金余额指的是年末的现金余额，即第 4 季度末的现金余额，所以应该是 3 010 元。

（二）利润表预算

预计利润表用来综合反映企业在计划期的预计经营成果，是企业最主要的财务预算表之一。通过编制利润表预算，可以了解企业预期的盈利水平。如果预算利润与最初编制方针中的目标利润有较大的不一致，就需要调整部门预算，设法达到目标，或者经企业领导同意后修改目标利润。编制预计利润表的依据是各业务预算、专门决策预算和现金预算。表 5-14 为甲公司本年的利润表预算，它是根据上述各有关预算编制的。

表 5-14 甲公司本年度利润表预算 单位：元

项目	金额
销售收入（表 5-5）	12 6000
销售成本（表 5-10）	56 700
毛利	69 300
销售及管理费用（表 5-11）	22 500
利息（表 5-13）	22 180
利润总额	24 620
所得税费用（估计）	16 000
净利润	8 620

其中，“销售收入”项目的数据来自销售收入预算；“销售成本”项目的数据来自产品成本预算；“毛利”项目的数据是前两项的差额；“销售及管理费用”项目的数据来自销售费用及管理费用预算；“利息”项目的数据来自现金预算。另外，“所得税费用”项目是在利润规划时估计的，并已列入现金预算，它通常不是根据利润总额和所得税税率计算出来的，因为有较多纳税调整的事项存在。此外，从预算编制程序上看，如果根据利润总额和税率重新计算所得税，就需要修改现金预算，引起信贷计划修订，进而改变利息，最终又要修改利润总额，从而陷入数据的循环修改。

（三）资产负债表预算

预计资产负债表用来反映企业在计划期末预计的财务状况。编制预计资产负债表的目的在于判断预算反映的财务状况的稳定性和流动性。如果通过预计资产负债表的分析，发现某些财务比率不佳，必要时可修改有关预算，以改善财务状况。

预计资产负债表的编制需以计划期开始日的资产负债表为基础，结合计划期间各项业务预算、专门决策预算、现金预算和预计利润表进行编制，是编制全面预算的终点。表 5-15 为甲公司本年度资产负债表预算。

表 5-15 甲公司本年度资产负债预算 单位：元

资产	年初余额	年末余额	负债和股东权益	年初余额	年末余额
流动资产：			流动负债：		
货币资金（表 5-13）	8 000	3 010	短期借款	0	35 200
应收账款（表 5-5）	6 200	14 400	应付账款（表 5-7）	2 350	4 640
存货（表 5-7、表 5-10）	2 400	3 800	流动负债合计	2 350	39 840
流动资产合计	16 600	21 210	非流动负债：		
非流动资产：			长期借款	120 000	210 000
固定资产	43 750	37 250	非流动负债合计	120 000	210 000
在建工程	100 000	230 000	负债合计	122 350	249 840

表 5-15（续）

资产	年初余额	年末余额	负债和股东权益	年初余额	年末余额
非流动资产合计	143 750	267 250	股东权益		
			股本	20 000	20 000
			资本公积	5 000	5 000
			盈余公积	10 000	10 000
			未分配利润	3 000	3 620
			股东权益合计	38 000	38 620
资产总计	160 350	288 460	负债和股东权益合计	16 350	288 460

其中，“货币资金”的数据来源于表 5-13 中的“现金”的年初和年末余额。

“应收账款”的年初余额 6 200 元来自表 5-5 的“上年应收账款”，年末余额 14 400=36 000-21 600 或 =36 000×（1-60%）。

“存货”包括直接材料和产成品，直接材料年初余额 =300×5=1 500（元），年末余额 =400×5=2 000（元）；产成品成本年初余额 =（20+630-640）×90=900（元），年末余额 =20×90=1 800（元）。“存货”年初余额 =1 500+900=2 400（元），年末余额 =2 000+1 800=3 800（元）。

“固定资产”的年末余额 37 250=43 750-6 500，其中的 6 500=4 000+1 000+1 500，指的是本年计提的折旧，数字来源于表 5-9 和表 5-11。

“在建工程”的年末余额 230 000=100 000+130 000，本年的增加额 130 000 元来源于表 5-12（项目本年未完工）。

“固定资产”“在建工程”的年初余额来源于甲公司上年末的资产负债表（略）。“短期借款”本年的增加额 35 200=20 000-6 800+22 000，数据来源于表 5-13。

“应付账款”的年初余额 2350 元来源于表 5-7“上年应付账款”，年末余额 4 640=9 280-4 640 或 =9 280×（1-50%）。

“长期借款”本年的增加额 90 000 元来源于表 5-12；“短期借款”“长期借款”的年初余额来源于甲公司上年末的资产负债表。

“未分配利润”本年的增加额 620 元 = 本年的净利润 8 620 元（表 5-14）- 本年的股利 8 000 元（表 5-13），股东权益各项目的期初余额均来源于甲公司上年末的资产负债表。各项预算中都没有涉及股本和资本公积的变动，所以股本和资本公积的余额不变。甲公司没有计提任意盈余公积，由于法定盈余公积达到股本的 50% 时可以不再提取，因此甲公司本年没有提取法定盈余公积，即“盈余公积”的余额不变。

第四节 预算的执行与考核

一、预算的执行

企业预算一经批复下达，各预算执行单位就必须认真组织实施，将预算指标层层分解，从横向到纵向落实到企业内部各部门、各单位、各环节和各岗位，形成全方位的预算执行责任体系。

企业应当将预算作为预算期内组织、协调各项经营活动的基本依据，将年度预算细分为月份和季度预算，以分期预算控制确保年度预算目标的实现。

企业应当强化现金流量的预算管理，按时组织预算资金的收入，严格控制预算资金的支付，调节资金收付平衡，控制支付风险。

对于预算内的资金拨付，按照授权审批程序执行；对于预算外的项目支出，应当按预算管理制度规范支付程序；对于无合同、无凭证、无手续的项目支出，不予支付。

对于预算编制、执行和考评过程中的风险，企业应当采取一定的防控措施来对风险进行有效管理。必要时，可以建立企业内部负责日常预算管理需求的部门，加强员工风险意识，以个人为预算风险审查对象，并形成相应的奖惩机制，通过信息技术和信息管理系统控制预算流程中的风险。

企业应当严格执行销售、生产和成本费用预算，努力完成利润指标。在日常控制中，企业应当健全凭证记录，完善各项管理规章制度，严格执行生产经营月度计划和成本费用的定额、定率标准，加强适时监控。对预算执行中出现的异常情况，企业有关部门应及时查明原因，提出解决办法。

企业应当建立预算报告制度，要求各预算执行单位定期报告预算的执行情况。对于预算执行中发现的新情况、新问题及出现偏差较大的重大项目，企业财务管理部门及预算管理委员会应当责成有关预算执行单位查找原因，提出改进经营管理的措施和建议。

企业财务管理部门应当利用财务报表监控预算的执行情况，及时向预算执行单位、企业预算管理委员会，以及董事会或经理办公会提供财务预算的执行进度、执行差异及其对企业预算目标的影响等财务信息，促进企业完成预算目标。

二、预算的调整

企业正式下达执行的预算，一般不予调整。预算执行单位在执行中由于市场环境、经营条件、政策法规等发生重大变化，致使预算的编制基础不成立，或者将导致预算执行结果产生重大偏差的，可以调整预算。

企业应当建立内部弹性预算机制，对于不影响预算目标的业务预算、资本预算、筹资预算的调整，企业可以按照内部授权批准制度执行，鼓励预算执行单位及时采取有效的经营管理对策，保证预算目标的实现。

企业调整预算，应当由预算执行单位逐级向企业预算管理委员会提出书面报告，阐述预算执行的具体情况、客观因素变化情况及其对预算执行造成的影响程度，提出预算指标的调整幅度。

企业财务管理部门应当对预算执行单位的预算调整报告进行审核分析，集中编制企业年度预算调整方案，提交预算管理委员会及业董事会或经理办公会审议批准，然后下达执行。

对于预算执行单位提出的预算调整事项，企业进行决策时，一般应当遵循以下要求。

（1）预算调整事项不能偏离企业发展战略。

（2）预算调整方案应当在经济上能够实现最优化。

（3）预算调整重点应当放在预算执行中出现的重要的、非正常的、不符合常规的关键性差异方面。

三、预算的分析与考核

企业应当建立预算分析制度，由预算管理委员会定期召开预算执行分析会议，全面掌握预算的执行情况，研究、解决预算执行中存在的问题，纠正预算的执行偏差。

开展预算执行分析，企业管理部门及各预算执行单位应当充分搜集有关财务、业务、市场、技术、政策、法律等方面的信息资料，根据不同情况分别采用比率分析、比较分析、因素分析、平衡分析等方法，从定量与定性两个层面充分反映预算执行单位的现状、发展趋势及存在的潜力。

针对预算的执行偏差，企业财务管理部门及各预算执行单位应当充分、客观地分析产生的原因，提出相应的解决措施或建议，提交董事会或经理办公会研究决定。

企业预算管理委员会应当定期组织预算审计，纠正预算执行中存在的问题，充分发挥内部审计的监督作用，维护预算管理的严肃性。

预算审计可以采用全面审计或者抽样审计。在特殊情况下，企业也可以组织不定期的专项审计。审计工作结束后，企业内部审计机构应当形成审计报告，直接提交预算管理委员会及董事会或经理办公会，作为预算调整、改进内部经营管理和财务考核的一项重要参考。

预算年度终了，预算管理委员会应当向董事会或者经理办公会报告预算执行情况，并依据预算完成情况和预算审计情况对预算执行单位进行考核。

企业内部预算执行单位上报的预算执行报告，应经本部门、本单位负责人按照内部议事规范审议通过，作为企业进行财务考核的基本依据。企业预算按调整后的预算执行，预算完成情况以企业年度财务会计报告为准。

企业预算执行考核是企业绩效评价的主要内容，应当结合年度内部经济责任进行考核，与预算执行单位负责人的奖惩挂钩，并作为企业内部人力资源管理的参考。

第六章　智能时代财会工作的创新

第一节　智能时代战略财务创新

一、智能时代战略财务框架详解及智能增强

智能时代战略财务管理的各项工作内容都会受到新技术的影响，包括直接的技术影响，以及智能技术改变整个社会、经济形态后带来的间接影响。在这里，我们基于 CFO 基础能力框架进行详细讲解，并进一步讨论战略财务在智能时代会发生怎样的改变。

（一）战略与业务

1. 框架详解

战略与业务框架详解，见表 6–1。

表 6–1　战略与业务框架详解

项目	说明
战略解读	能够深度理解公司战略目标，并清晰、准确地解读公司管理层达成的战略共识，预判公司战略将对整个企业的影响
财务与战略配合	能够将财务管理与公司战略目标的达成路径相匹配，明确公司战略目标对财务资源的需求及对财务管理的要求，实现财务工作对战略的有效配合与支持
公司资源及计划的管理参与	深度参与到公司经营计划的制订与管理过程中，能够站在财务视角评价业务部门经营计划设置的合理性，使经营计划与财务能力更加匹配
财务资源配置管理	能够根据战略目标的达成路径与经营计划，有效地进行资源配置管理，对资源的投向和投入产出效率、效果进行管理
与业务单元的沟通	能够站在一定的战略高度上展开财务与业务部门的对话，通过充分的沟通建立业财的协同能力

2. 智能增强

智能时代的到来将对企业的经营产生重大影响，各行各业在这个过程中都或多或少地被智能化影响。或许你所在的企业会成为智能服务的提供商，或者成为智能技术研发的参与者，也可能在当前的业务模式中引入智能化工具，创新商业模式，提升竞争力。无论如何，智能化对企业未来的经营将会产生重要影响。部分公司会在战略层面进行调整，也有一些公司会进行技术层面的适配。

战略财务需要敏锐地跟上企业战略和经营变化的步伐，主动对企业战略或战术的改变提供

支持，而非被动响应。在这场智能化变革中，战略财务的积极参与能够让企业赢得主动，更好地体现财务对企业战略和经营决策支持的价值。被动响应将使财务无法与业务站在同一对话层次上，从而导致业务部门自行构建或弥补战略财务能力的不足。

（二）财会控制机制

1. 框架详解

财会控制机制框架详解，见表 6–2。

表 6–2　财会控制机制框架详解

项目	说明
财务与会计制度管理	完善的财务与会计制度体系是企业财会控制机制的基础，企业需要建立多层次的、立体的科学制度体系框架，建立制度发布、修订、废止的完整管理循环和管理机制
内部控制	建立内部控制体系，基于内部控制框架展开相关管理工作，关注控制流程的完整性、控制措施的有效性等问题。从财务视角更多地关注财务组织、制度、流程、信息系统相关领域的内控体系建设
内部审计与稽核	以财务制度及合规要求为依据，采用多种手段获取审计与稽核线索，展开相关的线索调查，发现风险事件或案件，取证形成结论后，给予相应的纪律处理

2. 智能增强

首先，智能化对财务的影响是全面的。因此，财务的管理模式、流程体系、系统支持方式都会发生一定的改变。作为财务管理的支持保障，财务制度体系也必然受到影响。在制度体系层面，应当结合智能化对财务系统、流程带来的影响进行必要的完善和调整。

其次，内部控制方式会因智能化发生改变。智能技术能够加强内部控制能力，可以在内部控制体系中引入更多的智能化工具，更重要的是因为智能化的到来，内部控制环境会发生重大改变，更多的财务管理工作将基于大数据、人工智能的模式，对这些看不见的流程或财务管理工作如何实施内部控制，将成为新的课题。

而对于内部审计与稽核来说，智能化的影响最直接。在智能时代，人工智能将取代大量的财务操作人力，依靠算法的机器处理将取代依靠人的行为的业务处理，审计的范畴将从传统的审计向算法审计和 IT 审计转变。而在审计和稽核的手段上，基于大数据的远程稽核将成为主流模式。同时，企业依靠大数据监控，能够更早地发现风险线索，由传统审计与事后追责向事前预防转变。

（三）价值管理

1. 框架详解

价值管理框架详解，见表 6–3。

表 6-3　价值管理框架详解

项目	说明
产权管理	能够从产权建立、变动、退出的各个环节对产权进行全过程管理，建立清晰的产权地图，通过对产权的优化来实现对财务报告、风险管理、融资能力等各方面的优化
营运资本管理	能够对企业经营过程中的流动资产与流动负债进行管理，从而合理地确定营运资金量，在满足经营需求的情况下，合理地节约营运资金，提高资金周转率，保障短期偿债能力
现金流量管理	能够以现金流量作为管理的重心，兼顾收益，围绕企业经营活动、投资活动和筹资活动构建现金管理体系，对当前或未来一定时期内的现金流动，在数量和时间安排方面进行预测与计划、执行与控制、信息传递与报告及分析与评价
经济附加值管理	能够在清晰计量债务成本和股本成本的基础上计算经济附加值，公司每年创造的经济增加值等于税后净营业利润与全部资本成本之间的差额。在企业绩效评价中引入经济附加值，更加客观地反映企业的价值创造能力。能够驱动管理者关注利润创造过程中的资本投入成本，提升资本使用效率
新业务价值管理	对于特定行业，如寿险行业会高度关注新业务价值，在考核中引入新业务价值管理，能够更好地反映寿险业务的长期性特征，更好地避免管理层短期行为和代理问题，更好地驱动长期资源配置和战略决策方向
并购价值管理	能够帮助企业在并购过程中清晰地评估并购企业价值，进行财务和税务尽职调查，通过优化资本资产结构、合理设计股利分配方案等方法，帮助企业实现并购后整体价值的提升，优化被并购企业进行财务管理的能力，提升并购价值

2. 智能增强

对于价值管理来说，大数据是智能增强的技术核心。在大数据之上辅以机器学习，能够挖掘更多的智能增强场景。

对于产权管理来说，基于规则的初级人工智能及大数据技术能够辅助进行产权风险管理，帮助我们在风险出现的早期更加及时地识别和防范风险。

对于营运资金管理和现金流量管理来说，大数据可以帮助我们发现更多管理线索，而且大数据结合机器学习，能够为企业经营提供更强大的预测能力。经营预测更可靠，将在营运资本和现金流量预测方面带来价值。

在并购价值管理中，借助大数据的相关性分析，能够发现更多可能提升并购价值的举措线索。这些管理线索有可能在最终的并购价值创造中发挥重要作用。

（四）经营分析与绩效管理

1. 框架详解

经营分析与绩效管理框架详解，见表 6–4。

表 6-4 经营分析与绩效管理框架详解

项目	说明
KPI 体系搭建	能够根据企业的经营目标，结合业务特点，设置有清晰导向作用的 KPI（关键绩效指标）体系。KPI 体系应当构建由根指标、衍生指标组成的指标树，并定义指标口径，明确指标的维度和计算方法，明确指标的目标值设定逻辑。指标体系应当有可靠的日常管理和维护机制
经营分析报告	能够提供有决策支持价值的经营分析报告，形成经营分析报告的层次化体系、报告的日常管理和归档体制，针对报告中的问题能够有效地展开深入的专题分析，形成既有广度又有深度的经营分析能力
绩效考核制度搭建及奖惩执行	构建绩效考核制度，将 KPI 和经营分析报告的运用与绩效考核形成有机整体。绩效考核体系能够与业务目标的达成紧密结合，并能够切实影响业务部门的经营行为，使其成为企业战略落地的重要驱动工具。绩效考核应与管理者的晋升、奖金等形成紧密联系
投入产出管理	能够对企业经营过程中的各类日常或项目化投入建立起投入产出的评价机制。将投入产出率作为资源投入的重要财务评价指标，建立清晰的投入产出模型，并予以执行运用
市场对标管理	能够对企业的核心经营情况展开市场对标，进行与市场同口径平均水平的对比评价，定义和识别关键竞争对手，并与竞争对手就关键经营指标进行对标。对标结果可用于 KPI 的目标值设定
重大关键项目管理	能够对重大财务投资项目进行全生命周期的专项管理，对项目的四算（概算、预算、核算、决算）及项目的投产、关键阶段的 KPI 等进行全面的财务评价和财务管理

2. 智能增强

智能化技术将对经营分析的视角和工具方法带来影响。从分析视角来说，传统经营分析所受到的数据的局限性将被打破。在大数据的基础上，能够从因果分析向相关性分析增强。由于数据的边界从企业内部延展到社会化数据，对于 KPI、经营分析报告、市场对标等职能都可能获得更加可靠的数据基础，从而对经营分析结果的可用性带来更大的帮助。

而在工具方法方面，大数据和云计算的结合应用将使经营分析获得更加灵活和丰富的分析能力。二者的结合，能够为经营分析提供更加强大的数据采集、数据捕获和数据处理能力，使经营分析的边界得到大大延展。同时，大数据的非结构化数据的处理能力能够帮助企业经营分析更好地面对市场上与企业相关的热点信息的处理，将新闻、微信、微博等社会化媒体的信息纳入经营分析的视野。

此外，人工智能技术的发展，也将使经营分析方法从经验分析向算法分析演变。这使更为复杂的分析能够得以实现。同时，基于机器学习、算法的自我优化，能够使经营分析能力实现持续的提升。

（五）全面预算管理

1. 框架详解

全面预算管理框架详解，见表 6-5。

表 6-5　全面预算管理框架详解

项目	说明
经营计划管理	能够驱动业务部门在预算编制之前先进行经营计划编制，对经营计划进行审视和评价，并推动业务部门进行经营计划优化和完善
预算编制管理	在经营计划管理的基础上，连同财务与业务部门共同进行预算编制，能够根据企业的实际情况选择不同的预算编制方法和预算编制周期，支持多维度的预算编制，提供系统化的支持和灵活高效的预算调整
预算预测	能够对未来的经营情况进行预测模拟，基于拟配置的预算资源，对未来的资产负债、损益情况进行预测，并能够基于不同的资源配置进行敏感性分析。能够支持对管理口径和法人口径的预算预测
预算执行与控制管理	能够对预算的执行情况进行有效的过程管理，针对不同的预算维度实施执行控制，将预算执行结果及时地反映给预算账户管理人，并能够进行及时对预算过程执行分析。针对特定类型的预算，如项目预算等，能够提供更为复杂的执行和控制管理，如预算动支、兑现等
预算分析	能够进行多层次的预算分析，预算分析能够覆盖多维度、多时间周期。能够针对不同周期，提供事后分析和实时分析的支持，形成预算分析报告，并对预算分析异常事项展开专项分析
预算组织管理	能够建立健全预算管理组织，预算组织应该涵盖管理层与执行层、财务与业务，预算组织应当根据需要灵活地构建实体组织与虚拟组织。能够有完善的预算组织机制，涵盖职责、管控关系、架构和岗位、运作机制等
预算流程管理	能够建立完善的预算管理流程，在预算管理生命周期的不同阶段针对各项预算的相关工作建立标准业务流程，推动流程有效执行，并实施监控
预算系统管理	能够建立有效支持预算编制、预算执行控制、预算分析等预算管理工作的信息系统，实现预算编制所需要的参考数据的系统对接，实现预算执行数据的有效对接。能够建立完善、有效的预算系统管理和维护机制

2. 智能增强

首先，在经营计划、预算编制过程中，智能化技术能够发挥重要作用。由于经营计划和预算编制是资源配置的过程，因此资源配置的方向、权重是否合理是预算编制结果能否发挥价值的重要评价标准。大数据分析能够帮助验证业务部门在资源投向上所讲故事的真实性，能够展开更为清晰的资源投向和业绩达成的相关性分析，从而使财务有能力对资源配置投向进行评价。

其次，在预算预测的过程中，能够基于大数据、机器学习等方法构建更为复杂和完善的预测模型，能够展开大量复杂场景下的敏感性分析。这使预算预测的可靠性和对未来复杂不确定性的预判能力都能够得到更大的提升。而现在，让人更加期待的模拟技术正在出现，引入人工智能的虚拟商业生态系统能够让未来的预测建立在与真实社会相仿的现实模拟环境中。例如，在拟真的环境中投放广告，设置不同的预算投入，模拟用户的真实反映，评价预算的投入效果等都可以在未来的某天成为现实。

在初级人工智能阶段，预算的执行与控制能够基于所植入的更加复杂的规则来进行。在机器学习下，预算的执行与控制模型或算法能够基于所设定的控制目标，由人工智能来进行持续地完善。而在传统模式下，由于人力有限，无论是对控制规则的设计还是对控制过程的管理都被约束在一定的范围内。基于机器学习的预算执行与控制将能够提供更丰富的控制逻辑，在不同的场景下选择差异化且更合适的控制机制，实现预算的柔性管控。

二、元数据和大数据

传统的经营分析建立在有约束的技术条件之下，对财务人员的经营分析技术有着较高的要求，而即使信息系统能够提供支撑，在传统的财务信息化环境中，经营分析结果对业务的决策支持能力也始终存在局限性。

（一）经营分析的概念框架

1. 数据基础

对于传统经营分析或者财务分析来说，数据是基础，经营分析人员通过各种渠道获取各种各样的数据来展开分析。如果企业中已经建立了数据仓库和数据集市，那么，恭喜这些经营分析的幸运儿们，在这样的地基上盖房子还是比较靠谱的。而如果数据分散在大量独立的系统中，甚至是各层级、各类人员的 Excel 表中，那么就要小心了，你可能在用沙子打地基，盖起来的房子就可想而知了。

在经营分析体系中，要构建一个好的数据地基需要企业对数据仓库、数据集市有清晰的规划和设计，对数据的定义、标准、来源和采集有清晰的业务逻辑。当然，数据仓库和数据集市都是数据的载体，要想避免数据垃圾的产生，系统本身的数据质量就需要有所保障，而这种数据质量的保障能力来自前端业务流程和信息系统的有效搭建与管理。

站在财务的角度，还必须要提到 3 套经营分析的重要数据基础。一套来自事前，我们称之为“预算”；一套来自发生后的记载，我们称之为“核算”；还有一套来自事后的深加工，我们称之为“管理会计”。将这 3 套数据基础与经营分析进行有效对接，对于提升经营分析质量有很大的帮助。

2. 指标体系

在经营分析框架中，指标是一种衡量目标的单位或方法。当我们进行经营分析的时候，会围绕企业经营目标来设定一些衡量标准，通过这些衡量标准能够评价经营结果是否达到了所设定的目标，从而帮助我们进一步提升企业经营管理能力，这就是经营指标。

对于经营指标来说，美国的《关键绩效指标》的作者戴维·帕门特将它进一步划分为“成果指标”和“绩效指标”。引入“成果指标”的概念，是因为许多评价指标是几个团队输入成果的总和。这些指标在衡量各个团队共同的工作效果时很有用，但不能帮助管理层准确地定位和解决问题，管理层很难准确地查明哪个团队出了成绩，哪个团队未履行职责。而绩效指标能够解决这个问题，并能更加精准地定位问题。例如，一个没有进行多维度切分的利润指标在其看来就是典型的成果指标，并没有反映为利润做出贡献的各个团队的绩效情况。而在实践中，我们似乎很少进行这样的区分，往往笼统地使用关键绩效指标来进行指标体系的搭建。对于一个指标体系来说，可以引入“基础指标”和“衍生指标”的概念。“基础指标”是难以拆分和细分的指标，而“衍生指标”则是“基础指标”的运算组合。使用这样的概念，通过优先搭建和系统化基础指标体系，再扩展“衍生指标”体系，能够帮助我们快速地搭建一个复杂的指标体系。

此外，对于指标，通常会使用“指标树”的形态来进行展示。这也是构建指标之间逻辑的一种方式。我们还需要了解指标“名称”“维度”及“值”的含义，这些在后面元数据的概念中再进一步解释。

3. 报表展示

当构建好经营分析的指标体系之后，就可以搭建房子的主体了，而要使这些指标对经营发生作用，仅仅是盖个毛坯房是不够的，还需要进行精装修。这个装修的过程，我们可以理解为报表构建和展示的过程。好的装修要让业主住得舒服，同理，好的报表展示，要让管理者能够清晰、快速地抓住重点，发现问题和解决问题。

实际上，报表就是将各种指标的不同层级维度交叉组合起来进行应用的产物。因此，在搭建报表体系的时候，我们要先搞清楚业主，也就是经营管理者到底需要看到什么。在明确需求后，选取能够说明问题的指标，并匹配和管理对象相关的维度信息后进行组合展示。此外，在报表的指标组合中，我们还需要经常用到使用说明来解释指标，通过这样的方式搭建报表是有依据性产生的。编者也见过不准确的经营分析报表，其搭建的时候完全没有指标和维度的概念，也没有关注管理者的需求，这样的报表如果有充分的经验支持，可能还具有一定的价值，否则往往产生的是信息垃圾。

有了报表以后，经营分析报告也就容易出具了。但必须要注意的是，简单罗列报表的报告是初级水平的报告，其能够看透数字的表象，而深入数字背后分析深层次的问题，才是有附加价值的报告。

4. 维护机制

当我们把整个房子都收拾好后，还需要有一个靠谱的物业。经营分析这个房子的管理和维护并不是那么简单、容易的，无论是数据、指标的维护，还是报告的过程和归档管理，都需要有一套相对可靠的机制。

在通常情况下，企业会有经营分析部门，这个部门既有战略的味道，又有财务的意思。因此，在不同公司，这个部门的归属也并不相同，甚至还有不少发生过变迁。而在经营分析部门中，要建立起这样一套维护机制，首先需要有数据维护和管理团队来解决地基的问题，然后需要有指标管理团队来进行指标的日常增删改的维护，还需要有报表团队来进行常规报表和临时报表的编制及发布，最后还需要有绩效管理团队来深入展开经营分析，并进行绩效的考核管理。在整个过程中，无论是组织、人员、流程、制度还是系统都是不可或缺的，这些共同构成了这套体系的维护机制。

当具备了以上这些条件后，经营分析框架就能够构建起来了。实际上，今天很多从事分析工作的人员尚未在认知上构建起这一套框架体系，这对于提升经营分析和决策支持能力会带来局限和束缚。下面我们还要在这套可以称之为既传统又主流的经营分析框架的基础上，进一步深挖经营分析的本质和未来，即元数据和大数据。

（二）元数据经营分析的本质

从定义上说，元数据可以理解为“数据的数据”。实际上，应用元数据的场景非常多，如图书馆的藏书信息卡、在线视频应用里的视频描述、网络中的网页地址等都可以用元数据来表述。元数据具有以下特点。

首先，元数据是结构化的。如何理解呢？其实在大数据时代，人们都非常热衷于谈论非结构化数据，但忽视了这些非结构化数据在技术层面是怎样被应用起来的。如我们容易理解的，一张图片是非结构化数据，但这张图片是可以被元数据这种结构化数据所描述的，这就给我们借助元数据来理解和应用非结构化数据提供了可能。

其次，元数据是与对象相关的数据。如以一张照片作为对象，那么描述这张照片的元数据与该照片具有相关性。但需要注意的是，潜在的用户不必先完整地认识对象的存在和特征，也就是说，可以使用盲人摸象的方式，借助元数据慢慢地了解对象。就像一张照片，我们可能第一次获得的元数据是可交换文件格式（Exchangeable image file format,EXIF）信息，即从摄影的角度获取这张照片的信息，我们可以进一步了解与这张照片内容相关的其他元数据，从而从另一个角度获取照片信息。

此外，元数据不仅能够对信息对象进行描述，还能够描述资源的使用环境、管理、加工、保存、使用等方面的信息。还以照片为例，元数据可以告诉我们这是一张网络图片，存储在什么样的服务器上等信息。

最后，元数据常规定义中的“数据”是表示事物性质的符号，是进行各种统计、计算、科学研究、技术设计所依据的数值，或者说是数字化、公式化、代码化、图表化的信息。当然，我们也可以将文字理解为某种形式的编码数字。

经营分析和元数据是关键。

首先，我们可以看到，构成经营分析的地基是数据，而元数据作为数据的数据，能够用结构化的方法帮助我们描述和标准化基础数据。构建数据仓库过程中的数据字典，从某种意义上讲就是元数据。清晰的数据字典，能够让我们更加有效地管理数据仓库，而从经营分析管理需求的角度来说，我们希望所有进入经营分析体系的数据都能够使用元数据进行充分的结构化描述。

其次，在砖瓦的层次——指标体系上，元数据也发挥着重要作用。如我们前文所述，指标的结果最终会反映在数值上，针对这个数值我们用指标名称、编码、指标的维度、维度值等对这个数值（即数据）进行了描述，这种描述就是元数据。因此，指标体系是在经营分析层次中架构在基础数据之上的第二类重要的元数据。

最后，我们再回到经营分析的中心点一经营活动上。我们为什么要做经营分析呢？实际上是要对经营活动展开多种视角的评价，评价的标准是经营活动是否达到我们在开展经营活动之初所设定的目标，而 KPI 正是我们多视角评价经营活动的结构化描述，也可以理解为经营活动评价的元数据。

（三）大数据与经营分析

在传统的经营分析模式下，我们需要找到用于评价经营活动的元数据，也就是指标体系与经营结果之间的关系。通常情况下，如果我们看到指标与经营结果具有显著的因果关系，那么就会把这样的指标考虑纳入 KPI 来进行管理。但问题在于，这些指标的定义和发现往往是基于经营分析及因果分析得到的，这种逻辑上的强绑定关系具有一定的局限性。

实际上，影响经营分析结果的不仅是存在显著的可见因果关系的因素，还存在相关但无法解释显著因果关系的因素，这在传统模式下是难以解决的。

大数据的出现，让我们有可能打破思维能力的约束。基于大数据技术，我们能够从因果关系突破到相关关系。通过大数据分析，我们能够发现一些没有显著因果关系的因素同样对经营活动产生了显著影响，这些因素被称为“相关性因素”。将这些因素定义为关键绩效指标，能够帮助我们实现提升经营活动成果的目的。

指标用于评价经营活动，同时有非因果关系的因素在影响这些指标，这又构成了第二层次的相关关系。我们发现原先所搭建的经营分析的元数据世界发生了延展，各个层级的元数据都有一些非因果关系，而相关的新元数据的出现，使我们能够更加真实地架构经营分析框架，并有效指导经营结果的改善。

三、大数据资源配置

在战略财务的框架下，全面预算管理一直是不容忽视的范畴，但其在企业经营管理中所发挥的作用却饱受争议。

（一）预算管理就是资源配置

预算实际上是一种对企业资源的配置方式。当股东设定了经营目标后，业务单位要达成这些经营目标就需要匹配相应的资源。如果从契约的角度来看，把预算作为一种契约，那么一方是企业的股东，另一方是企业的经营者。资源本质上属于股东，业务单位作为经营者向股东承诺经营目标，股东向经营单位承诺支持其实现经营目标所需要的资源。当然，当经营目标达成后，还有相应的绩效激励，这又是另一层次的契约关系。

因此，在企业进行预算管理的过程中，预算编制的核心是提出股东和经营单位都能够接受的资源配置方案，也就是在经营目标承诺和资源承诺上找到平衡。

那么，预算要考虑哪些资源分配的问题呢？企业经营无外乎人、财、物，所以资源配置也可以理解为人力配置、财务配置和资产配置。合理地配置人力、财务及资产资源，是企业战略目标得以实现的重要保障。

（二）资源配置的难题

1. 契约双方的信任问题

和所有的契约关系相似，资源配置同样要解决资源所有者和资源使用者之间的信任问题。资源所有者追求的是资源投入产出结果的最大化。因此，在投入资源时会高度关注产出的结果，并要求获得资源接收方的绩效承诺。同样，对于资源使用者来说，也需要在承诺绩效目标后获得必要且及时到位的资源支持，避免在资源不足的情况下进行经营，最后为不良绩效结果担责。当然，对于资源所有者来说，最常见的还是担心经营单位存在道德风险，如经营者是否会通过虚构经营目标或过度承诺以获取资源满足其短期利益目标等。

2. 资源配置的标准问题

应该采用怎样的标准来进行资源配置呢？在实际的预算过程中，资源配置标准的形成并不容易，太多的因素会挑战所设定的标准。而一旦无法形成相对清晰的标准，资源配置的过程往往就会成为一个谈判的过程，很容易陷入缺少逻辑的拉锯战中。

简单的标准可以根据承诺（目标），基于比例模型直接给出资源承诺；复杂的标准则需要明确经营目标达成的各项驱动因素，并为每项因素细分动因，并最终从经营计划的角度来设立资源配置标准。

3. 资源配置的效率问题

资源配置的效率一直是企业预算管理活动中很令人头疼的一件事情，其在预算的全过程中存在太多的博弈。很多公司从九、十月份开始启动预算编制工作，直到来年的三、四月份才能完成预算的定稿。在月度的资源配置活动中，如果缺乏高效的系统支持，很多企业根本难以做到精细化的月度资源配置管理。在这种情况下，月度预算往往成为年度预算下简单的“按月分解”。

4. 资源配置的效果检验问题

当完成资源配置后，就会从讨价还价的博弈循环进入承诺兑现的博弈循环。在这个过程中，对于管理者来说，最困难的是如何验证资源投放的效果和达成情况。尽管我们说最终的经营绩效指标能够反映出经营单位的绩效达成情况，但在过程中基于任务、项目等设立的资源配置标准往往很难立刻通过财务或数字验证其实现的效果，而此时又经常需要启动基于此次项目任务进一步延展的后续资源投入，这对管理者来说需要面对是否去进行“前款未清，借后款”的管理决策。

（三）大数据资源配置：抓热点，抓相关性

在契约双方的信任关系方面，一些企业试图通过签订绩效承诺书来保障契约关系；在资源配置标准方面，一些企业通过设定模型的方法来总结提炼预算标准；在资源配置效率方面，一些企业通过建立预算编制系统来优化编制流程；在效果检验方面，一些企业选择刚性的“以收定支”。但我们也不得不认识到，在传统方式下对资源配置管理的优化终将达到瓶颈。要实现突破，需要找到新的契机，而大数据恰恰在这一方面带来了新的机会。

1. 热点驱动资源投放

所谓的热点驱动就是在保持经营目标相关性的前提下，哪里吸引眼球，哪里有热度，哪里需要资源，我们就将资源投放在哪里。但在传统财务模式下要做到这一点是非常困难的，如果仅凭借我们对市场的经验感知是很难在经营活动中进行管理决策的，而大数据技术为解决这一问题提供了新的可能。

（1）制定经营战略

首先，和传统的预算编制模式一致，在编制预算之前，必须明确企业的战略导向，这从根本上决定了要不要投放资源、在哪里投放资源和怎么投放资源。当然，在这个层面上，战略很可能是相对宏观的，它更多的是未来一段时间内大的经营方向和经营策略，我们无法直接基于公司的战略来展开更为清晰的预算，也就是资源配置工作。

（2）分析战略热点

如果要想更好地衔接战略与资源配置，就必须更清晰和细化地拆解战略，也就是形成战略热点。当然，这里所说的热点和后面要谈到的基于大数据分析的热点是有所不同的，还需要依靠企业的管理经营者对企业所设定的战略目标进行细分，从管理逻辑层面定位战略在落地时需要重点关注的目标。例如，企业将智能化发展作为核心战略时，需要在技术、产品、客户、渠道等多个方面来发现其战略热点，如在产品方面定位为无人驾驶技术，在客户方面定位为女性出行者，在渠道方面定位为自营门店等，这些热点将为后续的资源配置起到一个大方向的支撑作用。

（3）基于大数据发现经营热点

在有了战略热点后，我们仍无法有效地从管理角度进行资源配置。实际上，经营单元在战略热点明确后，就已经对需要做什么、大概需要多少资源有了一个初步的概念。很多时候，经营者就会基于这样的一个概念开始和管理层讲故事了。在传统模式下，我们通常对这样的故事只能选择“信”或“不信”。当然，如果故事中间的逻辑线索相对清晰，可能更容易获得管理者的信任，并获得资源，而如果在这个时候引入大数据分析，则可能会对传统的资源配置模式有所改变。

在被动模型下，需要经营单元基于战略热点进行经营热点的主动设计，模型要做的事情是基于企业内外部大数据，对经营热点与战略热点的关联热度进行分析。在主动模型下，以战略热点为出发点，基于内外部大数据，发现与战略热点分层次的关联市场热点，将关联度高的市场热点纳入经营热点中，也作为资源配置的对象。

（4）基于经营热点进行资源投放

通过这样主动与被动的热点分析，我们能够建立起以战略热点为圆心的经营热点辐射地图，并以这个地图的辐射半径为标尺展开资源配置，接近圆心的经营热点需要投放更多的资源。在具体确定资源投放额时，我们可以以战略热点构建资源池，将资源首先投放到战略热点资源池中；以经营热点为项目，向战略资源池申请资源。在资源申请的审批过程中，我们可以引入热度评估，优先将资源投放到高热度的项目中，从而避免发生先到先得、抢资源的情况。

（5）资源的兑现使用

所谓资源兑现，就是契约双方基于预算事项实际发生的费用。在实践中有两种兑现方式：一种是先把钱花出去，目标是否达成后续验证；另一种是用之前的存量资源先把事情做了，根据目标的达成情况再批准可以获得多少可用资源以完成后续的事情。实际上，这两种方式都存在一定的问题。前者建立在管理者对执行者信任的基础上，而一旦承诺的经营目标没有达成，就会损害管理者的利益；后者的根本逻辑是管理者并不信任执行者，要求其先拿自己的银子做事情，事情做成了再回来报账，这种方式对于执行者来说也并不公平。当我们引入经营热点作为资源投放依据后，信任问题得到了一定的缓解，使用第一种方式进行资源兑现就会更可行且合理。

2. 资源投向和业绩达成的相关性分析

大数据除了在预算编制阶段能够发挥重要作用，在预算分析阶段也能够有所建树。在传统预算分析下，我们很难去评价每个类似于项目经营计划、经营方案和经营结果之间的达成关系。在通常情况下，对于一个经营单元，如果它的业绩不错，超出了预先设定的考核目标，大家就会觉得它花的所有钱都是值得的；反之，如果考核目标没有达成，那么它花的所有钱可能都会受到质疑。

但实际情况是，所用掉的资源有些对经营目标起到了贡献作用，有些则发生了副作用。无论最后考核结果如何，这两种作用都是存在的，只是谁的力量更大一些罢了。

当引入大数据来辅助预算分析后，情况可能有所改观。通过构建模型，我们可以试图建立每一个能够项目化的资源投入与经营结果之间的量化关联度指数。要做到这一点，并不是简单地做一个数学模型，而是需要将所有项目进行元数据化，同时把经营结果也元数据化，并建立起项目元数据与经营结果元数据之间的关系网络。我们需要监控这个关系网络中每一个项目发生资源投入时，通过元数据关系网络链接的经营结果发生变化的强度，并最终将这些变化强度归纳为关联度指数。

有了这样一套关联度指数，我们就能够精确评价资源投放的效果了。在这种情况下，我们能够更好地积累经验，更加有效地评价绩效，并优化未来的资源投放策略。

当然，以上关于大数据在资源配置方面的应用还停留在编者的设想阶段，有待通过实践进一步验证。

第二节　智能时代财会工作的创新路径

在新时代，互联网技术得到了广泛的应用，财务会计人员的工作环境和业务性质都发生了很大的变化。会计人员不仅要像传统的工作人员一样掌握深厚的会计基础知识，还要具备一定的计算机技能。会计信息的真实性，关系到企业决策的正确性。因此，在会计工作中还应当懂得如何有效地过滤会计信息，确保会计信息的真实可靠，同时要具备较高的职业道德素质，对企业的财务机密保管，防止竞争对手的窃取。在国际贸易频繁，财务工作得更加细化的情况下，财务会计人员还要懂得国际上通行的财务会计、审计等知识，具备一定的经济法律知识，以提高工作的水平。

一、新经济时代对财务会计基本理论的冲击

（一）对会计对象的冲击

调整经济结构的目的是提高生产要素的配置效率，以较少的投入实现新增社会财富和福利的最大化。在新经济条件下，会计信息的使用者不只是关心企业过去的价值增值运动的数量方面，大多数信息使用者由于决策的需要，同样关注企业现在和未来的价值增值运动的数量方面。这一点，随着新经济的到来，将显得更加迫切和重要。因此，会计对象有必要从过去的价值增值运动扩展到预期的价值运动。会计对象的扩大，已经表现在会计既可以提供历史信息，又可以提供预测未来信息。在新经济条件下，人力资源会计、社会责任会计、资本成本会计和财务预算等方面的信息，将被列入财务报告的范围，因此，会计对象的内容也在不断地丰富与发展。

（二）对会计职能的冲击

新经济时代，会计的职能发生了很大的变化，其由原本的反映和控制工作扩展到反映、控制、预测，这三者职能是相辅相成的。反映就是对过去的工作的总结，控制就是保证会计目标的实现，预测就是在过去的基础上对未来的预测。而企业的决策水平也主要取决于财务会计相

应的信息的反应上，不仅包括财务信息，还包括非财务信息。由此可见，财务会计的基本职能拓展为反映、控制和预测。

（三）对会计计量的冲击

会计计量历来是会计的核心。传统会计计量是以历史成本为基础的计量模式。但是，金融的不断创新，以及无形资产在新经济时代企业价值创造的核心地位，都对传统历史成本计量模式产生巨大冲击。由于西方金融市场行情波动日益激烈，变幻莫测，表外融资和衍生金融工具交易蕴含极大的风险，误导市场参与者，乃至使投资者或债权人遭受较大损失。因此，历史成本属性根本无法对衍生金融工具进行计量。公允值属性成为计量衍生金融工具的理想选择，甚至是唯一选择。

（四）对财务报告的冲击

新经济环境对会计确认和计量的冲击，最终都会反映到财务报告上来。传统财务会计由于确认标准和计量困难的限制，将许多决策者有用的信息都排除在会计系统之外，例如，对自创无形资产基本上不确认和计量，对人力资源不确认和计量，造成财务报告信息数量上的不完整；从本质上看，财务报告的信息相关性、及时性也面临着挑战。财务报告要适应新经济时代“快”的要求，改革传统信息加工和报告形式，充分利用现代计算机技术和通信网络技术，使会计信息系统更加灵敏、准确、及时。

二、新经济时代财务会计人员提高工作水平质量的措施

（一）树立终身学习的意识，坚持与时俱进

传统的会计制度较大程度地限制了财务工作人员的主观能动性的发挥，留给财务人员的选择和判断的空间过于狭窄。而在大多数企业中选择财务人员的时候，都偏于选择一些具有工作经验的工作者。财务人员多注重对现有的财务业务知识的钻研，注重财务处理技巧的积累。在新经济时代，财务主体和信息处理的方式都发生了很大的变化，财务人员只单纯地掌握财务知识已经不能够满足现代企业发展的要求，还需要具备一定的计算机、国际贸易和网络经济等多方面的知识。随着现代企业业务范围的扩大，新型的经济组织形式层出不穷，这就需要财务工作人员树立终身学习的意识，接受各种新的理论知识和技能的培训，跟上时代的步伐，适应现代社会发展的要求。

（二）要有创新意识，发挥主动性和创造性

在传统会计下，会计账目和报表基本都是确定的，在新经济下，网络经济的发展，会计工作正向生产、经营和管理的各个层次渗透，分析经济情况、有效控制资源、参与经济决策、防范经营风险和预测经济前景等方面的作用日益明显。财会人员要摒弃那种只讲核算，不讲管理的思维模式，也不能只按经营管理层的要求被动提供会计信息，而是要有创新意识，发挥主动性和创造性，利用自己熟悉财会专业知识的优势，从专业的角度为企业经营管理提供有效信息。

（三）要重视对新经济下会计理论的探讨

面对新经济下企业财会环境的变化，如对会计假设的影响，财会人员应从理论上进行深入

研究，并积极关注国内外学者在新经济对企业财务会计影响的研究，可以借鉴国外已有的研究成果，结合中国的实际情况进行探讨。财会人员需要拥有深厚的财务会计理论知识，以在实践中不断创新，灵活运用。

（四）要培养自己敏锐的洞察能力，发现与解决会计实践中出现的新问题

在网络时代下，对财会人员的要求不是获取信息的能力，而是对信息的整理、分析及快速做出反应的能力。随着经济的发展，财会人员的职能将会越来越广。除了传统的记账以外，还包括对企业生产成本的控制、营运资本的管理、风险控制与核算、战略投资的策划、财务报表的分析与预测、前瞻性信息的提供等。这些都要求财会人员具备较强的分析、判断、选择和决策的能力。为培养自己敏锐的洞察能力，财会人员要加强学习、注重提高理论素养，不断汲取新知识，掌握新情况，保证既有坚实的会计理论基础，又有熟练的会计实践能力。

新经济时代的到来，会计学界应当积极地迎接挑战，及时地研究解决新经济时代带来的问题，推进会计的变革与发展，才能够适应新时代的经济环境，推动企业的持续发展。作为财务会计工作人员，除了要牢固地掌握专业知识和技能，还应当树立终身学习的理念，不断地探索新知，掌握一定的计算机操作技能、法律和国际贸易知识等，以有效地面对新时代的发展要求。

第三节　智能时代财务共享服务创新

一、智能时代财务共享服务框架详解及智能增强

财务共享服务模式在中国是在 2005 年左右兴起的，尽管这个时候西方国家对财务共享服务的应用已经日趋成熟，但作为后来者，我国的财务共享服务发展呈现出逐渐加速的趋势。在近几年，财务共享服务的热度飞速上升，已然成为国内大中型企业财务组织的标配。

在这个过程中，财务共享服务中心从设立到运营全过程的管理水平都在快速提升，到今天已经形成了相对完善的财务共享服务管理框架，并在政府、企业、高校和各类协会组织的共同推动下，逐渐成为国内财务共享服务中心特有的管理模式。

（一）财务共享服务中心设立管理

1. 框架详解

财务共享服务中心设立管理框架详解，见表 6–6。

表 6–6　财务共享服务中心设立管理框架详解

项目	具体内容
财务共享服务中心立项	能够站在企业立场，充分评估财务共享服务中心设立对企业经营发展所带来的利弊影响，客观评价财务共享服务中心的投入产出情况、匹配和适应情况、变革管理的难点及应对措施。能够在判断财务共享服务中心建设对企业有利后，积极推动管理层和各相关方的认可，并获取充足的资源，支持后续的中心设立

表 6–6（续）

项目	具体内容
财务共享服务中心战略规划	能够站在战略高度对财务共享服务中心展开规划，如总体模式的选择，包括定位、角色、布局、路径、变革管理、组织、流程、服务标准、系统及运营平台、实施等规划内容
财务共享服务中心建设方案设计	能够在财务共享服务中心建设启动前进行充分的建设方案设计，包括组织、人员、系统、流程、运营、制度等方面。方案应能够涵盖框架和详细设计，并在最终落地方面做好充分的工具设计准备
财务共享服务中心实施	能够有效地组织项目展开对财务共享服务中心的实施，制订合理的实施计划，有序推进组织架构和岗位设立、人员招聘及培训、系统搭建及上线、流程设立及运营等各方面工作，实现财务共享服务中心从试点到全面推广的实施落地
财务共享服务中心业务移管	能够在财务共享服务中心设立后，有效地推动业务从分散组织向财务共享服务中心的转移，通过推动签订服务水平协议、业务分析、流程标准化及操作手册编写、业务转移培训、业务中试和最终正式切换，实现移管目标

2. 智能增强

在通常情况下，管理层都会要求财务共享服务中心的建立具有一定的前瞻性和预测性。自十多年前开始，财务共享服务中心的建立本身就具有强烈的创新特征，我们需要向管理层阐明所采用的技术手段能够达到当前的市场水平或竞争对手水平，并能够提升企业自身的管理。很多企业在这个过程中也同步进行了与支持财务共享服务相关的信息系统建设，但总体来说，并没有超出当前互联网时代的技术水平。

今天，在展开财务共享服务中心建设的过程中，无论是进行立项还是规划都必须考虑到即将到来的智能革命对财务共享服务的影响。编者曾经给一家中国本土进入世界五百强的家电制造企业做过财务共享服务规划和设计，在此过程中，其管理层就谈到过，希望未来的财务共享服务中心能够越做越小，而不是人数规模越来越大。这正是暗含了对智能时代共享服务建设的深刻理解。

在编者看来，基于信息系统的高度集成，数据信息能够自由获取，规则的自动化作业辅以人工智能作业的新的共享服务模式正在到来，也会在不久的将来逐步取代当前基于大规模人工作业的共享服务模式。实际上，这一进程一直在进行，只不过受限于技术手段和数据质量，我们所能感受到的仅仅是优化性的进步，如一些跨国外包公司热衷于机器流程自动化（Robotic Process Automation,RPA），就是在积极进行自动化替代人力的尝试。

因此，今天我们在建立共享服务中心的规划过程中，必须要充分考虑到未来智能化技术对财务共享服务中心的影响，为当前财务共享服务中心的建设留下向智能化进行转型和拓展的接口。同时，我们必须认识到智能化很可能在最近数年中出现爆发式的技术发展，财务共享服务中心必须要有充分的认知准备，紧随技术进步，及时调整自身的运营策略，切换至智能化运营平台，以维持当前建立财务共享服务所带来的竞争优势。

（二）财务共享服务中心组织与人员管理

1. 框架详解

财务共享服务中心组织与人员管理框架详解，见表 6-7。

表 6-7　财务共享服务中心组织与人员管理框架详解

项目	说明
财务共享服务中心组织职责管理	能够基于业务流程清晰地梳理各环节所涉及的工作职责，并针对这些工作职责设置相匹配的岗位。在此基础上，通过提取汇总分散于业务流程中的岗位工作职责，形成财务共享服务中心的核心岗位职责
财务共享服务中心岗位及架构	能够清晰地定义财务共享服务中心在整个财务组织中的定位，明确其与现有财务部门之间的定位关系及职责边界。能够清晰地设计财务共享服务中心的管控关系，并基于岗位职责和管控关系搭建财务共享服务中心的组织架构及各架构层级的岗位设置。岗位设置应当能够做到不重不漏
财务共享服务中心人员招聘	能够对财务共享服务中心的人员编制做到及时的跟踪预测，在人力产生潜在空缺可能时，能够及时展开人员招聘活动，通过合理的招聘周期规划，在人员缺口出现时及时进行人力补充。能够积极地拓展多种招聘渠道，建立与高校的紧密联系。能够建立面向同城其他财务共享服务中心的招聘渠道，必要时设置专业化的招聘岗位，或者获得人力资源招聘团队的有效支持
财务共享服务中心人员培训及发展	能够建立完善的人员发展体系，针对财务共享服务中心的人员特性设置与传统财务差异化的职业发展通道，实现在相对较短职业周期中的快速发展和及时激励。能够针对财务共享服务中心的人员特点设置有针对性的人员培训体系，高效提升运营人员的产能，并积极拓展员工的综合能力，以提高其主观能动性
财务共享服务中心人员考核	能够设立针对财务共享服务中心不同层级、类型的人员绩效考核体系。能够基于绩效考核体系推动财务共享服务中心运营效率的提升、成本的降低、质量和服务水平的提升。同时，能够维持并激发各级人员的创新能力
财务共享服务中心人员保留	能够积极主动地针对财务共享服务中心的员工进行工作状态评估，对有潜在离职风险的员工进行及时主动的沟通，通过主动的行动实现人员的保留。同时，能够长期将财务共享服务中心的人员流失率控制在合理水平

2. 智能增强

智能时代的到来，对当今财务共享服务中心的组织与人员管理提出了不一样的要求。

首先，从组织职责及架构设置来看，今天的财务共享服务中心在传统职能的基础上，必须要考虑一些用于自我变革的职能。实际上，有不少财务共享服务中心还在纠结是否要用自动化来替代人工，并顾虑因此对现有团队的利益影响。在编者看来，与趋势逆行是不可取的，我们应当在当今的组织中，一方面，继续针对传统的集中化人工作业模式展开运营的提升；另一方面，应当设立创新科技组织，积极主动地展开自我颠覆。通过应用新技术，主动降低对人力的依赖，从而在这场变革中掌握主动。

其次，对于这一变革时期的人员管理，要充分做好面对自动化带来人力释放影响的准备工作。将分散的人员集中起来是一场变革，在这个过程中，我们已经经历了一次裁员的挑战。而今天，把集中在财务共享服务中心的人力再消化掉是另一场变革。这一次，我们应当在人员的职业发展上有针对性地考虑未来智能化的影响，提前做好人员的非共享技能培养，以帮助部分人员在智能化过程中逐渐分流至其他岗位，从而减少刚性人员裁减带来的剧痛。

最后，在人员的考核上，应当更多地关注对人员创新能力的提升。传统的财务共享服务模式过于强调效率，这使财务共享服务中心的员工并不热衷于使用新技术来改造现有的工作模式，而更倾向于一个稳定的工作环境，这对财务共享服务中心适应智能时代的发展变革要求是不利的。多一些主动的求变精神是智能时代财务共享服务的必由之路。

（三）财务共享服务中心流程管理

1. 框架详解

财务共享服务中心流程管理框架详解，表 6-8 所示。

表 6-8　财务共享服务中心流程管理框架详解

项目	说明
财务共享服务中心流程体系定义	能够基于企业所处的行业特征，识别自身的全面的会计运营相关业务流程，并搭建业务流程体系，对业务流程进行清晰地分类，定义流程子集。能够完整地识别、定义业务流程场景，并建立流程场景与流程的映射关系
财务共享服务中心标准化流程设计	能够基于业务流程体系展开财务共享服务中心的业务流程设计，标准化的业务流程体系应当能够清晰地定义流程的输入、输出、执行标准、质量标准、匹配的流程场景等关键信息。能够通过流程图、流程描述等方式进行流程展示
财务共享服务中心标准化流程维护和执行监控	能够建立财务共享服务中心业务流程体系的维护和执行监控制度体系，有相应人员关注流程的日常维护，并定期针对业务流程的执行情况进行评估检查。能够针对流程中的执行问题采取及时的行动，对流程进行修正
财务共享服务中心流程持续改进	能够建立起业务流程优化和持续改进的机制，营造有效的流程优化氛围，鼓励各级员工提出优化建议，并能够建立起建议的评价和采纳机制。对于所采纳的优化建议，能够设立项目团队进行积极推进。此外，不定期地开展流程优化检视活动，主动发现优化机会也是十分重要的

2. 智能增强

业务流程优化是财务共享服务管理中极其重要的主题。在传统的流程优化过程中，我们试图通过对流程环节的挑战、运营方式的转变来找到优化机会。当然，财务信息化在这一过程中也发挥了重要作用，高度的业务系统和财务系统的对接，以及专业化的财务共享服务运营平台的建立，也大大提升了财务共享服务的流程效率。

智能时代的到来，也让我们对流程优化有了更多的机会。如机器流程自动化技术成为人们关注的热点，它通过在全流程过程中寻找流程断点和人工作业的替代机会，在很多企业业务流程优化陷入瓶颈后，再次提升了流程自动化程度。

更值得期待的是，财务共享服务业务流程将伴随着基于规则的初级人工智能的应用，以及基于机器学习的人工智能的到来而获得更多的改进机会。在新技术的影响下，现有财务共享服务的流程会先从多人工模式转向“人智结合”模式，并最终迈向智能化模式。在这个过程中，业务流程的优化和改变并不是一蹴而就的，它会伴随着技术的逐步改进，并最终实现从量变到质变的转换。

同时需要注意的是，智能化对财务共享服务业务流程的影响是由端到端的。也就是说，财务共享服务运营的输入流程也在变化中，而前端的流程智能化进程也会对财务共享服务后端的运营模式产生重大影响，很多时候，财务共享服务中心从人工向自动化、智能化的转变根本上就是前端流程直接带来的。

（四）财务共享服务中心运营管理

1. 框架详解

财务共享服务中心运营管理框架详解，见表 6–9 所示。

表 6–9　财务共享服务中心运营管理框架详解

项目	说明
财务共享服务中心绩效管理	能够针对财务共享服务中心制定完善的绩效评价标准，设定相应的 KPI，并进行有效的管理考核。财务共享服务中心的绩效标准应能够进一步细分至各业务团队，并最终落实到每个员工
财务共享准入管理	能够针对财务共享服务中心设立业务准入评估模型，对于服务对象的共享需求能够展开准入评估，判断其是否符合财务共享服务的运营特点，并予以纳入共享。必要时需要建立独立于共享中心与服务对象的准入评估机构，以实现对难以达成共识的准入事项的仲裁
财务共享 SLA 及定价管理	能够针对纳入共享服务中心的业务产品，定义共享服务中心与其服务对象之间的服务水平协议。服务水平协议应当对服务双方均能进行有效约束，规范服务对象的输入标准，规范共享服务中心的产出标准。基于服务标准，结合财务共享服务中心的成本能够设定公开透明的内部转移价格
财务共享管理人员管理	能够对财务共享服务中心的管理团队展开有效的培养及管理，有效评价管理团队的管理能力，及时优化管理团队的人员构成，建立起有效的管理团队成员的选拔和晋升机制。同时，需要建立必要的考核和淘汰机制，针对关键岗位建立必要的轮换机制
财务共享风险与质量管理	能够针对财务共享服务中心建立风险管理和质量管理机制，积极推动风险与控制自我评估（Self–Assessment of Risk and Control , RCAS）、KRI、重点风险事件管理等操作风险工具在财务共享服务中心的应用，积极推动全面质量管理、六西格玛管理、精益管理等质量管理工具在财务共享服务中心的应用，构建良好的风险和质量文化环境
财务共享“服务”管理	能够对财务共享服务中心的服务管理建立科学、专业的管理体系，构建清晰的服务方法、服务工具，对财务共享服务中心的服务满意度水平进行有效的衡量，并积极推动服务优化，提升服务对象的满意度
财务共享信息系统管理	能够积极推动财务共享服务中心作业相关信息系统的优化和改进，主动提出改进和优化业务需求，并配合信息系统管理部门共同实现对信息系统的优化提升

2. 智能增强

对于财务共享服务中心的运营管理来说，不少财务共享服务中心还停留在依靠人工进行管理分析的状态。因此，提升财务共享服务中心的运营管理水平，首先应当提升运营管理的基础信息化水平。

在提升基础信息化水平方面，可以借助信息系统实现绩效指标的管理，并应用于绩效看板和绩效报表。在准入评估方面，可以进行系统化的评估流程执行，并将评估模型系统化。在SLA和定价方面，能够基于系统进行SLA的各项指标的计算和出具报告，并据此结合定价标准测算出具各服务对象的结算报表。在风险管理方面，能够将RCSA、KRI及重大风险事项管理三大操作风险管理工具系统化，并应用于财务共享服务中心。在质量管理方面，能够将质量抽检、质量结果反馈、质量报告出具等质量管理过程系统化。在服务管理方面，能够构建邮箱及热线系统，以支持客户服务的专业化。

在智能时代，我们能够在上述信息化手段建立起来的基础上，引入大数据技术，提升对财务共享服务中心在绩效分析、风险发现、质量评价、服务跟踪等方面的深入管理，依托更为丰富的数据输入，提升财务共享服务中心运营管理的层次。

二、财务众包

众包的出现与财务领域和智能时代的来临有着密不可分的关系。在人工智能和财务共享服务中心的人力替代战争中，众包是机器作业的前置补充之一，它正在和人工智能一起面向传统财务共享服务模式发起进攻。

（一）众包

众包是指一个公司或机构把过去由员工执行的工作任务，以自由自愿的形式外包给非特定的（而且通常是大型的）大众网络的做法。众包模式和传统的运营作业模式存在显著差异，并具有任务颗粒化、技能低门槛、时间碎片化、组织网络化和收益实时化5个特点。

1. 任务颗粒化

众包可以说是劳动分工更为深化的应用场景。如果说劳动分工理论把一个复杂的业务处理推动为流程化、分环节作业的模式，那么众包模式就进一步将工作任务化，达到了更细的颗粒度。

2. 技能低门槛

任务高度颗粒化带来的直接好处就是任务的复杂性得到降低，每一个小的任务颗粒对技能的要求将大大小于组合起来的一个完整的流程环节对工作技能的要求。这使社会上大量并不掌握复杂技能的普通人员能够参与到众包的工作中来，并且使用极低的成本来完成相关工作。

3. 时间碎片化

在传统的流程管理中，往往需要整块的时间来完成某一项工作，而且流程中间多数是串行关系，要求工作时间具有连续性。而在众包模式下，任务颗粒化后会出现越来越多的在同一时间内的并行任务，从而对时间连续性的要求有所下降，形成任务处理时间的碎片化。因此，可以由互联网上的众多个体在同一时间并发完成多种类型的任务。

4. 组织网络化

当技能门槛降低、任务颗粒化且时间碎片化后，众包的人员组织形式可以实现网络化。众包会有大量的社会化资源参与，形成网状的任务交付结构，最后由任务的发包方完成这项任务的流程化组装和应用。

5. 收益实时化

对于众包网络中完成任务的个体来说，由于单个任务的收益很小，实时的收益计量是其持续参与的核心动力。收益实时化并不是要求随时支付，而是可以实时告知作业用户获得了多少收益，定期进行结算。

（二）如何实现财务众包模式的落地

由于众包是新兴的创新模式，从方法到技术平台各方面均存在挑战，要成功实现众包模式的落地，需要在前期有严谨的思考和设计，方能达到预期的效果。以下从众包的业务内容、技术平台的搭建要求、技术平台的核心功能及众包的运营模式 4 个方面来谈谈如何实现众包模式的落地。

1. 确定可众包的业务内容

在评估是否可以众包的时候，有 3 个原则需要加以考虑。

（1）业务是否能够进行充分的标准化乃至颗粒化

复杂的业务没有办法让技能单一的社会参与者进行处理，必须要进行颗粒化拆分，而能够拆分的前提就是可以标准化。

（2）任务必须不存在信息安全隐患

众包的对象和信息的流转渠道是完全不受控制的，所以发包信息必须不存在信息安全的强要求，否则会产生风险。

（3）对于时效的要求有适度的容忍性

众包需要有派工、等待、双人核验等过程，如果等待超时还要有二次分派的过程，尽管可以对时效进行一定的管控，但如果对时效要求极高则不适合进行众包。

基于以上分析，在财务流程处理中有哪些业务内容可以考虑纳入众包的范围呢？

以费用审核为例，如果从人的动作的角度来看，审核过程可以分解为“信息的读取”加上“和既定规则的比较”。“和既定规则的比较”属于技术含量较高的部分，并不适合众包处理，在未来需要更多基于人工智能的机器审核来完成。

从可操作性上来说，“信息的读取”可以考虑作为众包的核心内容。它能够满足上文中所提到的标准化和颗粒化的要求，由于对人的技能要求不高，更适合采用众包模式，而这个环节的产出也可以作为智能审核的数据基础。在实践中，标准发票、企业结构化单证中涉及的科目和金额，如在风险控制线内，则可以采用众包模式来进行信息录入。

2. 众包技术平台的搭建要求

在具体实操的过程中，需要有技术平台来支持众包业务。在具体的技术平台设计上，应考虑以下特点要求。

（1）技术平台具有高稳定性

由于是面对大用户量的平台，因此需要能够在大开发下高效率响应。此外，由于每个任务都是颗粒化的，单任务处理的周期短，任务会频繁地被分发和回收，这进一步加剧了性能压力。因此，要充分考虑平台的稳定性。

（2）技术平台具有高安全性

由于在平台上直接处理的是财务单据信息，虽然是碎片化分割出去的，但一旦发生数据泄露，大量碎片的再组合就会出现完整的、有价值的商业信息。因此，平台需要在安全性上给予很高级别的考虑。

（3）技术平台具有高易用性

在平台上从事作业的人员技能水平不高，如果平台操作复杂，则多数用户会难以适应，甚至根本无法开展工作。因此，在设计平台时需要尽可能做到“傻瓜”式设计，降低上手难度，使平台上的作业轻松愉快，而非充满挑战性和复杂性。

（4）技术平台需要兼顾 PC 端和移动端

参与众包的用户，一类是以此为主要收入来源的固定用户，每天会处理大量任务，极其追求作业效率，此类用户适合使用 PC 端作业；另一类是以娱乐和赚取零花钱的心态参与众包的非固定用户，考虑到此类用户碎片化作业的需求，更适合使用基于 APP 或微信小程序的移动端作业。

3. 众包技术平台的核心功能

在明确了众包平台所需具有的技术特点后，我们再来看一下众包平台对功能层面的主要考虑要点。

（1）任务拆分和组装的功能

在通常情况下，众包平台并不是任务的源头，需要从其他系统中导入任务。进入平台的任务是整件业务，需要在平台中进行拆分，并建立关键索引，后续派工基于拆分后的碎片任务进行，作业完成后，需要在平台中进行进一步的任务组装，组装时基于任务拆分时的关键索引进行。

（2）任务分派和调度的功能

平台不适合进行主动式任务推送，因为我们并不知道众包平台用户现在是否有意愿进行任务处理。所以，平台的任务分配采用主动提取式。主动提取后的任务需要设置基于时间的调度管控，由于用户很可能在提取任务后因为突发情况或者主观意愿，放弃了对当前任务的处理，这就需要对所有任务设置倒计时管理，在计时结束后对没有完成的任务进行取回重新分配。

（3）多人作业核验的功能

由于作业质量无法按传统模式进行流程化质量检查，因此需要在机制上做特别的设计，常用的模式是双人作业、系统核验，就是将同一个任务同时分派给两个不同的作业人员。如果作业结果一致，则认为任务质量是合格的；如果不一致，则引入第三人作业，其作业结果与前两人的作业结果比对，如果一致，则以一致结果为准，否则转入问题处理。

（4）计费和结算的功能

由于要对社会上零散人员进行计费和结算，这就需要基于任务来定义计费单位，如录入类任务可按字节计费，审核任务可按复杂度和页数来综合计费。无论采用何种方式，都要保证计费依据客观、可度量。系统根据数据自动计算用户作业绩效，并自动结算。此外，可考虑支持网络结算。

（5）用户和用户能力管理的功能

平台用户量大，需要进行必要的身份验证，如身份证核验、技能证书核验等。此外，需要建立基于作业质量、信用、技能等的综合模型，对用户进行分类分级管理，允许晋升用户的级别。

4. 构建众包的运营模式

有了技术平台后，再结合科学的商业运营模式，可以正式实现众包模式的落地。在通常情况下，众包的运营模式从目的的角度可以分为两大场景：一种场景是以参与方的身份，从解决自身人力需求出发，希望将众包模式作为工具来应用；另一种场景是以运营方的身份，将自身转型为服务平台，为更多的企业提供众包服务。两种不同的身份在众包运营中的考虑和模式是显著不同的。

（1）作为参与方身份的运营模式

作为参与方，重在使用和利用好众包。因此，参与方只需要专注于如何推广众包平台，将用户吸引到平台上来进行作业，并且保持稳定的质量水平。在这个过程中，主要需要考虑以下几点：宣传推广众包平台；找到恰当的定价水平；加强平台用户的黏性。

（2）作为运营方身份的运营模式

作为运营方，需要完全覆盖参与方的角色。前文中所提及的参与方的各项运营要点，在运营方这里都要做到，甚至要做到更好。而在这一基础之上，运营方还需要管理好任务的来源。对于运营方来说，最重要的是要让平台变成中介，能够在平台上导入大量的任务，同时有大量的资源来承接运营任务。如果要向众包平台上的大量企业客户发布任务，则需要做好以下几项运营工作：吸引企业客户进驻平台；面向企业客户提供稳定高效的系统对接服务、专业化的服务支持及丰富的数据支持。

三、RPA 财务机器人

RPA 的全称为 Robotic Process Automation，即“机器流程自动化”。RPA 并非长成机器人的样子，RPA 的本质是一个软件产品，它并不复杂，甚至比想象中的还要简单。

（一）以跨应用系统的外挂形式存在

RPA 的存在形态，并不是想象中的一个独立的复杂系统，它有点儿像游戏外挂，是在企业现有的系统上进行的嫁接。如用户计算机中的两个应用系统 A 和 B，原先需要通过人工将 A 系统中的数据读取出来，再由人工录入 B 系统，现在就可以借助 RPA 在两个系统之间实现一个外挂，自动将 A 系统中的数据提取出来，并填充到 B 系统中。RPA 并没有和 A、B 系统进行深度集成，而是一个外部挂机的自动化脚本通道。

（二）能够进行可视化的监督管理

对于 RPA 来说，很重要的一点在于它建设了针对跨应用程序运行脚本的监控平台。如果没有这个可视化的监控平台，RPA 就和科技部门在后台写的脚本程序更像了。通过这样的一个前台可视化的监督管理工具，能够记录 RPA 中完整的行为，并且使这些脚本在可监督模式下运行。

（三）可以通过简单的开发实现

从应用实施的角度来说，RPA 是简单化的。它与 Microsoft Office 宏的概念十分相似，并不需要通过复杂的开发就能够实现应用，最多达到类似于 VBA 的复杂程度。当然，从技术层面来说，Office 宏或 VBA 工具仅能在一套应用程序体系内使用，而 RPA 能够在统一操作平台上打通多个应用系统，这是显著不同的。

（四）部署周期很短

RPA有成熟的产品体系，能够进行简单、快速地部署实施。从时间周期上看，一个简单的场景可能几天就可以完成开发，数周时间能够实现可用。但需要注意的是，RPA的实施更多地需要在流程梳理方面下功夫，对于可以应用RPA的流程场景的识别，以及使用RPA后流程的标准化管理机制的设计和应用都是需要重点关注的。一个缺少标准化约束的机器人将是财务工作的灾难。

（五）基于设定自动执行流程

RPA一旦部署完成后，就可以基于计划任务或触发条件来自动执行，而不需要依靠人工进行触发。当然，自动执行的背后同样需要对于流程的事先设计，以及对于流程执行的时间和顺序节点进行有效的事件管理，自动执行后的RPA也需要进行必要的监控。

（六）善于解决重复应用场景

RPA最擅长做的事情就是对流程中一个重复的人工场景进行自动化。虽然从优选的角度来说，我们会考虑进行系统的深度集成，从根本上解决问题，但是在有些情况下需要人工衔接的系统并不在我们的掌控之下，如纳税申报需要与税务系统进行对接，系统集成就受制于监管系统的开放程度，而RPA可以在这种情况下发挥其外挂的长尾价值。

（七）能够模拟人的行为串行执行

还是用Microsoft Office宏来举例，RPA能够把一连串的流程整合起来执行，而且是拟人化执行，如执行复制、粘贴等系统已经内置的操作命令，并串起一个流程。这个过程是高度模仿人的行为方式来进行的，而深度集成则类似于空气动力学让飞机飞起来的模式。

RPA产品走的是仿生学道路，它用一个独立于企业现有业务系统的应用程序，在不改变现有系统对接方式的情况下，模拟原本依靠人工执行的系统内或系统间的衔接操作。例如，销售系统中的订单数据原本要靠人工录入ERP，RPA就会模拟这个过程，将销售系统中需要录入的订单数据读取出来，并登录ERP，模拟人工录入的方式，把数据录入进去，然后和人工一样，单击“保存”“提交”。

四、人机协同

（一）如何实现财务共享服务中心的人机协同智能化

作为新兴技术，与财务共享服务场景的融合并不是一件容易的事情，要想一步实现智能化，实现机器替代人工作业似乎并不可行。在大量实践基础的积累之上，一种变通的思路被提出，即基于人机协同的智能化，让财务共享在智能化之路上实现质的突破。在人工与机器自动化相结合的条件下，借助光学字符识别（Optical Character Recognition，OCR）、网关、风险分级引擎、规则引擎所构建的人机协同智能共享技术成为过渡阶段一种具有落地性的选择。

1. 数据采集的人机协同

要实现财务共享的智能化，首先要解决的是原始凭证如何数字化的问题。遗憾的是，当前财务原始凭证的结构化水平严重不足，在营改增之前，我国的发票种类繁多，要想获取发票中的信息，更多的是靠财务共享作业人员逐张审视。这种状况逐渐得到了改善，随着营改增的推行，越来越多差异化的发票样式向增值税专用发票和普通发票统一，使我们有机会采用新的方式来处理原始凭证。OCR 技术在这一领域被积极地运用。

事实上，利用 OCR 技术提取发票信息的实践一直在进行着，但如前文所述，在原始凭证特别是发票种类繁多的时候，使用 OCR 技术的难度是很高的。由于现行的 OCR 技术主要还是基于模板配置的方式来进行采集准备的，这使模板开发和优化的工作量巨大，再加之识别率的不足，使不少尝试胎死腹中。但随着发票样式的统一，这一模式再次被提上议程，基于 OCR 技术，针对增值税专用发票和普通发票的定向优化，能够将识别率提升到可接受的水平。

但我们必须认识到，100% 的 OCR 识别率是难以做到的，这使全自动化的最后一步难以迈出，在这种情况下，人机协同模式的出现打破了僵局。通过在流程中植入 OCR 后的人工补录流程，让我们能够以较小的代价来实现全信息的数字化。通过实践看到，人机结合的 OCR 采集模式充分利用了识别技术的优点，也克服了阻碍最后一步的难题。当获取了完整的信息后，下一步的自动化机会豁然开朗，并呈现在我们的眼前。

2. 共享派工的人机协同

在缺少数据支撑的情况下，财务共享服务中心在作业时通常是采用随机派工的方式，通过强制分派或者抢单的方式来实现作业任务的分派。这种方式的优点在于能够带来任务分派的公平性，减少不必要的协同问题。但也存在不足，采用随机分派的方式，忽视了不同任务之间风险水平的差异，也忽视了共享作业人员之间能力的差异。

当我们尝试去正视这个问题的时候会发现，如果能够将任务的风险水平与员工技能水平匹配，就会获得收益。这种收益来自风险更高的任务，由技能更强的员工来进行处理，从而提升了管控风险的能力，而低风险的任务交给系统或者低水平的员工来进行处理，进而降低了成本。这打破了现行共享服务主流的模式。而当我们能够使用计算机进行自动的信用与风险分级后，再结合相匹配的人工作业，就实现了另一种方式的人工协同。

当然，要做到这一点并不简单，最大的挑战是如何识别并定义每一个进入共享中心派工池的作业任务的风险等级。在原始凭证数据化之前，这是很难实现的，但随着数据采集人机协同的应用，我们获得了更为广泛的财务数据，在此基础上建立风险的分级模型，将任务分成不同的风险等级，并进行差异化的派工处理。但是在这个阶段，任务分级的模型算法更多的还是基于人员的作业经验，这在一定程度上限制了人机协同能力的最大化实现。

3. 共享作业的人机协同

共享作业的人机协同是最后一个环节，也是最重要的一个环节。在传统的财务共享服务模式下，共享作业任务的处理主要依靠作业人员掌握审核作业的规则要求后，进行人为的判断处理。这种处理方式虽然采用了劳动分工的科学管理方法，通过标准化降低了人工处理的难度，但是其背后仍然需要大量具有丰富经验的财务共享服务人员作为支撑。

在这种情况下，人们思考是否有更好的方式方法来进一步优化共享作业模式？对于利用系统进行自动化处理的探索也一直在进行着。但受制于前端数据的不足，以及系统进行自动化处理的工具局限性，这一尝试的进展也是有限的。

随着原始凭证基于采集人机协同的数字化进程的推进，一种使用规则引擎进行自动化处理的人机协同方式被提出。在传统模式下，需要靠人记忆并执行的作业规则被进一步颗粒化，并被植入规则引擎中。规则引擎依靠丰富的数据输入及所设置的颗粒化规则进行批量审核作业，对于所有规则校验通过的任务，将免除人工处理；对于出现异常审核结果的任务，将转为人工处理。当然，这里的任务是指在上一环节中识别出的低风险任务，高风险任务仍然建议由人工处理。

在这个过程中，一个非常重要的概念是“规则引擎”。那么，规则引擎是如何架构的呢？规则引擎可以理解为一个业务规则的解析器，在这个解析器中，原本一个相对复杂的规则被要求拆分为相对简单、可定义的规则包。每个规则包都涵盖了数据输入、算法处理、输出反馈的过程规则。而且规则引擎允许我们定义大量的规则包，并将这些规则包管理起来协同运作，实现了将复杂的人工审核过程自动化处理。

这件事情说起来简单，但在实际的开发规则引擎实现过程中需要克服几个困难问题。首先，需要让业务团队理解规则引擎中规则包的处理能力，也就是颗粒度。业务人员只有理解了这个概念，才有可能保证所拆解的规则颗粒是系统可实现的。其次，业务人员在理解规则包颗粒度的基础上，将共享作业规则进一步拆解和颗粒化。对于每一个拆解的规则都需要满足规则包所设定的可处理要求，不重不漏。同时，这些规则高度依靠经验提炼，带来了需求人员的依赖性。最后，规则的系统化。实际上，不少规则引擎还难以做到完全由业务人员自主定义，通常还有不少复杂的规则包要通过开发来实现。这些规则包需要消耗大量的开发资源，而且如果没有建立很好的需求和开发文档管理，也会造成潜在的规则或算法风险。

针对这些困难和挑战，我们也期待有更好、更灵活的规则引擎产品出现，使共享服务智能化的发展进入高速时代。

（二）未来机器学习将怎样带来财务共享的进一步智能化

人机结合模式的应用让我们在财务共享服务中心自动化、智能化的进程中找到了一个阶段性的过渡方法，但这并不是终点，一个好的平台应当尽最大可能地打掉人工干预的断点。通过技术手段，将人机协同进化为人工智能的闭环是未来的必由之路。

人工智能技术高速发展，特别是机器学习领域的突破，帮助我们在 OCR、风险分级和共享作业 3 个领域有了一定的突破。

1. 机器学习提升 OCR 识别率和识别范围

传统的 OCR 技术是基于一套设定的流程来执行的。首先，对于输入的图像需要进行预处理，如二值化、去噪、倾斜矫正等。其次，进行版面分析，将文档图片切分成一个个小的部分，对于发票来说，这种切分是可以基于发票的版面来进行预先设定的。最后，进行字符切割，将一个个汉字独立出来，并根据预先设立的字库对比来进行汉字识别。但这并不是最终的结果，还可以进一步基于语言上下文的关系来矫正结果，这被称为后处理。在这种模式下，识别率受到多种因素的影响，特别是在字库对比和后校验环节很容易出现问题。

基于机器学习的 OCR 方式，能够通过对大量带有特征值和结果标签的影像进行监督学习，就像做题一样，告诉 OCR 引擎题目和答案。通过大量训练后，机器学习能够自主找到提升识别率的优化算法，从而持续提升 OCR 的识别率。这种方法在针对同一性质的原始凭证进行大量的学习训练后，能够有效提升 OCR 的识别效果。

语义学习在 OCR 的后处理环节同样能够发挥作用。基于机器学习进行持续的语义训练，能够帮助 OCR 在后处理时更接近人的思维逻辑，在几个模糊的、可能的选择中找到更正确的答案。持续的训练，同样能够提升后处理的精准度。

基于以上两个领域对机器学习的深入应用，能够不断提升 OCR 的识别率。同时，在一些传统 OCR 技术难以识别的领域，特别是手写体领域的识别将得以突破。事实上，在不少针对 OCR 机器学习的应用领域，已经出现了达到商用级别的产品。

2. 机器学习提升风险分级精度

在另一个领域，机器学习同样能够助力财务共享自动化水平的进一步提升。如前文所述，在传统技术下风险分级规则的设定是基于人的经验来总结的。这就必然会面对人的能力和经验的局限性，甚至很多时候，因为缺失相关经验，使这一动作直接被搁置。

对于风险分级来说，其核心逻辑是基于输入的数据信息，评价每一份原始凭证的风险等级。这一过程和金融行业的信用评价体系是有所类似的。当获得了大量的输入后，通过所设定的算法得到一个风险评价的结果值。

当机器学习被应用于这一领域后，可以考虑先通过人工积累大量的训练题库，由共享服务中心的作业人员基于经验规则设定风险级别。这个设定过程的最终结果，可能是很难靠人力完全抽象为模型的。但当积累了一定的人机协同作业下的题库后，能够引入机器学习引擎，对当下系统中植入的经验规则进行学习优化，从而将人机协同的人的部分进一步机械化，而这一转换比例将在持续学习的过程中不断提升，并最终提升风险分级的精度。

当然，对于风险分级模型的优化，还有很多需要同步进行的工作，如报账人关系网络的搭建，以及报账人、供应商信用体系的搭建等。

3. 机器学习实现作业规则的自我优化

机器学习的一个重要价值在于能够帮助我们实现共享作业规则的持续优化。和风险分级类似，在没有引入机器学习之前，我们通过规则引擎进行自动审核，而规则引擎中的规则是基于作业人员的经验提炼的。当基于规则引擎的人机协同模式获得了大量的历史题库后，同样可以基于机器学习引擎，优化和提升规则引擎中的规则，从而实现人机协同向高度自动化、智能化的转变。

在财务共享服务中心，机器取代人工的进程已经启动，不是是否可以的问题，而是何时完成的问题。